SQL

in 21 Tagen

Ryan K. Stephens u.a.

Deutsche Übersetzung:
Frank Langenau

SQL

in 21 Tagen

Ihr optimaler Einstieg in die mächtige Datenbankabfragesprache

Alles zu ANSI/SQL-Erweiterungen wie Transact SQL, PL/SQL, SQL *Plus

Optimieren Sie Datenbankentwurf, Datenbanksicherheit und Transaktionen

SAMS

Die Deutsche Bibliothek – CIP-Einheitsaufnahme

SQL in 21 Tagen : ihr optimaler Einstieg in die mächtige Datenbankabfragesprache ; alles zu ANSI/SQL-Erweiterungen wie Transact SQL, PL/SQL, SQL*Plus ; Optimieren Sie Datenbankentwurf, Datenbanksicherheit und Transaktionen / Stephens ... – Haar bei München : SAMS
(... in 21 Tagen)
Einheitssacht.: Teach yourself SQL in 21 days <dt.>
ISBN 3-8272-2020-3

Buch. 1998
Gb.

CD-ROM. 1998

10 9 8 7 6 5 4 3 2 1

02 01 00 99 98

ISBN 3-8272-2020-3

Einbandgestaltung: Grafikdesign Heinz H. Rauner, München
Übersetzung: Frank Langenau
Lektorat: Erik Franz, efranz@mut.de
Herstellung: Claudia Bäurle, cbaeurle@mut.de
Satz: EDV-Satz Reemers, Krefeld
Druck: Bercker, Kevelaer
Dieses Produkt wurde mit Desktop-Publishing-Programmen erstellt und auf chlorfrei gebleichtem Papier gedruckt
Printed in Germany

Inhaltsverzeichnis

Einführung

Wer sollte dieses Buch lesen?

Am späten Freitag nachmittag kommt Ihr Chef in Ihr viel zu klein geratenes Büro und lädt ein neues Projekt auf Ihrem Schreibtisch ab. Dieses Projekt sieht genau wie die anderen aus, die Sie bisher bearbeitet haben, enthält allerdings eine Neuerung: Abfragen verschiedener Datenbanken. Erst kürzlich hat sich Ihre Firma entschlossen, von den »selbstgestrickten«, linearen Datenstrukturen abzukommen und sich eine relationale Datenbank anzuschaffen. Dadurch sind Sie mit Begriffen wie SQL, Tabellen, Datensätze, Abfragen und RDBMS konfrontiert worden, wissen aber nicht mehr genau, was sie im einzelnen bedeuten. Überrascht stellen Sie fest, daß der Endtermin für das Programm etwa drei Wochen zurückliegt. (Wahrscheinlich tummelt es sich schon mehr als eine Woche auf dem Schreibtisch Ihres Chefs!) Gerade als Sie sich nach Definitionen und Beispielcode umsehen, um diese Definitionen im Zusammenhang einzuordnen, entdecken Sie dieses Buch.

Dieses Buch ist für alle gedacht, die sich die Grundlagen von SQL aneignen möchten. SQL steht für Structured Query Language – strukturierte Abfragesprache. Anhand zahlreicher Beispiele erläutert dieses Buch alle Hauptkomponenten von SQL sowie die bei verschiedenen Datenbankimplementierungen verfügbaren Optionen. Das hier Gelernte sollten Sie ohne weiteres in einer echten Büroanwendung einsetzen können.

Überblick

Die ersten 14 Tage zeigen, wie man mit SQL die Leistung moderner relationaler Datenbanken in eigenen Code einbindet. Am Ende der ersten Woche sind Sie in der Lage, die grundlegenden SQL-Befehle für die Abfrage ausgewählter Daten einzusetzen.

Hinweis

Wenn Sie mit den Grundlagen und der Geschichte von SQL vertraut sind, können Sie ohne weiteres die Kapitel der ersten Woche überspringen und sofort mit Tag 8 beginnen.

Am Ende der zweiten Woche sind Ihnen bereits die komplizierteren Instrumente von SQL geläufig, mit denen Sie Ihre Programme leistungsfähiger gestalten – beispielsweise gespeicherte Prozeduren und Trigger. Woche 3 zeigt, wie man SQL-Code optimiert, den Systemkatalog verwendet, mit SQL anderen SQL-Code generiert, mit PL/SQL, Transact-SQL und SQL*Plus arbeitet sowie häufig vorkommende SQL-Fehler behandelt.

Die Syntax von SQL wird zunächst erläutert und dann an Beispielen mit Personal Oracle8, Microsoft Query und anderen Datenbankwerkzeugen zum Leben erweckt. Dieses Buch können Sie auch verwenden, wenn Sie keinen Zugriff auf die genannten Produkte haben – es eignet sich auch als eigenständige Syntaxreferenz zu SQL. Allerdings bringt das Durcharbeiten der Beispiele ein tieferes Verständnis für die Feinheiten.

Konventionen

Im Buch kommen folgende typographische Konventionen zur Anwendung:

- Menünamen werden von den Menüoptionen durch einen senkrechten Strich (|) getrennt. Beispielsweise bedeutet DATEI | ÖFFNEN: »Wähle die Option ÖFFNEN aus dem Menü DATEI.«
- Neue oder wichtige Begriffe sind *kursiv* gedruckt.

Eingabe/Ausgabe

- Die Eingaben und Ausgaben sind in `Schreibmaschinenschrift` gedruckt und in der Randspalte mit den entsprechenden Symbolen gekennzeichnet.
- Angaben, die sich im laufenden Text auf den Code beziehen, sind ebenfalls in `Schreibmaschinenschrift` gesetzt.

Analyse

Absätze, die mit dem Analyse-Symbol beginnen, erläutern das vorherige Codebeispiel.

Syntax

Dieses Symbol kennzeichnet Abschnitte, die sich auf die Syntax einer Anweisung beziehen.

Weiterhin enthält der Text folgende Gestaltungsmerkmale:

Hinweis Erläutert interessante oder wichtige Punkte, die Ihnen das Verständnis der Konzepte und Verfahren von SQL näherbringen.

Tip Das sind kleine Info-Häppchen für Ihre Orientierung in praktischen Situationen. Tips zeigen oft Kurzverfahren oder Methoden, mit denen sich eine Aufgabe leichter oder schneller ausführen läßt.

Warnung Warnungen liefern Informationen über ungeeignete Konstruktionen oder gefährliche Fehler. Warnungen sollten Sie ernst nehmen.

Woche 1 Überblick

Der Einstieg

Woche 1 bringt eine Einführung in SQL aus historischer und theoretischer Sicht. Als erste Anweisung lernen Sie SELECT kennen. Damit lassen sich Daten aus einer Datenbank auf der Basis verschiedener benutzerdefinierter Optionen abrufen. Weiterhin untersuchen wir in der ersten Woche Funktionen, Verknüpfungen (Joins) und Unterabfragen (Abfragen innerhalb einer Abfrage). Viele Beispiele – die sich auf Oracle8, Sybase SQL Server, Microsoft Access und Microsoft Query stützen – erleichtern Ihnen die Einarbeitung in diese wichtigen Themen. Die Beispiele gehen auch auf Gemeinsamkeiten und Unterschiede der genannten Produkte ein und sind inhaltlich so angelegt, daß sie für einen breiten Leserkreis nützlich und interessant sein sollten.

Einführung in SQL

Woche
1

Geschichtlicher Abriß zu SQL

SQL erblickte Ende der 70er Jahre in einem IBM-Labor in San Jose (Kalifornien) das Licht der Welt. Die Entwicklung war ursprünglich für das IBM-Produkt DB2 vorgesehen (ein relationales Datenbank-Managementsystem, oder RDBMS, das auch heute noch für verschiedene Plattformen und Umgebungen erhältlich ist). SQL steht für Structured Query Language – zu deutsch etwa: strukturierte Abfragesprache. Es handelt sich um eine nichtprozedurale Sprache, im Gegensatz zu den prozeduralen Sprachen oder Sprachen der dritten Generation (3GLs) wie COBOL und C, die zu dieser Zeit entstanden.

Hinweis

Nichtprozedural bedeutet »was« statt »wie«. SQL beschreibt, welche Daten abzurufen, zu löschen oder einzufügen sind und nicht, wie das zu geschehen hat.

Gegenüber einem einfachen DBMS zeichnet sich ein RDBMS durch die mengenorientierte Datenbanksprache aus, die bei den meisten RDBMS in SQL realisiert ist. Mengenorientiert heißt, daß SQL die Datenmengen in Gruppen verarbeitet.

Die von den Organisationen ANSI (American National Standards Institute) und ISO (International Standards Organization) propagierten SQL-Standards dienen den Datenbankherstellern zum Teil nur als Richtlinien. Alle Datenbankprodukte unterscheiden sich mehr oder weniger vom ANSI-Standard. Darüber hinaus zielen die meisten Systeme mit proprietären Erweiterungen darauf ab, SQL zu einer echten prozeduralen Sprache zu machen. In diesem Buch kommt durchgängig der Standard ANSI-92 zur Anwendung. Die Beispiele arbeiten mit verschiedenen RDBMS, um einen möglichst allgemeinen Überblick über die Datenbanksysteme zu vermitteln. (Die prozeduralen SQL-Erweiterungen PL/SQL und Transact-SQL behandeln wir in den Lektionen 18 bzw. 19.)

Geschichtlicher Abriß zu Datenbanken

Ein paar Hintergrundinformationen zur Entwicklung von Datenbanken und der Datenbanktheorie sollen Ihnen die Arbeitsweise von SQL verständlicher machen. In vielen geschäftlichen und privaten Bereichen greift man auf Informationen in Datenbanken zurück. Ob es sich nun um große Auskunftsdatenbanken für Buchungssysteme bei Fluggesellschaften oder um die Baseball-Kartensammlung eines Kindes handelt – Datenbanken speichern und verteilen die für uns relevanten Daten. Es ist noch nicht allzu lange her, da umfangreiche Datenbanksysteme nur auf Großrechnern laufen konnten.

Diese Maschinen sind mit hohen Kosten für Entwicklung, Anschaffung und Wartung verbunden. Die heutigen leistungsfähigen und billigeren Workstations ermöglichen nun Programme, die Daten schnell und preiswert verwalten und verteilen.

Die 12 goldenen Regeln für relationale Datenbanken

Das bekannteste Modell zur Datenspeicherung ist die relationale Datenbank, die auf den Artikel »A Relational Model of Data for Large Shared Data Banks« von Dr. E. F. Codd aus dem Jahr 1970 zurückgeht. Die Entwicklung von SQL zielt darauf ab, den Konzepten des relationalen Datenbankmodells zu entsprechen. Dr. Codd veröffentlichte 12 Regeln (inklusive Regel 0 eigentlich 13), die eine relationale Datenbank im strengen Sinne definieren:

0. Ein relationales DBMS muß in der Lage sein, Datenbanken vollständig über seine relationalen Fähigkeiten zu verwalten.
1. Darstellung von Informationen: Alle Informationen in einer relationalen Datenbank (einschließlich Namen von Tabellen und Spalten) sind explizit als Werte in Tabellen darzustellen.
2. Zugriff auf Daten: Jeder Wert einer relationalen Datenbank muß durch eine Kombination von Tabellenname, Primärschlüssel und Spaltenname auffindbar sein.
3. Systematische Behandlung von Nullwerten: Das DBMS behandelt Nullwerte durchgängig gleich als unbekannte oder fehlende Daten und unterscheidet diese von Standardwerten.
4. Struktur einer Datenbank: Die Datenbank und ihre Inhalte werden in einem sogenannten Systemkatalog auf derselben logischen Ebene wie die Daten selbst – also in Tabellen – beschrieben. Demzufolge läßt sich der Katalog mit Hilfe der Datenbanksprache abfragen.
5. Abfragesprache: Zu einem relationalen System gehört mindestens eine Abfragesprache mit einem vollständigen Befehlssatz für Datendefinition, Manipulation, Integritätsregeln, Autorisierung und Transaktionen.
6. Aktualisieren von Sichten: Alle Sichten, die theoretisch aktualisiert werden können, lassen sich auch vom System aktualisieren.
7. Abfragen und Bearbeiten ganzer Tabellen: Das DBMS unterstützt nicht nur Abfragen, sondern auch die Operationen für Einfügen, Aktualisieren und Löschen in Form ganzer Tabellen.
8. Physikalische Datenunabhängigkeit: Der logische Zugriff auf die Daten durch Anwendungen und Ad-Hoc-Programme muß unabhängig von den physikalischen Zugriffsmethoden oder den Speicherstrukturen der Daten sein.

9. Logische Datenunabhängigkeit: Änderungen der Tabellenstrukturen dürfen keinen Einfluß auf die Logik der Anwendungen und Ad-Hoc-Programme haben.

10. Unabhängigkeit der Integrität: Integritätsregeln müssen sich in der Datenbanksprache definieren lassen. Die Regeln müssen im Systemkatalog gespeichert werden. Es darf nicht möglich sein, die Regeln zu umgehen.

11. Verteilungsunabhängigkeit: Der logische Zugriff auf die Daten durch Anwendungen und Ad-Hoc-Programme darf sich beim Übergang von einer nicht-verteilten zu einer verteilten Datenbank nicht ändern.

12. Kein Unterlaufen der Abfragesprache: Integritätsregeln, die über die Datenbanksprache definiert sind, dürfen sich nicht mit Hilfe von Low-Level-Sprachen umgehen lassen.

Die meisten Datenbanken sind hierarchisch aufgebaut, wobei der jeweils übergeordnete Knoten mit Zeigern auf untergeordnete Knoten verweist. (Siehe dazu Abbildung 1.1.)

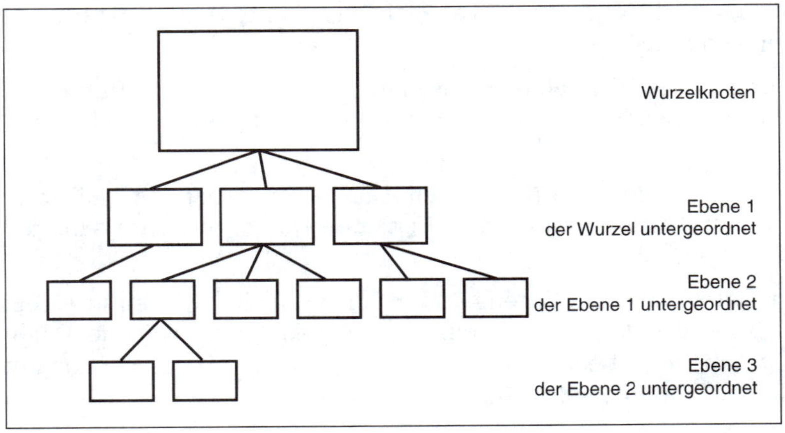

Abbildung 1.1: Relationales Datenbank-Managementsystem nach Codd

Diese Methode hat mehrere Vorteile und viele Nachteile. Positiv ist die Tatsache, daß die physikalische Struktur der Daten auf einem Datenträger nicht von Bedeutung ist. Der Zugriff auf die Daten erfolgt einfach über Zeiger, die auf die nächste Speicherstelle verweisen. Daten lassen sich leicht hinzufügen und löschen. Nachteilig ist, daß man unterschiedliche Informationsgruppen nicht einfach verknüpfen kann, um neue Informationseinheiten zu bilden. Nachdem die Datenbank erstellt wurde, läßt sich das Format der Daten auf dem Datenträger nicht nach Belieben ändern. Bei Änderungen am Format müßte man eine neue Datenbankstruktur erzeugen.

Codd stützt sich in seinem Modell der relationalen Datenbanken auf die mathematischen Konzepte der relationalen Algebra, um Daten in Mengen und miteinander in Beziehung stehende Untermengen aufzuteilen.

Da sich Informationen von Natur aus in unterscheidbaren Mengen gruppieren lassen, baute Dr. Codd sein Datenbanksystem auf diesem Konzept auf. Das relationale Modell gliedert die Daten in Sätze und stellt sie in Form einer Tabellenstruktur dar. Diese Tabellenstruktur besteht aus einzelnen Datenelementen – den sogenannten Spalten oder Feldern. Als Datensatz oder Zeile bezeichnet man einen einzelnen Satz, der eine Gruppe von Feldern zusammenfaßt. Um zum Beispiel eine relationale Datenbank mit Daten von Mitarbeitern zu erzeugen, legt man zunächst eine Tabelle `MITARBEITER` mit den Elementen `Name`, `Alter` und `Beruf` an. Diese drei Datenelemente bilden die Felder in der Tabelle `MITARBEITER`, wie sie Tabelle 1.1 zeigt.

Tabelle 1.1: Die Tabelle MITARBEITER

Name	Alter	Beruf
Will Williams	25	Elektroingenieur
Dave Davidson	34	Museumskurator
Jan Janis	42	Chef
Bil Jackson	19	Student
Don DeMarco	32	Spielprogrammierer
Becky Boudreaux	25	Model

Die sechs Zeilen stellen die Datensätze in der Tabelle `MITARBEITER` dar. Um einen bestimmten Datensatz – zum Beispiel für Dave Davidson – aus dieser Tabelle abzurufen, weist der Benutzer das Datenbank-Managementsystem an, die Datensätze zurückzugeben, in denen das Feld `NAME` gleich `Dave Davidson` ist. Soll das DBMS alle Felder des Datensatzes abrufen, erhält der Benutzer den Namen, das Alter und den Beruf des Mitarbeiters zurück. Als Befehlssprache für das Abrufen der Daten aus der Datenbank kommt natürlich SQL zum Einsatz. Die folgende SQL-Anweisung führt zum Beispiel eine derartige Abfrage aus:

```
SELECT *
FROM MITARBEITER
```

Die genaue Syntax ist im Moment noch nicht von Bedeutung. Diesem Thema wenden wir uns detaillierter am Anfang des morgigen Tages zu.

Da sich die verschiedenen Datenelemente aufgrund der naheliegenden Beziehungen (zum Beispiel zwischen `Mitarbeiter Name` und `Mitarbeiter Alter`) gruppieren lassen, bietet das relationale Datenbankmodell dem Datenbankentwickler flexible Möglichkeiten, um die Beziehungen zwischen den Datenelementen zu beschreiben. Über die mathematischen Konzepte von Vereinigung (Union) und Schnittmenge (Intersection) können relationale Datenbanken schnell Datenteile aus unterschiedlichen Mengen (Tabellen) abrufen und an den Benutzer oder das Programm als »verknüpfte« Datensammlung zurückgeben. (Siehe dazu Abbildung 1.2.) Durch die Verbundfunktionen lassen sich Informationsmengen in separaten Tabellen speichern und damit Wiederholungen vermeiden.

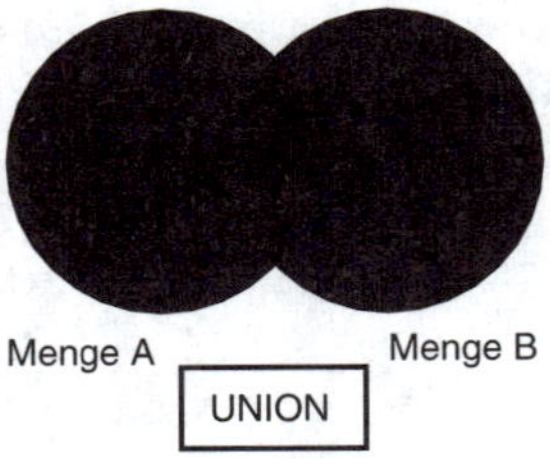

Abbildung 1.2:
Die Vereinigung (UNION)

Die in Abbildung 1.3 dargestellte Schnittmenge (INTERSECTION) gibt nur die Daten zurück, die beiden Quellen gemeinsam sind.

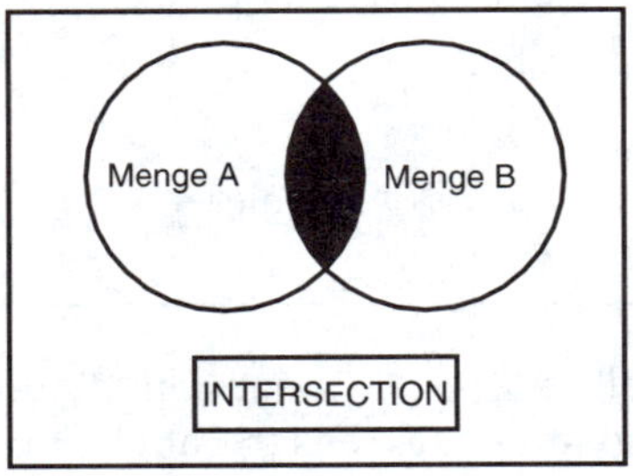

Abbildung 1.3:
Die Schnittmenge (INTERSECTION)

Das folgende einfache Beispiel zeigt, wie man Daten logisch auf zwei Tabellen aufteilen kann. Tabelle 1.2 heißt VERANTWORTLICHKEITEN und enthält zwei Felder: NAME und PFLICHTEN.

Tabelle 1.2: Die Tabelle VERANTWORTLICHKEITEN

Name	Pflichten
Becky Boudreaux	Lächeln
Becky Boudreaux	Gehen
Bill Jackson	Studieren
Bill Jackson	Job suchen

Es ist wenig sinnvoll, die Felder ALTER und BERUF der Angestellten in jedem Datensatz zu wiederholen. Die unnötige Duplizierung von Daten verschwendet einerseits Festplattenplatz und erhöht andererseits die Zugriffszeit auf das RDBMS. Wenn man dagegen NAME und PFLICHTEN in einer separaten Tabelle namens VERANTWORTLICHKEITEN ablegt, kann der Benutzer die Tabellen VERANTWORTLICHKEITEN und MITARBEITER über das Feld NAME verknüpfen. Weist man das RDBMS an, alle Felder aus den Tabellen VERANTWORTLICHKEITEN und MITARBEITER mit dem Feld NAME gleich Becky Boudreaux abzurufen, erhält man eine Ergebnismenge wie in Tabelle 1.3 zurück.

Tabelle 1.3: Rückgabewerte aus einer Abfrage, bei der NAME gleich Becky Boudreaux ist

Name	Alter	Beruf	Pflichten
Becky Boudreaux	25	Model	Lächeln
Becky Boudreaux	25	Model	Gehen

Weitere Beispiele für die Vereinigung von Tabellen finden Sie in Lektion 6.

Die Datenbankstruktur entwerfen

Der Entwickler einer Datenbank muß nach Wahl von Hardwareplattform und RDBMS vor allem die Struktur der Tabellen entwerfen. Die Entscheidungen in dieser Entwurfsphase können die Leistung und Programmierung in späteren Stadien des Entwicklungsprozesses beeinflussen. Die Aufteilung der Daten in voneinander verschiedene, eindeutige Sätze nennt man Normalisierung.

Moderne Datenbankformate

Die revolutionären Veränderungen in der Computertechnologie beeinflussen die Informationsverarbeitung in den Unternehmen auf der ganzen Welt. Die ehemals in riesigen Sälen mit Plattenspeichern verwalteten Informationen sind nun dezentral verfügbar und auf einfachen Mausklick zu erreichen. Kundenaufträge aus allen Teilen des Erdballs lassen sich nun unmittelbar vor Ort in der Produktionsfirma verarbeiten. Auch wenn die Informationen schon vor längerer Zeit auf firmeneigene Mainframe-Datenbanken übertragen wurden, herrschte in typischen Büroumgebungen weiterhin die Stapelverarbeitung vor. Eine Datenbankabfrage war im Datenverarbeitungszentrum einzureichen – die abgerufenen Daten erhielt man so bald als möglich zurück (auch wenn es manchmal nicht rechtzeitig genug geschah).

Neben dem relationalen Datenbankmodell führten vor allem die Einführung des Personalcomputers und der Aufbau lokaler Netze zu einer rasanten Entwicklung der heutigen – als Client/Server-Datenbanken bezeichneten – Systeme.

Die Personalcomputer mit vergleichsweise preiswerten und vor allem einfach zu bedienenden Anwendungen wie Lotus 1-2-3 und WordPerfect erlaubten den Mitarbeitern (und Benutzern von Heimcomputern), Dokumente zu erstellen und Daten schnell und korrekt zu verwalten. Die Benutzer gewöhnten sich mit der Zeit an die häufigen Systemaktualisierungen, die sich mit der gleichen Geschwindigkeit wie der Preisverfall der immer leistungsfähiger werdenden Systeme vollzogen.

Mit dem Einzug der lokalen Netzwerke (LAN – local area network) in die Büroumgebungen ließen sich die Dateien des jeweiligen Benutzers lokal speichern und standen trotzdem allen Mitarbeitern über die ans Netz angeschlossenen Computer zur Verfügung. Die bisher übliche Kommunikation mit dem Rechenzentrum per Terminal wurde somit durch dezentral arbeitende Datentechnik abgelöst und auf ein höheres Niveau gebracht. Der Apple Macintosh zeigte mit seiner benutzerfreundlichen grafischen Oberfläche, daß Computer nicht nur preiswert und leistungsfähig, sondern auch einfach in der Handhabung sind. Darüber hinaus war der Zugriff von entfernten Standorten möglich, und große Datenmengen ließen sich auf die Daten-Server der Abteilungen auslagern.

In dieser Zeit der schnellen Änderungen und Fortschritte bildete sich ein neuer Systemtyp heraus. Die sogenannte Client/Server-Architektur teilt die Verarbeitungsleistung zwischen Client-Computern und Datenbank-Servern auf und bedeutet eine radikale Abkehr von der Mainframe-basierten Anwendungsprogrammierung. Zu den zahlreichen Vorteilen dieser neuen Architektur gehören:

- Geringere Wartungskosten
- Geringere Netzbelastung (die Verarbeitung findet auf dem Datenbank-Server oder dem Client-Computer statt)
- Möglichkeit für die Zusammenarbeit mehrerer Betriebssysteme, solange diese nach einem gemeinsamen Netzwerkprotokoll arbeiten.
- Verbesserte Datenintegrität aufgrund der zentralisierten Datenspeicherung.

Bernard H. Boar definiert die Client/Server-Verarbeitung in »Implementing Client/ Server Computing« wie folgt:

> Das Client/Server-Modell teilt eine Anwendung zwischen mehreren Prozessoren (Frontend und Backend) auf, wobei die Prozessoren (transparent für den Endbenutzer) zusammenarbeiten, um die Verarbeitung als geschlossene Aufgabe zu realisieren. Ein dem Client/Server-Modell konformes Produkt liefert durch die Verbindung der Prozessoren das Abbild (die Illusion) eines Einzel-

systems. Gemeinsam nutzbare Ressourcen nehmen die Position von Abfrage-Clients ein, die auf autorisierte Dienste zugreifen. Die Architektur ist unbegrenzt rekursiv. Server können die Rolle des Clients einnehmen und Dienste von anderen Servern im Netz anfordern und so weiter und so fort.

Diese Art der Anwendungsentwicklung erfordert eine völlig andere Strategie der Programmierung. Die Kommunikation mit dem Benutzer ist über grafische Oberflächen zu realisieren, ob es sich nun um Microsoft Windows, IBM OS/2, Apple Macintosh oder das UNIX-X-Window-System handelt. Per SQL und einer Netzverbindung führt eine Anwendung den Dialog mit einer Datenbank, die sich auf einem entfernten Server befindet. Der enorme Leistungssprung bei Personalcomputern erlaubt die Speicherung kritischer Datenbankinformationen auf einem relativ preisgünstigen eigenständigen Server. Außerdem läßt sich dieser Server später ersetzen, wobei nur geringe oder gar keine Änderungen der Client-Anwendungen erforderlich sind.

Eine produktübergreifende Sprache

Die in diesem Buch eingeführten Grundkonzepte kann man auf viele Umgebungen übertragen – beispielsweise Microsoft Access, das als Einbenutzer-Windows-Anwendung läuft, oder SQL Server mit 100 angeschlossenen Benutzern. Einer der größten Vorteile von SQL besteht darin, daß es sich um eine echte plattformunabhängige und produktübergreifende Sprache handelt. Da es außerdem eine höhere Sprache der vierten Generation (4GL) ist, lassen sich komplexe Funktionen mit weniger Codezeilen formulieren.

Frühe Implementierungen

Die Firma Oracle veröffentlichte das erste kommerzielle RDBMS, das mit SQL arbeitete. Obwohl die ursprüngliche Version für VAX/VMS-Systeme entwickelt wurde, war Oracle einer der ersten Anbieter einer DOS-Version seines RDBMS. (Oracle ist derzeit auf mehr als 70 Plattformen verfügbar.) In der Mitte der 80er Jahre veröffentlichte Sybase sein RDBMS – SQL Server. Mit Client-Bibliotheken für Datenbankzugriff, Unterstützung für gespeicherte Prozeduren (siehe Tag 14) und der Zusammenarbeit zwischen verschiedenartigen Netzwerken wurde SQL Server insbesondere in Client/Server-Umgebungen zu einem erfolgreichen Produkt. Beide Produkte zeichnen sich durch Skalierbarkeit über Plattformen hinweg aus. Für Oracle auf dem PC in der Sprache C (kombiniert mit SQL) geschriebener Code ist nahezu identisch mit seinem Pendant für eine Oracle-Datenbank, die auf einem VAX-System läuft.

SQL und Client/Server-Anwendungsentwicklung

Der rote Faden, der sich durch die gesamte Client/Server-Anwendungsentwicklung zieht, ist die Arbeit mit SQL und relationalen Datenbanken. Außerdem ist eine Einbenutzer-Büroanwendung durch den Einsatz dieser Datenbanktechnologie für zukünftiges Wachstum gerüstet.

Ein Überblick über SQL

SQL ist die De-facto-Standardsprache, mit der sich Daten aus relationalen Datenbanken abrufen und dort manipulieren lassen. Mit SQL kann der Programmierer oder Datenbankadministrator folgende Aufgaben ausführen:

- die Struktur einer Datenbank modifizieren.
- die Einstellungen der Systemsicherheit ändern.
- Benutzerberechtigungen für Datenbanken oder Tabellen einrichten.
- eine Datenbank nach Informationen abfragen.
- den Inhalt einer Datenbank aktualisieren.

Hinweis

Die Bezeichnung SQL sollte man nicht auf die Goldwaage legen. Während das S für Structured (Strukturiert) und L für Language (Sprache) ohne weiteres klar sind, stellt das Q für Query (Abfrage) einen Kompromiß dar. Man könnte annehmen, daß sich SQL ausschließlich auf die Abfrage von Datenbanken bezieht. Es lassen sich aber nicht nur Abfragen ausführen, sondern auch Tabellen erzeugen, Daten hinzufügen, Daten löschen, Daten zusammenführen, Aktionen aufgrund von Änderungen an der Datenbank auslösen und Abfragen innerhalb eines Programms oder der Datenbank speichern. Query steht also stellvertretend für eine ganze Reihe von Funktionen.

Die am häufigsten eingesetzte SQL-Anweisung ist die `SELECT`-Anweisung (siehe Tag 2). Diese Anweisung ruft Daten aus der Datenbank ab und gibt sie an den Benutzer zurück. Das Beispiel mit der Tabelle `MITARBEITER` zeigt den typischen Einsatz dieser Anweisung. Neben `SELECT` bietet SQL Anweisungen für das Erstellen neuer Datenbanken, Tabellen, Felder und Indizes sowie das Einfügen und Löschen von Datensätzen.

ANSI SQL empfiehlt auch eine Kerngruppe von Funktionen der Datenmanipulation. Viele Datenbanksysteme bieten darüber hinaus Werkzeuge für die Sicherstellung der Datenintegrität und die Durchsetzung der Sicherheit (siehe dazu Tag 11). Damit kann der Programmierer die Ausführung einer Gruppe von Befehlen stoppen, wenn eine bestimmte Bedingung auftritt.

Bekannte SQL-Implementierungen

Dieser Abschnitt nennt einige der bekannteren Implementierungen von SQL, die jeweils eigene Stärken und Schwächen aufweisen. Während manche SQL-Implementierungen für den PC und eine einfache Benutzerbedienung ausgelegt sind, wurden andere speziell für sehr große Datenbanken (VLDB – Very Large Databases) konzipiert. Die folgenden Abschnitte gehen auf ausgewählte Schlüsselmerkmale bestimmter Implementierungen ein.

Hinweis

Das Buch ist nicht nur als SQL-Referenz konzipiert, sondern zeigt auch viele praktische Beispiele für die Softwareentwicklung. SQL läßt sich vor allem sinnvoll einsetzen, wenn man Probleme der Praxis innerhalb des eigenen Codes lösen kann.

Microsoft Access

Microsoft Access kommt in einigen Beispielen als PC-basiertes DBMS zum Einsatz. Die SQL-Anweisungen lassen sich manuell eingeben oder mit den Werkzeugen der Benutzeroberfläche erstellen.

Personal Oracle8

Für den Bereich der größeren Firmendatenbanken demonstrieren wir anhand von Personal Oracle8 die Arbeit mit SQL auf der Befehlszeile und Techniken der Datenbankverwaltung. (Diese Techniken sind wichtig, da die Tage der eigenständigen Maschine dem Ende zu gehen, genau wie die Tage, da man mit nur einer Datenbank oder einem Betriebssystem auskam.) SQL*Plus von Oracle dient dabei als Werkzeug, mit dem wir einfache und eigenständige SQL-Anweisungen eingeben. Es zeigt die Daten für den Benutzer auf dem Bildschirm an oder realisiert die jeweilige Aktion in der Datenbank.

Die meisten Beispiele richten sich an den Einsteiger oder erstmaligen Benutzer von SQL. Wir beginnen mit den einfachsten SQL-Anweisungen und arbeiten uns bis zur Transaktionsverwaltung und der Programmierung gespeicherter Prozeduren vor. Im Lieferumfang des Oracle-RDBMS ist ein kompletter Satz von Entwicklungswerkzeugen enthalten. Dazu gehören eine C++- eine und Visual-Basic-Sprachbibliothek (Oracle Objects for OLE), die eine Anwendung mit einer Personal-Oracle-Datenbank verknüpfen können. Außerdem bietet Oracle grafische Werkzeuge für die Verwaltung von Datenbanken, Benutzern und Objekten sowie das Dienstprogramm SQL*Loader, mit dem sich Daten von und zu Oracle importieren und exportieren lassen.

Hinweis: Personal Oracle8 ist eine abgespeckte Version des vollständigen Server-Produkts Oracle8. Personal Oracle8 erlaubt nur Einzelbenutzer-Verbindungen (wie es bereits der Name impliziert). Allerdings ist die im Produkt verwendete SQL-Syntax identisch mit der der größeren und teureren Versionen von Oracle. Außerdem haben die in Personal Oracle8 verwendeten Werkzeuge vieles mit dem Produkt Oracle8 gemeinsam.

Die Wahl fiel aufsmehreren Gründen auf das RDBMS Personal Oracle8:

- Es enthält nahezu alle Werkzeuge, die man für die Demonstration der im Buch behandelten Themen benötigt.
- Es ist auf nahezu allen heutzutage üblichen Plattformen verfügbar und ist eines der weltweit bekanntesten RDBMS-Produkte.
- Auf dem WWW-Server von Oracle steht eine 60-Tage-Testversion zum Download zur Verfügung (`http://www.oracle.com`).

Abbildung 1.4 zeigt SQL*Plus aus dieser Werkzeug-Suite.

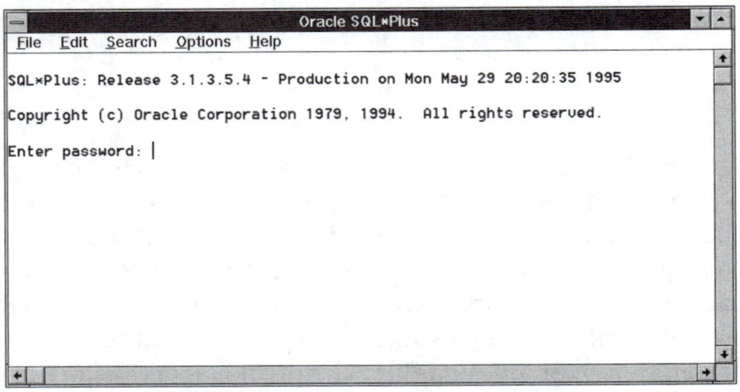

*Abbildung 1.4: SQL*Plus von Oracle*

Tip: Beachten Sie bitte, daß sich fast alle im Buch vorgestellten SQL-Beispiele auf andere Datenbanksysteme übertragen lassen. Sollte sich die Syntax grundsätzlich von Produkten anderer Anbieter unterscheiden, weisen wir mit entsprechenden Beispielen auf diese Unterschiede hin.

Microsoft Query

Das Programm Microsoft Query (siehe Abbildung 1.5) gehört zum Lieferumfang verschiedener Entwicklungswerkzeuge von Microsoft, beispielsweise Visual C++ und Visual Basic. Die Kommunikation mit den zugrundeliegenden Datenbanken erfolgt nach dem ODBC-Standard. Microsoft Query übergibt SQL-Anweisungen an einen Treiber, der die Anweisungen verarbeitet und sie dann an ein Datenbanksystem weiterreicht.

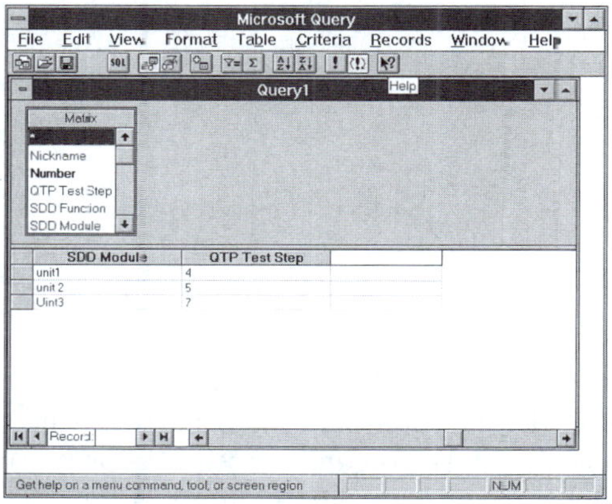

Abbildung 1.5: Microsoft Query

ODBC (Open Database Connectivity)

ODBC steht für Open Database Connectivity und definiert eine Schnittstelle für offenen und herstellerunabhängigen Datenbankzugriff. Anwendungen können damit per SQL als Standardsprache auf Daten zugreifen. Die Kommunikation mit der Datenbank erfolgt über einen Bibliothekstreiber – in der gleichen Art und Weise wie Windows mit einem Drucker über den jeweiligen Druckertreiber kommuniziert. Je nach der eingesetzten Datenbank kann ein Netzwerktreiber erforderlich sein, um die Verbindung zu einer entfernten Datenbank herzustellen. Die Architektur von ODBC zeigt Abbildung 1.6.

Die Besonderheit von ODBC (gegenüber den Bibliotheken von Oracle oder Sybase) besteht darin, daß keine Funktion spezifisch zu einem Datenbankanbieter ist. Beispielsweise kann man mit ein und demselben Code – eventuell mit geringen Modifikationen – Abfragen bezüglich einer Microsoft Access-Tabelle oder einer Informix-Datenbank ausführen. Außerdem sei darauf hingewiesen, daß die meisten Anbieter proprietäre Erweiterungen am SQL-Standard vornehmen, etwa bei Transact-SQL von Microsoft und Sybase oder PL/SQL von Oracle.

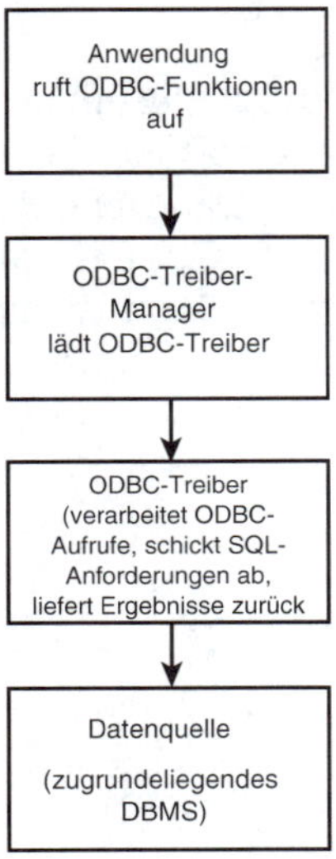

Abbildung 1.6:
Die Struktur von ODBC

Man sollte sich immer mit der Dokumentation beschäftigen, bevor man an die Arbeit mit einer neuen Datenquelle geht. ODBC hat sich zu einem Standard herausgebildet, der in viele Produkte eingeflossen ist. Dazu gehören Visual Basic, Visual C++, FoxPro, Borland Delphi und PowerBuilder. Der Anwendungsentwickler muß entscheiden, ob die Datenbankunabhängigkeit bei Programmen gemäß ODBC-Standard oder höhere Geschwindigkeiten bei Einsatz einer datenbankspezifischen Funktionsbibliothek im Vordergrund stehen. ODBC ist zwar portabler, aber gegenüber den Bibliotheken von Oracle8 oder Sybase auch langsamer.

SQL in der Anwendungsprogrammierung

SQL wurde im Jahre 1986 als ANSI-Standard formuliert. Der ANSI-1989-Standard (oder SQL-89) definiert innerhalb eines Anwendungsprogramms drei Typen der Kommunikation mit SQL:

- Modulsprache: Arbeitet in Programmen mit Prozeduren. Eine Anwendung kann diese Prozeduren aufrufen und Werte über Parameter aus den Prozeduren zurückerhalten.
- Eingebettetes SQL: Verwendet SQL-Anweisungen, die in den eigentlichen Programmcode eingebettet sind. Diese Methode erfordert oft einen Präcompiler, der die SQL-Anweisungen verarbeitet. Der Standard definiert Anweisungen für Pascal, FORTRAN, COBOL und PL/1.
- Direkter Aufruf: Bleibt dem Programmierer überlassen.

Vor der Einführung von dynamischem SQL setzte man vorrangig eingebettetes SQL in Anwendungsprogrammen ein. Eingebettetes SQL – das man auch weiterhin verwendet – arbeitet mit statischem SQL. Die SQL-Anweisung wird dabei in die Anwendung eingebaut und läßt sich zur Laufzeit nicht ändern. Vom Prinzip her kann man das mit dem Unterschied zwischen Compiler und Interpreter vergleichen. Eingebettetes SQL weist zwar eine gute Leistungsbilanz auf, ist aber weniger flexibel und entspricht nicht immer den heutigen Anforderungen der sich ändernden Büroumgebungen. Auf dynamisches SQL gehen wir in Kürze ein.

Der Standard ANSI 1992 (SQL-92) erweiterte die Sprache und setzte sich als internationaler Standard durch. Dieser Standard definiert drei Ebenen des Sprachumfangs: Entry, Intermediate und Full. Zu den neu eingeführten Merkmalen gehören:

- Verbindungen zu Datenbanken
- rollbare Cursor
- dynamisches SQL
- Outer Joins

Dieses Buch behandelt nicht nur die genannten Erweiterungen, sondern geht auch auf bestimmte proprietäre Erweiterungen der einzelnen RDBMS-Anbieter ein. Mit dynamischem SQL lassen sich SQL-Anweisungen zur Laufzeit vorbereiten. Dynamisches SQL schneidet hinsichtlich der Leistung zwar schlechter ab als eingebettetes SQL, bietet aber dem Anwendungsentwickler (und Benutzer) ein größeres Maß an Flexibilität. Schnittstellen auf Aufrufebene wie ODBC oder die DB-Bibliothek von Sybase sind Beispiele für dynamisches SQL.

Schnittstellen auf Aufrufebene dürften dem Anwendungsprogrammierer nicht neu sein. Wenn man mit ODBC arbeitet, füllt man zum Beispiel einfach eine Variable mit der SQL-Anweisung und ruft eine Funktion auf, um die SQL-Anweisung an die Datenbank zu schicken. Fehler oder Ergebnisse erhält man über Aufrufe anderer Funktionen, die speziell für diese Zwecke vorgesehen sind. Ergebnisse werden über das sogenannte Binden von Variablen zurückgegeben.

Zusammenfassung

Der erste Tag ist auf die Geschichte und Struktur von SQL eingegangen. Da SQL und relationale Datenbanken eng miteinander verknüpft sind, behandelt Tag 1 auch (wenn auch kurz) die Geschichte und Funktion von relationalen Datenbanken. Der morgige Tag ist der wichtigsten Komponente von SQL gewidmet: der Abfrage.

Fragen und Antworten

F Warum sollte ich mich mit SQL befassen?

A *Wenn Sie nicht gerade mit einem großen Datenbanksystem gearbeitet haben, sind Sie wahrscheinlich kaum mit SQL in Berührung gekommen. Durch die Einführung der Client/Server-Entwicklungswerkzeuge (wie etwa Visual Basic, Visual C++, ODBC, Borlands Delphi und PowerBuilder von Powersoft) und die Übertragung großer Datenbanken (Oracle und Sybase) auf die PC-Plattform erfordern die meisten der heute entwickelten Büroanwendungen ein fundiertes Wissen zu SQL.*

F Warum muß ich mich mit der Theorie der relationalen Datenbanken beschäftigen, wenn ich SQL einsetzen möchte?

A *SQL wurde für die Bedienung von relationalen Datenbanken entwickelt. Ohne minimale Kenntnisse der Theorie relationaler Datenbanken können Sie SQL – außer in den trivialsten Fällen – nicht effektiv nutzen.*

F Mit den neueren grafisch orientierten Werkzeugen läßt sich SQL auf Mausklick hin erstellen. Warum sollte ich meine Zeit mit dem manuellen Schreiben von SQL verschwenden?

A *Zweifellos haben sowohl grafische Benutzeroberflächen als auch das manuelle Verfassen von SQL-Anweisungen ihren Platz. Manuell geschriebenes SQL ist im allgemeinen effizienter als SQL, das per grafischer Benutzeroberfläche erstellt wird. Außerdem läßt sich eine mit grafischen Hilfsmitteln erzeugte SQL-Anweisung nicht so einfach lesen wie eine manuell verfaßte. Schließlich kann man mit dem Wissen um die Abläufe hinter den Kulissen den größten Nutzen aus den Werkzeugen grafischer Benutzeroberflächen herausholen.*

F Müßte ich nicht SQL aufgrund der Standardisierung für die Programmierung jeder Datenbank einsetzen können?

A *Nein. Man kann mit SQL nur RDBMS-Datenbanken programmieren, die SQL unterstützen. Dazu gehören zum Beispiel Microsoft Access, Oracle, Sybase und Informix. Auch wenn sich die Implementierungen der einzelnen Hersteller etwas unterscheiden, sollte man SQL mit geringfügigen Anpassungen einsetzen können.*

Workshop

Die Kontrollfragen des Workshops sollen Ihr Verständnis für das behandelte Material vertiefen. Außerdem haben Sie in den hier gebotenen Übungen Gelegenheit, etwas praktische Erfahrungen zu sammeln. Versuchen Sie, die Kontrollfragen zu beantworten und die Übungen durchzuarbeiten, bevor Sie sich die Lösungen im Anhang F ansehen.

Kontrollfragen

1. Weshalb spricht man bei SQL von einer nichtprozeduralen Sprache?
2. Wie kann man erkennen, ob eine Datenbank tatsächlich echt relational ist?
3. Welche Aufgaben lassen sich mit SQL realisieren?
4. Wie bezeichnet man den Prozeß, der Daten in voneinander verschiedene, eindeutige Sätze aufteilt?

Übung

Finden Sie heraus, ob die Datenbank, mit der Sie zu Hause oder im Büro arbeiten, echt relational ist.

2

Abfragen: Die Anweisung SELECT

Woche 1

Ziele

Willkommen zum zweiten Tag! Am Ende dieses Tages werden Sie in der Lage sein, ...

- eine SQL-Abfrage zu schreiben.
- alle Zeilen und Spalten aus einer Tabelle auszuwählen und aufzulisten.
- ausgewählte Spalten aus einer Tabelle auszuwählen und aufzulisten.
- Spalten aus mehreren Tabellen auszuwählen und aufzulisten.

Hintergrund

Damit man die Leistung einer relationalen Datenbank nutzen kann, muß man mit der Datenbank kommunizieren. Am einfachsten wäre es, den Computer einzuschalten und ihm zu sagen: »Zeige mir alle linkshändigen, braunäugigen Bohnenzähler, die für diese Firma seit mindestens 10 Jahren arbeiten.« Ein derartiger Dialog mit dem Computer in natürlicher Sprache ist aber momentan noch Zukunftsmusik, so daß wir auf herkömmliche Formen der Kommunikation zurückgreifen müssen, um Informationen aus einer Datenbank abzurufen. Hier kommt das Q aus SQL ins Spiel, das bekanntlich für »Query« (Abfrage) steht.

Wie bereits am ersten Tag erwähnt, beschränkt sich Query im Kontext der Datenbanken nicht nur auf Fragen an die Datenbank. Es lassen sich auch Befehle der folgenden Art realisieren:

- Eine Tabelle erstellen oder löschen.
- Zeilen oder Felder einfügen, modifizieren oder löschen.
- Mehrere Tabellen nach bestimmten Informationen durchsuchen und die Ergebnisse in einer bestimmten Anordnung zurückgeben.
- Sicherheitsinformationen modifizieren.

Eine Abfrage kann natürlich auch eine einfache Frage an die Datenbank sein. Um dieses leistungsfähige Werkzeug zu nutzen, muß man zunächst wissen, wie eine SQL-Abfrage zu formulieren ist.

Allgemeine Syntaxregeln

Auch wenn die Syntax in SQL ziemlich flexibel ist, sind wie in jeder Programmiersprache bestimmte Regeln zu befolgen. Das folgende Beispiel zeigt die grundlegende Syntax einer SQL-Auswahlanweisung. Achten Sie genau auf Groß-/Kleinschreibung, Leerzeichen und logische Trennung der Komponenten durch SQL-Schlüsselwörter.

```
SELECT NAME, STARTTERM, ENDTERM
FROM PRESIDENTS
WHERE NAME = 'LINCOLN';
```

In diesem Beispiel ist alles groß geschrieben, was aber nicht so sein muß. Die obige Abfrage läßt sich auch folgendermaßen schreiben:

```
select name, startterm, endterm
from presidents
where name = 'LINCOLN';
```

Beachten Sie, daß `LINCOLN` in beiden Beispielen durchgängig groß geschrieben ist. Die eigentlichen SQL-Anweisungen sind zwar nicht von der Groß-/Kleinschreibung abhängig, bei den Bezügen auf Daten in einer Datenbank ist die Schreibweise jedoch genau einzuhalten. Beispielsweise speichern viele Firmen die Daten in durchgängiger Großschreibung. Im obigen Beispiel nehmen wir an, daß die Spalte `name` den Inhalt in Großbuchstaben enthält. Demzufolge führt eine Suche nach `'Lincoln'` in der Spalte `name` nicht zu den gewünschten Daten. Prüfen Sie Ihre Implementierung und/oder die Firmenvorschriften hinsichtlich der Groß-/Kleinschreibung.

Hinweis: In SQL sind Befehle nicht von der Groß-/Kleinschreibung abhängig.

Sehen Sie sich ein weiteres Beispiel an. Sind irgendwelche Besonderheiten bei der Aufteilung der Zeilen oder den Wortabständen zu beachten? Auch hier lautet die Antwort nein. Der folgende Code funktioniert ebenso:

```
select name, startterm, endterm from presidents where name = 'LINCOLN';
```

Allerdings lassen sich die Anweisungen besser lesen und in einem größeren Projekt leichter warten, wenn man bestimmte Konventionen für Abstände und Groß-/Kleinschreibung einhält.

Weiterhin ist das Semikolon am Ende des Ausdrucks von Bedeutung. Es teilt dem befehlszeilenorientierten SQL-Programm mit, daß die Abfrage vollständig ist.

Wenn das Wesentliche nicht in der Groß-/Kleinschreibung oder dem Format verborgen ist, welche Elemente sind dann überhaupt von Bedeutung? Die Antwort: Schlüsselwörter – das heißt, die als Teil der Syntax reservierten Wörter in SQL. (Je nach SQL-Anweisung kann ein Schlüsselwort entweder ein erforderliches Element der Anweisung oder ein optionales sein.) Die Schlüsselwörter im Beispiel lauten:

```
SELECT
FROM
WHERE
```

Dem Inhaltsverzeichnis können Sie entnehmen, welche Schlüsselwörter an welchen Tagen behandelt werden.

Die Grundbausteine der Datenabfrage: SELECT und FROM

In Ihrer SQL-Praxis werden Sie feststellen, daß Sie die Wörter `SELECT` und `FROM` weitaus häufiger als andere Wörter des SQL-Vokabulars eintippen. Diese Schlüsselwörter sind zwar nicht so aufregend wie `CREATE` oder so erbarmungslos wie `DROP`, aber sie sind unabdingbar für jede Konversation, die Sie mit Ihrem Computer beim Abrufen von Daten führen. Und hatten Sie nicht die Unmengen von Daten in Ihre teure Datenbank eingetippt, um diese Informationen später abrufen zu können?

Da die meisten Anweisungen mit `SELECT` beginnen, liegt es nahe, diese Anweisung zuallererst zu besprechen.

Syntax

```
SELECT <Spaltennamen>
```

Die grundlegende `SELECT`-Anweisung könnte nicht einfacher sein. Allerdings funktioniert `SELECT` nicht allein. Wenn man einfach `SELECT` eingibt, erhält man die folgende Antwort:

Eingabe

```
SQL> SELECT;
```

Ausgabe

```
SELECT
     *
FEHLER in Zeile 1:
ORA-00936: Ausdruck fehlt
```

Das Sternchen unter der fehlerhaften Zeile zeigt an, wo Oracle8 den Fehler vermutet. Der fehlende Ausdruck bezieht sich auf die FROM-Klausel:

Syntax

```
FROM <Tabelle>
```

Die Anweisungen SELECT und FROM bilden gemeinsam das Sesam-öffne-dich für Ihre Datenbank.

Hinweis

An dieser Stelle ein Wort zu den Begriffen Schlüsselwort, Anweisung und Klausel. SQL-Schlüsselwörter beziehen sich auf einzelne SQL-Elemente wie SELECT und FROM. Eine Klausel ist ein Bestandteil einer SQL-Anweisung. Zum Beispiel stellt SELECT Spalte1, Spalte2, ... eine Klausel dar. SQL-Klauseln bilden im Zusammenhang eine vollständige SQL-Anweisung. Beispielsweise kann man eine SELECT-Klausel mit einer FROM-Klausel kombinieren, um eine SQL-Anweisung zu formulieren.

Hinweis

Jede Implementierung von SQL verfügt über eine eigenständige Art der Fehleranzeige. Zum Beispiel sagt Microsoft Query, daß die Abfrage nicht darstellbar ist, und überläßt Ihnen die Suche nach der Ursache. Interbase von Borland (ISQL) öffnet ein Dialogfeld mit dem Fehler. Das im obigen Beispiel verwendete Programm Personal Oracle8 zeigt eine Fehlernummer (so daß man im Handbuch die Einzelheiten nachschlagen kann) und eine kurze Erklärung des Problems.

Beispiele

Zunächst sehen wir uns die Datenbank an, die als Basis für die folgenden Beispiele dient. Anhand dieser Datenbank demonstrieren wir die grundlegenden Funktionen von SELECT und FROM. In der Praxis würde man als erstes die Datenbank mit den in Lektion 8 beschriebenen Techniken aufbauen. Wir gehen aber an dieser Stelle einfach davon aus, daß die Datenbank bereits existiert. Die Beispiele arbeiten mit der Tabelle SCHECKS, die Angaben zu Scheckbetrag und Empfänger enthält.

Die Tabelle SCHECKS sieht folgendermaßen aus:

```
 SCHECK# ZAHL_EMPF             BETRAG BEMERKUNGEN
--------- -------------------- --------- --------------------
        1 Ma Bell                  150 Schmuck
        2 Reading R. R.         245,34 Zug nach Chicago
        3 Ma Bell               200,32 Mobiltelefon
        4 Energieversorgung         98 Gas
        5 Joes Stale $ Dent        150 Lebensmittel
        6 Bar                       25 Nachtclub
        7 Joans Gas               25,1 Gas
```

Ihre erste Abfrage

Eingabe

```
SQL> select * from schecks;
```

Ausgabe

```
 SCHECK# ZAHL_EMPF             BETRAG BEMERKUNGEN
--------- -------------------- --------- --------------------
        1 Ma Bell                  150 Schmuck
        2 Reading R. R.         245,34 Zug nach Chicago
        3 Ma Bell               200,32 Mobiltelefon
        4 Energieversorgung         98 Gas
        5 Joes Stale $ Dent        150 Lebensmittel
        6 Bar                       25 Nachtclub
        7 Joans Gas               25,1 Gas

7 Zeilen ausgewählt.
```

Die Ausgabe zeigt die im vorherigen Abschnitt vorgestellte Tabelle. Die Spalten 1 und 3 sind nach rechts ausgerichtet, die Spalten 2 und 4 nach links. Dieses Format folgt den Ausrichtungskonventionen, bei denen numerische Datentypen rechtsbündig und Zeichentypen linksbündig ausgerichtet werden. Datentypen behandelt Tag 9.

Das Sternchen (*) in `select *` weist die Datenbank an, alle Spalten der in der `FROM`-Klausel genannten Tabelle zurückzugeben. Die Reihenfolge der Spalten in der Ausgabe entspricht der Darstellung in der Datenbank.

Eine SQL-Anweisung abschließen

In manchen Implementierungen von SQL zeigt das Semikolon am Ende der Anweisung dem Interpreter an, daß die Eingabe der Anweisung abgeschlossen ist. Beispielsweise führt SQL*Plus von Oracle die Abfrage erst dann aus, wenn das Semikolon (oder ein Schrägstrich) gefunden wird. In anderen Implementierungen von SQL ist das Semikolon dagegen nicht vorgeschrieben. Beispielsweise erfordern Microsoft Query und ISQL von Borland kein Abschlußzeichen, da die Abfrage in einem Bearbeitungsfeld eingegeben und durch Betätigung einer Schaltfläche ausgeführt wird.

Die Anordnung der Spalten ändern

Das obige Beispiel einer SQL-Anweisung wählt mit dem Sternchen (*) alle Spalten aus einer Tabelle aus, wobei die Reihenfolge in der Ausgabe durch die Datenbank bestimmt wird. Um die Reihenfolge der Spalten festzulegen, kann man auch folgende Anweisung formulieren:

```
SQL> SELECT zahl_empf, bemerkungen, betrag, scheck# from schecks;
```

In der `SELECT`-Klausel ist jetzt jeder Spaltenname aufgeführt. Die Reihenfolge, in der die Spalten genannt sind, entspricht der Reihenfolge, in der sie in der Ausgabe erscheinen. Die Spaltennamen sind durch Kommas zu trennen, wobei aber zwischen dem letzten Spaltennamen und der darauffolgenden Klausel (in diesem Fall `FROM`) kein Komma stehen darf. Die Ausgabe sieht folgendermaßen aus:

```
ZAHL_EMPF            BEMERKUNGEN            BETRAG    SCHECK#
-------------------- -------------------- --------- ---------
Ma Bell              Schmuck                   150          1
Reading R. R.        Zug nach Chicago       245,34          2
Ma Bell              Mobiltelefon           200,32          3
Energieversorgung    Gas                        98          4
Joes Stale $ Dent    Lebensmittel              150          5
Bar                  Nachtclub                  25          6
Joans Gas            Gas                      25,1          7

7 Zeilen ausgewählt.
```

Die gleiche Anweisung läßt sich auch wie folgt schreiben:

```
SELECT zahl_empf, bemerkungen, betrag, scheck#
FROM schecks;
```

Die `FROM`-Klausel steht hier in der zweiten Zeile. Die optische Gestaltung einer Anweisung hängt vom persönlichen Geschmack des Programmierers ab. Die Ausgabe sieht folgendermaßen aus:

```
ZAHL_EMPF            BEMERKUNGEN            BETRAG    SCHECK#
-------------------- -------------------- --------- ---------
Ma Bell              Schmuck                   150          1
Reading R. R.        Zug nach Chicago       245,34          2
Ma Bell              Mobiltelefon           200,32          3
Energieversorgung    Gas                        98          4
Joes Stale $ Dent    Lebensmittel              150          5
Bar                  Nachtclub                  25          6
Joans Gas            Gas                      25,1          7

7 Zeilen ausgewählt.
```

Die Ausgabe ist mit der letzten inhaltlich gleich, da sich nur das Format der Anweisung geändert hat. Nachdem Sie nun auf die Reihenfolge der Spalten Einfluß nehmen können, können Sie auch angeben, welche Spalten in der Ausgabe erscheinen sollen.

Individuelle Spalten auswählen

Nehmen wir an, daß Sie nicht alle Spalten in der Datenbank sehen möchten. Mit der Anweisung SELECT * haben Sie ermittelt, welche Informationen überhaupt verfügbar sind. Jetzt konzentrieren Sie sich auf die Schecknummer und den Betrag. Dazu geben Sie folgende Anweisung ein:

```
SQL> SELECT SCHECK#, betrag FROM Schecks;
```

Diese Anweisung liefert

```
  SCHECK#    BETRAG
--------- ---------
        1       150
        2    245,34
        3    200,32
        4        98
        5       150
        6        25
        7      25,1

7 Zeilen ausgewählt.
```

Jetzt erhalten Sie nur die Spalten, die Sie sehen möchten. Beachten Sie in dieser Abfrage die Groß-/Kleinschreibung. Wie bereits erwähnt, hat die Schreibweise keinen Einfluß auf das Ergebnis.

Wie lassen sich nun Informationen aus einer anderen Tabelle erhalten?

Verschiedene Tabellen auswählen

Nehmen wir eine Tabelle namens `EINZAHLUNGEN` mit der folgenden Struktur an:

```
    EINZ# EINZAHLER          BETRAG BEMERKUNGEN
--------- --------------- --------- --------------------
        1 Reicher Onkel         200 Weihnachtsgeschenk
        2 Arbeitgeber          1000 Zahltag Juni
        3 Bank                  500 Darlehen
```

Man paßt nun einfach die `FROM`-Klausel an die gewünschte Tabelle an und tippt die folgende Anweisung ein:

```
SQL> select * from einzahlungen
```

Als Ergebnis erhält man

```
    EINZ# EINZAHLER          BETRAG BEMERKUNGEN
--------- --------------- --------- --------------------
        1 Reicher Onkel         200 Weihnachtsgeschenk
        2 Arbeitgeber          1000 Zahltag Juni
        3 Bank                  500 Darlehen
```

Mit einer einfachen Änderung haben Sie eine neue Datenquelle angesprochen.

Abfragen ohne Wiederholungen

In der weiter oben eingeführten Tabelle `SCHECKS` sind Wiederholungen bestimmter Daten festzustellen. Holen wir uns zum Beispiel die Spalte `BETRAG` auf den Bildschirm:

```
SQL> select Betrag from Schecks;
```

Das Ergebnis lautet:

```
   BETRAG
---------
      150
   245,34
   200,32
       98
      150
       25
     25,1
```

Beachten Sie, daß der Betrag `150` wiederholt vorkommt. Wie läßt sich erreichen, daß gleiche Werte einer Spalte nur einmal in der Ausgabe erscheinen? Probieren Sie folgende Anweisung aus:

```
SQL> select DISTINCT betrag from schecks;
```

Das Ergebnis lautet:

```
   BETRAG
---------
       25
     25,1
       98
      150
   200,32
   245,34

6 Zeilen ausgewählt.
```

Analyse

Die Abfrage wählt dieses Mal nur sechs Zeilen aus. Das Schlüsselwort `DISTINCT` bewirkt, daß doppelt vorhandene Daten nur einmal erscheinen. Das Beispiel liefert also eine Zeile weniger zurück. In der grundlegenden `SELECT`-Anweisung ist das Schlüsselwort `ALL` (für alle Datensätze) implizit enthalten. Allerdings wird man dieses Schlüsselwort kaum vorfinden, da `SELECT <Tabelle>` und `SELECT ALL <Tabelle>` dasselbe Ergebnis liefern.

Probieren Sie das folgende Beispiel – zum ersten (und einzigen!) Mal in Ihrer SQL-Karriere – aus:

Eingabe

```
SQL> SELECT ALL BETRAG
  2  FROM SCHECKS;
```

Ausgabe

```
   BETRAG
---------
      150
   245,34
   200,32
       98
      150
       25
     25,1

7 Zeilen ausgewählt.
```

Analyse

Diese Anweisung entspricht völlig der Version `SELECT <Spalte>`. Auf die überflüssigen Tastenanschläge kann man gut und gerne verzichten.

Zusammenfassung

Das Abrufen von Daten läßt sich in einer Abfrage mit den Schlüsselwörtern `SELECT` und `FROM` realisieren. Eine umfassende Ausgabe aller Spalten einer Tabelle erhält man mit der Anweisung `SELECT *`. Es lassen sich aber auch Spalten einzeln oder in einer abweichenden Reihenfolge abrufen. Das Schlüsselwort `DISTINCT` schränkt die Ausgabe ein, so daß alle vorkommenden Werte nur einmalig in einer Spalte erscheinen. Morgen lernen Sie, wie man Abfragen mit schärferen Kriterien formuliert.

Fragen und Antworten

F Woher kommen die Daten, und wie stelle ich eine Verbindung dazu her?

A *Die Daten wurden mit den in Lektion 8 beschriebenen Methoden erstellt. Die Datenbankverbindung hängt davon ab, wie man SQL einsetzt. Die hier dargestellte Befehlszeilenmethode findet man vor allem bei kommerziellen Datenbanken. Diese Datenbanken gehören traditionell zur Domäne der Mainframes oder Workstations, werden in jüngster Zeit aber auch auf den PC-Bereich übertragen.*

F Wenn ich aber keine dieser Datenbanken verwende, wie kann ich dann SQL-Anweisungen ausführen?

A *Man kann SQL auch innerhalb einer Programmiersprache verwenden. Eingebettetes SQL ist normalerweise eine Spracherweiterung, die man vor allem in COBOL findet. Hier schreibt man SQL in das Programm und kompiliert die SQL-Anweisungen zusammen mit dem Programmcode. Microsoft hat ein vollständiges API entwickelt, mit dem der Programmierer SQL aus Visual Basic oder C++ heraus verwenden kann. Mit den von Sybase und Oracle angebotenen Bibliotheken kann man SQL ebenfalls in ein Programm einbauen. In Delphi von Borland ist SQL in speziellen Datenbankobjekten verkapselt. Die im Buch vorgestellten Konzepte sind in allen genannten Sprachen realisiert.*

Workshop

Kontrollfragen

1. Geben die folgenden Anweisungen gleiche oder unterschiedliche Ausgaben zurück?

```
SELECT * FROM SCHECKS;
select * from schecks;
```

2. Die folgenden Abfragen funktionieren nicht. Warum nicht?

```
a. Select *
b. Select * from schecks
c. Select betrag name zahl_empf FROM schecks;
```

3. Welche der folgenden SQL-Anweisungen funktioniert?

```
a. select *
   from schecks;
b. select * from schecks;
c. select * from schecks
   /
```

Übungen

1. Schreiben Sie unter Verwendung der heute vorgestellten Tabelle SCHECKS eine Abfrage, um nur die Schecknummern (Spalte SCHECK#) und die Bemerkungen zurückzugeben.
2. Schreiben Sie die Abfrage aus Übung 1 so um, daß die Bemerkungen als erste Spalte in der Ergebnismenge erscheinen.
3. Schreiben Sie auf der Grundlage der Tabelle SCHECKS eine Abfrage, die alle eindeutig unterscheidbaren Bemerkungen zurückgibt.

3

Ausdrücke, Bedingungen und Operatoren

Ziele

Am zweiten Tag haben Sie mit SELECT und FROM die Daten in interessanter (und nützlicher) Weise manipuliert. Heute erfahren Sie mehr über SELECT und FROM und erweitern die grundlegende Abfrage mit neuen Elementen für Abfragen, Tabellen und Zeilen. Außerdem lernen Sie eine neue Klausel und die sogenannten Operatoren kennen. Am Ende des dritten Tages ...

- wissen Sie, was ein Ausdruck ist und wie man ihn verwendet.
- wissen Sie, was eine Bedingung ist und wie man sie verwendet.
- sind Sie mit den grundlegenden Anwendungen der WHERE-Klausel vertraut.
- können Sie arithmetische, Vergleichs-, Zeichen-, logische und Mengenoperatoren einsetzen.
- sind Sie über verschiedene andere Operatoren informiert.

Hinweis

Die heutigen Beispiele arbeiten mit Personal Oracle8. Andere Implementierungen von SQL können in der Art der Befehlseingabe oder der Anzeige der Ausgaben etwas abweichen, wobei aber die Ergebnisse bei allen Implementierungen, die mit dem ANSI-Standard konform gehen, grundsätzlich die gleichen sind.

Ausdrücke

Ein Ausdruck gibt einen Wert zurück. Die Palette der Ausdruckstypen ist breit gefächert und umfaßt verschiedene Datentypen wie String, Numeric und Boolean. Praktisch ist nahezu alles, was einer Klausel (wie zum Beispiel SELECT und FROM) folgt, ein Ausdruck. Im folgenden Beispiel stellt betrag einen Ausdruck dar, der den Wert in der Spalte BETRAG zurückgibt.

```
SELECT betrag FROM schecks;
```

In der folgenden Anweisung sind NAME, ADRESSE, TELEFON und ADRESSBUCH Ausdrücke:

```
SELECT NAME, ADRESSE, TELEFON
FROM ADRESSBUCH;
```

Sehen Sie sich nun den folgenden Ausdruck an:

```
WHERE NAME = 'BROWN'
```

Die Bedingung NAME = 'BROWN' ergibt einen Booleschen Ausdruck. Wenn die Gleich-Bedingung erfüllt ist, liefert NAME = 'BROWN' den Wert TRUE (wahr), andernfalls den Wert FALSE (falsch) zurück.

Bedingungen

Wenn man ein bestimmtes Element oder eine Gruppe von Elementen in einer Datenbank suchen möchte, braucht man eine oder mehrere Bedingungen. Diese Bedingungen stehen in der WHERE-Klausel. Im obigen Beispiel lautet die Bedingung:

```
NAME = 'BROWN'
```

Um alle Personen in der Firma zu finden, die letzten Monat mehr als 100 Stunden gearbeitet haben, schreibt man zum Beispiel folgende Anweisung:

```
ANZAHL_STUNDEN > 100
```

Mit Bedingungen lassen sich selektive Abfragen realisieren. Die einfachste Form einer Bedingung besteht aus einer Variablen, einer Konstanten und einem Vergleichsoperator. Im ersten Beispiel ist NAME die Variable, 'BROWN' die Konstante und = der Vergleichsoperator. Im zweiten Beispiel stellt ANZAHL_STUNDEN die Variable, 100 die Konstante und > den Vergleichsoperator dar. Bevor man bedingte Abfragen erstellen kann, muß man die WHERE-Klausel und die Operatoren kennen.

Die WHERE-Klausel

Die Syntax der WHERE-Klausel lautet:

Syntax

```
WHERE <Suchbedingung>
```

Mit SELECT, FROM und WHERE kennen Sie bereits die drei am häufigsten gebrauchten Klauseln in SQL. Mit der WHERE-Klausel lassen sich Abfragen selektiver gestalten. Ohne die WHERE-Klausel könnte man mit einer Abfrage lediglich alle Datensätze in der/den ausgewählten Tabelle(n) anzeigen. Zum Beispiel listet

Eingabe

```
SQL> SELECT * FROM BIKES;
```

alle Datenzeilen der Tabelle BIKES auf.

```
NAME            RAHMEN MATERIAL          KM_STAND TYP
--------------- ------ --------------- ---------- ---------------
TREK 2300           23 KOHLEFASER           3500 RACING
BURLEY              22 STAHL                2000 TANDEM
GIANT               19 STAHL                1500 COMMUTER
FUJI                20 STAHL                 500 TOURING
SPECIALIZED         16 STAHL                 100 MOUNTAIN
CANNONDALE          23 ALUMINIUM            3000 RACING

6 Zeilen ausgewählt.
```

Möchten Sie ein bestimmtes Fahrrad auswählen, geben Sie zum Beispiel die folgende Anweisung ein:

```
SQL> SELECT *
  2  FROM BIKES
  3  WHERE NAME = 'BURLEY';
```

Diese Anweisung liefert nur einen Datensatz:

```
NAME            RAHMEN MATERIAL          KM_STAND TYP
--------------- ------ --------------- ---------- ---------------
BURLEY              22 STAHL                2000 TANDEM
```

Dieses einfache Beispiel zeigt, wie man die abzurufenden Daten gemäß einer Bedingung auswählen kann.

Operatoren

Mit Operatoren gibt man innerhalb eines Ausdrucks an, wie die Daten entsprechend der spezifizierten Bedingungen abzurufen sind. In SQL unterscheidet man sechs Gruppen von Operatoren: arithmetische, Vergleichs-, Zeichen-, logische, Mengen- und verschiedene Operatoren.

Arithmetische Operatoren

Zu den arithmetischen Operatoren gehören Plus (+), Minus (-), Division (/), Multiplikation (*) und Modulo-Operation (%). Die ersten vier sind selbsterklärend. Die Modulo-Operation liefert den Rest einer ganzzahligen Division zurück. Dazu zwei Beispiele:

```
5 % 2 = 1
6 % 2 = 0
```

Der Modulo-Operator läßt sich nicht auf Datentypen mit Dezimalstellen wie Real oder Number anwenden.

Wenn in einem Ausdruck mehrere Operatoren ohne Klammern vorkommen, findet die Auswertung der Ausdrücke in der folgenden Reihenfolge statt: Multiplikation, Division, Modulo, Addition und Subtraktion. Zum Beispiel wird der Ausdruck

```
2 * 6 + 9 / 3
```

zu

```
12 + 3 = 15
```

ausgewertet. Der Ausdruck

```
2 * (6 + 9) / 3
```

liefert dagegen

```
2 * 15 / 3 = 10
```

als Ergebnis. Achten Sie genau auf die Stellung der Klammern. Bei einfachen Ausdrücken läßt sich die Auswertungsreihenfolge noch leicht überblicken. In komplizierten Ausdrücken kann es Ihnen aber passieren, daß die tatsächliche Auswertungsreihenfolge gar nicht Ihren Absichten entspricht.

Die folgenden Abschnitte erläutern die arithmetischen Operatoren im Detail und zeigen Beispiele für den Einsatz in Abfragen.

Plus (+)

Das Pluszeichen läßt sich auf verschiedene Weise einsetzen. Geben Sie zunächst die folgende Anweisung ein, um die Tabelle `PREIS` anzuzeigen:

Eingabe

```
SQL> SELECT * FROM PREIS;
```

Ausgabe

```
ARTIKEL         GROSSHANDEL
--------------- -----------
TOMATEN                 ,34
KARTOFFELN              ,51
BANANEN                 ,67
RUEBEN                  ,45
KAESE                   ,89
AEPFEL                  ,23

6 Zeilen ausgewählt.
```

Geben Sie nun folgende Anweisung ein:

Eingabe/Ausgabe

```
SQL> SELECT ARTIKEL, GROSSHANDEL, GROSSHANDEL + 0.15
  2  FROM PREIS;
```

Diese Anweisung addiert 15 Pfennige zu allen Großhandelspreisen und liefert das folgende Ergebnis:

```
ARTIKEL         GROSSHANDEL GROSSHANDEL+0.15
--------------- ----------- ----------------
TOMATEN                 ,34              ,49
KARTOFFELN              ,51              ,66
BANANEN                 ,67              ,82
RUEBEN                  ,45              ,60
KAESE                   ,89             1,04
AEPFEL                  ,23              ,38

6 Zeilen ausgewählt.
```

Warnung

Auch wenn Sie mit der deutschen Version von Oracle arbeiten, müssen Sie bei der Eingabe von Zahlenwerten den Punkt als Dezimalzeichen verwenden. In der Ausgabe erscheint das Dezimalzeichen entsprechend den Ländereinstellungen auf Ihrem System (im Beispiel also als Komma). In der obigen Anweisung würde das Komma jedoch als Trennzeichen zwischen zwei Spalten interpretiert. Das folgende Beispiel zeigt diesen Effekt:

Eingabe/Ausgabe

```
SQL> SELECT ARTIKEL, GROSSHANDEL, GROSSHANDEL + 0,15
  2  FROM PREIS;

ARTIKEL         GROSSHANDEL GROSSHANDEL+0         15
--------------- ----------- ------------- ----------
TOMATEN                 ,34           ,34         15
KARTOFFELN              ,51           ,51         15
BANANEN                 ,67           ,67         15
RUEBEN                  ,45           ,45         15
KAESE                   ,89           ,89         15
AEPFEL                  ,23           ,23         15

6 Zeilen ausgewählt.
```

Analyse

Worum handelt es sich bei der letzten Spalte mit der etwas ungewöhnlichen Spaltenüberschrift `GROSSHANDEL+0.15`? Diese Spalte ist in der Originaltabelle nicht vorhanden. (Weiter oben haben Sie ja mit dem Sternchen in der `SELECT`-Klausel alle Spalten angezeigt.) SQL erlaubt das Erstellen einer virtuellen oder abgeleiteten Spalte durch Kombination oder Modifikation existierender Spalten.

Geben Sie noch einmal die erste Anweisung ein:

Eingabe/Ausgabe

```
SQL> SELECT * FROM PREIS;
```

Als Ergebnis erscheint die folgende Tabelle:

```
ARTIKEL         GROSSHANDEL
--------------- -----------
TOMATEN                 ,34
KARTOFFELN              ,51
BANANEN                 ,67
RUEBEN                  ,45
KAESE                   ,89
AEPFEL                  ,23

6 Zeilen ausgewählt.
```

Die Ausgabe bestätigt, daß sich die Originaldaten nicht geändert haben und daß die Spaltenüberschrift `GROSSHANDEL+0.15` kein fester Bestandteil dieser Tabelle ist. Allerdings könnte man die Überschrift etwas aussagekräftiger gestalten.

Tippen Sie die folgende Anweisung ein:

```
SQL> SELECT ARTIKEL, GROSSHANDEL, (GROSSHANDEL + 0.15) EINZELHANDEL
  2  FROM PREIS;
```

Das Ergebnis sieht nun folgendermaßen aus:

```
ARTIKEL         GROSSHANDEL EINZELHANDEL
--------------- ----------- ------------
TOMATEN                 ,34          ,49
KARTOFFELN              ,51          ,66
BANANEN                 ,67          ,82
RUEBEN                  ,45          ,60
KAESE                   ,89         1,04
AEPFEL                  ,23          ,38

6 Zeilen ausgewählt.
```

Eine feine Sache! Man kann nicht nur neue Spalten erzeugen, sondern sie auch im Vorübergehen umbenennen. Mit der Syntax `Spaltenname Alias` (beachten Sie das Leerzeichen zwischen `Spaltenname` und `Alias`) läßt sich jede beliebige Spalte umbenennen.

Beispielsweise benennt die Abfrage

```
SQL> SELECT ARTIKEL PRODUKTE, GROSSHANDEL, GROSSHANDEL + 0.25 EINZELHANDEL
  2  FROM PREIS;
```

die Spalten wie folgt um:

```
PRODUKTE        GROSSHANDEL EINZELHANDEL
--------------- ----------- ------------
TOMATEN                 ,34          ,59
KARTOFFELN              ,51          ,76
BANANEN                 ,67          ,92
RUEBEN                  ,45          ,70
KAESE                   ,89         1,14
AEPFEL                  ,23          ,48

6 Zeilen ausgewählt.
```

Hinweis: Einige Implementierungen von SQL verwenden die Syntax `<Spaltenname = Alias>`. Das obige Beispiel ist dann wie folgt zu schreiben:

```
SQL> SELECT ARTIKEL = PRODUKTE,
     GROSSHANDEL,
     GROSSHANDEL + 0.25 = EINZELHANDEL,
     FROM PREIS;
```

Die Syntax der jeweiligen Implementierung ist aus der zugehörigen Dokumentation ersichtlich.

Vielleicht taucht bei Ihnen die Frage auf, welchen Nutzen Aliasnamen bringen, wenn man nicht mit befehlszeilenorientiertem SQL arbeitet. Die Frage ist zwar berechtigt, aber wissen Sie auch, wie Berichtsgeneratoren arbeiten? Falls Sie irgendwann einmal einen Berichtsgenerator schreiben sollen, werden Sie sich der Aliasnamen erinnern und nicht alles neu erfinden, worüber sich Dr. Codd und IBM bereits den Kopf zerbrochen haben.

Bisher haben Sie zwei Einsatzfälle für das Pluszeichen kennengelernt. Im ersten Fall haben Sie in der `SELECT`-Klausel eine Berechnung mit den Daten ausgeführt und die Berechnung angezeigt. Dem zweiten Einsatzfall begegnen wir in der `WHERE`-Klausel. Die Verwendung von Operatoren in der `WHERE`-Klausel bietet mehr Flexibilität, wenn man Bedingungen für das Abrufen von Daten spezifiziert.

Im bestimmten Implementierungen von SQL dient das Pluszeichen gleichzeitig als Operator zur Zeichenverkettung. Auf diesen Einsatzfall gehen wir später ein.

Minus (-)

Das Minuszeichen hat ebenfalls mehrere Bedeutungen. Als erstes kann man damit das Vorzeichen einer Zahl ändern. Diese Funktion demonstrieren wir an der Tabelle HOCHTIEF.

Eingabe

```
SQL> SELECT * FROM HOCHTIEF;
```

Ausgabe

```
STAAT        HOCHTEMP   TIEFTEMP
---------- ---------- ----------
CA                -50        120
FL                 20        110
LA                 15         99
ND                -70        101
NE                -60        100
```

Die Daten kann man zum Beispiel wie folgt manipulieren:

Eingabe/Ausgabe

```
SQL> SELECT STAAT, -HOCHTEMP TIEFST, -TIEFTEMP HOECHST
  2  FROM HOCHTIEF;

STAAT          TIEFST    HOECHST
---------- ---------- ----------
CA                 50       -120
FL                -20       -110
LA                -15        -99
ND                 70       -101
NE                 60       -100
```

Die zweite (und naheliegende) Verwendung des Minuszeichens ist die Subtraktion einer Spalte von einer anderen. Zum Beispiel:

Eingabe/Ausgabe

```
SQL> SELECT STAAT,
  2  HOCHTEMP TIEFST,
  3  TIEFTEMP HOECHST,
  4  (TIEFTEMP - HOCHTEMP) DIFFERENZ
  5  FROM HOCHTIEF;

STAAT          TIEFST    HOECHST  DIFFERENZ
---------- ---------- ---------- ----------
CA                -50        120        170
FL                 20        110         90
LA                 15         99         84
ND                -70        101        171
NE                -60        100        160
```

Analyse

Beachten Sie die Verwendung von Aliasnamen, um die falsch eingegebenen Daten zu korrigieren. Auf diese Weise nimmt man nur temporäre Korrekturen und keine ständigen Änderungen vor. Die Ausgabe soll lediglich darauf hinweisen, daß die Daten korrigiert wurden und in Zukunft korrekt einzugeben sind. Tag 21 erläutert, wie man falsche Daten in Ordnung bringt.

Diese Abfrage hat nicht nur die falschen Daten korrigiert (zumindest visuell), sondern auch eine neue Spalte mit den Abweichungen zwischen Höchst- und Tiefsttemperaturen jedes Staates erzeugt.

Wenn man versehentlich das Minuszeichen auf ein Zeichenfeld anwendet, erhält man folgenden Fehler:

Eingabe/Ausgabe

```
SQL> SELECT -STAAT FROM HOCHTIEF;
SELECT -STAAT FROM HOCHTIEF
        *
FEHLER in Zeile 1:
ORA-01722: Ungültige Zahl
```

Die genaue Fehlermeldung hängt von der konkreten Implementierung ab. Das Ergebnis ist aber das gleiche.

Division (/)

Der Divisionsoperator hat nur die allgemein bekannte Bedeutung. Geben Sie die folgende Anweisung für die Tabelle PREIS ein:

```
SQL> SELECT * FROM PREIS;
```

```
ARTIKEL         GROSSHANDEL
--------------- -----------
TOMATEN                 ,34
KARTOFFELN              ,51
BANANEN                 ,67
RUEBEN                  ,45
KAESE                   ,89
AEPFEL                  ,23

6 Zeilen ausgewählt.
```

Geht man mit dem Preis bei einem Ausverkauf auf die Hälfte herunter, läßt sich das Ergebnis mit der folgenden Anweisung anzeigen:

```
SQL> SELECT ARTIKEL, GROSSHANDEL, (GROSSHANDEL/2) SONDERPREIS
  2  FROM PREIS;
ARTIKEL         GROSSHANDEL SONDERPREIS
--------------- ----------- -----------
TOMATEN                 ,34         ,17
KARTOFFELN              ,51        ,255
BANANEN                 ,67        ,335
RUEBEN                  ,45        ,225
KAESE                   ,89        ,445
AEPFEL                  ,23        ,115

6 Zeilen ausgewählt.
```

Die Division in der obigen SELECT-Anweisung ist unkompliziert (außer daß im Ergebnis halbe Pfennige entstehen).

Multiplikation (*)

Der Multiplikationsoperator bereitet ebenfalls keine Schwierigkeiten. Verwenden Sie wieder die Tabelle PRICE, und geben Sie die folgende Anweisung ein:

```
SQL> SELECT * FROM PREIS;
```

```
ARTIKEL         GROSSHANDEL
--------------- -----------
TOMATEN                ,34
KARTOFFELN             ,51
BANANEN                ,67
RUEBEN                 ,45
KAESE                  ,89
AEPFEL                 ,23

6 Zeilen ausgewählt.
```

Die nächste Abfrage ändert die Tabelle, um einen durchgängigen Preisnachlaß von 10 Prozent widerzuspiegeln:

```
SQL> SELECT ARTIKEL, GROSSHANDEL, GROSSHANDEL * 0.9 PREIS_NEU
  2  FROM PREIS;

ARTIKEL         GROSSHANDEL  PREIS_NEU
--------------- ----------- ----------
TOMATEN                ,34       ,306
KARTOFFELN             ,51       ,459
BANANEN                ,67       ,603
RUEBEN                 ,45       ,405
KAESE                  ,89       ,801
AEPFEL                 ,23       ,207

6 Zeilen ausgewählt.
```

Mit diesen Operatoren lassen sich in einer SELECT-Anweisung leistungsfähige Berechnungen ausführen.

Modulo (%)

Der Modulo-Operator gibt den ganzzahligen Rest einer Divisionsoperation zurück. Geben Sie die folgende Anweisung für die Tabelle REST ein:

Eingabe

```
SQL> SELECT * FROM REST;
```

Ausgabe

```
  ZAEHLER     NENNER
---------- ----------
        10          5
         8          3
        23          9
        40         17
      1024         16
        85         34

6 Zeilen ausgewählt.
```

Man kann auch eine neue Spalte – REST – erzeugen, um die Werte des Ausdrucks ZAEHLER % NENNER aufzunehmen.

Eingabe/Ausgabe

```
SQL> SELECT ZAEHLER,
     NENNER,
     ZAEHLER % NENNER REST
     FROM REST;

  ZAEHLER     NENNER       REST
---------- ---------- ----------
        10          5          0
         8          3          2
        23          9          5
        40         17          6
```

```
      1024           16            0
        85           34           17

6 Zeilen ausgewählt.
```

Einige Implementierungen von SQL (unter anderem auch Personal Oracle8) implementieren Modulo als Funktion namens `MOD` (siehe dazu Tag 4). Die folgende Anweisung liefert dann die gleichen Ergebnisse wie mit der obigen Anweisung:

```
SQL> SELECT ZAEHLER,
  2  NENNER,
  3  MOD(ZAEHLER, NENNER) REST
  4  FROM REST;
```

Operatorvorrang

Dieser Abschnitt geht auf den Vorrang der Operatoren in einer `SELECT`-Anweisung ein. Geben Sie für die Tabelle `VORRANG` die folgende Anweisung ein:

```
SQL> SELECT * FROM VORRANG;

        N1         N2         N3         N4
---------- ---------- ---------- ----------
         1          2          3          4
        13         24         35         46
         9          3         23          5
        63          2         45          3
         7          2          1          4

5 Zeilen ausgewählt.
```

Testen Sie den Vorrang mit dem folgenden Codesegment:

Eingabe/Ausgabe

```
SQL> SELECT
  2  N1+N2*N3/N4,
  3  (N1+N2)*N3/N4,
  4  N1+(N2*N3)/N4
  5  FROM VORRANG;

N1+N2*N3/N4 (N1+N2)*N3/N4 N1+(N2*N3)/N4
----------- ------------- -------------
        2,5          2,25           2,5
 31,2608696    28,1521739    31,2608696
       22,8          55,2          22,8
```

```
      93            975            93
     7,5           2,25           7,5

5 Zeilen ausgewählt.
```

Beachten Sie, daß die erste und letzte Spalte identisch sind. Eine vierte Spalte `N1+N2*(N3/N4)` würde ebenfalls die gleichen Werte wie in der ersten und letzten Spalte enthalten.

Vergleichsoperatoren

Wie bereits aus dem Namen hervorgeht, vergleichen diese Operatoren Ausdrücke und geben einen von drei Werten zurück: `TRUE`, `FALSE` oder `UNKNOWN` (Unbekannt). Moment mal! Unbekannt? `TRUE` und `FALSE` sind selbsterklärend, aber was ist `UNKNOWN`?

Um zu verstehen, wie man ein `UNKNOWN` erhalten kann, muß man etwas über das Konzept von `NULL` wissen. In bezug auf Datenbanken bezeichnet `NULL` das Fehlen von Daten in einem Feld. Das heißt nicht, daß eine Spalte eine `0` oder ein Leerzeichen enthält. Die `0` oder das Leerzeichen sind echte Werte. `NULL` bedeutet, daß tatsächlich nichts in diesem Feld enthalten ist. Führt man einen Vergleich wie `Feld = 9` aus und der einzige Wert für `Feld` ist `NULL`, liefert der Vergleich das Ergebnis `UNKNOWN`. Da die Bedingung `UNKNOWN` etwas aus dem Rahmen fällt (verglichen mit anderen Programmiersprachen), ändern die meisten Versionen von SQL den Wert `UNKNOWN` in `FALSE` und stellen den speziellen Operator `IS NULL` für den Test auf eine `NULL`-Bedingung bereit.

Das folgende Beispiel demonstriert den Wert `NULL`. Nehmen wir einen Eintrag in der Tabelle `PREIS` an, der keinen Wert für `GROSSHANDEL` enthält. Das Ergebnis einer Abfrage könnte dann wie folgt aussehen:

Eingabe

```
SQL> SELECT * FROM PREIS;
```

Ausgabe

```
ARTIKEL          GROSSHANDEL
--------------- -----------
TOMATEN                 ,34
KARTOFFELN              ,51
BANANEN                 ,67
```

```
RUEBEN                     ,45
KAESE                      ,89
AEPFEL                     ,23
ORANGEN

7 Zeilen ausgewählt.
```

Beachten Sie, daß im Feld GROSSHANDEL auf der Zeile für Orangen keine Ausgaben erfolgen. Der Wert für das Feld GROSSHANDEL bei Orangen lautet NULL.

Versuchen Sie, den NULL-Wert aufzuspüren:

```
SQL> SELECT *
  2  FROM PREIS
  3  WHERE GROSSHANDEL IS NULL;

ARTIKEL         GROSSHANDEL
--------------- -----------
ORANGEN

1 Zeile wurde ausgewählt.
```

Wie Sie der Ausgabe entnehmen können, sind ORANGEN der einzige Artikel, dessen Wert für GROSSHANDEL gleich NULL ist oder keinen Wert enthält. Wenn man dagegen das Gleichheitszeichen (=) im Test verwendet, erhält man folgendes Ergebnis:

```
SQL> SELECT *
  2  FROM PREIS
  3  WHERE GROSSHANDEL = NULL;

Es wurden keine Zeilen ausgewählt
```

Dieses Beispiel zeigt sowohl den am häufigsten eingesetzten Vergleichsoperator – das Gleichheitszeichen (=) – als auch den Schauplatz für alle Vergleichsoperatoren – die WHERE-Klausel. Die WHERE-Klausel ist Ihnen bereits bekannt, sehen wir uns also kurz das Gleichheitszeichen an.

Man findet keine Einträge, da der Vergleich `GROSSHANDEL = NULL` den Wert `FALSE` zurückgibt – das Ergebnis war unbekannt. Es ist besser, ein `IS NULL` anstelle eines Gleichheitszeichens zu verwenden und die `WHERE`-Anweisung in `WHERE GROSSHANDEL IS NULL` zu ändern. In diesem Fall erhält man alle Zeilen, in denen eine `NULL` vorkommt.

Gleichheit (=)

Weiter vorn in diesem Kapitel haben Sie gesehen, wie bestimmte Implementierungen von SQL das Gleichheitszeichen in der `SELECT`-Klausel verwenden, um einen Alias zuzuweisen. In der `WHERE`-Klausel dient das Gleichheitszeichen in der Regel als Vergleichsoperator. In dieser Funktion läßt sich mit dem Gleichheitszeichen ein bestimmter Wert aus vielen auswählen. Probieren Sie das folgende Beispiel aus:

```
SQL> SELECT * FROM FREUNDE;
```

```
NACHNAME        VORNAME            VORWAHL TELEFON  ST ZIP
--------------- --------------- ---------- -------- -- -----
BUNDY           AL                     100 555-1111 IL 22333
MEZA            AL                     200 555-2222 UK
MERRICK         BUD                    300 555-6666 CO 80212
MAST            JD                     381 555-6767 LA 23456
BULHER          FERRIS                 345 555-3223 IL 23332

5 Zeilen ausgewählt.
```

Suchen wir die Zeile von `JD`. (In einer kurzen Liste erscheint diese Aufgabe trivial, vielleicht haben Sie aber mehr Freunde als wir – oder Ihre Liste enthält Tausende von Datensätzen.)

```
SQL> SELECT *
  2  FROM FREUNDE
  3  WHERE VORNAME = 'JD';
```

```
NACHNAME        VORNAME         VORWAHL TELEFON  ST ZIP
--------------- --------------- ---------- -------- -- -----
MAST            JD                     381 555-6767 LA 23456

1 Zeile wurde ausgewählt.
```

Wir erhalten das erwartete Ergebnis. Geben Sie nun folgende Anweisung ein:

Eingabe/Ausgabe

```
SQL> SELECT *
  2  FROM FREUNDE
  3  WHERE VORNAME = 'AL';

NACHNAME        VORNAME         VORWAHL TELEFON  ST ZIP
--------------- --------------- ---------- -------- -- -----
BUNDY           AL                     100 555-1111 IL 22333
MEZA            AL                     200 555-2222 UK

2 Zeilen ausgewählt.
```

Hinweis

Dieses Beispiel zeigt, daß das Gleichheitszeichen auch mehrere Datensätze liefern kann. Beachten Sie, daß ZIP im zweiten Datensatz leer ist. ZIP ist ein Zeichenfeld. (Wie man Tabellen erzeugt und füllt, lernen Sie in Tag 8.) Das Beispiel zeigt, daß man in der Ausgabe einen NULL-Wert nicht von einem leeren Feld unterscheiden kann.

Den Einfluß der Groß-/Kleinschreibung betont noch einmal das folgende Beispiel:

Eingabe/Ausgabe

```
SQL> SELECT * FROM FREUNDE
  2  WHERE VORNAME = 'BUD';

NACHNAME        VORNAME         VORWAHL TELEFON  ST ZIP
--------------- --------------- ---------- -------- -- -----
MERRICK         BUD                    300 555-6666 CO 80212

1 Zeile wurde ausgewählt.
```

Probieren Sie nun folgende Anweisung aus:

```
SQL> select * from freunde
  2  where vorname = 'Bud';

Es wurden keine Zeilen ausgewählt
```

Auch wenn die SQL-Syntax selbst nicht von der Groß-/Kleinschreibung abhängig ist, wird bei den Daten streng auf die Schreibweise geachtet. Die meisten Firmen speichern die Daten vorzugsweise in Großbuchstaben, um einheitliche Datenbestände zu gewährleisten. Man sollte die Daten immer entweder durchgängig in Groß- oder in Kleinbuchstaben ablegen. Die gemischte Schreibweise kann zu Problemen beim Abrufen der Daten führen, wenn man die Konventionen der Dateneingabe nicht genau kennt.

Größer als (>) und Größer als oder gleich (>=)

Der Operator Größer als (>) funktioniert wie folgt:

```
SQL> SELECT *
  2  FROM FREUNDE
  3  WHERE VORWAHL > 300;
```

```
NACHNAME        VORNAME            VORWAHL TELEFON  ST ZIP
--------------- --------------- ---------- -------- -- -----
MAST            JD                     381 555-6767 LA 23456
BULHER          FERRIS                 345 555-3223 IL 23332

2 Zeilen ausgewählt.
```

Dieses Beispiel hat alle Vorwahlen gefunden, die größer als (aber nicht gleich) 300 sind. Um 300 einzuschließen, gibt man folgende Anweisung ein:

```
SQL> SELECT *
  2  FROM FREUNDE
  3  WHERE VORWAHL >= 300;

NACHNAME        VORNAME          VORWAHL TELEFON  ST ZIP
--------------- --------------- ---------- -------- -- -----
MERRICK         BUD                    300 555-6666 CO 80212
MAST            JD                     381 555-6767 LA 23456
BULHER          FERRIS                 345 555-3223 IL 23332

3 Zeilen ausgewählt.
```

Mit dieser Änderung erhält man alle Vorwahlnummern beginnend bei 300 aufwärts. Das gleiche Ergebnis läßt sich mit der Bedingung VORWAHL > 299 erreichen.

Beachten Sie, daß der Wert 300 in dieser SQL-Anweisung nicht von Apostrophen eingeschlossen ist. Numerische Felder erfordern keine Apostrophe.

Kleiner als (<) und Kleiner oder gleich (<=)

Wie man leicht errät, arbeiten diese Vergleichsoperatoren in der gleichen Weise wie > und >=, nur umgekehrt:

```
SQL> SELECT *
  2  FROM FREUNDE
  3  WHERE STAAT < 'LA';
```

```
NACHNAME        VORNAME         VORWAHL TELEFON  ST ZIP
--------------- --------------- --------- -------- -- -----
BUNDY           AL                   100 555-1111 IL 22333
MERRICK         BUD                  300 555-6666 CO 80212
BULHER          FERRIS               345 555-3223 IL 23332

3 Zeilen ausgewählt.
```

Wieso hat sich STAAT in ST geändert? Weil die Spalte nur für eine Länge von zwei Zeichen definiert ist, wird der Spaltenname in den zurückgegebenen Zeilen auf zwei Zeichen abgeschnitten. Ein Spaltenname wie KUNDENNUMMER erscheint dann nur als KU. Die Felder VORWAHL und TELEFON sind breiter als ihre Spaltennamen und werden daher nicht abgeschnitten.

Moment mal! Haben Sie nicht gerade den Operator < auf ein Zeichenfeld angewandt? Diese Vergleichsoperatoren lassen sich für jeden Datentyp einsetzen. Die Ergebnisse hängen vom jeweiligen Datentyp ab. Formulieren Sie beispielsweise die Suchbedingung nach dem Staat mit Kleinbuchstaben:

```
SQL> SELECT *
  2  FROM FREUNDE
  3  WHERE STAAT < 'la';

NACHNAME        VORNAME         VORWAHL TELEFON  ST ZIP
--------------- --------------- --------- -------- -- -----
BUNDY           AL                   100 555-1111 IL 22333
MEZA            AL                   200 555-2222 UK
MERRICK         BUD                  300 555-6666 CO 80212
MAST            JD                   381 555-6767 LA 23456
BULHER          FERRIS               345 555-3223 IL 23332

5 Zeilen ausgewählt.
```

Großbuchstaben stehen in der Sortierreihenfolge normalerweise vor den Kleinbuchstaben. Die zurückgegebenen Staatencodes sind damit alle kleiner als 'la'. Auch in diesem Fall sollten Sie sich in der Dokumentation zu Ihrer Datenbank sachkundig machen.

Hinweis

Die genaue Funktion dieser Operatoren hängt von den jeweiligen Ländereinstellungen ab, zu denen auch die Sortierreihenfolge gehört. Die meisten PC-Implementierungen verwenden ASCII-Tabellen. Es gibt aber auch Plattformen, die mit der EBCDIC-Tabelle arbeiten.

Mit der folgenden Anweisung nehmen Sie den Staat Louisiana in die ursprüngliche Suche auf:

Eingabe/Ausgabe

```
SQL> SELECT *
  2  FROM FREUNDE
  3  WHERE STAAT <= 'LA';

NACHNAME        VORNAME         VORWAHL TELEFON  ST ZIP
--------------- --------------- --------- -------- -- -----
BUNDY           AL                    100 555-1111 IL 22333
MERRICK         BUD                   300 555-6666 CO 80212
MAST            JD                    381 555-6767 LA 23456
BULHER          FERRIS                345 555-3223 IL 23332

4 Zeilen ausgewählt.
```

Ungleichheit (< > und !=)

Mit dem Symbol für Ungleichheit lassen sich alle Datensätze, außer denjenigen mit den spezifizierten Werten zurückgeben. Die verschiedenen SQL-Implementierungen stellen diesen Operator durch `< >` oder `!=` dar. Mit der folgenden Anweisung findet man zum Beispiel alle Freunde, die nicht mit Vornamen AL heißen:

Eingabe

```
SQL> SELECT *
  2  FROM FREUNDE
  3  WHERE VORNAME <> 'AL';
```

```
NACHNAME        VORNAME         VORWAHL TELEFON  ST ZIP
--------------- --------------- ---------- -------- -- -----
MERRICK         BUD                    300 555-6666 CO 80212
MAST            JD                     381 555-6767 LA 23456
BULHER          FERRIS                 345 555-3223 IL 23332

3 Zeilen ausgewählt.
```

Alle Freunde, die nicht in Kalifornien (CA) wohnen, lassen sich mit der folgenden Anweisung heraussuchen:

```
SQL> SELECT *
  2  FROM FREUNDE
  3  WHERE STAAT != 'CA';

NACHNAME        VORNAME         VORWAHL TELEFON  ST ZIP
--------------- --------------- ---------- -------- -- -----
BUNDY           AL                     100 555-1111 IL 22333
MEZA            AL                     200 555-2222 UK
MERRICK         BUD                    300 555-6666 CO 80212
MAST            JD                     381 555-6767 LA 23456
BULHER          FERRIS                 345 555-3223 IL 23332

5 Zeilen ausgewählt.
```

Beachten Sie, daß man mit beiden Symbolen `< >` und `!=` die Ungleichheit ausdrücken kann.

Zeichenoperatoren

Mit Zeichenoperatoren kann man die Art und Weise der String-Darstellung beeinflussen. Das gilt sowohl für die Ausgabedaten als auch für das Formulieren der Bedingungen von abzurufenden Daten. Der vorliegende Abschnitt erläutert zwei Operatoren: den Operator `LIKE` und den Operator `||`, der eine Zeichenverkettung erlaubt.

Der Operator LIKE

Möchte man Daten abrufen, die einem bestimmten Muster entsprechen, aber keine genauen Übereinstimmungen liefern, kann man mit dem Gleichheitszeichen arbeiten und alle möglichen Fälle durchgehen. Diese Methode ist umständlich und zeitaufwendig. Der Operator `LIKE` bietet eine elegante Alternative. Sehen Sie sich dazu folgendes Beispiel an.

Eingabe

```
SQL> SELECT * FROM TEILE;
```

Ausgabe

```
NAME            ORT                 NUMMER
--------------- --------------- ----------
BLINDDARM       MITTELBAUCH              1
ADAMSAPFEL      KEHLKOPF                 2
HERZ            BRUST                    3
WIRBELSÄULE     RÜCKEN                   4
AMBOSS          OHR                      5
NIERE           MITTELRÜCKEN             6

6 Zeilen ausgewählt.
```

Wie kann man nun alle Teile finden, die zum Rücken gehören? Ein schneller Blick auf diese einfache Tabelle zeigt, daß es zwei Teile sind. Allerdings sind die Bezeichnungen nicht identisch. Probieren Sie die folgende Anweisung aus:

Eingabe/Ausgabe

```
SQL> SELECT *
  2  FROM TEILE
  3  WHERE ORT LIKE '%RÜCKEN%';

NAME            ORT                 NUMMER
--------------- --------------- ----------
WIRBELSÄULE     RÜCKEN                   4
NIERE           MITTELRÜCKEN             6

2 Zeilen ausgewählt.
```

Das Prozentzeichen dient im LIKE-Ausdruck als Platzhalter für eine beliebige Anzahl von Zeichen. Wir haben damit alle Datensätze gesucht, bei denen in der Spalte ORT ein RÜCKEN vorkommt. Mit der Abfrage

```
SQL> SELECT *
  2  FROM TEILE
  3  WHERE ORT LIKE 'RÜCKEN%';
```

erhält man alle Werte zurück, die mit RÜCKEN beginnen:

```
NAME            ORT                 NUMMER
--------------- --------------- ----------
WIRBELSÄULE     RÜCKEN                   4

1 Zeile wurde ausgewählt.
```

Die folgende Anweisung sucht alle Teile, die mit A beginnen:

```
SQL> SELECT *
  2  FROM TEILE
  3  WHERE NAME LIKE 'A%';

NAME            ORT                 NUMMER
--------------- --------------- ----------
ADAMSAPFEL      KEHLKOPF                 2
AMBOSS          OHR                      5

2 Zeilen ausgewählt.
```

Untersuchen wir schließlich noch die Abhängigkeit des Operators LIKE von der Groß-/Kleinschreibung:

Eingabe/Ausgabe

```
SQL> SELECT *
  2  FROM TEILE
  3  WHERE NAME LIKE 'a%';

Es wurden keine Zeilen ausgewählt
```

Analyse

Der Operator LIKE berücksichtigt die Groß-/Kleinschreibung. Bezüge auf Daten sind immer von der Schreibweise abhängig.

Wenn man Daten finden möchte, die nach einem bestimmten Muster in allen Zeichen bis auf eines übereinstimmen, kann mit dem Platzhalterzeichen Unterstrich arbeiten.

Unterstrich (_)

Der Unterstrich dient als Platzhalter für genau ein Zeichen. Die folgenden Beispiele arbeiten mit einer modifizierten Version der Tabelle FREUNDE:

Eingabe

```
SQL> SELECT * FROM FREUNDE;
```

Ausgabe

```
NACHNAME        VORNAME          VORWAHL TELEFON  ST ZIP
--------------- --------------- ---------- -------- -- -----
BUNDY           AL                    100 555-1111 IL 22333
MEZA            AL                    200 555-2222 UK
MERRICK         BUD                   300 555-6666 CO 80212
MAST            JD                    381 555-6767 LA 23456
BULHER          FERRIS                345 555-3223 IL 23332
PERKINS         ALTON                 911 555-3116 CA 95633
BOSS            SIR                   204 555-2345 CT 95633

7 Zeilen ausgewählt.
```

Mit der folgenden Anweisung findet man alle Datensätze, in denen der Staat mit C beginnt:

```
SQL> SELECT *
  2  FROM FREUNDE
  3  WHERE STAAT LIKE 'C_';

NACHNAME        VORNAME         VORWAHL TELEFON  ST ZIP
--------------- --------------- --------- -------- -- -----
MERRICK         BUD                   300 555-6666 CO 80212
PERKINS         ALTON                 911 555-3116 CA 95633
BOSS            SIR                   204 555-2345 CT 95633

3 Zeilen ausgewählt.
```

In einer Anweisung können auch mehrere Unterstriche stehen:

```
SQL> SELECT *
  2  FROM FREUNDE
  3  WHERE TELEFON LIKE '555-6_6_';

NACHNAME        VORNAME         VORWAHL TELEFON  ST ZIP
--------------- --------------- --------- -------- -- -----
MERRICK         BUD                   300 555-6666 CO 80212
MAST            JD                    381 555-6767 LA 23456

2 Zeilen ausgewählt.
```

Die obige Anweisung läßt sich auch folgendermaßen formulieren:

```
SQL> SELECT *
  2  FROM FREUNDE
  3  WHERE TELEFON LIKE '555-6%';
```

```
NACHNAME        VORNAME          VORWAHL TELEFON  ST ZIP
--------------- --------------- ---------- -------- -- -----
MERRICK         BUD                    300 555-6666 CO 80212
MAST            JD                     381 555-6767 LA 23456

2 Zeilen ausgewählt.
```

Die Ergebnisse sind identisch. Man kann beide Platzhalterzeichen kombinieren. Das nächste Beispiel sucht alle Datensätze, bei denen in der Spalte `VORNAME` ein `L` als zweites Zeichen steht:

Eingabe/Ausgabe

```
SQL> SELECT *
  2  FROM FREUNDE
  3  WHERE VORNAME LIKE '_L%';

NACHNAME        VORNAME          VORWAHL TELEFON  ST ZIP
--------------- --------------- ---------- -------- -- -----
BUNDY           AL                     100 555-1111 IL 22333
MEZA            AL                     200 555-2222 UK
PERKINS         ALTON                  911 555-3116 CA 95633

3 Zeilen ausgewählt.
```

Zeichenverkettung (||)

Zwei Strings lassen sich mit dem doppelten Pipe-Symbol (||) verbinden. Probieren Sie die folgende Anweisung aus:

Eingabe

```
SQL> SELECT VORNAME || NACHNAME GESAMTNAME
  2  FROM FREUNDE;
```

Ausgabe

```
GESAMTNAME
------------------------------
AL             BUNDY
AL             MEZA
```

```
BUD             MERRICK
JD              MAST
FERRIS          BULHER
ALTON           PERKINS
SIR             BOSS

7 Zeilen ausgewählt.
```

Die Verkettung ist mit dem Operator || und nicht mit einem Pluszeichen durchzuführen. Wenn man versucht, zwei Strings mit dem Pluszeichen zu verbinden, liefert der im Beispiel verwendete SQL-Interpreter von Personal Oracle8 den folgenden Fehler zurück:

```
SQL> SELECT VORNAME + NACHNAME GESAMTNAME
  2  FROM FREUNDE;
SELECT VORNAME + NACHNAME GESAMTNAME
       *
FEHLER in Zeile 1:
ORA-01722: Ungültige Zahl
```

In Personal Oracle8 ist der Operator + für die Addition zweier Zahlen vorgesehen. Ein String ergibt aber keine gültige Zahl, so daß der oben gezeigte Fehler auftritt.

Einige Implementierungen von SQL verwenden das Pluszeichen zur Verbindung von Strings. Sehen Sie bitte in Ihrer Dokumentation nach, welche Operatoren für die Stringverkettung vorgesehen sind.

Die folgende Anweisung fügt ein Komma zwischen Nachname und Vorname ein:

```
SQL> SELECT NACHNAME || ', ' || VORNAME NAME
  2  FROM FREUNDE;

NAME
-------------------------------
BUNDY          , AL
MEZA           , AL
```

```
MERRICK         , BUD
MAST            , JD
BULHER          , FERRIS
PERKINS         , ALTON
BOSS            , SIR

7 Zeilen ausgewählt.
```

Analyse

Die obige Anweisung hat die zurückgegebenen Spaltenwerte mit einer literalen Zeichenkette (dem Komma) verkettet.

Hinweis

Beachten Sie in den obigen Beispielen die Leerzeichen zwischen den einzelnen Namensbestandteilen. Diese Leerzeichen sind Teil der eigentlichen Daten. Sind die Werte bei bestimmten Datentypen kürzer als die spezifizierte Feldlänge, werden die fehlenden Zeichen durch Leerzeichen aufgefüllt. Auf Datentypen geht Lektion 9 näher ein.

Die bisherigen Beispiele haben immer nur einen einzigen Vergleich durchgeführt. Die nächsten Abschnitte zeigen Operatoren, mit denen sich mehrere Vergleiche verbinden lassen. Beispielsweise kann man dann alle Datensätze für Mitarbeiter heraussuchen, deren Nachname mit P beginnt und die mehr als drei Tage Urlaub genommen haben.

Logische Operatoren

Mit logischen Operatoren lassen sich mehrere Bedingungen in der WHERE-Klausel einer SQL-Anweisung kombinieren.

Die Urlaubszeit ist immer ein heißes Thema am Arbeitsplatz. Nehmen wir an, daß Sie eine Tabelle namens URLAUB für die Buchhaltung erstellt haben:

Eingabe

```
SQL> SELECT * FROM URLAUB;
```

```
NACHNAME         PERSONALNR      JAHRE URL_GENOMMEN
--------------- ---------- ---------- ------------
ABLE                    101          2            4
BAKER                   104          5           23
BLEDSOE                 107          8           45
BOLIVAR                 233          4           80
BOLD                    210         15          100
COSTALES                211         10           78

6 Zeilen ausgewählt.
```

Nehmen wir an, daß Ihre Firma allen Mitarbeitern 12 Tage Urlaub im Jahr gewährt. Mit den bisher eingeführten Operatoren und einem logischen Operator lassen sich nun alle Mitarbeiter finden, deren Name mit `B` beginnt und die noch mehr als 50 Tage Urlaub übrig haben.

```
SQL> SELECT NACHNAME,
  2  JAHRE * 12 - URL_GENOMMEN REST
  3  FROM URLAUB
  4  WHERE NACHNAME LIKE 'B%'
  5  AND
  6  JAHRE * 12 - URL_GENOMMEN > 50;

NACHNAME              REST
--------------- ----------
BLEDSOE                 51
BOLD                    80

2 Zeilen ausgewählt.
```

Diese Abfrage ist etwas komplizierter als die bisherigen. Die `SELECT`-Klausel (in den Zeilen 1 und 2) ermittelt mit arithmetischen Operatoren, wie viele Urlaubstage jeder Mitarbeiter noch übrig hat. Nach der normalen Operatorrangfolge wird `JAHRE * 12 - URL_GENOMMEN` berechnet. Gegebenenfalls kann man die Reihenfolge der Auswertung auch mit Klammern hervorheben: `(JAHRE * 12) - URL_GENOMMEN`.

Der Operator LIKE in Zeile 4 sucht in Verbindung mit dem Platzhalterzeichen % alle mit einem B beginnenden Namen heraus. Mit dem Operator Größer als (>) in Zeile 6 werden alle Datensätze mit einem Resturlaub von mehr als 50 Tagen ermittelt.

Das neue Element steht in Zeile 5. Mit dem logischen Operator AND stellt man sicher, daß die gefundenen Datensätze beiden Kriterien – in den Zeilen 4 und 6 – genügen.

AND

Der Operator AND liefert das Ergebnis TRUE zurück, wenn beide Seiten (die Operanden) TRUE sind. Ist wenigstens ein Operand FALSE, liefert AND das Ergebnis FALSE. Mit der folgenden Anweisung sucht man zum Beispiel alle Mitarbeiter, die in der Firma seit maximal 5 Jahren arbeiten und bereits mehr als 20 Tage Urlaub genommen haben:

Eingabe

```
SQL> SELECT NACHNAME
  2  FROM URLAUB
  3  WHERE JAHRE <= 5
  4  AND
  5  URL_GENOMMEN > 20;
```

Ausgabe

```
NACHNAME
---------------
BAKER
BOLIVAR

2 Zeilen ausgewählt.
```

Möchten Sie wissen, welche Mitarbeiter mindestens 5 Jahre in der Firma arbeiten und weniger als die Hälfte Ihres Urlaubs genommen haben, schreiben Sie die folgende Anweisung:

```
SQL> SELECT NACHNAME WORKAHOLICS
  2  FROM URLAUB
  3  WHERE JAHRE >= 5
  4  AND
  5  URL_GENOMMEN / (JAHRE * 12) < 0.5;

WORKAHOLICS
---------------
BAKER
BLEDSOE

2 Zeilen ausgewählt.
```

Man sollte diese Mitarbeiter auf Überarbeitung untersuchen. Sehen Sie sich aber auch an, wie die beiden Bedingungen mit dem Operator AND verbunden wurden.

OR

Mit dem Operator OR kann man eine Reihe von Bedingungen zusammenfassen. Wenn mindestens eine der Bedingungen TRUE ergibt, liefert der Operator OR das Ergebnis TRUE. Um den Unterschied zu zeigen, führen wir die letzte Abfrage mit dem Operator OR anstelle von AND aus:

```
SQL> SELECT NACHNAME WORKAHOLICS
  2  FROM URLAUB
  3  WHERE JAHRE >= 5
  4  OR
  5  URL_GENOMMEN / (JAHRE * 12) < 0.5;
```

```
WORKAHOLICS
---------------
ABLE
BAKER
BLEDSOE
```

```
BOLD
COSTALES

5 Zeilen ausgewählt.
```

Die bisherigen Namen finden sich immer noch in der Liste, es sind aber drei neue Mitarbeiter hinzugekommen (die es wahrscheinlich übelnehmen, wenn man sie als Workaholics bezeichnet). Die neuen Einträge stehen deshalb in der Liste, weil sie mindestens eine der spezifizierten Bedingungen erfüllen. Der Operator `OR` fordert, daß wenigstens eine der Bedingungen `TRUE` ist, damit die Daten zurückgegeben werden.

NOT

`NOT` bedeutet wortwörtlich Nicht. Wenn die entsprechende Bedingung `TRUE` zurückgibt, wandelt `NOT` das Ergebnis in `FALSE` um. Liefert die Bedingung nach dem Operator `NOT` den Wert `FALSE`, heißt das Ergebnis `TRUE`. Zum Beispiel gibt die folgende `SELECT`-Anweisung die beiden einzigen Namen aus der Tabelle zurück, die nicht mit `B` beginnen:

```
SQL> SELECT *
  2  FROM URLAUB
  3  WHERE NACHNAME NOT LIKE 'B%';
```

```
NACHNAME        PERSONALNR      JAHRE URL_GENOMMEN
--------------- ---------- ---------- ------------
ABLE                   101          2            4
COSTALES               211         10           78

2 Zeilen ausgewählt.
```

In Verbindung mit dem Operator `IS` kann man `NOT` auch auf den Wert `NULL` anwenden. Weiter vorn haben wir in die Tabelle `PREIS` einen `NULL`-Wert in der Spalte `GROSSHANDEL` für den Artikel `ORANGEN` eingetragen.

```
SQL> SELECT * FROM PREIS;

ARTIKEL         GROSSHANDEL
--------------- -----------
TOMATEN                 ,34
KARTOFFELN              ,51
BANANEN                 ,67
RUEBEN                  ,45
KAESE                   ,89
AEPFEL                  ,23
ORANGEN

7 Zeilen ausgewählt.
```

Mit der folgenden Anweisung lassen sich alle Einträge finden, die keine `NULL`-Werte enthalten:

```
SQL> SELECT *
  2  FROM PREIS
  3  WHERE GROSSHANDEL IS NOT NULL;

ARTIKEL         GROSSHANDEL
--------------- -----------
TOMATEN                 ,34
KARTOFFELN              ,51
BANANEN                 ,67
RUEBEN                  ,45
KAESE                   ,89
AEPFEL                  ,23

6 Zeilen ausgewählt.
```

Mengenoperatoren

Tag 1 hat erläutert, daß SQL auf der Mengentheorie basiert. Die folgenden Abschnitte erläutern die Mengenoperatoren.

UNION und UNION ALL

Der Operator `UNION` gibt die Ergebnisse zweier Abfragen abzüglich der doppelt vorkommenden Zeilen zurück. Die folgenden beiden Tabellen zeigen zwei Mannschaftslisten:

```
SQL> SELECT * FROM FOOTBALL;
```

```
NAME
---------------
ABLE
BRAVO
CHARLIE
DECON
EXITOR
FUBAR
GOOBER

7 Zeilen ausgewählt.
```

```
SQL> SELECT * FROM SOFTBALL;

NAME
---------------
ABLE
BAKER
CHARLIE
DEAN
EXITOR
FALCONER
GOOBER

7 Zeilen ausgewählt.
```

Mit der folgenden Anweisung läßt sich die Frage beantworten, wie viele verschiedene Spieler in dem einen oder dem anderen Team spielen:

Eingabe/Ausgabe

```
SQL> SELECT NAME FROM SOFTBALL
  2  UNION
  3  SELECT NAME FROM FOOTBALL;

NAME
---------------
ABLE
BAKER
BRAVO
CHARLIE
DEAN
DECON
EXITOR
FALCONER
FUBAR
GOOBER

10 Zeilen ausgewählt.
```

Der Operator `UNION` liefert 10 verschiedene Namen aus beiden Listen. Wie viele Namen gibt es nun – einschließlich der Duplikate – in beiden Listen?

Eingabe/Ausgabe

```
SQL> SELECT NAME FROM SOFTBALL
  2  UNION ALL
  3  SELECT NAME FROM FOOTBALL;

NAME
---------------
ABLE
BAKER
CHARLIE
DEAN
EXITOR
FALCONER
GOOBER
ABLE
```

```
BRAVO
CHARLIE
DECON
EXITOR
FUBAR
GOOBER

14 Zeilen ausgewählt.
```

Analyse

Dank UNION ALL enthält die kombinierte Liste 14 Namen. Der Operator UNION ALL funktioniert wie UNION, eliminiert aber keine Duplikate. Eine Liste der Spieler, die in beiden Teams spielen, kann man mit UNION nicht erzeugen. Dafür steht aber der Operator INTERSECT bereit.

INTERSECT

Der Operator INTERSECT (Schnittmenge) gibt nur die Zeilen zurück, die aus beiden Abfragen stammen. Die nächste SELECT-Anweisung zeigt die Liste der Spieler, die in beiden Teams spielen:

Eingabe

```
SQL> SELECT * FROM FOOTBALL
  2  INTERSECT
  3  SELECT * FROM SOFTBALL;
```

Ausgabe

```
NAME
---------------
ABLE
CHARLIE
EXITOR
GOOBER

4 Zeilen ausgewählt.
```

In diesem Beispiel erzeugt INTERSECT durch Kombination der Ergebnisse aus beiden SELECT-Anweisungen die kurze Liste der Spieler, die in beiden Teams spielen.

MINUS

Der Operator MINUS (Differenz) liefert die Zeilen aus der ersten Abfrage, die nicht in der zweiten enthalten sind. Dazu ein Beispiel:

Eingabe

```
SQL> SELECT * FROM FOOTBALL
  2  MINUS
  3  SELECT * FROM SOFTBALL;
```

Ausgabe

```
NAME
---------------
BRAVO
DECON
FUBAR

3 Zeilen ausgewählt.
```

Die obige Abfrage zeigt die drei Football-Spieler an, die nicht im Softball-Team spielen. Wenn man die Reihenfolge der Teams ändert, erhält man die drei Softball-Spieler, die nicht im Football-Team spielen:

Eingabe/ Ausgabe

```
SQL> SELECT * FROM SOFTBALL
  2  MINUS
  3  SELECT * FROM FOOTBALL;

NAME
---------------
BAKER
DEAN
FALCONER

3 Zeilen ausgewählt.
```

Verschiedene Operatoren: IN und BETWEEN

Mit den beiden Operatoren `IN` und `BETWEEN` stehen Kurzversionen für Funktionen bereit, die Sie bereits realisieren können. Wenn Sie zum Beispiel Freunde in Colorado, Kalifornien und Lousiana suchen möchten, können Sie folgende Anweisung verwenden:

```
SQL> SELECT *
  2  FROM FREUNDE
  3  WHERE STAAT = 'CA'
  4  OR
  5  STAAT = 'CO'
  6  OR
  7  STAAT = 'LA';
```

```
NACHNAME        VORNAME         VORWAHL TELEFON  ST ZIP
--------------- --------------- ---------- -------- -- -----
MERRICK         BUD                    300 555-6666 CO 80212
MAST            JD                     381 555-6767 LA 23456
PERKINS         ALTON                  911 555-3116 CA 95633

3 Zeilen ausgewählt.
```

Übersichtlicher und eleganter läßt sich die obige Anweisung wie folgt formulieren:

```
SQL> SELECT *
  2  FROM FREUNDE
  3  WHERE STAAT IN('CA','CO','LA');

NACHNAME        VORNAME         VORWAHL TELEFON  ST ZIP
--------------- --------------- ---------- -------- -- -----
MERRICK         BUD                    300 555-6666 CO 80212
MAST            JD                     381 555-6767 LA 23456
PERKINS         ALTON                  911 555-3116 CA 95633

3 Zeilen ausgewählt.
```

Analyse

Das zweite Beispiel ist kürzer und leichter zu erfassen. Man kann nie im voraus wissen, wann man wieder ein Projekt überarbeiten muß, das bereits Monate zurückliegt. Der Operator IN läßt sich auch bei Zahlen einsetzen. Sehen Sie sich dazu das folgende Beispiel an, in dem VORWAHL eine numerische Spalte ist:

Eingabe/Ausgabe

```
SQL> SELECT *
  2  FROM FREUNDE
  3  WHERE VORWAHL IN (100, 381, 204);

NACHNAME        VORNAME            VORWAHL TELEFON  ST ZIP
--------------- --------------- ---------- -------- -- -----
BUNDY           AL                     100 555-1111 IL 22333
MAST            JD                     381 555-6767 LA 23456
BOSS            SIR                    204 555-2345 CT 95633

3 Zeilen ausgewählt.
```

Benötigt man einen Bereich von Artikeln aus der Tabelle PREIS, kann man folgende Anweisung ausführen:

Eingabe/Ausgabe

```
SQL> SELECT *
  2  FROM PREIS
  3  WHERE GROSSHANDEL > 0.25
  4  AND
  5  GROSSHANDEL < 0.75;

ARTIKEL         GROSSHANDEL
--------------- -----------
TOMATEN                 ,34
KARTOFFELN              ,51
BANANEN                 ,67
RUEBEN                  ,45

4 Zeilen ausgewählt.
```

Auch hier gibt es eine elegante Alternative mit dem Operator BETWEEN:

Eingabe/Ausgabe

```
SQL> SELECT *
  2  FROM PREIS
  3  WHERE GROSSHANDEL BETWEEN 0.25 AND 0.75;

ARTIKEL         GROSSHANDEL
--------------- -----------
TOMATEN                 ,34
KARTOFFELN              ,51
BANANEN                 ,67
RUEBEN                  ,45

4 Zeilen ausgewählt.
```

Die Anweisung im zweiten Beispiel ist wieder einfacher und besser zu lesen als die erste.

Hinweis

Wenn ein Wert `0.25` in der Spalte `GROSSHANDEL` der Tabelle `PREIS` vorkommt, erhält man den zugehörigen Datensatz ebenfalls zurück. Die im Operator `BETWEEN` angegebenen Parameter schließen die betreffenden Grenzwerte mit ein.

Zusammenfassung

Am Beginn der dritten Lektion waren Sie lediglich mit den grundlegenden Klauseln `SELECT` und `FROM` vertraut. Jetzt wissen Sie, wie man eine Abfrage an die Datenbank mit Operatoren schärfer formulieren kann. Der heutige Tag hat die arithmetischen, Vergleichs-, logischen und Mengenoperatoren eingeführt. Diese Hilfsmittel bilden einen Grundpfeiler Ihrer SQL-Kenntnisse.

Fragen und Antworten

F Wie kann ich die heute behandelten Elemente einsetzen, wenn ich nicht von der Befehlszeile – wie in den Beispielen dargestellt – arbeite?

A *Ob Sie nun SQL in COBOL als eingebettetes SQL oder in ODBC von Microsoft verwenden – die grundlegenden Konstruktionen sind gleich. Bei Ihrer Arbeit mit SQL kommen immer wieder die gestern und heute behandelten Elemente zum Einsatz.*

F Warum wird ständig darauf hingewiesen, die jeweilige Implementierung hinsichtlich eines bestimmten Elements zu überprüfen? Eigentlich habe ich angenommen, daß alles standardisiert ist.

A *Der ANSI-Standard (in der neuesten Version von 1992) zeigt zwar die Richtung, allerdings nehmen alle Datenbankhersteller kleinere Anpassungen an ihre Produkte vor. Die grundlegenden Anweisungen sind ähnlich oder sogar identisch, und jede Implementierung verfügt über Erweiterungen, die andere Hersteller übernehmen oder in verbesserter Form realisieren. Wir haben ANSI als Ausgangspunkt gewählt, stellen aber im Verlauf dieses Kurses auch Unterschiede heraus.*

Workshop

Kontrollfragen

Beantworten Sie die folgenden Fragen unter Verwendung der Tabelle `FREUNDE`:

```
NACHNAME        VORNAME         VORWAHL TELEFON  ST ZIP
--------------- --------------- ---------- -------- -- -----
BUNDY           AL                     100 555-1111 IL 22333
MEZA            AL                     200 555-2222 UK
MERRICK         BUD                    300 555-6666 CO 80212
MAST            JD                     381 555-6767 LA 23456
BULHER          FERRIS                 345 555-3223 IL 23332
PERKINS         ALTON                  911 555-3116 CA 95633
BOSS            SIR                    204 555-2345 CT 95633
```

1. Schreiben Sie eine Abfrage, die alle Personennamen mit dem Anfangsbuchstaben `M` zurückgibt.
2. Schreiben Sie eine Abfrage, die alle in Illinois lebenden Personen mit dem Vornamen `AL` zurückgibt.

3. Gegeben seien zwei Tabellen TEIL1 und TEIL2, die über die Spalten TEILNR verfügen. Wie läßt sich herausfinden, welche Teilnummern in beiden Tabellen vorkommen? Formulieren Sie die Abfrage.

4. Wie läßt sich die Bedingung WHERE a >= 10 AND a <= 30 kürzer und eleganter formulieren?

5. Was liefert die folgende Abfrage zurück?

```
SQL> SELECT VORNAME
  2  FROM FREUNDE
  3  WHERE VORNAME = 'AL'
  4    AND NACHNAME = 'BULHER';
```

Übung

1. Schreiben Sie für die Tabelle FREUNDE eine Abfrage, die folgende Ergebnismenge liefert:

```
NAME                ST
------------------- --
AL              AUS IL

1 Zeile wurde ausgewählt.
```

2. Schreiben Sie für die Tabelle FREUNDE eine Abfrage, die folgendes Ergebnis zurückgibt:

```
NAME                               TELEFON
---------------------------------- ------------
MERRICK, BUD                       300-555-6666
MAST, JD                           381-555-6767
BULHER, FERRIS                     345-555-3223

3 Zeilen ausgewählt.
```

Funktionen: Abgerufene Daten gestalten

Woche 1

Ziele

Im Mittelpunkt des heutigen Tages stehen Funktionen, mit denen man in SQL zum Beispiel die Summe einer Spalte oder die Umwandlung aller Zeichen von Klein- in Großbuchstaben realisieren kann. Insbesondere macht Sie diese Lektion mit Funktionen der folgenden Kategorien vertraut:

- Aggregatfunktionen
- Datums- und Zeitfunktionen
- Arithmetische Funktionen
- Zeichenfunktionen
- Umwandlungsfunktionen
- Verschiedene Funktionen

Diese Funktionen erweitern die von den bisher behandelten SQL-Grundfunktionen gebotenen Möglichkeiten, um abgerufene Informationen zu manipulieren. Die ersten fünf Aggregatfunktionen `COUNT`, `SUM`, `AVG`, `MAX` und `MIN` sind im ANSI-Standard definiert. Die meisten SQL-Implementierungen bieten Erweiterungen, von denen einige in der heutigen Lektion zur Sprache kommen. In einigen Datenbankprodukten können diese Funktionen auch unter einem anderen Namen vorhanden sein.

Aggregatfunktionen

Aggregatfunktionen – oder Gruppenfunktionen – geben einen Wert zurück, der auf den Werten in einer Spalte basiert. (Zweifellos fragt man nicht nach dem Mittelwert eines einzelnen Feldes.) Die Beispiele in diesem Abschnitt stützen sich auf die Tabelle `TEAMSTATS`:

Eingabe

```
SQL> SELECT * FROM TEAMSTATS;
```

```
NAME       POS  AB HITS WALKS SINGLES DOUBLES TRIPLES  HR  SO
---------- --- ---- ---- ----- ------- ------- ------- --- ---
JONES      1B   145   45    34      31       8       1   5  10
DONKNOW    3B   175   65    23      50      10       1   4  15
WORLEY     LF   157   49    15      35       8       3   3  16
DAVID      OF   187   70    24      48       4       0  17  42
HAMHOCKER  3B    50   12    10      10       2       0   0  13
CASEY      DH     1    0     0       0       0       0   0   1

6 Zeilen ausgewählt.
```

COUNT

Die Funktion `COUNT` liefert die Anzahl der Zeilen, die der Bedingung in der `WHERE`-Klausel entsprechen. Zum Beispiel läßt sich mit der folgenden Anweisung die Anzahl der Spieler mit einer Trefferzahl unter 350 ermitteln:

```
SQL> SELECT COUNT(*)
  2  FROM TEAMSTATS
  3  WHERE HITS/AB < .35;

 COUNT(*)
---------
        4
```

Mit einem Alias kann man das Ergebnis verständlicher darstellen:

```
SQL> SELECT COUNT(*) ANZ_UNTER_350
  2  FROM TEAMSTATS
  3  WHERE HITS/AB < .35;

ANZ_UNTER_350
-------------
            4
```

Macht es einen Unterschied, wenn man einen Spaltennamen anstelle eines Sternchens verwendet? (Beachten Sie die Klammern um die Spaltennamen.) Probieren Sie die folgende Anweisung aus:

```
SQL> SELECT COUNT(NAME) ANZ_UNTER_350
  2  FROM TEAMSTATS
  3  WHERE HITS/AB < .35;

ANZ_UNTER_350
-------------
            4
```

Man kann also den Spaltennamen verwenden. Die ausgewählte Spalte `NAME` ist nicht in der `WHERE`-Klausel enthalten. Wenn man `COUNT` ohne `WHERE`-Klausel verwendet, erhält man die Anzahl der Datensätze in der Tabelle zurück.

```
SQL> SELECT COUNT(*)
  2  FROM TEAMSTATS;

 COUNT(*)
---------
        6
```

SUM

Die Funktion `SUM` liefert die Summe aller Werte in einer Spalte zurück. Die Gesamtzahl der Single Plays läßt sich zum Beispiel folgendermaßen ermitteln:

```
SQL> SELECT SUM(SINGLES) TOTAL_SINGLES
  2  FROM TEAMSTATS;

TOTAL_SINGLES
-------------
          174
```

Mit einer Anweisung kann man auch mehrere Summen berechnen:

```
SQL> SELECT SUM(SINGLES) TOTAL_SINGLES, SUM(DOUBLES) TOTAL_DOUBLES,
  2  SUM(TRIPLES) TOTAL_TRIPLES, SUM(HR) TOTAL_HR
  3  FROM TEAMSTATS;

TOTAL_SINGLES TOTAL_DOUBLES TOTAL_TRIPLES  TOTAL_HR
------------- ------------- -------------  ---------
          174            32             5         29
```

Ähnliche Informationen lassen sich auch für alle Spieler mit mehr als 300 Treffern ermitteln:

```
SQL> SELECT SUM(SINGLES) TOTAL_SINGLES, SUM(DOUBLES) TOTAL_DOUBLES,
  2  SUM(TRIPLES) TOTAL_TRIPLES, SUM(HR) TOTAL_HR
  3  FROM TEAMSTATS
  4  WHERE HITS/AB >= .3;

TOTAL_SINGLES TOTAL_DOUBLES TOTAL_TRIPLES  TOTAL_HR
------------- ------------- -------------  ---------
          164            30             5         29
```

Um den Schlagdurchschnitt eines Teams zu berechnen, gibt man ein:

```
SQL> SELECT SUM(HITS)/SUM(AB) TEAM_MITTEL
  2  FROM TEAMSTATS;

TEAM_MITTEL
-----------
 ,33706294
```

Die Funktion `SUM` arbeitet nur mit numerischen Feldern. Wendet man die Funktion auf ein nichtnumerisches Feld an, erhält man eine Fehlermeldung:

Eingabe/Ausgabe

```
SQL> SELECT SUM(NAME)
  2  FROM TEAMSTATS;
SELECT SUM(NAME)
           *
FEHLER in Zeile 1:
ORA-01722: Ungültige Zahl
```

Diese Fehlermeldung ist ohne weiteres verständlich, da man keine Summe aus einer Gruppe von Namen bilden kann.

AVG

Die Funktion `AVG` berechnet den Mittelwert einer Spalte. Beispielsweise läßt sich der Mittelwert aller Strike Outs folgendermaßen berechnen:

Eingabe

```
SQL> SELECT AVG(SO) MW_STRIKE_OUTS
  2  FROM TEAMSTATS;
```

Ausgabe

```
MW_STRIKE_OUTS
--------------
     16,166667
```

Das folgende Beispiel demonstriert den Unterschied zwischen `SUM` und `AVG`:

Eingabe/Ausgabe

```
SQL> SELECT AVG(HITS/AB) TEAM_MITTEL
  2  FROM TEAMSTATS;

TEAM_MITTEL
-----------
  ,26803448
```

Das Team hat im vorherigen Beispiel mehr als 300 geschlagen! Was ist passiert? Die Funktion `AVG` hat den Mittelwert der kombinierten Spalte Hits geteilt durch At Bats berechnet, während das Beispiel mit `SUM` die Gesamtzahl der Hits durch die Anzahl der At Bats dividiert hat. Spieler A erzielt zum Beispiel 50 Hits in 100 At Bats, was einen Mittelwert von 0.5 ergibt. Spieler B erzielt 0 Hits in 1 At Bat – der Mittelwert wird zu 0.0. Der Mittelwert aus 0.0 und 0.5 ergibt sich zu .25. Wenn man den kombinierten Mittelwert von 50 Hits und 101 At Bats berechnet, erhält man das bemerkenswerte Ergebnis von .495. Die folgende Anweisung liefert den korrekten Schlagdurchschnitt:

```
SQL> SELECT AVG(HITS)/AVG(AB) TEAM_MITTEL
  2  FROM TEAMSTATS;

TEAM_MITTEL
-----------
  ,33706294
```

Die Funktion `AVG` arbeitet genau wie `SUM` nur mit Zahlen.

MAX

Mit der Funktion `MAX` läßt sich der größte Wert in einer Spalte ermitteln. Zum Beispiel ruft man die höchste Trefferzahl wie folgt ab:

```
SQL> SELECT MAX(HITS)
  2  FROM TEAMSTATS;
```

```
 MAX(HITS)
----------
        70
```

Können Sie herausfinden, wer die höchste Trefferzahl hat?

Eingabe/Ausgabe

```
SQL> SELECT NAME
  2  FROM TEAMSTATS
  3  WHERE HITS = MAX(HITS);
WHERE HITS = MAX(HITS)
             *
FEHLER in Zeile 3:
ORA-00934: Gruppenfunktion ist hier nicht zulässig
```

Leider funktioniert das nicht. Die Fehlermeldung erinnert daran, daß diese Gruppenfunktion (oder Aggregatfunktion) nicht in einer `WHERE`-Klausel arbeitet. Einen Ausweg lernen Sie in Lektion 7 kennen.

Was passiert, wenn man die Funktion `MAX` auf eine nichtnumerische Spalte anwendet?

Eingabe/Ausgabe

```
SQL> SELECT MAX(NAME)
  2  FROM TEAMSTATS;

MAX(NAME)
----------
WORLEY
```

Die Funktion `MAX` läßt sich demnach auch bei Strings einsetzen und liefert den höchstwertigen String (der näher am Z liegt).

MIN

Die Funktion liefert – wie nicht anders zu erwarten – das kleinste Element einer Spalte. Um die wenigsten At Bats zu ermitteln, schreibt man folgende Abfrage:

Eingabe

```
SQL> SELECT MIN(AB)
  2  FROM TEAMSTATS;
```

```
  MIN(AB)
----------
         1
```

Die folgende Anweisung liefert den Namen, der im Alphabet am weitesten vorn steht:

```
SQL> SELECT MIN(NAME)
  2  FROM TEAMSTATS;

MIN(NAME)
----------
CASEY
```

Durch Kombination der Funktionen `MIN` und `MAX` läßt sich wie im nächsten Beispiel ein Bereich von Werten darstellen:

```
SQL> SELECT MIN(AB), MAX(AB)
  2  FROM TEAMSTATS;

  MIN(AB)    MAX(AB)
---------- ----------
         1        187
```

Insbesondere bei statistischen Funktionen können diese Angaben nützlich sein.

Hinweis: Wie wir bereits in der Einführung erwähnt haben, sind die ersten fünf Aggregatfunktionen im ANSI-Standard definiert. Die nächsten Aggregatfunktionen haben den Status eines De-facto-Standards und sind in allen wichtigen Implementierungen von SQL zu finden. Die hier verwendeten Namen entsprechen denen von Oracle8. In anderen Implementierungen können die Namen abweichen.

VARIANCE

Die Funktion VARIANCE liefert die Varianz oder Streuung einer Zufallsgröße zurück. Die Varianz ist das Quadrat der Standardabweichung oder mittleren quadratischen Abweichung. Diesen Wert verwendet man vor allem in statistischen Berechnungen.

Eingabe

```
SQL> SELECT VARIANCE(HITS)
  2  FROM TEAMSTATS;
```

Ausgabe

```
VARIANCE(HITS)
--------------
    802,966667
```

Wendet man die Funktion VARIANCE auf einen String an, erhält man folgende Fehlermeldung:

Eingabe/Ausgabe

```
SQL> SELECT VARIANCE(NAME)
  2  FROM TEAMSTATS;
SELECT VARIANCE(NAME)
                *
FEHLER in Zeile 1:
ORA-01722: Ungültige Zahl
```

Die Funktion VARIANCE ist eine weitere Funktion, die ausschließlich mit numerischen Werten arbeitet.

STDDEV

Die Gruppenfunktion STDDEV berechnet die Standardabweichung einer Zahlenspalte, wie es das folgende Beispiel demonstriert:

```
SQL> SELECT STDDEV(HITS)
  2  FROM TEAMSTATS;
```

```
STDDEV(HITS)
------------
  28,3366665
```

Bei Anwendung auf Strings erhält man wie bei `VARIANCE` eine Fehlermeldung:

```
SQL> SELECT STDDEV(NAME)
  2  FROM TEAMSTATS;
SELECT STDDEV(NAME)
              *
FEHLER in Zeile 1:
ORA-01722: Ungültige Zahl
```

Die Aggregatfunktionen kann man auch kombiniert einsetzen:

```
SQL> SELECT COUNT(AB),
  2  AVG(AB),
  3  MIN(AB),
  4  MAX(AB),
  5  STDDEV(AB),
  6  VARIANCE(AB),
  7  SUM(AB)
  8  FROM TEAMSTATS;

 COUNT(AB)    AVG(AB)    MIN(AB)    MAX(AB) STDDEV(AB) VARIANCE(AB)    SUM(AB)
---------- ---------- ---------- ---------- ---------- ------------ ----------
         6 119,166667          1        187 75,5841694   5712,96667        715
```

Wenn Sie wieder mal einen Sportreporter hören, der die Zeit zwischen den Spielen mit statistischen Angaben ausfüllt, wissen Sie, daß irgendwie hinter den Kulissen SQL im Spiel ist.

Datums- und Zeitfunktionen

Wir leben in einer Gesellschaft, die von Terminen geprägt ist. Die größeren Implementierungen von SQL verfügen aus diesem Grund über Funktionen, die sich mit Datum und Uhrzeit befassen. In diesem Abschnitt arbeiten wir mit der Tabelle `PROJEKT`, um die Datums- und Zeitfunktionen vorzuführen.

Eingabe

```
SQL> SELECT * FROM PROJEKT;
```

Ausgabe

```
PHASE      STARTDAT ENDEDATU
---------- -------- --------
BEGINN     01.04.97 01.04.97
KONZEPT    02.04.97 01.05.97
ANALYSE    15.05.97 30.05.97
ENTWURF    01.06.97 30.06.97
KODIERUNG  01.07.97 02.09.97
TESTEN     03.09.97 17.01.98

6 Zeilen ausgewählt.
```

Hinweis

Die Spalten `STARTDATUM` und `ENDEDATUM` der Tabelle sind mit dem Datentyp `DATE` deklariert. Die meisten Implementierungen von SQL verfügen über einen Datentyp für Datums-/Zeitangaben, wobei aber die Syntax etwas abweichen kann.

ADD_MONTHS

Diese Funktion addiert eine Anzahl von Monaten auf ein angegebenes Datum. Wenn zum Beispiel im obengenannten Projekt unvorhergesehene Ereignisse eine Terminverschiebung um zwei Monate erforderlich machen, kann man mit der folgenden Anweisung einen neuen Zeitplan erstellen:

```
SQL> SELECT PHASE,
  2  STARTDATUM,
  3  ENDEDATUM PLANTERMIN,
  4  ADD_MONTHS(ENDEDATUM,2)
  5  FROM PROJEKT;
```

```
PHASE      STARTDAT PLANTERM ADD_MONT
---------- -------- -------- --------
BEGINN     01.04.97 01.04.97 01.06.97
KONZEPT    02.04.97 01.05.97 01.07.97
ANALYSE    15.05.97 30.05.97 30.07.97
ENTWURF    01.06.97 30.06.97 31.08.97
KODIERUNG  01.07.97 02.09.97 02.11.97
TESTEN     03.09.97 17.01.98 17.03.98

6 Zeilen ausgewählt.
```

In der Tabelle läßt sich eine Terminverschiebung sehr leicht realisieren, was im tatsächlichen Produktionsablauf leider nicht der Fall sein wird.

Die Funktion ADD_MONTHS kann man auch außerhalb der SELECT-Klausel verwenden:

```
SQL> SELECT PHASE BIS_1_MONAT
  2  FROM PROJEKT
  3  WHERE ADD_MONTHS(STARTDATUM,1) > ENDEDATUM;
```

```
BIS_1_MONA
----------
BEGINN
KONZEPT
```

```
ANALYSE
ENTWURF

4 Zeilen ausgewählt.
```

Analyse

Die in diesem Abschnitt eingeführten Funktionen arbeiten an verschiedenen Stellen in einer Anweisung. Allerdings läßt sich ADD_MONTH nur mit Datumswerten einsetzen. In Verbindung mit Datentypen wie Strings oder Zahlen muß man auf die später in dieser Lektion behandelten Umwandlungsfunktionen TO_CHAR und TO_DATE zurückgreifen.

LAST_DAY

Die Funktion LAST_DAY gibt den letzten Tag eines angegebenen Monats zurück. Damit ist diese Funktion eine Hilfe für alle, die mit dem Kalender auf Kriegsfuß stehen und nie genau wissen, wie viele Tag ein Monat hat. Das folgende Beispiel ermittelt den letzten Tag des Monats aus der Spalte ENDEDATUM:

Eingabe

```
SQL> SELECT ENDEDATUM, LAST_DAY(ENDEDATUM)
  2  FROM PROJEKT;
```

Ausgabe

```
ENDEDATU LAST_DAY
-------- --------
01.04.97 30.04.97
01.05.97 31.05.97
30.05.97 31.05.97
30.06.97 30.06.97
02.09.97 30.09.97
17.01.98 31.01.98

6 Zeilen ausgewählt.
```

Beherrscht LAST_DAY auch Schaltjahre?

Eingabe/Ausgabe

```
SQL> SELECT LAST_DAY('01.02.95') KEIN_SCHALTJAHR,
  2  LAST_DAY('01.02.96') SCHALTJAHR
  3  FROM PROJEKT;

KEIN_SCH SCHALTJA
-------- --------
28.02.95 29.02.96
28.02.95 29.02.96
28.02.95 29.02.96
28.02.95 29.02.96
28.02.95 29.02.96
28.02.95 29.02.96

6 Zeilen ausgewählt.
```

Analyse

Das Ergebnis stimmt zwar, aber warum erhalten wir so viele Zeilen zurück? Weil keine Spalte oder Bedingung angegeben ist, wendet die SQL-Engine die Datumsfunktionen in der Anweisung auf alle vorhandenen Zeilen an. Mit der folgenden Anweisung läßt sich die Ergebnismenge reduzieren:

Eingabe

```
SQL> SELECT DISTINCT LAST_DAY('01.02.95') KEIN_SCHALTJAHR,
  2  LAST_DAY('01.02.96') SCHALTJAHR
  3  FROM PROJEKT;
```

Diese Anweisung enthält das Schlüsselwort `DISTINCT` (siehe dazu Tag 2), um die einzelne Ergebniszeile zu produzieren:

Ausgabe

```
KEIN_SCH SCHALTJA
-------- --------
28.02.95 29.02.96

1 Zeile wurde ausgewählt.
```

Diese Funktion beherrscht also die Regel für Schaltjahre. Bevor Sie aber Ihre finanzielle Zukunft von dieser oder einer ähnlichen Funktion abhängig machen, sollten Sie zuerst die Dokumentation zu Ihrer Datenbank konsultieren!

MONTHS_BETWEEN

Häufig muß man auch die Anzahl der Monate zwischen zwei Daten berechnen. Das läßt sich in einfacher Weise mit der Funktion MONTHS_BETWEEN realisieren:

Eingabe

```
SQL> SELECT PHASE, STARTDATUM, ENDEDATUM,
  2  MONTHS_BETWEEN(STARTDATUM, ENDEDATUM) DAUER
  3  FROM PROJEKT;
```

Ausgabe

```
PHASE      STARTDAT ENDEDATU      DAUER
---------- -------- -------- ----------
BEGINN     01.04.97 01.04.97          0
KONZEPT    02.04.97 01.05.97 -,96774194
ANALYSE    15.05.97 30.05.97 -,48387097
ENTWURF    01.06.97 30.06.97 -,93548387
KODIERUNG  01.07.97 02.09.97 -2,0322581
TESTEN     03.09.97 17.01.98 -4,4516129

6 Zeilen ausgewählt.
```

Moment mal, läuft hier die Zeit rückwärts? Probieren Sie die folgende Anweisung aus:

Eingabe/Ausgabe

```
SQL> SELECT PHASE, STARTDATUM, ENDEDATUM,
  2  MONTHS_BETWEEN(ENDEDATUM, STARTDATUM) DAUER
  3  FROM PROJEKT;

PHASE      STARTDAT ENDEDATU      DAUER
---------- -------- -------- ----------
BEGINN     01.04.97 01.04.97          0
```

```
KONZEPT     02.04.97 01.05.97 ,967741935
ANALYSE     15.05.97 30.05.97 ,483870968
ENTWURF     01.06.97 30.06.97 ,935483871
KODIERUNG   01.07.97 02.09.97 2,03225806
TESTEN      03.09.97 17.01.98  4,4516129

6 Zeilen ausgewählt.
```

Analyse

Das sieht schon besser aus. Die Funktion MONTHS_BETWEEN berücksichtigt also die Reihenfolge der angegebenen Monate. Auch wenn die negativen Werte im obigen Beispiel stören, haben sie doch ihre Berechtigung. Anhand des Vorzeichens im Ergebnis läßt sich nämlich auch ermitteln, welches Datum vor einem anderen liegt. Beispielsweise zeigt die folgende Anweisung alle Produktionsphasen an, die vor dem 19.05.97 begonnen haben:

Eingabe

```
SQL> SELECT *
  2  FROM PROJEKT
  3  WHERE MONTHS_BETWEEN('19.05.97', STARTDATUM) > 0;
```

Ausgabe

```
PHASE       STARTDAT ENDEDATU
----------  -------- --------
BEGINN      01.04.97 01.04.97
KONZEPT     02.04.97 01.05.97
ANALYSE     15.05.97 30.05.97

3 Zeilen ausgewählt.
```

NEW_TIME

Mit der Funktion NEW_TIME(Datum, Zeitzone1, Zeitzone2) lassen sich Zeitangaben an eine bestimmte Zeitzone anpassen. Die folgende Tabelle zeigt die in Oracle8 verfügbaren Zeitzonen. Daylight Time steht für Sommerzeit. Außer GMT dürften diese Zeitzonen für einen deutschen Anwender allerdings kaum Bedeutung haben.

Tabelle 4.1: In Personal Oracle 8 verfügbare Zeitzonen

Zeitzone (Abkürzung)	Bedeutung
AST oder ADT	Atlantic Standard oder Daylight Time
BST oder BDT	Bering Standard oder Daylight Time
CST oder CDT	Central Standard oder Daylight Time
EST oder EDT	Eastern Standard oder Daylight Time
GMT	Greenwich Mean Time
HST oder HDT	Alaska-Hawaii Standard Time oder Daylight Time
MST oder MDT	Mountain Standard oder Daylight Time
NST	Newfoundland Standard Time
PST oder PDT	Pacific Standard oder Daylight Time
YST oder YDT	Yukon Standard oder Daylight Time

NEXT_DAY

Die Funktion NEXT_DAY liefert zu einem Ausgangsdatum das nächstliegende Datum zurück, auf das der angegebene Wochentag fällt. Wenn man zum Beispiel am Freitag nach dem Beginn einer Produktionsphase einen Bericht erstellen möchte, läßt sich das zugehörige Datum mit der folgenden Anweisung ermitteln:

Eingabe/Ausgabe

```
SQL> SELECT STARTDATUM,
  2  NEXT_DAY(STARTDATUM,'FREITAG')
  3  FROM PROJEKT;

STARTDAT NEXT_DAY
-------- --------
01.04.97 04.04.97
02.04.97 04.04.97
15.05.97 16.05.97
01.06.97 06.06.97
01.07.97 04.07.97
03.09.97 05.09.97

6 Zeilen ausgewählt.
```

Der rechten Spalte in der obigen Ausgabe entnimmt man das Datum für den ersten Freitag nach dem jeweiligen Startdatum. Der 01.04.97 war ein Dienstag, der erste Freitag nach dem 01.04.97 fällt also auf den 04.04.97. Der Wochentag ist in der Sprache einzugeben, die für die aktuelle Sitzung gültig ist.

SYSDATE

Die Funktion `SYSDATE` gibt Datum und Uhrzeit aus den Systemeinstellungen zurück:

```
SQL> SELECT DISTINCT SYSDATE
  2  FROM PROJEKT;
```

```
SYSDATE
--------
18.06.97
```

Um die Uhrzeit anzuzeigen, ist die Spalte mit der Umwandlungsfunktion `TO_CHAR` entsprechend zu formatieren, da sonst nur das Datum erscheint. Auf die Umwandlungsfunktionen gehen wir weiter hinten in der heutigen Lektion ein.

Der aktuelle Stand eines Projekts läßt sich zum Beispiel mit der folgenden Anweisung ermitteln:

```
SQL> SELECT *
  2  FROM PROJEKT
  3  WHERE STARTDATUM > SYSDATE;

PHASE      STARTDAT ENDEDATU
---------- -------- --------
KODIERUNG  01.07.97 02.09.97
TESTEN     03.09.97 17.01.98

2 Zeilen ausgewählt.
```

Die Ausgabe zeigt, welche Teile des Projekts nach dem heutigen Datum beginnen. Als Systemdatum gilt für dieses Beispiel der 18.06.97.

Arithmetische Funktionen

Bei vielen Abfragen sind mathematische Berechnungen mit den abgerufenen Daten auszuführen. Die meisten SQL-Implementierungen stellen arithmetische Funktionen bereit, die allerdings auch andere Namen als die hier angegebenen haben können. Die Beispiele dieses Abschnitts arbeiten mit der Tabelle ZAHLEN:

```
SQL> SELECT *
  2  FROM ZAHLEN;
```

```
         A          B
---------- ----------
    3,1415          4
       -45       ,707
         5          9
   -57,667         42
        15         55
      -7,2        5,3

6 Zeilen ausgewählt.
```

ABS

Die Funktion ABS gibt den Absolutwert der übergebenen Zahl zurück:

```
SQL> SELECT ABS(A) ABSOLUTWERT
  2  FROM ZAHLEN;
```

```
ABSOLUTWERT
-----------
     3,1415
         45
          5
     57,667
         15
        7,2

6 Zeilen ausgewählt.
```

Die Funktion ABS wandelt alle negativen Zahlen in positive um und läßt positive Zahlen unverändert.

CEIL und FLOOR

Die Funktion CEIL gibt die kleinste ganze Zahl zurück, die größer oder gleich dem übergebenen Argument ist. Die Funktion FLOOR arbeitet genau umgekehrt und gibt die größte ganze Zahl zurück, die gleich oder kleiner dem Argument ist. Die beiden nächsten Beispiele zeigen den Einsatz der Funktionen:

```
SQL> SELECT B, CEIL(B) CEILING
  2  FROM ZAHLEN;
```

```
         B    CEILING
---------- ----------
         4          4
      ,707          1
         9          9
        42         42
```

```
        55         55
       5,3          6

6 Zeilen ausgewählt.
```

Eingabe/Ausgabe

```
SQL> SELECT A, FLOOR(A) FLOOR
  2  FROM ZAHLEN;

         A      FLOOR
---------- ----------
    3,1415          3
       -45        -45
         5          5
   -57,667        -58
        15         15
      -7,2         -8

6 Zeilen ausgewählt.
```

COS, COSH, SIN, SINH, TAN und TANH

Die trigonometrischen Funktionen `COS`, `SIN` und `TAN` sowie die Hyperbelfunktionen `COSH`, `SINH` und `TANH` liefern den Kosinus, Sinus, Tangens, Hyperbelkosinus, Hyperbelsinus bzw. Hyperbeltangens einer Zahl zurück. Das Argument ist im Bogenmaß anzugeben. Die folgende Anweisung bringt einige unerwartete Ergebnisse, wenn man nicht beachtet, daß `COS` die Werte in Spalte `A` im Bogenmaß annimmt.

Eingabe

```
SQL> SELECT A, COS(A)
  2  FROM ZAHLEN;
```

Ausgabe

```
         A     COS(A)
---------- ----------
    3,1415         -1
       -45 ,525321989
```

```
         5 ,283662185
   -57,667 ,437182995
        15 -,75968791
      -7,2 ,608351315

6 Zeilen ausgewählt.
```

Analyse

Normalerweise erwartet man, daß der Kosinus von 45 Grad etwa 0,707 und nicht 0,525 ergibt. Damit diese Funktion mit Argumenten im Gradmaß arbeitet, muß man das Bogenmaß in das Gradmaß umrechnen. Da ein Vollwinkel von 360 Grad einem Bogenmaß von 2 Pi entspricht, kann man folgendes schreiben:

Eingabe/Ausgabe

```
SQL> SELECT A, COS(A * 0.01745329251994)
  2  FROM ZAHLEN;

         A COS(A*0.01745329251994)
---------- ----------------------
    3,1415              ,998497238
       -45              ,707106781
         5              ,996194698
   -57,667              ,534839097
        15              ,965925826
      -7,2              ,992114701

6 Zeilen ausgewählt.
```

Analyse

Der Umrechnungsfaktor `0.01745329251994` ergibt sich aus `Pi / 180` Grad. Die nachstehenden Anweisungen zeigen Beispiele für die trigonometrischen Funktionen:

Eingabe/Ausgabe

```
SQL> SELECT A, COS(A*0.017453), COSH(A*0.017453)
  2  FROM ZAHLEN;
```

```
         A COS(A*0.017453) COSH(A*0.017453)
--------- -------------- ----------------
   3,1415       ,998497289       1,00150346
      -45       ,707116089       1,32459765
        5       ,996194826       1,00381001
  -57,667        ,53485335       1,55070723
       15       ,965926962       1,03446448
     -7,2       ,992114965       1,00790581

6 Zeilen ausgewählt.
```

Eingabe/Ausgabe

```
SQL> SELECT A, SIN(A*0.017453), SINH(A*0.017453)
  2  FROM ZAHLEN;

         A SIN(A*0.017453) SINH(A*0.017453)
---------- --------------- ----------------
    3,1415      ,054801133        ,054856074
       -45      -,70709747        -,86865353
         5      ,087154286        ,087375799
   -57,667      -,84494491        -1,1851974
        15      ,258814807        ,264795689
      -7,2      -,12533114        -,12599258

6 Zeilen ausgewählt.
```

Eingabe/Ausgabe

```
SQL> SELECT A, TAN(A*0.017453), TANH(A*0.017453)
  2  FROM ZAHLEN;

         A TAN(A*0.017453) TANH(A*0.017453)
---------- --------------- ----------------
    3,1415      ,054883607        ,054773724
       -45      -,99997367         -,6557867
         5       ,08748719         ,08704416
   -57,667      -1,5797693        -,76429476
        15       ,26794449        ,255973689
      -7,2      -,12632724        -,12500432

6 Zeilen ausgewählt.
```

EXP

Die Funktion EXP liefert die Basis e potenziert mit der als Argument angegebenen Zahl. Die Konstante e ist die Basis des natürlichen Logarithmus und hat den Wert 2,71828182845904. Das folgende Beispiel berechnet die Potenzwerte der natürlichen Exponentialfunktion für die Spalte A:

Eingabe

```
SQL> SELECT A, EXP(A)
  2  FROM ZAHLEN;
```

Ausgabe

```
         A     EXP(A)
---------- ----------
    3,1415 23,1385487
       -45 2,8625E-20
         5 148,413159
   -57,657 9,0269E-26
        15 3269017,37
      -7,2 ,000746586

6 Zeilen ausgewählt.
```

LN und LOG

Die Funktion LN gibt den natürlichen Logarithmus einer Zahl zurück:

Eingabe

```
SQL> SELECT A, LN(A)
  2  FROM ZAHLEN;
```

Ausgabe

```
FEHLER:
ORA-01428: Argument '-45' befindet sich außerhalb des zulässigen Wertebereichs
Es wurden keine Zeilen ausgewählt
```

Entschuldigung, wir hatten wohl nicht darauf hingewiesen, daß das Argument positiv sein muß. Schreiben wir also:

Eingabe/Ausgabe

```
SQL> SELECT A, LN(ABS(A))
  2  FROM ZAHLEN;
         A LN(ABS(A))
---------- ----------
    3,1415 1,14470039
       -45 3,80666249
         5 1,60943791
   -57,667 4,05468509
        15  2,7080502
      -7,2 1,97408103

6 Zeilen ausgewählt.
```

Analyse

Beachten Sie, wie man die Funktion ABS im Aufruf von LN einbetten kann.

Die zweite Logarithmusfunktion LOG übernimmt zwei Argumente und berechnet den Logarithmus für die Zahl des ersten Arguments zur Basis im zweiten Argument. Die folgende Abfrage gibt den Logarithmus der Zahlen von Spalte A zur Basis 10 zurück:

Eingabe/Ausgabe

```
SQL> SELECT B, LOG(B, 10)
  2  FROM ZAHLEN;
         B  LOG(B,10)
---------- ----------
         4 1,66096405
      ,707 -6,6409623
         9 1,04795164
        42 ,616048321
        55 ,574592874
       5,3 1,38068938

6 Zeilen ausgewählt.
```

MOD

Die MOD-Funktion haben Sie bereits kurz in Lektion 3 kennengelernt. Verschiedene Datenbanken (unter anderem auch Personal Oracle8) implementieren den im ANSI-Standard definierten Operator % für die Modulo-Operation als Funktion MOD. Die folgende Abfrage liefert den Rest der Division von A durch B zurück.

Eingabe

```
SQL> SELECT A, B, MOD(A,B)
  2  FROM ZAHLEN;
```

Ausgabe

```
         A          B   MOD(A,B)
---------- ---------- ----------
    3,1415          4     3,1415
       -45       ,707      -,459
         5          9          5
   -57,567         42    -15,667
        15         55         15
      -7,2        5,3       -1,9

6 Zeilen ausgewählt.
```

POWER

Die Funktion POWER(m, n) erhebt eine Zahl m zur nten Potenz.

Eingabe

```
SQL> SELECT A, B, POWER(A, B)
  2  FROM ZAHLEN;
```

Ausgabe

```
FEHLER:
ORA-01428: Argument '-45' befindet sich außerhalb des zulässigen Wertebereichs
Es wurden keine Zeilen ausgewählt
```

Analyse

Aus dieser Fehlermeldung könnte man schließen, daß die Funktion im ersten Argument keine negativen Zahlen akzeptiert. Das stimmt allerdings nicht. Wenn die Basis m negativ ist, muß n lediglich eine ganze Zahl sein. In der obigen Anweisung könnte man mit der Funktion CEIL (oder FLOOR) das Problem beseitigen:

Eingabe

```
SQL> SELECT A, CEIL(B), POWER(A, CEIL(B))
  2  FROM ZAHLEN;
```

Ausgabe

```
         A    CEIL(B) POWER(A,CEIL(B))
---------- ---------- ----------------
    3,1415          4       97,3976002
       -45          1              -45
         5          9          1953125
   -57,667         42       9,0981E+73
        15         55       4,8419E+64
      -7,2          6        139314,07

6 Zeilen ausgewählt.
```

Negative Zahlen lassen sich also auch potenzieren.

SIGN

Die Funktion SIGN ermittelt das Vorzeichen einer Zahl. Bei Zahlen kleiner als 0 erhält man den Wert -1, bei einem Argument gleich 0 das Ergebnis 0, und bei einem Argument größer als 0 liefert die Funktion 1 zurück. Zur Demonstration wurde für das folgende Beispiel eine Spalte mit dem Wert 0 hinzugefügt:

Eingabe

```
SQL> SELECT A, SIGN(A)
  2  FROM ZAHLEN;
```

```
         A    SIGN(A)
---------- ----------
    3,1415          1
       -45         -1
         5          1
   -57,667         -1
        15          1
      -7,2         -1
         0          0

7 Zeilen ausgewählt.
```

Die Funktion `SIGN` kann man auch in einer `WHERE`-Klausel verwenden:

```
SQL> SELECT A
  2  FROM ZAHLEN
  3  WHERE SIGN(A) = 1;
```

```
         A
----------
    3,1415
         5
        15

3 Zeilen ausgewählt.
```

SQRT

Die Funktion `SQRT` berechnet die Quadratwurzel des Arguments. Da Quadratwurzeln aus negativen Zahlen nicht definiert sind, kann man diese Funktion nur auf positive Argumente anwenden.

Eingabe

```
SQL> SELECT A, SQRT(A)
  2  FROM ZAHLEN;
```

Ausgabe

```
FEHLER:
ORA-01428: Argument '-45' befindet sich außerhalb des zulässigen Wertebereichs

Es wurden keine Zeilen ausgewählt
```

Diese Einschränkung läßt sich mit der Funktion ABS umgehen:

Eingabe/Ausgabe

```
SQL> SELECT ABS(A), SQRT(ABS(A))
  2  FROM ZAHLEN;

    ABS(A) SQRT(ABS(A))
---------- ------------
    3,1415   1,77242771
        45   6,70820393
         5   2,23606798
    57,667   7,59387911
        15   3,87298335
       7,2   2,68328157
         0            0

7 Zeilen ausgewählt.
```

Zeichenfunktionen

Viele Implementierungen von SQL stellen Funktionen bereit, mit denen man Zeichen und Zeichenstrings manipulieren kann. Dieser Abschnitt behandelt die gebräuchlichsten Zeichenfunktionen. Die Beispiele arbeiten mit der Tabelle ZEICHEN:

Eingabe

```
SQL> SELECT * FROM ZEICHEN;
```

Ausgabe

```
NACHNAME        VORNAME         M       CODE
--------------- --------------- - ----------
PURVIS          KELLY           A         32
TAYLOR          CHUCK           J         67
CHRISTINE       LAURA           C         65
ADAMS           FESTER          M         87
COSTALES        ARMANDO         A         77
KONG            MAJOR           G         52

6 Zeilen ausgewählt.
```

CHR

Die Funktion CHR liefert das zum numerischen Argument äquivalente Zeichen zurück. Das Ergebnis ist vom Zeichensatz abhängig, der in der Datenbank gültig ist. In diesem Beispiel ist die Datenbank auf ASCII eingestellt. Die Spalte CODE enthält Zahlen.

Eingabe

```
SQL> SELECT CODE, CHR(CODE)
  2  FROM ZEICHEN;
```

Ausgabe

```
      CODE CH
---------- --
        32
        67 C
        65 A
        87 W
```

```
    77 M
    52 4

6 Zeilen ausgewählt.
```

Das zum Code `32` gehörende Zeichen ist im ASCII-Zeichensatz als Leerzeichen definiert.

CONCAT

Das Äquivalent der Funktion `CONCAT` haben Sie bereits in Lektion 3 bei der Behandlung von Operatoren verwendet. Das Symbol `||` verbindet genau wie die Funktion `CONCAT` zwei Strings. Dazu folgendes Beispiel:

Eingabe

```
SQL> SELECT CONCAT(VORNAME, NACHNAME) "VOR- UND NACHNAMEN"
  2  FROM ZEICHEN;
```

Ausgabe

```
VOR- UND NACHNAMEN
------------------------------
KELLY          PURVIS
CHUCK          TAYLOR
LAURA          CHRISTINE
FESTER         ADAMS
ARMANDO        COSTALES
MAJOR          KONG

6 Zeilen ausgewählt.
```

Analyse

Der aus mehreren Wörtern bestehende Alias `VOR- UND NACHNAMEN` ist in Anführungszeichen einzuschließen. Auch hier empfiehlt es sich, die entsprechenden Vorschriften in der Dokumentation nachzuschlagen.

Beachten Sie, daß die Tabelle tatsächlich nur aus einer Spalte besteht, auch wenn sie wie eine zweispaltige Tabelle aussieht. Der erste Wert in der Stringverkettung – `VORNAME` – weist eine Spaltenbreite von 15 Zeichen auf. Es werden also alle Zeichen einschließlich der automatisch aufgefüllten Leerzeichen zurückgegeben.

INITCAP

Die Funktion `INITCAP` wandelt das erste Zeichen eines Wortes in einen Großbuchstaben und alle übrigen Zeichen in Kleinbuchstaben um:

Eingabe

```
SQL> SELECT VORNAME VORHER, INITCAP(VORNAME) NACHHER
  2  FROM ZEICHEN;
```

Ausgabe

```
VORHER          NACHHER
--------------- ---------------
KELLY           Kelly
CHUCK           Chuck
LAURA           Laura
FESTER          Fester
ARMANDO         Armando
MAJOR           Major

6 Zeilen ausgewählt.
```

LOWER und UPPER

Die Funktion `LOWER` wandelt alle Zeichen in Kleinbuchstaben, die Funktion `UPPER` in Großbuchstaben um.

Das folgende Beispiel ändert zunächst mit der Funktion `UPDATE` (die Sie in der zweiten Woche kennenlernen) einen Wert in Kleinbuchstaben:

Eingabe/Ausgabe

```
SQL> UPDATE ZEICHEN
  2  SET VORNAME = 'kelly'
  3  WHERE VORNAME = 'KELLY';

1 Zeile wurde aktualisiert.
```

Die resultierende Spalte `VORNAME` sieht nun folgendermaßen aus:

Eingabe/Ausgabe

```
SQL> SELECT VORNAME
  2  FROM ZEICHEN;

VORNAME
---------------
kelly
CHUCK
LAURA
FESTER
ARMANDO
MAJOR

6 Zeilen ausgewählt.
```

Schließlich wenden wir die Funktionen `UPPER` und `LOWER` an:

Eingabe/Ausgabe

```
SQL> SELECT VORNAME, UPPER(VORNAME), LOWER(VORNAME)
  2  FROM ZEICHEN;

VORNAME         UPPER(VORNAME)  LOWER(VORNAME)
--------------- --------------- ---------------
kelly           KELLY           kelly
CHUCK           CHUCK           chuck
LAURA           LAURA           laura
FESTER          FESTER          fester
ARMANDO         ARMANDO         armando
MAJOR           MAJOR           major

6 Zeilen ausgewählt.
```

Die Ausgabe läßt die Arbeitsweise der Funktionen ohne weiteres erkennen.

LPAD und RPAD

Die Funktionen `LPAD` und `RPAD` nehmen mindestens zwei und maximal drei Argumente an. Im ersten Argument übergibt man den zu behandelnden String. Das zweite Argument spezifiziert die Anzahl der aufzufüllenden Zeichen. Schließlich kann man im optionalen dritten Argument ein Füllzeichen angeben. Der Standardwert für das dritte Argument ist ein Leerzeichen, man kann aber auch ein beliebiges Zeichen oder eine Zeichenkette spezifizieren. Die nachstehende Anweisung fügt fünf Füllzeichen hinzu, wobei das Feld NACHNAME als Zeichenfeld mit einer Breite von 15 Zeichen definiert ist:

Eingabe

```
SQL> SELECT NACHNAME, LPAD(NACHNAME,20,'*')
  2  FROM ZEICHEN;
```

Ausgabe

```
NACHNAME        LPAD(NACHNAME,20,'*'
--------------- --------------------
PURVIS          *****PURVIS
TAYLOR          *****TAYLOR
CHRISTINE       *****CHRISTINE
ADAMS           *****ADAMS
COSTALES        *****COSTALES
KONG            *****KONG

6 Zeilen ausgewählt.
```

Analyse

Warum wurden nur fünf Füllzeichen hinzugefügt? Wie eingangs erwähnt, ist die Spalte NACHNAME mit einer Feldbreite von 15 Zeichen definiert. Dazu gehören auch die Leerzeichen rechts vom eigentlichen Namen. Bestimmte Spaltentypen eliminieren Füllzeichen, wenn die Breite des Spaltenwertes kleiner als die für die Spalte zugewiesene Gesamtbreite ist. Auch in diesem Fall empfiehlt sich ein Blick in die Dokumentation zur Datenbank. Probieren wir nun die rechte Seite aus:

Eingabe/Ausgabe

```
SQL> SELECT NACHNAME, RPAD(NACHNAME,20,'*')
  2  FROM ZEICHEN;

NACHNAME        RPAD(NACHNAME,20,'*'
--------------- --------------------
PURVIS          PURVIS         *****
```

```
TAYLOR          TAYLOR          *****
CHRISTINE       CHRISTINE       *****
ADAMS           ADAMS           *****
COSTALES        COSTALES        *****
KONG            KONG            *****

6 Zeilen ausgewählt.
```

Diese Ausgabe zeigt deutlich, daß die Leerzeichen als Teil des Spaltenwertes behandelt werden. Will man die überflüssigen Leerzeichen ausblenden, kann man auf die beiden nachfolgend beschriebenen Funktionen zurückgreifen.

LTRIM und RTRIM

Die Funktionen `LTRIM` und `RTRIM` übernehmen mindestens ein und maximal zwei Argumente. Das erste Argument ist wie bei `LPAD` und `RPAD` die zu behandelnde Zeichenkette. Im optionalen zweiten Argument gibt man ein Zeichen oder einen Zeichenstring an. Der Standardwert für das zweite Argument ist das Leerzeichen. Wenn man als zweites Argument einen anderen Wert (kein Leerzeichen) spezifiziert, schneiden die `TRIM`-Funktionen dieses Zeichen in der gleichen Weise wie die Leerzeichen in den folgenden Beispielen ab.

```
SQL> SELECT NACHNAME, RTRIM(NACHNAME)
  2  FROM ZEICHEN;
```

```
NACHNAME        RTRIM(NACHNAME)
--------------- ---------------
PURVIS          PURVIS
TAYLOR          TAYLOR
CHRISTINE       CHRISTINE
ADAMS           ADAMS
COSTALES        COSTALES
KONG            KONG

6 Zeilen ausgewählt.
```

In dieser Ausgabe ist kein Unterschied zur Ausgangstabelle festzustellen. Mit der folgenden Anweisung läßt sich die Funktion von RTRIM nachprüfen:

```
SQL> SELECT NACHNAME, RPAD(RTRIM(NACHNAME),20,'*')
  2  FROM ZEICHEN;

NACHNAME        RPAD(RTRIM(NACHNAME)
--------------- --------------------
PURVIS          PURVIS**************
TAYLOR          TAYLOR**************
CHRISTINE       CHRISTINE***********
ADAMS           ADAMS***************
COSTALES        COSTALES************
KONG            KONG****************

6 Zeilen ausgewählt.
```

Die Ausgabe zeigt, daß die Trim-Funktion wie erwartet arbeitet. Versuchen wir nun LTRIM:

```
SQL> SELECT NACHNAME, LTRIM(NACHNAME, 'C')
  2  FROM ZEICHEN;

NACHNAME        LTRIM(NACHNAME,
--------------- ---------------
PURVIS          PURVIS
TAYLOR          TAYLOR
CHRISTINE       HRISTINE
ADAMS           ADAMS
COSTALES        OSTALES
KONG            KONG

6 Zeilen ausgewählt.
```

Beachten Sie, daß in der dritten und fünften Zeile der Anfangsbuchstabe C entfernt wurde.

REPLACE

Die Funktion REPLACE nimmt eine Ersetzung vor. Das erste der drei Argumente stellt die zu durchsuchende Zeichenfolge dar. Das zweite Argument ist der Suchschlüssel. Im optionalen dritten Argument kann man den Ersetzungsstring angeben. Wenn man das dritte Argument wegläßt oder dafür NULL angibt, wird jedes Vorkommen des Suchschlüssels im Suchstring entfernt und nicht durch irgendeinen anderen String ersetzt.

Eingabe

```
SQL> SELECT NACHNAME, REPLACE(NACHNAME, 'ST') ERSETZUNG
  2  FROM ZEICHEN;
```

Ausgabe

```
NACHNAME        ERSETZUNG
--------------- ---------------
PURVIS          PURVIS
TAYLOR          TAYLOR
CHRISTINE       CHRIINE
ADAMS           ADAMS
COSTALES        COALES
KONG            KONG

6 Zeilen ausgewählt.
```

Wenn man ein drittes Argument spezifiziert, wird es für jedes Auftreten des Suchschlüssels im Zielstring ersetzt:

Eingabe/Ausgabe

```
SQL> SELECT NACHNAME, REPLACE(NACHNAME, 'ST', '**') ERSETZUNG
  2  FROM ZEICHEN;

NACHNAME        ERSETZUNG
--------------- ------------------------------
PURVIS          PURVIS
TAYLOR          TAYLOR
CHRISTINE       CHRI**INE
ADAMS           ADAMS
```

```
COSTALES        CO**ALES
KONG            KONG

6 Zeilen ausgewählt.
```

Bei Übergabe von `NULL` im zweiten Argument erhält man den Zielstring ohne Änderungen zurück:

```
SQL> SELECT NACHNAME, REPLACE(NACHNAME, NULL) ERSETZUNG
  2  FROM ZEICHEN;

NACHNAME        ERSETZUNG
--------------- ---------------
PURVIS          PURVIS
TAYLOR          TAYLOR
CHRISTINE       CHRISTINE
ADAMS           ADAMS
COSTALES        COSTALES
KONG            KONG

6 Zeilen ausgewählt.
```

SUBSTR

Mit der Funktion `SUBSTR` lassen sich Teile eines Zielstrings extrahieren. Das erste der drei Argumente stellt den Zielstring dar. Im zweiten Argument gibt man die Position des ersten auszugebenden Zeichens an. Mit dem dritten Argument legt man die Anzahl der zurückzugebenden Zeichen fest.

```
SQL> SELECT VORNAME, SUBSTR(VORNAME,2,3)
  2  FROM ZEICHEN;
```

```
VORNAME         SUB
--------------- ---
kelly           ell
```

```
CHUCK           HUC
LAURA           AUR
FESTER          EST
ARMANDO         RMA
MAJOR           AJO

6 Zeilen ausgewählt.
```

Übergibt man im zweiten Argument eine negative Zahl, berechnet sich der Anfangspunkt vom Ende des Strings:

```
SQL> SELECT VORNAME, SUBSTR(VORNAME,-13,2)
  2  FROM ZEICHEN;
VORNAME         SU
--------------- --
kelly           ll
CHUCK           UC
LAURA           UR
FESTER          ST
ARMANDO         MA
MAJOR           JO

6 Zeilen ausgewählt.
```

Beachten Sie, daß das Zeichenfeld `VORNAME` in diesem Beispiel 15 Zeichen lang ist. Deshalb spezifiziert der Wert `-13` im zweiten Argument das dritte Zeichen als Anfangsposition. Die Rückwärtszählung beginnt beim Zeichen Nummer 15, so daß man das dritte Zeichen und nicht das zweite als Anfangspunkt erhält. Wenn kein drittes Argument anzugeben ist, arbeitet man mit der folgenden Anweisung:

```
SQL> SELECT VORNAME, SUBSTR(VORNAME,3)
  2  FROM ZEICHEN;

VORNAME         SUBSTR(VORNAM
--------------- -------------
kelly           lly
```

```
CHUCK          UCK
LAURA          URA
FESTER         STER
ARMANDO        MANDO
MAJOR          JOR

6 Zeilen ausgewählt.
```

Damit erhält man den Rest des Zielstrings zurück.

Hinweis: Die folgenden Beispiele mit amerikanischen Sozialversicherungsnummern kann man auch auf Kreditkartennummern, Telefonnummern oder ähnliche Zahlengruppen übertragen. Die Gliederung derartiger Zahlenkolonnen mit Kommas oder Bindestrichen läßt sich mit der Funktion `SUBSTR` hervorragend lösen.

Eingabe/Ausgabe

```
SQL> SELECT * FROM SSN_TABELLE;

SSN
-------------
300541117
301457111
459789998

3 Zeilen ausgewählt.
```

Analyse: Derartige Ausgaben lassen sich schwer lesen. Normalerweise trennt man die Zahlenkolonnen mit Bindestrichen. Die folgende Anweisung liefert bessere Ergebnisse:

Eingabe/Ausgabe

```
SQL> SELECT SUBSTR(SSN,1,3)||'-'||SUBSTR(SSN,4,2)||'-'||SUBSTR(SSN,6,4) SSN
  2  FROM SSN_TABELLE;
SSN
-----------
300-54-1117
```

```
301-45-7111
459-78-9998

3 Zeilen ausgewählt.
```

Das folgende Beispiel zeigt eine weitere praktische Anwendung der Funktion SUBSTR. Nehmen wir an, daß einige Spalten für einen Bericht breiter als 50 Zeichen sind. Mit der Funktion SUBSTR läßt sich die Breite der Spalten auf eine vernünftige Größe reduzieren, wenn man die zugrundeliegenden Daten kennt. Die erste Anweisung gibt die Spalten ohne weitere Bearbeitung zurück:

Eingabe/Ausgabe

```
SQL> SELECT NAME, POSITION, ABTEILUNG FROM ABTEILUNGEN;

NAME
------------------------------------------------------------
POSITION                      ABTEILUNG
----------------------------- ------------------------------
ALVIN SMITH
VIZEPRÄSIDENT                 MARKETING

1 Zeile wurde ausgewählt.
```

Analyse

Die Ausgabe zeigt, daß die Spalten durch die langen Zeilen ineinander verschachtelt sind. Es ist daher schwierig, die Ergebnisse zu erfassen. Probieren Sie nun die folgende Anweisung aus:

Eingabe/Ausgabe

```
SQL> SELECT SUBSTR(NAME,1,15) NAME,
  2  SUBSTR(POSITION,1,15) POSITION,
  3  SUBSTR(ABTEILUNG,1,15) ABTEILUNG
  4  FROM ABTEILUNGEN;

NAME            POSITION        ABTEILUNG
--------------- --------------- ---------------
ALVIN SMITH     VIZEPRÄSIDENT   MARKETING

1 Zeile wurde ausgewählt.
```

Das ist doch viel übersichtlicher!

TRANSLATE

Die Funktion `TRANSLATE` weist drei Argumente auf: den Zielstring, den `VON`-String und den `NACH`-String. Elemente des Zielstrings, die im `VON`-String vorkommen, werden in die korrespondierenden Elemente des `NACH`-Strings umgewandelt oder übersetzt (translate – englisch: übersetzen). Die Arbeitsweise dieser Funktion läßt sich am besten mit einem Beispiel demonstrieren:

```
SQL> SELECT VORNAME, TRANSLATE(VORNAME,
  2  '0123456789ABCDEFGHIJKLMNOPQRSTUVWXYZ',
  3  'NNNNNNNNNNAAAAAAAAAAAAAAAAAAAAAAAAAA')
  4  FROM ZEICHEN;
```

```
VORNAME         TRANSLATE(VORNA
--------------- ---------------
kelly           kelly
CHUCK           AAAAA
LAURA           AAAAA
FESTER          AAAAAA
ARMANDO         AAAAAAA
MAJOR           AAAAA

6 Zeilen ausgewählt.
```

Beachten Sie, daß die Funktion die Groß-/Kleinschreibung berücksichtigt.

INSTR

Mit der Funktion `INSTR` kann man das Auftreten eines bestimmten Musters in einem String ermitteln. Das erste Argument ist der Zielstring. Im zweiten Argument gibt man das zu vergleichende Muster an. Die Startposition für die Suche steht im dritten Argument. Mit dem vierten Argument kann man festlegen, welche Übereinstimmung zu melden ist. Das nachstehende Beispiel gibt das erste Auftreten des Buchstabens `O` an, wobei die Suche mit dem zweiten Zeichen beginnt:

Eingabe

```
SQL> SELECT NACHNAME, INSTR(NACHNAME, 'O', 2, 1)
  2  FROM ZEICHEN;
```

Ausgabe

```
NACHNAME        INSTR(NACHNAME,'O',2,1)
--------------- -----------------------
PURVIS                                0
TAYLOR                                5
CHRISTINE                             0
ADAMS                                 0
COSTALES                              2
KONG                                  2

6 Zeilen ausgewählt.
```

Analyse

Für das dritte und vierte Argument gilt der Standardwert 1. Ist das dritte Argument negativ, beginnt die Suche bei der vom Ende des Strings berechneten Position und nicht am Anfang des Strings.

LENGTH

Die Funktion LENGTH gibt die Länge des übergebenen String-Arguments zurück:

Eingabe

```
SQL> SELECT VORNAME, LENGTH(RTRIM(VORNAME))
  2  FROM ZEICHEN;
```

Ausgabe

```
VORNAME         LENGTH(RTRIM(VORNAME))
--------------- ----------------------
kelly                                5
CHUCK                                5
```

```
LAURA                          5
FESTER                         6
ARMANDO                        7
MAJOR                          5

6 Zeilen ausgewählt.
```

Analyse

Beachten Sie die Verwendung der Funktion RTRIM. Andernfalls würde die Funktion LENGTH den Wert 15 für alle Spalteneinträge zurückgeben.

Umwandlungsfunktionen

Mit den folgenden Umwandlungsfunktionen lassen sich Daten von einem Datentyp in einen anderen konvertieren. Die Beispiele arbeiten mit der Tabelle UMWANDLUNG:

Eingabe

```
SQL> SELECT * FROM UMWANDLUNG;
```

Ausgabe

```
NAME               TESTNUM
--------------- ----------
40                      95
13                      23
74                      68

3 Zeilen ausgewählt.
```

Die Spalte NAME ist als Zeichenstring mit einer Breite von 15 Zeichen, die Spalte TESTNUM als numerische Spalte definiert.

TO_CHAR

Die Funktion TO_CHAR dient vorrangig der Umwandlung einer Zahl in ein Zeichen. Bei verschiedenen Implementierungen kann man auch andere Datentypen (beispielsweise Datumswerte) in einen Zeichenstring umwandeln oder Formatargumente angeben. Das nächste Beispiel zeigt den Haupteinsatzfall von TO_CHAR:

Eingabe

```
SQL> SELECT TESTNUM, TO_CHAR(TESTNUM)
  2  FROM UMWANDLUNG;
```

Ausgabe

```
   TESTNUM TO_CHAR(TESTNUM)
---------- ----------------------------------------
        95 95
        23 23
        68 68

3 Zeilen ausgewählt.
```

Nicht sehr aufregend oder überzeugend. Mit der folgenden Anweisung kann man sich davon überzeugen, daß die Funktion tatsächlich einen Zeichenstring zurückgibt:

Eingabe/Ausgabe

```
SQL> SELECT TESTNUM, LENGTH(TO_CHAR(TESTNUM))
  2  FROM UMWANDLUNG;

   TESTNUM LENGTH(TO_CHAR(TESTNUM))
---------- ------------------------
        95                        2
        23                        2
        68                        2

3 Zeilen ausgewählt.
```

Wenn man LENGTH auf eine Zahl anwendet, erhält man eine Fehlermeldung. Beachten Sie den Unterschied zwischen TO_CHAR und der weiter oben behandelten Funktion CHR. Die Funktion CHR hätte die übergebene Zahl je nach Zeichensatz in ein Zeichen oder ein Symbol umgewandelt.

TO_NUMBER

Die Funktion TO_NUMBER ist das Gegenstück zur Funktion TO_CHAR und konvertiert einen String in eine Zahl:

Eingabe

```
SQL> SELECT NAME, TESTNUM, TESTNUM*TO_NUMBER(NAME)
  2  FROM UMWANDLUNG;
```

Ausgabe

```
NAME                TESTNUM TESTNUM*TO_NUMBER(NAME)
--------------- ---------- -----------------------
40                       95                    3800
13                       23                     299
74                       68                    5032

3 Zeilen ausgewählt.
```

Analyse

Dieser Test hätte zu einer Fehlermeldung geführt, wenn TO_NUMBER ein Zeichen zurückgeben würde.

Verschiedene Funktionen

Zur letzten Funktionsgruppe gehören drei Funktionen, die sich in verschiedenen Situationen als hilfreich erweisen.

GREATEST und LEAST

Die Funktionen GREATEST und LEAST ermitteln das größte bzw. kleinste Element aus einer Folge von Ausdrücken:

```
SQL> SELECT GREATEST('ALPHA', 'BRAVO', 'FOXTROT', 'DELTA')
  2  FROM UMWANDLUNG;
```

```
GREATES
-------
FOXTROT
FOXTROT
FOXTROT

3 Zeilen ausgewählt.
```

Die Funktion `GREATEST` hat das Wort ermittelt, das bei alphabetischer Ordnung an letzter Stelle erscheint. Die Anweisung enthält außerdem ein scheinbar überflüssiges `FROM` und liefert dreimal die Zeile `FOXTROT`. Wenn die `FROM`-Klausel fehlt, erhält man eine Fehlermeldung, weil zu jedem `SELECT` ein `FROM` gehört. Die in der `FROM`-Klausel angegebene Tabelle besteht aus drei Zeilen, so daß die Funktion in der `SELECT`-Klausel auf jede dieser Zeilen angewandt wird.

```
SQL> SELECT LEAST(34, 567, 3, 45, 1090)
  2  FROM UMWANDLUNG;
LEAST(34,567,3,45,1090)
-----------------------
                      3
                      3
                      3

3 Zeilen ausgewählt.
```

Wie das Beispiel zeigt, arbeiten die Funktionen GREATEST und LEAST auch mit numerischen Elementen.

USER

Die Funktion USER gibt den Namen des momentanen Datenbankbenutzers zurück.

Eingabe

```
SQL> SELECT USER FROM UMWANDLUNG;
```

Ausgabe

```
USER
------------------------------
PERKINS
PERKINS
PERKINS

3 Zeilen ausgewählt.
```

Analyse

Der Benutzer ist tatsächlich nur einmal vorhanden. Das Echo liegt auch hier in der Anzahl der Tabellenzeilen begründet. Die Funktion USER verhält sich ähnlich wie die weiter oben erläuterten Datumsfunktionen. Selbst wenn USER nicht als Spalte in der Tabelle existiert, wird der Benutzer für jede Zeile in der Tabelle ausgewählt.

Zusammenfassung

Das war ein langer Tag. Wir haben 47 Funktionen – von den Aggregatfunktionen bis zu den Umwandlungsfunktionen – behandelt. Natürlich müssen Sie sich nicht jede Funktion merken. Es genügt zunächst, wenn Sie die eingangs genannten Kategorien kennen. Damit kommen Sie schon ein großes Stück voran, wenn Sie eine Abfrage erstellen müssen, die eine Funktion erfordert.

Fragen und Antworten

F Warum definiert der ANSI-Standard nur so wenig Funktionen, während die einzelnen Implementierungen weitaus mehr Funktionen bereitstellen?

A *ANSI-Standards geben nur die allgemeine Richtung vor und könnten eine Firma in den Ruin treiben, wenn alle definierten Funktionen unbedingt realisiert werden müßten. Wenn andererseits die Firma X ein statistisches Paket in SQL einbaut und gut verkaufen kann, ziehen die Firmen Y und Z zweifellos bald nach.*

F Nach allen bisherigen Aussagen habe ich angenommen, daß SQL einfach ist. Muß ich mich wirklich mit der gesamten Vielfalt der Funktionen beschäftigen?

A *Diese Frage läßt sich nicht so ohne weiteres beantworten. Je nachdem, welche Ziele Sie mit SQL verfolgen, werden Sie sich mehr oder weniger tief in die Materie einarbeiten müssen. Das gleiche gilt für alle anderen in SQL verfügbaren Funktionen und Optionen. Wenn Sie die grundsätzliche Arbeitsweise von Funktionen kennen, sind Sie in der Lage, diese Konzepte auf Ihre eigenen Abfragen anzuwenden.*

Workshop

Kontrollfragen

1. Welche Funktion wandelt das erste Zeichen eines Strings in einen Großbuchstaben und die übrigen Zeichen in Kleinbuchstaben um?
2. Welche Funktionen bezeichnet man auch als Gruppenfunktionen?
3. Funktioniert die folgende Abfrage?

```
SQL> SELECT COUNT(NACHNAME) FROM ZEICHEN;
```

4. Und wie steht es mit der folgenden Anweisung?

```
SQL> SELECT SUM(NACHNAME) FROM ZEICHEN;
```

5. Mit welchen Funktionen lassen sich die separaten Spalten `VORNAME` und `NACHNAME` zu einer gemeinsamen Ergebnisspalte verbinden?
6. Was bedeutet das Ergebnis (6) der folgenden `SELECT`-Anweisung?

```
SQL> SELECT COUNT(*) FROM TEAMSTATS;

  COUNT(*)
----------
         6

1 Zeile wurde ausgewählt.
```

7. Funktioniert die folgende Anweisung?

```
SQL> SELECT SUBSTR NACHNAME,1,5 FROM NAME_TBL;
```

Übungen

1. Schreiben Sie für die heute verwendete Tabelle TEAMSTATS eine Abfrage, um die Spieler mit einem Schlagdurchschnitt kleiner als 0,25 zu ermitteln. (Der Schlagdurchschnitt berechnet sich aus HITS/AB.)
2. Schreiben Sie für die heute verwendete Tabelle ZEICHEN eine Abfrage, die folgendes zurückgibt:

Ausgabe

```
INITIA       CODE
------ ----------
K.A.P.         32

1 Zeile wurde ausgewählt.
```

Hinweis

Das K kann auch als Kleinbuchstabe erscheinen, da im Verlauf der Lektion der betreffende Eintrag von Großbuchstaben in Kleinbuchstaben umgewandelt wurde.

5

Klauseln in SQL

Woche 1

Ziele

Das Thema des heutigen Tages ist den Klauseln in einer SELECT-Anweisung gewidmet. Am Ende dieser Lektion sind Sie mit den folgenden Klauseln vertraut:

- WHERE
- STARTING WITH
- ORDER BY
- GROUP BY
- HAVING

Die allgemeine Syntax der SELECT-Anweisung soll Ihnen zunächst die Einordnung dieser Klauseln erleichtern:

Syntax

```
SELECT [DISTINCT | ALL] { *
                          | { [Schema.]{Tabelle | Sicht | Snapshot}.*
                          | Ausdruck }  [ [AS] C_Alias ]
                        [, { [Schema.]{Tabelle | Sicht | Snapshot}.*
                          | Ausdruck } [ [AS] C_Alias ]  ] ... }
FROM [Schema.]{Tabelle | Sicht | Snapshot}[@dblink] [T_Alias]
[, [Schema.]{Tabelle | Sicht | Snapshot}[@dblink] [T_Alias] ] ...
    [WHERE Bedingung ]
    [GROUP BY Ausdruck [, Ausdruck] ... [HAVING Bedingung] ]
    [{UNION | UNION ALL | INTERSECT | MINUS} SELECT Befehl ]
    [ORDER BY {Ausdruck|Position} [ASC | DESC]
           [, {Ausdruck|Position} [ASC | DESC]] ...]
```

Hinweis: Die Erfahrung mit SQL zeigt, daß der ANSI-Standard eigentlich mehr ein ANSI-»Vorschlag« ist. Die obige Syntax funktioniert im allgemeinen bei jeder SQL-Engine, man findet aber auch leichte Abweichungen.

Hinweis: Bis jetzt sind Ihnen komplizierte Syntaxdiagramme erspart geblieben. Insbesondere der Einsteiger betrachtet ein Syntaxdiagramm eher wie ein Puzzle. Die wesentlichen Elemente gehen schnell in der vielschichtigen Darstellung unter. Aus diesem Grund führen wir neue Konstruktionen anhand einfacher Beispiele ein. Allerdings haben wir momentan einen Punkt erreicht, an dem ein Syntaxdiagramm die bekannten Konzepte mit dem neuen Material verbinden kann.

Kümmern Sie sich nicht um die genaue Syntax. Diese kann ohnehin von Implementierung zu Implementierung verschieden sein. Konzentrieren Sie sich statt dessen auf die Beziehungen. Am Beginn dieser Anweisung findet sich das bekannte SELECT, das Sie in den letzten Tagen unzählige Male eingetippt haben. Nach SELECT steht ein FROM, das in allen SELECT-Anweisungen vorkommen sollte. (Einen neuen Einsatzfall für FROM lernen Sie morgen kennen.) Danach folgen die Klauseln WHERE, GROUP BY, HAVING und ORDER BY. (Die anderen Klauseln im Diagramm – UNION, UNION ALL, INTERSECT und MINUS – wurden in Lektion 3 behandelt.) Jeder Klausel fällt eine wichtige Rolle bei der Auswahl und Manipulation von Daten zu.

Hinweis

Die heutigen Beispiele arbeiten mit zwei verschiedenen SQL-Implementierungen. Die Version mit Personal Oracle8 ist an der Eingabeaufforderung SQL> und den Zeilennummern zu erkennen. Diese Elemente sind bei der zweiten Implementierung – ISQL von Borland – nicht vorhanden. Außerdem können die Ausgaben je nach Implementierung leicht voneinander abweichen.

Die WHERE-Klausel

Mit SELECT und FROM allein kann man lediglich alle Zeilen einer Tabelle zurückgeben. Wendet man beispielsweise diese beiden Schlüsselwörter auf die Tabelle SCHECKS an, erscheinen alle sieben Zeilen:

Eingabe

```
SQL> SELECT *
  2  FROM SCHECKS;
```

Ausgabe

```
  SCHECK# ZAHL_EMPF            BETRAG BEMERKUNGEN
--------- -------------------- --------- --------------------
        1 Ma Bell                  150 Schmuck
        2 Reading R. R.         245,34 Zug nach Chicago
        3 Ma Bell               200,32 Mobiltelefon
        4 Energieversorgung         98 Gas
        5 Joes Stale $ Dent        150 Lebensmittel
       16 Bar                       25 Nachtclub
       17 Joans Gas               25,1 Gas

7 Zeilen ausgewählt.
```

Mit einem WHERE im Vokabular läßt sich die Auswahl schärfer formulieren. Beispielsweise können Sie mit der nachstehenden Anweisung alle Schecks heraussuchen, die Sie mit einem Betrag von mehr als 100 Dollar ausgestellt haben:

Eingabe

```
SQL> SELECT *
  2  FROM SCHECKS
  3  WHERE BETRAG > 100;
```

Die WHERE-Klausel liefert die vier Einträge der Tabelle, die der geforderten Bedingung genügen:

Ausgabe

```
  SCHECK# ZAHL_EMPF              BETRAG BEMERKUNGEN
--------- -------------------- -------- --------------------
        1 Ma Bell                   150 Schmuck
        2 Reading R. R.          245,34 Zug nach Chicago
        3 Ma Bell                200,32 Mobiltelefon
        5 Joes Stale $ Dent         150 Lebensmittel

4 Zeilen ausgewählt.
```

Mit WHERE kann man auch andere Rätsel lösen. Gegeben sei die folgende Tabelle mit Namen und Plätzen. Man kann nun die Frage stellen: Wo ist Waldo?

Eingabe/Ausgabe

```
SQL> SELECT *
  2  FROM PUZZLE;
NAME            ORT
--------------- ---------------
TYLER           GARTEN
MAJOR           KÜCHE
SPEEDY          WOHNZIMMER
WALDO           GARAGE
LADDIE          ABSTELLKAMMER
ARNOLD          FERNSEHZIMMER

6 Zeilen ausgewählt.
```

Eingabe/Ausgabe

```
SQL> SELECT ORT AS "WO IST WALDO?"
  2  FROM PUZZLE
  3  WHERE NAME = 'WALDO';

WO IST WALDO?
---------------
GARAGE

1 Zeile wurde ausgewählt.
```

Keine Angst, es kommen noch schwierigere Abfragen. Dennoch zeigt diese Abfrage, daß die in der Bedingung der WHERE-Klausel verwendete Spalte nicht in der SELECT-Klausel erscheinen muß. In diesem Beispiel haben Sie die Spalte ORT ausgewählt, aber die Spalte NAME in der WHERE-Klausel angegeben. Das ist absolut korrekt. Beachten Sie auch das AS auf der ersten Zeile. Der optionale Zuweisungsoperator AS weist der Spalte ORT den Alias "WO IST WALDO?" zu. In zukünftigen Anweisungen finden Sie diesen Operator nicht mehr, da er nur zusätzliche Tipparbeit verursacht. In den meisten SQL-Implementierungen kann man einfach schreiben:

Eingabe

```
SQL> SELECT ORT "WO IST WALDO?"
  2  FROM PUZZLE
  3  WHERE NAME = 'WALDO';
```

Das Ergebnis unterscheidet sich nicht von der vorherigen Abfrage mit AS:

Ausgabe

```
WO IST WALDO?
---------------
GARAGE

1 Zeile wurde ausgewählt.
```

Die Klausel STARTING WITH

Die Klausel STARTING WITH ergänzt eine WHERE-Klausel und arbeitet genau wie LIKE(<Ausdruck>%). Vergleichen Sie die Ergebnisse der Abfrage

Eingabe

```
SELECT ZAHL_EMPF, BETRAG, BEMERKUNGEN
FROM SCHECKS
WHERE ZAHL_EMPF LIKE('Ba%');
```

Ausgabe

```
ZAHL_EMPF                      BETRAG BEMERKUNGEN
==================== ========== ====================

Bar                             25.00 Nachtclub
Bar                             60.00 Fahrt nach Boston
Bar                             34.00 Fahrt nach Dayton
```

mit den Ergebnissen dieser Abfrage:

Eingabe/Ausgabe

```
SELECT ZAHL_EMPF, BETRAG, BEMERKUNGEN
FROM SCHECKS
WHERE ZAHL_EMPF STARTING WITH('Ba');

ZAHL_EMPF                      BETRAG BEMERKUNGEN
==================== ========== ====================

Bar                             25.00 Nachtclub
Bar                             60.00 Fahrt nach Boston
Bar                             34.00 Fahrt nach Dayton
```

Die Ergebnisse sind identisch. Man kann die beiden Versionen sogar zusammen verwenden, wie es das folgende Beispiel zeigt:

```
SELECT ZAHL_EMPF, BETRAG, BEMERKUNGEN
FROM SCHECKS
WHERE ZAHL_EMPF STARTING WITH('Ba')
OR
BEMERKUNGEN LIKE 'G%';

ZAHL_EMPF                 BETRAG BEMERKUNGEN
==================== =========== ====================

Energieversorgung          98.00 Gas
Bar                        25.00 Nachtclub
Joans Gas                  25.10 Gas
Bar                        60.00 Fahrt nach Boston
Bar                        34.00 Fahrt nach Dayton
```

Die Klausel STARTING WITH ist zwar in vielen SQL-Implementierungen zu finden, dennoch sollten Sie erst in der Dokumentation nachsehen, ob diese Klausel tatsächlich zur Verfügung steht.

Ordnung ins Chaos bringen: Die Klausel ORDER BY

Manchmal sollen die Ergebnisse einer Abfrage in einer bestimmten Reihenfolge erscheinen. Wie Sie wissen, erzeugt die Anweisung SELECT FROM lediglich eine Liste. Solange Sie keinen Primärschlüssel definiert haben (siehe dazu Tag 10), erhalten Sie die Ergebnisse der Abfrage in der Reihenfolge, in der die Daten eingegeben wurden. Sehen Sie sich die erweiterte Tabelle SCHECKS an:

```
SQL> SELECT * FROM SCHECKS;
```

Ausgabe

```
SCHECK# ZAHL_EMPF               BETRAG BEMERKUNGEN
---------- -------------------- ---------- --------------------
         1 Ma Bell                     150 Schmuck
         2 Reading R. R.            245,34 Zug nach Chicago
         3 Ma Bell                  200,32 Mobiltelefon
         4 Energieversorgung            98 Gas
         5 Joes Stale $ Dent           150 Lebensmittel
        16 Bar                          25 Nachtclub
        17 Joans Gas                  25,1 Gas
         9 Abes Cleaners             24,35 Xtra stark
        20 Abes Cleaners              10,5 All Dry Clean
         8 Bar                          60 Fahrt nach Boston
        21 Bar                          34 Fahrt nach Dayton

11 Zeilen ausgewählt.
```

Analyse

Das Ergebnis zeigt die Datensätze in genau der Reihenfolge, in der sie eingegeben wurden. Nachdem Sie sich mit der Manipulation von Daten in Lektion 8 beschäftigt haben und wissen, wie man die INSERT-Anweisung beim Aufbau von Tabellen einsetzt, können Sie sich von der vorgegebenen Einordnung der Daten selbst überzeugen.

Mit der Klausel ORDER BY lassen sich nun die Ergebnisse in eine bestimmte Reihenfolge bringen. Die folgende Anweisung ordnet zum Beispiel die obige Liste nach Schecknummern:

Eingabe/Ausgabe

```
SQL> SELECT *
  2  FROM SCHECKS
  3  ORDER BY SCHECK#;

  SCHECK# ZAHL_EMPF               BETRAG BEMERKUNGEN
---------- -------------------- ---------- --------------------
         1 Ma Bell                     150 Schmuck
         2 Reading R. R.            245,34 Zug nach Chicago
         3 Ma Bell                  200,32 Mobiltelefon
         4 Energieversorgung            98 Gas
         5 Joes Stale $ Dent           150 Lebensmittel
```

```
         8 Bar                        60 Fahrt nach Boston
         9 Abes Cleaners           24,35 Xtra stark
        16 Bar                        25 Nachtclub
        17 Joans Gas                25,1 Gas
        20 Abes Cleaners            10,5 All Dry Clean
        21 Bar                        34 Fahrt nach Dayton

11 Zeilen ausgewählt.
```

Die Daten sind nun in der gewünschten Weise geordnet und erscheinen nicht mehr in der Eingabereihenfolge. Der nachstehende Test zeigt, daß das Schlüsselwort `BY` in der Klausel `ORDER BY` nicht optional ist:

Eingabe/Ausgabe

```
SQL> SELECT * FROM SCHECKS ORDER SCHECK#;
SELECT * FROM SCHECKS ORDER SCHECK#
                                  *
FEHLER in Zeile 1:
ORA-00924: Schlüsselwort BY fehlt
```

Wie läßt sich nun die Liste in umgekehrter Reihenfolge anzeigen – mit der größten Zahl an erster Stelle bzw. in alphabetisch umgekehrter Ordnung? Die Ergebnisliste der folgenden Abfrage ist so geordnet, daß die Zahlungsempfänger in umgekehrter alphabetischer Reihenfolge erscheinen:

Eingabe/Ausgabe

```
SQL> SELECT *
  2  FROM SCHECKS
  3  ORDER BY ZAHL_EMPF DESC;

   SCHECK# ZAHL_EMPF                BETRAG BEMERKUNGEN
---------- -------------------- ---------- --------------------
         2 Reading R. R.            245,34 Zug nach Chicago
         1 Ma Bell                     150 Schmuck
         3 Ma Bell                  200,32 Mobiltelefon
         5 Joes Stale $ Dent           150 Lebensmittel
        17 Joans Gas                  25,1 Gas
         4 Energieversorgung            98 Gas
        16 Bar                          25 Nachtclub
         8 Bar                          60 Fahrt nach Boston
        21 Bar                          34 Fahrt nach Dayton
```

```
      9 Abes Cleaners                 24,35 Xtra stark
     20 Abes Cleaners                  10,5 All Dry Clean

11 Zeilen ausgewählt.
```

Analyse

Mit dem Schlüsselwort DESC (von englisch descending – absteigend) am Ende der Klausel ORDER BY läßt sich die absteigende Reihenfolge der Datensätze in der Ausgabe anstelle der (aufsteigenden) Standardreihenfolge festlegen. Das selten verwendete Schlüsselwort ASC (von englisch ascending – aufsteigend) ist in der folgenden Anweisung zu sehen:

Eingabe/Ausgabe

```
SQL> SELECT ZAHL_EMPF, BETRAG
  2  FROM SCHECKS
  3  ORDER BY SCHECK# ASC;

ZAHL_EMPF                BETRAG
-------------------- ----------
Ma Bell                     150
Reading R. R.            245,34
Ma Bell                  200,32
Energieversorgung            98
Joes Stale $ Dent           150
Bar                          60
Abes Cleaners             24,35
Bar                          25
Joans Gas                  25,1
Abes Cleaners              10,5
Bar                          34

11 Zeilen ausgewählt.
```

Analyse

Die Reihenfolge der Datensätze in dieser Liste entspricht genau der weiter vorn – ohne ASC – erzeugten Liste, weil die aufsteigende Reihenfolge (ASC) als Standard voreingestellt ist. Die Abfrage zeigt weiterhin, daß der in der Klausel ORDER BY verwendete Ausdruck nicht in der SELECT-Anweisung erscheinen muß. Obwohl nur ZAHL_EMPF und BETRAG ausgewählt wurden, kann man die Liste trotzdem nach SCHECK# ordnen.

Die Klausel ORDER BY läßt sich auch auf mehrere Felder beziehen. Die folgende Abfrage nimmt zum Beispiel eine Sortierung nach ZAHL_EMPF und BEMERKUNGEN vor:

Eingabe/Ausgabe

```
SQL> SELECT *
  2  FROM SCHECKS
  3  ORDER BY ZAHL_EMPF, BEMERKUNGEN;

   SCHECK# ZAHL_EMPF                BETRAG BEMERKUNGEN
---------- -------------------- ---------- --------------------
        20 Abes Cleaners              10,5 All Dry Clean
         9 Abes Cleaners             24,35 Xtra stark
         8 Bar                          60 Fahrt nach Boston
        21 Bar                          34 Fahrt nach Dayton
        16 Bar                          25 Nachtclub
         4 Energieversorgung            98 Gas
        17 Joans Gas                  25,1 Gas
         5 Joes Stale $ Dent           150 Lebensmittel
         3 Ma Bell                  200,32 Mobiltelefon
         1 Ma Bell                     150 Schmuck
         2 Reading R. R.            245,34 Zug nach Chicago

11 Zeilen ausgewählt.
```

Analyse

Beachten Sie die Reihenfolge der Bar-Einträge in der Spalte ZAHL_EMPF. In der weiter vorn gezeigten Abfrage, bei der lediglich ZAHL_EMPF in der Klausel ORDER BY aufgeführt ist, lautet die Reihenfolge der betreffenden Schecknummern 16, 8, 21. Die letzte Abfrage mit Hinzunahme des Feldes BEMERKUNGEN in die Klausel ORDER BY hat eine zusätzliche Sortierung entsprechend der Spalte BEMERKUNGEN gebracht. Hat die Stellung der Spaltennamen in der Klausel ORDER BY einen Einfluß auf das Ergebnis? Probieren Sie letzte Abfrage erneut aus, und vertauschen Sie jetzt ZAHL_EMPF mit BEMERKUNGEN:

Eingabe/Ausgabe

```
SQL> SELECT *
  2  FROM SCHECKS
  3  ORDER BY BEMERKUNGEN, ZAHL_EMPF;
```

```
  SCHECK# ZAHL_EMPF                BETRAG BEMERKUNGEN
---------- -------------------- ---------- --------------------
        20 Abes Cleaners              10,5 All Dry Clean
         8 Bar                          60 Fahrt nach Boston
        21 Bar                          34 Fahrt nach Dayton
         4 Energieversorgung            98 Gas
        17 Joans Gas                  25,1 Gas
         5 Joes Stale $ Dent           150 Lebensmittel
         3 Ma Bell                  200,32 Mobiltelefon
        16 Bar                          25 Nachtclub
         1 Ma Bell                     150 Schmuck
         9 Abes Cleaners             24,35 Xtra stark
         2 Reading R. R.            245,34 Zug nach Chicago

11 Zeilen ausgewählt.
```

Analyse

Wie nicht anders zu erwarten, erhält man völlig andere Ergebnisse.

Es ist auch möglich, eine Spalte in alphabetischer Ordnung und eine zweite Spalte in umgekehrt alphabetischer Ordnung aufzulisten:

Eingabe/Ausgabe

```
SQL> SELECT *
  2  FROM SCHECKS
  3  ORDER BY ZAHL_EMPF ASC, BEMERKUNGEN DESC;

  SCHECK# ZAHL_EMPF                BETRAG BEMERKUNGEN
---------- -------------------- ---------- --------------------
         9 Abes Cleaners             24,35 Xtra stark
        20 Abes Cleaners              10,5 All Dry Clean
        16 Bar                          25 Nachtclub
        21 Bar                          34 Fahrt nach Dayton
         8 Bar                          60 Fahrt nach Boston
         4 Energieversorgung            98 Gas
        17 Joans Gas                  25,1 Gas
         5 Joes Stale $ Dent           150 Lebensmittel
         1 Ma Bell                     150 Schmuck
         3 Ma Bell                  200,32 Mobiltelefon
         2 Reading R. R.            245,34 Zug nach Chicago

11 Zeilen ausgewählt.
```

Analyse

In diesem Beispiel ist ZAHL_EMPF in alphabetisch aufsteigender und BEMERKUNGEN in absteigender Reihenfolge sortiert. Beachten Sie, wie die Bemerkungen in den drei Schecks mit ZAHL_EMPF gleich Bar sortiert sind.

Tip

Ist Ihnen die Nummer der Spalte bekannt, nach der Sie die Ergebnisse ordnen möchten, können Sie auch ORDER BY Nummer schreiben und müssen nicht den vollständigen Spaltennamen angeben. Die folgende Anweisung zeigt dazu ein Beispiel.

Eingabe/Ausgabe

```
SQL> SELECT *
  2  FROM SCHECKS
  3  ORDER BY 1;

   SCHECK# ZAHL_EMPF                BETRAG BEMERKUNGEN
---------- -------------------- ---------- --------------------
         1 Ma Bell                     150 Schmuck
         2 Reading R. R.            245,34 Zug nach Chicago
         3 Ma Bell                  200,32 Mobiltelefon
         4 Energieversorgung            98 Gas
         5 Joes Stale $ Dent           150 Lebensmittel
         8 Bar                          60 Fahrt nach Boston
         9 Abes Cleaners             24,35 Xtra stark
        16 Bar                          25 Nachtclub
        17 Joans Gas                  25,1 Gas
        20 Abes Cleaners              10,5 All Dry Clean
        21 Bar                          34 Fahrt nach Dayton

11 Zeilen ausgewählt.
```

Analyse

Dieses Ergebnis ist identisch mit dem Ergebnis, das Sie weiter oben mit der SELECT-Anweisung

```
SELECT * FROM SCHECKS ORDER BY SCHECK#
```

erzeugt haben.

Die Klausel GROUP BY

In Lektion 3 haben Sie die Aggregatfunktionen (COUNT, SUM, AVG, MIN und MAX) kennengelernt. Zur Demonstration der Klausel GROUP BY kommt die leicht geänderte Tabelle SCHECKS zum Einsatz:

Eingabe/Ausgabe

```
SELECT *
FROM SCHECKS;

   SCHECKNR ZAHL_EMPF                             BETRAG BEMERKUNGEN
=========== ==================== =========== ====================

          1 Ma Bell                           150.00 Schmuck
          2 Reading R. R.                     245.34 Zug nach Chicago
          3 Ma Bell                           200.32 Mobiltelefon
          4 Energieversorgung                  98.00 Gas
          5 Joes Stale $ Dent                 150.00 Lebensmittel
         16 Bar                                25.00 Nachtclub
         17 Joans Gas                          25.10 Gas
          9 Abes Cleaners                      24.35 Xtra stark
         20 Abes Cleaners                      10.50 All Dry Clean
          8 Bar                                60.00 Fahrt nach Boston
         21 Bar                                34.00 Fahrt nach Dayton
         30 Energieversorgung                  87.50 Wasser
         31 Energieversorgung                  34.00 Abwasser
         25 Joans Gas                          15.75 Gas
```

Die Summe aller Ausgaben läßt sich mit der folgenden Anweisung ermitteln:

Eingabe/Ausgabe

```
SELECT SUM(BETRAG)
FROM SCHECKS;

        SUM
===========

    1159.86
```

Analyse

Diese Anweisung gibt die Summe der Spalte BETRAG zurück. Wie lassen sich nun die Teilbeträge herausfinden, die an die einzelnen Zahlungsempfänger gegangen sind? Für diesen Zweck bietet SQL die Klausel GROUP BY. Die folgende Abfrage ermittelt, wem wieviel bezahlt wurde:

Eingabe/Ausgabe

```
SELECT ZAHL_EMPF, SUM(BETRAG)
FROM SCHECKS
GROUP BY ZAHL_EMPF;

ZAHL_EMPF                    SUM
==================== ===========

Abes Cleaners              34.85
Bar                       119.00
Energieversorgung         219.50
Joans Gas                  40.85
Joes Stale $ Dent         150.00
Ma Bell                   350.32
Reading R. R.             245.34
```

Analyse

In der SELECT-Klausel steht eine normale Spaltenauswahl ZAHL_EMPF gefolgt von der Aggregatfunktion SUM(BETRAG). Wenn man die Abfrage nur mit dem sich anschließenden FROM SCHECKS ausführt, erhält man die folgende Fehlermeldung:

```
SELECT ZAHL_EMPF, SUM(BETRAG)
FROM SCHECKS;

Dynamic SQL Error
-SQL error code = -104
-invalid column reference
```

Wir wollen nun wissen, wieviel wir wem mit wie vielen Schecks bezahlt haben. Kann man mehrere Aggregatfunktionen einsetzen?

SQL bemängelt die Kombination der normalen Spalte mit der Aggregatfunktion. Diese Bedingung erfordert eine `GROUP-BY`-Klausel. Die Klausel `GROUP BY` führt die in der `SELECT`-Anweisung angegebene Aggregatfunktion für jede Gruppierung der Spalte aus, die nach der Klausel `GROUP BY` steht. Die Tabelle `SCHECKS` gibt 14 Zeilen zurück, wenn man die Abfrage mit `SELECT * FROM SCHECKS` ausführt. Mit der Anweisung `SELECT ZAHL_EMPF, SUM(BETRAG) FROM SCHECKS GROUP BY ZAHL_EMPF` faßt man die 14 Zeilen zu sieben Gruppen zusammen und erhält die Summe für jede Gruppe zurück.

```
SELECT ZAHL_EMPF, SUM(BETRAG), COUNT(ZAHL_EMPF)
FROM SCHECKS
GROUP BY ZAHL_EMPF;

ZAHL_EMPF                    SUM       COUNT
==================== =========== ===========

Abes Cleaners              34.85           2
Bar                       119.00           3
Energieversorgung         219.50           3
Joans Gas                  40.85           2
Joes Stale $ Dent         150.00           1
Ma Bell                   350.32           2
Reading R. R.             245.34           1
```

Dieses SQL wird immer nützlicher! Im obigen Beispiel konnten wir Gruppenfunktionen auf eindeutigen Gruppen mit Hilfe der Klausel `GROUP BY` ausführen. Außerdem sind die Ergebnisse nach `ZAHL_EMPF` geordnet. `GROUP BY` erledigt also auch die Aufgaben einer `ORDER-BY`-Klausel. Was passiert nun, wenn man nach mehreren Spalten gruppiert? Probieren Sie die folgende Anweisung aus:

```
SELECT ZAHL_EMPF, SUM(BETRAG), COUNT(ZAHL_EMPF)
FROM SCHECKS
GROUP BY ZAHL_EMPF, BEMERKUNGEN;
```

```
ZAHL_EMPF                  SUM       COUNT
==================== =========== ===========

Abes Cleaners            10.50           1
Abes Cleaners            24.35           1
Bar                      60.00           1
Bar                      34.00           1
Bar                      25.00           1
Energieversorgung        34.00           1
Energieversorgung        98.00           1
Energieversorgung        87.50           1
Joans Gas                40.85           2
Joes Stale $ Dent       150.00           1
Ma Bell                 200.32           1
Ma Bell                 150.00           1
Reading R. R.           245.34           1
```

Analyse

Die Ergebnismenge hat sich von 7 Gruppen aus 14 Zeilen auf 13 Gruppen erweitert. Was gibt es Besonderes in der einen Gruppe, zu der mehrere Schecks gehören? Sehen Sie sich die Einträge für Joans Gas an:

Eingabe/Ausgabe

```
SELECT ZAHL_EMPF, BEMERKUNGEN
FROM SCHECKS
WHERE ZAHL_EMPF = 'Joans Gas';

ZAHL_EMPF            BEMERKUNGEN
==================== ====================

Joans Gas            Gas
Joans Gas            Gas
```

Analyse

Die Kombination von ZAHL_EMPF mit BEMERKUNGEN erzeugt identische Einheiten, die SQL mit der Klausel GROUP BY auf einer Zeile zusammenfaßt. Die anderen Zeilen liefern voneinander verschiedene Kombinationen aus ZAHL_EMPF und BEMERKUNGEN. Daher erhalten diese Einträge ihre eigenen Gruppen.

Das nächste Beispiel sucht den größten und kleinsten Betrag. Die Gruppierung erfolgt nach BEMERKUNGEN:

```
SELECT MIN(BETRAG), MAX(BETRAG)
FROM SCHECKS
GROUP BY BEMERKUNGEN;

        MIN         MAX
=========== ===========

      34.00       34.00
      10.50       10.50
      60.00       60.00
      34.00       34.00
      15.75       98.00
     150.00      150.00
     200.32      200.32
      25.00       25.00
     150.00      150.00
      87.50       87.50
      24.35       24.35
     245.34      245.34
```

Wenn man in der SELECT-Anweisung eine Spalte angibt, die verschiedene Werte innerhalb der durch GROUP BY gebildeten Gruppe aufweist, entsteht der folgende Fehler:

```
SELECT ZAHL_EMPF, MAX(BETRAG), MIN(BETRAG)
FROM SCHECKS
GROUP BY BEMERKUNGEN;

Dynamic SQL Error
-SQL error code = -104
-invalid column reference
```

Man sollte also keine SELECT-Anweisung auf Spalten verwenden, die mehrere Werte für die in der Klausel GROUP BY aufgeführte Spalte enthalten. Der umgekehrte Fall ist dagegen zulässig. Man kann die Klausel GROUP BY auf Spalten anwenden, die nicht in der SELECT-Anweisung angegeben sind. Dazu ein Beispiel:

Analyse

Diese Abfrage versucht, die Schecks nach BEMERKUNGEN zu gruppieren. Der Fehler wird ausgelöst, wenn die Abfrage zwei Datensätze mit der gleichen Bemerkung aber verschiedenen Zahlungsempfängern findet – beispielsweise trifft das auf die Zeilen zu, in denen Gas als BEMERKUNG steht, die aber als ZAHL_EMPF die Werte Energieversorgung und Joans Gas enthalten.

Eingabe/Ausgabe

```
SELECT ZAHL_EMPF, COUNT(BETRAG)
FROM SCHECKS
GROUP BY ZAHL_EMPF, BETRAG;

ZAHL_EMPF                    COUNT
==================== ===========

Abes Cleaners                    1
Abes Cleaners                    1
Bar                              1
Bar                              1
Bar                              1
Energieversorgung                1
Energieversorgung                1
Energieversorgung                1
Joans Gas                        1
Joans Gas                        1
Joes Stale $ Dent                1
Ma Bell                          1
Ma Bell                          1
Reading R. R.                    1
```

Analyse

Diese im Prinzip nutzlose Abfrage zeigt, wie viele Schecks Sie mit identischen Beträgen an denselben Zahlungsempfänger ausgestellt haben. Eigentlich soll diese Abfrage nur demonstrieren, daß man die Spalte BETRAG in der Klausel GROUP BY verwenden kann, selbst wenn diese Spalte nicht in der SELECT-Klausel erwähnt ist. Verschieben Sie nun BETRAG aus der Klausel GROUP BY in die SELECT-Klausel:

```
SELECT ZAHL_EMPF, BETRAG, COUNT(BETRAG)
FROM SCHECKS
GROUP BY ZAHL_EMPF;

Dynamic SQL Error
-SQL error code = -104
-invalid column reference
```

SQL kann diese Abfrage nicht ausführen. Versetzen Sie sich einmal in die Lage von SQL. Nehmen wir an, Sie sollen die folgenden Zeilen gruppieren:

```
SELECT ZAHL_EMPF, BETRAG, BEMERKUNGEN
FROM SCHECKS
WHERE ZAHL_EMPF = 'Bar';

ZAHL_EMPF                    BETRAG BEMERKUNGEN
==================== =========== ====================

Bar                           25.00 Nachtclub
Bar                           60.00 Fahrt nach Boston
Bar                           34.00 Fahrt nach Dayton
```

Wenn der Benutzer verlangt, daß Sie alle drei Spalten ausgeben und nur nach `ZAHL_EMPF` gruppieren sollen, wo bringen Sie dann die eindeutig unterscheidbaren Bemerkungen unter? Denken Sie daran, daß Ihnen bei Einsatz von `GROUP BY` nur eine Zeile pro Gruppe zur Verfügung steht. SQL kann nicht zwei Dinge auf einmal tun. Die Fehlermeldung `Error #31: Can't do two things at once` drückt diese Tatsache aus.

Die Klausel HAVING

Wie kann man die in der Klausel `GROUP BY` verwendeten Daten näher spezifizieren? Probieren Sie das Ganze an der Tabelle `ORGDIAGRAMM` aus:

Eingabe

```
SELECT * FROM ORGDIAGRAMM;
```

Ausgabe

```
NAME            TEAM                 GEHALT   KRANKHEIT      URLAUB
=============== =============== =========== =========== ===========

ADAMS           FORSCHUNG          34000.00          34          12
WILKES          MARKETING          31000.00          40           9
STOKES          MARKETING          36000.00          20          19
MEZA            KONSTRUKTION       40000.00          30          27
MERRICK         FORSCHUNG          45000.00          20          17
RICHARDSON      MARKETING          42000.00          25          18
FURY            KONSTRUKTION       35000.00          22          14
PRECOURT        PR                 37500.00          24          24
```

Die folgende Anweisung gruppiert die Abteilungen und zeigt das durchschnittliche Gehalt jeder Abteilung an:

Eingabe/Ausgabe

```
SELECT TEAM, AVG(GEHALT)
FROM ORGDIAGRAMM
GROUP BY TEAM;

TEAM                    AVG
=============== ===========

FORSCHUNG          39500.00
KONSTRUKTION       37500.00
MARKETING          36333.33
PR                 37500.00
```

Die folgende Anweisung ist schärfer formuliert und soll nur diejenigen Abteilungen zurückgeben, in denen das durchschnittliche Gehalt unter 38000 liegt:

```
SELECT TEAM, AVG(GEHALT)
FROM ORGDIAGRAMM
WHERE AVG(GEHALT) < 38000
GROUP BY TEAM;

Dynamic SQL Error
-SQL error code = -104
-Invalid aggregate reference
```

Der Fehler tritt auf, weil die WHERE-Klausel nicht mit Aggregatfunktionen arbeitet. Um eine derartige Abfrage zu realisieren, braucht man ein neues Element: die Klausel HAVING. Das folgende Beispiel bringt die gewünschten Ergebnisse:

```
SELECT TEAM, AVG(GEHALT)
FROM ORGDIAGRAMM
GROUP BY TEAM
HAVING AVG(GEHALT) < 38000;

TEAM                    AVG
=============== ===========

KONSTRUKTION       37500.00
MARKETING          36333.33
PR                 37500.00
```

Die Klausel HAVING ermöglicht den Einsatz von Aggregatfunktionen in einer Vergleichsanweisung und bietet damit den Aggregatfunktionen ein konstruktives Element, das der WHERE-Klausel für einzelne Zeilen entspricht. Funktioniert HAVING auch mit Nicht-Aggregatfunktionen? Probieren Sie die folgende Anweisung aus:

Eingabe/Ausgabe

```
SELECT TEAM, AVG(GEHALT)
FROM ORGDIAGRAMM
GROUP BY TEAM
HAVING GEHALT < 38000;

TEAM                    AVG
=============== ===========

PR                 37500.00
```

Analyse

Warum unterscheidet sich dieses Ergebnis von der letzten Abfrage? Die Klausel `HAVING AVG(GEHALT) < 38000` hat jede Gruppe ausgewertet und nur diejenigen mit einem durchschnittlichen Gehalt unter 38000 zurückgegeben – genau wie erwartet. Der Ausdruck `HAVING SALARY < 38000` liefert dagegen ein anderes Ergebnis. Übernehmen Sie nun wieder die Rolle von SQL. Wenn Sie der Benutzer auffordert, Abteilungsgruppen mit einem Gehalt < 38000 auszuwerten und zurückzugeben, würden Sie jede Gruppe untersuchen und diejenigen zurückweisen, bei denen das einzelne Gehalt größer als 38000 ist. Außer in der PR-Abteilung findet man in jeder Abteilung mindestens ein Gehalt, das größer als 38000 ist:

Eingabe/Ausgabe

```
SELECT NAME, TEAM, GEHALT
FROM ORGDIAGRAMM
ORDER BY TEAM;

NAME            TEAM                 GEHALT
=============== =============== ===========

ADAMS           FORSCHUNG          34000.00
MERRICK         FORSCHUNG          45000.00
FURY            KONSTRUKTION       35000.00
MEZA            KONSTRUKTION       40000.00
WILKES          MARKETING          31000.00
STOKES          MARKETING          36000.00
RICHARDSON      MARKETING          42000.00
PRECOURT        PR                 37500.00
```

Demzufolge würden Sie alle Gruppen mit Ausnahme von PR zurückweisen. Die von der Anweisung gestellte Aufgabe lautet in Wirklichkeit: Wähle alle Gruppen aus, in denen keine Einzelperson mehr als 38000 verdient. Hassen Sie es nicht manchmal, wenn der Computer genau das tut, was man ihm sagt?

Manche SQL-Implementierungen erzeugen einen Fehler, wenn man in einer HAVING-Klausel etwas anderes als eine Aggregatfunktionen verwendet. Daher sollten Sie Konstruktionen wie im vorherigen Beispiel nur dann einsetzen, wenn Sie sich anhand der jeweiligen Dokumentation von der Zulässigkeit überzeugt haben.

Lassen sich in einer HAVING-Klausel auch mehrere Bedingungen verwenden? Probieren Sie die folgende Anweisung aus:

```
SELECT TEAM, AVG(KRANKHEIT), AVG(URLAUB)
FROM ORGDIAGRAMM
GROUP BY TEAM
HAVING AVG(KRANKHEIT)>25 AND
AVG(URLAUB)<20;
```

Die Ergebnistabelle ist nach TEAM gruppiert und zeigt alle Teams mit einem durchschnittlichen Krankenstand von über 25 Tagen und einem durchschnittlichen Jahresurlaub von weniger als 20 Tagen an.

```
TEAM                    AVG         AVG
=============== =========== ===========

FORSCHUNG                27          15
MARKETING                28          15
```

In der HAVING-Klausel kann man auch eine Aggregatfunktion verwenden, die nicht in der SELECT-Anweisung aufgeführt ist. Das folgende Beispiel zeigt eine derartige Konstruktion:

```
SELECT TEAM, AVG(KRANKHEIT), AVG(URLAUB)
FROM ORGDIAGRAMM
GROUP BY TEAM
HAVING COUNT(TEAM) > 1;

TEAM                  AVG         AVG
============== ========== ==========

FORSCHUNG              27          15
KONSTRUKTION           26          21
MARKETING              28          15
```

Diese Abfrage gibt die Anzahl der Teams mit mehr als einem Mitglied zurück. Die Aggregatfunktion `COUNT(TEAM)` erscheint zwar nicht in der `SELECT`-Anweisung, funktioniert aber trotzdem wie vorgesehen in der `HAVING`-Klausel.

Die anderen logischen Operatoren kann man ebenfalls in der `HAVING`-Klausel einsetzen. Sehen Sie sich dazu folgendes Beispiel an:

```
SELECT TEAM, MIN(GEHALT), MAX(GEHALT)
FROM ORGDIAGRAMM
GROUP BY TEAM
HAVING AVG(GEHALT) > 37000
OR
MIN(GEHALT) > 32000;

TEAM                  MIN         MAX
============== ========== ==========

FORSCHUNG        34000.00    45000.00
KONSTRUKTION     35000.00    40000.00
PR               37500.00    37500.00
```

Das nächste Beispiel zeigt, daß in einer `HAVING`-Klausel auch der Operator `IN` funktioniert:

Eingabe/Ausgabe

```
SELECT TEAM, AVG(GEHALT)
FROM ORGDIAGRAMM
GROUP BY TEAM
HAVING TEAM IN ('PR','FORSCHUNG');

TEAM                  AVG
=============== ===========

FORSCHUNG          39500.00
PR                 37500.00
```

Klauseln kombinieren

Nichts existiert für sich allein. Daher zeigt dieser Abschnitt anhand von Beispielen, wie die einzelnen Klauseln ineinandergreifen und sich im Verbund einsetzen lassen.

Beispiel 5.1

Dieses Beispiel sucht alle auf `Bar` und `Gas` ausgestellten Schecks aus der Tabelle `SCHECKS` heraus und ordnet sie nach `BEMERKUNGEN`.

Eingabe

```
SELECT ZAHL_EMPF, BEMERKUNGEN
FROM SCHECKS
WHERE ZAHL_EMPF = 'Bar'
OR BEMERKUNGEN LIKE 'Ga%'
ORDER BY BEMERKUNGEN;

ZAHL_EMPF            BEMERKUNGEN
==================== ====================

Bar                  Fahrt nach Boston
Bar                  Fahrt nach Dayton
Energieversorgung    Gas
Joans Gas            Gas
```

```
Joans Gas         Gas
Bar               Nachtclub
```

Mit dem Operator LIKE werden alle BEMERKUNGEN ermittelt, die mit Ga beginnen. Der Operator OR bewirkt, daß die Abfrage alle Daten zurückgibt, wenn in der WHERE-Klausel mindestens eine der beiden Bedingungen erfüllt ist.

Wie könnte man die gleichen Informationen abrufen und sie nach ZAHL_EMPF gruppieren? Die Abfrage würde etwa wie folgt aussehen:

```
SELECT ZAHL_EMPF, BEMERKUNGEN
FROM SCHECKS
WHERE ZAHL_EMPF = 'Bar'
OR BEMERKUNGEN LIKE 'Ga%'
GROUP BY ZAHL_EMPF
ORDER BY BEMERKUNGEN;
```

Diese Abfrage funktioniert nicht, da die SQL-Engine nicht weiß, was mit den Bemerkungen geschehen soll. Denken Sie daran, daß alle in der SELECT-Klausel angegebenen Spalten auch in der Klausel GROUP BY erscheinen müssen – außer wenn Sie überhaupt keine Spalten in der SELECT-Klausel spezifizieren.

Beispiel 5.2

Ermitteln Sie aus der Tabelle ORGDIAGRAMM das Gehalt aller Mitarbeiter mit weniger als 25 Krankheitstagen. Ordnen Sie die Ergebnisse nach dem Namen.

```
SELECT NAME, GEHALT
FROM ORGDIAGRAMM
WHERE KRANKHEIT < 25
ORDER BY NAME;
```

Ausgabe

```
NAME              GEHALT
=============== ===========

FURY             35000.00
MERRICK          45000.00
PRECOURT         37500.00
STOKES           36000.00
```

Analyse

In dieser unkomplizierten Abfrage können Sie Ihre neu erworbenen Kenntnisse zu `WHERE` und `ORDER BY` anwenden.

Beispiel 5.3

Zeigen Sie unter Verwendung der Tabelle `ORGDIAGRAMM` die Spalten `TEAM`, `AVG(GEHALT)`, `AVG(KRANKHEIT)` und `AVG(URLAUB)` für jedes Team an:

Eingabe

```
SELECT TEAM,
AVG(GEHALT),
AVG(KRANKHEIT),
AVG(URLAUB)
FROM ORGDIAGRAMM
GROUP BY TEAM;
```

Ausgabe

```
TEAM                    AVG         AVG         AVG
=============== =========== =========== ===========

FORSCHUNG          39500.00          27          15
KONSTRUKTION       37500.00          26          21
MARKETING          36333.33          28          15
PR                 37500.00          24          24
```

Es folgt eine interessante Variante dieser Abfrage. Versuchen Sie, die Abläufe nachzuvollziehen:

```
SELECT TEAM,
AVG(GEHALT),
AVG(KRANKHEIT),
AVG(URLAUB)
FROM ORGDIAGRAMM
GROUP BY TEAM
ORDER BY NAME;

TEAM                   AVG         AVG         AVG
=============== =========== =========== ===========

FORSCHUNG         39500.00          27          15
KONSTRUKTION      37500.00          26          21
PR                37500.00          24          24
MARKETING         36333.33          28          15
```

Eine einfachere Abfrage mit der Klausel `ORDER BY` soll als Anhaltspunkt dienen:

```
SELECT NAME, TEAM
FROM ORGDIAGRAMM
ORDER BY NAME, TEAM;

NAME            TEAM
=============== ===============

ADAMS           FORSCHUNG
FURY            KONSTRUKTION
MERRICK         FORSCHUNG
MEZA            KONSTRUKTION
PRECOURT        PR
RICHARDSON      MARKETING
STOKES          MARKETING
WILKES          MARKETING
```

Analyse

Die SQL-Engine hat beim Sortieren der Abfrageergebnisse die Spalte NAME verwendet (wie Sie wissen, kann man ohne weiteres eine Spalte verwenden, die nicht in der SELECT-Anweisung angegeben ist), hat doppelte Einträge in der Spalte TEAM ignoriert und die Reihenfolge FORSCHUNG, KONSTRUKTION, PR und MARKETING ermittelt. Das Einbinden von TEAM in die Klausel ORDER BY ist überflüssig, da in der Spalte NAME eindeutige Werte enthalten sind. Das gleiche Ergebnis läßt sich mit der folgenden Anweisung erhalten:

Eingabe/Ausgabe

```
SELECT NAME, TEAM
FROM ORGDIAGRAMM
ORDER BY NAME;

NAME            TEAM
=============== ===============

ADAMS           FORSCHUNG
FURY            KONSTRUKTION
MERRICK         FORSCHUNG
MEZA            KONSTRUKTION
PRECOURT        PR
RICHARDSON      MARKETING
STOKES          MARKETING
WILKES          MARKETING
```

Auf der Suche nach Variationen sollten Sie nicht übersehen, daß man die Ausgaben auch in umgekehrter Reihenfolge sortieren kann:

Eingabe/Ausgabe

```
SELECT NAME, TEAM
FROM ORGDIAGRAMM
ORDER BY NAME DESC;

NAME            TEAM
=============== ===============

WILKES          MARKETING
STOKES          MARKETING
```

```
RICHARDSON      MARKETING
PRECOURT        PR
MEZA            KONSTRUKTION
MERRICK         FORSCHUNG
FURY            KONSTRUKTION
ADAMS           FORSCHUNG
```

Beispiel 5.4: Das große Finale

Läßt sich alles bisher Gelernte in einer Abfrage zusammenfassen? Prinzipiell ist das möglich, wobei aber eigenwillige Ergebnisse entstehen, da man hier in gewisser Hinsicht Äpfel und Birnen miteinander vermischt – das heißt, Aggregatfunktionen und Nicht-Aggregatfunktionen. Beispielsweise findet man `WHERE` und `ORDER BY` gewöhnlich in Abfragen, die sich wie im folgenden Beispiel auf einzelne Zeilen beziehen:

Eingabe

```
SELECT *
FROM ORGDIAGRAMM
ORDER BY NAME DESC;
```

Ausgabe

```
NAME            TEAM                GEHALT  KRANKHEIT      URLAUB
=============== =============== =========== =========== ===========

WILKES          MARKETING         31000.00          40           9
STOKES          MARKETING         36000.00          20          19
RICHARDSON      MARKETING         42000.00          25          18
PRECOURT        PR                37500.00          24          24
MEZA            KONSTRUKTION      40000.00          30          27
MERRICK         FORSCHUNG         45000.00          20          17
FURY            KONSTRUKTION      35000.00          22          14
ADAMS           FORSCHUNG         34000.00          34          12
```

Die Klauseln `GROUP BY` und `HAVING` setzt man normalerweise in Verbindung mit Aggregatfunktionen ein:

Eingabe/Ausgabe

```
SELECT ZAHL_EMPF,
SUM(BETRAG) GESAMT,
COUNT(ZAHL_EMPF) ANZAHL_AUSGESTELLT
FROM SCHECKS
GROUP BY ZAHL_EMPF
HAVING SUM(BETRAG) > 50;

ZAHL_EMPF                  GESAMT ANZAHL_AUSGESTELLT
==================== ========== ==================

Bar                        119.00                  3
Energieversorgung          219.50                  3
Joes Stale $ Dent          150.00                  1
Ma Bell                    350.32                  2
Reading R. R.              245.34                  1
```

Wie Sie sich überzeugen konnten, führt die Kombination der beiden Gruppen unter Umständen zu unerwarteten Ergebnissen. Dazu gehören auch Anweisungen wie die folgende:

Eingabe

```
SELECT ZAHL_EMPF,
SUM(BETRAG) GESAMT,
COUNT(ZAHL_EMPF) ANZAHL_AUSGESTELLT
FROM SCHECKS
WHERE BETRAG >= 100
GROUP BY ZAHL_EMPF
HAVING SUM(BETRAG) > 50;
```

Ausgabe

```
ZAHL_EMPF                  GESAMT ANZAHL_AUSGESTELLT
==================== ========== ==================

Joes Stale $ Dent          150.00                  1
Ma Bell                    350.32                  2
Reading R. R.              245.34                  1
```

Vergleichen Sie diese beiden Ergebnismengen, und untersuchen Sie die Ausgangsdaten:

Eingabe/Ausgabe

```
SELECT ZAHL_EMPF, BETRAG
FROM SCHECKS
ORDER BY ZAHL_EMPF;

ZAHL_EMPF                BETRAG
==================== ===========

Abes Cleaners             10.50
Abes Cleaners             24.35
Bar                       25.00
Bar                       34.00
Bar                       60.00
Energieversorgung         34.00
Energieversorgung         87.50
Energieversorgung         98.00
Joans Gas                 15.75
Joans Gas                 25.10
Joes Stale $ Dent        150.00
Ma Bell                  150.00
Ma Bell                  200.32
Reading R. R.            245.34
```

Analyse

Die WHERE-Klausel filtert alle Schecks mit einem Betrag kleiner als 100 Dollar heraus, bevor die Klausel GROUP BY auf der Abfrage ausgeführt wird. Wir versuchen jetzt nicht, Ihnen die Mixtur dieser Gruppen auszureden – irgendwann ist es gerade eine derartige Konstruktion, die Ihren Anforderungen entspricht. Allerdings sollte man nicht wahllos Aggregatfunktionen mit Nicht-Aggregatfunktionen mischen. Die obigen Beispiele arbeiten mit Tabellen, die gerade mal eine Handvoll Zeilen enthalten. (Sonst hätten Sie das Buch nicht mehr unter den Arm klemmen können!) In der Praxis arbeitet man mit Tausenden oder Millionen von Zeilen. Dann sind raffinierte Änderungen durch vermischte Klauseln kaum noch auszumachen.

Zusammenfassung

Heute haben Sie alle Klauseln kennengelernt, mit denen Sie die Leistung der SELECT-Anweisung effektiv nutzen können. Formulieren Sie Ihre Anfragen sorgfältig, da der Computer genau das liefert, was man von ihm verlangt. Nunmehr verfügen Sie über umfassende Kenntnisse der SQL-Grundlagen. Mit einzelnen Tabellen dürften Sie keine Probleme mehr haben. In der morgigen Lektion haben Sie Gelegenheit, mit mehreren Tabellen zu arbeiten.

Fragen und Antworten

F Einige Funktionen wurden bereits am Beginn dieser Woche behandelt. Warum sind wir dann noch einmal darauf zurückgekommen?

A *In der Tat wurde* WHERE *bereits am Tag 3 besprochen. Um die Arbeitsweise der Operatoren zu erläutern, waren grundlegende Kenntnisse von* WHERE *erforderlich. Heute haben wir* WHERE *näher beleuchtet, da es sich um eine Klausel handelt und Klauseln im Mittelpunkt dieser Lektion standen.*

Workshop

Kontrollfragen

1. Welche Klausel ist in ihrer Arbeitsweise mit dem Operator LIKE(<Ausdruck>%) vergleichbar?
2. Welche Aufgabe hat die Klausel GROUP BY, und welche andere Klausel verhält sich ähnlich?
3. Funktioniert die folgende SELECT-Anweisung?

```
SQL> SELECT NAME, AVG(GEHALT), ABTEILUNG
     FROM ZAHL_TBL
     WHERE ABTEILUNG = 'BUCHHALTUNG'
     ORDER BY NAME
     GROUP BY ABTEILUNG, GEHALT;
```

4. Muß man bei Einsatz der HAVING-Klausel immer auch eine GROUP-BY-Klausel vorsehen?
5. Kann man ORDER BY auf eine Spalte anwenden, die nicht in der SELECT-Anweisung aufgeführt ist?

Übungen

1. Ermitteln Sie aus der Tabelle ORGDIAGRAMM der obigen Beispiele, wie viele Mitarbeiter in jedem Team 30 oder mehr Krankheitstage aufweisen.
2. Schreiben Sie für die Tabelle SCHECKS eine SELECT-Anweisung, die folgendes Ergebnis liefert:

```
SCHECK# ZAHL_EMPF                BETRAG
--------- -------------------- ---------
        1 Ma Bell                    150
```

6 Tabellen verknüpfen

Woche 1

Ziele

Mit Verknüpfungen – englisch Joins – lassen sich Daten über mehrere Tabellen hinweg manipulieren und abrufen. Die Themen der heutigen Lektion beschäftigen sich mit den folgenden Verknüpfungen:

- Outer Joins
- Left Joins
- Right Joins
- Equi Joins
- Nicht-Equi-Joins
- Verknüpfung einer Tabelle mit sich selbst

Einführung

Zu den leistungsfähigsten Merkmalen von SQL gehört die Fähigkeit, Daten über mehrere Tabellen hinweg abzurufen und zu manipulieren. Wenn man auf diese Mechanismen nicht zurückgreifen könnte, müßte man alle für eine Anwendung erforderlichen Datenelemente in einer einzelnen Tabelle speichern. Bei mehreren Anwendungen müßte man ohne gemeinsame Tabellen die gleichen Daten in mehreren Tabellen ablegen. Stellen Sie sich den riesigen Aufwand vor, wenn man Datenbanken und Tabellen neu entwerfen, aufbauen und füllen müßte, nur weil der Benutzer eine Abfrage mit einem neuen Datenelement benötigt. Durch die `JOIN`-Anweisung von SQL lassen sich kleinere und speziellere Tabellen erstellen, die außerdem leichter zu warten sind als große Tabellen.

Mehrere Tabellen in einer einzelnen SELECT-Anweisung

Wie Dorothee im Zauberer von Oz verfügen Sie bereits seit dem zweiten Tag mit den Anweisungen `SELECT` und `FROM` über die Macht, Tabellen zu verknüpfen. Im Gegensatz zu Dorothee brauchen Sie aber keinen Zauberer, um eine Verknüpfung auszuführen. Die Beispiele arbeiten mit zwei Tabellen, die sehr naheliegend mit `TABELLE1` und `TABELLE2` benannt sind.

Hinweis

Die Abfragen in den heutigen Beispielen sind mit ISQL von Borland entstanden. Gegenüber den bisher im Buch gezeigten Abfragen sind einige Unterschiede festzustellen. Beispielsweise beginnen die mit ISQL erzeugten Abfragen nicht mit dem SQL-Prompt. Weiterhin muß man eine ISQL-Anweisung nicht mit einem Semikolon abschließen. (Das Semikolon ist in ISQL optional.) Die grundlegenden SQL-Konstruktionen sind aber trotzdem gleich.

Eingabe

```
SELECT *
FROM TABELLE1
```

Ausgabe

```
ZEILE      BEMERKUNGEN
========== ============

Zeile 1    Tabelle 1
Zeile 2    Tabelle 1
Zeile 3    Tabelle 1
Zeile 4    Tabelle 1
Zeile 5    Tabelle 1
Zeile 6    Tabelle 1
```

Eingabe/Ausgabe

```
SELECT *
FROM TABELLE2

ZEILE      BEMERKUNGEN
========== ============

Zeile 1    Tabelle 2
Zeile 2    Tabelle 2
Zeile 3    Tabelle 2
Zeile 4    Tabelle 2
Zeile 5    Tabelle 2
Zeile 6    Tabelle 2
```

Diese beiden Tabellen verknüpfen Sie mit der folgenden Anweisung:

Eingabe

```
SELECT *
FROM TABELLE1, TABELLE2

ZEILE      BEMERKUNGEN  ZEILE      BEMERKUNGEN
========== ============ ========== ============
Zeile 1    Tabelle 1    Zeile 1    Tabelle 2
Zeile 1    Tabelle 1    Zeile 2    Tabelle 2
Zeile 1    Tabelle 1    Zeile 3    Tabelle 2
Zeile 1    Tabelle 1    Zeile 4    Tabelle 2
Zeile 1    Tabelle 1    Zeile 5    Tabelle 2
Zeile 1    Tabelle 1    Zeile 6    Tabelle 2
Zeile 2    Tabelle 1    Zeile 1    Tabelle 2
Zeile 2    Tabelle 1    Zeile 2    Tabelle 2
Zeile 2    Tabelle 1    Zeile 3    Tabelle 2
Zeile 2    Tabelle 1    Zeile 4    Tabelle 2
Zeile 2    Tabelle 1    Zeile 5    Tabelle 2
Zeile 2    Tabelle 1    Zeile 6    Tabelle 2
Zeile 3    Tabelle 1    Zeile 1    Tabelle 2
Zeile 3    Tabelle 1    Zeile 2    Tabelle 2
Zeile 3    Tabelle 1    Zeile 3    Tabelle 2
Zeile 3    Tabelle 1    Zeile 4    Tabelle 2
Zeile 3    Tabelle 1    Zeile 5    Tabelle 2
Zeile 3    Tabelle 1    Zeile 6    Tabelle 2
Zeile 4    Tabelle 1    Zeile 1    Tabelle 2
Zeile 4    Tabelle 1    Zeile 2    Tabelle 2
Zeile 4    Tabelle 1    Zeile 3    Tabelle 2
Zeile 4    Tabelle 1    Zeile 4    Tabelle 2
Zeile 4    Tabelle 1    Zeile 5    Tabelle 2
Zeile 4    Tabelle 1    Zeile 6    Tabelle 2
Zeile 5    Tabelle 1    Zeile 1    Tabelle 2
Zeile 5    Tabelle 1    Zeile 2    Tabelle 2
Zeile 5    Tabelle 1    Zeile 3    Tabelle 2
Zeile 5    Tabelle 1    Zeile 4    Tabelle 2
Zeile 5    Tabelle 1    Zeile 5    Tabelle 2
Zeile 5    Tabelle 1    Zeile 6    Tabelle 2
Zeile 6    Tabelle 1    Zeile 1    Tabelle 2
Zeile 6    Tabelle 1    Zeile 2    Tabelle 2
Zeile 6    Tabelle 1    Zeile 3    Tabelle 2
Zeile 6    Tabelle 1    Zeile 4    Tabelle 2
Zeile 6    Tabelle 1    Zeile 5    Tabelle 2
Zeile 6    Tabelle 1    Zeile 6    Tabelle 2
```

Sechsunddreißig Zeilen! Woher kommen sie, und von welchem Typ ist diese Verknüpfung?

Analyse

Eine nähere Untersuchung der Ergebnisse Ihrer ersten Verknüpfung zeigt, daß jede Zeile aus TABELLE1 zu jeder Zeile von TABELLE2 hinzugefügt wurde. Ein Auszug dieser Verknüpfung soll das verdeutlichen:

Ausgabe

```
ZEILE      BEMERKUNGEN  ZEILE      BEMERKUNGEN
========== ============ ========== ============

Zeile 1    Tabelle 1    Zeile 1    Tabelle 2
Zeile 1    Tabelle 1    Zeile 2    Tabelle 2
Zeile 1    Tabelle 1    Zeile 3    Tabelle 2
Zeile 1    Tabelle 1    Zeile 4    Tabelle 2
Zeile 1    Tabelle 1    Zeile 5    Tabelle 2
Zeile 1    Tabelle 1    Zeile 6    Tabelle 2
```

Alle Zeilen von TABELLE2 wurden mit Zeile 1 in TABELLE1 kombiniert. Gratulation! Gerade haben Sie Ihre erste Verknüpfung – oder einen Verbund (Join) – realisiert. Aber um welche Art von Verknüpfung handelt es sich? Eine Inner Join? Eine Outer Join? Die hier gezeigte Verknüpfung bezeichnet man als Cross Join. Normalerweise bringt eine Cross Join nicht soviel Nutzen wie die anderen der heute behandelten Verknüpfungen. Diese Verknüpfung demonstriert aber die grundlegende Kombinationseigenschaft aller Verbundtypen: Verknüpfungen bringen Tabellen zusammen.

Nehmen wir an, daß Sie Ihren Lebensunterhalt mit dem Verkauf von Fahrradteilen verdienen. Der Entwurf Ihrer Datenbank sieht eine große Tabelle mit allen relevanten Spalten vor. Bei jeder neuen Bedingung haben Sie eine neue Spalte hinzugefügt oder gleich eine neue Tabelle aufgebaut. In die neue Tabelle waren alle alten Daten zu übernehmen und die für eine bestimmte Abfrage erforderlichen neuen Daten hinzuzufügen. Die einzige Tabelle Ihrer Datenbank bricht schließlich unter ihrem eigenen Gewicht zusammen – keine rosigen Aussichten. Bei einem alternativen Entwurf, der auf einem relationalen Modell basiert, würde man zusammengehörige Daten in je einer eigenen Tabelle unterbringen. Die Tabelle KUNDE könnte dann folgendermaßen aussehen:

Eingabe

```
SELECT *
FROM KUNDE
```

Ausgabe

```
NAME       ADRESSE    STAAT  ZIP    TELEFON  BEMERKUNGEN
========== ========== ====== ====== ======== ====================

TRUE WHEEL 550 HUSKER NE     58702  555-4545 KEINE
BIKE SPEC  CPT SHRIVE LA     45678  555-1234 KEINE
LE SHOPPE  HOMETOWN   KS     54678  555-1278 KEINE
AAA BIKE   10 OLDTOWN NE     56784  555-3421 JOHN-MGR
JACKS BIKE 24 EGLIN   FL     34567  555-2314 KEINE
```

Analyse

Diese Tabelle enthält alle Informationen, die Sie zur Beschreibung Ihrer Kunden benötigen. Die verkauften Artikel kommen in eine andere Tabelle:

Eingabe/Ausgabe

```
SELECT *
FROM TEIL

   TEILNUM BESCHREIBUNG               PREIS
========== ==================== ===========

        54 PEDALE                     54.25
        42 SATTEL                     24.50
        46 REIFEN                     15.25
        23 MOUNTAIN BIKE             350.45
        76 ROAD BIKE                 530.00
        10 TANDEM                   1200.00
```

Die Bestellungen erhalten ebenfalls eine eigene Tabelle:

```
SELECT *
FROM BESTELLUNGEN
```

```
  BESTDATUM NAME             TEILNUM       MENGE BEMERKUNGEN
=========== ========== =========== =========== ====================

15-MAY-1997 TRUE WHEEL          23           6 BEZAHLT
19-MAY-1997 TRUE WHEEL          76           3 BEZAHLT
 2-SEP-1997 TRUE WHEEL          10           1 BEZAHLT
30-JUN-1997 TRUE WHEEL          42           8 BEZAHLT
30-JUN-1997 BIKE SPEC           54          10 BEZAHLT
30-MAY-1997 BIKE SPEC           10           2 BEZAHLT
30-MAY-1997 BIKE SPEC           23           8 BEZAHLT
17-JAN-1997 BIKE SPEC           76          11 BEZAHLT
17-JAN-1997 LE SHOPPE           76           5 BEZAHLT
 1-JUN-1997 LE SHOPPE           10           3 BEZAHLT
 1-JUN-1997 AAA BIKE            10           1 BEZAHLT
 1-JUL-1997 AAA BIKE            76           4 BEZAHLT
 1-JUL-1997 AAA BIKE            46          14 BEZAHLT
11-JUL-1997 JACKS BIKE          76          14 BEZAHLT
```

Bei dieser Lösung können durchaus drei spezialisierte Mitarbeiter oder Abteilungen die Verwaltung der entsprechenden Tabellen in eigener Regie übernehmen. Damit ist ein Datenbankadministrator überflüssig, der alle Aspekte Ihres Projekts kennen muß, um eine riesige Datenbank für mehrere Abteilungen zu pflegen. Im Zeitalter der Netzwerke kann man die drei Tabellen sogar auf verschiedenen Computern unterbringen. Die mit den jeweiligen Daten am besten vertrauten Mitarbeiter übernehmen die Verwaltung der entsprechenden Tabelle und speichern sie auf der eigenen Maschine. (Damit erübrigen sich die großen Firmenrechner, um die sich Heerscharen von Systemadministratoren kümmern.)

Verbinden Sie nun die Tabellen TEIL und BESTELLUNGEN:

```
SELECT B.BESTDATUM, B.NAME, B.TEILNUM,
T.TEILNUM, T.BESCHREIBUNG
FROM BESTELLUNGEN B, TEIL T
```

```
 BESTDATUM NAME          TEILNUM     TEILNUM BESCHREIBUNG
=========== ========== =========== =========== ====================

15-MAY-1997 TRUE WHEEL          23          54 PEDALE
19-MAY-1997 TRUE WHEEL          76          54 PEDALE
 2-SEP-1997 TRUE WHEEL          10          54 PEDALE
30-JUN-1997 TRUE WHEEL          42          54 PEDALE
30-JUN-1997 BIKE SPEC           54          54 PEDALE
30-MAY-1997 BIKE SPEC           10          54 PEDALE
30-MAY-1997 BIKE SPEC           23          54 PEDALE
17-JAN-1997 BIKE SPEC           76          54 PEDALE
17-JAN-1997 LE SHOPPE           76          54 PEDALE
 1-JUN-1997 LE SHOPPE           10          54 PEDALE
 1-JUN-1997 AAA BIKE            10          54 PEDALE
 1-JUL-1997 AAA BIKE            76          54 PEDALE
 1-JUL-1997 AAA BIKE            46          54 PEDALE
11-JUL-1997 JACKS BIKE          76          54 PEDALE
...
```

Analyse

Diese Ergebnisliste stellt nur einen Ausschnitt dar. Insgesamt besteht die Ergebnismenge aus 84 Zeilen – 14 Zeilen in der Tabelle BESTELLUNGEN multipliziert mit 6 Zeilen in der Tabelle TEIL. Die Liste ist dem Ergebnis des weiter vorn gezeigten Beispiels zur Verknüpfung der Tabellen TABELLE1 und TABELLE2 ähnlich. Noch fehlt die entscheidende Anweisung, um die Lücke zu einem sinnvollen Einsatz zu schließen. Bevor wir diese Anweisung offenlegen, wenden wir uns zunächst einem anderen Einsatzfall von Aliasnamen zu.

Die richtige Spalte ermitteln

Bei der Verbindung von TABELLE1 und TABELLE2 haben Sie mit SELECT * alle Spalten in beiden Tabellen zurückgegeben. In der Verknüpfung von BESTELLUNGEN mit TEIL sieht die SELECT-Anweisung etwas komplizierter aus:

```
SELECT B.BESTDATUM, B.NAME, B.TEILNUM,
T.TEILNUM, T.BESCHREIBUNG
```

Aus internen Tabellen kann SQL ableiten, daß BESTDATUM und NAME nur in BESTELLUNGEN existieren und daß BESCHREIBUNG ausschließlich in TEIL vorkommt. Wie steht es aber mit der Spalte TEILNUM, die in beiden Tabellen vorhanden ist? Wenn eine Spalte in zwei Tabellen denselben Namen hat, muß man in der SELECT-Klausel die anzuzeigende Spalte mit einem Alias spezifizieren. Gewöhnlich weist man jeder Tabelle einen einzelnen Buchstaben zu, wie es in der FROM-Klausel zu sehen ist:

```
FROM BESTELLUNGEN B, TEIL T
```

Analog zur obigen SELECT-Klausel spezifiziert man alle Spaltennamen mit diesem Zeichen. Man könnte die SELECT-Klausel auch folgendermaßen formulieren:

```
SELECT BESTDATUM, NAME, B.TEILNUM, T.TEILNUM, BESCHREIBUNG
```

Denken Sie aber daran, daß Sie irgendwann diese Abfrage überarbeiten müssen. Daher empfiehlt es sich, die Lesbarkeit der Anweisung von vornherein sicherzustellen. Kommen wir nun zur fehlenden Anweisung zurück.

Equi Joins

Ein Auszug der TEIL/BESTELLUNGEN-Verknüpfung soll einen Anhaltspunkt liefern, was noch fehlt:

```
30-JUN-1997 TRUE WHEEL          42          54 PEDALE
30-JUN-1997 BIKE SPEC           54          54 PEDALE
30-MAY-1997 BIKE SPEC           10          54 PEDALE
```

Die Felder TEILNUM sind beiden Tabellen gemeinsam. Hätte man die Abfrage auch wie folgt schreiben können?

```
SELECT B.BESTDATUM, B.NAME, B.TEILNUM,
T.TEILNUM, T.BESCHREIBUNG
FROM BESTELLUNGEN B, TEIL T
WHERE B.TEILNUM = T.TEILNUM
```

```
  BESTDATUM NAME             TEILNUM     TEILNUM BESCHREIBUNG
=========== ========== =========== =========== ====================


  1-JUN-1997 AAA BIKE           10          10 TANDEM
30-MAY-1997 BIKE SPEC           10          10 TANDEM
  2-SEP-1997 TRUE WHEEL         10          10 TANDEM
  1-JUN-1997 LE SHOPPE          10          10 TANDEM
30-MAY-1997 BIKE SPEC           23          23 MOUNTAIN BIKE
15-MAY-1997 TRUE WHEEL          23          23 MOUNTAIN BIKE
30-JUN-1997 TRUE WHEEL          42          42 SATTEL
  1-JUL-1997 AAA BIKE           46          46 REIFEN
30-JUN-1997 BIKE SPEC           54          54 PEDALE
```

```
 1-JUL-1997 AAA BIKE              76           76 ROAD BIKE
17-JAN-1997 BIKE SPEC             76           76 ROAD BIKE
19-MAY-1997 TRUE WHEEL            76           76 ROAD BIKE
11-JUL-1997 JACKS BIKE            76           76 ROAD BIKE
17-JAN-1997 LE SHOPPE             76           76 ROAD BIKE
```

Analyse

Mit der in beiden Tabellen existierenden Spalte TEILNUM haben Sie gerade die Informationen aus der Tabelle BESTELLUNGEN mit den Informationen aus der Tabelle TEIL verknüpft, um eine Beschreibung der Teile anzuzeigen, die die Fahrradgeschäfte bei Ihnen bestellt haben. Die hier eingesetzte Verknüpfung ist eine sogenannte Equi Join (oder Gleichverbund), da die Tabellen über die Gleichheit aller gleichlautenden Spalten verknüpft werden.

Diese Abfrage läßt sich weiter spezifizieren, indem man zusätzliche Bedingungen in die WHERE-Klausel aufnimmt. Dazu ein Beispiel:

Eingabe/Ausgabe

```
SELECT B.BESTDATUM, B.NAME, B.TEILNUM,
T.TEILNUM, T.BESCHREIBUNG
FROM BESTELLUNGEN B, TEIL T
WHERE B.TEILNUM = T.TEILNUM
AND B.TEILNUM = 76

  BESTDATUM NAME              TEILNUM     TEILNUM BESCHREIBUNG
=========== ========== =========== =========== ====================

 1-JUL-1997 AAA BIKE              76           76 ROAD BIKE
17-JAN-1997 BIKE SPEC             76           76 ROAD BIKE
19-MAY-1997 TRUE WHEEL            76           76 ROAD BIKE
11-JUL-1997 JACKS BIKE            76           76 ROAD BIKE
17-JAN-1997 LE SHOPPE             76           76 ROAD BIKE
```

Die Zahl 76 ist nicht gerade aussagekräftig, und Sie wollen Ihren Kunden bestimmt nicht zumuten, sich eine Teilnummer zu merken. (Es gibt leider genügend Beispiele für Informationssysteme, bei denen der Benutzer einen unverständlichen Code kennen muß, obwohl es eigentlich eine treffende Bezeichnung gibt. Lassen Sie sich nicht zu derartigem Unsinn verleiten!) Die Abfrage kann man auch folgendermaßen formulieren:

Eingabe/Ausgabe

```
SELECT B.BESTDATUM, B.NAME, B.TEILNUM,
T.TEILNUM, T.BESCHREIBUNG
FROM BESTELLUNGEN B, TEIL T
WHERE B.TEILNUM = T.TEILNUM
AND T.BESCHREIBUNG = 'ROAD BIKE'

  BESTDATUM NAME              TEILNUM     TEILNUM BESCHREIBUNG
=========== ========== =========== =========== ====================


 1-JUL-1997 AAA BIKE           76          76 ROAD BIKE
17-JAN-1997 BIKE SPEC          76          76 ROAD BIKE
19-MAY-1997 TRUE WHEEL         76          76 ROAD BIKE
11-JUL-1997 JACKS BIKE         76          76 ROAD BIKE
17-JAN-1997 LE SHOPPE          76          76 ROAD BIKE
```

Sehen Sie sich in diesem Zusammenhang zwei andere Tabellen an. Untersuchen Sie, wie sich diese Tabellen verknüpfen lassen. Es liegt auf der Hand, daß die Spalte `MITARBEITER_ID` in diesem Beispiel eindeutige Werte enthalten sollte. Mitarbeiter können zwar den gleichen Namen haben, in derselben Abteilung arbeiten und das gleiche Gehalt beziehen. Allerdings sollte jeder Mitarbeiter eine unverwechselbare `MITARBEITER_ID` (oder Personalnummer) erhalten. Die Tabellen lassen sich nun über die Spalte `MITARBEITER_ID` verknüpfen.

MITARBEITER_TABELLE	**MITARBEITER_LOHN_TABELLE**
MITARBEITER_ID	MITARBEITER_ID
NACHNAME	GEHALT
VORNAME	ABTEILUNG
MITTL_NAME	ABTEILUNGSLEITER
	FAMILIENSTAND

Eingabe

```
SELECT M.MITARBEITER_ID, M.NACHNAME, ML.GEHALT
FROM MITARBEITER_TBL M,
     MITARBEITER_LOHN_TBL ML
WHERE M.MITARBEITER_ID = ML.MITARBEITER_ID
  AND M.NACHNAME = 'SMITH';
```

Ausgabe

```
M.MITARBEITER_ID M.NACHNAME ML.GEHALT
================ ========== =========

           13245 SMITH        35000.00
```

Tip

Wenn man zwei Tabellen ohne WHERE-Klausel verknüpft, erhält man das sogenannte kartesische Produkt. Eine derartige Verknüpfung kombiniert alle Zeilen aus allen Tabellen in der FROM-Klausel. Hat jede Tabelle einen Umfang von 200 Zeilen, enthält die Ergebnismenge bei zwei Tabellen schließlich 40.000 Zeilen (200 mal 200). Daher sollten Sie Ihre Tabellen immer in der WHERE-Klausel verknüpfen, solange keine Notwendigkeit besteht, alle Zeilen aller Tabellen miteinander zu kombinieren.

Kehren wir zu den ursprünglichen Tabellen zurück. Mit dem bisher Gelernten sind Sie in der Lage, praktisch sinnvolle Verknüpfungen zu realisieren. Zunächst ermitteln wir den Umsatz durch den Verkauf von Road Bikes:

Eingabe/Ausgabe

```
SELECT SUM(B.MENGE * T.PREIS) GESAMT
FROM BESTELLUNGEN B, TEIL T
WHERE B.TEILNUM = T.TEILNUM
AND T.BESCHREIBUNG = 'ROAD BIKE'

     GESAMT
===========

   19610.00
```

Analyse

Mit dieser Einrichtung können die Mitarbeiter der Verkaufsabteilung die Tabelle BESTELLUNGEN auf dem neuesten Stand halten, die Produktionsabteilung kann die Tabelle TEIL aktualisieren, und Sie können das Umsatzziel herausfinden, ohne die Datenbank neu entwerfen zu müssen.

Hinweis

Beachten Sie die einheitliche Verwendung von Aliasnamen für Tabellen und Spalten in den Beispielen der SQL-Anweisungen. Mit Aliasnamen lassen sich viele Tastenanschläge einsparen. Außerdem fördert diese Methode die Lesbarkeit der Anweisungen.

Kann man auch mehrere Tabellen verknüpfen? Die folgende Anweisung generiert zum Beispiel die Informationen, die man für das Verschicken einer Rechnung benötigt:

Eingabe/Ausgabe

```
SELECT K.NAME, K.ADRESSE, (B.MENGE * T.PREIS) GESAMT
FROM BESTELLUNGEN B, TEIL T, KUNDE K
WHERE B.TEILNUM = T.TEILNUM
AND B.NAME = K.NAME

NAME       ADRESSE          GESAMT
========== ========== ===========

TRUE WHEEL 550 HUSKER      1200.00
BIKE SPEC  CPT SHRIVE      2400.00
LE SHOPPE  HOMETOWN        3600.00
AAA BIKE   10 OLDTOWN      1200.00
TRUE WHEEL 550 HUSKER      2102.70
BIKE SPEC  CPT SHRIVE      2803.60
TRUE WHEEL 550 HUSKER       196.00
AAA BIKE   10 OLDTOWN       213.50
BIKE SPEC  CPT SHRIVE       542.50
TRUE WHEEL 550 HUSKER      1590.00
BIKE SPEC  CPT SHRIVE      5830.00
JACKS BIKE 24 EGLIN        7420.00
LE SHOPPE  HOMETOWN        2650.00
AAA BIKE   10 OLDTOWN      2120.00
```

Mit der folgenden Anweisung läßt sich die Ausgabe übersichtlicher gestalten:

Eingabe/Ausgabe

```
SELECT K.NAME, K.ADRESSE,
B.MENGE * T.PREIS GESAMT
FROM BESTELLUNGEN B, TEIL T, KUNDE K
WHERE B.TEILNUM = T.TEILNUM
```

```
AND B.NAME = K.NAME
ORDER BY K.NAME

NAME       ADRESSE         GESAMT
========== ========== ===========

AAA BIKE   10 OLDTOWN      213.50
AAA BIKE   10 OLDTOWN     2120.00
AAA BIKE   10 OLDTOWN     1200.00
BIKE SPEC  CPT SHRIVE      542.50
BIKE SPEC  CPT SHRIVE     2803.60
BIKE SPEC  CPT SHRIVE     5830.00
BIKE SPEC  CPT SHRIVE     2400.00
JACKS BIKE 24 EGLIN       7420.00
LE SHOPPE  HOMETOWN       2650.00
LE SHOPPE  HOMETOWN       3600.00
TRUE WHEEL 550 HUSKER      196.00
TRUE WHEEL 550 HUSKER     2102.70
TRUE WHEEL 550 HUSKER     1590.00
TRUE WHEEL 550 HUSKER     1200.00
```

Hinweis

Bei der Verknüpfung der drei Tabellen BESTELLUNGEN, TEIL und KUNDE ist die Tabelle BESTELLUNGEN an zwei Verknüpfungen beteiligt, während die anderen beiden Tabellen nur einmal verwendet werden. Man bezeichnet Tabellen, die mit den angegebenen Bedingungen die wenigsten Zeilen zurückgeben, auch als Basistabellen. Man verknüpft normalerweise alle anderen Tabellen in einer Abfrage mit der Basistabelle, um das Abrufen der Daten effizienter zu gestalten. In diesem Beispiel übernimmt folglich die Tabelle BESTELLUNGEN die Rolle der Basistabelle. In den meisten Datenbanken verknüpfen wenige Basistabellen alle anderen Tabellen (entweder direkt oder indirekt). Tag 15 geht näher auf das Konzept der Basistabellen ein.

Die vorherige Abfrage läßt sich erweitern, um die Aussagekraft mit der zusätzlichen Spalte BESCHREIBUNG zu erhöhen:

Eingabe/Ausgabe

```
SELECT K.NAME, K.ADRESSE,
B.MENGE * T.PREIS GESAMT,
T.BESCHREIBUNG
FROM BESTELLUNGEN B, TEIL T, KUNDE K
WHERE B.TEILNUM = T.TEILNUM
```

```
AND B.NAME = K.NAME
ORDER BY K.NAME

NAME       ADRESSE          GESAMT BESCHREIBUNG
========== ========== ========== ====================

AAA BIKE   10 OLDTOWN       213.50 REIFEN
AAA BIKE   10 OLDTOWN      2120.00 ROAD BIKE
AAA BIKE   10 OLDTOWN      1200.00 TANDEM
BIKE SPEC  CPT SHRIVE       542.50 PEDALE
BIKE SPEC  CPT SHRIVE      2803.60 MOUNTAIN BIKE
BIKE SPEC  CPT SHRIVE      5830.00 ROAD BIKE
BIKE SPEC  CPT SHRIVE      2400.00 TANDEM
JACKS BIKE 24 EGLIN        7420.00 ROAD BIKE
LE SHOPPE  HOMETOWN        2650.00 ROAD BIKE
LE SHOPPE  HOMETOWN        3600.00 TANDEM
TRUE WHEEL 550 HUSKER       196.00 SATTEL
TRUE WHEEL 550 HUSKER      2102.70 MOUNTAIN BIKE
TRUE WHEEL 550 HUSKER      1590.00 ROAD BIKE
TRUE WHEEL 550 HUSKER      1200.00 TANDEM
```

Analyse

Diese Liste ist das Ergebnis von drei verknüpften Tabellen. Mit diesen Angaben läßt sich nun eine Rechnung erstellen.

Hinweis

Im Beispiel am Beginn dieser Lektion hat SQL die `TABELLE1` und die `TABELLE2` gruppiert, um eine neue Tabelle aus X Zeilen von `TABELLE1` mal Y Zeilen von `TABELLE2` zu erzeugen. Bei dieser Verknüpfung entsteht keine physikalische, sondern eine virtuelle Tabelle. Die Verknüpfung zwischen den beiden Tabellen produziert eine neue Menge, die allen Bedingungen in der `WHERE`-Klausel einschließlich der Verknüpfung selbst genügt. Die `SELECT`-Anweisung hat zwar die Anzahl der angezeigten Zeilen reduziert, zur Auswertung der `WHERE`-Klausel erzeugt SQL aber trotzdem alle möglichen Zeilen. Die Tabellen in den heute gezeigten Beispielen enthalten nur eine Handvoll Zeilen. In der Praxis hat man es normalerweise mit Tausenden von Zeilen zu tun. Auf einem gut ausgestatteten Computer sind Auswirkungen auf die Ressourcen bei Verknüpfung mehrerer Tabellen kaum festzustellen. Wenn man jedoch in einer langsameren Umgebung arbeitet, können Verknüpfungen einen deutlichen Bremseffekt zeigen.

Hinweis

Es empfiehlt sich nun nicht, einfach ohne Verknüpfungen zu arbeiten, da man damit auf die mehrfach dargestellten Vorteile des relationalen Konzepts verzichtet. Behalten Sie die vorgesehene Plattform und die Anforderungen Ihrer Kunden im Auge, um das bestmögliche an Geschwindigkeit und Zuverlässigkeit aus der Datenbank herauszuholen.

Non-Equi-Joins

Da SQL eine Equi Join unterstützt, könnte man davon ausgehen, daß es auch eine Nicht-Equi-Join gibt. Diese Annahme stimmt genau! Während bei der Equi Join das Gleichheitszeichen in der `WHERE`-Anweisung steht, verwendet man bei der Nicht-Equi-Join alle anderen Operatoren – außer dem Gleichheitszeichen. Sehen Sie sich folgendes Beispiel an:

Eingabe

```
SELECT B.NAME, B.TEILNUM, T.TEILNUM,
B.MENGE * T.PREIS GESAMT
FROM BESTELLUNGEN B, TEIL T
WHERE B.TEILNUM > T.TEILNUM
```

Ausgabe

```
NAME           TEILNUM     TEILNUM       GESAMT
========== =========== ========== ===========

TRUE WHEEL          76          54      162.75
BIKE SPEC           76          54      596.75
LE SHOPPE           76          54      271.25
AAA BIKE            76          54      217.00
JACKS BIKE          76          54      759.50
TRUE WHEEL          76          42       73.50
BIKE SPEC           54          42      245.00
BIKE SPEC           76          42      269.50
LE SHOPPE           76          42      122.50
AAA BIKE            76          42       98.00
AAA BIKE            46          42      343.00
JACKS BIKE          76          42      343.00
TRUE WHEEL          76          46       45.75
```

```
BIKE SPEC           54          46        152.50
BIKE SPEC           76          46        167.75
LE SHOPPE           76          46         76.25
AAA BIKE            76          46         61.00
JACKS BIKE          76          46        213.50
TRUE WHEEL          76          23       1051.35
TRUE WHEEL          42          23       2803.60
...
```

Analyse

Die Liste setzt sich noch weiter fort und beschreibt alle Zeilen in der Verknüpfung entsprechend der Bedingung WHERE B.TEILNUM > T.TEILNUM. Für Ihr Fahrradgeschäft haben diese Angaben nur eine geringe Bedeutung. In der Praxis findet man Equi Joins auch weitaus häufiger als Nicht-Equi-Joins. Trotzdem gibt es Anwendungen, in denen gerade eine Nicht-Equi-Join die perfekte Konstruktion darstellt.

Outer Joins vs. Inner Joins

So wie Nicht-Equi-Joins das Gegenstück zu Equi-Joins bilden, ergänzen Outer Joins die Inner Joins. Eine Inner Join kombiniert die Zeilen einer Tabelle miteinander und liefert eine Anzahl neuer Zeilen, die gleich dem Produkt aus den Zeilenzahlen in jeder Tabelle ist. Die Inner Join greift auf diese Zeilen zurück, um das Ergebnis der WHERE-Klausel zu ermitteln. Eine Outer Join gruppiert die beiden Tabellen in einer etwas anderen Art. Führen Sie mit den Tabellen TEIL und BESTELLUNGEN der vorherigen Beispiele die folgende Inner Join aus:

Eingabe

```
SELECT T.TEILNUM, T.BESCHREIBUNG, T.PREIS,
B.NAME, B.TEILNUM
FROM TEIL T
JOIN BESTELLUNGEN B ON BESTELLUNGEN.TEILNUM = 54
```

Ausgabe

```
    TEILNUM BESCHREIBUNG                PREIS NAME          TEILNUM
=========== ==================== =========== ========== ===========
         54 PEDALE                      54.25 BIKE SPEC          54
         42 SATTEL                      24.50 BIKE SPEC          54
```

```
46 REIFEN                      15.25 BIKE SPEC          54
23 MOUNTAIN BIKE              350.45 BIKE SPEC          54
76 ROAD BIKE                  530.00 BIKE SPEC          54
10 TANDEM                    1200.00 BIKE SPEC          54
```

Hinweis

Die hier angegebene Syntax für die Verknüpfung – `JOIN ON` – ist nicht im ANSI-Standard definiert. ISQL von Borland hat an dieser Stelle die Syntax erweitert. Damit erzeugen Sie eine Inner Join und eine Outer Join. Die meisten Implementierungen von SQL verfügen über ähnliche Erweiterungen. Beachten Sie, daß bei derartigen Verknüpfungen keine `WHERE`-Klausel vorkommt.

Analyse

Im Ergebnis sind alle Zeilen in `TEIL` auf Zeilen mit `TEILNUM` gleich `54` aus der Tabelle `BESTELLUNGEN` aufgeteilt. Die folgende Anweisung zeigt eine `RIGHT OUTER JOIN` – eine sogenannte rechte Inklusionsverknüpfung:

Eingabe/Ausgabe

```
SELECT T.TEILNUM, T.BESCHREIBUNG, T.PREIS,
B.NAME, B.TEILNUM
FROM TEIL T
RIGHT OUTER JOIN BESTELLUNGEN B ON BESTELLUNGEN.TEILNUM = 54

    TEILNUM BESCHREIBUNG                 PREIS NAME          TEILNUM
=========== ==================== =========== ========== ===========

     <null> <null>                      <null> TRUE WHEEL         23
     <null> <null>                      <null> TRUE WHEEL         76
     <null> <null>                      <null> TRUE WHEEL         10
     <null> <null>                      <null> TRUE WHEEL         42
         54 PEDALE                       54.25 BIKE SPEC          54
         42 SATTEL                       24.50 BIKE SPEC          54
         46 REIFEN                       15.25 BIKE SPEC          54
         23 MOUNTAIN BIKE               350.45 BIKE SPEC          54
         76 ROAD BIKE                   530.00 BIKE SPEC          54
         10 TANDEM                     1200.00 BIKE SPEC          54
     <null> <null>                      <null> BIKE SPEC          10
     <null> <null>                      <null> BIKE SPEC          23
     <null> <null>                      <null> BIKE SPEC          76
     <null> <null>                      <null> LE SHOPPE          76
     <null> <null>                      <null> LE SHOPPE          10
     <null> <null>                      <null> AAA BIKE           10
```

```
<null> <null>                <null> AAA BIKE          76
<null> <null>                <null> AAA BIKE          46
<null> <null>                <null> JACKS BIKE        76
```

Wir haben es hier mit einem neuen Verknüpfungstyp zu tun. Eine RIGHT OUTER JOIN gibt alle Datensätze aus der zweiten bzw. rechten Tabelle (BESTELLUNGEN) zurück, auch wenn keine entsprechenden Werte für Datensätze in der ersten Tabelle existieren. Hier erscheinen NULL-Werte in den Feldern, für die BESTELLUNGEN.TEILNUM <> 54 gilt. Die folgende Anweisung realisiert eine LEFT OUTER JOIN – eine sogenannte linke Inklusionsverknüpfung:

```
SELECT T.TEILNUM, T.BESCHREIBUNG, T.PREIS,
B.NAME, B.TEILNUM
FROM TEIL T
LEFT OUTER JOIN BESTELLUNGEN B ON BESTELLUNGEN.TEILNUM = 54

   TEILNUM BESCHREIBUNG                    PREIS NAME          TEILNUM
========== ==================== =========== ========== ===========

        54 PEDALE                          54.25 BIKE SPEC          54
        42 SATTEL                          24.50 BIKE SPEC          54
        46 REIFEN                          15.25 BIKE SPEC          54
        23 MOUNTAIN BIKE                  350.45 BIKE SPEC          54
        76 ROAD BIKE                      530.00 BIKE SPEC          54
        10 TANDEM                        1200.00 BIKE SPEC          54
```

Die Ergebnismenge enthält die gleichen sechs Zeilen wie die INNER JOIN. Da Sie mit LEFT die linke Tabelle spezifiziert haben, bestimmt TEIL die Anzahl der zurückgegebenen Zeilen. Die Tabelle TEIL ist kleiner als die Tabelle BESTELLUNGEN, so daß SQL keine Felder mit einer NULL-Kennzeichnung auffüllen muß.

Mit Inner Joins und Outer Joins haben Sie es kaum zu tun. Die meisten SQL-Produkte bestimmen die optimale JOIN-Anweisung für die Abfrage automatisch. Auch wenn Ihre SQL-Implementierung über die entsprechenden Syntaxelemente verfügt, sollten Sie keinen Verknüpfungstyp angeben, wenn Sie die Abfrage in einer gespeicherten Prozedur oder in einem Programm verwenden. (Auf gespeicherte

Prozeduren und eingebettetes SQL geht Tag 13 ein.) Falls Sie einen Verknüpfungstyp spezifizieren, wählt der Optimierer Ihre Vorgabe und nicht die optimale Verknüpfung.

Verschiedene SQL-Implementierungen kennzeichnen eine `OUTER-JOIN`-Anweisung mit einem Pluszeichen. Das einfache + bedeutet: Zeige mir alles, auch wenn irgend etwas fehlt. Die entsprechende Syntax sieht folgendermaßen aus:

```
SQL> select m.name, m.mitarbeiter_id, ml.gehalt,
            ml.familienstand
     from mitarbeiter_tbl m,
          mitarbeiter_lohn_tbl ml
     where m.mitarbeiter_id = ml.mitarbeiter_id(+)
       and m.name like '%MITH';
```

Die Anweisung verknüpft beide Tabellen. Das Pluszeichen neben der Spalte `ml.mitarbeiter_id` gibt alle Zeilen zurück, auch wenn diese leer sind.

Eine Tabelle mit sich selbst verknüpfen

Das letzte Thema des heutigen Tages beschäftigt sich mit der häufig verwendeten Verknüpfung einer Tabelle mit sich selbst. Die Syntax dieser Operation ist der Verknüpfung von zwei Tabellen ähnlich. Beispielsweise verknüpft die folgende Anweisung die `TABELLE1` zu sich selbst:

```
SELECT *
FROM TABELLE1, TABELLE1
```

```
ZEILE      BEMERKUNGEN  ZEILE      BEMERKUNGEN
========== ============ ========== ============

Zeile 1    Tabelle 1    Zeile 1    Tabelle 1
Zeile 1    Tabelle 1    Zeile 2    Tabelle 1
Zeile 1    Tabelle 1    Zeile 3    Tabelle 1
Zeile 1    Tabelle 1    Zeile 4    Tabelle 1
```

```
Zeile 1   Tabelle 1   Zeile 5   Tabelle 1
Zeile 1   Tabelle 1   Zeile 6   Tabelle 1
Zeile 2   Tabelle 1   Zeile 1   Tabelle 1
Zeile 2   Tabelle 1   Zeile 2   Tabelle 1
Zeile 2   Tabelle 1   Zeile 3   Tabelle 1
Zeile 2   Tabelle 1   Zeile 4   Tabelle 1
Zeile 2   Tabelle 1   Zeile 5   Tabelle 1
Zeile 2   Tabelle 1   Zeile 6   Tabelle 1
Zeile 3   Tabelle 1   Zeile 1   Tabelle 1
Zeile 3   Tabelle 1   Zeile 2   Tabelle 1
Zeile 3   Tabelle 1   Zeile 3   Tabelle 1
Zeile 3   Tabelle 1   Zeile 4   Tabelle 1
Zeile 3   Tabelle 1   Zeile 5   Tabelle 1
Zeile 3   Tabelle 1   Zeile 6   Tabelle 1
Zeile 4   Tabelle 1   Zeile 1   Tabelle 1
Zeile 4   Tabelle 1   Zeile 2   Tabelle 1
...
```

Analyse

Die Liste ist nur zum Teil dargestellt. Diese Verknüpfung produziert die gleiche Anzahl von Kombinationen wie die Verknüpfung zweier 6zeiliger Tabellen. Mit einer derartigen Verknüpfung läßt sich die interne Konsistenz der Daten überprüfen. Was würde passieren, wenn jemand in der Produktionsabteilung eine Teilnummer eingibt, die bereits in der Spalte TEILNUM existiert? Dieser Fehler hätte weitreichende Auswirkungen: Rechnungen werden falsch ausgestellt, die Anwendung kann abstürzen, und Sie hätten eine Weile mit der Fehlersuche zu tun. Die Ursache für alle Ihre Probleme wäre die doppelte Teilnummer in der folgenden Tabelle:

Eingabe/Ausgabe

```
SELECT * FROM TEIL

    TEILNUM BESCHREIBUNG                 PREIS
=========== ==================== ===========

         54 PEDALE                       54.25
         42 SATTEL                       24.50
         46 REIFEN                       15.25
         23 MOUNTAIN BIKE               350.45
         76 ROAD BIKE                   530.00
         10 TANDEM                     1200.00
         76 SCHALTUNG                    65.00 <- doppelte TEILNUM
```

Ihre Firma können Sie vor der Katastrophe bewahren, indem Sie die Tabelle TEIL überprüfen, bevor sie irgend jemand verwendet:

Eingabe/Ausgabe

```
SELECT A.TEILNUM, A.BESCHREIBUNG,
B.TEILNUM, B.BESCHREIBUNG
FROM TEIL A, TEIL B
WHERE A.TEILNUM = B.TEILNUM
AND A.BESCHREIBUNG <> B.BESCHREIBUNG

    TEILNUM BESCHREIBUNG                TEILNUM BESCHREIBUNG
=========== ==================== =========== ====================

         76 ROAD BIKE                        76 SCHALTUNG
         76 SCHALTUNG                        76 ROAD BIKE
```

Analyse

Sie gelten nun als Experte, bis Sie jemand fragt, warum die Tabelle nur zwei Einträge hat. Mit all Ihren Kenntnissen über JOINs halten Sie Ihren Expertenstatus aufrecht und erklären, wie die Verknüpfung zwei Zeilen erzeugt hat, die die Bedingung WHERE A.TEILNUM = B.TEILNUM AND A.BESCHREIBUNG <> B.BESCHREIBUNG erfüllen. Natürlich ist noch die Datenzeile mit der doppelten Teilnummer zu korrigieren.

Zusammenfassung

Heute haben Sie gelernt, daß eine Verknüpfung alle möglichen Kombinationen der in den ausgewählten Tabellen vorhandenen Zeilen bildet. Diese neuen Zeilen stehen dann zur Auswahl bereit, um die gewünschten Informationen abzurufen.

Über die SELECT-Anweisung sind Sie nun umfassend informiert. Es fehlen nur noch die Unterabfragen, die der morgige Tag behandelt.

Fragen und Antworten

F Warum wurden die Outer, Inner, Left und Right Joins behandelt, wenn ich diese Verknüpfungen wahrscheinlich sowieso nicht brauche?

A *Geringe Kenntnisse sind gefährlich, gar nichts zu wissen, kann teuer werden. Damit Sie die Abläufe in der SQL-Engine bei der Optimierung Ihrer Abfragen verstehen können, wurden hier zumindest die Grundlagen vermittelt.*

F Wie viele Tabellen kann man in eine Verknüpfung einbeziehen?

A *Das hängt von der jeweiligen Implementierung ab. Bei einigen Implementierungen gibt es eine Beschränkung auf 25 Tabellen, während andere Datenbanken keine Grenzen setzen. Denken Sie aber immer daran, daß die Reaktionszeit der Datenbank mit zunehmender Zahl verknüpfter Tabellen steigt. Um sicherzugehen sollten Sie sich in der Dokumentation über die maximale Zahl der in einer Abfrage zu verknüpfenden Tabellen informieren.*

F Kann man sagen, daß verknüpfte Tabellen praktisch zu einer einzigen Tabelle verschmelzen?

A *Stark vereinfacht ist es genau das, was passiert. Wenn man die Tabellen verknüpft, kann man aus allen Spalten in allen Tabellen auswählen.*

Workshop

Kontrollfragen

1. Wie viele Zeilen produziert eine Verknüpfung mit zwei Tabellen, wenn eine Tabelle 50.000 Zeilen und die andere Tabelle 100.000 Zeilen enthält?
2. Welcher Verknüpfungstyp ist in der folgenden SELECT-Anweisung realisiert?

```
select m.name, m.mitarbeiter_id, ml.gehalt
from mitarbeiter_tbl m,
     mitarbeiter_lohn_tbl ml
where m.mitarbeiter_id = ml.mitarbeiter_id;
```

3. Funktionieren die folgenden SELECT-Anweisungen?

```
a. select name, mitarbeiter_id, gehalt
   from mitarbeiter_tbl m,
        mitarbeiter_lohn_tbl ml
   where mitarbeiter_id = mitarbeiter_id
     and name like '%MITH';
```

```
b. select m.name, m.mitarbeiter_id, ml.gehalt
   from mitarbeiter_tbl m,
        mitarbeiter_lohn_tbl ml
   where name like '%MITH';
c. select m.name, m.mitarbeiter_id, ml.gehalt
   from mitarbeiter_tbl m,
        mitarbeiter_lohn_tbl ml
   where m.mitarbeiter_id = ml.mitarbeiter_id
     and m.name like '%MITH';
```

4. Gibt man bei der Verknüpfung von Tabellen zuerst die Verknüpfung oder die Bedingungen in der `WHERE`-Klausel an?
5. Ist man bei der Verknüpfung von Tabellen auf einspaltige Verknüpfungen eingeschränkt, oder lassen sich auch mehrere Spalten verknüpfen?

Übungen

1. Im Abschnitt zur Verknüpfung von Tabellen mit sich selbst hat das letzte Beispiel zwei Kombinationen zurückgegeben. Formulieren Sie die Abfrage neu, so daß nur noch ein Eintrag für die redundanten Teilnummern erscheint.
2. Schreiben Sie die folgende Abfrage neu, damit sie sich besser lesen läßt und kürzer wird.

Eingabe

```
select bestellungen.bestdatum, bestellungen.name, teil.teilnum,
  teil.preis, teil.beschreibung from bestellungen, teil
  where bestellungen.teilnum = teil.teilnum and
  bestellungen.bestdatum
  between '01.09.97' and '30.09.97'
  order by teil.teilnum;
```

3. Bilden Sie bezüglich der Tabellen `TEIL` und `BESTELLUNGEN` eine Abfrage, die folgendes zurückgibt:

Ausgabe

```
 BESTDATUM NAME             TEILNUM       MENGE
=========== ========== =========== ===========

 2-SEP-1997 TRUE WHEEL          10           1
```

Unterabfragen: Die eingebettete SELECT-Anweisung

Woche 1

Ziele

Eine Unterabfrage ist eine Abfrage, deren Ergebnisse als Argumente an eine andere Abfrage übergeben werden. Mit Unterabfragen lassen sich mehrere Abfragen verbinden. Am Ende des heutigen Tages sind Sie in der Lage, ...

- eine Unterabfrage aufzubauen,
- die Schlüsselwörter `EXISTS`, `ANY` und `ALL` in Unterabfragen zu verwenden,
- korrelierte Unterabfragen aufzubauen und einzusetzen.

Hinweis: Die Beispiele für die heutige Lektion übernehmen die Tabellen von Tag 6 und arbeiten ebenfalls mit ISQL von Borland. Wie Sie bereits wissen, zeigt diese Implementierung weder ein SQL-Prompt (`SQL>`) noch Zeilennummern an.

Eine Unterabfrage aufbauen

Vereinfacht ausgedrückt verbindet eine Unterabfrage die Ergebnismenge der einen Abfrage mit einer anderen. Die allgemeine Syntax lautet:

Syntax

```
SELECT *
FROM Tabelle1
WHERE Tabelle1.Eine_Spalte =
(SELECT Eine_Andere_Spalte
FROM Tabelle2
WHERE Eine_Andere_Spalte = Ein_Wert)
```

Da die zweite Abfrage in der ersten eingebaut ist, spricht man auch von einer verschachtelten Abfrage. Das folgende Beispiel verwendet die bereits aus der vorherigen Lektion bekannten Tabellen `TEIL` und `BESTELLUNGEN`:

Eingabe

```
SELECT *
FROM TEIL
```

Ausgabe

```
    TEILNUM BESCHREIBUNG                  PREIS
=========== ==================== ===========

         54 PEDALE                        54.25
         42 SATTEL                        24.50
         46 REIFEN                        15.25
         23 MOUNTAIN BIKE                350.45
         76 ROAD BIKE                    530.00
         10 TANDEM                      1200.00
```

Eingabe/Ausgabe

```
SELECT *
FROM BESTELLUNGEN

  BESTDATUM NAME                TEILNUM       MENGE BEMERKUNGEN
=========== ========== =========== =========== ====================

15-MAY-1997 TRUE WHEEL          23           6 BEZAHLT
19-MAY-1997 TRUE WHEEL          76           3 BEZAHLT
 2-SEP-1997 TRUE WHEEL          10           1 BEZAHLT
30-JUN-1997 TRUE WHEEL          42           8 BEZAHLT
30-JUN-1997 BIKE SPEC           54          10 BEZAHLT
30-MAY-1997 BIKE SPEC           10           2 BEZAHLT
30-MAY-1997 BIKE SPEC           23           8 BEZAHLT
17-JAN-1997 BIKE SPEC           76          11 BEZAHLT
17-JAN-1997 LE SHOPPE           76           5 BEZAHLT
 1-JUN-1997 LE SHOPPE           10           3 BEZAHLT
 1-JUN-1997 AAA BIKE            10           1 BEZAHLT
 1-JUL-1997 AAA BIKE            76           4 BEZAHLT
 1-JUL-1997 AAA BIKE            46          14 BEZAHLT
11-JUL-1997 JACKS BIKE          76          14 BEZAHLT
```

Analyse

Beiden Tabellen ist das Feld TEILNUM gemeinsam. Nehmen wir an, daß Sie die Teilnummer nicht kennen (oder nicht wissen wollen), sondern mit der Beschreibung des jeweiligen Teils arbeiten möchten. Mit einer Unterabfrage läßt sich das folgendermaßen realisieren:

Eingabe/Ausgabe

```
SELECT *
FROM BESTELLUNGEN
WHERE TEILNUM =
(SELECT TEILNUM
FROM TEIL
WHERE BESCHREIBUNG LIKE 'ROAD%')

  BESTDATUM NAME                TEILNUM       MENGE BEMERKUNGEN
=========== ========== =========== =========== ====================

19-MAY-1997 TRUE WHEEL           76           3 BEZAHLT
17-JAN-1997 BIKE SPEC            76          11 BEZAHLT
17-JAN-1997 LE SHOPPE            76           5 BEZAHLT
 1-JUL-1997 AAA BIKE             76           4 BEZAHLT
11-JUL-1997 JACKS BIKE           76          14 BEZAHLT
```

Mit den in Lektion 6 eingeführten Konzepten können Sie die Spalte TEILNUM in der Ergebnismenge sogar noch durch die Spalte BESCHREIBUNG ergänzen und die Ausgabe verständlicher gestalten:

Eingabe/Ausgabe

```
SELECT B.BESTDATUM, B.TEILNUM,
T.BESCHREIBUNG, B.MENGE, B.BEMERKUNGEN
FROM BESTELLUNGEN B, TEIL T
WHERE B.TEILNUM = T.TEILNUM
AND
B.TEILNUM =
(SELECT TEILNUM
FROM TEIL
WHERE BESCHREIBUNG LIKE 'ROAD%')

  BESTDATUM     TEILNUM BESCHREIBUNG                    MENGE BEMERKUNGEN
=========== =========== ==================== =========== =================

19-MAY-1997          76 ROAD BIKE                           3 BEZAHLT
 1-JUL-1997          76 ROAD BIKE                           4 BEZAHLT
17-JAN-1997          76 ROAD BIKE                           5 BEZAHLT
17-JAN-1997          76 ROAD BIKE                          11 BEZAHLT
11-JUL-1997          76 ROAD BIKE                          14 BEZAHLT
```

Der erste Teil der Abfrage ist Ihnen bereits vertraut:

```
SELECT B.BESTDATUM, B.TEILNUM,
T.BESCHREIBUNG, B.MENGE, B.BEMERKUNGEN
FROM BESTELLUNGEN B, TEIL T
```

Diese Anweisung wählt mit Hilfe der Aliasnamen `B` für `BESTELLUNGEN` und `T` für `TEIL` die fünf interessierenden Spalten aus. In diesem Beispiel sind die Aliasnamen eigentlich nicht erforderlich, da die zurückzugebenden Spalten eindeutig sind. Allerdings empfiehlt es sich, die Lesbarkeit einer Anweisung bereits von vornherein sicherzustellen. Die erste `WHERE`-Klausel

```
WHERE B.TEILNUM = T.TEILNUM
```

weist keine Besonderheiten auf und verknüpft die in der `FROM`-Klausel angegebenen Tabellen `TEIL` und `BESTELLUNGEN`. Ohne diese `WHERE`-Klausel erhält man alle möglichen Zeilenkombinationen aus beiden Tabellen zurück. Der nächste Teil der Anweisung bindet die Unterabfrage ein. Die Anweisung

```
AND
B.TEILNUM =
(SELECT TEILNUM
FROM TEIL
WHERE BESCHREIBUNG LIKE 'ROAD%')
```

schränkt die Ergebnismenge zusätzlich mit der Bedingung ein, daß `B.TEILNUM` gleich dem Ergebnis der Unterabfrage sein muß. Die unkomplizierte Unterabfrage ermittelt alle Teilnummern, die dem Muster `'ROAD%'` entsprechen. Der Operator `LIKE` unterstützt hier lediglich die Tippfaulheit – man erspart sich die Eingabe der vollständigen Beschreibung »ROAD BIKE«. Allerdings lauert hier eine Falle. Was passiert, wenn ein neues Teil namens `ROADKILL` hinzukommt? Die neue Tabelle `TEIL` sieht dann folgendermaßen aus:

```
SELECT *
FROM TEIL
```

```
    TEILNUM BESCHREIBUNG                   PREIS
=========== ==================== ===========

         54 PEDALE                         54.25
         42 SATTEL                         24.50
         46 REIFEN                         15.25
         23 MOUNTAIN BIKE                 350.45
```

```
76 ROAD BIKE                  530.00
10 TANDEM                    1200.00
77 ROADKILL                     7.99
```

Nehmen wir an, daß Sie von dieser Änderung nichts wissen und nach der Aufnahme des neuen Produkts die vorherige Abfrage

```
SELECT B.BESTDATUM, B.TEILNUM,
T.BESCHREIBUNG, B.MENGE, B.BEMERKUNGEN
FROM BESTELLUNGEN B, TEIL T
WHERE B.TEILNUM = T.TEILNUM
AND
B.TEILNUM =
(SELECT TEILNUM
FROM TEIL
WHERE BESCHREIBUNG LIKE 'ROAD%')
```

ausführen. Die SQL-Engine erzeugt dann die Fehlermeldung:

```
Statement failed, SQLCODE = -811
multiple rows in singleton select
```

In Personal Oracle8 lautet die entsprechende Fehlermeldung:

```
ORA-01427: Unterabfrage für eine Zeile liefert mehr als eine Zeile
```

Die Fehlermeldungen können sich zwar in den einzelnen Implementierungen unterscheiden. Das ändert aber nichts an der Tatsache, daß die SQL-Engine einen Fehler bemängelt und Sie vergeblich auf die Ergebnisse warten.

Um diesem Fehler auf die Spur zu kommen, versetzen Sie sich wieder in die Rolle von SQL. Die Unterabfrage werden Sie wahrscheinlich zuerst auswerten und folgendes Ergebnis zurückgeben:

```
SELECT TEILNUM
FROM TEIL
WHERE BESCHREIBUNG LIKE 'ROAD%'

    TEILNUM
===========

         76
         77
```

Dieses Ergebnis wenden Sie nun auf `B.TEILNUM =` an. Genau hier liegt das Problem.

TEILNUM kann bekanntlich nicht sowohl gleich 76 als auch gleich 77 sein. Mit der Formulierung der LIKE-Klausel haben Sie also den Grundstein für den Fehler gelegt. Wenn man die Ergebnisse eines relationalen Operators mit einem anderen relationalen Operator wie =, < oder > kombiniert, muß man sicherstellen, daß letztlich nur ein einziges Ergebnis entsteht. Im obigen Beispiel läßt sich das Problem beseitigen, indem man die Abfrage neu formuliert und statt mit dem Operator LIKE mit dem Gleichheitszeichen arbeitet:

```
SELECT B.BESTDATUM, B.TEILNUM,
T.BESCHREIBUNG, B.MENGE, B.BEMERKUNGEN
FROM BESTELLUNGEN B, TEIL T
WHERE B.TEILNUM = T.TEILNUM
AND
B.TEILNUM =
(SELECT TEILNUM
FROM TEIL
WHERE BESCHREIBUNG = 'ROAD BIKE')

 BESTDATUM      TEILNUM BESCHREIBUNG                    MENGE BEMERKUNGEN
=========== =========== ==================== =========== ==================

19-MAY-1997          76 ROAD BIKE                           3 BEZAHLT
 1-JUL-1997          76 ROAD BIKE                           4 BEZAHLT
17-JAN-1997          76 ROAD BIKE                           5 BEZAHLT
17-JAN-1997          76 ROAD BIKE                          11 BEZAHLT
11-JUL-1997          76 ROAD BIKE                          14 BEZAHLT
```

Diese Unterabfrage gibt jetzt ein eindeutiges Ergebnis zurück. Die Bedingung wird demzufolge mit dem Operator = auf einen einzelnen Wert eingeengt. Wie kann man aber sicher sein, daß die Unterabfrage nicht mehrere Werte zurückgibt, wenn man nur nach einem einzelnen Wert sucht?

Das Formulieren der Bedingung ohne den Operator LIKE ist bereits ein Anfang. Die Eindeutigkeit des Suchfeldes läßt sich aber bereits beim Tabellenentwurf sicherstellen. Wenn Sie ein mißtrauischer Typ sind, können Sie auch eine Tabelle zu sich selbst verknüpfen (wie es die gestrige Lektion erläutert hat), um ein bestimmtes Feld auf Eindeutigkeit zu prüfen. Falls Sie die Tabelle (nach den in Lektion 9 beschriebenen Methoden) selbst erstellen, legen Sie eindeutige Werte als Einschränkung für die Suchspalte fest. Schließlich besteht die Möglichkeit, auf die Aggregatfunktionen von SQL zurückzugreifen, da diese Funktionen nur einen Wert zurückgeben.

Aggregatfunktionen bei Unterabfragen

Die Aggregatfunktionen SUM, COUNT, MIN, MAX und AVG geben jeweils einen einzelnen Wert zurück. Der durchschnittliche Betrag einer Bestellung läßt sich mit der folgenden Anweisung ermitteln:

Eingabe

```
SELECT AVG(B.MENGE * T.PREIS)
FROM BESTELLUNGEN B, TEIL T
WHERE B.TEILNUM = T.TEILNUM
```

Ausgabe

```
        AVG
===========

    2419.16
```

Analyse

Diese Anweisung gibt nur einen einzigen Wert zurück. Um zu ermitteln, welche Bestellungen über dem Durchschnitt liegen, verwenden Sie die obige SELECT-Anweisung für die Unterabfrage. Die vollständige Abfrage sieht dann folgendermaßen aus:

Eingabe/Ausgabe

```
SELECT B.NAME, B.BESTDATUM,
B.MENGE * T.PREIS GESAMT
FROM BESTELLUNGEN B, TEIL T
WHERE B.TEILNUM = T.TEILNUM
```

```
AND
B.MENGE * T.PREIS >
(SELECT AVG(B.MENGE * T.PREIS)
FROM BESTELLUNGEN B, TEIL T
WHERE B.TEILNUM = T.TEILNUM)

NAME          BESTDATUM       GESAMT
========== =========== ===========

LE SHOPPE   1-JUN-1997     3600.00
BIKE SPEC  30-MAY-1997     2803.60
LE SHOPPE  17-JAN-1997     2650.00
BIKE SPEC  17-JAN-1997     5830.00
JACKS BIKE 11-JUL-1997     7420.00
```

Analyse

Die SELECT/FROM/WHERE-Klausel des Beispiels weist keine Besonderheiten auf:

```
SELECT B.NAME, B.BESTDATUM,
B.MENGE * T.PREIS GESAMT
FROM BESTELLUNGEN B, TEIL T
WHERE B.TEILNUM = T.TEILNUM
```

Diese Zeilen stellen die normale Methode zur Verbindung zweier Tabellen dar. Die Verknüpfung ist erforderlich, da der Preis in der Tabelle TEIL und die Menge in der Tabelle BESTELLUNGEN enthalten ist. Die WHERE-Klausel stellt sicher, daß nur die aus der Verknüpfung resultierenden und miteinander in Beziehung stehenden Zeilen untersucht werden. Schließlich kommt noch die Unterabfrage hinzu:

```
AND
B.MENGE * T.PREIS >
(SELECT AVG(B.MENGE * T.PREIS)
FROM BESTELLUNGEN B, TEIL T
WHERE B.TEILNUM = T.TEILNUM)
```

Die obige Bedingung vergleicht die Gesamtsumme jeder Bestellung mit dem in der Unterabfrage berechneten Mittelwert. Die Verknüpfung in der Unterabfrage ist aus den gleichen Gründen wie in der übergeordneten SELECT-Anweisung erforderlich. Der Aufbau der Verknüpfung ist ebenfalls identisch. Unterabfragen weisen nichts Mystisches auf, sondern verhalten sich genauso wie eigenständige Abfragen. Häufig erstellt man Unterabfragen zunächst als selbständige Abfragen und baut sie erst als Unterabfrage ein, wenn die Ergebnisse getestet sind.

Verschachtelte Unterabfragen

Beim Verschachteln einer Unterabfrage bettet man eine Unterabfrage in einer anderen Unterabfrage ein. Die folgende Zeile zeigt den prinzipiellen Aufbau einer verschachtelten Unterabfrage:

```
SELECT * FROM Irgendwas WHERE (Unterabfrage(Unterabfrage(Unterabfrage)));
```

Die Verschachtelungstiefe von Unterabfragen ist von der jeweiligen SQL-Implementierung abhängig. Wollen Sie zum Beispiel allen Kunden, die überdurchschnittlich viel bestellt haben, eine spezielle Mitteilung schicken, kombinieren Sie die Informationen aus der Tabelle `KUNDE` ...

Eingabe

```
SELECT *
FROM KUNDE
```

Ausgabe

```
NAME       ADRESSE    STAAT  ZIP    TELEFON  BEMERKUNGEN
========== ========== ====== ====== ======== ====================


TRUE WHEEL 550 HUSKER NE     58702  555-4545 KEINE
BIKE SPEC  CPT SHRIVE LA     45678  555-1234 KEINE
LE SHOPPE  HOMETOWN   KS     54678  555-1278 KEINE
AAA BIKE   10 OLDTOWN NE     56784  555-3421 JOHN-MGR
JACKS BIKE 24 EGLIN   FL     34567  555-2314 KEINE
```

mit einer leicht modifizierten Version der Abfrage, mit der Sie im letzten Beispiel die über dem Durchschnitt liegenden Bestellungen ausgegeben haben:

Eingabe/ Ausgabe

```
SELECT ALL K.NAME, K.ADRESSE, K.STAAT, K.ZIP
FROM KUNDE K
WHERE K.NAME IN
(SELECT B.NAME
FROM BESTELLUNGEN B, TEIL T
WHERE B.TEILNUM = T.TEILNUM
AND
```

```
B.MENGE * T.PREIS >
(SELECT AVG(B.MENGE * T.PREIS)
FROM BESTELLUNGEN B, TEIL T
WHERE B.TEILNUM = T.TEILNUM))

NAME       ADRESSE    STAAT  ZIP
========== ========== ====== ======

BIKE SPEC  CPT SHRIVE LA     45678
LE SHOPPE  HOMETOWN   KS     54678
JACKS BIKE 24 EGLIN   FL     34567
```

Sehen wir uns die Abfrage im einzelnen an. Im innersten Klammernpaar steht eine bekannte Anweisung:

```
SELECT AVG(B.MENGE * T.PREIS)
FROM BESTELLUNGEN B, TEIL T
WHERE B.TEILNUM = T.TEILNUM
```

Das Ergebnis geht in eine leicht modifizierte Version der bereits weiter oben verwendeten SELECT-Anweisung ein:

```
SELECT B.NAME
FROM BESTELLUNGEN B, TEIL T
WHERE B.TEILNUM = T.TEILNUM
AND
B.MENGE * T.PREIS >
(...)
```

Die SELECT-Anweisung wurde modifiziert und gibt nur noch die Spalte NAME zurück, die – nicht ganz zufällig – den Tabellen BESTELLUNGEN und KUNDE gemeinsam ist. Führt man diesen Teil der Anweisung für sich aus, erhält man folgendes Zwischenergebnis:

```
SELECT B.NAME
FROM BESTELLUNGEN B, TEIL T
WHERE B.TEILNUM = T.TEILNUM
AND
B.MENGE * T.PREIS >
(SELECT AVG(B.MENGE * T.PREIS)
FROM BESTELLUNGEN B, TEIL T
WHERE B.TEILNUM = T.TEILNUM)
```

```
NAME
==========

LE SHOPPE
BIKE SPEC
LE SHOPPE
BIKE SPEC
JACKS BIKE
```

Gerade noch haben wir erklärt, warum Unterabfragen genau einen Wert zurückgeben sollten. In Kürze werden Sie verstehen, warum diese Abfrage mehrere Werte zurückgeben kann.

Die obigen Ergebnisse gehen in die folgende Anweisung ein:

```
SELECT ALL K.NAME, K.ADRESSE, K.STAAT, K.ZIP
FROM KUNDE K
WHERE K.NAME IN
(...)
```

Die beiden ersten Zeilen weisen keine spektakulären Besonderheiten auf. In der dritten Zeile erscheint wieder das Schlüsselwort `IN`, das wir zuletzt in Lektion 2 behandelt haben. Dieses `IN` ist das Werkzeug, mit dem sich die mehrzeilige Ausgabe einer Unterabfrage verarbeiten läßt. Wie Sie wissen, sucht `IN` nach Übereinstimmungen in der Menge der Werte, die in den darauffolgenden Klammern eingeschlossen sind. Im Beispiel handelt es sich dabei um die Werte:

```
LE SHOPPE
BIKE SPEC
LE SHOPPE
BIKE SPEC
JACKS BIKE
```

Diese Unterabfrage liefert die Bedingungen, aus denen sich die Postliste ergibt:

```
NAME       ADRESSE    STAAT  ZIP
========== ========== ====== ======

BIKE SPEC  CPT SHRIVE LA     45678
LE SHOPPE  HOMETOWN   KS     54678
JACKS BIKE 24 EGLIN   FL     34567
```

Bei Unterabfragen setzt man den Operator IN häufig ein. Da IN den Vergleich mit einem Satz von Werten ausführt, kommt es in der SQL-Engine nicht zu den weiter oben erwähnten Konflikten.

Unterabfragen lassen sich auch bei den Klauseln GROUP BY und HAVING verwenden. Studieren Sie die folgende Abfrage:

Eingabe/Ausgabe

```
SELECT NAME, AVG(MENGE)
FROM BESTELLUNGEN
GROUP BY NAME
HAVING AVG(MENGE) >
(SELECT AVG(MENGE)
FROM BESTELLUNGEN)

NAME              AVG
========== ===========

BIKE SPEC           8
JACKS BIKE         14
```

Analyse

Untersuchen wir diese Abfrage in der Reihenfolge, wie die SQL-Engine vorgeht. Zuerst werfen wir einen Blick auf die Unterabfrage:

Eingabe/Ausgabe

```
SELECT AVG(MENGE)
FROM BESTELLUNGEN

        AVG
===========

          6
```

Die Abfrage an sich lautet:

```
SELECT NAME, AVG(MENGE)
FROM BESTELLUNGEN
GROUP BY NAME

NAME               AVG
========== ===========

AAA BIKE             6
BIKE SPEC            8
JACKS BIKE          14
LE SHOPPE            4
TRUE WHEEL           5
```

Bei der Kombination über die HAVING-Klausel produziert die Unterabfrage zwei Zeilen, die die überdurchschnittliche MENGE enthalten.

```
SELECT NAME, AVG(MENGE)
FROM BESTELLUNGEN
GROUP BY NAME
HAVING AVG(MENGE) >
(SELECT AVG(MENGE)
FROM BESTELLUNGEN)

NAME               AVG
========== ===========

BIKE SPEC            8
JACKS BIKE          14
```

Korrelierte Unterabfragen

Die bisher dargestellten Unterabfragen sind eigenständig, da keine Referenzen zu äußeren Elementen bestehen. Mit korrelierten Unterabfragen kann man eine äußere Referenz verwenden, wobei zum Teil seltsame Ergebnisse entstehen. Sehen Sie sich die folgende Abfrage an:

Eingabe

```
SELECT *
FROM BESTELLUNGEN B
WHERE 'ROAD BIKE' =
(SELECT BESCHREIBUNG
FROM TEIL T
WHERE T.TEILNUM = B.TEILNUM)
```

Ausgabe

```
  BESTDATUM NAME              TEILNUM        MENGE BEMERKUNGEN
=========== ========== =========== =========== ====================

19-MAY-1997 TRUE WHEEL          76           3 BEZAHLT
17-JAN-1997 BIKE SPEC           76          11 BEZAHLT
17-JAN-1997 LE SHOPPE           76           5 BEZAHLT
 1-JUL-1997 AAA BIKE            76           4 BEZAHLT
11-JUL-1997 JACKS BIKE          76          14 BEZAHLT
```

Diese Abfrage ähnelt der folgenden Verknüpfung:

Eingabe/Ausgabe

```
SELECT B.BESTDATUM, B.NAME,
B.TEILNUM, B.MENGE, B.BEMERKUNGEN
FROM BESTELLUNGEN B, TEIL T
WHERE T.TEILNUM = B.TEILNUM
AND T.BESCHREIBUNG = 'ROAD BIKE'

  BESTDATUM NAME              TEILNUM        MENGE BEMERKUNGEN
=========== ========== =========== =========== ====================

19-MAY-1997 TRUE WHEEL          76           3 BEZAHLT
 1-JUL-1997 AAA BIKE            76           4 BEZAHLT
17-JAN-1997 LE SHOPPE           76           5 BEZAHLT
17-JAN-1997 BIKE SPEC           76          11 BEZAHLT
11-JUL-1997 JACKS BIKE          76          14 BEZAHLT
```

Analyse

Mit Ausnahme der Reihenfolge sind die Ergebnisse tatsächlich identisch. Die korrelierte Unterabfrage verhält sich fast wie eine Verknüpfung. Die Wechselbeziehung zur Unterabfrage wird mit einem Element aus der Abfrage eingerichtet. In diesem Beispiel handelt es sich dabei um die Anweisung:

```
WHERE T.TEILNUM = B.TEILNUM
```

Diese Anweisung vergleicht `T.TEILNUM` aus der Tabelle innerhalb der Unterabfrage mit `B.TEILNUM` aus der Tabelle in der – übergeordneten – Abfrage. Da `B.TEILNUM` in jeder Zeile einen anderen Wert aufweisen kann, wird die korrelierte Unterabfrage für alle Zeilen der Abfrage ausgeführt. Das nächste Beispiel vergleicht alle Zeilen der Tabelle

Eingabe/ Ausgabe

```
SELECT *
FROM BESTELLUNGEN

  BESTDATUM NAME              TEILNUM       MENGE BEMERKUNGEN
=========== ========== =========== =========== ====================

15-MAY-1997 TRUE WHEEL         23           6 BEZAHLT
19-MAY-1997 TRUE WHEEL         76           3 BEZAHLT
 2-SEP-1997 TRUE WHEEL         10           1 BEZAHLT
30-JUN-1997 TRUE WHEEL         42           8 BEZAHLT
30-JUN-1997 BIKE SPEC          54          10 BEZAHLT
30-MAY-1997 BIKE SPEC          10           2 BEZAHLT
30-MAY-1997 BIKE SPEC          23           8 BEZAHLT
17-JAN-1997 BIKE SPEC          76          11 BEZAHLT
17-JAN-1997 LE SHOPPE          76           5 BEZAHLT
 1-JUN-1997 LE SHOPPE          10           3 BEZAHLT
 1-JUN-1997 AAA BIKE           10           1 BEZAHLT
 1-JUL-1997 AAA BIKE           76           4 BEZAHLT
 1-JUL-1997 AAA BIKE           46          14 BEZAHLT
11-JUL-1997 JACKS BIKE         76          14 BEZAHLT
```

mit den Kriterien der Unterabfrage:

```
SELECT BESCHREIBUNG
FROM TEIL T
WHERE T.TEILNUM = B.TEILNUM
```

Diese Operation liefert die BESCHREIBUNG aller Zeilen in TEIL zurück, wenn die Bedingung T.TEILNUM = B.TEILNUM erfüllt ist. Die WHERE-Klausel vergleicht dann diese Beschreibungen:

```
WHERE 'ROAD BIKE' =
```

Die Unterabfrage in einer korrelierten Unterabfrage kann mehrere Werte liefern, da alle Zeilen untersucht werden. Allerdings sollte man nicht versuchen, mehrere Spalten oder Spalten, die im Kontext der WHERE-Klausel nicht sinnvoll sind, zurückzugeben. Die Rückgabewerte müssen noch zu der in der WHERE-Klausel spezifizierten Operation passen. In der gerade ausgeführten Abfrage liefert die Rückgabe von PREIS zum Vergleich mit ROAD BIKE das folgende Ergebnis:

```
SELECT *
FROM BESTELLUNGEN B
WHERE 'ROAD BIKE' =
(SELECT PREIS
FROM TEIL T
WHERE T.TEILNUM = B.TEILNUM)

Statement failed, SQLCODE = -413
conversion error from string "ROAD BIKE"
```

Die Meldung weist auf einen Fehler bei der Umwandlung des Strings ROAD BIKE hin.

Wenn Sie das folgende Beispiel ausprobieren möchten, sollten Sie sicherheitshalber alle anderen Anwendungen schließen:

```
SELECT *
FROM BESTELLUNGEN B
WHERE 'ROAD BIKE' =
(SELECT *
FROM TEIL T
WHERE T.TEILNUM = B.TEILNUM)
```

Analyse

Die Ausführung dieser SELECT-Anweisung bringt das berüchtigte Dialogfeld mit der Meldung »Diese Anwendung wird aufgrund eines ungültigen Vorgangs geschlossen« auf den Bildschirm. Man gelangt zwar wieder zu ISQL zurück und kann die Fehlermeldung

```
Statement failed, SQLCODE = -901
correlation lost to database
```

einsehen, der Computer scheint aber nahezu stillzustehen. Die SQL-Engine kann einfach nicht alle Spalten in der Tabelle TEIL mit dem Operator = korrelieren.

Korrelierte Unterabfragen lassen sich auch in den Klauseln GROUP BY und HAVING verwenden. Die folgende Abfrage sucht über eine korrelierte Unterabfrage die durchschnittliche Gesamtsumme der Bestellungen für ein bestimmtes Teil heraus und übernimmt dann diesen Mittelwert, um die Gesamtbestellung gruppiert nach TEILNUM zu filtern:

Eingabe/Ausgabe

```
SELECT B.TEILNUM, SUM(B.MENGE*T.PREIS), COUNT(TEILNUM)
FROM BESTELLUNGEN B, TEIL T
WHERE T.TEILNUM = B.TEILNUM
GROUP BY B.TEILNUM
HAVING SUM(B.MENGE*T.PREIS) >
(SELECT AVG(B1.MENGE*T1.PREIS)
FROM TEIL T1, BESTELLUNGEN B1
WHERE T1.TEILNUM = B1.TEILNUM
AND T1.TEILNUM = B.TEILNUM)

    TEILNUM         SUM       COUNT
=========== =========== ===========

         10     8400.00           4
         23     4906.30           2
         76    19610.00           5
```

Analyse

Die Unterabfrage berechnet nicht einfach einen Mittelwert:

```
AVG(B1.MENGE*T1.PREIS)
```

Da eine Korrelation zwischen der Abfrage und der Unterabfrage mit

```
AND T1.TEILNUM = B.TEILNUM
```

besteht, wird dieser Mittelwert für alle Teilgruppen berechnet und dann verglichen:

```
HAVING SUM(B.MENGE*T.PREIS) >
```

Tip: Wenn man Unterabfragen mit GROUP BY und HAVING verwendet, müssen die Spalten in der HAVING-Klausel entweder in der SELECT-Klausel oder der GROUP-BY-Klausel vorkommen. Andernfalls erhält man eine Fehlermeldung wie `invalid column reference` (ungültiger Spaltenbezug), da die Unterabfrage für jede Gruppe und nicht für jede Zeile aufgerufen wird. Mit einem Element, das bei der Gruppenbildung nicht beteiligt ist, kann man keinen gültigen Vergleich ausführen.

Arbeiten mit EXISTS, ANY und ALL

Für den gelegentlichen Benutzer sind die Schlüsselwörter EXISTS, ANY und ALL nicht ohne weiteres verständlich. EXISTS übernimmt eine Unterabfrage als Argument. Der Rückgabewert ist TRUE, wenn die Unterabfrage beliebige Werte liefert, und FALSE, wenn die Ergebnismenge leer ist. Das folgende Beispiel zeigt den Einsatz von EXISTS:

Eingabe/Ausgabe

```
SELECT NAME, BESTDATUM
FROM BESTELLUNGEN
WHERE EXISTS
(SELECT *
FROM BESTELLUNGEN
WHERE NAME = 'TRUE WHEEL')

NAME         BESTDATUM
==========  ===========

TRUE WHEEL  15-MAY-1997
TRUE WHEEL  19-MAY-1997
TRUE WHEEL   2-SEP-1997
TRUE WHEEL  30-JUN-1997
BIKE SPEC   30-JUN-1997
```

```
BIKE SPEC  30-MAY-1997
BIKE SPEC  30-MAY-1997
BIKE SPEC  17-JAN-1997
LE SHOPPE  17-JAN-1997
LE SHOPPE   1-JUN-1997
AAA BIKE    1-JUN-1997
AAA BIKE    1-JUL-1997
AAA BIKE    1-JUL-1997
JACKS BIKE 11-JUL-1997
```

Analyse

Das Ergebnis entspricht vielleicht nicht Ihren Erwartungen. Die Unterabfrage innerhalb von `EXISTS` wird in diesem unkorrelierten Beispiel nur einmal ausgewertet. Da die Ergebnismenge der Unterabfrage aus mindestens einer Zeile besteht, ergibt `EXISTS` den Wert `TRUE`. Damit werden alle Zeilen in der Abfrage ausgegeben. Ändert man die Unterabfrage wie im nachstehenden Beispiel, erhält man gar keine Ergebnisse zurück:

Eingabe

```
SELECT NAME, BESTDATUM
FROM BESTELLUNGEN
WHERE EXISTS
(SELECT *
FROM BESTELLUNGEN
WHERE NAME = 'RACING BIKE')
```

Ausgabe

```
keine
```

Analyse

`EXISTS` liefert den Wert `FALSE`. Die Unterabfrage erzeugt keine Ergebnismenge, da `RACING BIKE` nicht zu den vorhandenen Namen gehört.

Hinweis

Beachten Sie die Anweisung `SELECT *` in der Unterabfrage innerhalb von `EXISTS`. Der Vergleichsoperator `EXISTS` kümmert sich nicht darum, wie viele Spalten zurückgegeben werden.

Mit dem Operator EXISTS können Sie auf diese Weise die Existenz bestimmter Zeilen prüfen und die Ausgabe der Abfrage davon abhängig machen, ob diese Zeilen vorhanden sind.

Wenn Sie EXISTS in einer korrelierten Unterabfrage einsetzen, findet die Auswertung für jeden Fall statt, der sich aus der festgelegten Wechselbeziehung ergibt. Dazu ein Beispiel:

```
SELECT NAME, BESTDATUM
FROM BESTELLUNGEN B
WHERE EXISTS
(SELECT *
FROM KUNDE K
WHERE STAAT = 'NE'
AND K.NAME = B.NAME)

NAME       BESTDATUM
========== ===========

TRUE WHEEL 15-MAY-1997
TRUE WHEEL 19-MAY-1997
TRUE WHEEL  2-SEP-1997
TRUE WHEEL 30-JUN-1997
AAA BIKE    1-JUN-1997
AAA BIKE    1-JUL-1997
AAA BIKE    1-JUL-1997
```

Diese leichte Modifikation der ersten, unkorrelierten Abfrage liefert alle Fahrradgeschäfte aus Nebraska zurück, für die Bestellungen gespeichert sind. Die Unterabfrage

```
(SELECT *
FROM KUNDE K
WHERE STAAT = 'NE'
AND K.NAME = B.NAME)
```

wird für alle Zeilen der Abfrage ausgeführt, die über die Spalte NAME der Tabellen KUNDE und BESTELLUNGEN korreliert sind. Der Vergleichsoperator EXISTS liefert für diejenigen Zeilen das Ergebnis TRUE, die über entsprechende Namen in der Tabelle KUNDE verfügen und als Staat NE enthalten.

Eng verwandt mit dem Vergleichsoperator EXISTS sind die Schlüsselwörter ANY, ALL und SOME. Funktionell sind ANY und SOME gleichwertig. Ein Optimist würde sagen, daß der Benutzer dadurch eine Wahl hat, während ein Pessimist diesen Zustand als zusätzliche Komplikation ansieht. Sehen Sie sich die folgende Abfrage an:

Eingabe

```
SELECT NAME, BESTDATUM
FROM BESTELLUNGEN
WHERE NAME = ANY
(SELECT NAME
FROM BESTELLUNGEN
WHERE NAME = 'TRUE WHEEL')

NAME         BESTDATUM
========== ===========

TRUE WHEEL 15-MAY-1997
TRUE WHEEL 19-MAY-1997
TRUE WHEEL  2-SEP-1997
TRUE WHEEL 30-JUN-1997
```

Analyse

Der Operator ANY vergleicht die Ausgabe der Unterabfrage

```
(SELECT NAME
FROM BESTELLUNGEN
WHERE NAME = 'TRUE WHEEL')
```

mit allen Zeilen in der Abfrage und liefert TRUE für alle Zeilen der Abfrage zurück, die ein Ergebnis aus der Unterabfrage erhalten.

Ersetzt man ANY durch SOME, erhält man ein identisches Ergebnis:

Eingabe/Ausgabe

```
SELECT NAME, BESTDATUM
FROM BESTELLUNGEN
WHERE NAME = SOME
(SELECT NAME
FROM BESTELLUNGEN
WHERE NAME = 'TRUE WHEEL')
```

```
NAME       BESTDATUM
========== ===========

TRUE WHEEL 15-MAY-1997
TRUE WHEEL 19-MAY-1997
TRUE WHEEL  2-SEP-1997
TRUE WHEEL 30-JUN-1997
```

Analyse

Sicherlich haben Sie die Ähnlichkeit zum Operator IN festgestellt. Die gleiche Abfrage mit dem Operator IN sieht folgendermaßen aus:

Eingabe/Ausgabe

```
SELECT NAME, BESTDATUM
FROM BESTELLUNGEN
WHERE NAME IN
(SELECT NAME
FROM BESTELLUNGEN
WHERE NAME = 'TRUE WHEEL')

NAME       BESTDATUM
========== ===========

TRUE WHEEL 15-MAY-1997
TRUE WHEEL 19-MAY-1997
TRUE WHEEL  2-SEP-1997
TRUE WHEEL 30-JUN-1997
```

Analyse

Wie Sie sich überzeugen können, liefert IN die gleichen Ergebnisse wie ANY und SOME. Wozu dann die verschiedenen Schlüsselwörter? Sehen Sie sich die folgende Abfrage an:

Eingabe/Ausgabe

```
SELECT NAME, BESTDATUM
FROM BESTELLUNGEN
WHERE NAME > ANY
(SELECT NAME
```

```
FROM BESTELLUNGEN
WHERE NAME = 'JACKS BIKE')

NAME       BESTDATUM
========== ===========

TRUE WHEEL 15-MAY-1997
TRUE WHEEL 19-MAY-1997
TRUE WHEEL  2-SEP-1997
TRUE WHEEL 30-JUN-1997
LE SHOPPE  17-JAN-1997
LE SHOPPE   1-JUN-1997
```

Läßt sich eine derartige Abfrage mit `IN` realisieren? Die Antwort lautet: Nein. Der Operator `IN` arbeitet etwa wie mehrere Gleichheitszeichen. `ANY` und `SOME` lassen sich mit anderen relationalen Operatoren verwenden, beispielsweise mit Größer als oder Kleiner als. Dieses Werkzeug sollten Sie in Ihren Werkzeugkasten aufnehmen.

Der Operator `ALL` liefert nur dann `TRUE`, wenn die Ergebnisse einer Unterabfrage die angegebene Bedingung erfüllen. Sonderbarerweise verwendet man `ALL` am häufigsten in einer doppelten Verneinung wie in der folgenden Abfrage:

Eingabe/Ausgabe

```
SELECT NAME, BESTDATUM
FROM BESTELLUNGEN
WHERE NAME <> ALL
(SELECT NAME
FROM BESTELLUNGEN
WHERE NAME = 'JACKS BIKE')

NAME       BESTDATUM
========== ===========

TRUE WHEEL 15-MAY-1997
TRUE WHEEL 19-MAY-1997
TRUE WHEEL  2-SEP-1997
TRUE WHEEL 30-JUN-1997
BIKE SPEC  30-JUN-1997
BIKE SPEC  30-MAY-1997
BIKE SPEC  30-MAY-1997
BIKE SPEC  17-JAN-1997
LE SHOPPE  17-JAN-1997
LE SHOPPE   1-JUN-1997
```

```
AAA BIKE     1-JUN-1997
AAA BIKE     1-JUL-1997
AAA BIKE     1-JUL-1997
```

Analyse: Diese Abfrage liefert alles außer `JACKS BIKE` zurück. Der Ausdruck `<>ALL` ergibt nur dann `TRUE`, wenn in der Ergebnismenge nicht das links von `<>` spezifizierte Element enthalten ist.

Zusammenfassung

In zahlreichen Übungen mit Unterabfragen haben Sie heute einen der wichtigsten Bestandteile von SQL kennengelernt. Außerdem sind Sie mit einem der schwierigsten Aspekte von SQL konfrontiert worden: der korrelierten Unterabfrage. Die korrelierte Unterabfrage erzeugt eine Beziehung zwischen der Abfrage und der Unterabfrage, die für jede Instanz dieser Beziehung ausgewertet wird. Lassen Sie sich von der Länge der Abfragen nicht abschrecken. Untersuchen Sie die Anweisungen in Ruhe, indem Sie die Unterabfragen einzeln ausführen.

Fragen und Antworten

F Manchmal bietet SQL verschiedene Möglichkeiten, um zum gleichen Ergebnis zu gelangen. Ist diese Flexibilität nicht verwirrend?

A *Eigentlich nicht. Wenn man die gebotene Flexibilität nutzt, kann man recht elegante Anweisungen formulieren. Die Flexibilität gehört zu den Tugenden von SQL.*

Workshop

Kontrollfragen

1. Im Abschnitt über die verschachtelten Unterabfragen hat die als Beispiel dargestellte Unterabfrage mehrere Werte zurückgegeben:

   ```
   LE SHOPPE
   BIKE SPEC
   LE SHOPPE
   BIKE SPEC
   JACKS BIKE
   ```

Hier sind doppelte Einträge zu verzeichnen. Warum finden sich diese Duplikate nicht mehr in der endgültigen Ergebnismenge?

2. Sind die folgenden Aussagen richtig oder falsch?

   a. Die Aggregatfunktionen `SUM`, `COUNT`, `MIN`, `MAX` und `AVG` geben mehrere Werte zurück.

   b. Es lassen sich maximal zwei Unterabfragen verschachteln.

   c. Korrelierte Unterabfragen sind komplett eigenständig.

3. Funktionieren die nachstehend aufgeführten Unterabfragen mit den Tabellen `BESTELLUNGEN` und `TEIL`?

Eingabe/Ausgabe

```
SELECT *
FROM TEIL;

    TEILNUM BESCHREIBUNG                PREIS
=========== ==================== ===========

         54 PEDALE                      54.25
         42 SATTEL                      24.50
         46 REIFEN                      15.25
         23 MOUNTAIN BIKE              350.45
         76 ROAD BIKE                  530.00
         10 TANDEM                    1200.00
```

Eingabe/Ausgabe

```
SELECT *
FROM BESTELLUNGEN;

  BESTDATUM NAME           TEILNUM       MENGE BEMERKUNGEN
=========== ========== =========== =========== ====================

15-MAY-1997 TRUE WHEEL          23           6 BEZAHLT
19-MAY-1997 TRUE WHEEL          76           3 BEZAHLT
 2-SEP-1997 TRUE WHEEL          10           1 BEZAHLT
30-JUN-1997 TRUE WHEEL          42           8 BEZAHLT
30-JUN-1997 BIKE SPEC           54          10 BEZAHLT
30-MAY-1997 BIKE SPEC           10           2 BEZAHLT
30-MAY-1997 BIKE SPEC           23           8 BEZAHLT
```

```
17-JAN-1997 BIKE SPEC          76          11 BEZAHLT
17-JAN-1997 LE SHOPPE          76           5 BEZAHLT
 1-JUN-1997 LE SHOPPE          10           3 BEZAHLT
 1-JUN-1997 AAA BIKE           10           1 BEZAHLT
 1-JUL-1997 AAA BIKE           76           4 BEZAHLT
 1-JUL-1997 AAA BIKE           46          14 BEZAHLT
11-JUL-1997 JACKS BIKE         76          14 BEZAHLT
```

a.
```
SELECT * FROM BESTELLUNGEN
WHERE TEILNUM =
SELECT TEILNUM FROM TEIL
WHERE BESCHREIBUNG = 'TRUE WHEEL';
```

b.
```
SELECT * FROM TEILNUM
FROM BESTELLUNGEN
WHERE TEILNUM =
(SELECT * FROM TEIL
WHERE BESCHREIBUNG = 'LE SHOPPE');
```

c.
```
SELECT NAME, TEILNUM
FROM BESTELLUNGEN
WHERE EXISTS
(SELECT * FROM BESTELLUNGEN
WHERE NAME = 'TRUE WHEEL');
```

Übung

Schreiben Sie eine Abfrage für die Tabelle BESTELLUNGEN, um alle Namen (Spalte NAME) und Bestelldaten (Spalte BESTDATUM) für jedes Geschäft zu ermitteln, das im Alphabet nach JACKS BIKE steht.

1 Woche Rückblick

Im Rückblick

Nach einem allgemeinen Überblick über die Geschichte und Theorie der Datenbanken hat sich Woche 1 mit der SELECT-Anweisung direkt dem Kern von SQL gewidmet. Die folgende Zusammenfassung zur Syntax der SELECT-Anweisung enthält auch Hinweise auf die Lektionen (Tage), in denen der betreffende Aspekt näher behandelt wird:

- SELECT [DISTINCT | ALL] (Tag 2) – Spalten (Tag 1), Funktionen (Tag 4)
- FROM (Tag 2) – Tabellen oder Sichten (Tag 1), Aggregatfunktionen (Tag 4)
- WHERE (Tag 5) – Bedingung (Tag 3), Verknüpfung (Tag 6), Unterabfrage (Tag 7)

- GROUP BY (Tag 5) – Spalten (Tag 3)
- HAVING (Tag 5) – Aggregatfunktionen (Tag 4)
- UNION | INTERSECT (Tag 3) – (Steht zwischen zwei SELECT-Anweisungen)
- ORDER BY (Tag 5) – Spalten (Tag 1)

Auch wenn Sie in Ihrer Programmierlaufbahn Millionen von Abfragen schreiben, mehr als 80 Prozent davon werden mit SELECT beginnen. Die anderen 20 Prozent fallen in die Kategorie der in Woche 2 behandelten Anweisungen.

Vorschau

Die in Woche 2 vermittelten Themen beschäftigen sich mit der Datenbankverwaltung. Insbesondere erfahren Sie, wie man ...

- Tabellen erstellt und löscht.
- Berechtigungen an »Freunde« zuweist und »Feinden« den Einblick in die eigenen Daten verwehrt.
- Daten in Tabellen aktualisiert und löscht.

Woche 2 Überblick

Die erste Woche hat die grundlegende SQL-Abfrage mit der Anweisung `SELECT` behandelt. Angefangen bei der einfachsten `SELECT`-Anweisung haben Sie gelernt, wie man Daten aus einer Datenbank abruft. Dann haben Sie die SQL-Funktionen kennengelernt, mit denen sich zum Beispiel Währungs- oder Datumsformate konvertieren lassen. Es wurde gezeigt, wie man Daten aus einer Datenbank nach verschiedenen Verfahren abrufen kann. Mit Klauseln wie `WHERE`, `ORDER BY` und `GROUP BY` lassen sich Abfragen zuschneiden, um eine bestimmte Gruppe von Datensätzen zu erhalten. Unterabfragen sind insbesondere nützlich, wenn man mehrere Abfragen ausführen muß, die jeweils von den Daten früherer Abfragen abhängig sind.

Die zweite Woche widmet sich weiterführenden SQL-Themen:

- Tag 8 zeigt, wie man Daten innerhalb einer Datenbank modifiziert. Vielleicht haben Sie schon befürchtet, daß Sie alle Ihre Daten eintippen müssen. Das manuelle Erfassen der Daten ist aber nicht immer notwendig. Moderne Datenbanksysteme bieten nützliche Werkzeuge für den Import und den Export von Daten in verschiedenartigen Datenbankformaten. Darüber hinaus stellt SQL mehrere Anweisungen für die Manipulation von Daten innerhalb einer Datenbank bereit.
- Am 9. Tag lernen Sie, wie man Tabellen innerhalb einer Datenbank erzeugt und verwaltet. Außerdem erfahren Sie, wie man eine Datenbank anlegt und den Festplattenplatz dieser Datenbank verwaltet.
- Tag 10 erläutert das Erzeugen, Verwalten und Verwenden von Ansichten und Indizes in einer Datenbank.
- Der 11. Tag ist der Transaktionssteuerung gewidmet. Transaktionen übernehmen eine Folge von Änderungen an einer Datenbank oder machen diese Operationen insgesamt rückgängig.
- Tag 12 konzentriert sich auf die Datenbanksicherheit. Zur effektiven Verwaltung der Datenbank muß man die vorhandenen Sicherheitsmechanismen kennen.
- Tag 13 behandelt weiterführende SQL-Themen, wozu insbesondere temporäre Tabellen, Cursor, gespeicherte Prozeduren, Trigger und eingebettetes SQL gehören.
- Tag 14 geht auf dynamisches SQL ein und zeigt, wie SQL in verschiedenen Produkten unterstützt wird. Anhand der Entwicklungsumgebungen Visual C++ und Delphi wird der Einsatz von SQL in der Anwendungsprogrammierung demonstriert.

Daten manipulieren

Woche 2

Ziele

Im Mittelpunkt des heutigen Tages steht die Manipulation von Daten. Insbesondere erfahren Sie ...

- wie man Daten mit den Befehlen `INSERT`, `UPDATE` und `DELETE` manipuliert.
- welche Bedeutung die `WHERE`-Klausel bei der Manipulation von Daten hat.
- wie sich Daten von/nach fremden Datenquellen importieren bzw. exportieren lassen.

Anweisungen der Datenmanipulation

Bis jetzt haben Sie gelernt, wie man Daten nach den verschiedenartigsten Auswahlkriterien aus einer Datenbank abruft. Diese Daten lassen sich dann in einer Anwendung weiterverarbeiten. Woche 1 hat sich auf das Abrufen von Daten konzentriert. Vielleicht ist aber bei Ihnen die Frage aufgetaucht, wie die Daten überhaupt in die Datenbank gelangen. Außerdem ist zu klären, was mit den bearbeiteten Daten geschehen soll. Heute behandeln wir drei SQL-Anweisungen, mit denen man Daten innerhalb einer Datenbanktabelle manipulieren kann. Diese drei Anweisungen lauten:

- `INSERT`
- `UPDATE`
- `DELETE`

Möglicherweise haben Sie Ihre Daten in der Vergangenheit mit einem PC-basierten Produkt wie Access, dBASE IV oder FoxPro eingegeben. Zum Lieferumfang dieser Produkte gehören ausgezeichnete Werkzeuge zum Eingeben, Bearbeiten und Löschen von Datensätzen in Datenbanken. SQL stellt Anweisungen zur Datenmanipulation bereit, weil man diese Sprache hauptsächlich in Anwendungen einsetzt, die dem Benutzer die Bearbeitung der Daten mit den Werkzeugen der Anwendung selbst erlauben. Der SQL-Programmierer muß in der Lage sein, die Daten per SQL an die Datenbank zurückzugeben. Darüber hinaus sind die meisten größeren Datenbanksysteme nicht auf den Datenbankentwickler oder Programmierer ausgerichtet, sondern für den Einsatz in Mehrbenutzerumgebungen mit hohem Datenaufkommen konzipiert. Die Entwurfsarbeit konzentriert sich daher auf den Abfrageoptimierer und die Engines zum Abrufen der Daten.

Die meisten kommerziellen relationalen Datenbanksysteme bieten Werkzeuge für das Importieren und Exportieren von Daten. Normalerweise sind diese Daten in Textdateien mit Trennzeichen gespeichert. Oftmals wird eine Formatdatei mit Angaben zur importierenden Tabelle angelegt. Werkzeuge wie SQL*Loader von

Oracle, bcp (bulk copy) von SQL Server und die Befehle Importieren/Exportieren in Microsoft Access kommen am Ende des heutigen Tages zur Sprache.

Hinweis Die Beispiele dieser Lektion entstanden mit Personal Oracle8. Beachten Sie bitte kleinere Unterschiede in der Erscheinungsweise der Befehle und der Datenausgabe bei anderen Implementierungen.

Die Anweisung INSERT

Mit der Anweisung `INSERT` lassen sich Daten in eine Datenbank eingeben. Die Anweisung existiert in zwei Varianten:

`INSERT...VALUES`

und

`INSERT...SELECT`

Die Anweisung INSERT...VALUES

Die Anweisung `INSERT...VALUES` trägt Daten in eine Tabelle datensatzweise ein. Diese Anweisung bietet sich für kleinere Operationen an, die nur wenige Datensätze betreffen. Die Syntax der Anweisung lautet:

Syntax

```
INSERT INTO Tabellenname
(Spalte1, Spalte2...)
VALUES (Wert1, Wert2...)
```

Im grundlegenden Format fügt die Anweisung `INSERT...VALUES` einen Datensatz in eine Tabelle ein und verwendet dabei die angegebenen Spalten mit den entsprechenden Werten. Beim Einfügen von Daten in eine Tabelle mit der Anweisung `INSERT...VALUES` sind drei Regeln zu beachten:

- Die Werte müssen vom gleichen Typ wie die Felder in der Zieltabelle sein.
- Die Größe der Daten muß innerhalb der Größe der Spalten liegen. Beispielsweise kann man keinen String mit 80 Zeichen in eine Spalte mit dem Format von 40 Zeichen einfügen.
- Die Position der Daten in der `VALUES`-Liste muß der Position in der Spaltenliste der hinzuzufügenden Spalte entsprechen. (Das heißt, der erste Wert ist für die erste Spalte, der zweite Wert für die zweite Spalte einzutragen usw.)

Beispiel 8.1

Nehmen wir eine Tabelle SAMMLUNG an, die Ihre liebgewordenen Sammlerstücke auflistet. Den Inhalt der Tabelle zeigen Sie mit der folgenden Anweisung an:

```
SQL> SELECT * FROM SAMMLUNG;
```

Als Ergebnis erhalten Sie:

```
STUECK                     WERT BEMERKUNGEN
-------------------- --------- ----------------------------------------
WEGWEISER                   300 FEHLT JETZT IN ADORF
MALIBU BARBIE               150 REPARIEREN
R2D2-MODELL                 850 STEUERUNG DEFEKT
LOCKE VON SUSI                1 KAHLE STELLE NOCH NICHT BEMERKT
```

Wenn Sie einen neuen Datensatz in diese Tabelle einfügen möchten, schreiben Sie zum Beispiel:

```
SQL> INSERT INTO SAMMLUNG
  2  (STUECK, WERT, BEMERKUNGEN)
  3  VALUES ('SCHUMI-CAP',40.00,'IN SPA GEFUNDEN');

1 Zeile wurde erstellt.
```

Mit einer einfachen SELECT-Anweisung überzeugen Sie sich von der korrekten Einfügung:

```
SQL> SELECT * FROM SAMMLUNG;

STUECK                     WERT BEMERKUNGEN
-------------------- --------- ----------------------------------------
WEGWEISER                   300 FEHLT JETZT IN ADORF
```

```
MALIBU BARBIE                150 REPARIEREN
R2D2-MODELL                  850 STEUERUNG DEFEKT
LOCKE VON SUSI                 1 KAHLE STELLE NOCH NICHT BEMERKT
SCHUMI-CAP                    40 IN SPA GEFUNDEN

5 Zeilen ausgewählt.
```

Analyse

In der INSERT-Anweisung sind Spaltennamen nicht erforderlich. Gibt man sie nicht an, trägt SQL die Werte nacheinander entsprechend der Spaltennummer ein – den ersten Wert in die erste Spalte, den zweiten in die zweite Spalte usw.

Beispiel 8.2

Die folgende Anweisung fügt die Werte entsprechend Beispiel 8.1 ohne Angabe der Spaltennamen in die Tabelle ein:

Eingabe

```
SQL> INSERT INTO SAMMLUNG VALUES
  2  ('KETTE',1000.00,'WIRD IRGENDWANN WERTVOLL');

1 Zeile wurde erstellt.
```

Analyse

Per SELECT-Anweisung wie in Beispiel 8.1 können Sie sich vom ordnungsgemäßen Einfügen überzeugen:

Eingabe

```
SQL> SELECT * FROM SAMMLUNG;
```

Ausgabe

```
STUECK                    WERT BEMERKUNGEN
-------------------- --------- ----------------------------------------
WEGWEISER                  300 FEHLT JETZT IN ADORF
MALIBU BARBIE              150 REPARIEREN
```

```
R2D2-MODELL                 850 STEUERUNG DEFEKT
LOCKE VON SUSI                1 KAHLE STELLE NOCH NICHT BEMERKT
SCHUMI-CAP                   40 IN SPA GEFUNDEN
KETTE                      1000 WIRD IRGENDWANN WERTVOLL

6 Zeilen ausgewählt.
```

NULL-Werte einfügen

Am neunten Tag lernen Sie, wie man Tabellen mit der SQL-Anweisung `CREATE TABLE` erstellt. Momentan brauchen Sie nur zu wissen, daß man eine Spalte mit verschiedenen Einschränkungen belegen kann. Dazu gehört unter anderem, ob die Spalte `NULL`-Werte enthalten darf. `NULL` kennzeichnet einen leeren Wert, der weder `0` bei einer ganzen Zahl noch einem Leerzeichen bei einem String entspricht. Statt dessen existieren für die Spalte dieses Datensatzes überhaupt keine Daten. Ist eine Spalte als `NOT NULL` definiert (das heißt, diese Spalte darf keinen `NULL`-Wert enthalten), muß man bei einer `INSERT`-Anweisung einen Wert für diese Spalte einfügen. Wenn man diese Regel verletzt, wird die `INSERT`-Operation abgebrochen und eine entsprechende Fehlermeldung ausgegeben.

Warnung

Für eine Leerspalte kann man Leerzeichen einfügen, die allerdings einen echten Wert darstellen. `NULL` bedeutet dagegen, daß die betreffende Spalte nichts enthält.

Eingabe

```
SQL> INSERT INTO SAMMLUNG VALUES
  2  ('HINKELSTEIN',50.00, ' ');
```

Ausgabe

```
1 Zeile wurde erstellt.
```

Analyse

Mit der Zeichenfolge `' '` statt `NULL` fügt man ein Leerzeichen in die Tabelle `SAMMLUNG` ein. Das Leerzeichen läßt sich dann auswählen.

```
SQL> SELECT * FROM SAMMLUNG
  2  WHERE BEMERKUNGEN = ' ';

STUECK                    WERT BEMERKUNGEN
-------------------- --------- ----------------------------------------
HINKELSTEIN                 50

1 Zeile wurde ausgewählt.
```

Die Ergebnisspalte bei der Ausgabe von Zeichenfeldern läßt äußerlich keinen Unterschied zwischen einem bloßen Leerzeichen und dem Wert `NULL` erkennen.

Nehmen wir an, daß die Spalte `BEMERKUNGEN` in der obigen Tabelle als `NOT NULL` definiert ist. Die Anweisung

```
SQL> INSERT INTO SAMMLUNG
  2  VALUES('HINKELSTEIN',50.00,NULL);
```

produziert den folgenden Fehler:

```
INSERT INTO SAMMLUNG
            *
FEHLER in Zeile 1:
ORA-01400: Einfügen von NULL in ("PERKINS"."SAMMLUNG"."BEMERKUNGEN") nicht möglich
```

Beachten Sie die Syntax. Während numerische Datentypen und `NULL` keine Apostrophe erfordern, sind Apostrophe bei Zeichentypen Pflicht.

Eindeutige Werte einfügen

In vielen Datenbank-Managementsystemen lassen sich Spalten mit dem Attribut UNIQUE erzeugen. Dieses Attribut bedeutet, daß die Werte der betreffenden Spalte innerhalb der Tabelle absolut eindeutig sein müssen und nicht mehrfach auftreten dürfen. Diese Einschränkung kann zu Problemen führen, wenn man Werte in einer existierenden Tabelle einfügt oder aktualisiert. Das folgende Beispiel zeigt das anhand eines Austauschs von Werten:

Eingabe

```
SQL> INSERT INTO SAMMLUNG VALUES('KETTE',50,'NOCH EINE KETTE');
```

Ausgabe

```
INSERT INTO SAMMLUNG VALUES('KETTE',50,'NOCH EINE KETTE')
            *
FEHLER in Zeile 1:
ORA-00001: Verstoß gegen Eindeutigkeit, Regel (SYSTEM.SYS_C00680)
```

Analyse

In diesem Beispiel haben Sie versucht, ein anderes Sammlerstück namens KETTE in die Tabelle SAMMLUNG einzufügen. Da beim Erstellen der Tabelle die Spalte STUECK für eindeutige Werte festgelegt wurde, erhält man den Fehler zurück. ANSI SQL bietet keine Lösung für dieses Problem. Allerdings schließen verschiedene kommerzielle Implementierungen Erweiterungen ein, bei denen man etwa folgendes schreiben kann:

```
IF NOT EXISTS (SELECT * FROM SAMMLUNG WHERE STUECK = 'KETTE'
INSERT INTO SAMMLUNG VALUES('KETTE', 50, 'NOCH EINE KETTE')
```

Das angeführte Beispiel wird im System von Sybase unterstützt.

Eine normalisierte Tabelle sollte über ein eindeutiges Feld – ein sogenanntes Schlüsselfeld – verfügen. Über dieses Feld lassen sich Daten zwischen Tabellen verknüpfen. Außerdem verbessert es oft die Geschwindigkeit der Abfragen bei der Verwendung von Indizes. (Siehe dazu Tag 10.)

Hinweis

Die folgende INSERT-Anweisung fügt einen neuen Mitarbeiter in eine Tabelle ein:

```
SQL> insert into mitarbeiter_tbl values
     ('300500177', 'SMITHH', 'JOHN');

1 Zeile wurde erstellt.
```

Nach Drücken von [Enter] bemerken Sie, daß Sie SMITH falsch geschrieben haben. Das ist nicht weiter schlimm! Sie müssen lediglich den ROLLBACK-Befehl ausführen, und die Zeile wird nicht eingefügt. Näheres zum ROLLBACK-Befehl finden Sie in Lektion 11.

Die Anweisung INSERT...SELECT

Die Anweisung INSERT...VALUES eignet sich durchaus für das Einfügen einzelner Datensätze in eine Datenbanktabelle, aber würden Sie mit dieser Anweisung 25000 Datensätze in eine Tabelle einfügen wollen? Für derartige Fälle bietet sich die Anweisung INSERT...SELECT an. Der Programmierer kann damit Informationen aus einer Tabelle oder einer Gruppe von Tabellen in eine andere Tabelle kopieren. Diese Anweisung werden Sie in verschiedenen Situationen verwenden. Aus Leistungsgründen legt man Nachschlagetabellen an. Derartige Tabellen enthalten Daten, die über mehrere Tabellen in mehreren Datenbanken verteilt vorliegen. Da Verknüpfungen über mehrere Tabellen langsamer verarbeitet werden als einfache Abfragen, läßt sich eine SELECT-Abfrage bezüglich einer Nachschlagetabelle wesentlich schneller ausführen, als eine lange und komplizierte Verknüpfungsabfrage. In Client/Server-Umgebungen speichert man Nachschlagetabellen häufig auf den Client-Maschinen, um die Netzbelastung zu verringern.

Viele Datenbanksysteme unterstützen auch temporäre Tabellen. (Siehe dazu Tag 14.) Temporäre Tabellen existieren nur für die Dauer der Datenbankverbindung und werden beim Trennen der Verbindung gelöscht. Die Anweisung INSERT...SELECT kann die Ausgabe einer SELECT-Anweisung übernehmen und diese Werte in eine temporäre Tabelle einfügen.

Dazu ein Beispiel:

Eingabe

```
SQL> insert into tmp_tbl
  2  select * from tabelle;
```

Ausgabe

```
19.999 Zeilen erstellt.
```

Analyse

Das Beispiel wählt alle Zeilen in `tabelle` aus und fügt sie in die Tabelle `tmp_tbl` ein.

Hinweis

Da nicht alle Datenbank-Managementsysteme temporäre Tabellen unterstützen, sollten Sie sich anhand der Dokumentation zum jeweiligen System darüber informieren. Kapitel 14 geht näher auf dieses Thema ein.

Die Syntax der Anweisung `INSERT...SELECT` sieht folgendermaßen aus:

Syntax

```
INSERT INTO Zieltabelle
(Spalte1, Spalte2...)
SELECT Spalte1, Spalte2...
FROM Quelltabelle
WHERE Suchbedingung
```

Hier wird praktisch die Ausgabe einer normalen `SELECT`-Abfrage in eine andere Datenbanktabelle eingegeben. Die auf die Anweisung `INSERT...VALUES` zutreffenden Regeln gelten auch für die Anweisung `INSERT...SELECT`. Um den Inhalt der Tabelle `SAMMLUNG` in eine neue Tabelle namens `INVENTAR` zu kopieren, führen Sie die Anweisungsgruppe in Beispiel 8.3 aus.

Beispiel 8.3

Das folgende Beispiel erzeugt zunächst eine neue Tabelle `INVENTAR`.

Eingabe

```
SQL> CREATE TABLE INVENTAR
  2  (STUECK CHAR(20),
  3  KOSTEN NUMBER,
  4  RAUM CHAR(20),
  5  BEMERKUNGEN CHAR(40));
```

```
Tabelle wurde angelegt.
```

Die nachstehende INSERT-Anweisung füllt die neue Tabelle INVENTAR mit den Daten aus SAMMLUNG.

```
SQL> INSERT INTO INVENTAR (STUECK, KOSTEN, BEMERKUNGEN)
  2  SELECT STUECK, WERT, BEMERKUNGEN
  3  FROM SAMMLUNG;

6 Zeilen wurden erstellt.
```

Mit der folgenden SELECT-Anweisung läßt sich überprüfen, ob die INSERT-Operation erfolgreich war:

```
SQL> SELECT * FROM INVENTAR;

STUECK                   KOSTEN RAUM              BEMERKUNGEN
-------------------- ---------- ----------------- ------------------------------
WEGWEISER                   300                   FEHLT JETZT IN ADORF
MALIBU BARBIE               150                   REPARIEREN
R2D2-MODELL                 850                   STEUERUNG DEFEKT
LOCKE VON SUSI                1                   KAHLE STELLE NOCH NICHT BEMERKT
SCHUMI-CAP                   40                   IN SPA GEFUNDEN
KETTE                      1000                   WIRD IRGENDWANN WERTVOLL

6 Zeilen ausgewählt.
```

Hinweis: Die Daten scheinen in der Tabelle vorzuliegen; allerdings ist die Transaktion erst nach Ausführen eines COMMIT-Befehls abgeschlossen. Die Transaktion läßt sich durch den Befehl COMMIT oder durch einfaches Beenden bestätigen. Tag 11 enthält weitere Details zum COMMIT-Befehl.

Analyse

In diesem Beispiel haben Sie die Daten aus der Tabelle SAMMLUNG mit geringem Aufwand in die neue Tabelle INVENTAR übertragen.

Bei der Anweisung INSERT...SELECT sind einige neue Regeln zu beachten:

- Die SELECT-Anweisung kann keine Zeilen aus der Zieltabelle auswählen.
- Die Anzahl der Spalten in der Anweisung INSERT INTO muß gleich der Anzahl der Spalten sein, die die SELECT-Anweisung zurückgibt.
- Die Datentypen der Spalten in der Anweisung INSERT INTO müssen den Datentypen der aus der SELECT-Anweisung zurückerhaltenen Spalten entsprechen.

Ein weiterer Einsatzfall der Anweisung INSERT...SELECT ist die Sicherung einer Tabelle, wenn man diese löschen, leeren oder neu aufbauen möchte. Dazu muß man alle Daten aus der Originaltabelle auswählen und in eine neu anzulegende temporäre Tabelle einfügen. Dazu folgendes Beispiel:

```
SQL> insert into sicherungstabelle
  2  select * from originaltabelle;
```

Nun können Sie mit ruhigem Gewissen Änderungen an der Originaltabelle vornehmen.

Hinweis

Nahezu alle geschäftlichen Anwendungen speichern Firmendaten in mehreren verschiedenen Datenbankformaten. Vom Anwendungsprogrammierer wird oft erwartet, daß er diese Formate konvertiert. Weiter hinten in dieser Lektion erfahren Sie, wie man Daten mit einem anderen Datenbankformat in eine Tabelle einfügt.

Die Anweisung UPDATE

Mit der Anweisung UPDATE ändert man die Werte existierender Datensätze. Die Syntax lautet:

Syntax

```
UPDATE Tabellenname
SET Spaltenname1 = Wert1
[, Spaltenname2 = Wert2]...
WHERE Suchbedingung
```

Diese Anweisung untersucht zuerst die WHERE-Klausel. In der Tabelle werden alle Datensätze, für die die WHERE-Klausel das Ergebnis TRUE liefert, mit dem korrespondierenden Wert aktualisiert.

Beispiel 8.4

Dieses Beispiel zeigt den Einsatz der Anweisung UPDATE:

Eingabe

```
SQL> UPDATE SAMMLUNG
  2  SET WERT = 900
  3  WHERE STUECK = 'KETTE';
```

Ausgabe

```
1 Zeile wurde aktualisiert.
```

Mit der Abfrage

Eingabe/Ausgabe

```
SQL> SELECT * FROM SAMMLUNG
  2  WHERE STUECK = 'KETTE';
```

prüft man die Änderung und erhält als Ergebnis

```
STUECK                    WERT BEMERKUNGEN
-------------------- --------- ----------------------------------------
KETTE                      900 WIRD IRGENDWANN WERTVOLL

1 Zeile wurde ausgewählt.
```

Das folgende Beispiel zeigt eine mehrspaltige Aktualisierung:

Eingabe/Ausgabe

```
SQL> UPDATE SAMMLUNG
  2  SET WERT = 900, STUECK = 'BALL'
  3  WHERE STUECK = 'KETTE';

1 Zeile wurde aktualisiert.
```

Hinweis

Die Implementierung Ihrer Datenbank kann eine etwas abweichende Syntax für mehrspaltige Aktualisierungen verwenden.

Hinweis

Beachten Sie, daß der Wert 900 in der SET-Anweisung keine Apostrophe aufweist, da es sich um einen numerischen Datentyp handelt. Dagegen ist KETTE ein Zeichentyp und erfordert Apostrophe.

Beispiel 8.5

Läßt man die WHERE-Klausel weg, aktualisiert die Anweisung alle Datensätze in der Tabelle SAMMLUNG mit dem angegebenen Wert.

Eingabe

```
SQL> UPDATE SAMMLUNG
  2  SET WERT = 555;
```

Ausgabe

```
6 Zeilen wurden aktualisiert.
```

Die Ausführung einer SELECT-Abfrage zeigt, daß nun alle Datensätze in der Datenbank diesen Wert enthalten:

Eingabe/Ausgabe

```
SQL> SELECT * FROM SAMMLUNG;

STUECK                   WERT BEMERKUNGEN
-------------------- --------- ----------------------------------------
WEGWEISER                 555 FEHLT JETZT IN ADORF
MALIBU BARBIE             555 REPARIEREN
R2D2-MODELL               555 STEUERUNG DEFEKT
LOCKE VON SUSI            555 KAHLE STELLE NOCH NICHT BEMERKT
SCHUMI-CAP                555 IN SPA GEFUNDEN
BALL                      555 WIRD IRGENDWANN WERTVOLL

6 Zeilen ausgewählt.
```

Natürlich sollte man prüfen, ob die zu aktualisierende Spalte nur eindeutige Werte zuläßt.

Läßt man die WHERE-Klausel in der UPDATE-Anweisung weg, werden alle Datensätze in der betreffenden Tabelle aktualisiert.

Einige Datenbanksysteme bieten eine Erweiterung zur Standardsyntax der UPDATE-Anweisung. Beispielsweise kann man den Inhalt einer Tabelle, basierend auf dem Inhalt mehrerer anderer Tabellen, mittels einer FROM-Klausel aktualisieren. Die erweiterte Syntax sieht folgendermaßen aus:

```
UPDATE Tabellenname
SET Spaltenname1 = Wert1
[, Spaltenname2 = Wert2]...
FROM Tabellenliste
WHERE Suchbedingung
```

Beispiel 8.6

Das folgende Beispiel demonstriert diese Erweiterung:

```
SQL> UPDATE SAMMLUNG
  2  SET WERT = WERT * 0.005;
```

Die Tabelle wird damit wie folgt geändert:

```
SQL> SELECT * FROM SAMMLUNG;

STUECK                    WERT BEMERKUNGEN
-------------------- --------- ----------------------------------------
WEGWEISER                 2,78 FEHLT JETZT IN ADORF
MALIBU BARBIE             2,78 REPARIEREN
R2D2-MODELL               2,78 STEUERUNG DEFEKT
LOCKE VON SUSI            2,78 KAHLE STELLE NOCH NICHT BEMERKT
SCHUMI-CAP                2,78 IN SPA GEFUNDEN
BALL                      2,78 WIRD IRGENDWANN WERTVOLL
6 Zeilen ausgewählt.
```

Analyse

Diese Syntax bietet sich an, wenn man den Inhalt einer Tabelle im Anschluß an die Manipulation mehrerer anderer Tabellen aktualisieren muß. Allerdings gehört diese Syntaxform nicht zum Standard. Sie sollten in der Dokumentation des konkreten Datenbank-Managementsystems nachsehen, bevor Sie eine derartige Anweisung verwenden.

Mit der `UPDATE`-Anweisung lassen sich Spalten auch mit dem Ergebnis eines arithmetischen Ausdrucks aktualisieren. Der Datentyp des Ergebnisses muß dabei dem Datentyp des modifizierten Felds entsprechen. Außerdem darf die Größe des Werts nicht die Feldgröße des modifizierten Felds überschreiten.

Bei berechneten Werten können Fehler durch Rundung oder Überlauf auftreten. Rundungsfehler entstehen zum Beispiel, wenn das Datenbanksystem eine Bruchzahl in eine Ganzzahl umwandelt. Bei einem Überlauf ist der resultierende Wert größer als die Kapazität der modifizierten Spalte. Damit liefert das Datenbanksystem einen Fehler zurück.

Hinweis

Manche Datenbanksysteme behandeln einen Überlauf automatisch. Zum Beispiel konvertiert Oracle8 die Zahl in die Gleitkommadarstellung. Bei numerischen Datentypen sollte man aber immer mit derartigen Fehlern rechnen.

Tip

Aktualisiert man eine oder mehrere Spalte(n) und erhält dabei eine Fehlermeldung, führt man einen `ROLLBACK`-Befehl aus (wie bei fehlerhaften `INSERT`-Operationen), um die Aktualisierung zu annullieren. Lektion 11 geht näher auf den `ROLLBACK`-Befehl ein.

Die Anweisung DELETE

In einer Datenbank sind Daten nicht nur einzufügen, sondern auch zu löschen. Die Syntax des Löschbefehls `DELETE` lautet wie folgt:

Syntax

```
DELETE FROM Tabellenname
WHERE Bedingung
```

Als erstes fällt Ihnen vielleicht auf, daß der Befehl `DELETE` keine Bestätigung erwartet. Viele Befehle auf Betriebssystemebene verlangen, daß der Benutzer eine Operation explizit erlaubt. Bei SQL nimmt das DBMS die Anweisung zum Löschen einer Gruppe von Datensätzen aus einer Tabelle ohne Murren entgegen. Weist man SQL also an, eine Gruppe von Datensätzen zu löschen, wird das unverzüglich wie ein militärischer Befehl ausgeführt!

In Kapitel 11 lernen Sie die Transaktionssteuerung kennen. Transaktionen sind Datenbankoperationen, bei denen der Programmierer die Änderungen an einer Datenbank explizit bestätigen (COMMIT) oder rückgängig machen (ROLLBACK) kann. Diese Operationen sind besonders in Anwendungen der Online-Transaktionsverarbeitung nützlich, wo man einen Stapel von Modifikationen an der Datenbank in einer logischen Einheit durchführen möchte. Wenn mehrere Benutzer gleichzeitig auf dieselben Daten zugreifen und diese modifizieren, treten Probleme mit der Datenintegrität auf. Momentan gehen wir davon aus, daß keine Transaktionen laufen.

Hinweis: Manche Implementierungen (wie zum Beispiel Oracle) lösen automatisch einen COMMIT-Befehl aus, wenn man SQL beendet.

Je nach WHERE-Klausel in der DELETE-Anweisung kann SQL folgende Aufgaben ausführen:

- einzelne Zeilen löschen
- mehrere Zeilen löschen
- alle Zeilen löschen
- keine Zeile löschen

Beim Einsatz der DELETE-Anweisung sind mehrere Punkte zu beachten:

- Die Anweisung DELETE löscht nur komplette Datensätze aus einer Tabelle. Einzelne Felder lassen sich nicht löschen (verwenden Sie dafür UPDATE).
- Wie bei INSERT und UPDATE kann das Löschen von Datensätzen aus einer Tabelle zu Problemen mit der referentiellen Integrität in anderen Tabellen führen. Halten Sie sich diesen möglichen Problembereich immer vor Augen, wenn Sie Daten in einer Datenbank modifizieren.
- Die DELETE-Anweisung löscht nur Datensätze und nicht die Tabelle selbst. Um eine ganze Tabelle zu entfernen, greifen Sie auf die Anweisung DROP TABLE (siehe Tag 9) zurück.

Beispiel 8.7

Dieses Beispiel zeigt, wie man alle Datensätze aus der Tabelle SAMMLUNG löscht, in denen WERT kleiner als 375 ist.

Hinweis: Ausgangspunkt für dieses Beispiel ist die Tabelle SAMMLUNG mit dem Stand von Beispiel 8.2.

Eingabe/Ausgabe

```
SQL> DELETE FROM SAMMLUNG
  2  WHERE WERT < 375;

4 Zeilen wurden gelöscht.
```

Das Ergebnis ist folgende Tabelle:

Eingabe/Ausgabe

```
SQL> SELECT * FROM SAMMLUNG;

STUECK                    WERT BEMERKUNGEN
-------------------- --------- ----------------------------------------
R2D2-MODELL                850 STEUERUNG DEFEKT
KETTE                     1000 WIRD IRGENDWANN WERTVOLL

2 Zeilen ausgewählt.
```

Warnung: Analog zur Anweisung UPDATE werden bei DELETE alle Zeilen in der betreffenden Tabelle gelöscht, wenn man die WHERE-Klausel nicht angibt.

Beispiel 8.8 führt eine Gruppe von Datenbankoperationen mit allen drei Anweisungen zur Datenmanipulation aus.

Beispiel 8.8

Dieses Beispiel fügt neue Zeilen in die heute bereits verwendete Tabelle SAMMLUNG ein.

```
INSERT INTO SAMMLUNG
  2 VALUES('TIGERFELL',5000,'HOCHZEITSGESCHENK');
```

```
1 Zeile wurde erstellt.
```

```
SQL> INSERT INTO SAMMLUNG
  2  VALUES('TRS MODEL III',50,'ERSTER COMPUTER');

1 Zeile wurde erstellt.
```

Jetzt erstellen Sie eine neue Tabelle und kopieren diese Daten dorthin:

```
SQL> CREATE TABLE TEMP
  2  (NAME CHAR(20),
  3  WERT NUMBER,
  4  BEMERKUNGEN CHAR(40));

Tabelle wurde angelegt.
```

```
SQL> INSERT INTO TEMP(NAME, WERT, BEMERKUNGEN)
  2  SELECT STUECK, WERT, BEMERKUNGEN
  3  FROM SAMMLUNG;

4 Zeilen wurden erstellt.
```

```
SQL> SELECT * FROM TEMP;

NAME                       WERT BEMERKUNGEN
-------------------- --------- ----------------------------------------
R2D2-MODELL                 850 STEUERUNG DEFEKT
KETTE                      1000 WIRD IRGENDWANN WERTVOLL
TIGERFELL                  5000 HOCHZEITSGESCHENK
TRS MODEL III                50 ERSTER COMPUTER

4 Zeilen ausgewählt.
```

Ändern Sie nun einige Werte:

```
SQL> UPDATE TEMP
  2  SET WERT = 100
  3  WHERE NAME = 'TRS MODEL III';

1 Zeile wurde aktualisiert.
```

```
SQL> UPDATE TEMP
  2  SET WERT = 8000
  3  WHERE NAME = 'TIGERFELL';

1 Zeile wurde aktualisiert.
```

```
SQL> SELECT * FROM TEMP;

NAME                       WERT BEMERKUNGEN
-------------------- --------- ----------------------------------------
R2D2-MODELL                 850 STEUERUNG DEFEKT
KETTE                      1000 WIRD IRGENDWANN WERTVOLL
```

```
TIGERFELL                     8000 HOCHZEITSGESCHENK
TRS MODEL III                  100 ERSTER COMPUTER

4 Zeilen ausgewählt.
```

Übernehmen Sie diese Werte nun wieder in die Originaltabelle:

Eingabe

```
SQL> DELETE FROM SAMMLUNG;

4 Zeilen wurden gelöscht.

SQL> INSERT INTO SAMMLUNG
  2  SELECT * FROM TEMP;

4 Zeilen wurden erstellt.

SQL> DROP TABLE TEMP;

Tabelle wurde gelöscht.
```

Analyse

Auf die Anweisungen `DROP TABLE` und `CREATE TABLE` geht Tag 9 näher ein. Momentan genügt es zu wissen, daß diese Anweisungen eine Tabelle löschen (`DROP`) bzw. eine Tabelle erzeugen (`CREATE`). Beachten Sie, daß `DROP TABLE` eine Tabelle unwiederbringlich löscht, während `DELETE FROM <Tabellenname>` nur die Datensätze aus einer Tabelle entfernt.

Um die ausgeführten Aktionen nachzuprüfen, wählen Sie die Datensätze aus der Tabelle `SAMMLUNG` aus. Wie erwartet, sind die Änderungen in der Tabelle `SAMMLUNG` enthalten.

Eingabe/Ausgabe

```
SQL> SELECT * FROM SAMMLUNG;

STUECK                     WERT BEMERKUNGEN
-------------------- --------- ----------------------------------------
R2D2-MODELL                 850 STEUERUNG DEFEKT
KETTE                      1000 WIRD IRGENDWANN WERTVOLL
```

```
TIGERFELL                       8000 HOCHZEITSGESCHENK
TRS MODEL III                    100 ERSTER COMPUTER

4 Zeilen ausgewählt.
```

Analyse

Das obige Beispiel hat mit allen drei Befehlen zur Datenmanipulation – `INSERT`, `UPDATE` und `DELETE` – eine Gruppe von Operationen auf einer Tabelle ausgeführt. Die `DELETE`-Anweisung läßt sich am einfachsten verwenden.

Warnung

Denken Sie immer daran, daß alle Modifikationen die referentielle Integrität Ihrer Datenbank beeinflussen können. Überlegen Sie sich zunächst alle Schritte für die Bearbeitung der Datenbank, um sicherzustellen, daß Sie alle Tabellen korrekt aktualisieren.

Daten importieren und exportieren

In einem Datenbankprogramm stellen `INSERT`, `UPDATE` und `DELETE` mächtige Anweisungen dar, die in Verbindung mit der `SELECT`-Anweisung die Grundlage für alle anderen Datenbankoperationen bilden. Allerdings lassen sich mit der Sprache SQL keine Daten aus fremden Datenquellen importieren oder dorthin exportieren. Zum Beispiel kann in Ihrer Firma seit mehreren Jahren eine dBase-Anwendung existieren, die nun aus den Nähten platzt. Ihr Chef möchte das Ganze in eine Client/Server-Anwendung auf der Basis eines RDBMS von Oracle konvertieren. Zu Ihrem Pech enthalten die dBase-Dateien Tausende von Datensätzen, die Sie in die Oracle-Datenbank konvertieren müssen. Die Befehle `INSERT`, `UPDATE` und `DELETE` helfen Ihnen zwar bei einer bereits gefüllten Oracle-Datenbank weiter, aber wahrscheinlich würden Sie eher kündigen, als 300000 Datensätze neu einzutippen. Glücklicherweise haben Oracle und andere Hersteller Werkzeuge vorgesehen, die Ihnen die Übertragung der Datensätze ermöglichen.

Nahezu alle Datenbanksysteme erlauben das Importieren und Exportieren von Daten über Textdateien im ASCII-Format. Da die entsprechenden Funktionen nicht zur Sprache SQL gehören, wird Ihnen SQL (oder Ihr Chef) nicht weiterhelfen, wenn Sie nur eine leere Datenbank zu bieten haben. Wir gehen kurz auf die verfügbaren Werkzeuge zum Importieren/Exportieren in folgenden Produkten ein: Microsoft Access, Microsoft und Sybase SQL Server sowie Personal Oracle8.

Microsoft Access

Microsoft Access ist ausschließlich für PC-Systeme vorgesehen. Dieses Produkt enthält viele Merkmale eines relationalen Datenbank-Managementsystems. Zum Lieferumfang von Access gehören ein leistungsfähiges Werkzeug zur Berichtserstellung, eine mit Visual Basic ähnliche Makrosprache und die Fähigkeit, Daten von und zu verschiedenen Datenbank- und Textformaten zu importieren bzw. zu exportieren. Dieser Abschnitt beschäftigt sich mit den zuletzt genannten Funktionen. Dabei ist insbesondere die Fähigkeit zum Exportieren in Textdateien mit Trennzeichen interessant. Diese Trennzeichen – spezielle Zeichen wie Komma, Anführungszeichen oder Leerzeichen – begrenzen die einzelnen Felder einer Tabelle.

Access erlaubt das Importieren und Exportieren in verschiedenartigen Datenbankformaten. Dazu gehören dBase, FoxPro und Paradox sowie SQL-Tabellen und Daten aus Programmen und Datenbanken, die das ODBC-Protokoll unterstützen. (Tag 13 geht näher auf Microsoft ODBC ein.)

Das folgende Beispiel zeigt, wie Sie die Tabelle `ARTIKEL` aus der Beispieldatenbank `NORDWIND` von Access in eine Textdatei mit Trennzeichen exportieren.

Markieren Sie im Datenbankfenster die Tabelle oder Abfrage, die Sie exportieren möchten (siehe Abbildung 8.1).

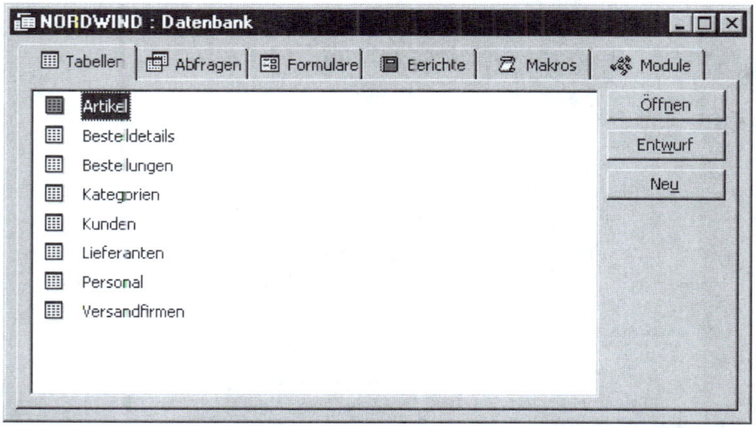

Abbildung 8.1: Auswahl der zu exportierenden Tabelle

Wählen Sie den Befehl DATEI | SPEICHERN UNTER/EXPORTIEREN. Es erscheint das Dialogfeld SPEICHERN UNTER. Klicken Sie auf die Option IN EINE EXTERNE DATEI ODER DATENBANK. Es erscheint das in Abbildung 8.2 dargestellte Dialogfeld SPEICHERN TABELLE 'ARTIKEL' ALS. Wählen Sie im Listenfeld DATEITYP den Eintrag TEXTDATEIEN, legen Sie im Feld DATEINAME den Namen der Zieldatei und über das Listenfeld SPEICHERN IN den Pfad fest.

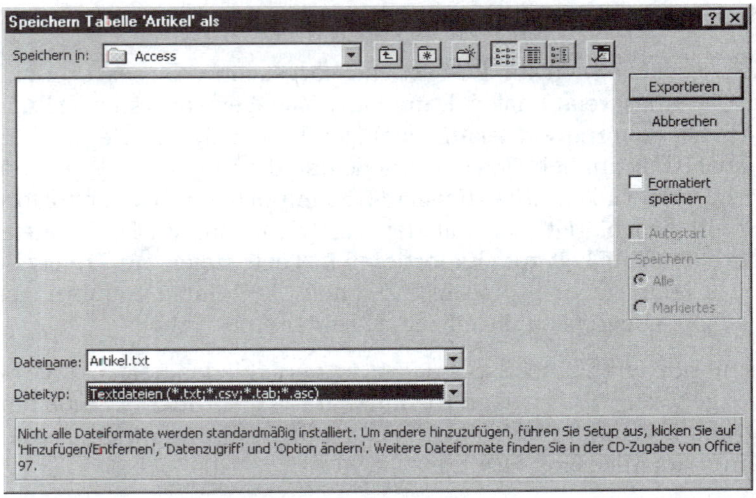

Abbildung 8.2: Einrichten von Name, Typ und Pfad für die Zieldatei

Klicken Sie auf die Schaltfläche EXPORTIEREN. Daraufhin wird der Textexport-Assistent (siehe Abbildung 8.3) geöffnet. Die Option MIT TRENNZEICHEN ist bereits vorgegeben. Durch Wahl der Schaltfläche WEITERE gelangen Sie in das Dialogfeld EXPORTSPEZIFIKATION, in dem Sie Text-, Datums-, Zeit- und Zahlenformate sowie die zu exportierenden Spalten festlegen können.

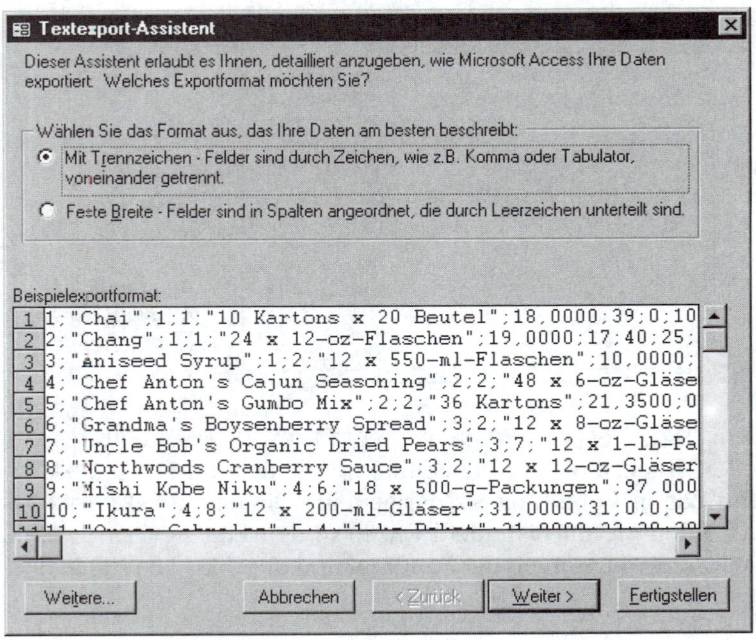

Abbildung 8.3: Festlegen der Exportspezifikationen

Über die Schaltfläche SPEICHERN UNTER können Sie die gewählten Einstellungen für eine erneute Verwendung speichern. Die Schaltfläche SPEZIFIKATION erlaubt die Auswahl bereits gespeicherter Einstellungen. Klicken Sie im Dialogfeld EXPORTSPEZIFIKATION auf OK und in den Dialogfeldern des Textexport-Assistenten auf WEITER bzw. FERTIGSTELLEN, um die Tabelle `Artikel` in die Textdatei `Artikel.txt` mit Trennzeichen zu exportieren.

Microsoft und Sybase SQL Server

Von Microsoft und Sybase stammt ein gemeinsam entwickeltes leistungsfähiges Datenbanksystem, das in der Client/Server-Anwendungsentwicklung sehr populär ist: SQL Server. Dabei konzentriert sich Microsoft laut Übereinkunft auf Versionen für bestimmte Plattformen, während Sybase die Versionen für alle anderen Plattformen (in der Regel die größeren) entwickelt. Auch wenn in den letzten Jahren einige Verschiebungen bei dieser Aufteilung zu verzeichnen sind, weisen wir auf die gemeinsame Wurzel hin, damit Sie die heute auf dem Markt befindlichen Datenbanksysteme richtig einordnen können.

SQL Server stellt die Importieren/Exportieren-Funktionen für Dateien mit dem Werkzeug bcp bereit. Dieser Name steht für bulk copy (etwa Massenkopie). Der Grundgedanke hinter bcp ist der gleiche wie der hinter Microsoft Access. Leider muß man die Befehle bei bcp von der Eingabeaufforderung auslösen und kann nicht über Dialogfelder oder Fenster arbeiten.

bcp importiert und exportiert Textdateien fester Breite. Man kann eine Datei mit der weiter oben beschriebenen Methode von Microsoft Access exportieren und dann dieselbe Datei direkt in eine SQL-Server-Tabelle mittels bcp importieren. bcp legt die Importspezifikationen in Formatdateien (normalerweise mit der Erweiterung .FMT) ab. Diesen Spezifikationen entnimmt bcp die Spaltennamen, Feldbreiten und Feldbegrenzer. Nachdem man eine Datenbank erstellt hat, kann man bcp aus einem Skript heraus ausführen, um die Daten komplett zu importieren.

Personal Oracle8

Personal Oracle8 erlaubt das Importieren und Exportieren von Daten aus Textdateien im ASCII-Format mit Trennzeichen oder Datensätzen fester Länge. Das entsprechende Werkzeug heißt SQL*Loader. Es stützt sich auf eine Steuerdatei (mit der Erweiterung .CTL), die der Formatdatei von SQL Server ähnlich ist. SQL*Loader holt sich hier die für das Importieren der Daten erforderlichen Angaben. Die verfügbaren Parameter und deren Bedeutung entnehmen Sie bitte der Oracle-Dokumentation.

Zusammenfassung

SQL stellt drei Anweisungen für die Manipulation von Daten in einer Datenbank bereit.

Die Anweisung `INSERT` begegnet uns in zwei Varianten. Die Anweisung `INSERT...VALUES` fügt einen Satz von Werten in einen Datensatz ein. Die Anweisung `INSERT...SELECT` verwendet man in Verbindung mit einer `SELECT`-Anweisung, um mehrere Datensätze in eine Tabelle, basierend auf dem Inhalt einer oder mehrerer Tabellen, einzufügen. Die `SELECT`-Anweisung kann Tabellen verknüpfen, und die Ergebnisse dieser Verknüpfung lassen sich in eine andere Tabelle einfügen.

Die Anweisung `UPDATE` ändert die Werte einer oder mehrerer Spalten abhängig von bestimmten Bedingungen. Die aktualisierten Werte können auch das Ergebnis eines Ausdrucks oder einer Berechnung sein.

`DELETE` ist die einfachste der drei Anweisungen und löscht aus einer Tabelle alle Zeilen, die den Kriterien in einer optionalen `WHERE`-Klausel entsprechen. Wenn man die `WHERE`-Klausel wegläßt, werden alle Datensätze aus der Tabelle gelöscht.

Moderne Datenbanksysteme bieten verschiedene Werkzeuge für die Manipulation von Daten. Einige dieser Werkzeuge erlauben dem Entwickler, Daten aus fremden Datenquellen zu importieren oder dorthin zu exportieren. Diese Funktionen sind insbesondere dann von Nutzen, wenn eine Datenbank auf ein anderes System zuzuschneiden (zu vergrößern oder zu verkleinern) ist. Microsoft Access, Microsoft und Sybase SQL Server sowie Personal Oracle8 unterstützen den Datentransfer zwischen verschiedenen Systemen in zahlreichen Dateiformaten.

Fragen & Antworten

F Verfügt SQL über Anweisungen zum Importieren oder Exportieren von Dateien?

A *Nein. Importieren und Exportieren sind Operationen, die von der konkreten Implementierung abhängig sind. Prinzipiell erlaubt das ANSI-Komitee den Herstellern, ihre Produkte nach Belieben zu erweitern.*

F Kann ich Daten innerhalb derselben Tabelle mit Hilfe des `INSERT`-Befehls kopieren? Ich möchte Kopien aller vorhandenen Datensätze anlegen und dabei die Werte in einem Feld ändern.

A *Nein. Daten lassen sich nicht in dieselbe Tabelle einfügen, aus der man die Daten ausgewählt hat. Allerdings kann man die Originaldaten in einer temporären Tabelle ablegen. (Echte temporäre Tabellen behandelt Tag 14.) Dann modifiziert man die Daten in dieser temporären Tabelle und selektiert sie zurück in* *die Originaltabelle. Achten Sie dabei auf eindeutige Felder, die Sie eventuell bereits erzeugt haben. Ein eindeutiges Feld bedeutet, daß in dieser Spalte der Tabelle keine doppelten Werte vorkommen dürfen.*

F Es wurde betont, daß man die Befehle `INSERT`, `UPDATE` und `DELETE` mit Umsicht einsetzen sollte. Es scheint aber einfache Korrekturmöglichkeiten zu geben. Ist diese Feststellung richtig?

A *Ja. Beispielsweise ist es einfach, einen falsch geschriebenen Namen zu ändern, indem man einen `ROLLBACK`-Befehl ausführt und das Einfügen damit rückgängig macht. Eine weitere Korrekturmöglichkeit besteht darin, eine Aktualisierung (`UPDATE`) des falsch geschriebenen Namens vorzunehmen. Man kann auch die Zeile löschen und sie erneut mit dem korrekt geschriebenen Namen einfügen.*

Nehmen wir aber an, daß Sie eine Million Zeilen in eine Tabelle eingefügt und mit dem Befehl `COMMIT` bestätigt haben. Einige Zeit später stellt jemand einen falsch geschriebenen Namen fest. Die Arbeit von zwei Wochen steckt in dieser Datenbank. Globale Änderungen kommen wahrscheinlich nicht in Frage, so daß Sie mühevoll Einzelkorrekturen ausführen müssen. In vielen Fällen wissen Sie vielleicht nicht einmal, was zu ändern ist. Dann bleibt Ihnen nur noch übrig, die Datenbank neu aufzubauen.

Workshop

Kontrollfragen

1. Wo liegt der Fehler in der folgenden Anweisung?

```
DELETE SAMMLUNG;
```

2. Was ist in der folgenden Anweisung falsch?

```
INSERT INTO SAMMLUNG
SELECT * FROM TABELLE_2
```

3. Was stimmt mit der folgenden Anweisung nicht?

```
UPDATE SAMMLUNG ('EINTRITTSKARTE',
25000, 'GEFUNDEN');
```

4. Was passiert, wenn man die folgende Anweisung ausführt?

```
SQL> DELETE * FROM SAMMLUNG;
```

5. Was passiert, wenn man die folgende Anweisung ausführt?

```
SQL> DELETE FROM SAMMLUNG;
```

6. Was passiert, wenn man die folgende Anweisung ausführt?

```
SQL> UPDATE SAMMLUNG
     SET WERT = 555
     SET BEMERKUNGEN = 'AUSGEHEND VON 525';
```

7. Funktioniert die folgende SQL-Anweisung?

```
SQL> INSERT INTO SAMMLUNG
     SET WERT = 900
     WHERE STUECK = 'KETTE';
```

8. Funktioniert die folgende SQL-Anweisung?

```
SQL> UPDATE SAMMLUNG
     SET WERT = 900
     WHERE STUECK = 'KETTE';
```

Übungen

1. Versuchen Sie, in eine Tabelle Werte des falschen Datentyps einzufügen. Beachten Sie die Fehler, und fügen Sie dann Werte mit den korrekten Datentypen in dieselbe Tabelle ein.
2. Probieren Sie auf Ihrem Datenbanksystem das Exportieren einer Tabelle (oder einer gesamten Datenbank) in ein anderes Format aus. Importieren Sie dann die Daten zurück in Ihre Datenbank. Machen Sie sich mit diesen Möglichkeiten vertraut. Exportieren Sie auch die Tabellen in ein anderes Datenbankformat, falls Ihr DBMS dieses Merkmal unterstützt. Arbeiten Sie dann mit dem anderen System, um diese Dateien zu öffnen und zu untersuchen.

Tabellen erzeugen und verwalten

Woche 2

Ziele

Der heutige Tag beschäftigt sich mit dem Erstellen von Datenbanken und erläutert die Anweisungen CREATE DATABASE, CREATE TABLE, ALTER TABLE, DROP TABLE und DROP DATABASE. Diese SQL-Anweisungen gehören zur Kategorie der DDL, das heißt der Data Definition Language oder Datendefinitionssprache. (Die SQL-Anweisungen SELECT, UPDATE, INSERT und DELETE fallen dagegen in die Kategorie der DML, das heißt Data Manipulation Language oder Datenmanipulationssprache.) In der heutigen Lektion lernen Sie, wie man ...

- Schlüsselfelder erzeugt.
- eine Datenbank mit den dazugehörigen Tabellen erstellt.
- eine Tabelle erstellt, ändert und löscht.
- Daten in die Datenbank aufnimmt.
- Daten in einer Datenbank modifiziert.
- Datenbanken löscht.

Sie kennen bereits einen großen Teil des SQL-Vokabulars und haben die SQL-Abfrage im Detail – beginnend bei den Grundlagen – untersucht. Am zweiten Tag haben Sie gelernt, wie man Daten aus der Datenbank auswählt. Tag 8 hat gezeigt, wie man Daten in eine Datenbank einfügt, dort aktualisiert und löscht. Vielleicht stellt sich bei Ihnen nun die Frage, woher diese Datenbanken überhaupt kommen. Aus Gründen der Vereinfachung haben wir bisher das Erstellen von Datenbanken und Tabellen ausgespart und sind davon ausgegangen, daß diese Datenbankobjekte bereits auf Ihrem System existieren. Heute erzeugen Sie schließlich diese Objekte.

Die Syntax der CREATE-Anweisungen kann extrem einfach, aber auch sehr komplex sein, je nachdem, welche Optionen Ihr Datenbank-Managementsystem (DBMS) unterstützt, und wie weit Sie beim Erstellen der Datenbank ins Detail gehen möchten.

Hinweis

Die Beispiele der heutigen Lektion sind mit Personal Oracle8 entstanden. Falls Sie mit einem anderen System arbeiten, sollten Sie sich anhand der Dokumentation mit der jeweiligen SQL-Implementierung und kleineren Unterschieden in der Syntax vertraut machen.

Die Anweisung CREATE DATABASE

Der erste Schritt in jedem Datenbankprojekt ist das Erstellen der Datenbank. Das kann eine einfache, aber auch komplizierte Aufgabe sein, je nach den gestellten Anforderungen und dem gewählten Datenbank-Managementsystem. Viele moderne Systeme (einschließlich Personal Oracle8) bieten grafische Werkzeuge, mit denen man die Datenbank bequem auf einen Mausklick hin erstellen kann. Trotzdem sollten Sie die SQL-Anweisungen kennen, die man per Mausklick auslöst.

Aus persönlichen Erfahrungen ist uns bekannt, wie wichtig das Erstellen eines guten SQL-Installationsskripts ist. Diese Skript-Datei enthält den erforderlichen SQL-Code, um eine Datenbank oder mehrere Datenbanken vollständig neu aufzubauen. Darüber hinaus enthält das Skript oft Datenbankobjekte wie Indizes, gespeicherte Prozeduren und Trigger. Den Wert eines derartigen Skripts lernen Sie während der Entwicklung kennen, wenn Sie laufend Änderungen an der zugrundeliegenden Datenbank vornehmen oder die Datenbank mit allen aktuellen Änderungen neu erstellen möchten. Der Weg über die grafischen Hilfsmittel ist in diesen Fällen ziemlich zeitaufwendig. Außerdem versetzt Sie die Kenntnis der SQL-Syntax für diese Abläufe in die Lage, Ihr Wissen auf andere Datenbanksysteme anzuwenden.

Die Syntax für die typische `CREATE DATABASE`-Anweisung sieht wie folgt aus:

Syntax

```
CREATE DATABASE Datenbankname
```

Die Syntax der Anweisung `CREATE DATABASE` wollen wir nicht weiter vertiefen, da jedes System in dieser Hinsicht sein eigenes Süppchen kocht. Viele Systeme unterstützen nicht einmal einen SQL-Befehl wie `CREATE DATABASE`. Die populären und leistungsfähigeren relationalen Datenbank-Managementsysteme stellen ihn aber in der einen oder anderen Form bereit. Statt uns auf die Syntax zu konzentrieren, nutzen wir lieber die Zeit und gehen auf die Optionen beim Erstellen einer Datenbank ein.

CREATE DATABASE-Optionen

Wie bereits erwähnt, ist die Syntax der Anweisung `CREATE DATABASE` in den jeweiligen Implementierungen recht unterschiedlich. Viele Artikel zu SQL übergehen diese Anweisung und wenden sich direkt der Anweisung `CREATE TABLE` zu. Da man aber zunächst eine Datenbank braucht, bevor man eine Tabelle aufbauen kann, konzentriert sich der vorliegende Abschnitt auf einige Konzepte, die ein Entwickler beim Erstellen einer Datenbank beachten muß. Als erstes ist die Ebene der Zugriffsrechte ins Auge zu fassen. Unterstützt das relationale Datenbank-Managementsystem Benutzerberechtigungen, müssen Sie entweder über die Administrator-Berechtigungen verfügen oder vom Systemadministrator die Erlaubnis CREATE DATABASE erhalten. Genaueres entnehmen Sie bitte der Dokumentation zu Ihrem RDBMS.

In den meisten RDBMS läßt sich für die Datenbank eine Standardgröße – etwa in Mbyte verfügbarer Festplattenplatz – festlegen. Sie müssen wissen, wie Ihr Datenbanksystem die Daten auf der Festplatte speichert und lokalisiert, um die erforderliche Größe abschätzen zu können. Hauptsächlich ist der Systemadministrator dafür verantwortlich, diesen Platz zu verwalten. Vielleicht richtet er Ihnen auch eine Testdatenbank ein.

Lassen Sie sich von der Anweisung CREATE DATABASE nicht einschüchtern. Im einfachsten Fall kann man eine Datenbank namens ZAHLUNGEN mit der folgenden Anweisung erzeugen:

```
SQL> CREATE DATABASE ZAHLUNGEN;
```

Hinweis

Es sei noch einmal darauf hingewiesen, daß Sie sich mit der Dokumentation zu Ihrem Datenbank-Managementsystem befassen sollten, um die Besonderheiten beim Erstellen einer Datenbank in Erfahrung zu bringen, da sich die Anweisung CREATE DATABASE bei den konkreten Implementierungen unterscheidet und darüber hinaus jeweils über spezielle Optionen verfügt.

Datenbankentwurf

Der Erfolg einer Anwendung hängt nicht zuletzt vom richtigen Entwurf der zugehörigen Datenbank ab. Die einführenden Themen der ersten Lektion haben die relationale Datenbanktheorie und die Normalisierung von Datenbanken angerissen.

Unter *Normalisierung* versteht man die Aufteilung der Daten in separate Komponenten, um doppelte Informationen in einem oder mehreren Feldern einer Datenbanktabelle zu vermeiden. Mit jeder Normalisierungsstufe verringern sich die Wiederholungen. Dieser Prozeß kann recht kompliziert sein. Zahlreiche Werkzeuge für den Datenbankentwurf unterstützen ein zielgerichtetes Vorgehen.

Der Entwurf einer Datenbank ist von vielen Faktoren abhängig. Unter anderem sind folgende Punkte zu beachten:

- Sicherheit
- Verfügbarer Plattenplatz
- Geschwindigkeit beim Suchen und Abrufen der Datenbank
- Geschwindigkeit beim Aktualisieren der Datenbank

- Geschwindigkeit beim Abrufen von Daten aus verknüpften Tabellen
- RDBMS-Unterstützung für temporäre Tabellen

Der erforderliche Platz auf der Festplatte stellt immer einen wichtigen Faktor dar. Auch wenn die Kapazität moderner Festplatten mehrere Gigabytes beträgt und die Platzprobleme etwas in den Hintergrund treten läßt, sollte man stets bedenken, daß die Abfrage einer Datenbank mit zunehmender Größe länger dauert. Nimmt man den Entwurf der Tabellenstruktur nur halbherzig vor, führt das fast zwangsläufig zu einer unnötig wiederholten Speicherung der Daten.

Es kann aber auch das entgegengesetzte Problem auftreten: Sie haben die Datenbank vollständig normalisiert und dabei viele Tabellen erzeugt. Obwohl die Grenze des Machbaren erreicht ist, dauern alle Abfragen bezüglich dieser Datenbank unendlich lange. Derartig »zerpflückte« Datenbanken sind schwer zu verwalten, da die gutgemeinten Absichten des Entwicklers von der komplizierten Tabellenstruktur verdeckt werden. Das weist auch auf die Notwendigkeit hin, den Code oder den Entwurf umfassend zu dokumentieren, damit andere Mitarbeiter das von Ihnen begonnene Werk fortsetzen (oder mit Ihnen zusammenarbeiten) können und eine klare Vorstellung Ihrer Absichten in bezug auf die zugrundeliegende Datenbankstruktur erhalten. Der Datenbankentwickler bezeichnet diese Dokumentation als Data Dictionary oder Systemkatalog.

Einen Systemkatalog erzeugen

Der Systemkatalog als wichtigste Form der Dokumentation ...

- beschreibt den Zweck der Datenbank und wer sie benutzen wird.
- dokumentiert die zugrundeliegenden Spezifika der Datenbank selbst: das Gerät, auf dem die Datenbank erzeugt wird, die Standardgröße der Datenbank oder die Größe der Protokolldatei (in manchen RDBMS für die Speicherung von Informationen über Datenbankoperationen verwendet).
- enthält SQL-Quellcode für alle Skripts zum Installieren oder Deinstallieren der Datenbank, einschließlich der Dokumentation zum Einsatz von Werkzeugen zum Importieren/Exportieren, wie sie zum Beispiel in Lektion 8 genannt wurden.
- liefert eine detaillierte Beschreibung aller Tabellen in der Datenbank und erläutert deren Aufgaben in kaufmännisch orientierter Terminologie.
- dokumentiert die interne Tabellenstruktur, einschließlich aller Felder und deren Datentypen mit Kommentaren, allen Indizes und allen Sichten. (Siehe dazu Tag 10.)
- enthält SQL-Quellcode für alle gespeicherten Prozeduren und Trigger.

- beschreibt Einschränkungen der Datenbank, wie etwa die Verwendung eindeutiger Werte oder NOT NULL-Werte. Die Dokumentation sollte auch erwähnen, ob diese Einschränkungen auf der RDBMS-Ebene erzwungen werden oder ob sie der Datenbankprogrammierer innerhalb des Quellcodes prüfen muß.

Viele Werkzeuge der rechnerunterstützten Softwareentwicklung (CASE – Computer-Aided Software Engineering) helfen dem Datenbankentwickler beim Erstellen dieses Systemkatalogs. Beispielsweise gehört zu Microsoft Access der sogenannte Dokumentierer, der die detaillierte Beschreibung aller oder ausgewählter Datenbankobjekte ausgibt. Tag 17 geht im Zusammenhang mit der Generierung von SQL-Anweisungen näher auf den Systemkatalog ein.

Hinweis: Zum Lieferumfang der verbreiteten RDBMS-Pakete gehören entweder ein installierter Systemkatalog oder Skripts zum Installieren.

Schlüsselfelder erzeugen

Neben der Dokumentation des Datenbankentwurfs gehört die Entwicklung einer Tabellenstruktur zu den wichtigsten Entwurfsaufgaben. Dabei sollte man eine Struktur anstreben, in der jede Tabelle über einen Primärschlüssel und einen Fremdschlüssel verfügt.

Für den Primärschlüssel gelten folgende Ziele:

- Jeder Datensatz ist innerhalb einer Tabelle eindeutig. (Es gibt keine Datensätze, die zu irgendeinem anderen Datensatz in allen betreffenden Spalten übereinstimmen.)
- Damit ein Datensatz eindeutig wird, sind alle betreffenden Spalten erforderlich. Das heißt, daß Daten in einer Spalte nicht an irgendeiner anderen Stelle in der Tabelle noch einmal vorkommen.

Hinsichtlich des zweiten Ziels bezeichnet man die Spalte, deren Daten in der gesamten Tabelle eindeutig sind, als Primärschlüsselfeld. Ein Fremdschlüsselfeld ist ein Feld, das auf den Primärschlüssel oder Fremdschlüssel einer anderen Tabelle Bezug nimmt. Das folgende Beispiel soll diese Situation anhand der drei Tabellen RECHNUNGEN, BANKKONTEN und FIRMA verdeutlichen. Tabelle 9.1 zeigt das Format dieser drei Tabellen.

Tabelle 9.1: Tabellenstruktur für die Datenbank ZAHLUNGEN

RECHNUNGEN	BANKKONTEN	FIRMA
NAME, CHAR(30) BETRAG, NUMBER KONTO_ID, NUMBER	KONTO_ID, NUMBER TYP, CHAR(30) SALDO, NUMBER BANK, CHAR(30)	NAME, CHAR(30) ADRESSE, CHAR(50) STADT, CHAR(20) STAAT, CHAR(2)

Nehmen Sie sich etwas Zeit, um diese Tabellen zu studieren. Welche Felder kommen als Primärschlüssel in Frage? Welche eignen sich als Fremdschlüssel?

Der Primärschlüssel in der Tabelle RECHNUNGEN ist das Feld NAME. Dieses Feld sollte nicht doppelt vorkommen, da man nur eine Rechnung mit diesem Betrag hat. (In der Praxis verfügt man wahrscheinlich über eine Schecknummer oder ein Datum, um diesen Datensatz tatsächlich eindeutig zu machen. Hier nehmen wir einfach an, daß das Feld NAME diesen Zweck erfüllt.) Das Feld KONTO_ID in der Tabelle BANKKONTEN dient als Primärschlüssel für diese Tabelle. In der Tabelle FIRMA ist der Primärschlüssel das Feld NAME.

Die Fremdschlüssel in diesem Beispiel lassen sich wahrscheinlich leicht herausfinden. In der Tabelle RECHNUNGEN verknüpft das Feld KONTO_ID die Tabelle RECHNUNGEN mit der Tabelle BANKKONTEN. Das Feld NAME in der Tabelle RECHNUNGEN verbindet die Tabelle RECHNUNGEN mit der Tabelle FIRMA. Bei einem ausgewachsenen Datenbankentwurf hätte man es mit weit mehr Tabellen und einer stärkeren Aufteilung der Daten zu tun. Beispielsweise könnte das Feld BANK in der Tabelle BANKKONTEN auf eine Tabelle BANK zeigen, die Bankinformationen wie Adressen und Telefonnummern enthält. Die Tabelle FIRMA könnte mit einer anderen Tabelle (oder überhaupt mit einer anderen Datenbank) verknüpft sein, die Informationen über die Firma und deren Produkte enthält.

Übung 9.1

Sehen Sie sich nun einen ungeeigneten Datenbankentwurf an, der mit den gleichen Informationen wie in den Tabellen RECHNUNGEN, BANKKONTEN und FIRMA arbeitet. Ein Fehler, der vielen Einsteigern unterläuft, ist das fehlende Aufteilen der Daten in möglichst viele logische Gruppen. Zum Beispiel kann eine schlecht gestaltete Tabelle RECHNUNGEN wie folgt aussehen:

Spaltennamen	Bemerkung
NAME, CHAR(30)	Name der Schuldnerfirma
BETRAG, NUMBER	Betrag der Rechnung in Dollar
KONTO_ID, NUMBER	Kontokennung der Rechnung (verknüpft mit der Tabelle BANKKONTEN)

Spaltennamen	Bemerkung
STADT, CHAR(15)	Stadt der Schuldnerfirma
STAAT, CHAR(2)	Staat der Schuldnerfirma

Auf den ersten Blick scheint das in Ordnung zu gehen, aber sehen Sie sich einmal die Daten genauer an. Wenn man über mehrere Monate hinweg Rechnungen an die Firma im Feld NAME schreibt, werden bei jedem neuen Eintrag eines Datensatzes für eine Rechnung die Informationen für die Felder ADRESSE, STADT und STAAT wiederholt. Stellen Sie sich das Ganze bei Hunderten oder Tausenden von Datensätzen vor und übertragen Sie das auf 10, 20 oder 30 Tabellen. Hier wird die Bedeutung einer passenden Normalisierung der Datenbank deutlich.

Bevor man diese Tabellen tatsächlich mit Daten füllen kann, muß man wissen, wie man eine Tabelle erzeugt.

Die Anweisung CREATE TABLE

Im Gegensatz zur Anweisung CREATE DATABASE fallen die Syntaxformen für das Erstellen einer Tabelle in den einzelnen Implementierungen schon einheitlicher aus. Die grundlegende Syntax für die Anweisung CREATE TABLE lautet:

Syntax

```
CREATE TABLE Tabellenname
(       Feld1 Datentyp [ NOT NULL ],
        Feld2 Datentyp [ NOT NULL ],
        Feld3 Datentyp [ NOT NULL ]...)
```

Dazu ein einfaches Beispiel.

Eingabe/Ausgabe

```
SQL> CREATE TABLE RECHNUNGEN (
  2  NAME CHAR(30),
  3  BETRAG NUMBER,
  4  KONTO_ID NUMBER);

Tabelle wurde angelegt.
```

Der nächste Abschnitt untersucht die Komponenten des Befehls CREATE TABLE.

Analyse

Diese Anweisung erzeugt eine Tabelle namens RECHNUNGEN mit den drei Feldern NAME, BETRAG und KONTO_ID. Das Feld NAME ist als Zeichentyp für die Aufnahme von bis zu 30 Zeichen deklariert. Die Felder BETRAG und KONTO_ID können nur Zahlenwerte aufnehmen.

Tabellennamen

Wenn man eine Tabelle mit Personal Oracle8 erstellt, sind einige Einschränkungen bei der Benennung der Tabelle zu beachten. Als erstes darf der Tabellenname nicht länger als 30 Zeichen sein. Da Oracle die Groß-/Kleinschreibung nicht beachtet, kann man sowohl Groß- als auch Kleinbuchstaben für die einzelnen Zeichen verwenden. Das erste Zeichen des Namens muß ein Buchstabe zwischen A und Z sein. Daran können sich Buchstaben oder die Symbole _, #, $ und @ anschließen. Natürlich muß der Tabellenname innerhalb seines Schemas eindeutig sein. Der Name darf auch nicht aus einem der reservierten Wörter von Oracle oder SQL bestehen (beispielsweise SELECT).

Hinweis

Doppelte Tabellennamen sind zulässig, solange der Eigentümer oder das Schema verschieden ist. Tabellennamen im selben Schema müssen eindeutig sein.

Feldnamen

Die gleichen Einschränkungen wie für Tabellennamen gelten auch für Feldnamen. Allerdings dürfen Feldnamen innerhalb der Datenbank mehrfach vorkommen. Die Einschränkung bezieht sich nur auf eindeutige Feldnamen innerhalb der betreffenden Tabelle. Gibt es zum Beispiel in einer Datenbank die Tabellen TABELLE1 und TABELLE2, dürfen beide Tabellen über Felder namens ID verfügen. Allerdings kann man in TABELLE1 nicht zwei Felder mit dem Namen ID vorsehen, selbst wenn diese unterschiedliche Datentypen aufweisen.

Felddatentypen

Wenn Sie bereits in irgendeiner Programmiersprache gearbeitet haben, ist Ihnen das Konzept der Datentypen geläufig, die in einem bestimmten Feld gespeichert werden. Beispielsweise richtet ein Zeichendatentyp ein Feld ein, das nur Zeichenketten (Strings) speichert. Tabelle 9.2 zeigt die von Personal Oracle8 unterstützten Datentypen.

Tabelle 9.2: Von Personal Oracle8 unterstützte Datentypen

Datentyp	Bemerkung
`CHAR`	Alphanumerische Daten mit einer Länge von 1 bis 255 Zeichen. Sind die Daten kürzer als die spezifizierte Länge, wird das Feld nach rechts mit Leerzeichen aufgefüllt.
`DATE`	Die Datumsangaben in diesem Datentyp umfassen Jahrhundert, Jahr, Monat, Tag, Stunde, Minute und Sekunde.
`LONG`	Alphanumerische Zeichenfolgen variabler Länge mit einer maximalen Größe von 2 Gbyte. (Siehe dazu den anschließenden Hinweis.)
`LONG RAW`	Binärdaten mit einer maximalen Größe von 2 Gbyte. (Siehe dazu den anschließenden Hinweis.)
`NUMBER`	Numerische Werte wie Null, positive oder negative Fest- oder Gleitkommazahlen.
`RAW`	Binärdaten mit einer maximalen Größe von 255 Byte.
`ROWID`	Hexadezimale Zeichendarstellung für die eindeutige Adresse einer Tabellenzeile. (Siehe dazu den folgenden Hinweis.)
`VARCHAR2`	Alphanumerische Daten mit variabler Länge von mindestens 1 und höchstens 2000 Zeichen.

Hinweis

Der Datentyp `LONG` wird in anderen Datenbank-Managementsystemen auch als Datentyp `MEMO` bezeichnet. Man verwendet ihn hauptsächlich zur Speicherung größerer Texte, die man zu einem späteren Zeitpunkt abrufen möchte.

Der Datentyp `LONG RAW` heißt in anderen Datenbank-Managementsystemen auch Binary Large Object (`BLOB`) und nimmt normalerweise Grafik-, Sound- oder Videodaten auf. Obwohl relationale Datenbank-Managementsysteme ursprünglich nicht für die Speicherung dieser Datentypen vorgesehen waren, speichern heute viele Multimediasysteme ihre Daten in Feldern vom Typ `LONG RAW` bzw. `BLOB`.

Mit dem Feldtyp `ROWID` läßt sich jedem Datensatz in einer Tabelle ein eindeutiger, nicht doppelt vorkommender Wert zuweisen. Andere Datenbanksysteme unterstützen dieses Konzept mit einem `AutoWert`- bzw. `COUNTER`-Feld (Microsoft Access) oder einem `IDENTITY`-Feld (SQL Server).

Konsultieren Sie bitte Ihre Dokumentation hinsichtlich der unterstützten Datentypen.

Der Wert NULL

Mit SQL kann man auch festlegen, welche Werte eine Spalte speichern darf. Der Begriff NULL-Wert ist fast ein Oxymoron (in der Art »beredtes Schweigen«), da ein Feld mit einem Wert von NULL eigentlich keinen Wert enthält.

In den meisten Datenbanksystemen läßt sich beim Aufbau einer Tabelle eine Spalte mit den Schlüsselwörtern NOT NULL kennzeichnen. NOT NULL bedeutet, daß kein Datensatz in der betreffenden Spalte einen NULL-Wert enthalten darf. Anders ausgedrückt muß jeder Datensatz einen echten Wert in der mit NOT NULL spezifizierten Spalte aufweisen. Das folgende Beispiel zeigt die Verwendung der Schlüsselwörter NOT NULL.

```
SQL> CREATE TABLE RECHNUNGEN (
  2  NAME CHAR(30) NOT NULL,
  3  BETRAG NUMBER,
  4  KONTO_ID NUMBER NOT NULL);
```

In dieser Tabelle soll der Name der Firma zusammen mit dem fälligen Rechnungsbetrag gespeichert werden. Sollten die Angaben im Feld NAME und/oder im Feld KONTO_ID fehlen, wäre der Datensatz bedeutungslos – eine Rechnung, bei der man den Zahlungsempfänger nicht kennt.

Die erste Anweisung im nächsten Beispiel fügt einen gültigen Datensatz ein, der die Daten für eine Rechnung an Joe's Computer Service in Höhe von $25 enthält.

```
SQL> INSERT INTO RECHNUNGEN VALUES('Joe''s Computer Service',25,1);

1 Zeile wurde erstellt.

SQL> INSERT INTO RECHNUNGEN VALUES('',25000,1);

1 Zeile wurde erstellt.
```

Beachten Sie, daß der zweite Datensatz im obigen Beispiel keinen Wert für das Feld `NAME` enthält. (Auch wenn Sie der Meinung sind, daß ein fehlender Zahlungsempfänger bei einer Summe von immerhin $25000 gar nicht so ungelegen kommt, wollen wir diesen Fall hier nicht betrachten.) Wurde die Tabelle mit einem `NOT NULL`-Wert für das Feld `NAME` erstellt, liefert die zweite `INSERT`-Anweisung den Fehler:

```
INSERT INTO RECHNUNGEN VALUES('',25000,1)
           *
FEHLER in Zeile 1:
ORA-01400: Einfügen von NULL in ("PERKINS"."RECHNUNGEN"."NAME") nicht möglich
```

Generell sollten das Primärschlüsselfeld und alle Fremdschlüsselfelder keine `NULL`-Werte enthalten.

Eindeutige Felder

Beim Datenbankentwurf sollte man bestrebt sein, in jeder Tabelle eine eindeutige Spalte vorzusehen. Diese Spalte (bzw. das Feld) dient als Primärschlüsselfeld. Während einige Datenbank-Managementsysteme die Deklaration eines eindeutigen Felds gestatten, bieten andere DBMS wie Oracle und SQL Server die Möglichkeit, einen eindeutigen Index auf einem Feld zu erzeugen. (Siehe dazu Tag 10.) Damit wird das Einfügen doppelter Schlüsselfeldwerte in die Datenbank verhindert.

Bei der Wahl des Schlüsselfelds sind mehrere Punkte zu beachten. Wie bereits erwähnt, stellt Oracle ein Feld `ROWID` bereit, das für jede hinzugefügte Zeile inkrementiert wird. Damit ist dieses Feld per Vorgabe immer ein eindeutiger Schlüssel. `ROWID`-Felder bieten sich aus mehreren Gründen als Schlüsselfelder an. Erstens läßt sich ein ganzzahliger Wert wesentlich schneller verknüpfen als ein 80 Zeichen langer String. Auf lange Sicht reduzieren ganzzahlige Werte statt langen `CHAR`-Werten in allen Haupt- und Fremschlüsselfeldern bei derartigen Verknüpfungen die Datenbankgröße. Als weiteren Vorteil bieten `ROWID`-Felder die Möglichkeit, die Organisation einer Tabelle zu ermitteln. Außerdem bringt die Verwendung von `CHAR`-Werten eine Reihe von Problemen bei der Dateneingabe mit sich. Was passiert zum Beispiel, wenn eine Person `111 First Street` und eine andere `111 1st Street` und noch eine andere `111 First St.` eingibt? Bei den heutigen grafischen Benutzeroberflächen könnte man die korrekte Zeichenfolge in ein Listenfeld eintragen und dem Benutzer die Auswahl aus diesem Listenfeld anbieten. Per Programm konvertiert man dann den gewählten String in eine eindeutige ID und speichert diese in der Datenbank.

Nunmehr können Sie die Tabellen erstellen, die bereits weiter vorn zum Einsatz gekommen sind. Da wir auch im weiteren Verlauf dieses Kapitels auf diese Tabellen zurückgreifen, sollten Sie sie mit einigen Daten füllen. Nehmen Sie den gestern behandelten Befehl INSERT, um die Tabellen mit den Daten der Tabellen 9.3, 9.4 und 9.5 zu laden.

Eingabe

```
SQL> CREATE DATABASE ZAHLUNGEN
```

Ausgabe

```
SQL> CREATE TABLE RECHNUNGEN (
  2  NAME CHAR(30) NOT NULL,
  3  BETRAG NUMBER,
  4  KONTO_ID NUMBER NOT NULL);

Tabelle wurde angelegt.

SQL> CREATE TABLE BANKKONTEN (
  2  KONTO_ID NUMBER NOT NULL,
  3  TYP CHAR(30),
  4  SALDO NUMBER,
  5  BANK CHAR(30));

Tabelle wurde angelegt.

SQL> CREATE TABLE FIRMA (
  2  NAME CHAR(30) NOT NULL,
  3  ADRESSE CHAR(50),
  4  STADT CHAR(30),
  5  STAAT CHAR(2));

Tabelle wurde angelegt.
```

Tabelle 9.3: Beispieldaten für die Tabelle RECHNUNGEN

NAME	BETRAG	KONTO_ID
Phone Company	125	1
Power Company	75	1
Record Club	25	2

Tabelle 9.3: Beispieldaten für die Tabelle RECHNUNGEN

NAME	BETRAG	KONTO_ID
Software Company	250	1
Cable TV Company	35	3

Tabelle 9.4: Beispieldaten für die Tabelle BANKKONTEN

KONTO_ID	TYP	SALDO	BANK
1	Checking	500	First Federal
2	Money Market	1200	First Investor's
3	Checking	90	Credit Union

Tabelle 9.5: Beispieldaten für die Tabelle FIRMA

NAME	ADRESSE	STADT	STAAT
Phone Company	111 1st Street	Atlanta	GA
Power Company	222 2nd Street	Jacksonville	FL
Record Club	333 3rd Avenue	Los Angeles	CA
Software Company	444 4th Drive	San Francisco	CA
Cable TV Company	555 5th Drive	Austin	TX

Eine Tabelle speichern und in der Größe ändern

Die meisten großen RDBMS verfügen über Standardeinstellungen für Größe und Position von Tabellen. Wenn man diese Parameter nicht explizit festlegt, nimmt die zu erzeugende Tabelle Standardwerte an. Allerdings dürften die Standardwerte insbesondere bei großen Tabellen nicht immer Ihren Ansprüchen genügen. Die als Standard eingesetzten Größen und Positionen sind von der konkreten Implementierung abhängig. Das folgende Beispiel zeigt die Anweisung `CREATE TABLE` mit einer `STORAGE`-Speicherklausel (aus Oracle).

Eingabe

```
SQL> CREATE TABLE Tabellenname
  (Spalte1    CHAR   NOT NULL,
   Spalte2    NUMBER,
   Spalte3    DATE)
   TABLESPACE Tabellenbereich
```

```
(STORAGE
INITIAL Wert
NEXT Wert
MINEXTENTS Wert
MAXEXTENTS Wert
PCTINCREASE Wert);
```

```
Tabelle wurde angelegt.
```

In Oracle läßt sich ein Tabellenbereich angeben, in dem man die Tabelle unterbringen möchte. Die Entscheidung trifft in der Regel der Datenbank-Administrator anhand des verfügbaren Platzes. Die anfängliche Größe der Tabelle (den zu Beginn zugewiesenen Platz) legt man mit `INITIAL` fest. `NEXT` ist der Wert für jede zusätzliche Erweiterung, die die Tabelle bei ihrem Wachstum erhält. Bei `INITIAL` und `NEXT` bezeichnet `Wert` eine ganze Zahl mit optional nachgestelltem `K` oder `M`. `MINEXTENTS` und `MAXEXTENTS` kennzeichnen die zulässigen Mindest- und Maximalgrößen für die Tabelle. Mit `PCTINCREASE` gibt man den Prozentsatz der nächsten Erweiterung an, wenn die Tabelle wächst oder eine andere Größe annimmt. Bei den letzten drei Parametern ist `Wert` eine ganze Zahl.

Eine Tabelle aus einer vorhandenen Tabelle erzeugen

In der Regel erzeugt man eine Tabelle mit dem Befehl `CREATE TABLE`. Allerdings bieten manche Datenbank-Managementsysteme für das Erzeugen von Tabellen eine alternative Methode, bei der sich das Format und die Daten einer vorhandenen Tabelle übernehmen lassen. Diese Methode bietet sich an, wenn man die Daten aus einer Tabelle wegen einer temporären Modifikation selektieren oder eine ähnliche Tabelle erstellen und mit ähnlichen Daten füllen möchte. (Man muß diese Informationen dann nicht noch einmal eingeben.)

Die Syntax dieser Variante der Anweisung `CREATE TABLE` lautet für das Oracle-System:

```
CREATE TABLE TABELLE_NEU(FELD1, FELD2, FELD3)
AS (SELECT FELD1, FELD2, FELD3
   FROM TABELLE_ALT <WHERE...>);
```

Mit dieser Syntax erzeugt man eine neue Tabelle, in der dieselben Daten der aus der alten Tabelle ausgewählten Felder enthalten sind. Darüber hinaus kann man die Felder in der neuen Tabelle umbenennen, indem man ihnen neue Namen gibt.

```
SQL> CREATE TABLE RECH_NEU(NAME, BETRAG, KONTO_ID)
  2  AS (SELECT * FROM RECHNUNGEN WHERE BETRAG < 50);

Tabelle wurde angelegt.
```

Diese Anweisung erzeugt eine neue Tabelle (RECH_NEU) mit allen Datensätzen aus der Tabelle RECHNUNGEN, die einen BETRAG kleiner als 50 aufweisen.

Bei einigen Datenbanksystemen kann man mit der folgenden Syntax arbeiten:

```
INSERT TABELLE_NEU
SELECT <Feld1, Feld2... | *> FROM TABELLE_ALT
<WHERE...>
```

Diese Syntax erzeugt eine neue Tabelle mit exakt der gleichen Feldstruktur und den gleichen Daten, die in der alten Tabelle vorhanden sind. Das folgende Beispiel zeigt diese Methode in der Sprache Transact-SQL von SQL Server.

```
INSERT RECH_NEU
1> select * from RECHNUNGEN where BETRAG < 50
2> go
```

(Die Anweisung GO in SQL Server verarbeitet die SQL-Anweisungen im Puffer der Befehlszeile. Diese Anweisung entspricht dem Semikolon in Oracle8.)

Die Anweisung ALTER TABLE

Oftmals entspricht der Datenbankentwurf noch nicht allen Ansprüchen. Außerdem unterliegen die Anforderungen an Anwendungen und Datenbanken einer stetigen Änderung. Die Anweisung ALTER TABLE erlaubt dem Datenbank-Administrator oder dem Entwickler, die Struktur einer Tabelle im nachhinein zu verändern.

Mit dem Befehl ALTER TABLE läßt sich ...

- eine Spalte in eine vorhandene Tabelle einfügen,
- eine bereits existierende Spalte modifizieren.

Die Syntax für den Befehl ALTER TABLE lautet:

```
ALTER TABLE Tabellenname
  <ADD Spaltenname Datentyp; |
  MODIFY Spaltenname Datentyp;>
```

Der folgende Befehl ändert das Feld NAME der Tabelle RECHNUNGEN für die Aufnahme von 40 Zeichen:

```
SQL> ALTER TABLE RECHNUNGEN
  2  MODIFY NAME CHAR(40);
Tabelle wurde geändert.
```

Man kann die Länge von Spalten erhöhen oder verringern. Wenn jedoch die aktuelle Größe irgendeines Spaltenwerts größer als die neu zuzuweisende Länge ist, läßt sich die Länge der Spalte nicht verringern.

Die nächste Anweisung fügt eine neue Spalte in die Tabelle RECH_NEU ein:

```
SQL> ALTER TABLE RECH_NEU
  2  ADD KOMMENTARE CHAR(80);
Tabelle wurde geändert.
```

Analyse

Diese Anweisung fügt die neue Spalte KOMMENTARE mit einer Länge von 80 Zeichen ein. Das Feld wird rechts von allen vorhandenen Feldern angefügt.

Bei der Anweisung ALTER TABLE sind mehrere Einschränkungen zu beachten. Mit dieser Anweisung ist es nicht möglich, Felder in eine Datenbank einzufügen oder daraus zu löschen. Eine Spalte läßt sich zwar von NOT NULL in NULL ändern, aber nicht unbedingt in umgekehrter Richtung. Die Änderung der Spezifikation von NULL in NOT NULL funktioniert nur, wenn die Spalte keine NULL-Werte enthält.

Die Syntax für eine Änderung von NOT NULL in NULL lautet:

Syntax

```
ALTER TABLE Tabellenname MODIFY (Spaltenname Datentyp NULL);
```

Um eine Spalte von NULL in NOT NULL zu ändern, muß man gegebenenfalls mehrere Schritte ausführen:

1. Ermitteln, ob die Spalte NULL-Werte enthält.
2. Alle gefundenen NULL-Werte behandeln (beispielsweise die betreffenden Datensätze löschen oder die Spaltenwerte aktualisieren).
3. Den Befehl ALTER TABLE ausführen.

Hinweis

Bestimmte Datenbank-Managementsysteme erlauben die Verwendung der Klausel MODIFY, andere Systeme nicht. Wieder andere Systeme halten andere Klauseln für die Anweisung ALTER TABLE bereit. In Oracle kann man sogar die Speicherparameter der Tabelle ändern. Die konkrete Implementierung der Anweisung ALTER TABLE entnehmen Sie bitte der Dokumentation Ihres Datenbanksystems.

Die Anweisung DROP TABLE

Mit DROP TABLE stellt SQL einen Befehl zum vollständigen Löschen einer Tabelle aus einer Datenbank bereit. Die Tabelle wird zusammen mit allen zugehörigen Sichten und Indizes gelöscht. (Einzelheiten dazu finden Sie in Lektion 10.) Die Ausführung dieses Befehls ist unwiderruflich. Den Befehl DROP TABLE setzt man vor allem beim Löschen einer temporär erzeugten Tabelle ein.

Wenn Sie alle mit der Tabelle vorgesehenen Operationen abgeschlossen haben, führen Sie die Anweisung DROP TABLE mit der folgenden Syntax aus:

Syntax

```
DROP TABLE Tabellenname;
```

Die Tabelle RECH_NEU löschen Sie zum Beispiel wie folgt:

Eingabe/Ausgabe

```
SQL> DROP TABLE RECH_NEU;

Tabelle wurde gelöscht.
```

Analyse

Beachten Sie das Fehlen einer Bestätigungsaufforderung. Nach Ausführen des Befehls DROP TABLE wird die Tabelle dauerhaft gelöscht.

Warnung

Wenn man den Befehl

```
SQL> DROP TABLE RECH_NEU;
```

ausführt, kann man versehentlich auch die falsche Tabelle löschen. Beim Löschen von Tabellen sollte man immer den Namen des Eigentümers oder des Schemas verwenden. Die empfohlene Syntax lautet

```
SQL> DROP TABLE EIGENTUEMER.RECH_NEU;
```

Wir weisen hier ausdrücklich auf diese Syntax hin, da wir selbst einmal eine Produktionsdatenbank reparieren mußten, aus der eine falsche Tabelle gelöscht wurde. Die Tabelle war nicht mit dem Schemanamen spezifiziert. Die Wiederherstellung der Datenbank nahm acht Stunden in Anspruch, und wir mußten uns die ganze Nacht um die Ohren schlagen.

Die Anweisung DROP DATABASE

In mehreren Datenbank-Managementsystemen gibt es die Anweisung DROP DATABASE (Datenbank löschen), die man analog zur Anweisung DROP TABLE einsetzt. Die Syntax für diese Anweisung lautet wie folgt:

Syntax

```
DROP DATABASE Datenbankname
```

Die Datenbank RECHNUNGEN sollten Sie nicht löschen, da sie noch in der heutigen Lektion sowie in Lektion 10 zum Einsatz kommt.

Hinweis

Die Implementierungen der verschiedenen relationalen Datenbanken erfordern unter Umständen zusätzliche Schritte beim Löschen einer Datenbank. Gegebenenfalls muß man nach dem Löschen noch die Dateien, aus denen sich die Datenbank aufbaut, auf der Ebene des Betriebssystems entfernen.

Übung 9.2

Erzeugen Sie eine Datenbank mit einer Tabelle. Führen Sie den Befehl DROP TABLE und den Befehl DROP DATABASE aus. Erlaubt Ihnen Ihr Datenbanksystem diese Operationen? Systeme wie Microsoft Access, bei denen die Datenbank in einer einzigen Datei enthalten ist, unterstützen diesen Befehl nicht. Eine Datenbank läßt sich nur über die im Produkt selbst gebotenen Menübefehle erzeugen. Zum Löschen einer Datenbank muß man einfach die betreffende Datei von der Festplatte löschen.

Zusammenfassung

Tag 9 hat die wesentlichen Merkmale der Datenmanipulationssprache von SQL behandelt. Insbesondere haben Sie fünf neue Anweisungen kennengelernt: CREATE DATABASE, CREATE TABLE, ALTER TABLE, DROP TABLE und DROP DATABASE. Die heutige Lektion hat auch die Bedeutung eines guten Datenbankentwurfs hervorgehoben.

Ein Systemkatalog (oder Data Dictionary) ist einer der wichtigsten Teile der Dokumentation, die Sie beim Erstellen einer Datenbank anlegen. Der Systemkatalog sollte eine umfassende Beschreibung aller Objekte in der Datenbank enthalten: Tabellen, Felder, Sichten, Indizes, gespeicherte Prozeduren, Trigger usw. Ein vollständiger Systemkatalog erläutert auch kurz den Zweck, den die einzelnen Elemente in der Datenbank erfüllen. Bei jeder Änderung an der Datenbank sollte man den Systemkatalog auf den neuesten Stand bringen.

Bevor man irgendwelche Anweisungen zur Datenmanipulation verwendet, sollte man zunächst einen guten Datenbankentwurf erstellen. Gliedern Sie die Informationen in logische Gruppen, und arbeiten Sie ein Feld für den Primärschlüssel heraus, über das andere Gruppen (oder Tabellen) auf die logischen Gruppen Bezug nehmen können. Verwenden Sie Fremdschlüsselfelder, um auf die Primär- oder Fremdschlüsselfelder in anderen Tabellen zu zeigen.

Die Anweisung `CREATE DATABASE` gehört nicht zu den Standardelementen in Datenbanksystemen. Das hängt mit den verschiedenartigen Organisationsformen zusammen, mit denen die Hersteller eine Datenbank auf dem Datenträger speichern. Jede Implementierung bietet andere Funktionen und Optionen, was in einer gänzlich anderen `CREATE DATABASE`-Anweisung resultiert. Wenn man einfach den Befehl `CREATE DATABASE` Datenbankname ausführt, erzeugen die meisten Systeme eine Standarddatenbank mit einer Standardgröße. Die Anweisung `DROP DATABASE` löscht eine Datenbank permanent.

Mit der Anweisung `CREATE TABLE` erzeugt man eine neue Tabelle. Bei diesem Befehl kann man die erforderlichen Felder anlegen und deren Datentypen bestimmen. Manche Datenbank-Managementsysteme erlauben auch die Festlegung anderer Attribute für das Feld, beispielsweise, ob `NULL`-Werte zulässig sind, oder ob dieses Feld die gesamte Tabelle hindurch eindeutig sein sollte. Die Anweisung `ALTER TABLE` kann die Struktur einer vorhanden Tabelle ändern. Mit der Anweisung `DROP TABLE` löscht man eine Tabelle aus einer Datenbank.

Fragen & Antworten

F Warum unterscheidet sich die Anweisung `CREATE DATABASE` so stark von einem System zum anderen?

A *Das hängt damit zusammen, daß das eigentliche Erstellen einer Datenbank auf den verschiedenen Datenbanksystemen unterschiedlich abläuft. Kleinere PC-basierte Datenbanken stützen sich gewöhnlich auf Dateien, die mit Anwendungsprogrammen erstellt wurden. Um die Datenbank auf einem großen Server aufzuteilen, werden die betreffenden Datenbankdateien einfach über mehrere Festplattenlaufwerke verteilt. Wenn Ihr Code auf diese Datenbanken zugreift, laufen keine Datenbankprozesse auf dem Computer ab, sondern die Anwendung greift direkt auf die Dateien zu. Leistungsfähigere Datenbanksysteme müssen sich sowohl der Verwaltung des Plattenplatzes als auch Problemen wie Sicherheit, Transaktionssteuerung und gespeicherte Prozeduren, die in der Datenbank selbst eingebettet sind, widmen. Wenn Ihre Anwendung auf eine Datenbank zu-*

greift, verwaltet ein Datenbank-Server Ihre Anforderungen (zusammen mit vielen anderen Anforderungen) und gibt die Daten über eine manchmal komplexe Schicht von Middleware zurück. Auf diese Themen geht Woche 3 im Detail ein. Momentan sollten Sie wissen, wie Ihr Datenbank-Managementsystem die Datenbanken erzeugt und verwaltet.

F Kann ich eine Tabelle temporär erzeugen und dann automatisch löschen, sobald ich die Arbeit damit beendet habe?

A *Ja. Viele Datenbank-Managementsysteme unterstützen temporäre Tabellen. Derartige Tabellen werden nur zur vorübergehenden Nutzung angelegt und automatisch gelöscht, wenn der Benutzer die Arbeit damit beendet oder wenn man einen* `DROP TABLE`*-Befehl auslöst. Den Einsatz temporärer Tabellen behandelt Tag 14.*

F Kann ich Spalten mit der Anweisung `ALTER TABLE` löschen?

A *Nein. Über den Befehl* `ALTER TABLE` *lassen sich nur Spalten innerhalb einer Tabelle hinzufügen oder modifizieren. Um Spalten zu entfernen, erzeugt man eine Tabelle mit dem gewünschten Format und selektiert dann die Datensätze aus der alten in die neue Tabelle.*

Workshop

Kontrollfragen

1. Richtig oder falsch: Die Anweisung `ALTER DATABASE` wird oft verwendet, um die Struktur einer vorhandenen Tabelle zu modifizieren.
2. Richtig oder falsch: Der Befehl `DROP TABLE` ist funktionell äquivalent zum Befehl `DELETE FROM <Tabellenname>`.
3. Richtig oder falsch: Eine neue Tabelle nimmt man mit dem Befehl `CREATE TABLE` in eine Datenbank auf.
4. Was ist in der folgenden Anweisung falsch?

```
CREATE TABLE Tabelle_Neu (
ID NUMBER,
FELD1 char(40),
FELD2 char(80),
ID char(40);
```

5. Was ist in der folgenden Anweisung falsch?

```
ALTER DATABASE RECHNUNGEN (
FIRMA char(80));
```

6. Wer ist der Eigentümer einer neu erstellten Tabelle?
7. Welcher Datentyp eignet sich am besten, wenn man Daten variabler Länge in einer Zeichenspalte ablegt?
8. Dürfen Tabellennamen mehrfach vorkommen?

Übungen

1. Fügen Sie der Datenbank RECHNUNGEN zwei neue Tabellen namens BANK und KONTOTYP in einem beliebigen Format hinzu. Die Tabelle BANK sollte Informationen über das Feld BANK enthalten, das Sie in den Beispielen dieser Lektion in der Tabelle BANKKONTEN verwendet haben. Die Tabelle KONTOTYP soll Informationen über das Feld KONTOTYP in der Tabelle BANKKONTEN enthalten. Versuchen Sie, die Daten weitgehend zu reduzieren.
2. Ändern Sie bei den bis jetzt erzeugten fünf Tabellen – RECHNUNGEN, BANKKONTEN, FIRMA, BANK und KONTOTYP – die Tabellenstruktur, so daß als Schlüssel keine CHAR-Felder, sondern ID-Felder mit ganzen Zahlen zum Einsatz kommen.
3. Schreiben Sie auf der Grundlage Ihrer bisherigen Kenntnisse zu SQL-Verknüpfungen (siehe dazu Tag 6) verschiedene Abfragen, um die Tabellen in der Datenbank RECHNUNGEN zu verknüpfen.

10

Sichten und Indizes erstellen

Woche 2

Ziele

Beginnend mit der heutigen Lektion wenden wir uns Themen zu, die selbst für Programmierer oder Datenbankbenutzer, die schon Kontakt mit SQL hatten, neu sein dürften. Die Tage 1 bis 8 haben fast das gesamte einführende Material behandelt, das für den Einstieg in SQL und relationale Datenbanken erforderlich ist. Tag 9 war dem Entwurf von Datenbanken, der Erzeugung von Tabellen und anderen Befehlen zur Datenmanipulation gewidmet. Bei den bisher besprochenen Objekten – Datenbanken, Tabellen, Datensätzen und Feldern – handelt es sich durchgängig um physikalische Objekte, die auf der Festplatte abgelegt sind. Heute verschiebt sich der Schwerpunkt auf zwei Merkmale von SQL, mit denen man Daten in anderen Formaten ansehen oder präsentieren kann: die Sicht und den Index. In dieser Lektion lernen Sie ...

- wie man zwischen Indizes und Sichten unterscheidet.
- wie man Sichten erzeugt.
- wie man Indizes erzeugt.
- wie man Daten mit Hilfe von Sichten modifiziert.
- was Indizes bewirken.

Eine Sicht (oder View) bezeichnet man auch als virtuelle Tabelle. Sichten erzeugt man mit der Anweisung `CREATE VIEW`. Danach kann man sich mit den SQL-Befehlen

- `SELECT`
- `INSERT`
- `INPUT`
- `UPDATE`
- `DELETE`

auf die Sicht beziehen.

Ein Index ist eine weitere Form der Datendarstellung, die von der Speicherorganisation auf dem Datenträger abweicht. Spezielle Arten von Indizes ordnen die physikalische Position innerhalb einer Tabelle neu. Indizes lassen sich auf einer Spalte innerhalb einer Tabelle oder auf einer Kombination von Spalten innerhalb einer Tabelle erzeugen. Wenn man mit einem Index arbeitet, erscheinen die Daten in der Ausgabe in einer sortierten Reihenfolge, die man mit der Anweisung `CREATE INDEX` steuern kann. Das Indizieren geeigneter Felder führt gewöhnlich zu einer Leistungsverbesserung, was insbesondere auf Felder zutrifft, die zwischen mehreren Tabellen in Beziehung stehen.

Hinweis

Sichten und Indizes sind zwei grundsätzlich verschiedene Objekte, haben aber eines gemeinsam: Beide sind sie mit einer Tabelle in der Datenbank verbunden. Obwohl die Beziehungen der Objekte zu einer Tabelle eindeutig sind, erweitern sie die Tabelle und bieten damit leistungsfähige Möglichkeiten wie vorsortierte Daten und vordefinierte Abfragen.

Die heutigen Beispiele sind mit Oracle8 entstanden. Konsultieren Sie bitte die Dokumentation zu Ihrer konkreten SQL-Implementierung, da sich kleinere Abweichungen in der Syntax zeigen können.

Sichten verwenden

Mit Sichten oder virtuellen Tabellen lassen sich komplexe Abfragen verkapseln. Nachdem eine Sicht auf einer Gruppe von Daten erzeugt wurde, kann man diese Sicht wie jede andere Tabelle verwenden. Allerdings gibt es bestimmte Einschränkungen bei der Modifikation von Daten in Sichten zu beachten. Ändern sich die Daten in der Tabelle, ist eine entsprechende Änderung der Sicht festzustellen. Sichten belegen im Gegensatz zu Tabellen keinen physikalischen Platz in der Datenbank.

Die Syntax für die Anweisung `CREATE VIEW` lautet wie folgt:

Syntax

```
CREATE VIEW <Sichtname> [(Spalte1, Spalte2...)] AS
SELECT <Tabellenname Spaltennamen>
FROM <Tabellenname>
```

Auf den ersten Blick mag diese Syntax vielleicht nicht ganz klar sein. Die heutigen Beispiele dürften aber ausreichend die Verwendung und die Vorteile von Sichten demonstrieren. Mit dem Befehl `CREATE VIEW` weist man SQL an, eine Sicht mit dem spezifizierten Namen zu erzeugen. Die Angabe der Spaltennamen ist optional. Eine SQL-`SELECT`-Anweisung bestimmt die Felder in diesen Spalten und deren Datentypen. Es handelt sich hier um die gleiche `SELECT`-Anweisung, die Sie schon mehrfach in den letzten neun Tagen verwendet haben.

Bevor Sie etwas Sinnvolles mit Sichten anfangen können, müssen Sie die Datenbank `RECHNUNGEN` mit ein paar mehr Daten füllen. Machen Sie sich keine Sorgen, wenn Sie sich an Ihrem neu erworbenen Wissen zum Befehl `DROP DATABASE` berauscht und die Datenbank gelöscht haben. Sie können sie einfach wiederherstellen. (Die Tabellen 10.1 bis 10.3 enthalten dazu Beispieldaten.)

Eingabe

```
SQL> CREATE DATABASE RECHNUNGEN
```

(je nach Datenbanksystem)

Ausgabe

```
SQL> CREATE TABLE RECHNUNGEN (
  2  NAME CHAR(30) NOT NULL,
  3  BETRAG NUMBER,
  4  KONTO_ID NUMBER NOT NULL);

Tabelle wurde angelegt.

SQL> CREATE TABLE BANKKONTEN (
  2  KONTO_ID NUMBER NOT NULL,
  3  TYP CHAR(30),
  4  SALDC NUMBER,
  5  BANK CHAR(30));

Tabelle wurde angelegt.

SQL> CREATE TABLE FIRMA (
  2  NAME CHAR(30) NOT NULL,
  3  ADRESSE CHAR(50),
  4  STADT CHAR(30),
  5  STAAT CHAR(2));

Tabelle wurde angelegt.
```

Tabelle 10.1: Beispieldaten für die Tabelle RECHNUNGEN

NAME	BETRAG	KONTO_ID
Phone Company	125	1
Power Company	75	1
Record Club	25	2
Software Company	250	1
Cable TV Company	35	3
Joe's Car Palace	350	5

Tabelle 10.1: Beispieldaten für die Tabelle RECHNUNGEN

NAME	BETRAG	KONTO_ID
S. C. Student Loan	200	6
Florida Water Company	20	1
U-O-Us Insurance Company	125	5
Debtor's Credit Card	35	4

Tabelle 10.2: Beispieldaten für die Tabelle BANKKONTEN

KONTO_ID	TYP	SALDO	BANK
1	Checking	500	First Federal
2	Money Market	1200	First Investor's
3	Checking	90	Credit Union
4	Savings	400	First Federal
5	Checking	2500	Second Mutual
6	Business	4500	Fidelity

Tabelle 10.3: Beispieldaten für die Tabelle FIRMA

NAME	ADRESSE	STADT	STAAT
Phone Company	111 1st Street	Atlanta	GA
Power Company	222 2nd Street	Jacksonville	FL
Record Club	333 3rd Avenue	Los Angeles	CA
Software Company	444 4th Drive	San Francisco	CA
Cable TV Company	555 5th Drive	Austin	TX
Joe's Car Palace	1000 Govt. Blvd	Miami	FL
S.C. Student Loan	25 College Blvd	Columbia	SC
Florida Water Company	1883 Hwy 87	Navarre	FL
U-O-Us Insurance Company	295 Beltline Hwy	Macon	GA
Debtor's Credit Card	115 2nd Avenue	Newark	NJ

Nachdem Sie diese Informationen mit den Befehlen `CREATE DATABASE`, `CREATE TABLE` und `INSERT` erfolgreich eingegeben haben, können Sie sich einer tiefergehenden Betrachtung der Sichten zuwenden.

Eine einfache Sicht

Beginnen wir mit der einfachsten aller Sichten. Nehmen wir an, daß Sie eine Sicht auf die Tabelle RECHNUNGEN erzeugen möchten, die identisch zur Tabelle ist, aber einen abweichenden Namen hat. (Wir nennen sie hier OFFEN für offene Rechnungen.) Die entsprechende Anweisung lautet:

Eingabe/Ausgabe

```
SQL> CREATE VIEW OFFEN AS
  2  SELECT * FROM RECHNUNGEN;

View wurde angelegt.
```

Um sich von der ordnungsgemäß ausgeführten Operation zu überzeugen, können Sie die Sicht genau wie eine Tabelle behandeln:

Eingabe/Ausgabe

```
SQL> SELECT * FROM OFFEN;

NAME                              BETRAG   KONTO_ID
------------------------------ --------- ---------
Phone Company                        125         1
Power Company                         75         1
Record Club                           25         2
Software Company                     250         1
Cable TV Company                      35         3
Joe's Car Palace                     350         5
S.C. Student Loan                    200         6
Florida Water Company                 20         1
U-O-Us Insurance Company             125         5
Debtor's Credit Card                  35         4

10 Zeilen ausgewählt.
```

Es lassen sich sogar neue Sichten aus vorhandenen Sichten erstellen. Dieses Verfahren ist durchaus zulässig, verkompliziert aber die Wartung. Nehmen wir eine Sicht an, die drei Ebenen unterhalb einer Tabelle liegt, also eine Sicht einer Sicht einer Sicht einer Tabelle. Was passiert wohl, wenn Sie die erste Sicht auf die Tabelle löschen? Die beiden anderen Sichten existieren weiterhin, sind aber nutzlos, da sie einen Teil ihrer Informationen aus der ersten Sicht erhalten. Denken Sie daran, daß eine erstellte Sicht als virtuelle Tabelle fungiert.

Eingabe/Ausgabe

```
SQL> CREATE VIEW KREDITKARTEN_OFFEN AS
  2  SELECT * FROM OFFEN
  3  WHERE KONTO_ID = 4;

View wurde angelegt.

SQL> SELECT * FROM KREDITKARTEN_OFFEN;

NAME                              BETRAG  KONTO_ID
------------------------------ --------- ---------
Debtor's Credit Card                  35         4

1 Zeile wurde ausgewählt.
```

Mit CREATE VIEW kann man auch einzelne Spalten aus einer Tabelle selektieren und sie in eine Sicht übernehmen. Das folgende Beispiel selektiert die Felder NAME und STAAT aus der Tabelle FIRMA.

Eingabe/Ausgabe

```
SQL> CREATE VIEW FIRMENINFO (NAME, STAAT) AS
  2  SELECT NAME, STAAT FROM FIRMA;

View wurde angelegt.

SQL> SELECT * FROM FIRMENINFO;

NAME                           ST
------------------------------ --
Phone Company                  GA
Power Company                  FL
Record Club                    CA
Software Company               CA
Cable TV Company               TX
Joe's Car Palace               FL
S.C. Student Loan              SC
Florida Water Company          FL
U-O-Os Insurance Company       GA
Debtor's Credit Card           NJ

10 Zeilen ausgewählt.
```

Hinweis

Für das Abrufen spezieller Daten kann der Benutzer eine Sicht erzeugen. Nehmen wir zum Beispiel eine Tabelle mit 50 Spalten und mehreren tausend Zeilen, aus der Sie lediglich 2 Spalten interessieren. In diesem Fall bietet sich eine Sicht auf die gewünschten zwei Spalten an. Bei Abfragen aus dieser Sicht sind erheblich kürzere Reaktionszeiten bis zur Rückgabe der Ergebnisse zu verzeichnen.

Spalten umbenennen

Sichten vereinfachen die Darstellung der Daten. Neben der Benennung der Sicht erlaubt die SQL-Syntax für die Anweisung `CREATE VIEW` auch, die ausgewählten Spalten umzubenennen. Sehen Sie sich das vorherige Beispiel etwas näher an. Was wäre, wenn Sie die Felder `ADRESSE`, `STADT` und `STAAT` aus der Tabelle `FIRMA` zusammen auf einem Briefumschlag drucken möchten? Das nächste Beispiel zeigt eine entsprechende Anweisung. Hier wird mit dem Operator `||` und der Funktion `RTRIM` eine lange Adresse aus den Zeichendaten der Adreßfelder in Verbindung mit Kommas und Leerzeichen zusammengebaut.

Eingabe/Ausgabe

```
SQL> CREATE VIEW UMSCHLAG (FIRMA, POSTANSCHRIFT) AS
  2  SELECT NAME, RTRIM(ADRESSE) || ' ' || RTRIM(STADT) || ', ' || RTRIM(STAAT)
  3  FROM FIRMA;

View wurde angelegt.

SQL> SELECT * FROM UMSCHLAG;

FIRMA                          POSTANSCHRIFT
------------------------------ ----------------------------------------
Phone Company                  111 1st Street Atlanta, GA
Power Company                  222 2nd Street Jacksonville, FL
Record Club                    333 3rd Avenue Los Angeles, CA
Software Company               444 4th Drive San Francisco, CA
Cable TV Company               555 5th Drive Austin, TX
Joe's Car Palace               1000 Govt. Blvd Miami, FL
S.C. Student Loan              25 College Blvd Columbia, SC
Florida Water Company          1883 Hwy 87 Navarre, FL
U-O-Os Insurance Company       295 Beltline Hwy Macon, GA
Debtor's Credit Card           115 2nd Avenue Newark, NJ

10 Zeilen ausgewählt.
```

Analyse

Die SQL-Syntax erfordert es, daß man einen virtuellen Feldnamen bereitstellt, wenn das virtuelle Feld der Sicht mittels einer Berechnung oder SQL-Funktion erstellt wird. Diese Forderung ist berechtigt, da man in der Sicht kaum einen Spaltennamen wie COUNT(*) oder AVG(ZAHLUNG) haben möchte.

Hinweis

Informieren Sie sich in der Dokumentation zu Ihrer Datenbank über die Verwendung des Operators ||.

Verarbeitung von Sichten in SQL

Mit Sichten lassen sich Tabellendaten komfortabler als in der tatsächlichen Tabellenstruktur darstellen. Sichten bieten auch Vorteile, wenn man mehrere komplizierte Abfragen nacheinander ausführen muß (beispielsweise in einer gespeicherten Prozedur oder einem Anwendungsprogramm). Um Ihre Kenntnisse der Sicht und der SELECT-Anweisung zu vertiefen, untersucht der nächste Abschnitt die Art und Weise, in der SQL eine Abfrage gegen eine Sicht ausführt. Nehmen wir zum Beispiel eine Abfrage an, bei der routinemäßig die Tabelle RECHNUNGEN mit der Tabelle BANKKONTEN zu verknüpfen ist, um Informationen über Ihre Zahlungen abzurufen.

Eingabe

```
SQL> SELECT RECHNUNGEN.NAME, RECHNUNGEN.BETRAG, BANKKONTEN.SALDO,
  2  BANKKONTEN.BANK FROM RECHNUNGEN, BANKKONTEN
  3  WHERE RECHNUNGEN.KONTO_ID = BANKKONTEN.KONTO_ID;
```

Ausgabe

```
NAME                           BETRAG      SALDO BANK
------------------------------ --------- --------- ------------------------------
Phone Company                        125       500 First Federal
Power Company                         75       500 First Federal
Florida Water Company                 20       500 First Federal
Software Company                     250       500 First Federal
Record Club                           25      1200 First Investor's
Cable TV Company                      35        90 Credit Union
Debtor's Credit Card                  35       400 First Federal
Joe's Car Palace                     350      2500 Second Mutual
```

```
U-O-Us Insurance Company              125       2500 Second Mutual
S.C. Student Loan                     200       4500 Fidelity

10 Zeilen ausgewählt.
```

Diese Verarbeitungsschritte kann man mit der folgenden Anweisung in eine Sicht umwandeln:

```
SQL> CREATE VIEW RECH_OFFEN (NAME, BETRAG, KTO_STAND, BANK) AS
  2  SELECT RECHNUNGEN.NAME, RECHNUNGEN.BETRAG, BANKKONTEN.SALDO,
  3  BANKKONTEN.BANK FROM RECHNUNGEN, BANKKONTEN
  4  WHERE RECHNUNGEN.KONTO_ID = BANKKONTEN.KONTO_ID;

View wurde angelegt.
```

Die Abfrage der Sicht `RECH_OFFEN` nach einem bestimmten Kriterium läßt sich etwa folgendermaßen formulieren:

```
SQL> SELECT * FROM RECH_OFFEN
  2  WHERE KTO_STAND > 500;

NAME                                 BETRAG KTO_STAND BANK
------------------------------ --------- --------- ------------------------------
Record Club                              25      1200 First Investor's
Joe's Car Palace                        350      2500 Second Mutual
U-O-Us Insurance Company                125      2500 Second Mutual
S.C. Student Loan                       200      4500 Fidelity

4 Zeilen ausgewählt.
```

Beispiel 10.1

Konstruieren Sie eine Sicht, die alle Staaten zeigt, an die Rechnungen geschickt wurden. Zeigen Sie auch den Gesamtbetrag und die Gesamtzahl der an jeden Staat versandten Rechnungen an.

Zunächst einmal wissen wir, daß die `CREATE VIEW`-Komponente der Anweisung wie folgt aufgebaut ist:

```
CREATE VIEW BEISPIEL (STAAT, RECH_GESAMT, BETRAG_GESAMT) AS...
```

Analyse

SQL arbeitet die obige Anweisung in mehreren Schritten ab. Da RECH_OFFEN eine Sicht und keine eigentliche Tabelle ist, sucht SQL zuerst nach einer Tabelle namens RECH_OFFEN – und findet nichts. Der SQL-Prozessor wird wahrscheinlich (je nach verwendetem Datenbanksystem) aus einer Systemtabelle entnehmen, daß es sich bei RECH_OFFEN um eine Sicht handelt. Dann baut der Prozessor nach dem Plan der Sicht die folgende Abfrage auf:

```
SQL> SELECT RECHNUNGEN.NAME, RECHNUNGEN.BETRAG, BANKKONTEN.SALDO,
  2  BANKKONTEN.BANK FROM RECHNUNGEN, BANKKONTEN
  3  WHERE RECHNUNGEN.KONTO_ID = BANKKONTEN.KONTO_ID
  4  AND BANKKONTEN.SALDO > 500;
```

Jetzt ist zu bestimmen, wie die SELECT-Abfrage aussieht. Wir wissen, daß das Feld STAAT zuerst mit der Syntax SELECT DISTINCT auszuwählen ist, um die Staaten anzuzeigen, an die Rechnungen geschickt wurden. Beispielsweise:

Eingabe

```
SQL> SELECT DISTINCT STAAT FROM FIRMA;
```

Ausgabe

```
ST
--
CA
FL
GA
NJ
SC
TX

6 Zeilen ausgewählt.
```

Neben der Auswahl des Feldes STAAT müssen wir die Gesamtzahl der an diesen Staat geschickten Zahlungen summieren. Demzufolge ist die Tabelle RECHNUNGEN mit der Tabelle FIRMA zu verknüpfen.

```
SQL> SELECT DISTINCT FIRMA.STAAT, COUNT(RECHNUNGEN.NAME) FROM RECHNUNGEN, FIRMA
  2  WHERE RECHNUNGEN.NAME=FIRMA.NAME
  3  GROUP BY FIRMA.STAAT;

ST COUNT(RECHNUNGEN.NAME)
-- ----------------------
CA                      2
FL                      3
GA                      2
NJ                      1
SC                      1
TX                      1

6 Zeilen ausgewählt.
```

Nachdem wir nun zwei Drittel des gewünschten Ergebnisses erhalten haben, können wir den letzten erforderlichen Rückgabewert hinzufügen. Mit Hilfe der SUM-Funktion bilden wir den Gesamtbetrag, der an jeden Staat gegangen ist.

```
SQL> SELECT DISTINCT FIRMA.STAAT, COUNT(RECHNUNGEN.NAME), SUM(RECHNUNGEN.BETRAG)
  2  FROM RECHNUNGEN, FIRMA
  3  WHERE RECHNUNGEN.NAME = FIRMA.NAME
  4  GROUP BY FIRMA.STAAT;

ST COUNT(RECHNUNGEN.NAME) SUM(RECHNUNGEN.BETRAG)
-- ---------------------- ----------------------
CA                      2                    275
FL                      3                    445
GA                      2                    250
NJ                      1                     35
SC                      1                    200
TX                      1                     35

6 Zeilen ausgewählt.
```

Als letzten Schritt kombinieren wir diese SELECT-Anweisung mit der Anweisung CREATE VIEW, die wir zu Beginn dieses Projekts erstellt haben:

```
SQL> CREATE VIEW BEISPIEL (STAAT, RECH_GESAMT, BETRAG_GESAMT) AS
  2  SELECT DISTINCT FIRMA.STAAT, COUNT(RECHNUNGEN.NAME), SUM(RECHNUNGEN.BETRAG)
  3  FROM RECHNUNGEN, FIRMA
  4  WHERE RECHNUNGEN.NAME = FIRMA.NAME
  5  GROUP BY FIRMA.STAAT;

View wurde angelegt.
```

```
SQL> SELECT * FROM BEISPIEL;

ST RECH_GESAMT BETRAG_GESAMT
-- ----------- -------------
CA           2           275
FL           3           445
GA           2           250
NJ           1            35
SC           1           200
TX           1            35

6 Zeilen ausgewählt.
```

Das obige Beispiel zeigt, wie man die Anweisungen CREATE VIEW und SELECT plant. Der Code testet zunächst die SELECT-Anweisungen, um festzustellen, ob sie die passenden Ergebnisse generieren, und kombiniert dann die Anweisungen, um die Sicht zu erzeugen.

Beispiel 10.2

Nehmen wir an, daß Ihre Gläubiger einen Aufschlag von 10 Prozent auf alle verspäteten Zahlungen berechnen, und daß Sie diesen Monat leider mit allem in Verzug sind. Nun möchten Sie sich über diese Zuschläge und über die Art der Forderungen informieren.

Die Verknüpfung ist unkompliziert. (Man muß nicht einmal die Funktionen COUNT oder SUM bemühen.) Allerdings werden Sie die wesentlichen Vorteile von Sichten erkennen. Man kann 10 Prozent Mahngebühren addieren und das Ergebnis als

Feld innerhalb der Sicht darstellen. Von nun an lassen sich Datensätze aus der Sicht auswählen, wobei der Gesamtbetrag bereits berechnet ist. Die entsprechende Anweisung sieht etwa wie folgt aus:

Eingabe

```
SQL> CREATE VIEW ZAHL_VERZUG (NAME, GESAMT_NEU, KONTOTYP) AS
  2  SELECT RECHNUNGEN.NAME, RECHNUNGEN.BETRAG * 1.10, BANKKONTEN.TYP
  3  FROM RECHNUNGEN, BANKKONTEN
  4  WHERE RECHNUNGEN.KONTO_ID = BANKKONTEN.KONTO_ID;
```

Ausgabe

```
View wurde angelegt.
```

Eingabe/Ausgabe

```
SQL> SELECT * FROM ZAHL_VERZUG;

NAME                           GESAMT_NEU KONTOTYP
------------------------------ ---------- ------------------------------
Phone Company                       137,5 Checking
Power Company                        82,5 Checking
Florida Water Company                  22 Checking
Software Company                      275 Checking
Record Club                          27,5 Money Market
Cable TV Company                     38,5 Checking
Debtor's Credit Card                 38,5 Savings
Joe's Car Palace                      385 Checking
U-O-Us Insurance Company            137,5 Checking
S.C. Student Loan                     220 Business

10 Zeilen ausgewählt.
```

Einschränkungen bei SELECT

Wenn man bei der Formulierung einer Sicht die SELECT-Anweisung verwendet, sind die folgenden zwei Regeln zu beachten:

- Der UNION-Operator kann nicht verwendet werden.
- Die Klausel ORDER BY läßt sich nicht verwenden. Allerdings kann man in einer Sicht mit der Klausel GROUP BY die gleichen Funktionen wie mit der Klausel ORDER BY realisieren.

Daten in einer Sicht modifizieren

Wie Sie mittlerweile wissen, kann man eine virtuelle Tabelle für ein SQL-Skript oder eine Datenbankanwendung erzeugen, indem man eine Sicht auf eine oder mehrere physikalische Tabellen innerhalb einer Datenbank erstellt. Nachdem die Sicht mit der Anweisung CREATE VIEW...SELECT erstellt wurde, kann man die Daten der Sicht mit den in Lektion 8 besprochenen Befehlen UPDATE, INSERT und DELETE aktualisieren, einfügen und löschen.

Auf die Einschränkungen hinsichtlich der Datenmodifikation in Sichten gehen wir später genauer ein. Die nächste Gruppe von Beispielen zeigt, wie man Daten in einer Sicht manipuliert.

Um die Arbeit von Beispiel 10.2 fortzusetzen, aktualisieren wir die Tabelle RECHNUNGEN, damit sie die leidigen Verzugsgebühren von 10 Prozent widerspiegelt.

Eingabe/Ausgabe

```
SQL> CREATE VIEW ZAHL_VERZUG AS
  2  SELECT * FROM RECHNUNGEN;

View wurde angelegt.

SQL> UPDATE ZAHL_VERZUG
  2  SET BETRAG = BETRAG * 1.10;

10 Zeilen wurden aktualisiert.

SQL> SELECT * FROM ZAHL_VERZUG;

NAME                             BETRAG  KONTO_ID
------------------------------ --------- ---------
Phone Company                      137,5         1
Power Company                       82,5         1
```

```
Record Club                    27,5          2
Software Company              275            1
Cable TV Company               38,5          3
Joe's Car Palace              385            5
S.C. Student Loan             220            6
Florida Water Company          22            1
U-O-Us Insurance Company      137,5          5
Debtor's Credit Card           38,5          4

10 Zeilen ausgewählt.
```

Um zu überprüfen, ob die `UPDATE`-Anweisung tatsächlich die zugrundeliegende Tabelle `RECHNUNGEN` aktualisiert hat, fragen wir die Tabelle `RECHNUNGEN` ab:

```
SQL> SELECT * FROM RECHNUNGEN;

NAME                              BETRAG  KONTO_ID
------------------------------ --------- ---------
Phone Company                    137,5           1
Power Company                     82,5           1
Record Club                       27,5           2
Software Company                 275             1
Cable TV Company                  38,5           3
Joe's Car Palace                 385             5
S.C. Student Loan                220             6
Florida Water Company             22             1
U-O-Us Insurance Company         137,5           5
Debtor's Credit Card              38,5           4

10 Zeilen ausgewählt.
```

Nun löschen wir eine Zeile aus der Sicht:

```
SQL> DELETE FROM ZAHL_VERZUG
  2  WHERE KONTO_ID = 4;

1 Zeile wurde gelöscht.

SQL> SELECT * FROM ZAHL_VERZUG;
```

```
NAME                            BETRAG  KONTO_ID
------------------------------ --------- ---------
Phone Company                    137,5         1
Power Company                     82,5         1
Record Club                       27,5         2
Software Company                 275           1
Cable TV Company                  38,5         3
Joe's Car Palace                 385           5
S.C. Student Loan                220           6
Florida Water Company             22           1
U-O-Us Insurance Company         137,5         5

9 Zeilen ausgewählt.
```

Als abschließenden Schritt testen wir die `UPDATE`-Funktion. Bei allen Rechnungen, die einen `BETRAG` größer als 100 aufweisen, addieren wir zusätzlich 10.

```
SQL> UPDATE ZAHL_VERZUG
  2  SET BETRAG = BETRAG + 10
  3  WHERE BETRAG > 100;

5 Zeilen wurden aktualisiert.

SQL> SELECT * FROM ZAHL_VERZUG;

NAME                            BETRAG  KONTO_ID
------------------------------ --------- ---------
Phone Company                    147,5         1
Power Company                     82,5         1
Record Club                       27,5         2
Software Company                 285           1
Cable TV Company                  38,5         3
Joe's Car Palace                 395           5
S.C. Student Loan                230           6
Florida Water Company             22           1
U-O-Us Insurance Company         147,5         5

9 Zeilen ausgewählt.
```

Probleme bei der Änderung von Daten in Sichten

Da eine Sicht eventuell nur einen Ausschnitt aus einer Gruppe von Tabellen widerspiegelt, ist das Modifizieren der Daten in den zugrundeliegenden Tabellen nicht immer so unkompliziert wie in den obigen Beispielen. Die folgende Liste führt einige der häufigsten Einschränkungen auf, die man bei der Arbeit mit Sichten berücksichtigen muß:

- Auf Sichten aus mehreren Tabellen läßt sich die `DELETE`-Anweisung nicht anwenden.
- Die `INSERT`-Anweisung kann man nicht verwenden, solange nicht alle `NOT NULL`-Spalten aus der zugrundeliegenden Tabelle in die Sicht eingeschlossen werden. Diese Einschränkung gilt deshalb, weil der SQL-Prozessor nicht weiß, welche Werte in die `NOT NULL`-Spalten einzufügen sind.
- Wenn man Datensätze über eine verknüpfte Sicht einfügt oder aktualisiert, müssen alle zu aktualisierenden Datensätze zur selben physikalischen Tabelle gehören.
- Erzeugt man eine Sicht mit der Klausel `DISTINCT`, kann man keine Datensätze innerhalb dieser Sicht aktualisieren oder einfügen.
- Eine virtuelle Spalte (eine Spalte, die das Ergebnis eines Ausdrucks oder einer Funktion ist) läßt sich nicht aktualisieren.

Gebräuchliche Einsatzfälle von Sichten

Mit Sichten lassen sich unter anderem folgende Aufgaben realisieren:

- Sicherheitsfunktionen für den Benutzer bereitstellen
- Zwischen Einheiten umrechnen
- Ein neues virtuelles Tabellenformat erzeugen
- Die Konstruktion komplexer Abfragen vereinfachen

Sichten und Sicherheit

Auch wenn Tag 12 eine umfassende Behandlung der Datenbanksicherheit bringt, streifen wir hier kurz dieses Thema und erläutern, wie man mit Sichten Sicherheitsfunktionen realisieren kann.

Alle heutzutage verwendeten relationalen Datenbanksysteme enthalten zahlreiche eingebaute Sicherheitsmechanismen. Die Benutzer des Datenbanksystems lassen sich im allgemeinen auf der Basis ihrer Datenbanknutzung in Gruppen einteilen. Übliche Gruppentypen sind Datenbank-Administratoren, Datenbankentwickler,

Personal zur Dateneingabe und öffentliche Benutzer. Diese Benutzergruppen verfügen über verschiedene Privilegstufen. Datenbank-Administratoren obliegt die komplette Steuerung des Systems, so daß sie über die Datenbankprivilegien UPDATE, INSERT, DELETE und ALTER verfügen. Der öffentlichen Gruppe wird man nur SELECT-Privilegien gewähren – und möglicherweise diese Privilegien auf bestimmte Tabellen innerhalb bestimmter Datenbanken einschränken.

In diesem Szenario läßt sich mit Sichten die Art der Informationen festlegen, auf die der Datenbankbenutzer Zugriff hat. Will man zum Beispiel den Benutzern lediglich das Feld NAME der Tabelle RECHNUNGEN freigeben, erzeugt man einfach eine Sicht namens RECH_NAME:

```
SQL> CREATE VIEW RECH_NAME AS
  2  SELECT NAME FROM RECHNUNGEN;

View wurde angelegt.
```

Ein Benutzer mit Privilegien auf der Ebene eines Systemadministrators könnte der öffentlichen Gruppe die SELECT-Privilegien für die Sicht RECH_NAME gewähren. Diese Gruppe hätte keine Zugriffsrechte auf die zugrundeliegende Tabelle RECHNUNGEN. Wie sich unschwer erraten läßt, gibt es in SQL auch Anweisungen für die Datensicherheit. Denken Sie daran, daß Sichten für die Implementierung von Datenbanksicherheit sehr nützlich sind.

Einheiten mit Sichten umrechnen

Sichten lassen sich auch einsetzen, um dem Benutzer Daten zu präsentieren, die sich von den eigentlichen Daten in der Datenbank unterscheiden. Ist zum Beispiel das Feld BETRAG in US-Dollar gespeichert, und sollen sich die kanadischen Benutzer nicht laufend mit der Umrechnung der Gesamtsumme von BETRAG in kanadische Dollar herumschlagen müssen, kann man eine einfache Sicht namens RECH_KANADA erzeugen:

```
SQL> CREATE VIEW RECH_KANADA (NAME, BETRAG_KANADA) AS
  2  SELECT NAME, BETRAG / 1.10
  3  FROM RECHNUNGEN;

View wurde angelegt.
```

```
NAME                           BETRAG_KANADA
------------------------------ -------------
Phone Company                            125
Power Company                             75
Record Club                               25
Software Company                         250
Cable TV Company                          35
Joe's Car Palace                         350
S.C. Student Loan                        200
Florida Water Company                     20
U-O-Us Insurance Company                 125
Debtor's Credit Card                      35

10 Zeilen ausgewählt.
```

Bei derartigen Umrechnungen sollte man an mögliche Probleme denken, die sich aus der Änderung von Daten in der zugrundeliegenden Tabelle ergeben, wenn man eine Berechnung (wie etwa im vorherigen Beispiel) zum Erzeugen von Spalten in der Sicht verwendet. Wie immer sollte man in der Dokumentation des Datenbanksystems nachsehen, wie das System den Befehl `CREATE VIEW` implementiert.

Mit Sichten komplizierte Abfragen vereinfachen

Auch in den Fällen, wo das endgültige Ergebnis aus einer Folge von Abfragen hervorgeht, erweisen sich Sichten als nützlich. Das folgende Beispiel zeigt eine derartige Situation.

Um den Namen aller Banken auszugeben, die Rechnungen an den Staat Texas mit einem Betrag kleiner als $50 geschickt haben, teilt man die Problemstellung in zwei Teilprobleme auf:

- Abrufen aller Rechnungen, die nach Texas gegangen sind
- Abrufen aller Rechnungen kleiner als $50

Diese Aufgabe wollen wir mit zwei separaten Sichten lösen: `RECH1` und `RECH2`:

```
SQL> CREATE VIEW RECH1 AS
  2  SELECT * FROM RECHNUNGEN
  3  WHERE BETRAG < 50;
```

```
View wurde angelegt.

SQL> CREATE VIEW RECH2 (NAME, BETRAG, KONTO_ID) AS
  2  SELECT RECHNUNGEN.* FROM RECHNUNGEN, FIRMA
  3  WHERE RECHNUNGEN.NAME = FIRMA.NAME AND FIRMA.STAAT = 'TX';

View wurde angelegt.
```

Analyse

Da man alle Rechnungen auflisten möchte, die nach Texas gegangen sind und die kleiner als $50 waren, kann man nun mit der `IN`-Klausel von SQL ermitteln, welche Rechnungen in `RECH1` nach Texas geschickt wurden. Mit diesen Informationen erzeugt man eine neue Sicht namens `RECH3`:

Eingabe/Ausgabe

```
SQL> CREATE VIEW RECH3 AS
  2  SELECT * FROM RECH2 WHERE NAME IN
  3  (SELECT RECH1.NAME FROM RECH1);

View wurde angelegt.
```

Nun fassen wir die obige Abfrage mit der Tabelle `BANKKONTEN` zusammen, um den eingangs gestellten Anforderungen dieses Beispiels gerecht zu werden:

Eingabe/Ausgabe

```
SQL> CREATE VIEW BANKEN_IN_TX (BANK) AS
  2  SELECT BANKKONTEN.BANK
  3  FROM BANKKONTEN, RECH3
  4  WHERE RECH3.KONTO_ID = BANKKONTEN.KONTO_ID;

View wurde angelegt.

SQL> SELECT * FROM BANKEN_IN_TX;

BANK
------------------------------
Credit Union

1 Zeile wurde ausgewählt.
```

Analyse

Wie man sieht, ist die abschließende Abfrage ziemlich einfach, nachdem man die Abfragen in zwei separate Sichten zerlegt hat. Außerdem kann man die einzelnen Sichten so oft wie nötig wiederverwenden.

Die Anweisung DROP VIEW

Wie bei jedem anderen SQL-Befehl der Art `CREATE...` hat auch `CREATE VIEW` einen korrespondierenden `DROP...`-Befehl. Die Syntax lautet:

Syntax

```
SQL> DROP VIEW Sichtname;
```

Beim Einsatz des Befehls `DROP VIEW` muß man lediglich berücksichtigen, daß alle anderen Sichten, die sich auf die gelöschte Sicht beziehen, nunmehr ungültig sind. Manche Datenbanksysteme löschen alle Sichten, die sich auf die gerade gelöschte Sicht beziehen. Wenn Sie mit Personal Oracle8 die Sicht `RECH1` löschen, liefert die abschließende Abfrage den folgenden Fehler:

Eingabe/Ausgabe

```
SQL> DROP VIEW RECH1;

View wurde gelöscht.

SQL> SELECT * FROM BANKEN_IN_TX;
SELECT * FROM BANKEN_IN_TX
              *
FEHLER in Zeile 1:
ORA-04063: view "PERKINS.BANKEN_IN_TX" hat Fehler
```

Hinweis

Eine Sicht kann man löschen, ohne daß die eigentlichen Tabellen modifiziert werden. Das erklärt, warum wir Sichten auch als virtuelle Tabellen bezeichnen. (Die gleiche Logik läßt sich auf die Technologie der virtuellen Realität anwenden.)

Indizes

Mit einem Index bietet sich eine weitere Möglichkeit, die Daten in einem von der physikalischen Speicherung auf der Festplatte abweichenden Format darzustellen. Darüber hinaus lassen sich die auf dem Datenträger vorliegenden Daten mit einem Index neu anordnen (was Sichten nicht leisten können).

In einer SQL-Datenbank verwendet man Indizes, um ...

- die vom Schlüsselwort `UNIQUE` auferlegten Beschränkungen der referentiellen Integrität durchzusetzen.
- die Anordnung der Daten nach dem Inhalt von Indexfeldern zu erleichtern.
- die Ausführungsgeschwindigkeit von Abfragen zu optimieren.

Was sind Indizes?

Daten lassen sich aus einer Datenbank nach zwei Verfahren abrufen. Bei der ersten Methode, die man auch als sequentielle Zugriffsmethode (SAM – Sequential Access Method) bezeichnet, geht SQL jeden Datensatz durch und sucht nach festgelegten Übereinstimmungen. Dieses Suchverfahren ist nicht effizient, aber die einzige Möglichkeit, damit SQL den richtigen Datensatz lokalisieren kann. Denken Sie an die Tage zurück, als in Bibliotheken riesige Kataloge mit Karteikarten standen. Nehmen wir an, daß der Bibliothekar die Karten mit dem alphabetischen Index herausgenommen, die Karten durch die Luft gewirbelt und sie dann zurück in den Karteischrank gestellt hat. Wenn Sie nun den Standort eines Buches im Regal suchen, müssen Sie am Anfang beginnen und jede Karte nacheinander durchgehen, bis Sie die gewünschten Informationen gefunden haben. (Gegebenenfalls können Sie die Suche beenden, sobald Sie irgendein Buch zu diesem Thema entdecken.)

Nehmen wir nun an, daß der Bibliothekar die Buchtitel alphabetisch geordnet hat. Auf diese Buchinformationen kann man nun sehr schnell zugreifen, da eine gezielte Suche über das bekannte Alphabet möglich ist.

Stellen Sie sich nun die flexiblen Suchmöglichkeiten vor, wenn der Bibliothekar die Bücher nicht nur nach dem Titel, sondern in weiteren Katalogen nach Autorennamen und nach Themen sortiert hat. Damit steht Ihnen als Bibliotheksbenutzer ein komfortables Abfragesystem zur Verfügung. Außerdem lassen sich die Informationen in einem Bruchteil der ursprünglich erforderlichen Zeit auffinden.

Wenn man eine Datenbank mit Indizes ausstattet, kann SQL nach der direkten Zugriffsmethode arbeiten. SQL bedient sich einer baumartigen Struktur, um die Indexdaten zu speichern und abzurufen. Am Beginn des Baumes werden Zeiger auf eine Gruppe von Daten gespeichert. Diese Gruppen bezeichnet man als Knoten. Jeder Knoten enthält Zeiger auf andere Knoten. Die nach links zeigenden Knoten enthalten Werte, die kleiner als ihr Elternknoten sind. Die nach rechts weisenden Knoten zeigen auf Werte, die größer als der Elternknoten sind.

Das Datenbanksystem beginnt die Suche beim obersten Knoten und folgt einfach den Zeigern, bis sich ein Erfolg einstellt.

Hinweis

Das Ergebnis einer Abfrage gegen eine nichtindizierte Tabelle bezeichnet man auch als vollständige Suche. Dabei durchsucht der Datenbank-Server alle Zeilen einer Tabelle, bis alle Zeilen mit der/den angegebenen Bedingung(en) zurückgegeben wurden. Dieses Vorgehen ist vergleichbar mit der Suche nach einem Buch in der Bibliothek, wenn man mit dem ersten Buch im ersten Regal beginnt und sich jedes Buch ansieht, bis man das gewünschte entdeckt hat. Um das Buch jedoch schnell zu finden, sieht man zunächst in den (vom Computer erstellten) alphabetischen Titelkatalog. Analog dazu erlaubt ein Index dem Datenbank-Server den schnellen Zugriff auf bestimmte Datenzeilen innerhalb einer Tabelle.

Zum Glück braucht man die eigentliche Baumstruktur nicht selbst einzurichten, wie man auch nicht das Schreiben und Lesen in Tabellen oder Datenbanken realisieren muß.

Einen Index legt man gemäß der folgenden SQL-Syntax an:

Eingabe/Ausgabe

```
SQL> CREATE INDEX Indexname
  2  ON Tabellenname(Spaltenname1, [Spaltenname2],...);

Index wurde angelegt.
```

Wie Sie schon mehrfach bei anderen Anweisungen gesehen haben, kann sich auch bei `CREATE INDEX` die Syntax zwischen den verschiedenen Datenbanksystemen unterscheiden. Für Oracle8 sieht sie zum Beispiel folgendermaßen aus:

Syntax

```
CREATE INDEX [Schema.]Index
ON { [Schema.]Tabelle (Spalte [ASC|DESC]
     [, Spalte [ASC|DESC]] ...)
   | CLUSTER [Schema.]Cluster }
[INITRANS Wert] [MAXTRANS Wert]
[TABLESPACE Tabellenbereich]
[STORAGE Speicherklausel]
[PCTFREE Wert]
[NOSORT]
```

Die Syntax für CREATE INDEX mit SQL Server von Sybase stellt sich wie folgt dar:

Syntax

```
create [unique][clustered | nonclustered]
       index Indexname
on [[Datenbank.]Eigentuemer.]Tabellenname (Spaltenname
    [, Spaltenname]...)
[with {fillfactor = Fuellfaktor, ignore_dup_key, sorted_data,
      [ignore_dup_row | allow_dup_row]}]
[on Segmentname]
```

Informix SQL implementiert diesen Befehl wie folgt:

Syntax

```
CREATE [UNIQUE | DISTINCT][CLUSTER] INDEX Indexname
ON Tabellenname (Spaltenname [ASC | DESC],
                 Spaltenname [ASC | DESC]...)
```

Beachten Sie, daß diese Implementierungen mehrere Dinge gemeinsam haben. Die grundlegende Anweisung lautet:

```
CREATE INDEX Indexname ON Tabellenname (Spaltenname,...)
```

In SQL Server und Oracle läßt sich ein gruppenbildender (clustered) Index erstellen, auf den wir später eingehen. Oracle und Informix gestatten die Kennzeichnung, ob der Spaltenname in aufsteigender (ASC, englisch ascending) oder absteigender (DESC, englisch descending) Reihenfolge sortiert werden soll. Auch wenn Sie es kaum noch hören können: Sie sollten unbedingt die Dokumentation zu Ihrem Datenbank-Managementsystem konsultieren, bevor Sie mit dem Befehl CREATE INDEX arbeiten.

Mit der folgenden CREATE INDEX-Anweisung erstellen Sie zum Beispiel einen Index auf dem Feld KONTO_ID der Tabelle RECHNUNGEN:

Eingabe

```
SQL> SELECT * FROM RECHNUNGEN;
```

Ausgabe

```
NAME                            BETRAG  KONTO_ID
------------------------------ --------- ---------
Phone Company                     125         1
Power Company                      75         1
```

```
Record Club                        25         2
Software Company                  250         1
Cable TV Company                   35         3
Joe's Car Palace                  350         5
S.C. Student Loan                 200         6
Florida Water Company              20         1
U-O-Us Insurance Company          125         5
Debtor's Credit Card               35         4

10 Zeilen ausgewählt.
```

Eingabe/Ausgabe

```
SQL> CREATE INDEX ID_INDEX ON RECHNUNGEN( KONTO_ID );

Index wurde angelegt.

NAME                             BETRAG  KONTO_ID
------------------------------ --------- ---------
Phone Company                     125         1
Power Company                      75         1
Software Company                  250         1
Florida Water Company              20         1
Record Club                        25         2
Cable TV Company                   35         3
Debtor's Credit Card               35         4
Joe's Car Palace                  350         5
U-O-Us Insurance Company          125         5
S.C. Student Loan                 200         6

10 Zeilen ausgewählt.
```

Syntax

Die Tabelle RECHNUNGEN wird nach dem Feld KONTO_ID sortiert, bis man den Index mit der Anweisung DROP INDEX löscht. Die Syntax der Anweisung DROP INDEX ist wie gewöhnlich unkompliziert:

```
SQL> DROP INDEX Indexname;
```

Wenn man den Index löscht, passiert folgendes:

Eingabe/Ausgabe

```
SQL> DROP INDEX ID_INDEX;
```

```
Index wurde gelöscht.

NAME                           BETRAG   KONTO_ID
------------------------------ --------- ---------
Phone Company                        125         1
Power Company                         75         1
Record Club                           25         2
Software Company                     250         1
Cable TV Company                      35         3
Joe's Car Palace                     350         5
S.C. Student Loan                    200         6
Florida Water Company                 20         1
U-O-Us Insurance Company             125         5
Debtor's Credit Card                  35         4

10 Zeilen ausgewählt.
```

Die Tabelle `RECHNUNGEN` erscheint nun wieder in der ursprünglichen Form. Mit der einfachsten Form der Anweisung `CREATE INDEX` ändert sich an der physikalischen Speicherung der Tabelle nichts.

Vielleicht fragen Sie sich, warum Datenbanksysteme überhaupt Indizes bereitstellen, wenn man auch mit der Klausel `ORDER BY` arbeiten könnte.

```
SQL> SELECT * FROM RECHNUNGEN ORDER BY KONTO_ID;

NAME                           BETRAG   KONTO_ID
------------------------------ --------- ---------
Phone Company                        125         1
Power Company                         75         1
Florida Water Company                 20         1
Software Company                     250         1
Record Club                           25         2
Cable TV Company                      35         3
Debtor's Credit Card                  35         4
Joe's Car Palace                     350         5
U-O-Us Insurance Company             125         5
S.C. Student Loan                    200         6

10 Zeilen ausgewählt.
```

Analyse

Diese SELECT-Anweisung und der Index ID_INDEX auf der Tabelle RECHNUNGEN führen zum gleichen Ergebnis. Der Unterschied besteht darin, daß eine ORDER BY-Klausel die Daten bei jedem Aufruf der entsprechenden SQL-Anweisung neu sortiert und anordnet. Bei einem Index erstellt das Datenbanksystem ein physikalisches Indexobjekt (gemäß der weiter oben erläuterten Baumstruktur) und verwendet für jede Abfrage der Tabelle denselben Index.

Warnung

Wenn man eine Tabelle löscht, werden ebenso alle der Tabelle zugeordneten Indizes gelöscht.

Tips zu Indizes

Beim Einsatz von Indizes sollte man die folgenden Punkte berücksichtigen:

- Bei kleinen Tabellen bringt ein Index keine Leistungsverbesserungen.
- Wenn die indizierten Spalten eine breite Vielfalt von Daten oder viele NULL-Werte enthalten, führt ein Index zu einer deutlichen Geschwindigkeitssteigerung.
- Abfragen lassen sich mit einem Index optimieren, wenn sie nur einen kleinen Ausschnitt der Daten zurückgeben (als Faustregel gilt weniger als 25 Prozent der Datenmenge). Wenn man überwiegend mehr Daten zurückgibt, bringen Indizes nur zusätzliche Verwaltungsarbeit mit sich.
- Indizes können die Geschwindigkeit der Abfragen verbessern, verlangsamen aber die Aktualisierungen der Daten. Diese Tatsache sollten Sie im Auge behalten, wenn in einer indizierten Tabelle viele Aktualisierungen nacheinander auszuführen sind. Bei sehr umfangreichen Aktualisierungen sollte man den Index vorher löschen und nach abgeschlossener Aktualisierung wieder aufbauen. Bei einem Fall konnten wir den Programmierern 18 Stunden Zeit sparen, indem wir den Index gelöscht und nach dem Laden der Daten wiederhergestellt hatten.
- Indizes belegen in der Datenbank Platz. Wenn Sie mit einem Datenbank-Managementsystem arbeiten, das Ihnen die Verwaltung des von der Datenbank belegten Platzes erlaubt, sollten Sie die Größe des Index in die Planung der Datenbank einbeziehen.
- Bauen Sie einen Index immer auf Feldern auf, die in Verknüpfungen zwischen Tabellen verwendet werden. Die Geschwindigkeit einer Verknüpfung verbessert sich dadurch erheblich.

- In den meisten Datenbanksystemen kann man keinen Index auf einer Sicht erstellen. Sollte Ihr Datenbanksystem diese Möglichkeit jedoch bieten, verwenden Sie die Klausel in der `SELECT`-Anweisung, die die Sicht aufbaut, um die Daten innerhalb der Sicht zu ordnen. (Leider erlauben viele Systeme auch nicht die Klausel `ORDER BY` mit der Anweisung `CREATE VIEW`.)
- Erstellen Sie keinen Index auf Feldern, die oft aktualisiert oder modifiziert werden. Der für die ständige Aktualisierung des Index erforderliche Verwaltungsaufwand übersteigt die zu erwartenden Leistungsgewinne.
- Speichern Sie Indizes und Tabellen nicht auf demselben physikalischen Laufwerk. Durch das Trennen dieser Objekte vermeidet man Laufwerkkonflikte und erzielt höhere Abfragegeschwindigkeiten.

Mehrere Felder indizieren

Mit SQL lassen sich auch mehrere Felder indizieren. Derartige Indizes bezeichnet man als zusammengesetzte Indizes. Der folgende Code zeigt einen einfachen zusammengesetzten Index. Beachten Sie, daß trotz der Kombination von zwei Feldern nur ein physikalischer Index (namens `ID_ZUS_INDEX`) erzeugt wird.

Eingabe/Ausgabe

```
SQL> CREATE INDEX ID_ZUS_INDEX ON RECHNUNGEN (KONTO_ID, BETRAG);

Index wurde angelegt.

SQL> SELECT * FROM RECHNUNGEN;

NAME                                BETRAG  KONTO_ID
------------------------------ --------- ---------
Florida Water Company                  20         1
Power Company                          75         1
Phone Company                         125         1
Software Company                      250         1
Record Club                            25         2
Cable TV Company                       35         3
Debtor's Credit Card                   35         4
U-O-Us Insurance Company              125         5
Joe's Car Palace                      350         5
S.C. Student Loan                     200         6

10 Zeilen ausgewählt.
```

```
SQL> DROP INDEX ID_ZUS_INDEX;
Index wurde gelöscht.
```

Es lassen sich Leistungsgewinne erreichen, indem man die Spalte mit den meisten eindeutigen Werten selektiert. Beispielsweise ist jeder Wert im Feld `NAME` der Tabelle `RECHNUNGEN` nur einmal vorhanden. In einem zusammengesetzten Index gibt man das »selektivste« Feld zuerst in der Spaltenliste an. Das heißt, man setzt das Feld, für das man die häufigsten Auswahloperationen erwartet, an den Beginn der Liste. (Die Reihenfolge, in der die Spaltennamen in der `CREATE INDEX`-Anweisung erscheinen, muß nicht mit der Reihenfolge in der Tabelle übereinstimmen.) Nehmen wir an, daß Sie routinemäßig eine Anweisung wie die folgende verwenden:

```
SQL> SELECT * FROM RECHNUNGEN WHERE NAME = 'Cable TV Company';
```

Um Leistungsgewinne zu erzielen, erzeugt man einen Index mit dem Feld `NAME` als führende Spalte. Dazu zwei Beispiele:

```
SQL> CREATE INDEX NAME_INDEX ON RECHNUNGEN(NAME, BETRAG);
```

oder

```
SQL> CREATE INDEX NAME_INDEX ON RECHNUNGEN(NAME);
```

Das Feld `NAME` bildet die äußerst linke Spalte in beiden Indizes, so daß die obige Abfrage für eine Suche auf dem Feld `NAME` optimiert wird.

Mit zusammengesetzten Indizes kombiniert man auch mehrere Spalten, die selbst nur eine geringe »Selektivität« aufweisen. Als Beispiel für die Selektivität untersuchen wir die Tabelle `BANKKONTEN`:

```
KONTO_ID TYP                                  SALDO BANK
--------- ------------------------------ --------- -----------------------
        1 Checking                              500 First Federal
        2 Money Market                         1200 First Investor's
        3 Checking                               90 Credit Union
        4 Savings                               400 First Federal
        5 Checking                             2500 Second Mutual
        6 Business                             4500 Fidelity
```

Wir stellen fest, daß drei der sechs Datensätze den Wert `Checking` enthalten. Diese Spalte hat eine geringere Selektivität als das Feld `KONTO_ID`. Beachten Sie weiterhin, daß jeder Wert des Feldes `KONTO_ID` eindeutig ist. Um die Selektivität des Index zu verbessern, könnte man die Felder `TYP` und `KONTO_ID` in einem neuen Index zusammenfassen. Dieser Schritt erzeugt einen eindeutigen Indexwert (der natürlich die höchste erreichbare Selektivität aufweist).

Hinweis

Einen Index mit mehreren Spalten bezeichnet man auch als zusammengesetzten Index. Die Entscheidung für einspaltigen oder zusammengesetzten Index macht man von Leistungsbetrachtungen abhängig. In Oracle werden Sie sich wahrscheinlich für einen einspaltigen Index entscheiden, wenn die meisten Abfragen nur eine bestimmte Spalte als Teil einer Bedingung einschließen. Andererseits wird man wahrscheinlich einen zusammengesetzten Index erstellen, wenn die Spalten in diesem Index häufig zusammen als Bedingungen für eine Abfrage zum Einsatz kommen. Prüfen Sie die konkrete Implementierung in der Dokumentation, wenn Sie mehrspaltige Indizes erstellen.

Das Schlüsselwort UNIQUE bei CREATE INDEX

Bei zusammengesetzten Indizes läßt sich mit dem Schlüsselwort `UNIQUE` verhindern, daß mehrere Datensätze mit den gleichen Daten erscheinen. Nehmen wir an, daß die Tabelle `RECHNUNGEN` der folgenden eingebauten »Regel« entsprechen soll: Jede an eine Firma gezahlte Rechnung muß von einem anderen Bankkonto kommen. Man erzeugt dann einen `UNIQUE`-Index auf den Feldern `NAME` und `KONTO_ID`. Leider unterstützt Oracle8 nicht die `UNIQUE`-Syntax in diesem Sinne, sondern implementiert mit `UNIQUE` die Integritätsregel, daß der Wert der Spalte (oder der Kombination von Spalten) der zu indizierenden Tabelle eindeutig sein muß. Das folgende Beispiel zeigt das Schlüsselwort `UNIQUE` mit `CREATE INDEX` in der Sprache Transact-SQL von Sybase.

Eingabe

```
1> create unique index EIND_ID_NAME
2> on RECHNUNGEN(KONTO_ID, NAME)
3> go
1> select * from RECHNUNGEN
2> go
```

Ausgabe

```
NAME                          BETRAG     KONTO_ID
---------------------------------------------------
Florida Water Company         20         1
Power Company                 75         1
Phone Company                 125        1
Software Company              250        1
```

```
Record Club                    25         2
Cable TV Company               35         3
Debtor's Credit Card           35         4
U-O-Us Irsurance Company       125        5
Joe's Car Palace               350        5
S.C. Stucent Loan              200        6
```

Versuchen Sie nun, einen Datensatz mit den gleichen Daten wie in einem bereits bestehenden Datensatz in die Tabelle RECHNUNGEN einzufügen.

Eingabe

```
1> insert RECHNUNGEN (NAME, BETRAG, KONTO_ID)
2> values('Power Company', 125, 1)
3> go
```

Analyse

Es erscheint eine Fehlermeldung mit dem Hinweis, daß der INSERT-Befehl nicht zulässig ist. Man kann derartige Fehlermeldungen in einer Anwendung abfangen und dem Benutzer mitteilen, daß er ungültige Daten einfügen möchte.

Beispiel 10.3

Erstellen Sie einen Index für die Tabelle RECHNUNGEN, der das Feld BETRAG in fallender Reihenfolge sortiert.

Eingabe/Ausgabe

```
SQL> CREATE INDEX BETRAG_ABST
  2  ON RECHNUNGEN(BETRAG DESC);

Index wurde angelegt.
```

Analyse

Hier haben Sie erstmalig den Operator DESC eingesetzt. Damit zeigt man SQL an, den Index in absteigender Richtung zu sortieren. (Per Vorgabe wird ein numerisches Feld in aufsteigender Richtung sortiert.) Sehen Sie sich nun das Ergebnis an:

Eingabe/Ausgabe

```
SQL> SELECT * FROM RECHNUNGEN;

NAME                             BETRAG  KONTO_ID
------------------------------ --------- ---------
Joe's Car Palace                     350         5
Software Company                     250         1
S.C. Student Loan                    200         6
Phone Company                        125         1
U-O-Us Insurance Company             125         5
Power Company                         75         1
Cable TV Company                      35         3
Debtor's Credit Card                  35         4
Record Club                           25         2
Florida Water Company                 20         1

10 Zeilen ausgewählt.
```

Analyse

Dieses Beispiel hat einen Index mit dem Operator DESC auf der Spalte BETRAG erzeugt. Beachten Sie in der Ausgabe, daß die Beträge vom größten zum kleinsten Wert geordnet sind.

Indizes und Verknüpfungen

Wenn man bei Abfragen mit komplizierten Verknüpfungen arbeitet, kann die Ausführungszeit der SELECT-Anweisung – insbesondere bei großen Tabellen – im Sekundenbereich liegen (verglichen mit den sonst üblichen Wartezeiten im Bereich von Millisekunden). In einer Client/Server-Umgebung mit vielen Benutzern kann ein derartiges Leistungsverhalten für die Benutzer Ihrer Anwendung ziemlich frustrierend sein. Die Geschwindigkeit der Abfrage läßt sich steigern, wenn man einen Index für die häufig in Verknüpfungen vorkommenden Felder erstellt. Allerdings erreicht man eher das Gegenteil, wenn man zu viele Indizes erzeugt. Es empfiehlt sich daher, mit Indizes auf verschiedenartigen großen Tabellen (mit einem Umfang von mehreren tausend Datensätzen) zu experimentieren. Aus diesen Experimenten lassen sich dann Rückschlüsse auf die Optimierung von SQL-Anweisungen ziehen.

In den meisten Implementierungen läßt sich die für eine Abfrage benötigte Zeit messen. Oracle bezeichnet diesen Mechanismus als Timing. Konsultieren Sie in diesem Zusammenhang die Dokumentation der jeweiligen Implementierung.

Das folgende Beispiel erzeugt einen Index auf den Feldern KONTO_ID in den Tabellen RECHNUNGEN und BANKKONTEN:

```
SQL> CREATE INDEX RECH_INDEX ON RECHNUNGEN(KONTO_ID);

Index wurde angelegt.

SQL> CREATE INDEX RECH_INDEX2 ON BANKKONTEN(KONTO_ID);

Index wurde angelegt.

SQL> SELECT RECHNUNGEN.NAME NAME, RECHNUNGEN.BETRAG BETRAG,
  2  BANKKONTEN.SALDO KONTOSTAND
  3  FROM RECHNUNGEN, BANKKONTEN
  4  WHERE RECHNUNGEN.KONTO_ID = BANKKONTEN.KONTO_ID;

NAME                              BETRAG KONTOSTAND
------------------------------ --------- ----------
Phone Company                        125        500
Power Company                         75        500
Software Company                     250        500
Florida Water Company                 20        500
Record Club                           25       1200
Cable TV Company                      35         90
Debtor's Credit Card                  35        400
Joe's Car Palace                     350       2500
U-O-Us Insurance Company             125       2500
S.C. Student Loan                    200       4500

10 Zeilen ausgewählt.
```

Analyse

Dieses Beispiel erzeugt zuerst einen Index für das Feld KONTO_ID auf beiden Tabellen in der zugehörigen Abfrage. Mit einem Index für KONTO_ID für jede Tabelle kann die Verknüpfung schneller auf bestimmte Datenzeilen zugreifen. In der Regel sollte man die Spalten einer Tabelle indizieren, die eindeutig sind oder über die man Tabellen in Abfragen verknüpfen möchte.

Cluster

Auch wenn wir ursprünglich festgestellt haben, daß sich mit Indizes eine Tabellenansicht präsentieren läßt, die sich von der physikalischen Anordnung unterscheidet, ist diese Aussage nicht hundertprozentig korrekt. Viele Datenbanksysteme unterstützen einen speziellen Indextyp, mit dem der Datenbankverwalter oder Entwickler Daten gruppieren – in sogenannten Clustern zusammenfassen – kann. Wenn man mit einem gruppenbildenden Index arbeitet, wird die physikalische Anordnung der Daten innerhalb einer Tabelle modifiziert. Ein gruppenbildender Index bringt gewöhnlich bessere Reaktionszeiten beim Abrufen von Daten als ein herkömmlicher, nichtgruppenbildender Index. Allerdings erlauben viele Datenbanksysteme (wie etwa Sybase SQL Server) nur einen gruppenbildenden Index pro Tabelle. Den gruppenbildenden Index baut man gewöhnlich auf dem Primärschlüsselfeld auf. In der Sprache Transact-SQL von Sybase kann man nach der folgenden Syntax einen eindeutigen gruppenbildenden Index auf dem Feld KONTO_ID der Tabelle BANKKONTEN erstellen:

Syntax

```
create unique clustered index id_index
on BANKKONTEN(KONTO_ID)
go
```

Oracle behandelt das Cluster-Konzept etwas anders. In einer Oracle-Datenbank stellt ein Cluster ein Datenbankobjekt in der Art einer Datenbank oder Tabelle dar. In einem Cluster speichert man Tabellen mit gemeinsamen Feldern, um die Zugriffsgeschwindigkeit zu erhöhen.

Die Syntax für das Erstellen eines Clusters mit Oracle8 sieht wie folgt aus:

Syntax

```
CREATE CLUSTER [Schema.]Cluster
(Spalte Datentyp [,Spalte Datentyp] ...)
[PCTUSED Integer][PCTFREE Integer]
[SIZE Integer [K|M] ]
[INITRANS Integer][MAXTRANS Integer]
[TABLESPACE Tabellenbereich]
[STORAGE Speicherklausel]
[INDEX| HASHKEYS Integer [HASH IS Ausdruck]]
```

Innerhalb des Clusters sollte man dann einen Index erzeugen, der sich auf die in den Cluster aufzunehmenden Tabellen bezieht. Anschließend kann man die Tabellen hinzufügen. In einen Cluster sollte man nur Tabellen aufnehmen, die man häufig in Verknüpfungen verwendet. In einen Cluster gehören keine Tabellen, auf die man individuell über eine einfache SELECT-Anweisung zugreifen kann.

Die SQL-Implementierung der Cluster hängt vom jeweiligen Datenbankhersteller ab. An dieser Stelle gehen wir nicht näher auf deren Einsatz oder die Syntax für das Erstellen ein. Anhand der Dokumentation des konkreten Datenbanksystems können Sie sich informieren, ob und wie diese nützlichen Objekte unterstützt werden.

Zusammenfassung

Sichten sind virtuelle Tabellen und bieten eine einfache Möglichkeit, die Daten in einem Format zu präsentieren, das sich von der tatsächlichen Speicherorganisation in der Datenbank unterscheidet. Die Syntax der Anweisung CREATE VIEW verwendet (mit einigen Ausnahmen) eine normale SELECT-Anweisung, um die Sicht zu erzeugen. Man kann eine Sicht als normale Tabelle behandeln und darauf Daten einfügen, aktualisieren, löschen und auswählen. In diesem Zusammenhang wurde kurz auf die Datenbanksicherheit eingegangen, und es wurde gezeigt, wie man Sicherheit mit Hilfe von Sichten implementiert. Lektion 12 widmet sich dem Thema Datenbanksicherheit ausführlicher.

Die grundlegende Syntax für das Erstellen einer Sicht lautet:

```
CREATE VIEW Sichtname AS
SELECT Feldname(n) FROM Tabellenname(n);
```

Sichten verwendet man unter anderem, um ...

- Sicherheitsfunktionen für den Benutzer zu realisieren.
- Einheiten zu konvertieren.
- ein neues virtuelles Tabellenformat zu erstellen.
- die Konstruktion komplexer Abfragen zu vereinfachen.

Weitere Hilfsmittel für den Datenbankentwurf und die SQL-Programmierung sind Indizes. Dabei handelt es sich um physikalische Datenbankobjekte, die ein Datenbank-Managementsystem speichert und die sich für die Abfrage von bereits sortierten Daten aus der Datenbank eignen. Außerdem läßt sich dank des Aufbaus von Indizes mit geeignet formulierten Abfragen und indizierten Tabellen eine signifikante Geschwindigkeitssteigerung erreichen.

Die grundlegende Syntax für das Erstellen eines Index sieht wie folgt aus:

```
CREATE INDEX Indexname
ON Tabellenname(Feldname(n));
```

Manche Datenbanksysteme bieten zusätzliche Optionen, wie etwa die Schlüsselwörter `UNIQUE` und `CLUSTERED`.

Fragen & Antworten

F Wenn die Daten innerhalb meiner Tabelle bereits in einer sortierten Reihenfolge vorliegen, warum sollte ich dann einen Index für diese Tabelle verwenden?

A *Ein Index bietet trotzdem noch einen Leistungszuwachs aufgrund der schnellen Suche von Schlüsselwerten in einer Baumstruktur. Gegenüber dem Durchsuchen aller Datensätze im direkten Zugriff lassen sich Datensätze über einen Index schneller lokalisieren. Außerdem kann der SQL-Abfrageprozessor gar nicht wissen, daß die Daten in der Tabelle bereits sortiert sind.*

F Kann ich einen Index erzeugen, der Felder aus mehreren Tabellen enthält?

A *Leider nicht. Allerdings bietet zum Beispiel Oracle8 die Möglichkeit, einen Cluster – das heißt, einen gruppenbildenden Index – zu erzeugen. In einem Cluster kann man die erforderlichen Tabellen unterbringen und Cluster-Indizes auf Feldern erzeugen, die den Tabellen gemeinsam sind. Diese Implementierung ist die Ausnahme und nicht die Regel. Im konkreten Fall konsultieren Sie bitte die Dokumentation zu Ihrem Datenbank-Managementsystem.*

Workshop

Kontrollfragen

1. Was passiert, wenn man einen eindeutigen Index auf einem nichteindeutigen Feld erzeugt?
2. Sind die folgenden Aussagen richtig oder falsch?
   - Sowohl Sichten als auch Indizes belegen Platz in der Datenbank und sind demzufolge in die Planung der Datenbankgröße einzubeziehen.
   - Hat man eine Sicht auf eine Tabelle erzeugt und diese Tabelle wird aktualisiert, muß man für die Sicht eine identische Aktualisierung ausführen, um dieselben Daten zu sehen.

- Hat man genügend Festplattenplatz zur Verfügung, sollte man möglichst viele Indizes aufbauen, um das Letzte an Geschwindigkeit für die Abfragen herauszuholen.

3. Ist die folgende CREATE-Anweisung korrekt?

```
SQL> create view kredit_schulden as
     (select all from offen
     where KONTO_ID = 4);
```

4. Ist die folgende CREATE-Anweisung korrekt?

```
SQL> create unique view offen as
     select * from schulden_tbl;
```

5. Ist die folgende CREATE-Anweisung korrekt?

```
SQL> drop * from view offen;
```

6. Ist die folgende CREATE-Anweisung korrekt?

```
SQL> create index id_index on rechnungen
     (konto_id);
```

Übungen

1. Machen Sie sich mit Ihrem Datenbanksystem vertraut. Unterstützt es Sichten? Welche Optionen sind Ihnen bei der Erstellung von Sichten erlaubt? Schreiben Sie mit der passenden Syntax eine einfache SQL-Anweisung, die eine Sicht erzeugt. Führen Sie einige herkömmliche Operationen wie SELECT oder DELETE aus und löschen Sie dann die Sicht (per DROP).
2. Prüfen Sie, ob Ihr Datenbanksystem Indizes unterstützt. Zweifellos steht Ihnen eine breite Palette von Optionen zur Verfügung. Probieren Sie einige dieser Optionen auf einer Tabelle aus, die innerhalb Ihrer Datenbank existiert. Bestimmen Sie insbesondere, ob Sie eindeutige (UNIQUE) oder gruppenbildende (CLUSTERED) Indizes auf einer Tabelle innerhalb der Datenbank erzeugen können.
3. Suchen Sie sich nach Möglichkeit eine Tabelle, die mehrere tausend Datensätze enthält. Stoppen Sie die Zeit für verschiedene Operationen bezüglich der Datenbank. Fügen Sie Indizes ein und prüfen Sie, ob sich eine Leistungsverbesserung feststellen läßt. Probieren Sie die heute gegebenen Tips aus.

11

Transaktionen steuern

Woche 2

Die letzten zehn Tage haben Sie nahezu alles gelernt, was man mit Daten in einer relationalen Datenbank anstellen kann. Beispielsweise wissen Sie, wie man Daten mit der SQL-Anweisung `SELECT` aus Tabellen abruft und das Ergebnis von Bedingungen, die der Benutzer angibt, abhängig macht. Außerdem haben Sie mit Anweisungen zur Datenmanipulation wie `INSERT`, `UPDATE` und `DELETE` gearbeitet. Damit gehören Sie in den Kreis der Benutzer mit einem mittleren Kenntnisstand in bezug auf SQL und Datenbanken. Gegebenenfalls könnten Sie bereits eine Datenbank mit den zugehörigen Tabellen aufbauen, wobei jede Tabelle verschiedene Felder mit unterschiedlichen Datentypen enthält. Mit den geeigneten Entwurfsverfahren können Sie die Informationen aus der Datenbank in eine leistungsfähige Anwendung übertragen.

Ziele

Wenn Sie nur hin und wieder mit SQL arbeiten und gelegentlich Daten aus einer Datenbank abrufen müssen, dürfte Ihnen das Material der ersten zehn Tage bereits den größten Teil der erforderlichen Informationen bieten. Haben Sie allerdings vor, eine professionelle Anwendung zu entwickeln, die sich auf eine relationale Datenbank stützt, sind Ihnen die Themen der nächsten vier Tage – Transaktionssteuerung, Sicherheit, Programme mit eingebettetem SQL und Datenbankprozeduren – eine unerläßliche Hilfe. Wir beginnen mit der Transaktionssteuerung.

Die heutige Lektion erläutert ...

- die Grundlagen der Transaktionssteuerung.
- wie man eine Transaktion abschließt und abbricht.
- einige Unterschiede zwischen den Transaktionen in Sybase und Oracle.

Hinweis: Für die heutigen Beispiele kommen sowohl Personal Oracle8 als auch SQL Server von Sybase zum Einsatz. Der Dokumentation zu Ihrem Datenbank-Managementsystem können Sie kleinere Unterschiede in der Syntax entnehmen.

Transaktionssteuerung

Transaktionssteuerung – oder Transaktionsmanagement – bezieht sich auf die Fähigkeit eines relationalen Datenbank-Managementsystems, Datenbanktransaktionen auszuführen. Transaktionen sind Arbeitseinheiten, die als Gruppe in einer logischen Reihenfolge, und zwar erfolgreich oder überhaupt nicht auszuführen sind. Der Begriff Arbeitseinheit bedeutet, daß eine Transaktion einen Anfang und ein Ende hat. Wenn irgend etwas während der Transaktion schief geht, läßt sich die gesamte Arbeitseinheit bei Bedarf abbrechen. Läuft alles zur Zufriedenheit, kann man die gesamte Arbeitseinheit in der Datenbank speichern.

In den kommenden Monaten oder Jahren werden Sie wahrscheinlich Anwendungen für mehrere Benutzer über ein Netzwerk implementieren. Client/Server-Umgebungen sind speziell für diesen Zweck ausgelegt. Traditionell unterstützt ein Server (in diesem Fall ein Datenbank-Server) mehrere daran angeschlossene Netzwerkverbindungen. Wie es bei neuen Technologien oft der Fall ist, führt die erweiterte Flexibilität zu komplizierteren Bedingungen in der Systemumgebung. Sehen Sie sich dazu die Bankanwendung an, die die nächsten Absätze beschreiben.

Die Bankanwendung

Die First Federal Financial Bank hat Sie beauftragt, eine Anwendung für Schecktransaktionen einzurichten, die Buchungen auf den Girokonten der Kunden realisiert. Sie haben eine hübsche Datenbank aufgebaut, die getestet wurde und scheinbar korrekt arbeitet. Wenn man $20 vom Konto abbucht, verschwindet dieser Betrag tatsächlich aus der Datenbank. Fügen Sie dem Girokonto $50.25 hinzu, zeigt sich diese Einzahlung ebenfalls wie erwartet. Stolz verkünden Sie Ihrem Chef, daß das System bereit ist. Daraufhin werden mehrere Computer in einer örtlichen Filiale eingerichtet, um die Arbeit mit Ihrer Anwendung aufzunehmen.

Nach kurzer Zeit bemerken Sie einen Zustand, auf den Sie nicht vorbereitet waren: Während ein Schalterbeamter einen Scheck deponiert, hebt ein anderer Angestellter Geld vom selben Konto ab. Innerhalb von Minuten sind die Salden auf vielen Konten nicht mehr korrekt, da viele Benutzer die Tabellen gleichzeitig aktualisieren. Leider überschreiben sich diese Aktualisierungen untereinander. Kurz danach wird Ihre Anwendung durch eine Wartungsmaßnahme offline geschaltet. Dieses Probleme arbeiten wir anhand einer Datenbank namens `GIROKONTEN` durch. Innerhalb dieser Datenbank gibt es zwei Tabellen, die in den Tabellen 11.1 und 11.2 dargestellt sind.

Tabelle 11.1: Die Tabelle KUNDEN

NAME	ADRESSE	STADT	STAAT	ZIP	KUNDEN_NR
Bill Turner	725 N. Deal Parkway	Washington	DC	20085	1
John Keith	1220 Via De Luna Dr.	Jacksonville	FL	33581	2

Tabelle 11.1: Die Tabelle KUNDEN

NAME	ADRESSE	STADT	STAAT	ZIP	KUNDEN_NR
Mary Rosenberg	482 Wannamaker Avenue	Williams-burg	VA	23478	3
David Blanken	405 N. Davis Highway	Greenville	SC	29652	4
Rebecca Little	7753 Woods Lane	Houston	TX	38764	5

Tabelle 11.2: Die Tabelle SALDEN

SALDO_MW	SALDO_AKT	KONTO_ID
1298.53	854.22	1
5427.22	6015.96	2
211.25	190.01	3
73.79	25.87	4
1285.90	1473.75	5
1234.56	1543.67	6
345.25	348.03	7

Nehmen wir nun an, daß Ihre Anwendung eine `SELECT`-Operation ausführt und die folgenden Daten für Bill Turner abruft:

```
NAME:  Bill Turner
ADRESSE:  725 N. Deal Parkway
STADT:  Washington
STAAT:  DC
ZIP:  20085
KUNDEN_NR:  1
```

Während diese Informationen abgerufen werden, aktualisiert ein anderer Benutzer mit einer Verbindung zu dieser Datenbank die Adreßangaben zu Bill Turner:

```
SQL> UPDATE KUNDEN SET ADRESSE = '11741 Kingstowne Road'
     WHERE NAME = 'Bill Turner';
```

Wie Sie sehen, können die vorher abgerufenen Informationen nun ungültig sein, wenn die Aktualisierung in der Mitte Ihrer SELECT-Operation auftritt. Wenn Ihre Anwendung einen Brief an Bill Turner ausgelöst hat, wäre die verwendete Adresse nun falsch. Es liegt auf der Hand, daß man die Adresse auf einem abgeschickten Brief nicht mehr ändern kann. Wenn Sie allerdings mit einer Transaktion gearbeitet hätten, ließe sich diese Datenänderung erkennen, und man könnte alle anderen Operationen rückgängig machen.

Eine Transaktion beginnen

Transaktionen sind recht einfach zu implementieren. Wir untersuchen sowohl die SQL-Syntax im Oracle-RDBMS als auch die von Sybase SQL Server.

Alle Datenbanksysteme mit Transaktionsverarbeitung müssen dem System explizit mitteilen können, daß eine Transaktion beginnt. (Wie Sie wissen, ist eine Transaktion eine Folge von Änderungen, die einen Anfang und ein Ende hat.) Bei Personal Oracle8 sieht die entsprechende Syntax wie folgt aus:

Syntax

```
SET TRANSACTION {READ ONLY | USE ROLLBACK SEGMENT Segment}
```

Der SQL-Standard legt fest, daß die SQL-Implementierung der Datenbanken das folgerichtige Lesen auf Anweisungsebene unterstützen muß. Das heißt, die Daten müssen während der Ausführung einer Anweisung konsistent bleiben. Allerdings müssen die Daten in vielen Situationen über eine ganze Arbeitseinheit hinweg gültig bleiben und nicht nur innerhalb einer einzelnen Anweisung. Mit Oracle kann der Benutzer den Beginn einer Transaktion mit der Anweisung SET TRANSACTION festlegen. Wenn man die Informationen zu Bill Turner untersuchen möchte und eine Änderung der Daten verhindern will, kann man folgendes ausführen:

Eingabe

```
SQL> SET TRANSACTION READ ONLY;
SQL> SELECT * FROM KUNDEN
     WHERE NAME = 'Bill Turner';

--- Andere Operationen ausführen ---

SQL> COMMIT;
```

Auf die COMMIT-Anweisung gehen wir später ein. Mit der Option SET TRANSACTION READ ONLY läßt sich eine Gruppe von Datensätzen sperren, bis die Transaktion abgeschlossen ist. Man kann die Option READ ONLY bei den folgenden Befehlen verwenden:

- SELECT
- LOCK TABLE
- SET ROLE
- ALTER SESSION
- ALTER SYSTEM

Die Option USE ROLLBACK SEGMENT teilt Oracle mit, in welchem Datenbanksegment der Speicherbereich für Rollback-Aktionen anzulegen ist. Diese Option ist eine Oracle-Erweiterung zur Standard-SQL-Syntax. In der Oracle-Dokumentation finden Sie weitere Informationen, wie man Segmente bei der Verwaltung einer Datenbank einsetzt.

Die Sprache Transact-SQL von SQL Server implementiert den Befehl BEGIN TRANSACTION mit der folgenden Syntax:

Syntax

```
begin {transaction | tran} [Transaktionsname]
```

Diese Implementierung unterscheidet sich ein wenig von der Oracle-Implementierung. (Sybase erlaubt nicht die Angabe der Option READ ONLY.) Allerdings kann man mit Sybase der Transaktion einen Namen geben, solange es sich um die äußerste Transaktion in einem Satz verschachtelter Transaktionen handelt.

Die folgende Anweisungsgruppe zeigt verschachtelte Transaktionen in der Sprache Transact-SQL von Sybase:

Eingabe

```
1> begin transaction KONTO_NEU
2> insert KUNDEN values ('Izetta Parsons', '1285 Pineapple Highway', 'Greenville',
'AL', 32854, 6)
3> if exists(select * from KUNDEN where NAME = 'Izetta Parsons')
4> begin
5> begin transaction
```

```
6> insert SALDEN values(1250.76, 1431.26, 8)
7> end
8> else
9> rollback transaction
10> if exists(select * from SALDEN where KONTO_ID = 8)
11> begin
12> begin transaction
13> insert KONTEN values(8, 6)
14> end
15> else
16> rollback transaction
17> if exists (select * from KONTEN where KONTO_ID = 8 and KUNDEN_NR = 6)
18> commit transaction
19> else
20> rollback transaction
21> go
```

Momentan brauchen Sie sich noch nicht um die Anweisungen ROLLBACK TRANSACTION und COMMIT TRANSACTION zu kümmern. Dieses Beispiel soll in erster Linie die verschachtelte Transaktion – oder eine Transaktion innerhalb einer Transaktion – zeigen.

Beachten Sie, daß die anfängliche Transaktion (KONTO_NEU) in Zeile 1 beginnt. Nach dem ersten Einfügen wird geprüft, ob die INSERT-Operation erfolgreich verlaufen ist. Eine weitere Transaktion beginnt in Zeile 5. Diese Konstruktion bezeichnet man als verschachtelte Transaktion.

Verschiedene Datenbanken unterstützen die automatische Bestätigung der Transaktion mit der Option AUTOCOMMIT. Diese Option läßt sich mit dem SET-Befehl einrichten:

```
SET AUTOCOMMIT [ON | OFF]
```

Per Vorgabe wird der Befehl AUTOCOMMIT ON beim Start ausgeführt. Er weist SQL an, automatisch alle von Ihnen ausgeführten Anweisungen zu bestätigen. Wenn Sie diese Befehle nicht automatisch ausführen möchten, setzen Sie die Option AUTOCOMMIT auf OFF:

```
SET AUTOCOMMIT OFF
```

Hinweis

Ermitteln Sie anhand der Dokumentation Ihres Datenbanksystems, wie Sie eine Transaktion einleiten.

Eine Transaktion beenden

Die Oracle-Syntax zum Beenden einer Transaktion lautet wie folgt:

Syntax

```
COMMIT [WORK]
[ COMMENT 'Text'
| FORCE 'Text' [, Integer] ] ;
```

Der gleiche Befehl mit der Syntax von Sybase sieht folgendermaßen aus:

Syntax

```
COMMIT (TRANSACTION | TRAN) (TRANSAKTIONSNAME)
```

Der Befehl COMMIT speichert alle Änderungen, die während einer Transaktion ausgeführt wurden. Die Ausführung einer COMMIT-Anweisung vor dem Beginn einer Transaktion stellt sicher, daß keine Fehler aufgetreten sind und keine vorherige Transaktion anhängig ist.

Das folgende Beispiel verifiziert, daß der Befehl COMMIT für sich allein verwendet werden kann, ohne daß man einen Fehler vom Datenbanksystem zurückerhält.

Eingabe

```
SQL> COMMIT;
SQL> SET TRANSACTION READ ONLY;
SQL> SELECT * FROM KUNDEN
     WHERE NAME = 'Bill Turner';

--- Andere Operationen ausführen ---

SQL> COMMIT;
```

Das folgende Beispiel zeigt den Einsatz der COMMIT-Anweisung in Oracle-SQL:

Eingabe

```
SQL> SET TRANSACTION;
SQL> INSERT INTO KUNDEN VALUES
```

```
      ('John MacDowell', '2000 Lake Lunge Road', 'Chicago', 'IL', 42854, 7);
SQL> COMMIT;
SQL> SELECT * FROM KUNDEN;
```

Tabelle 11.3: Die Tabelle KUNDEN

NAME	ADRESSE	STADT	STAAT	ZIP	KUNDEN_NR
Bill Turner	725 N. Deal Parkway	Washington	DC	20085	1
John Keith	1220 Via De Luna Dr.	Jacksonville	FL	33581	2
Mary Rosenberg	482 Wannamaker Avenue	Williamsburg	VA	23478	3
David Blanken	405 N. Davis Highway	Greenville	SC	29652	4
Rebecca Little	7753 Woods Lane	Houston	TX	38764	5
Izetta Parsons	1285 Pineapple Highway	Greenville	AL	32854	6
John MacDowell	2000 Lake Lunge Road	Chicago	IL	42854	7

Eine `COMMIT`-Anweisung in Sybase-SQL sieht zum Beispiel folgendermaßen aus:

Eingabe

```
1> begin transaction
2> insert into KUNDEN values
   ('John MacDowell', '2000 Lake Lunge Road', 'Chicago', 'IL', 42854, 7)
3> commit transaction
4> go
1> select * from KUNDEN
2> go
```

Tabelle 11.4: Die Tabelle KUNDEN

NAME	ADRESSE	STADT	STAAT	ZIP	KUNDEN_NR
Bill Turner	725 N. Deal Parkway	Washington	DC	20085	1
John Keith	1220 Via De Luna Dr.	Jacksonville	FL	33581	2
Mary Rosenberg	482 Wannamaker Avenue	Williamsburg	VA	23478	3

Tabelle 11.4: Die Tabelle KUNDEN

NAME	ADRESSE	STADT	STAAT	ZIP	KUNDEN_NR
David Blanken	405 N. Davis Highway	Greenville	SC	29652	4
Rebecca Little	7753 Woods Lane	Houston	TX	38764	5
Izetta Parsons	1285 Pineapple Highway	Greenville	AL	32854	6
John MacDowell	2000 Lake Lunge Road	Chicago	IL	42854	7

Die obigen Anweisungen realisieren das gleiche wie bei Verwendung der Syntax von Oracle8. Allerdings stellt man durch Ausführung des COMMIT-Befehls unmittelbar nach Beginn der Transaktion sicher, daß die neue Transaktion korrekt ausgeführt wird.

Hinweis

Der Befehl COMMIT WORK ist äquivalent zum Befehl COMMIT (bzw. COMMIT TRANSACTION von Sybase) und wird nur bereitgestellt, um der Syntax von ANSI SQL zu entsprechen.

Die Transaktion abbrechen

Während einer laufenden Transaktion findet gewöhnlich eine Fehlerprüfung statt, um die erfolgreiche Ausführung festzustellen. Man kann eine Transaktion selbst nach vollständiger Abarbeitung noch rückgängig machen, indem man den Befehl ROLLBACK ausführt. Dieser Befehl ist allerdings noch vor einem COMMIT-Befehl zu geben. Die ROLLBACK-Anweisung ist aus einer Transaktion heraus auszuführen. Die Anweisung ROLLBACK macht die Transaktion rückgängig und stellt den Anfangszustand wieder her. Mit anderen Worten erhält man den Zustand der Datenbank vor Beginn der Transaktion. Die Syntax für diesen Befehl in Oracle8 lautet folgendermaßen:

Syntax

```
ROLLBACK [WORK]
[ TO [SAVEPOINT] Sicherungspunkt
| FORCE 'Text' ]
```

Der Befehl sieht einen Sicherungspunkt für die Transaktion vor. Auf dieses Verfahren gehen wir weiter hinten in diesem Kapitel ein.

Die ROLLBACK-Anweisung von Sybase Transact-SQL sieht dem COMMIT-Befehl sehr ähnlich:

Syntax

```
rollback {transaction | tran | work}
  [Transaktionsname | Sicherungspunktname]
```

Eine Befehlsfolge läßt sich in Oracle-SQL zum Beispiel wie folgt formulieren:

Eingabe

```
SQL> SET TRANSACTION;
SQL> INSERT INTO KUNDEN VALUES
     ('Bubba MacDowell', '2222 Blue Lake Way', 'Austin', 'TX', 39874, 8);
SQL> ROLLBACK;
SQL> SELECT * FROM KUNDEN;
```

Tabelle 11.5: Die Tabelle KUNDEN

NAME	ADRESSE	STADT	STAAT	ZIP	KUNDEN_NR
Bill Turner	725 N. Deal Parkway	Washington	DC	20085	1
John Keith	1220 Via De Luna Dr.	Jacksonville	FL	33581	2
Mary Rosenberg	482 Wannamaker Avenue	Williamsburg	VA	23478	3
David Blanken	405 N. Davis Highway	Greenville	SC	29652	4
Rebecca Little	7753 Woods Lane	Houston	TX	38764	5
Izetta Parsons	1285 Pineapple Highway	Greenville	AL	32854	6
John MacDowell	2000 Lake Lunge Road	Chicago	IL	42854	7

Die äquivalente Befehlsfolge sieht in Sybase-SQL folgendermaßen aus:

Eingabe

```
1> begin transaction
2> insert into KUNDEN values
   ('Bubba MacDowell', '2222 Blue Lake Way', 'Austin', 'TX', 39874, 8);
3> rollback transaction
4> go
1> SELECT * FROM KUNDEN
2> go
```

Tabelle 11.6: Die Tabelle KUNDEN

NAME	ADRESSE	STADT	STAAT	ZIP	KUNDEN_NR
Bill Turner	725 N. Deal Parkway	Washington	DC	20085	1
John Keith	1220 Via De Luna Dr.	Jacksonville	FL	33581	2
Mary Rosenberg	482 Wannamaker Avenue	Williamsburg	VA	23478	3
David Blanken	405 N. Davis Highway	Greenville	SC	29652	4
Rebecca Little	7753 Woods Lane	Houston	TX	38764	5
Izetta Parsons	1285 Pineapple Highway	Greenville	AL	32854	6
John MacDowell	2000 Lake Lunge Road	Chicago	IL	42854	7

Wie man sieht, wurde der neue Datensatz nicht hinzugefügt, da die `ROLLBACK`-Anweisung die `INSERT`-Operation rückgängig gemacht hat.

Nehmen wir an, daß Sie eine Anwendung für eine grafische Benutzeroberfläche wie etwa Microsoft Windows schreiben. In einem Dialogfeld fragen Sie eine Datenbank ab und erlauben dem Benutzer, Werte zu ändern. Wenn der Benutzer OK wählt, speichert die Datenbank die Änderungen. Wählt der Benutzer ABBRECHEN, werden die Änderungen verworfen. Hier bietet sich das Arbeiten mit einer Transaktion an.

Das folgende Listing verwendet die Syntax von Oracle SQL. Beachten Sie die Eingabeaufforderung SQL> und die Zeilennummern. Das sich anschließende Listing arbeitet mit der SQL-Syntax von Sybase. Hier gibt es keine Eingabeaufforderung wie SQL>.

Beim Öffnen des Dialogfelds läßt man die folgende SQL-Anweisung ausführen:

```
SQL> SET TRANSACTION;
SQL> SELECT KUNDEN.NAME, SALDEN.SALDO_AKT, SALDEN.KONTO_ID
  2  FROM KUNDEN, SALDEN
  3  WHERE KUNDEN.NAME = 'Rebecca Little'
  4  AND KUNDEN.KUNDEN_NR = SALDEN.KONTO_ID;
```

Das Dialogfeld erlaubt dem Benutzer, den aktuellen Kontostand zu ändern, so daß man diesen Wert in die Datenbank zurückspeichern muß.

Wenn der Benutzer OK wählt, startet die Aktualisierung.

```
SQL> UPDATE SALDEN SET SALDO_AKT = 'WERT_NEU' WHERE KONTO_ID = 6;
SQL> COMMIT;
```

Wählt der Benutzer ABBRECHEN, wird die ROLLBACK-Anweisung ausgeführt.

```
SQL> ROLLBACK;
```

In Sybase-SQL sehen die beim Öffnen des Dialogfelds auszuführenden SQL-Anweisungen folgendermaßen aus:

```
1> begin transaction
2> select KUNDEN.NAME, SALDEN.SALDO_AKT, SALDEN.KONTO_ID
3> from KUNDEN, SALDEN
```

```
4> where KUNDEN.NAME = 'Rebecca Little'
5> and KUNDEN.KUNDEN_NR = SALDEN.KONTO_ID
6> go
```

Das Dialogfeld erlaubt dem Benutzer, den aktuellen Kontostand zu ändern, so daß man diesen Wert wieder in die Datenbank übernehmen kann.

Auch hier startet die Aktualisierung, wenn der Benutzer die Schaltfläche OK wählt.

```
1> update SALDEN set SALDO_AKT = 'WERT_NEU' WHERE KONTO_ID = 6
2> commit transaction
3> go
```

Durch Wahl von ABBRECHEN löst der Benutzer die ROLLBACK-Anweisung aus.

```
1> rollback transaction
2> go
```

Die ROLLBACK-Anweisung bricht die gesamte Transaktion ab. Wenn man Transaktionen verschachtelt, bricht die ROLLBACK-Anweisung alle Transaktionen ab und stellt den Zustand vor Beginn der äußersten Transaktion wieder her.

Wenn momentan keine Transaktion aktiv ist, hat der Aufruf der ROLLBACK-Anweisung oder des COMMIT-Befehls keine Auswirkung auf das Datenbanksystem. (Stellen Sie sich diese Befehle einfach als tote Befehle vor.)

Sobald man die COMMIT-Anweisung ausgeführt hat, werden alle Operationen der Transaktion wirksam. Jetzt ist es zu spät, die Transaktion rückgängig zu machen.

Sicherungspunkte bei Transaktionen

Das Rückgängigmachen einer Transaktion bricht die gesamte Transaktion ab. Nehmen wir nun aber an, daß wir eine Transaktion nur zur Hälfte bis zu einem bestimmten Punkt der Anweisungsfolge rückgängig machen wollen. Sowohl Sybase als auch Oracle SQL erlauben das Sichern der Transaktion mit einem Sicherungspunkt (Savepoint). Von nun an wird beim Auslösen eines ROLLBACK-Befehls die Transaktion nur ab diesem Sicherungspunkt rückgängig gemacht. Alle bis zu diesem Sicherungspunkt ausgeführten Aktionen werden gespeichert. Die Syntax für das Erzeugen eines Sicherungspunkts in Oracle SQL lautet wie folgt:

Syntax

```
SAVEPOINT Sicherungspunktname;
```

In SQL Server erzeugt man einen Sicherungspunkt nach folgender Syntax:

```
save transaction Sicherungspunktname
```

Das nächste Beispiel verwendet die Syntax von Oracle SQL.

Eingabe

```
SQL> SET TRANSACTION;
SQL> UPDATE SALDEN SET SALDO_AKT = 25000 WHERE KONTO_ID = 5;
SQL> SAVEPOINT sicher;
SQL> DELETE FROM SALDEN WHERE KONTO_ID = 5;
SQL> ROLLBACK TO SAVEPOINT sicher;
SQL> COMMIT;
SQL> SELECT * FROM SALDEN;
```

Tabelle 11.7: Die Tabelle SALDEN

SALDO_MW	SALDO_AKT	KONTO_ID
1298.53	854.22	1
5427.22	6015.96	2
211.25	190.01	3
73.79	25.87	4
1285.90	25000.00	5
1234.56	1543.67	6
345.25	348.03	7
1250.76	1431.26	8

Das folgende Beispiel arbeitet nach der Syntax von Sybase SQL:

```
1> begin transaction
2> update SALDEN set SALDO_AKT = 25000 where KONTO_ID = 5
3> save transaction sicher
4> delete from SALDEN where KONTO_ID = 5
5> rollback transaction sicher
6> commit transaction
7> go
1> select * from SALDEN
2> go
```

Tabelle 11.8: Die Tabelle SALDEN

SALDO_MW	SALDO_AKT	KONTO_ID
1298.53	854.22	1
5427.22	6015.96	2
211.25	190.01	3
73.79	25.87	4
1285.90	25000.00	5
1234.56	1543.67	6
345.25	348.03	7
1250.76	1431.26	8

Die obigen Beispiele haben einen Sicherungspunkt namens `sicher` erzeugt. An der Datenbank wurde eine Aktualisierung vorgenommen, die den Wert der Spalte `SALDO_AKT` der Tabelle `SALDEN` geändert hat. Dann haben Sie diese Änderung als Sicherungspunkt gespeichert. An diese Sicherung schließt sich eine `DELETE`-Anweisung an. Allerdings haben Sie dann unmittelbar darauf die Transaktion bis zum Sicherungspunkt rückgängig gemacht. Mit Ausführung von `COMMIT TRANSACTION` wurden dann alle Befehle bis zum Sicherungspunkt bestätigt. Hätten Sie ein `ROLLBACK TRANSACTION` nach dem Befehl `ROLLBACK TRANSACTION Sicherungspunktname` ausgeführt, wäre die gesamte Transaktion rückgängig gemacht worden, und es hätten keine Änderungen stattgefunden.

Das folgende Beispiel verwendet die Syntax von Oracle SQL:

Eingabe

```
SQL> SET TRANSACTION;
SQL> UPDATE SALDEN SET SALDO_AKT = 25000 WHERE KONTO_ID = 5;
SQL> SAVEPOINT sicher;
SQL> DELETE FROM SALDEN WHERE KONTO_ID = 5;
SQL> ROLLBACK TO SAVEPOINT sicher;
SQL> ROLLBACK;
SQL> SELECT * FROM SALDEN;
```

Tabelle 11.9: Die Tabelle SALDEN

SALDO_MW	SALDO_AKT	KONTO_ID
1298.53	854.22	1
5427.22	6015.96	2
211.25	190.01	3
73.79	25.87	4
1285.90	1473.75	5
1234.56	1543.67	6
345.25	348.03	7
1250.76	1431.26	8

Im nächsten Beispiel kommt die Syntax von Sybase SQL zum Einsatz:

Eingabe

```
1> begin transaction
2> update SALDEN set SALDO_AKT = 25000 where KONTO_ID = 5
3> save transaction sicher
4> delete from SALDEN where KONTO_ID = 5
5> rollback transaction sicher
6> rollback transaction
7> go
1> select * from SALDEN
2> go
```

Tabelle 11.10: Die Tabelle SALDEN

SALDO_MW	SALDO_AKT	KONTO_ID
1298.53	854.22	1
5427.22	6015.96	2
211.25	190.01	3
73.79	25.87	4
1285.90	1473.75	5
1234.56	1543.67	6
345.25	348.03	7
1250.76	1431.26	8

Zusammenfassung

Eine Transaktion kann man als Arbeitseinheit definieren. Sie führt gewöhnlich eine Folge von Operationen aus, die von vorher ausgeführten Operationen abhängig sind. Wenn eine dieser Operationen scheitert oder sich die Daten aus irgendwelchen Gründen ändern, sollte man die restlichen Aufträge in einer Transaktion stornieren. Bei korrekter Ausführung aller Anweisungen speichert man die gesamte Arbeit der Transaktion.

Das Abbrechen einer Transaktion bezeichnet man als Rückgängigmachen (`Rollback`), die Speicherung der Arbeit einer korrekt ausgeführten Transaktion als Bestätigung (`Commit`). Die SQL-Syntax unterstützt diese beiden Prozesse in der Art der folgenden beiden Anweisungen:

Syntax

```
BEGIN TRANSACTION
    Anweisung1
    Anweisung2
    Anweisung3
ROLLBACK TRANSACTION
```

oder

Syntax

```
BEGIN TRANSACTION
    Anweisung1
    Anweisung2
    Anweisung3
COMMIT TRANSACTION
```

Fragen & Antworten

F Wenn bei einer Gruppe von Transaktionen lediglich eine Transaktion scheitert, werden dann die restlichen Transaktionen verarbeitet?

A *Nein. Die Gruppe muß sich insgesamt erfolgreich ausführen lassen.*

F Nach Ausführung des `COMMIT`-Befehls habe ich festgestellt, daß ich einen Fehler gemacht habe. Wie kann ich diesen Fehler korrigieren?

A *Verwenden Sie die Befehle `DELETE`, `INSERT` und `UPDATE`.*

F Muß ich nach jeder Transaktion den `COMMIT`-Befehl ausführen?

A *Nein. Es ist aber sicherer. Man vergewissert sich damit, daß keine Fehler aufgetreten und keine vorherigen Transaktionen anhängig sind.*

Workshop

Kontrollfragen

1. Bricht ein `ROLLBACK-TRANSACTION`-Befehl bei verschachtelten Transaktionen die aktuelle Transaktion ab und macht den Anweisungsstapel bis in die höchste Ebene der Transaktion rückgängig? Warum beziehungsweise warum nicht?
2. Kann man mit Sicherungspunkten bestimmte Teile einer Transaktion »absichern«? Warum beziehungsweise warum nicht?
3. Kann man einen `COMMIT`-Befehl für sich allein verwenden, oder muß man ihn einbetten?
4. Wenn man nach Ausführung des `COMMIT`-Befehls einen Fehler feststellt, läßt sich dann trotzdem noch der `ROLLBACK`-Befehl ausführen?
5. Wenn man in einer Transaktion mit einem Sicherungspunkt arbeitet, werden dann alle bis zu diesem Punkt gelaufenen Aktionen automatisch gespeichert?

Übungen

1. Korrigieren Sie (falls erforderlich) die folgenden Anweisungen gemäß Syntax von Personal Oracle8:

```
SQL> START TRANSACTION
     INSERT INTO KUNDEN VALUES
     ('SMITH', 'JOHN')
SQL> COMMIT;
```

2. Korrigieren Sie (falls erforderlich) die folgenden Anweisungen gemäß Syntax von Personal Oracle8:

```
SQL> SET TRANSACTION;
     UPDATE SALDEN SET SALDO_AKT = 25000;
SQL> COMMIT;
```

3. Korrigieren Sie (falls erforderlich) die folgenden Anweisungen gemäß Syntax von Personal Oracle8:

```
SQL> SET TRANSACTION;
     INSERT INTO SALDEN VALUES
     ('567.34', '230.00', '8');
SQL> ROLLBACK;
```

Datenbanksicherheit

Woche 2

Im Mittelpunkt des heutigen Tages steht die Datenbanksicherheit. Insbesondere sehen wir uns verschiedene SQL-Anweisungen und Konstruktionen an, mit denen sich eine relationale Datenbank effektiv verwalten läßt. Wie bei vielen bisher behandelten Themen hängt auch die Implementierung der Sicherheit stark vom verwendeten Datenbank-Managementsystem ab. Bei der Einführung dieses Themas konzentrieren wir uns auf das bekannte Produkt Oracle8. Diese Lektion zeigt Ihnen, wie man ...

- Benutzer erzeugt.
- Kennwörter ändert.
- Rollen erzeugt.
- Sichten für Sicherheitszwecke einsetzt.
- Synonyme anstelle von Sichten verwendet.

Gesucht: Datenbank-Administrator

Sicherheit ist ein oft übersehener Aspekt des Datenbankentwurfs. Die meisten Computerprofis treten in die Computerwelt mit einigen Kenntnissen zur Programmierung oder der Hardware ein und konzentrieren sich vor allem auf diese Bereiche. Wenn Sie zum Beispiel den Auftrag erhalten, ein völlig neues Projekt auszuarbeiten, das offensichtlich in irgendeiner Form einen relationalen Datenbankentwurf erfordert, worin besteht dann Ihr erster Schritt? Nach der Wahl der grundlegenden Hardware- und Softwarekomponenten beginnen Sie wahrscheinlich mit dem Entwurf der grundlegenden Datenbank für das Projekt. Diese Phase wird nacheinander unter mehrere Mitarbeiter aufgeteilt – einer von ihnen ist ein Entwickler für grafische Benutzeroberflächen, ein anderer gestaltet die Routinen auf einer systemnahen Ebene. Vielleicht fällt Ihnen, nachdem Sie dieses Buch gelesen haben, die Aufgabe zu, die SQL-Abfragen als Kern der Anwendung bereitzustellen. Mit dieser Aufgabe ist gleichzeitig die Verantwortlichkeit für die eigentliche Verwaltung und Wartung der Datenbank verbunden.

Oftmals werden nur wenige Gedanken an die eigentliche Produktionsphase der Anwendung verschwendet. Was passiert, wenn vielen Benutzern erlaubt ist, die Anwendung über ein weites Netzwerk (WAN) zu verwenden? Mit den heute üblichen leistungsfähigen Softwarepaketen und mit Technologien wie ODBC von Microsoft kann jeder Benutzer mit Zugriff auf das Netzwerk einen Weg zu Ihrer Datenbank finden. (Wir reden hier gar nicht von der Komplexität, wenn Ihre Firma das LAN mit dem Internet oder einem anderen großflächigen Netzwerk verbinden will!) Sind Sie auf diese Situation vorbereitet?

Glücklicherweise stellen die Softwarehersteller die meisten Werkzeuge bereit, die Sie für die Behandlung dieses Sicherheitsproblems benötigen. Jede neue Version eines Netzwerkbetriebssystems stellt sich strengeren Sicherheitsanforderungen als seine Vorgänger. Außerdem bauen die meisten Datenbankanbieter bis zu einem gewissen Maße Sicherheitsvorkehrungen in ihre Produkte ein, die unabhängig von den Sicherheitsmechanismen des Betriebssystems oder Netzwerks arbeiten. Die Implementierung dieser Sicherheitsmerkmale variiert allerdings stark von Produkt zu Produkt.

Populäre Datenbankprodukte und Sicherheit

Wie Sie mittlerweile wissen, kämpfen viele relationale Datenbanksysteme um Ihre Gunst. Jeder Anbieter möchte Sie kurz- und langfristig binden. Während der Entwicklungsphase eines Projekts können Sie eventuell eine kleine Anzahl von Produktlizenzen für das Testen, die Entwicklung usw. erwerben. Allerdings kann die Gesamtzahl der Lizenzen, die für Ihre Produktionsdatenbank erforderlich ist, Hunderte oder sogar Tausende erreichen. Wenn Sie sich darüber hinaus für ein bestimmtes Datenbankprodukt entscheiden, werden Sie höchstwahrscheinlich mehrere Jahre damit arbeiten. Bei der Untersuchung dieser Produkte sollte man daher einige Punkte beachten:

- FoxPro von Microsoft ist ein leistungsfähiges Datenbank-Managementsystem, das hauptsächlich in Einbenutzerumgebungen zum Einsatz kommt. FoxPro arbeitet mit einer eingeschränkten Untermenge von SQL. Das System trifft keine Maßnahmen für die Sicherheit. Es verwendet auch ein Xbase-Dateiformat, bei dem jede Datei eine Tabelle enthält. Indizes werden in separaten Dateien gespeichert.
- Das relationale Datenbank-Managementsystem Microsoft Access implementiert einen größeren Teil von SQL. Access ist trotzdem noch auf die PC-Plattform ausgerichtet, obwohl es bereits im Ansatz ein Sicherheitssystem beinhaltet. Das Produkt erlaubt den Aufbau von Abfragen und deren Speicherung innerhalb der Datenbank. Außerdem existieren die Datenbank und alle zugehörigen Objekte in nur einer Datei.
- Das relationale Datenbank-Managementsystem Oracle8 unterstützt nahezu den vollständigen SQL-Standard. Darüber hinaus hat Oracle mehrere Erweiterungen zu SQL vorgesehen, das sogenannte PL*SQL. Das Produkt enthält umfassende Sicherheitsmechanismen, einschließlich der Fähigkeit, Rollen zu erzeugen und den Datenbankobjekten Erlaubnisse und Privilegien zuzuweisen.

- Sybase SQL Server hat eine mit dem Oracle-Produkt vergleichbare Leistungsfähigkeit und weist etwa gleiche Merkmale auf. SQL Server stellt ebenfalls einen weiten Bereich von Sicherheitsfunktionen bereit und verfügt über eigene Erweiterungen der SQL-Sprache, das sogenannte Transact-SQL.

Diese Produktübersicht soll verdeutlichen, daß nicht alle Programme für alle Anwendungen geeignet sind. Wenn Sie in einer Büroumgebung arbeiten, ist Ihr Handlungsspielraum vielleicht eingeschränkt. Faktoren wie Kosten und Leistung sind extrem wichtig. Ohne adäquate Sicherheitsmaßnahmen können allerdings alle Einsparungen an der Datenbank leicht von Sicherheitsproblemen zunichte gemacht werden.

Wie wird eine Datenbank sicher?

Bis jetzt haben Sie sich nicht um die »Sicherheit« der erzeugten Datenbank gekümmert. Ist es Ihnen schon einmal passiert, daß Sie andere Benutzer davon abhalten wollten, sich an den von Ihnen so sorgfältig eingegebenen Datenbankinformationen zu schaffen zu machen? Wie reagieren Sie, wenn Sie sich eines morgens auf dem Server anmelden und feststellen, daß die so mühevoll erstellte Datenbank gelöscht wurde? (Erinnern Sie sich, wie unauffällig der Befehl `DROP DATABASE` arbeitet.) In dieser Lektion beschäftigen wir uns näher damit, wie ein bekanntes Datenbank-Managementsystem (Personal Oracle8) die Einrichtung einer sicheren Datenbank erlaubt. Die hier gewonnenen Kenntnisse lassen sich auf andere Datenbank-Managementsysteme übertragen, so daß Sie dieses Kapitel auch lesen sollten, wenn Oracle nicht das System Ihrer Wahl darstellt.

Tip

Beachten Sie die folgenden Punkte, wenn Sie Ihr Sicherheitssystem planen:

- Wer übernimmt die Rolle des Datenbank-Administrators (DBA)?
- Wie viele Benutzer müssen voraussichtlich auf die Datenbank zugreifen?
- Welche Benutzer benötigen welche Privilegien und welche Rollen?
- Wie entfernen Sie Benutzer, die keinen Zugriff mehr auf Ihre Datenbank benötigen?

Personal Oracle8 und Sicherheit

Oracle8 implementiert die Sicherheit mit drei Konstruktionen:

- Benutzer
- Rollen
- Privilegien

Benutzer erzeugen

Benutzer sind Kontennamen, die sich auf der Oracle-Datenbank anmelden dürfen. Die SQL-Syntax für das Erstellen eines neuen Benutzers sieht folgendermaßen aus:

Syntax

```
CREATE USER Benutzer
IDENTIFIED {BY Kennwort | EXTERNALLY}
[DEFAULT TABLESPACE Tabellenbereich]
[TEMPORARY TABLESPACE Tabellenbereich]
[QUOTA {Integer [K|M] | UNLIMITED} ON Tabellenbereich]
[PROFILE Profil]
```

Wenn man die Option `BY Kennwort` wählt, fordert das System den Benutzer auf, bei jeder Anmeldung ein Kennwort einzugeben. Erzeugen Sie als Beispiel einen Benutzernamen für sich selbst:

Eingabe/Ausgabe

```
SQL> CREATE USER Bryan IDENTIFIED BY CUTIGER;

Benutzer wurde angelegt.
```

Immer wenn ich mich mit Benutzername `Bryan` anmelde, werde ich aufgefordert, mein Kennwort einzugeben: `CUTIGER`.

Wählt man die Option `EXTERNALLY`, verläßt sich Oracle auf den Anmeldenamen und das Kennwort aus dem Computersystem des Benutzers. Mit der Anmeldung in Ihr System haben Sie sich praktisch auch bei Oracle angemeldet.

Hinweis

Einige Implementierungen erlauben die Verwendung des externen Kennworts bzw. des Systemkennworts als Standardkennwort bei Einsatz von SQL (`IDENTIFIED EXTERNALLY`). Allerdings empfehlen wir, daß Sie den Benutzer zur Eingabe eines Kennworts mit der Klausel `IDENTIFIED BY` auffordern (`IDENTIFIED BY Kennwort`).

Aus dem restlichen Teil der Syntax für CREATE USER läßt sich erkennen, daß man in Oracle auch Standardwerte für Tabellenbereiche und Quoten einrichten kann. Mehr zu diesen Themen entnehmen Sie bitte der Oracle-Dokumentation.

Wie bei jedem anderen CREATE-Befehl, den Sie bisher in diesem Buch kennengelernt haben, gibt es auch hier einen ALTER USER-Befehl:

Syntax

```
ALTER USER Benutzer
[IDENTIFIED {BY Kennwort | EXTERNALLY}]
[DEFAULT TABLESPACE Tabellenbereich]
[TEMPORARY TABLESPACE Tabellenbereich]
[QUOTA {Integer [K|M | UNLIMITED} ON Tabellenbereich]
[PROFILE Profil]
[DEFAULT ROLE { Rolle [, Rolle] ...
  | ALL [EXCEPT Rolle [, Rolle] ...] | NONE}]
```

Mit diesem Befehl lassen sich alle Optionen des Benutzers ändern, einschließlich Kennwort und Profil. Um zum Beispiel das Kennwort von Bryan zu ändern, geben Sie folgendes ein:

Eingabe/Ausgabe

```
SQL> ALTER USER Bryan
  2  IDENTIFIED BY ROSEBUD;

Benutzer wurde geändert.
```

Mit der folgenden Anweisung ändert man den Standardtabellenbereich:

Eingabe/Ausgabe

```
SQL> ALTER USER RON
  2  DEFAULT TABLESPACE USERS;

Benutzer wurde geändert.
```

Um einen Benutzer zu entfernen, führt man einfach den Befehl DROP USER aus, der den Eintrag für den Benutzer aus der Systemdatenbank löscht. Die Syntax für diesen Befehl lautet:

Syntax

```
DROP USER Benutzername [CASCADE];
```

Die Option `CASCADE` löscht zusammen mit dem Benutzerkonto alle Objekte, die zu `Benutzername` gehören. Falls der Benutzer noch Objekte besitzt und die Option `CASCADE` nicht angegeben ist, wird der Benutzer nicht gelöscht.

Rollen erzeugen

Eine Rolle ist ein Privileg oder Satz von Privilegien, die einem Benutzer die Ausführung bestimmter Funktionen in der Datenbank erlauben. Mit der folgenden Syntax läßt sich einem Benutzer eine Rolle zuweisen:

Syntax

```
GRANT Rolle TO Benutzer [WITH ADMIN OPTION];
```

Ist die Option `WITH ADMIN OPTION` angegeben, kann dieser Benutzer Rollen an andere Benutzer vergeben.

Syntax

Eine Rolle entfernt man mit dem Befehl `REVOKE`:

```
REVOKE Rolle FROM Benutzer;
```

Wenn Sie sich mit dem bereits weiter oben erzeugten Konto im System anmelden, haben Sie den Spielraum Ihrer Berechtigungen ausgeschöpft. Sie können sich zwar anmelden, aber das ist schon alles. Oracle erlaubt Ihnen die Registrierung in einer von drei Rollen:

- Connect
- Resource
- DBA (oder Datenbank-Administrator)

Diese drei Rollen beinhalten verschiedene Privilegstufen.

Hinweis

Wenn man über die geeigneten Privilegien verfügt, kann man eine eigene Rolle erzeugen, der Rolle Privilegien zuweisen und dann diese Rolle an einen Benutzer übertragen, um dessen Sicherheitsbefugnisse zu erweitern.

Die Connect-Rolle

Die Connect-Rolle (connect – verbinden) kann man sich als Rolle auf Eintrittsebene vorstellen. Einem Benutzer, dem der Zugriff in der Connect-Rolle gewährt wurde, lassen sich verschiedene Privilegien zuteilen, die ihm Aktionen mit einer Datenbank gestatten.

Eingabe/Ausgabe

```
SQL> GRANT CONNECT TO Bryan;

Benutzerzugriff (Grant) wurde erteilt.
```

Mit der Connect-Rolle kann der Benutzer in Tabellen, die zu anderen Benutzern gehören, Datensätze auswählen, einfügen, aktualisieren und löschen (nachdem die geeigneten Berechtigungen erteilt wurden). Der Benutzer kann auch Tabellen, Sichten, Cluster und Synonyme erzeugen.

Die Resource-Rolle

Die Resource-Rolle gibt dem Benutzer erweiterten Zugriff auf Oracle-Datenbanken. Neben den Berechtigungen, die mit der Connect-Rolle verbunden sind, können Resource-Rollen auch die Berechtigungen zum Erstellen von Prozeduren, Triggern und Indizes umfassen.

Eingabe/Ausgabe

```
SQL> GRANT RESOURCE TO Bryan;

Benutzerzugriff (Grant) wurde erteilt.
```

Die DBA-Rolle

Diese Rolle schließt alle Privilegien ein. Benutzer mit dieser Rolle können praktisch alle Operationen am Datenbanksystem ausführen. Man sollte die Anzahl der Benutzer mit dieser Rolle minimieren, um die Systemintegrität abzusichern.

Eingabe/Ausgabe

```
SQL> GRANT DBA TO Bryan;

Benutzerzugriff (Grant) wurde erteilt.
```

Nach den drei obigen Schritten verfügt der Benutzer Bryan über die Rollen Connect, Resource und DBA. Da die DBA-Rolle die beiden anderen Rollen einschließt, kann man die Rollen Connect und Resource löschen:

Eingabe/Ausgabe

```
SQL> REVOKE CONNECT FROM Bryan;

Benutzerzugriff wurde aufgehoben (Revoke).

SQL> REVOKE RESOURCE FROM Bryan;

Benutzerzugriff wurde aufgehoben (Revoke).
```

Bryan kann nun alle Operationen, die er für erforderlich hält, in seiner Rolle als DBA ausführen.

Benutzerprivilegien

Nachdem Sie festgelegt haben, welche Rollen Ihre Benutzer erhalten, entscheiden Sie als nächstes, welche Berechtigungen diese Benutzer in bezug auf Datenbankobjekte bekommen. (Oracle8 nennt diese Berechtigungen Privilegien.) Die Arten der Privilegien hängen von der jeweils zugeteilten Rolle ab. Wenn man ein Objekt erzeugt, kann man Privilegien auf diesem Objekt an andere Benutzer gewähren, solange deren Rolle den Zugriff auf dieses Privileg erlaubt. Oracle definiert zwei Typen von Privilegien, die sich Benutzern zuteilen lassen: Systemprivilegien und Objektprivilegien. (Siehe dazu die Tabellen 12.1 und 12.2.)

Systemprivilegien wirken systemweit. Die Syntax für die Gewährung eines Systemprivilegs lautet:

Syntax

```
GRANT Systemprivileg TO {Benutzername | Rolle | PUBLIC}
[WITH ADMIN OPTION];
```

Die Option `WITH ADMIN OPTION` erlaubt dem Berechtigten, dieses Privileg einem anderen Benutzer zu übertragen.

Benutzerzugriff auf Sichten

Der folgende Befehl erlaubt allen Benutzern des Systems den `CREATE VIEW`-Zugriff innerhalb ihres eigenen Schemas.

Eingabe

```
SQL> GRANT CREATE VIEW
  2  TO PUBLIC;
```

Ausgabe

```
Benützerzugriff (Grant) wurde erteilt.
```

Analyse

Das Schlüsselwort `PUBLIC` (öffentlich) bedeutet, daß jeder Benutzer die Privilegien `CREATE VIEW` erhält. Diese Systemprivilegien bieten dem Berechtigten natürlich den Zugriff auf nahezu alle Systemeinstellungen. Daher sollte man Systemprivilegien nur speziellen Benutzern gewähren bzw. Benutzern, die tatsächlich über diese Privilegien verfügen müssen. Tabelle 12.1 zeigt einen Auszug der Systemprivilegien, die Sie in den Hilfedateien zu Personal Oracle8 finden.

Warnung

Vergeben Sie öffentliche (public) Privilegien mit Bedacht. Damit erhalten nämlich alle Benutzer Zugriff auf Datenbankprivilegien, die Sie ihnen vielleicht gar nicht zugestehen möchten.

Tabelle 12.1: Systemprivilegien in Oracle8

Systemprivileg	**Erlaubte Operationen**
`ALTER ANY INDEX`	Erlaubt den Berechtigten, jeden Index in einem beliebigen Schema zu verändern.
`ALTER ANY PROCEDURE`	Erlaubt den Berechtigten, alle gespeicherten Prozeduren, Funktionen oder Pakete in einem beliebigen Schema zu verändern.

Tabelle 12.1: Systemprivilegien in Oracle8

Systemprivileg	Erlaubte Operationen
ALTER ANY ROLE	Erlaubt den Berechtigten, jede Rolle in der Datenbank zu ändern.
ALTER ANY TABLE	Erlaubt den Berechtigten, jede Tabelle oder Sicht in dem Schema zu ändern.
ALTER ANY TRIGGER	Erlaubt den Berechtigten, jeden Datenbank-Trigger in einem beliebigen Schema zu aktivieren, zu deaktivieren oder zu kompilieren.
ALTER DATABASE	Erlaubt den Berechtigten, die Datenbank zu ändern.
ALTER USER	Erlaubt den Berechtigten, jeden Benutzer zu ändern. Dieses Privileg autorisiert den Berechtigten, das Kennwort oder die Autorisierungsmethode eines anderen Benutzers zu ändern, einem beliebigen Tabellenbereich Quoten zuzuweisen, Standard- und temporäre Tabellenbereiche festzulegen sowie ein Profil und Standardrollen zuzuweisen.
CREATE ANY INDEX	Erlaubt den Berechtigten, einen Index auf einer beliebigen Tabelle in einem beliebigen Schema zu erzeugen.
CREATE ANY PROCEDURE	Erlaubt den Berechtigten, gespeicherte Prozeduren, Funktionen und Pakete in einem beliebigen Schema zu ändern.
CREATE ANY TABLE	Erlaubt den Berechtigten, Tabellen in einem beliebigen Schema zu erzeugen. Der Eigentümer des Schemas, das die Tabelle enthält, muß über Platzquoten auf dem Tabellenbereich zur Aufnahme der Tabelle verfügen.
CREATE ANY TRIGGER	Erlaubt den Berechtigten, einen Datenbank-Trigger in einem beliebigen Schema, das mit einer Tabelle in einem beliebigen Schema verbunden ist, zu erzeugen.
CREATE ANY VIEW	Erlaubt den Berechtigten, Sichten in einem beliebigen Schema zu erzeugen.
CREATE PROCEDURE	Erlaubt den Berechtigten, Prozeduren, Funktionen und Pakete in ihrem eigenen Schema zu erzeugen.
CREATE PROFILE	Erlaubt den Berechtigten, Profile zu erzeugen.
CREATE ROLE	Erlaubt den Berechtigten, Rollen zu erzeugen.
CREATE SYNONYM	Erlaubt den Berechtigten, Synonyme in ihren eigenen Schemas zu erzeugen.
CREATE TABLE	Erlaubt den Berechtigten, Tabellen in ihren eigenen Schemas zu erzeugen. Um eine Tabelle zu erzeugen, müssen die Berechtigten außerdem über Platzquoten auf dem Tabellenbereich für die Aufnahme der Tabelle verfügen.

Tabelle 12.1: Systemprivilegien in Oracle8

Systemprivileg	Erlaubte Operationen
CREATE TRIGGER	Erlaubt den Berechtigten, einen Datenbank-Trigger in ihren eigenen Schemas zu erzeugen.
CREATE USER	Erlaubt den Berechtigten, Benutzer zu erzeugen. Dieses Privileg erlaubt auch dem Erzeuger, einem beliebigen Tabellenbereich Quoten zuzuweisen, Standard- und temporäre Tabellenbereiche festzulegen sowie ein Profil als Teil einer CREATE USER-Anweisung zuzuweisen.
CREATE VIEW	Erlaubt den Berechtigten, Sichten in ihren eigenen Schemas zu erzeugen.
DELETE ANY TABLE	Erlaubt den Berechtigten, Zeilen aus Tabellen oder Sichten in einem beliebigen Schema zu löschen oder Tabellen in einem beliebigen Schema abzuschneiden.
DROP ANY INDEX	Erlaubt den Berechtigten, Indizes in einem beliebigen Schema zu löschen.
DROP ANY PROCEDURE	Erlaubt den Berechtigten, gespeicherte Prozeduren, Funktionen oder Pakete in einem beliebigen Schema zu löschen.
DROP ANY ROLE	Erlaubt den Berechtigten, Rollen zu löschen.
DROP ANY SYNONYM	Erlaubt den Berechtigten, private Synonyme in einem beliebigen Schema zu löschen.
DROP ANY TABLE	Erlaubt den Berechtigten, Tabellen in einem beliebigen Schema zu löschen.
DROP ANY TRIGGER	Erlaubt den Berechtigten, Datenbank-Trigger in einem beliebigen Schema zu löschen.
DROP ANY VIEW	Erlaubt den Berechtigten, Sichten in einem beliebigen Schema zu löschen.
DROP USER	Erlaubt den Berechtigten, Benutzer zu löschen.
EXECUTE ANY PROCEDURE	Erlaubt den Berechtigten, (eigenständige oder im Paket enthaltene) Prozeduren oder Funktionen auszuführen oder öffentliche Paketvariablen in einem beliebigen Schema zu referenzieren.
GRANT ANY PRIVILEGE	Erlaubt den Berechtigten, ein beliebiges Systemprivileg zuzuteilen.
GRANT ANY ROLE	Erlaubt den Berechtigten, eine beliebige Rolle in der Datenbank zuzuteilen.
INSERT ANY TABLE	Erlaubt den Berechtigten, Zeilen in Tabellen und Sichten in einem beliebigen Schema einzufügen.
LOCK ANY TABLE	Erlaubt den Berechtigten, Tabellen und Sichten in einem beliebigen Schema zu sperren.

Tabelle 12.1: Systemprivilegien in Oracle8

Systemprivileg	Erlaubte Operationen
SELECT ANY SEQUENCE	Erlaubt den Berechtigten, Sequenzen in einem beliebigen Schema zu referenzieren.
SELECT ANY TABLE	Erlaubt den Berechtigten, Tabellen, Sichten oder Snapshots in einem beliebigen Schema abzufragen.
UPDATE ANY ROWS	Erlaubt den Berechtigten, Zeilen in Tabellen zu aktualisieren.

Objektprivilegien sind Privilegien, die man bezüglich spezieller Datenbankobjekte anwenden kann. Tabelle 12.2 listet die Objektprivilegien in Oracle8 auf.

Tabelle 12.2: Unter Oracle8 aktivierbare Objektprivilegien

Privileg
ALL
ALTER
DELETE
EXECUTE
INDEX
INSERT
READ
REFERENCES
SELECT
UPDATE

Mit der folgenden Form der GRANT-Anweisung gewähren Sie anderen Benutzern Zugriff auf Ihre Tabellen:

Syntax

```
GRANT {Objektprivileg | ALL [PRIVILEGES]} [ (Spalte
[, Spalte]...) ]
[, {Objektprivileg | ALL [PRIVILEGES]} [ (Spalte
[, Spalte] ...) ] ] ...
ON [Schema.]Objekt
TO {Benutzer | Rolle | PUBLIC} [, {Benutzer | Rolle | PUBLIC}] ...
[WITH GRANT OPTION]
```

Um die Objektprivilegien wieder zu löschen, die Sie anderen Benutzern gewährt haben, setzen Sie den REVOKE-Befehl mit der folgenden Syntax ein:

```
REVOKE {Objektprivileg | ALL [PRIVILEGES]}
[, {Objektprivileg | ALL [PRIVILEGES]} ]
ON [Schema.]Objekt
FROM {Benutzer | Rolle | PUBLIC} [, {Benutzer | Rolle | PUBLIC}]
[CASCADE CONSTRAINTS]
```

Vom Erzeugen einer Tabelle bis zum Gewähren von Rollen

Erzeugen Sie eine Tabelle namens GEHAELTER mit der folgenden Struktur:

```
SQL> CREATE TABLE GEHAELTER (
  2  NAME CHAR(30),
  3  GEHALT NUMBER,
  4  ALT NUMBER);
```

```
Tabelle wurde angelegt.
```

In der Tabelle steht ALT für das Alter des Mitarbeiters. Wenn man die Bezeichnung ALTER verwendet, müßte man "ALTER" schreiben, da ALTER zu den Schlüsselwörtern von Oracle8 (und SQL) gehört und in Anführungszeichen zu setzen ist, wenn man diese Funktion aufheben möchte. Allerdings unterstützt Oracle8 Navigator keine Objektbezeichner in Anführungszeichen, so daß wir hier generell auf diese Schreibweise verzichten.

Erzeugen Sie nun die beiden Benutzer Jack und Jill:

```
SQL> CREATE USER Jack IDENTIFIED BY Jack;

Benutzer wurde angelegt.

SQL> CREATE USER Jill IDENTIFIED BY Jill;
```

```
Benutzer wurde angelegt.

SQL> GRANT CONNECT TO Jack;

Benutzerzugriff (Grant) wurde erteilt.

SQL> GRANT RESOURCE TO Jill;

Benutzerzugriff (Grant) wurde erteilt.
```

Analyse

Bis jetzt haben Sie zwei Benutzer erzeugt und jedem eine andere Rolle zugeteilt. Diese Benutzer verfügen damit über unterschiedliche Möglichkeiten, mit der Datenbank zu arbeiten. Erzeugen Sie zunächst die Tabelle GEHAELTER mit den folgenden Informationen:

Eingabe/Ausgabe

```
SQL> SELECT * FROM GEHAELTER;

NAME                              GEHALT       ALT
------------------------------ --------- ---------
JACK                               35000        29
JILL                               48000        42
JOHN                               61000        55
```

Analyse

Dieser Tabelle können Sie jetzt verschiedene Privilegien zuordnen. Für das Beispiel treffen wir willkürliche Annahmen. Momentan haben Sie DBA-Privilegien und können jedes Systemprivileg zuteilen. Selbst, wenn Sie nicht über DBA-Privilegien verfügen, können Sie trotzdem Objektprivilegien auf der Tabelle GEHAELTER gewähren, da Sie der Eigentümer dieser Tabelle sind (vorausgesetzt, daß Sie sie erzeugt haben).

Da Jack nur zur Connect-Rolle gehört, soll er auch nur SELECT-Privilegien erhalten.

Eingabe/Ausgabe

```
SQL> GRANT SELECT ON GEHAELTER TO JACK;

Benutzerzugriff (Grant) wurde erteilt.
```

Da Jill zur Resource-Rolle gehört, erlauben Sie ihr, bestimmte Daten in der Tabelle auszuwählen und einzufügen. Um die Sache etwas spannender zu gestalten, erlauben Sie Jill, Werte nur im Feld `GEHALT` der Tabelle `GEHAELTER` zu aktualisieren.

Eingabe/Ausgabe

```
SQL> GRANT SELECT, UPDATE(GEHALT) ON GEHAELTER TO JILL;

Benutzerzugriff (Grant) wurde erteilt.
```

Nachdem nun diese Tabelle und die Benutzer erzeugt wurden, müssen Sie darauf achten, wie ein Benutzer auf eine Tabelle, die durch einen anderen Benutzer erzeugt wurde, zugreift. Sowohl Jack als auch Jill haben `SELECT`-Zugriff auf die Tabelle `GEHAELTER` erhalten. Wenn Jack jedoch auf die Tabelle `GEHAELTER` zugreifen will, bekommt er die Mitteilung, daß die Tabelle nicht existiert, weil Oracle den Benutzernamen oder das Schema für den Besitzer der Tabelle vor dem Tabellennamen erwartet.

Eine Tabelle qualifizieren

Notieren Sie sich den Benutzernamen, den Sie beim Erzeugen der Tabelle `GEHAELTER` verwendet haben (meiner war Bryan). Damit Jack Daten in der Tabelle `GEHAELTER` selektieren kann, muß er die Tabelle `GEHAELTER` mit diesem Benutzernamen ansprechen.

Eingabe/Ausgabe

```
SQL> SELECT * FROM GEHAELTER;
SELECT * FROM GEHAELTER
              *
FEHLER in Zeile 1:
ORA-00942: Tabelle oder View nicht vorhanden
```

Hier erhält Jack eine Warnung, daß die Tabelle nicht existiert. Geben Sie nun den Benutzernamen des Eigentümers an, um die Tabelle zu identifizieren:

Eingabe/Ausgabe

```
SQL> SELECT *
  2  FROM Bryan.GEHAELTER;
```

```
NAME                           GEHALT      ALT
------------------------------ --------- ---------
JACK                               35000        29
JILL                               48000        42
JOHN                               61000        55
```

Analyse

Die Abfrage funktioniert demnach. Testen Sie nun die Zugriffsprivilegien von Jill. Zuerst melden Sie sich als Jack ab und melden sich wieder als Jill an (mit dem Kennwort `Jill`).

Eingabe/Ausgabe

```
SQL> SELECT * FROM Bryan.GEHAELTER;

NAME                           GEHALT      ALT
------------------------------ --------- ---------
JACK                               35000        29
JILL                               48000        42
JOHN                               61000        55
```

Das hat hervorragend geklappt. Versuchen Sie nun, einen neuen Datensatz in die Tabelle einzufügen.

Eingabe/Ausgabe

```
SQL> INSERT INTO Bryan.GEHAELTER
  2  VALUES('JOE',85000,38);
INSERT INTO Bryan.GEHAELTER
                   *
FEHLER in Zeile 1:
ORA-01031: Unzureichende Berechtigungen
```

Analyse

Diese Operation ist gescheitert, da Jill nicht über `INSERT`-Privilegien für die Tabelle `GEHAELTER` verfügt.

Eingabe/Ausgabe

```
SQL> UPDATE Bryan.GEHAELTER
  2  SET ALT = 42
  3  WHERE NAME = 'JOHN';
UPDATE Eryan.GEHAELTER
             *
FEHLER in Zeile 1:
ORA-01031: Unzureichende Berechtigungen
```

Analyse

Auch hier trifft das gleiche zu: Jill hat versucht, die ihr gewährten Privilegien zu umgehen. Natürlich fängt Oracle diesen Fehler ab und teilt ihr das unverzüglich mit.

Eingabe/Ausgabe

```
SQL> UPDATE Bryan.GEHAELTER
  2  SET GEHALT = 35000
  3  WHERE NAME = 'JOHN';

1 Zeile wurde aktualisiert.

SQL> SELECT *
  2  FROM Bryan.GEHAELTER;

NAME                                 GEHALT       ALT
------------------------------ --------- ---------
JACK                                  35000        29
JILL                                  48000        42
JOHN                                  35000        55
```

Analyse

Die Aktualisierung funktioniert nun, solange Jill bei den Privilegien bleibt, die ihr gewährt wurden.

Sichten für Sicherheitszwecke

Wie bereits in Lektion 10 erwähnt, sind Sichten virtuelle Tabellen, mit denen sich die Daten in einer von der physikalischen Speicherung in der Datenbank abweichenden Form darstellen lassen. Heute lernen Sie mehr darüber, wie man Sicherheitsmaßnahmen mit Hilfe von Sichten implementiert. Zuerst erläutern wir aber, wie man SQL-Anweisungen mit Sichten vereinfachen kann.

Im letzten Abschnitt haben Sie gelernt, daß der Referenz auf ein Objekt der Benutzername voranzustellen ist, wenn ein Benutzer auf eine Tabelle oder ein Datenbankobjekt zugreifen möchte und er nicht selbst der Eigentümer der Tabelle bzw. des Objekts ist. Dieses Verfahren ist recht umständlich – insbesondere wenn man mehrere SQL-Abfragen nacheinander schreibt. Schwerer wiegt aber der Nachteil, daß neue Benutzer den Eigentümer einer Tabelle erst bestimmen müssen, bevor sie den Inhalt einer Tabelle auswählen können. Und das möchte man natürlich den Benutzern ersparen. Eine einfache Lösung zeigt der folgende Absatz.

Eine Lösung für das Qualifizieren einer Tabelle oder Sicht

Nehmen wir an, daß Sie sich als Jack angemeldet haben, Ihr Freund aus den vorherigen Beispielen. Damit Jack den Inhalt der Tabelle `GEHAELTER` einsehen kann, muß er die folgende Anweisung verwenden:

Eingabe

```
SQL> SELECT *
  2  FROM Bryan.GEHAELTER;
```

Ausgabe

```
NAME                                GEHALT         ALT
------------------------------ --------- ---------
JACK                                 35000          29
JILL                                 48000          42
JOHN                                 35000          55
```

Wenn Sie eine Sicht namens `GEHALT_SICHT` erzeugen, kann ein Benutzer einfach aus dieser Sicht auswählen.

Eingabe/Ausgabe

```
SQL> CREATE VIEW GEHALT_SICHT
  2  AS SELECT *
  3  FROM Bryan.GEHAELTER;

View wurce angelegt.

SQL> SELECT * FROM GEHALT_SICHT;

NAME                                GEHALT       ALT
------------------------------ --------- ---------
JACK                                 35000        29
JILL                                 48000        42
JOHN                                 35000        55
```

Analyse

Die obige Abfrage gibt die gleichen Werte zurück wie die Datensätze aus Bryan.GEHAELTER.

Synonyme anstelle von Sichten

SQL stellt auch ein als Synonym bezeichnetes Objekt bereit. Ein Synonym ist ein Alias für eine Tabelle und vereinfacht die Eingabe (das heißt reduziert die erforderlichen Tastenbetätigungen), wenn man eine Tabelle in einer SQL-Anweisung verwendet. Es gibt zwei Typen von Synonymen: private und öffentliche (public). Jeder Benutzer mit der Resource-Rolle kann ein privates Synonym erzeugen. Andererseits kann nur ein Benutzer mit der DBA-Rolle ein öffentliches Synonym erzeugen.

Die Syntax für ein öffentliches Synonym lautet wie folgt:

Syntax

```
CREATE [PUBLIC] SYNONYM [Schema.]Synonym
FOR [Schema.]Objekt[@dblink]
```

Im obigen Beispiel könnten Sie das gleiche Ergebnis auch mit dem folgenden Befehl erhalten:

```
SQL> CREATE PUBLIC SYNONYM GEHALT FOR GEHAELTER;

Synonym wurde angelegt.
```

Melden Sie sich ab und wieder als Jack an. Geben Sie dann die folgende Anweisung ein:

```
SQL> SELECT * FROM GEHALT;

NAME                              GEHALT       ALT
------------------------------ --------- ---------
JACK                               35000        29
JILL                               48000        42
JOHN                               35000        55
```

Sicherheitsprobleme mit Sichten lösen

Nehmen wir an, daß Sie sowohl Jack als auch Jill den Zugang zur Tabelle GEHAELTER entziehen möchten. Diese geänderte Situation läßt sich mit Sichten realisieren. Damit haben dann Jack und Jill nur Zugriff auf die eigenen Informationen.

```
SQL> CREATE VIEW JACK_GEHALT AS
  2  SELECT * FROM Bryan.GEHAELTER
  3  WHERE NAME = 'JACK';

View wurde angelegt.
```

```
SQL> CREATE VIEW JILL_GEHALT AS
  2  SELECT * FROM Bryan.GEHAELTER
  3  WHERE NAME = 'JILL';

View wurde angelegt.
```

```
SQL> GRANT SELECT ON JACK_GEHALT
  2  TO JACK;

Benutzerzugriff (Grant) wurde erteilt.
```

```
SQL> GRANT SELECT ON JILL_GEHALT
  2  TO JILL;

Benutzerzugriff (Grant) wurde erteilt.
```

```
SQL> REVOKE SELECT ON GEHAELTER FROM JACK;

Benutzerzugriff wurde aufgehoben (Revoke).
```

```
SQL> REVOKE SELECT ON GEHAELTER FROM JILL;

Benutzerzugriff wurde aufgehoben (Revoke).
```

Melden Sie sich nun als Jack an, und testen Sie die für ihn erzeugte Sicht.

```
SQL> SELECT * FROM Bryan.JACK_GEHALT;

NAME                           GEHALT       ALT
------------------------------ --------- ---------
JACK                               35000        29
```

```
SQL> SELECT * FROM PERKINS.GEHAELTER;
SELECT * FROM PERKINS.GEHAELTER
                      *
FEHLER in Zeile 1:
ORA-00942: Tabelle oder View nicht vorhanden
```

Melden Sie sich von Jacks Konto ab, und testen Sie das Konto von Jill:

```
SQL> SELECT * FROM Bryan.JILL_GEHALT;

NAME                           GEHALT       ALT
------------------------------ --------- ---------
JILL                               48000        42
```

Der Zugriff auf die Tabelle GEHAELTER wird hier vollständig durch Sichten kontrolliert. SQL erlaubt es, diese Sichten nach Bedarf zu erzeugen und dann Berechtigungen an andere Benutzer zu vergeben – ein sehr flexibles Verfahren.

Die Syntax für das Löschen eines Synonyms lautet:

```
SQL> DROP [PUBLIC] SYNONYM Synonymname;
```

Hinweis

Es dürfte nun klar sein, warum man die Anzahl der Benutzer mit DBA-Rollen auf einem Minimum halten sollte. Einem Benutzer mit dieser Zugriffsebene stehen alle Befehle und Operationen innerhalb der Datenbank uneingeschränkt zur Verfügung. Beachten Sie jedoch, daß Sie bei Oracle und Sybase den Zugriff auf DBA-Ebene (oder SA-Ebene in Sybase) haben müssen, um Daten in die Datenbank zu importieren bzw. aus ihr zu exportieren.

Die Klausel WITH GRANT OPTION

Was passiert nun, wenn Jill ihr UPDATE-Privileg auf Jack zu übertragen versucht? Auf den ersten Blick sieht es so aus, daß Jill dieses Privileg an andere Benutzer weitergeben kann, da ihr ja das UPDATE-Privileg anvertraut wurde. Wenn man allerdings die GRANT-Anweisung wie weiter oben gezeigt verwendet, kann Jill ihre Privilegien nicht an andere weitergeben:

```
SQL> GRANT SELECT, UPDATE(GEHALT) ON Bryan.GEHAELTER TO Jill;
```

Die Syntax für die weiter oben angeführte GRANT-Anweisung lautet:

Syntax

```
GRANT {Objektprivileg | ALL [PRIVILEGES]} [ (Spalte
[, Spalte]...) ]
[, {Objektprivileg | ALL [PRIVILEGES]} [ (Spalte
[, Spalte] ...) ] ] ...
ON [Schema.]Objekt
TO {Benutzer | Rolle | PUBLIC} [, {Benutzer | Rolle | PUBLIC}] ...
[WITH GRANT OPTION]
```

Es kommt auf die Klausel WITH GRANT OPTION am Ende der GRANT-Anweisung an. Wenn man Objektprivilegien gewährt und WITH GRANT OPTION angibt, lassen sich diese Privilegien an andere Benutzer weitergeben. Zum Beispiel erlauben Sie Jill mit der folgenden Anweisung, das UPDATE-Privileg an Jack weiterzugeben:

Eingabe

```
SQL> GRANT SELECT, UPDATE(GEHALT)
  2  ON Bryan.GEHAELTER TO JILL
  3  WITH GRANT OPTION;
```

Ausgabe

```
Benutzerzugriff (Grant) wurde erteilt.
```

Jill könnte sich dann anmelden und den folgenden Befehl ausführen:

Eingabe/ Ausgabe

```
SQL> GRANT SELECT, UPDATE(GEHALT)
  2  ON Bryan.GEHAELTER TO JACK;

Benutzerzugriff (Grant) wurde erteilt.
```

Zusammenfassung

Sicherheit ist ein oft vernachlässigtes Thema, das bei unzureichender Planung und Verwaltung viele Probleme in sich birgt. Zum Glück bietet SQL verschiedene Befehle, um Sicherheitsmechanismen in einer Datenbank zu realisieren.

Mit dem Befehl `CREATE USER` legt man einen Benutzer neu an und richtet damit einen Benutzernamen und ein Kennwort für den Benutzer ein. Nach dem Einrichten des Benutzerkontos ist diesem Benutzer eine Rolle zuzuweisen, damit er überhaupt Arbeiten ausführen kann. Oracle8 kennt die Rollen Connect, Resource und DBA. Jede Rolle verfügt über unterschiedliche Zugriffsebenen auf die Datenbank, wobei Connect die niedrigste Ebene darstellt und die DBA-Rolle uneingeschränkten Zugriff bietet.

Der Befehl `GRANT` gibt einem Benutzer Berechtigungen oder Privilegien. Mit dem Befehl `REVOKE` kann man dem Benutzer diese Berechtigungen oder Privilegien entziehen. Es gibt zwei Typen von Privilegien: Objektprivilegien und Systemprivilegien. Die Systemprivilegien sollten streng überwacht und nicht an unerfahrene Benutzer vergeben werden. Erhält ein unerfahrener Benutzer Zugriff auf alle Befehle, kann er (vielleicht auch versehentlich) Daten oder Datenbanken zerstören, die Sie sorgfältig im Schweiße Ihres Angesichts aufgebaut haben. Mit Objektprivilegien gewährt man den Benutzern Zugriff auf einzelne Objekte, die im Datenbankschema des Besitzers existieren.

Diese Methoden und SQL-Anweisungen bieten dem SQL-Benutzer eine breite Palette von Werkzeugen für das Einrichten der Systemsicherheit. Obwohl wir uns auf die Sicherheitsaspekte von Oracle8 konzentriert haben, kann man einen großen Teil des Gelernten auch auf andere Datenbanksysteme übertragen. Denken Sie einfach daran, daß es unabhängig vom konkret eingesetzten Datenbankprodukt allein darauf ankommt, ein bestimmtes Sicherheitsniveau durchzusetzen.

Fragen & Antworten

F Ich verstehe zwar den Bedarf an Sicherheit, aber treibt es Oracle nicht ein bißchen zu weit damit?

A *Nein, insbesondere in größeren Anwendungen mit mehreren Benutzern. Da verschiedene Benutzer unterschiedliche Arbeiten in der Datenbank zu verrichten haben, sollte man die Benutzer gezielt auf das einschränken, was sie tun dürfen und was nicht. Die Benutzer sollten nur die notwendigen Rollen und Privilegien erhalten, die sie für ihre Arbeit brauchen.*

F Es scheint ein Sicherheitsproblem zu geben, weil der DBA, der meine ID erzeugt hat, auch über mein Kennwort informiert ist. Stimmt das?

A *Ja, das ist richtig. Der DBA erzeugt die IDs und die Kennwörter. Demzufolge sollten die Benutzer mit dem Befehl `ALTER USER` ihre ID und ihr Kennwort unmittelbar nach Erhalt dieser Daten ändern.*

Workshop

Kontrollfragen

1. Was ist an der folgenden Anweisung falsch?

```
SQL> GRANT CONNECTION TO DAVID;
```

2. Richtig oder falsch (und warum): Das Löschen eines Benutzers bewirkt, daß alle Objekte, die dieser Benutzer besitzt, ebenfalls gelöscht werden.

3. Was passiert, wenn man eine Tabelle erzeugt und `SELECT`-Privilegien für diese Tabelle öffentlich gewährt?

4. Ist die folgende SQL-Anweisung korrekt?

```
SQL> CREATE USER RON
     IDENTIFIED BY RON;
```

5. Ist die folgende SQL-Anweisung korrekt?

```
SQL> ALTER RON
     IDENTIFIED BY RON;
```

6. Ist die folgende SQL-Anweisung korrekt?

```
SQL> GRANT CONNECT, RESOURCE TO RON;
```

7. Wer kann aus einer Tabelle auswählen, wenn Sie der Eigentümer dieser Tabelle sind?

Übung

Experimentieren Sie mit der Sicherheit Ihres Datenbanksystems, indem Sie eine Tabelle und einen Benutzer erzeugen. Geben Sie diesem Benutzer verschiedene Privilegien, und entziehen Sie sie ihm dann wieder.

13

Weiterführende Themen zu SQL

Woche 2

Ziele

Im Verlauf der letzten zwölf Tage haben Sie alles Wesentliche kennengelernt, um leistungsfähige Abfragen zum Abrufen von Daten aus einer Datenbank zu schreiben. Außerdem wurden kurz die Aspekte des Datenbankentwurfs und der Datenbanksicherheit gestreift. Zu den weiterführenden Themen im Mittelpunkt des heutigen Tages gehören unter anderem ...

- temporäre Tabellen.
- Cursor.
- gespeicherte Prozeduren.
- Trigger.
- eingebettetes SQL.

Hinweis

Die heutigen Beispiele arbeiten mit den Implementierungen PL/SQL von Oracle8 und Transact-SQL von Microsoft/Sybase SQL Server. Wir haben uns bemüht, nach Möglichkeit zu beiden SQL-Varianten Beispiele anzugeben. Allerdings müssen Sie weder auf Oracle8 noch auf SQL Server zurückgreifen. Wählen Sie das Datenbankprodukt, das am besten Ihren Anforderungen entspricht. (Wenn Sie dieses Buch lesen, um sich für ein Projekt in Ihrer Firma zu rüsten, haben Sie wahrscheinlich schon gar keine Wahl mehr.)

Die meisten Beispiele dieses Buches lassen sich auf die bekannten Datenbank-Managementsysteme übertragen. Für das heute präsentierte Material gilt diese Feststellung nicht in vollem Umfang. Viele Anbieter unterstützen immer noch keine temporären Tabellen, gespeicherten Prozeduren und Trigger. Anhand der Dokumentation Ihres bevorzugten Datenbanksystems sollten Sie sich über die jeweiligen Möglichkeiten informieren.

Temporäre Tabellen

Bei temporären Tabellen handelt es sich einfach um Tabellen, die in einer Datenbank nur vorübergehend existieren und automatisch gelöscht werden, wenn sich der Benutzer abmeldet oder die Verbindung zur Datenbank trennt. Transact-SQL erzeugt diese temporären Tabellen in der Datenbank `tempdb`. Diese Datenbank wird angelegt, wenn Sie SQL Server installieren. Zum Erstellen einer temporären Tabelle gibt es zwei Syntaxformen.

Syntax

```
SYNTAX 1:
create table #Tabellenname (
Feld1 Datentyp,
...
...
...
Feldn Datentyp)
```

Syntax 1 erzeugt eine Tabelle in der Datenbank `tempdb`. Diese Tabelle wird mit einem eindeutigen Namen angelegt, der eine Kombination aus dem im Befehl `CREATE TABLE` angegebenen Tabellennamen und einer Datums-/Zeitangabe – einem sogenannten Zeitstempel – besteht. Eine temporäre Tabelle ist nur dem Erzeuger zugänglich. Beispielsweise können fünfzig Benutzer gleichzeitig die folgenden Befehle auslösen:

```
1> create table #ALBEN (
2> KUENSTLER char(30),
3> ALBUM_NAME char(50),
4> MEDIENTYP int)
5> go
```

Mit dem Nummernzeichen (#) vor dem Namen der Tabelle bezeichnet SQL Server eine temporäre Tabelle. Jeder der fünfzig Benutzer erhält praktisch eine private Tabelle zur eigenen Verwendung und kann die Datensätze dieser Tabelle aktualisieren, einfügen und löschen, ohne dabei befürchten zu müssen, daß andere Benutzer die Daten dieser Tabelle ungültig machen. Die Tabelle läßt sich wie gehabt mit dem folgenden Befehl löschen:

```
1> drop table #ALBEN
2> go
```

Die Tabelle wird automatisch gelöscht, wenn sich der Benutzer, der die Tabelle erzeugt hat, vom SQL Server abmeldet. Falls Sie diese Anweisung mit einer dynamischen SQL-Verbindung (beispielsweise mit der DB-Bibliothek von SQL Server) erzeugt haben, wird die Tabelle beim Schließen der dynamischen SQL-Verbindung gelöscht.

Syntax 2 zeigt eine andere Möglichkeit, eine temporäre Tabelle auf einem SQL Server zu erzeugen. Achten Sie genau auf die syntaktischen Unterschiede, da ein anderes Ergebnis als bei Syntax 1 entsteht.

Syntax

```
SYNTAX 2:
create table tempdb..Tabellenname (
Feld1 Datentyp,
...
...
...
Feldn Datentyp)
```

Erzeugt man eine Tabelle nach dem Format von Syntax 2, wird die Tabelle immer in der Datenbank `tempdb` angelegt. Der Name dieser Tabelle hat das gleiche Format wie der Name der nach Syntax 1 erzeugten Tabelle. Der Unterschied besteht darin, daß die Tabelle nicht gelöscht wird, wenn die Verbindung des Benutzers zur Datenbank endet. Statt dessen muß der Benutzer explizit einen `DROP-TABLE`-Befehl ausführen, um diese Tabelle aus der Datenbank `tempdb` zu entfernen.

Tip

Eine andere Möglichkeit, die mit der Syntax `create table tempdb..Tabellenname` erzeugte Tabelle loszuwerden, ist das Herunterfahren und Neustarten des SQL Servers. Diese Methode entfernt alle temporären Tabellen aus der Datenbank `tempdb`.

Die Beispiele 13.1 und 13.2 verdeutlichen für beide Syntaxformen die Tatsache, daß temporäre Tabellen tatsächlich nur vorübergehend existieren. Das sich anschließende Beispiel 13.3 zeigt einen gebräuchlichen Einsatzfall für temporäre Tabellen: das Zwischenspeichern von Daten, die eine Abfrage zurückgibt. Diese Daten lassen sich dann in anderen Abfragen benutzen.

Damit Sie diese Beispiele nachvollziehen können, müssen Sie zunächst eine Datenbank anlegen. Die Datenbank `MUSIK` wurde mit den folgenden Tabellen erstellt:

- `KUENSTLER`
- `MEDIUM`
- `AUFNAHMEN`

Diese Tabellen erzeugen Sie mit den folgenden SQL-Anweisungen:

Eingabe

```
1> create table KUENSTLER (
2> NAME char(30),
3> HEIMATORT char(40),
4> STIL char(20),
5> KUENSTLER_ID int)
6> go
1> create table MEDIUM (
2> MEDIENTYP int,
3> BESCHREIBUNG char(30),
4> PREIS float)
5> go
1> create table AUFNAHMEN (
2> KUENSTLER_ID int,
3> MEDIENTYP int,
```

```
4> TITEL char(50),
5> JAHR int)
6> go
```

Hinweis

Die Tabellen 13.1, 13.2 und 13.3 zeigen einige Beispieldaten für diese Tabellen.

Tabelle 13.1: Die Tabelle KUENSTLER

NAME	HEIMATORT	STIL	KUENSTLER_ID
Soul Asylum	Minneapolis	Rock	1
Maurice Ravel	France	Classical	2
Dave Matthews Band	Charlottesville	Rock	3
Vince Gill	Nashville	Country	4
Oingo Boingo	Los Angeles	Pop	5
Crowded House	New Zealand	Pop	6
Mary Chapin-Carpenter	Nashville	Country	7
Edward MacDowell	U.S.A.	Classical	8

Tabelle 13.2: Die Tabelle MEDIUM

MEDIENTYP	BESCHREIBUNG	PREIS
1	Record	4.99
2	Tape	9.99
3	CD	13.99
4	CD-ROM	29.99
5	DAT	19.99

Tabelle 13.3: Die Tabelle AUFNAHMEN

KUENSTLER_ID	MEDIENTYP	TITEL	JAHR
1	2	Hang Time	1988
1	3	Made to Be Broken	1986
2	3	Bolero	1990
3	5	Under the Table and Dreaming	1994
4	3	When Love Finds You	1994

Tabelle 13.3: Die Tabelle AUFNAHMEN

KUENSTLER_ID	MEDIENTYP	TITEL	JAHR
5	2	Boingo	1987
5	1	Dead Man's Party	1984
6	2	Woodface	1990
6	3	Together Alone	1993
7	5	Come On, Come On	1992
7	3	Stones in the Road	1994
8	5	Second Piano Concerto	1985

Beispiel 13.1

In der Datenbank tempdb kann man eine temporäre Tabelle erzeugen. Nach dem Einfügen eines Dummy-Datensatzes in diese Tabelle melden Sie sich ab. Nachdem Sie sich erneut in SQL Server angemeldet haben, versuchen Sie, den Dummy-Datensatz aus der temporären Tabelle zu löschen. Beachten Sie die Ergebnisse:

```
1> create table #ALBEN (
2> KUENSTLER char(30),
3> ALBUM_NAME char(50),
4> MEDIENTYP int)
5> go
1> insert #ALBEN values ('The Replacements', 'Pleased To Meet Me', 1)
2> go
```

Melden Sie sich nun wieder vom SQL Server ab, und trennen Sie die Verbindung mit dem Befehl EXIT (oder QUIT). Nachdem Sie sich wieder in der zuletzt verwendeten Datenbank angemeldet haben, probieren Sie den folgenden Befehl aus:

Eingabe

```
1> select * from #ALBEN
2> go
```

Analyse

Diese Tabelle existiert nicht in der aktuellen Datenbank.

Beispiel 13.2

Erstellen Sie nun die Tabelle gemäß Syntax 2:

```
1> create table tempdb..ALBEN (
2> KUENSTLER char(30),
3> ALBUM_NAME char(50),
4> MEDIENTYP int)
5> go
1> insert #ALBEN values ('The Replacements', 'Pleased To Meet Me', 1)
2> go
```

Nach Ab- und erneutem Anmelden wechseln Sie zur Datenbank, mit der Sie bei Ausführung des Befehls `create table tempdb..ALBEN()` gearbeitet haben. Führen Sie dann den folgenden Befehl aus:

```
1> select * from #ALBEN
2> go
```

Dieses Mal erhalten Sie die folgenden Ergebnisse:

```
KUENSTLER                      ALBUM_NAME             MEDIENTYP
_______________________________________________________________
The Replacements               Pleased To Meet Me     1
```

Beispiel 13.3

Dieses Beispiel zeigt eine gebräuchliche Verwendung von temporären Tabellen: Speichern der Ergebnisse von komplexen Abfragen für den Einsatz in späteren Abfragen.

```
1> create table #TEMP_INFO (
2> NAME char(30),
3> HEIMATORT char(40),
4> STIL char(20),
5> KUENSTLER_ID int)
6> insert #TEMP_INFO
7> select * from KUENSTLER where HEIMATORT = 'Nashville'
8> select AUFNAHMEN.* from AUFNAHMEN, KUENSTLER
9> where AUFNAHMEN.KUENSTLER_ID = #TEMP_INFO.KUENSTLER_ID
10> go
```

Der obige Befehlsstapel wählt die Aufnahmen für alle Künstler mit dem Heimatort Nashville aus.

Der nächste Befehl zeigt eine weitere Möglichkeit, den in Beispiel 13.3 verwendeten Satz von SQL-Anweisungen zu formulieren:

```
1> select KUENSTLER.* from KUENSTLER, AUFNAHMEN where KUENSTLER.HEIMATORT =
'Nashville'
2> go
```

Cursor

Ein Datenbankcursor läßt sich mit dem Cursor einer Textverarbeitung vergleichen, der die aktuelle Position auf dem Bildschirm anzeigt. Wenn man die Pfeiltasten nach oben oder unten betätigt, bewegt sich der Cursor um eine Zeile nach oben bzw. unten. Andere Tasten wie [Bild↑] oder [Bild↓] bewirken einen Sprung von mehreren Zeilen in die entsprechende Richtung. In der gleichen Weise funktionieren Datenbankcursor.

Mit einem Datenbankcursor wählt man eine Gruppe von Daten aus, scrollt durch die Gruppe der Datensätze (auch Recordset genannt) und untersucht die einzelne Datenzeile, auf die der Cursor zeigt. Man kann eine Kombination von lokalen Variablen und einen Cursor verwenden, um jeden Datensatz einzeln zu untersuchen und alle erforderlichen externen Operationen auszuführen, bevor man zum nächsten Datensatz weitergeht.

Ein anderer häufiger Einsatzfall der Cursor ist die Speicherung von Abfrageergebnissen für spätere Verwendung. Die Ergebnismenge eines Cursors wird aus der Ergebnismenge einer SELECT-Abfrage gebildet. Wenn Ihre Anwendung oder Prozedur wiederholt auf eine Gruppe von Datensätzen zugreifen muß, geht es schneller, einen Cursor einmalig zu erzeugen und ihn mehrmals wiederzuverwenden als wiederholt die Abfrage der Datenbank auszuführen. (Darüber hinaus hat man den Vorteil, daß man mit einem Cursor durch die Ergebnismenge der Abfrage schneller scrollen kann.)

Um einen Datenbankcursor zu erzeugen, zu verwenden und zu schließen, führen Sie die folgenden Schritte aus:

1. Erzeugen Sie den Cursor.
2. Öffnen Sie den Cursor für die Verwendung innerhalb der Prozedur oder Anwendung.
3. Holen Sie die Daten eines Datensatzes zeilenweise, bis das Ende der Datensätze im Cursor erreicht ist.
4. Schließen Sie den Cursor, wenn Sie die Arbeit damit beendet haben.
5. Geben Sie den Cursor frei, um ihn vollständig zu verwerfen.

Einen Cursor erzeugen

In Transact-SQL erzeugen Sie einen Cursor mit der folgenden Syntax:

Syntax

```
declare Cursorname cursor
     for Selectanweisung
     [for {read only | update [of Spaltenliste]}]
```

In Oracle8 sieht die SQL-Syntax zum Erzeugen eines Cursors folgendermaßen aus:

Syntax

```
DECLARE Cursorname CURSOR
     FOR {SELECT Befehl | Anweisungsname | Blockname}
```

Durch Ausführung der Anweisung DECLARE Cursorname CURSOR haben Sie die Ergebnismenge des Cursors definiert, die für alle Ihre Cursoroperationen verwendet wird. Ein Cursor besteht aus zwei wichtigen Teilen: der Ergebnismenge des Cursors und der Cursorposition.

Die folgende Anweisung erzeugt einen Cursor auf der Basis der Tabelle KUENSTLER:

Eingabe

```
1> create KUENSTLER_CURSOR cursor
2> for select * from KUENSTLER
3> go
```

Analyse

Nun verfügen Sie über ein einfaches Cursorobjekt namens KUENSTLER_CURSOR, das alle Datensätze in der Tabelle KUENSTLER enthält. Zunächst müssen Sie aber den Cursor öffnen.

Einen Cursor öffnen

Einen Cursor öffnet man mit dem folgenden Befehl:

Syntax

```
open Cursorname
```

Die Ausführung der folgenden Anweisung öffnet KUENSTLER_CURSOR:

```
1> open KUENSTLER_CURSOR
2> go
```

Jetzt können Sie den Cursor verwenden, um durch die Ergebnismenge zu scrollen.

Einen Cursor scrollen

Um durch die Ergebnismenge eines Cursors zu scrollen, bietet Transact-SQL den folgenden FETCH-Befehl.

Syntax

```
fetch Cursorname [into Fetch_Zielliste]
```

Oracle-SQL stellt die folgende Syntax bereit:

Syntax

```
FETCH Cursorname {INTO : Hostvariable
     [[INDICATOR] : Indikatorvariable]
        [,   : Hostvariable
        [[INDICATOR] : Indikatorvariable] ]...
     | USING DESCRIPTOR Deskriptor
```

Bei jeder Ausführung des `FETCH`-Befehls wandert der Cursorzeiger um eine Zeile durch die Ergebnismenge weiter. Falls gewünscht, kann man die Daten aus jeder Zeile in die Variablen der `Fetch_Zielliste` holen.

Hinweis

Transact-SQL erlaubt dem Programmierer mit dem Befehl `set cursor rows` *`Zahl`* `for` *`Cursorname`*, mehr als eine Zeile auf einmal weiterzugehen. Dieser Befehl läßt sich allerdings nicht in der `INTO`-Klausel verwenden. Er ist nur nützlich, um eine bekannte Anzahl von Zeilen vorwärts zu gehen, statt wiederholt die `FETCH`-Anweisung auszuführen.

Die folgenden Anweisungen holen die Daten aus der Ergebnismenge `KUENSTLER_CURSOR` und geben die Daten an die Programmvariablen zurück:

Eingabe

```
1> declare @NAME char(30)
2> declare @HEIMATORT char(40)
3> declare @STIL char(20)
4> declare @KUENSTLER_ID int
5> fetch KUENSTLER_CURSOR into @NAME, @HEIMATORT, @STIL, @KUENSTLER_ID
6> print @NAME
7> print @HEIMATORT
8> print @STIL
9> print char(@KUENSTLER_ID)
10> go
```

Mit Hilfe der `WHILE`-Schleife (siehe Tag 19) können Sie nacheinander die gesamte Ergebnismenge durchlaufen. Woher weiß man aber, wann das Ende der Datensätze erreicht ist?

Den Status eines Cursors testen

In Transact-SQL läßt sich zu jedem Zeitpunkt der Status des Cursors testen. Für diesen Zweck werden zwei globale Variablen verwaltet: `@@fetch_status` und `@@rowcount`.

Die Variable `@@fetch_status` liefert Statusinformationen, die sich auf die zuletzt ausgeführte `FETCH`-Anweisung beziehen. Diese Variable enthält einen von drei Werten. Die folgende Tabelle entstammt der Dokumentation zu Transact-SQL:

Status	**Bedeutung**
0	`FETCH`-Anweisung erfolgreich abgeschlossen.
-1	`FETCH`-Anweisung fehlerhaft oder Zeile außerhalb der Ergebnismenge.
-2	Keine Daten mehr in der Ergebnismenge.

Die Variable `@@rowcount` enthält die Anzahl der Zeilen, die aus der Ergebnismenge des Cursors bis zur vorherigen `FETCH`-Anweisung zurückgegeben wurden. Anhand dieser Zahl kann man die Anzahl der Datensätze in einer Ergebnismenge des Cursors bestimmen.

Der folgende Code ergänzt das bei der Behandlung der `FETCH`-Anweisung gezeigte Beispiel. Jetzt kommt die `WHILE`-Schleife in Verbindung mit der Variablen `@@fetch_status` zum Einsatz, um durch den Cursor zu scrollen:

```
1> declare @NAME char(30)
2> declare @HEIMATORT char(40)
3> declare @STIL char(20)
4> declare @KUENSTLER_ID int
5> fetch KUENSTLER_CURSOR into @NAME, @HEIMATORT, @STIL, @KUENSTLER_ID
6> while (@@fetch_status = 0)
7> begin
8>       print @NAME
9>       print @HEIMATORT
10>      print @STIL
11>      print char(@KUENSTLER_ID)
12>      fetch KUENSTLER_CURSOR into @NAME, @HEIMATORT, @STIL, @KUENSTLER_ID
13> end
14> go
```

Nun verfügen Sie über einen voll funktionsfähigen Cursor! Der einzige noch verbleibende Schritt ist das Schließen des Cursors.

Einen Cursor schließen

Das Schließen eines Cursors ist eine sehr einfache Angelegenheit. Die entsprechende Anweisung lautet:

Syntax

```
close Cursorname
```

Der Cursor existiert trotzdem weiter. Man muß ihn allerdings erneut öffnen. Beim Schließen eines Cursors wird praktisch nur die Ergebnismenge geschlossen, nicht aber die Existenz des Cursors aufgehoben. Wenn man die Arbeit mit einem Cursor im Ganzen abgeschlossen hat, gibt der Befehl DEALLOCATE den für einen Cursor zugeordneten Speicher frei und erlaubt damit die erneute Verwendung des Cursornamens. Die Syntax der DEALLOCATE-Anweisung lautet:

Syntax

```
deallocate cursor Cursorname
```

Beispiel 13.4 verdeutlicht den vollständigen Ablauf mit Erstellen, Verwenden und Schließen eines Cursors in der Sprache Transact-SQL.

Beispiel 13.4

Eingabe

```
1> declare @NAME char(30)
2> declare @HEIMATORT char(40)
3> declare @STIL char(20)
4> declare @KUENSTLER_ID int
5> create KUENSTLER_CURSOR cursor
6> for select * from KUENSTLER
7> open KUENSTLER_CURSOR
8> fetch KUENSTLER_CURSOR into @NAME, @HEIMATORT, @STIL, @KUENSTLER_ID
9> while (@@fetch_status = 0)
10> begin
11>      print @NAME
12>      print @HEIMATORT
13>     print @STIL
```

```
14>      print char(@KUENSTLER_ID)
15>      fetch KUENSTLER_CURSOR into @NAME, @HEIMATORT, @STIL, @KUENSTLER_ID
16> end
17> close KUENSTLER_CURSOR
18> deallocate cursor KUENSTLER_CURSOR
19> go
```

Hinweis: Die folgende Ausgabe zeigt lediglich Beispieldaten.

Ausgabe

```
Soul Asylum              Minneapolis      Rock        1
Maurice Ravel            France           Classical   2
Dave Matthews Band       Charlottesville  Rock        3
Vince Gill               Nashville        Country     4
Oingo Boingo             Los Angeles      Pop         5
Crowded House            New Zealand      Pop         6
Mary Chapin-Carpenter    Nashville        Country     7
Edward MacDowell         U.S.A.           Classical   8
```

Gültigkeitsbereich von Cursor

Im Gegensatz zu Tabellen, Indizes und anderen Objekten wie Trigger und gespeicherten Prozeduren existieren Cursor nach deren Erzeugung nicht als Datenbankobjekte. Statt dessen haben Cursor einen eingeschränkten Gültigkeitsbereich.

Warnung: Denken Sie daran, daß der Speicher für den Cursor reserviert bleibt, selbst wenn der Name des Cursors nicht mehr existiert. Bevor man den Gültigkeitsbereich des Cursors verläßt, sollte man den Cursor immer schließen und den Speicher freigeben.

Ein Cursor läßt sich in drei Bereichen erzeugen:

- Sitzung: Eine Sitzung beginnt, wenn sich ein Benutzer anmeldet. Wenn sich der Benutzer an einen SQL Server angemeldet und dann einen Cursor erzeugt hat, existiert `Cursorname` solange, bis sich der Benutzer abmeldet. Der Benutzer kann `Cursorname` während der aktuellen Sitzung nicht wiederverwenden.

- Gespeicherte Prozedur: Ein Cursor, der innerhalb einer gespeicherten Prozedur erzeugt wird, ist nur während der Ausführung der gespeicherten Prozedur zugänglich. Sobald die gespeicherte Prozedur verlassen wird, ist `Cursorname` nicht mehr gültig.
- Trigger: Ein innerhalb eines Triggers erzeugter Cursor unterliegt den gleichen Einschränkungen wie ein Cursor, der innerhalb einer gespeicherten Prozedur erzeugt wird.

Gespeicherte Prozeduren erzeugen und verwenden

Das Konzept der gespeicherten Prozeduren (oder Stored Procedures) muß der professionelle Datenbankprogrammierer auf jeden Fall beherrschen. Gespeicherte Prozeduren sind Funktionen, die – möglicherweise große – Gruppierungen von SQL-Anweisungen enthalten und wie Funktionen in C, Fortran oder Visual Basic aufgerufen und ausgeführt werden. Eine gespeicherte Prozedur sollte einen logischen Satz von Befehlen verkapseln, die man häufig ausführt (beispielsweise komplexe Sätze von Abfragen, Aktualisierungen oder Einfügungen). Mit gespeicherten Prozeduren ruft der Programmierer einfach die gespeicherte Prozedur als Funktion auf, statt wiederholt die Anweisungen innerhalb der gespeicherten Prozedur auszuführen. Daneben weisen gespeicherte Prozeduren zusätzliche Vorteile auf.

In den späten 80er Jahren war Sybase mit seinem Produkt SQL Server Vorreiter bei gespeicherten Prozeduren. Diese Prozeduren wurden erstellt und dann als Teil einer Datenbank gespeichert – genau wie man Tabellen und Indizes innerhalb einer Datenbank speichert. In Transact-SQL kann man sowohl Eingabe- als auch Ausgabeparameter in den Aufrufen von gespeicherten Prozeduren übergeben. Damit lassen sich allgemeingültige Prozeduren erstellen, die man mit den übergebenen Variablen an den jeweiligen Einsatzfall anpaßt.

Einen der größten Vorteile der gespeicherten Prozeduren bietet die Art ihrer Ausführung. Wenn man einen großen Stapel von SQL-Anweisungen auf einem Datenbank-Server über ein Netzwerk ausführt, steht Ihre Anwendung in einem ständigen Datenaustausch mit dem Server, wodurch sich schnell eine erhebliche Netzbelastung ergeben kann. Sind mehrere Benutzer an diesem Datenaustausch beteiligt, geht die Leistung des Netzwerks und des Datenbank-Servers zunehmend zurück.

Nach Ausführung der gespeicherten Prozedur laufen die SQL-Anweisungen nacheinander auf dem Datenbank-Server ab. Meldungen oder Daten werden an den Computer des Benutzers nur zurückgegeben, wenn die Prozedur abgeschlossen ist. Dieses Verfahren verbessert die Leistung und bietet daneben weitere Vorteile. Die Datenbank-Engines kompilieren die gespeicherten Prozeduren bei ihrer erstmaligen Verwendung. Das kompilierte Abbild wird auf dem Server mit der

Prozedur gespeichert. Demzufolge müssen Sie nicht jedesmal die SQL-Anweisungen bei der Ausführung optimieren, was ebenso die Leistungsbilanz verbessert.

Mit der folgenden Syntax in der Sprache Transact-SQL erzeugen Sie eine gespeicherte Prozedur:

Syntax

```
create procedure Prozedurname
     [[(]@Parametername
         Datentyp [(Laenge) | (Genauigkeit [, Skala])
         [= default][output]
     [, @Parametername
         Datentyp [(Laenge) | (Genauigkeit [, Skala])
         [= default][output]]...[)]]
     [with recompile]
     as SQL_Anweisungen
```

Der folgende EXECUTE-Befehl führt die Prozedur aus:

Syntax

```
execute [@Rueckgabestatus = ]
     Prozedurname
     [[@Parametername =] Wert |
         [@Parametername =] @Variable [output]...]]
     [with recompile]
```

Beispiel 13.5

Dieses Beispiel erzeugt eine einfache Prozedur und verwendet dabei den Inhalt von Beispiel 13.4.

Eingabe

```
1> create procedure PRINT_KUENSTLER_NAME
2> as
3> declare @NAME char(30)
4> declare @HEIMATORT char(40)
5> declare @STIL char(20)
6> declare @KUENSTLER_ID int
7> create KUENSTLER_CURSOR cursor
8> for select * from KUENSTLER
9> open KUENSTLER_CURSOR
10> fetch KUENSTLER_CURSOR into @NAME, @HEIMATORT, @STIL, @KUENSTLER_ID
11> while (@@fetch_status = 0)
12> begin
13>      print @NAME
14>     fetch KUENSTLER_CURSOR into @NAME, @HEIMATORT, @STIL, @KUENSTLER_ID
15> end
```

```
16> close KUENSTLER_CURSOR
17> deallocate cursor KUENSTLER_CURSOR
18> go
```

Nun können Sie die Prozedur `PRINT_KUENSTLER_NAME` mit der Anweisung `EXECUTE` ausführen:

Eingabe

```
1> execute PRINT_KUENSTLER_NAME
2> go
```

Ausgabe

```
Soul Asylum
Maurice Ravel
Dave Matthews Band
Vince Gill
Oingo Boingo
Crowded House
Mary Chapin-Carpenter
Edward MacDowell
```

Analyse

Beispiel 13.5 zeigt nur eine kleine gespeicherte Prozedur. In der Praxis kann eine gespeicherte Prozedur viele Anweisungen enthalten. Damit muß man nicht jede Anweisung einzeln ausführen.

Parameter gespeicherter Prozeduren

Beispiel 13.5 hat als wichtigen ersten Schritt die Verwendung der einfachsten `CREATE PROCEDURE`-Anweisung gezeigt. Aus der hier angegebenen Syntax geht aber hervor, daß zur Anweisung `CREATE PROCEDURE` mehr als das in Beispiel 13.5 Gezeigte gehört. Gespeicherte Prozeduren übernehmen auch Eingabeparameter an die enthaltenen SQL-Anweisungen. Außerdem lassen sich Daten aus einer gespeicherten Prozedur per Ausgabeparameter zurückgeben.

Die Namen der Eingabeparameter müssen mit dem Symbol `@` beginnen und einen gültigen Transact-SQL-Datentyp aufweisen. Bei Ausgabeparametern ist ebenfalls das Symbol `@` als erstes Zeichen erforderlich. Zusätzlich muß man hinter den Namen der Ausgabeparameter das Schlüsselwort `OUTPUT` angeben. (Dieses Schlüsselwort ist auch zu schreiben, wenn man die gespeicherte Prozedur ausführt.)

Beispiel 13.6 zeigt die Verwendung von Eingabeparametern an eine gespeicherte Prozedur.

Beispiel 13.6

Die folgende gespeicherte Prozedur wählt die Namen aller Künstler aus, die ihre Aufnahmen auf CD veröffentlicht haben:

Eingabe

```
1> create procedure NAMEN_UND_MEDIEN @BESCHREIBUNG char(30)
2> as
3>     select KUENSTLER.NAME from KUENSTLER, MEDIUM, AUFNAHMEN
4>     where MEDIUM.BESCHREIBUNG = @BESCHREIBUNG and
5>     MEDIUM.MEDIENTYP = AUFNAHMEN.MEDIENTYP and
6>     AUFNAHMEN.KUENSTLER_ID = KUENSTLER.KUENSTLER_ID
7> go
1> execute NAMEN_UND_MEDIEN 'CD'
2> go
```

Die Ausführung dieser Anweisung liefert die folgenden Datensätze zurück:

Ausgabe

```
NAME
Soul Asylum
Maurice Ravel
Vince Gill
Crowded House
Mary Chapin-Carpenter
```

Beispiel 13.7

Dieses Beispiel zeigt die Verwendung von Ausgabeparametern. Diese Funktion übernimmt den Heimatort des Künstlers als Eingabe und gibt den Namen des Künstlers als Ausgabe zurück:

Eingabe

```
1> create procedure HEIMATORT_UND_NAME @HEIMATORT char(40), @NAME char(30) output
2> as
3>       select @NAME = NAME from KUENSTLER where HEIMATORT = @HEIMATORT
4> go
```

```
1> declare @RUECKGABE_NAME char(30)
2> execute HEIMATORT_UND_NAME 'Los Angeles', @RUECKGABE_NAME = @NAME output
3> print @NAME
4> go
```

Ausgabe

```
Oingo Boingo
```

Eine gespeicherte Prozedur entfernen

Bisher haben Sie wahrscheinlich nur eine begründete Vermutung, wie man eine gespeicherte Prozedur wieder los wird. Wenn Sie auf den Befehl `DROP` getippt haben, liegen Sie genau richtig. Die folgende Anweisung entfernt eine gespeicherte Prozedur aus der Datenbank:

Syntax

```
drop procedure Prozedurname
```

Der Befehl `DROP` kommt häufig zum Einsatz: Bevor sich eine gespeicherte Prozedur erneut erstellen läßt, muß man nämlich die alte Prozedur mit ihrem Namen löschen. Die Erfahrung zeigt, daß eine erstellte Prozedur selten ohne Modifikationen bleibt. In der Tat treten oftmals Fehler in den Anweisungen auf, aus denen sich die Prozedur zusammensetzt. Es empfiehlt sich, gespeicherte Prozeduren mit Hilfe einer SQL-Skript-Datei, die alle Anweisungen enthält, zu erstellen. Diese Skript-Datei können Sie über Ihren Datenbank-Server starten, um die gewünschten Anweisungen auszuführen und Ihre Prozeduren neu aufzubauen. Die SQL-Skripts lassen sich dabei mit gebräuchlichen Texteditoren wie vi oder dem Windows-Editor erstellen und speichern. Beim Starten dieser Skripts müssen Sie aber daran denken, immer die Prozedur, Tabelle usw. aus der Datenbank zu löschen, bevor Sie eine neue erstellen. Wenn Sie den Befehl `DROP` vergessen, erhalten Sie Fehlermeldungen.

Die folgende Syntax wird oft in SQL-Server-Skripts verwendet, bevor man ein Datenbankobjekt erzeugt:

Syntax

```
if exists (select * from sysobjects where NAME = 'Prozedurname')
begin
    drop procedure Prozedurname
end
go
create procedure Prozedurname
as
...
...
...
```

Diese Befehle prüfen anhand der Tabelle SYSOBJECTS (wo die Datenbankinformationen in SQL Server abgelegt sind), ob das Objekt existiert. Wenn das der Fall ist, wird es gelöscht, bevor das neue erstellt wird. Man erspart sich auf lange Sicht viel Zeit (und viele mögliche Fehler), wenn man Skript-Dateien schreibt und die obigen Schritte befolgt.

Gespeicherte Prozeduren verschachteln

Gespeicherte Prozeduren lassen sich im Sinne modularer Programme auch verschachteln. Eine gespeicherte Prozedur kann eine andere gespeicherte Prozedur aufrufen, die wiederum eine andere gespeicherte Prozedur aufrufen kann usw. Das Verschachteln gespeicherter Prozeduren bietet sich aus mehreren Gründen an:

- Die meisten komplexen Abfragen lassen sich auf eine Funktionsebene reduzieren. (Statt der Ausführung von 12 Abfragen nacheinander kann man das Ganze je nach Situation vielleicht auf drei Aufrufe gespeicherter Prozeduren herunterschrauben.)
- Verbesserung der Leistungsbilanz. Der Abfrageoptimierer arbeitet bei kleineren, knapp gehaltenen Gruppen von Abfragen effizienter als bei einer großen Anweisungsgruppe.

In verschachtelten gespeicherten Prozeduren sind alle Variablen oder Datenbankobjekte, die man in einer Prozedur erzeugt, allen von dieser Prozedur aufgerufenen Prozeduren zugänglich. Alle lokalen Variablen oder temporären Objekte (wie etwa temporäre Tabellen) werden am Ende der gespeicherten Prozedur, die diese Elemente erzeugt hat, gelöscht.

Bei der Vorbereitung großer SQL-Skripts kann es zu Problemen bei der Referenzierung von Tabellen oder Datenbankobjekten kommen. Bevor man gespeicherte Prozeduren aufrufen kann, muß man sie zunächst erzeugen. Allerdings kann die aufrufende Prozedur temporäre Tabellen oder Cursor erzeugen, auf die die aufgerufenen gespeicherten Prozeduren zurückgreifen. Die später in der Skript-Datei erzeugten temporären Tabellen oder Cursor sind aber den aufgerufenen Prozeduren noch nicht bekannt. Dieses Problem läßt sich am einfachsten umgehen, indem man die temporären Objekte erzeugt, bevor man die gespeicherten Prozeduren erstellt. Dann löscht man die temporären Elemente (in der Skript-Datei), bevor sie erneut in der gespeicherten Prozedur erzeugt werden. Bringt Sie das etwas durcheinander? Beispiel 13.8 sollte Ihnen diesen Prozeß verdeutlichen.

Beispiel 13.8

Eingabe

```
1> create procedure Beispiel13_8b
2> as
3>     select * from #Temp_Tabelle
4> go
1> create procedure Beispiel13_8a
2> as
3>     create #Temp_Tabelle (
4>     DATEN char(20),
5>     ZAHLEN int)
6>     execute Beispiel13_8b
7>     drop table #Temp_Tabelle
8> go
```

Analyse

Prozedur `Beispiel13_8b` verwendet die temporäre Tabelle `#Temp_Tabelle`. Allerdings wird `#Temp_Tabelle` erst später erzeugt (in der Prozedur `Beispiel13_8a`). Das führt zu einem Fehler beim Erstellen der Prozedur. Da aber nun Prozedur `Beispiel13_8b` nicht erzeugt wird (infolge der fehlenden Tabelle `#Temp_Tabelle`), wird die Prozedur `Beispiel13_8a` ebenfalls nicht erstellt (weil das Erstellen der Prozedur `Beispiel13_8b` gescheitert ist).

Der folgende Code beseitigt dieses Problem. Zunächst wird die Tabelle `#Temp_Tabelle` erzeugt. Daran schließt sich das Erstellen der ersten Prozedur an. Dann löscht man `#Temp_Tabelle` und erstellt erst danach die zweite Prozedur:

Eingabe

```
1> create #Temp_Tabelle (
2> DATEN char(20),
3> ZAHLEN int)
4> go
1> create procedure Beispiel13_8b
```

```
2> as
3>     select * from #Temp_Tabelle
4> go
1> drop table #Temp_Tabelle
2> go
1> create procedure Beispiel13_8a
2> as
3>     create #Temp_Tabelle (
4>     DATEN char(20),
5>     ZAHLEN int)
6>     execute Beispiel13_8b
7>     drop table #Temp_Tabelle
8> go
```

Trigger entwerfen und verwenden

Ein Trigger ist ein spezieller Typ einer gespeicherten Prozedur und wird als Reaktion auf eine der folgenden drei Operationen ausgelöst bzw. ausgeführt:

- UPDATE
- INSERT
- DELETE

Die Syntax zum Erzeugen eines Triggers sieht in Transact-SQL wie folgt aus:

Syntax

```
create trigger Triggername
   on Tabellenname
   for {insert, update, delete}
   as SQL_Anweisungen
```

Die Syntax in Oracle8 lautet:

Syntax

```
CREATE [OR REPLACE] TRIGGER [Schema.]Triggername
  {BEFORE | AFTER}
  {DELETE | INSERT | UPDATE [OF Spalte[, Spalte]...]}
[OR {DELETE | INSERT | UPDATE [OF Spalte [, Spalte] ...]}]...
   ON [Schema.]Tabelle
[[REFERENCING { OLD [AS] alt [NEW [AS] neu]
        | NEW [AS] neu [OLD [AS] alt]}]
FOR EACH ROW
[WHEN (Bedingung)] ]
PL/SQL-Block...
```

Mit Triggern läßt sich insbesondere die referentielle Integrität durchsetzen, wie es bereits Lektion 9 zum Thema Erstellen von Tabellen erwähnt hat. Referentielle Integrität ist ein Regelsystem, das die Gültigkeit der Beziehungen zwischen Datensätzen verknüpfter Tabellen sicherstellt. Nehmen wir an, ein Benutzer gibt den folgenden Befehl ein:

Eingabe

```
1> insert AUFNAHMEN values (12, 'The Cross of Changes', 3, 1994)
2> go
```

Analyse

Diese absolut gültige SQL-Anweisung fügt einen neuen Datensatz in die Tabelle `AUFNAHMEN` ein. Ein kurzer Blick auf die Tabelle `KUENSTLER` zeigt aber, daß es keine `KUENSTLER_ID = 12` gibt. Ein Benutzer mit `INSERT`-Privilegien für die Tabelle `AUFNAHMEN` kann damit die referentielle Integrität zerstören.

Hinweis

Obwohl viele Datenbanksysteme die referentielle Integrität über Einschränkungen in der Anweisung `CREATE TABLE` durchsetzen können, bieten Trigger mehr Flexibilität. Einschränkungen liefern dem Benutzer Meldungen zu Systemfehlern, und diese Fehlermeldungen sind (wie Sie mittlerweile wissen) nicht immer hilfreich. Dagegen kann man mit Triggern spezielle Fehlermeldungen ausgeben, andere gespeicherte Prozeduren aufrufen oder gegebenenfalls ein Problem im Vorübergehen korrigieren.

Trigger und Transaktionen

Die innerhalb eines Triggers ausgeführten Aktionen werden implizit als Teil einer Transaktion ausgeführt. Die gesamte Folge der Ereignisse sieht folgendermaßen aus:

1. Eine `BEGIN TRANSACTION`-Anweisung wird implizit ausgelöst (bei Tabellen mit Triggern).
2. Es treten die Operationen zum Einfügen, Aktualisieren oder Löschen auf.
3. Der Trigger wird aufgerufen, seine Anweisungen werden ausgeführt.
4. Der Trigger macht die Transaktion entweder rückgängig, oder die Transaktion wird explizit bestätigt.

Beispiel 13.9

Dieses Beispiel zeigt die Lösung für das weiter vorn erwähnte Problem bei der Aktualisierung der Tabelle AUFNAHMEN.

Eingabe

```
create trigger KUENSTLER_PRUEFEN
on AUFNAHMEN
for insert, update as
     if not exists (select * from KUENSTLER, AUFNAHMEN
     where KUENSTLER.KUENSTLER_ID = AUFNAHMEN.KUENSTLER_ID)
     begin
        print 'Illegale KUENSTLER_ID!'
        rollback transaction
     end
go
```

Analyse

Ein ähnliches Problem könnte beim Löschen von Datensätzen aus der Tabelle AUFNAHMEN auftreten. Nehmen wir an, daß Sie beim Löschen des einzigen Datensatzes zu einem Künstler aus der Tabelle AUFNAHMEN ebenfalls den Künstler aus der Tabelle KUENSTLER löschen möchten. Wenn die Datensätze bereits beim Auslösen des Triggers gelöscht wurden, woher weiß man dann, welche KUENSTLER_ID zu löschen ist? Das Problem läßt sich auf zwei Arten lösen:

- Alle Künstler aus der Tabelle KUENSTLER löschen, die keine Aufnahmen mehr in der Tabelle AUFNAHMEN haben. (Siehe dazu Beispiel 13.10a.)
- Untersuchen der gelöschten logischen Tabelle. Transact-SQL verwaltet zwei Tabellen: DELETED und INSERTED. Diese Tabellen, die die letzten Änderungen an der eigentlichen Tabelle verwalten, haben die gleiche Struktur wie die Tabelle, auf der der Trigger erzeugt wird. Demzufolge könnte man die ID der Künstler zuerst aus der Tabelle DELETED abrufen und dann diese IDs aus der Tabelle KUENSTLER löschen. (Siehe dazu Beispiel 13.10b.)

Beispiel 13.10a

```
1> create trigger KUENSTLER_loeschen
2> on AUFNAHMEN
3> for delete as
4> begin
5>      delete from KUENSTLER where KUENSTLER_ID not in
6>      (select KUENSTLER_ID from AUFNAHMEN)
7> end
8> go
```

Beispiel 13.10b

```
1> create trigger KUENSTLER_loeschen
2> on AUFNAHMEN
3> for delete as
4> begin
5>      delete KUENSTLER from KUENSTLER, deleted
6>      where KUENSTLER.KUENSTLER_ID  = deleted.KUENSTLER_ID
7> end
8> go
```

Einschränkungen bei Triggern

Beim Einsatz von Triggern sind die folgenden Einschränkungen zu beachten:

- Trigger lassen sich nicht auf temporären Tabellen erzeugen.
- Trigger sind auf Tabellen in der aktuellen Datenbank zu erstellen.
- Trigger kann man nicht auf Sichten erzeugen.
- Beim Löschen einer Tabelle werden alle mit dieser Tabelle verbundenen Trigger automatisch gelöscht.

Verschachtelte Trigger

Trigger lassen sich auch verschachteln. Nehmen wir an, daß Sie einen Trigger erzeugt haben, der zum Beispiel bei einem Löschvorgang ausgelöst wird. Wenn dieser Trigger dann selbst einen Datensatz löscht, kann man den Datenbank-Server so einrichten, daß er einen anderen Trigger auslöst. Diese Methode führt natürlich zu einer Schleife, die erst endet, wenn alle Datensätze in der Tabelle gelöscht sind (oder irgendwelche anderen internen Trigger-Bedingungen erfüllt sind). Das Verschachteln ist allerdings nicht von vornherein möglich. Man muß die Umgebung dafür einrichten. Sehen Sie bitte in der Dokumentation zu Ihrem Datenbank-Server nach, um nähere Informationen zu diesem Thema zu erhalten.

SELECT-Befehle bei UPDATE und DELETE

Die folgenden Beispiele zeigen komplexe SQL-Anweisungen, die mit `UPDATE` und `DELETE` arbeiten:

Eingabe

```
SQL> UPDATE MITARBEITER_TBL
     SET NACHNAME = 'SMITH'
     WHERE EXISTS (SELECT MITARBEITER_ID
     FROM LOHN_TBL
     WHERE MITARBEITER_ID = 2);
```

Ausgabe

```
1 Zeile wurde aktualisiert.
```

Analyse

Die Tabelle `MITARBEITER_TBL` enthielt einen falschen Mitarbeiternamen. Wir haben die Tabelle `MITARBEITER_TBL` nur aktualisiert, wenn die Tabelle mit der Gehaltsliste (`LOHN_TBL`) die korrekte ID aufweist.

Eingabe/Ausgabe

```
SQL> UPDATE MITARBEITER_TBL
     SET STUNDENLOHN = STUNDENLOHN * 1.1
     WHERE MITARBEITER_ID = (SELECT MITARBEITER_ID
     FROM LOHN_TBL
     WHERE MITARBEITER_ID = '222222222');

1 Zeile wurde aktualisiert.
```

Analyse

Wir haben den Stundenlohn um 10 Prozent erhöht.

Eingabe/Ausgabe

```
SQL> DELETE FROM MITARBEITER_TBL
     WHERE MITARBEITER_ID = (SELECT MITARBEITER_ID
     FROM LOHN_TBL
     WHERE MITARBEITER_ID = '222222222');

1 Zeile wurde gelöscht.
```

Analyse

Hier haben wir den Mitarbeiter mit der ID `222222222` gelöscht.

SELECT-Anweisungen vor der Implementierung testen

Wenn man einen Bericht erzeugt (zum Beispiel mit SQL*Plus) und der Bericht ziemlich umfangreich ist, möchte man die Abstände, Spalten und Titel prüfen, bevor man das Programm ausführt und eine Menge Zeit verschwendet. Die Testläufe kann man in einfacher Weise abkürzen, wenn man Anweisungen wie `where rownum < 3` in die SQL-Anweisung einbaut:

Syntax

```
SQL> select *
     from MITARBEITER_TBL
     where rownum < 5;
```

Analyse

Die Ausgabe liefert nur die ersten vier Zeilen der Tabelle. Hieraus kann man sicherlich schon ersehen, ob die Rechtschreibung korrekt ist und die Abstände den eigenen Vorstellungen entsprechen. Ohne die Einschränkung auf die ersten Zeilen könnte der Bericht Hunderte oder Tausende von Zeilen enthalten, bevor man eine falsche Schreibweise oder unpassende Abstände entdeckt.

Tip

Einen wesentlichen Teil – schätzungsweise 50 Prozent – Ihrer Arbeitszeit sind Sie damit beschäftigt, die Wünsche und den wirklichen Bedarf der Kunden herauszufinden. Gute Kommunikationsfertigkeiten und eine Kenntnis der jeweiligen Firma, für die Sie arbeiten, ergänzen sich mit Ihren Programmierfähigkeiten. Nehmen wir zum Beispiel an, daß Sie als Programmierer für einen Autohändler arbeiten. Der Gebrauchtwagenhändler möchte wissen, wie viele Autos er bei einer anstehenden Inventur zur Verfügung hat. (Zu sich selbst) denken Sie: Zähl' sie doch einfach. Gut, er hat Sie gefragt, wie viele Autos er hat. Aber Sie wissen, daß der Manager für eine Inventur eigentlich die Anzahl der Typen (Personenwagen, Lastwagen), Modelle, Baujahre usw. braucht. Sollten Sie ihm geben, wonach er Sie gebeten hat, und Ihre Zeit damit verschwenden, oder sollten Sie ihm geben, was er wirklich braucht?

Eingebettetes SQL

Dieses Buch bezieht sich mit dem Begriff eingebettetes SQL vorrangig auf das Schreiben des eigentlichen Programmcodes mit Hilfe von SQL – das heißt, Sie schreiben gespeicherte Prozeduren, die in die Datenbank eingebettet sind und durch eine Anwendung zur Ausführung einer bestimmten Aufgabe aufgerufen werden können. Manche Datenbanksysteme enthalten einen vollständigen Werkzeugsatz, mit dem man einfache Bildschirm- und Menüobjekte mit einer Kombination aus einer proprietären Programmiersprache und SQL aufbauen kann. In diesen Code wird der SQL-Code eingebettet.

In einem anderen Sinne bezieht sich eingebettetes SQL häufig auf das, was man technisch als statisches SQL bezeichnet.

Statisches und dynamisches SQL

Statisches SQL bedeutet, daß SQL-Anweisungen direkt in den Programmcode eingebettet sind. Dieser Code läßt sich nicht zur Laufzeit modifizieren. In der Tat erfordern die meisten Implementierungen von statischem SQL die Verwendung eines Präcompilers, der die SQL-Anweisungen zur Laufzeit festlegt. Sowohl Oracle als auch Informix haben zu ihren Datenbanksystemen Pakete für statisches SQL entwickelt. Diese Produkte enthalten Präcompiler für mehrere Sprachen, einschließlich der folgenden:

- C
- Pascal
- Ada
- Cobol
- Fortran

Zu den Vorteilen von statischem SQL gehören:

- Verbesserte Geschwindigkeit zur Laufzeit
- Fehlerprüfung zur Kompilierzeit

Nachteile von statischem SQL sind:

- Unflexibel
- Erfordert mehr Code (da sich Abfragen nicht zur Laufzeit formulieren lassen)
- Nicht portabel auf andere Datenbanksysteme (einen Punkt, den man immer bedenken sollte)

Der erstellte Code läßt eine gewisse Ähnlichkeit der SQL-Anweisungen mit der Programmiersprache C (oder der jeweils verwendeten Sprache) erkennen. Programmvariablen werden mit einem Präcompiler-Befehl an Datenbankfelder gebunden. Beispiel 13.11 zeigt ein einfaches Beispiel für statischen SQL-Code.

Mit dynamischem SQL kann der Programmierer dagegen eine SQL-Anweisung zur Laufzeit aufbauen und diese Anweisung an die Datenbank-Engine übergeben. Die Engine gibt dann die Daten an Programmvariablen zurück, die ebenfalls zur Laufzeit gebunden werden. Diesem Thema widmet sich Tag 14 im Detail.

Beispiel 13.11

Dieses Beispiel zeigt statisches SQL in einer C-Funktion. Beachten Sie bitte, daß die hier verwendete Syntax nicht mit dem ANSI-Standard konform geht. Die Syntax für dieses statische SQL entspricht eigentlich überhaupt keinem kommerziellen Produkt, auch wenn sie eine gewisse Ähnlichkeit mit den meisten dieser Produkte aufweist.

Eingabe

```
BOOL PRINT_MITARBEITER_INFO (void)
{
int Alt = 0;
char Name[41] = '\0';
char Adresse[81] = '\0';
/* Alle Felder binden, die in eine Programmvariable selektiert werden. */
#SQL BIND(ALT, Alt)
#SQL BIND(NAME, Name);
#SQL BIND(ADRESSE, Adresse);
/* Die obigen Anweisungen "binden" Felder aus der Datenbank an Variablen im
Programm.
 Nach Abfrage der Datenbank werden die Datensätze durchlaufen und
auf dem Bildschirm ausgegeben. */

#SQL SELECT ALT, NAME, ADRESSE FROM MITARBEITER;

#SQL FIRST_RECORD
if (Alt == NULL)
{
     return FALSE;
}
while (Alt != NULL)
{
     printf("ALT = %d\n", Alt);
     printf("NAME = %s\n", Name);
     printf("ADRESSE = %s\n", Adresse);
     #SQL NEXT_RECORD
}
return TRUE;
}
```

Analyse

Nachdem Sie diesen Code eingegeben und die Datei gespeichert haben, durchläuft der Code gewöhnlich einen Präcompiler. Dieser Präcompiler wandelt die mit der Direktive `#SQL` beginnenden Programmzeilen in eigentlichen C-Code um, der dann mit dem Rest des Programms kompiliert wird, um die eigentliche Aufgabe zu realisieren.

Falls Sie noch nie ein C-Programm gesehen haben, brauchen Sie sich um die in Beispiel 13.11 verwendete Syntax keine Sorgen zu machen. (Wie bereits erwähnt, ist die Syntax für statisches SQL nur ein Pseudocode. Die tatsächliche Syntax entnehmen Sie bitte der jeweiligen SQL-Dokumentation für statisches SQL.)

Programmieren mit SQL

Bisher haben wir zwei Einsatzfälle für die Programmierung mit SQL kennengelernt. Die ersten zwölf Lektionen dieses Buchs sind darauf eingegangen, wie man mit SQL Abfragen schreibt und Daten modifiziert. Weiterhin lassen sich SQL-Anweisungen in den Code von Sprachen der dritten oder vierten Generation einbetten. Offensichtlich ist der erste Einsatzfall von SQL für Sie wesentlich, wenn Sie die Sprache und die Datenbankprogrammierung im allgemeinen kennenlernen möchten. Wir haben bereits auf die Nachteile bei eingebettetem oder statischem SQL im Vergleich zu dynamischem SQL hingewiesen. Die Tage 18 und 19 bringen zwei Erweiterungen zu SQL, die Sie anstelle von eingebettetem SQL für die Ausführung der gleichen – in diesem Abschnitt besprochenen – Funktionstypen verwenden können.

Zusammenfassung

Die populären Programmierumgebungen wie Visual Basic, Delphi und PowerBuilder bieten dem Datenbankprogrammierer viele Werkzeuge, die sich hervorragend für die Ausführung von Abfragen und Aktualisierung von Daten in einer Datenbank eignen. Wenn Sie sich allerdings näher mit Datenbanken beschäftigen, werden Sie die Vorteile der heute behandelten Werkzeuge und Verfahren entdekken. Leider gehören Konzepte wie Cursor, Trigger und gespeicherte Prozeduren zu den neueren Datenbankkonzepten und sind erst zu einem geringen Maß über die Produkte hinweg standardisiert. Allerdings liegt allen Datenbank-Managementsystemen die gleiche Theorie zum Einsatz dieser Elemente zugrunde.

Temporäre Tabellen sind Tabellen, die während einer Sitzung des Benutzers existieren. Diese Tabellen sind in der Regel in einer speziellen Datenbank abgelegt (unter SQL Server mit `tempdb` bezeichnet) und werden oftmals mit einem eindeutigen Datums-/Zeitwert sowie einem Namen gekennzeichnet. Temporäre Tabellen können die Ergebnismenge einer Abfrage für spätere Verwendung durch andere Abfragen speichern. Allerdings kann sich die Leistungsbilanz der Datenbank verschlechtern, wenn viele Benutzer gleichzeitig temporäre Tabellen erzeugen und verwenden. Das hängt mit den zahlreichen Aktivitäten zusammen, die in der Datenbank `tempdb` ablaufen.

Cursor können eine Ergebnismenge speichern, um durch diese Ergebnismenge datensatzweise (oder um mehrere Datensätze auf einmal) zu scrollen. Mit dem Befehl `FETCH` lassen sich die Daten eines individuellen Datensatzes im Cursor abrufen und der Cursor auf den nächsten Datensatz setzen. Anhand verschiedener Systemvariablen kann man unter anderem ermitteln, ob das Ende der Datensätze erreicht ist.

Gespeicherte Prozeduren sind Datenbankobjekte, die mehrere SQL-Anweisungen in einer Funktion zusammenfassen. Gespeicherte Prozeduren können Parameter übernehmen und zurückgeben sowie andere gespeicherte Prozeduren aufrufen. Diese Prozeduren werden auf dem Datenbank-Server ausgeführt und in kompilierter Form in der Datenbank gespeichert. Der Einsatz gespeicherter Prozeduren statt der Ausführung eigenständiger Abfragen verbessert die Leistungsbilanz.

Trigger sind spezielle gespeicherte Prozeduren. Sie werden ausgeführt, wenn eine Tabelle einer `INSERT`-, `DELETE`- oder `UPDATE`-Operation unterliegt. Trigger setzen oft die referentielle Integrität durch und können auch andere gespeicherte Prozeduren aufrufen.

Eingebettetes SQL bezeichnet die Verwendung von SQL im Code eines Programms. Eingebettetes SQL besteht sowohl aus statischen als auch dynamischen SQL-Anweisungen. Statische SQL-Anweisungen lassen sich zur Laufzeit nicht modifizieren. Dynamische SQL-Anweisungen sind veränderbar.

Fragen & Antworten

F Wenn ich eine temporäre Tabelle erzeuge, können dann andere Benutzer auf meine Tabelle zugreifen?

A *Nein. Die temporäre Tabelle ist nur ihrem Erzeuger zugänglich.*

F Warum muß ich einen Cursor schließen und den Speicher freigeben?

A *Der Speicher bleibt sonst weiterhin für den Cursor reserviert, auch wenn sein Name nicht mehr existiert.*

Workshop

Kontrollfragen

1. Richtig oder falsch: In Microsoft Visual C++ kann der Programmierer das ODBC-API direkt aufrufen.
2. Richtig oder falsch: Das ODBC-API läßt sich nur aus einem C-Programm direkt aufrufen.
3. Richtig oder falsch: Dynamisches SQL erfordert den Einsatz eines Präcompilers.
4. Wofür steht das Nummernzeichen (#) vor dem Namen einer temporären Tabelle?

5. Wie gibt man den Speicher frei, nachdem man einen Cursor geschlossen hat?
6. Setzt man Trigger in Verbindung mit der SELECT-Anweisung ein?
7. Existiert ein Trigger weiterhin, wenn man die Tabelle löscht, auf der dieser Trigger eingerichtet ist?

Übungen

1. Erzeugen Sie eine Beispieldatenbankanwendung. (Die heute behandelten Themen haben wir an einer Musiksammlung dargestellt.) Teilen Sie diese Anwendung in logische Datengruppen.
2. Listen Sie die Abfragen auf, von denen Sie annehmen, daß sie für die Komplettierung dieser Anwendung erforderlich sind.
3. Listen Sie die verschiedenen Regeln auf, die Sie in der Datenbank verwalten möchten.
4. Erzeugen Sie ein Datenbankschema für die verschiedenen Datengruppen, die Sie in Schritt 1 beschrieben haben.
5. Konvertieren Sie die Abfragen aus Schritt 2 in gespeicherte Prozeduren.
6. Konvertieren Sie die Regeln aus Schritt 3 in Trigger.
7. Kombinieren Sie die Schritte 4, 5 und 6 zu einer großen Skript-Datei, die sich für den Aufbau der Datenbank und aller damit im Zusammenhang stehenden Prozeduren eignet.
8. Fügen Sie einige Beispieldaten ein. (Dieser Schritt kann ebenfalls Teil der Skript-Datei von Schritt 7 sein.)
9. Führen Sie die erzeugten Prozeduren aus, um deren Funktionalität zu testen.

SQL dynamisch nutzen

Woche 2

Ziele

Die heutige Lektion soll Ihnen anhand einiger Anwendungen von SQL im Überblick zeigen, wo Sie das bisher Gelernte praktisch umsetzen können. Wir konzentrieren uns auf Anwendungen in der Umgebung von Microsoft Windows, wobei aber die Prinzipien genauso auf andere Softwareplattformen übertragbar sind. In dieser Lektion erfahren Sie ...

- wie sich verschiedene kommerzielle Produkte – Personal Oracle8, ODBC, InterBase ISQL, Visual C++ von Microsoft und Delphi von Borland – zu SQL verhalten.
- wie man die Umgebung für SQL einrichtet.
- wie man eine Datenbank mit Oracle8, Microsoft Query und InterBase ISQL erstellt.
- wie man SQL in Anwendungen einsetzt, die in Visual C++ und Delphi geschrieben sind.

Diese Lektion soll Ihnen Denkanstöße geben, wo Sie Ihre neu erworbenen SQL-Fertigkeiten einsetzen können.

Produkte im Überblick

Dieser Abschnitt untersucht verschiedene kommerzielle Produkte im Kontext des Betriebssystems Microsoft Windows und beschreibt kurz, wie sie sich zu SQL verhalten. Die Prinzipien, wenn nicht sogar die Produkte selbst, lassen sich über verschiedene Softwareplattformen hinweg anwenden.

ODBC

ODBC (Open Database Connectivity) gehört zu den grundlegenden Technologien im Betriebssystem Windows. Über den ODBC-Treiber können Windows-basierte Anwendungen auf alle gebräuchlichen Datenbanken zugreifen. Damit entfallen speziell für jede Datenbank angepaßte Schnittstellen, die man eventuell sogar selbst schreiben müßte. Die Architektur von ODBC ist vergleichbar mit den Windows-Druckertreibern, die ebenfalls eine – vom konkreten Drucker unabhängige – Programmierung erlauben. Individuelle Unterschiede, denen man sich bei der Programmierung von DOS-Anwendungen widmen mußte, behandelt der Druckertreiber in komfortabler Weise. Letztendlich brauchen Sie Ihre Arbeitszeit nicht für das Schreiben von Druckertreibern zu verschwenden, sondern können sich auf die für das eigentliche Programm relevanten Aufgaben konzentrieren.

ODBC überträgt dieses Konzept auf Datenbanken. Der visuelle Teil von ODBC findet sich in der Systemsteuerung von Windows 3.1, 3.11 und Windows 95 und in einer eigenen Programmgruppe in Windows NT.

Auf ODBC gehen wir näher ein, wenn wir uns dem Erstellen einer Datenbank zuwenden.

Personal Oracle8

Personal Oracle8 ist die bekannteste Neuentwicklung für Datenbanken auf dem PC-Markt. Lassen Sie sich nicht von der Unmenge der Programme abschrecken, die Oracle8 installiert – wir haben alle in den ersten Tagen gezeigten Beispiele ausschließlich mit dem Oracle Database Manager und SQL*Plus aufgebaut. Abbildung 14.1 zeigt das Programmfenster von SQL*Plus.

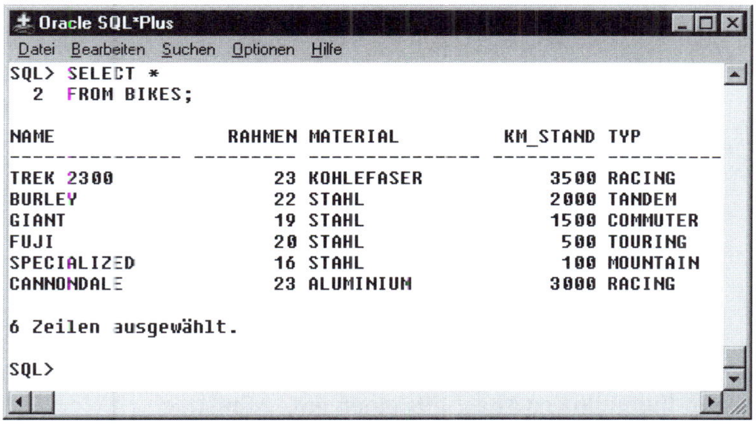

*Abbildung 14.1: SQL*Plus von Oracle8*

InterBase SQL (ISQL)

In anderen Beispielen dieser Lektion kommt das Werkzeug ISQL von Borland zum Einsatz, das im wesentlichen Oracle8 entspricht, außer daß Oracle8 textorientiert und ISQL mehr auf die Windows-Umgebung ausgerichtet ist.

Abbildung 14.2 zeigt einen ISQL-Bildschirm. Die Abfrage gibt man in das obere Bearbeitungsfeld ein, das Ergebnis erscheint im unteren Feld. Mit den Schaltflächen PREVIOUS (Vorherige) und NEXT (Nächste) scrollen Sie durch die Liste aller Abfragen, die Sie während einer Sitzung – mit RUN – ausgeführt haben.

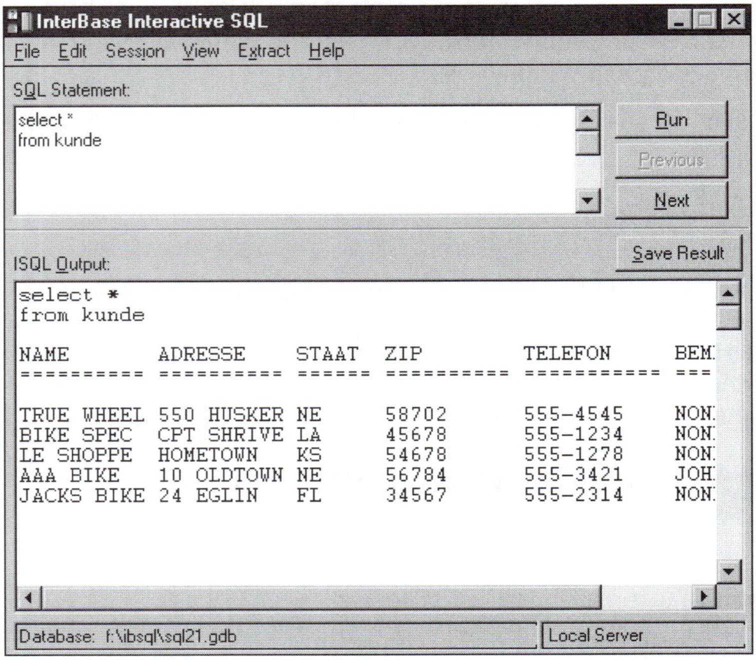

Abbildung 14.2: Interactive SQL von InterBase

Visual C++

Zu Visual C++ sind Unmengen von Büchern erschienen. Für die Beispiele in diesem Buch haben wir die Version 5.0 eingesetzt. Es ist aber beileibe nicht der einzige Compiler, der ODBC-Verbindungen realisieren kann. Wenn Sie mit einem anderen Compiler arbeiten, bietet Ihnen dieser Abschnitt einen guten Einstieg.

Visual C++ installiert eine ganze Reihe von Werkzeugen. Wir greifen nur auf zwei zurück: den Compiler und den Ressourceneditor. Beide sind im Microsoft Developer Studio unter einer einheitlichen Oberfläche erreichbar.

Delphi

Das letzte der hier untersuchten Werkzeuge ist Delphi von Borland, das Gegenstand vieler neuer Bücher ist. Delphi bietet eine skalierbare Schnittstelle zu verschiedenen Datenbanken.

In den Beispielen kommen zwei Programme von Delphi zum Einsatz: der InterBase Server (IMBGR32) und Windows ISQL (WISQL32).

Einrichten

Genug der Einführung, beginnen wir mit der Arbeit. Nachdem Sie Ihre SQL-Engine oder Ihren ODBC-kompatiblen Compiler installiert haben, müssen Sie erst die Bühne vorbereiten, bevor die Akteure auftreten können. Sowohl bei Oracle8 als auch InterBase müssen Sie sich zuerst anmelden und ein Konto für sich selbst erstellen. Die Prozeduren sind im wesentlichen gleich. Schwieriger gestaltet sich die Suche in der Dokumentation nach den vorgegebenen Kennwörtern. Beide Systeme bieten ein Standardkonto für den Systemadministrator. (Siehe dazu Abbildung 14.3.)

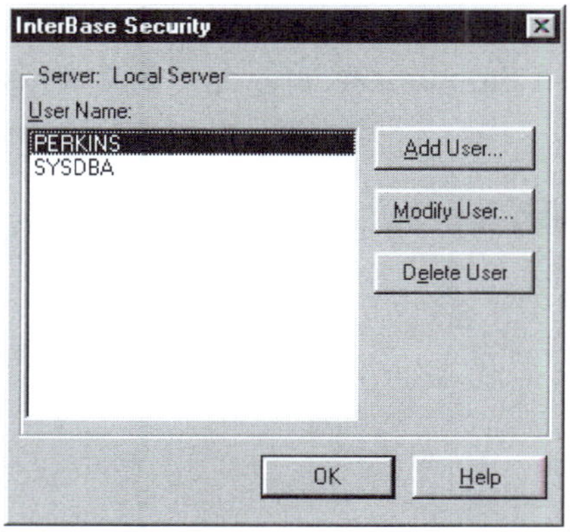

Abbildung 14.3:
Der Bildschirm des InterBase-Security-Managers

Nach dem Anmelden und Erstellen eines Kontos können Sie die Datenbank erstellen.

Hinweis Als Zugang zu ISQL gibt die Dokumentation den Benutzernamen `SYSDBA` und als Kennwort `masterkey` an. In SQL*Plus können Sie sich mit `SYS` als Benutzername und `CHANGE_ON_INSTALL` als Kennwort anmelden. Weitere Name/Kennwort-Kombinationen finden Sie in den Dokumentationen der genannten Produkte.

Die Datenbank erstellen

Jetzt ist der Zeitpunkt gekommen, wo sich Ihre bisher erworbenen SQL-Kenntnisse auszuzahlen beginnen. Zuerst müssen Sie die zu verwendende Datenbank starten. Wenn die Arbeit mit SQL*Plus weitergehen soll, starten Sie einfach Oracle SQL*Plus über START | PROGRAMME ORACLE FÜR WINDOWS 95 | SQL PLUS 8.0 oder durch Doppelklicken auf das SQL*Plus-Symbol in der Oracle-Programmgruppe. Nach der Anmeldung mit Benutzername und Kennwort stellt Oracle die Verbindung zur Datenbank her. Die einzelnen Schritte können Sie über die angezeigten Dialogfelder ORACLE8 STARTEN verfolgen. Den krönenden Abschluß dieser Folge bildet das in Abbildung 14.4 gezeigte Dialogfeld.

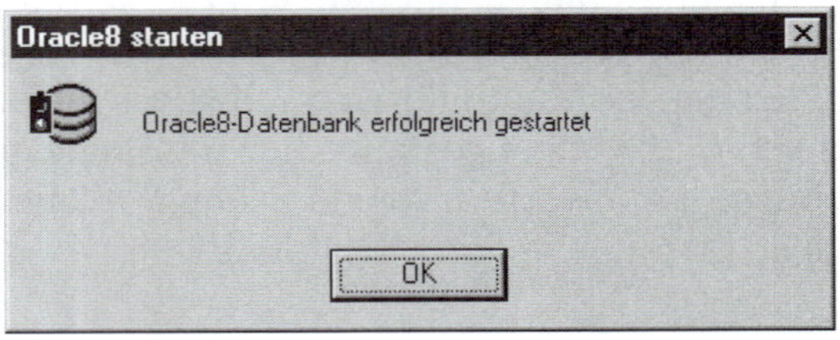

Abbildung 14.4: Bestätigung für den erfolgreichen Start der Oracle8-Datenbank

Sobald die Verbindung hergestellt ist, gelangen Sie zum Fenster von SQL*Plus (siehe Abbildung 14.5).

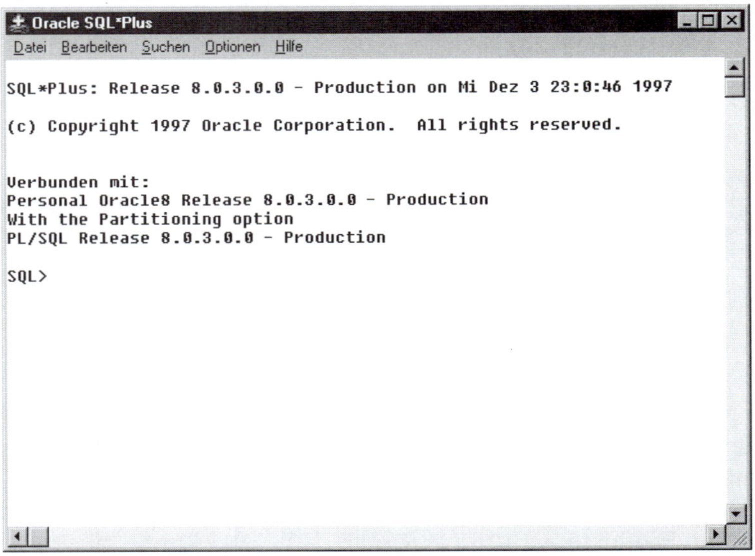

*Abbildung 14.5: Oracle SQL*Plus*

Nunmehr können Sie mit Hilfe der Schlüsselwörter `CREATE` und `INSERT` Ihre Tabellen erzeugen und Daten eingeben. Für diesen Zweck bietet sich auch eine Skript-Datei an. Dabei handelt es sich gewöhnlich um eine Textdatei mit den in der richtigen Reihenfolge angegebenen SQL-Befehlen. Der folgende Auszug stammt aus der Datei BUILD_DB.SQL, die zum Lieferumfang von Oracle8 gehört:

```
--
-- $Header: build_db.sql 1.1 94/10/18 15:55:37 gdudey Osd<desktop/netware> $ Copyr
(c) 1994 Oracle
--
-- This file must be run out of the directory containing the
```

```
-- initialization file.

startup nomount pfile=F:\ORAWIN95\DATABASE\initorcl.ora

--  Create database

create database oracle
    controlfile reuse
    logfile 'F:\ORAWIN95\DATABASE\log1orcl.ora' size 200K reuse,
            'F:\ORAWIN95\DATABASE\log2orcl.ora' size 200K reuse
    datafile 'F:\ORAWIN95\DATABASE\sys1orcl.ora' size 20M reuse autoextend on
      next 10M maxsize 200M
    character set WE8ISO8859P1;
```

Hinweis Wenn Sie bei der Installation von Oracle8 die Standardpfade beibehalten haben, finden Sie die Datei BUILD_DB.SQL im Verzeichnis \ORAWIN95\RDBMS80\ADMIN\.

Die genaue Syntax hängt von der jeweiligen SQL-Implementierung und der verwendeten Datenbank ab. Sehen Sie deshalb bitte in der entsprechende Dokumentation nach. Um diese Skript-Datei in die SQL-Engine zu laden, wählen Sie DATEI | ÖFFNEN. Eine Skript-Datei wird mit

```
@dateiname
```

oder

```
start dateiname
```

ausgeführt. In `dateiname` kann die Standarderweiterung .SQL fehlen. Gegebenenfalls ist der vollständige Pfad zur Datei anzugeben.

InterBase von Borland lädt Daten in ähnlicher Weise. Der folgende Auszug stammt aus der Datei INSERTS.SQL zum Einfügen von Daten:

```
/*
 *  Add countries.
*/
INSERT INTO country (country, currency) VALUES ('USA',         'Dollar');
INSERT INTO country (country, currency) VALUES ('England',     'Pound');
INSERT INTO country (country, currency) VALUES ('Canada',      'CdnDlr');
INSERT INTO country (country, currency) VALUES ('Switzerland', 'SFranc');
INSERT INTO country (country, currency) VALUES ('Japan',       'Yen');
INSERT INTO country (country, currency) VALUES ('Italy',       'Lira');
INSERT INTO country (country, currency) VALUES ('France',      'FFranc');
INSERT INTO country (country, currency) VALUES ('Germany',     'D-Mark');
INSERT INTO country (country, currency) VALUES ('Australia',   'ADollar');
INSERT INTO country (country, currency) VALUES ('Hong Kong',   'HKDollar');
```

```
INSERT INTO country (country, currency) VALUES ('Netherlands', 'Guilder');
INSERT INTO country (country, currency) VALUES ('Belgium',     'BFranc');
INSERT INTO country (country, currency) VALUES ('Austria',     'Schilling');
INSERT INTO country (country, currency) VALUES ('Fiji',        'FDollar');
```

Hinweis

Wenn Sie bei der Installation von InterBase die Standardpfade beibehalten haben, finden Sie die Datei INSERTS.SQL im Verzeichnis \PROGRAMME\BORLAND\INTRBASE\EXAMPLES\TUTORIAL\.

Analyse

Die im Beispiel dargestellten Anweisungen der Skript-Datei fügen die Namen und Währungen der jeweiligen Länder in die Tabelle `CCUNTRY` ein. (Eine Einführung zum Befehl `INSERT` gibt Lektion Tag 8.)

Skript-Dateien haben nichts Magisches an sich. Programmierer finden immer Wege, um Tastenanschläge einzusparen. Falls Sie gerade im stillen Kämmerlein mit SQL experimentieren, sollten Sie einmal die folgenden Tabellen eingeben:

Eingabe

```
/* Table: KUNDE, Owner: PERKINS */
CREATE TABLE KUNDE (NAME CHAR(10),
        ADRESSE CHAR(10),
        STAAT CHAR(2),
        ZIP CHAR(10),
        TELEFON CHAR(11),
        BEMERKUNGEN CHAR(10));
```

Eingabe

```
/* Table: AUFTRAEGE, Owner: PERKINS */
CREATE TABLE AUFTRAEGE (AUFTRDAT DATE,
        NAME CHAR(10),
        TEILNUM INTEGER,
        MENGE INTEGER,
        BEMERKUNGEN CHAR(10));
```

```
/* Table: TEIL, Owner: PERKINS */
CREATE TABLE TEIL (TEILNUM INTEGER,
        BESCHREIBUNG CHAR(20),
        PREIS NUMERIC(9, 2));
```

Füllen Sie nun diese Tabellen mit den nachstehenden Daten:

```
SELECT * FROM KUNDE

NAME       ADRESSE    STAAT  ZIP        TELEFON     BEMERKUNGEN
========== ========== ====== ========== =========== ===========
TRUE WHEEL 550 HUSKER NE     58702      555-4545    NONE
BIKE SPEC  CPT SHRIVE LA     45678      555-1234    NONE
LE SHOPPE  HOMETOWN   KS     54678      555-1278    NONE
AAA BIKE   10 OLDTOWN NE     56784      555-3421    JOHN-MGR
JACKS BIKE 24 EGLIN   FL     34567      555-2314    NONE
```

```
SELECT * FROM AUFTRAEGE

   AUFTRDAT NAME          TEILNUM        MENGE BEMERKUNGEN
=========== ========== =========== =========== ===========
15-MAY-1996 TRUE WHEEL          23           6 PAID
19-MAY-1996 TRUE WHEEL          76           3 PAID
 2-SEP-1996 TRUE WHEEL          10           1 PAID
30-JUN-1996 TRUE WHEEL          42           8 PAID
30-JUN-1996 BIKE SPEC           54          10 PAID
30-MAY-1996 BIKE SPEC           10           2 PAID
30-MAY-1996 BIKE SPEC           23           8 PAID
17-JAN-1996 BIKE SPEC           76          11 PAID
17-JAN-1996 LE SHOPPE           76           5 PAID
 1-JUN-1996 LE SHOPPE           10           3 PAID
 1-JUN-1996 AAA BIKE            10           1 PAID
 1-JUL-1996 AAA BIKE            76           4 PAID
 1-JUL-1996 AAA BIKE            46          14 PAID
11-JUL-1996 JACKS BIKE          76          14 PAID
```

Eingabe/Ausgabe

```
SELECT * FROM TEIL

   TEILNUM BESCHREIBUNG                 PREIS
=========== ==================== ===========
        54 PEDALS                       54.25
        42 SEATS                        24.50
        46 TIRES                        15.25
        23 MOUNTAIN BIKE               350.45
        76 ROAD BIKE                   530.00
        10 TANDEM                     1200.00
```

Nach der Eingabe dieser Daten erstellen Sie im nächsten Schritt eine ODBC-Verbindung. Öffnen Sie die Systemsteuerung (wenn Sie unter Windows 3.1, 3.11 oder Windows 95 arbeiten) und doppelklicken Sie auf das Symbol ODBC.

Hinweis

Verschiedene SQL-Engines laden ODBC automatisch, beispielsweise Visual C++, Delphi und Oracle8.

Abbildung 14.6 zeigt das anfängliche ODBC-Fenster.

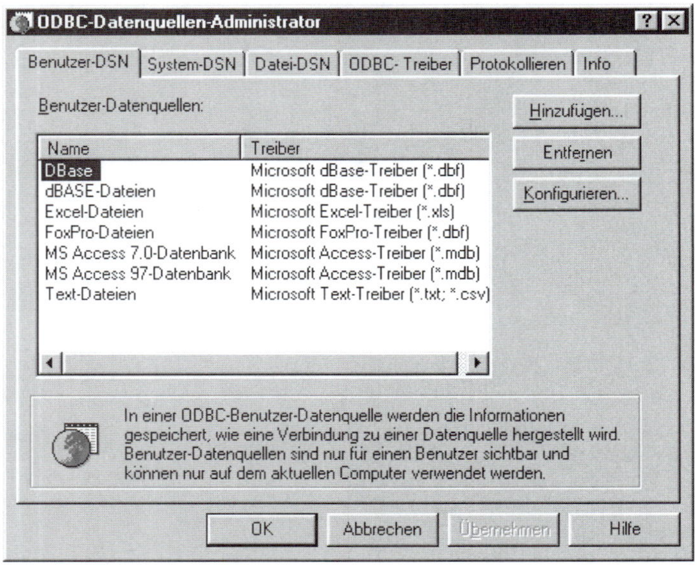

Abbildung 14.6: Auswahl der ODBC-Datenquellen

Das Fenster zeigt die aktuellen ODBC-Verbindungen. (Im Beispiel sind noch keine Verbindungen vorhanden, was bei Ihnen durchaus anders sein kann.) Es soll nun eine neue Verbindung erzeugt werden. Nehmen wir an, daß Sie mit InterBase arbeiten und die neue Datenbank SQL21 nennen. (10 Punkte für den Kandidaten, wenn Sie erraten, wofür SQL21 steht.) Klicken Sie auf die Schaltfläche HINZUFÜGEN, und wählen Sie den InterBase-Treiber – wie in Abbildung 14.7 gezeigt – aus.

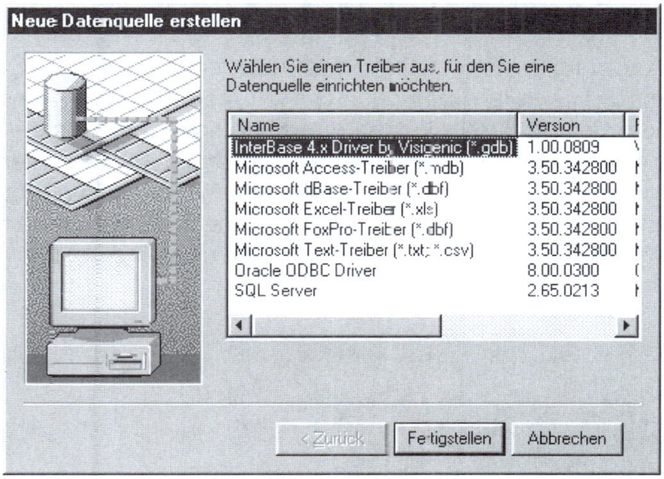

Abbildung 14.7: Treiberauswahl

Von dieser Auswahl gelangen Sie zum Setup-Fenster. Füllen Sie es gemäß Abbildung 14.8 aus.

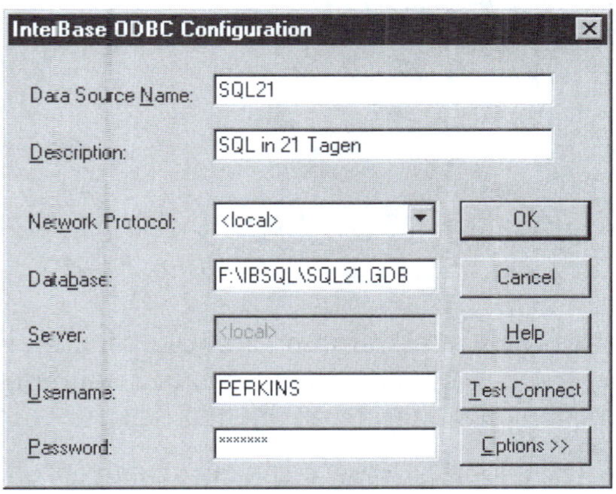

Abbildung 14.8: Treiber-Setup

Geben Sie Ihren eigenen Namen oder eine kurze und leicht zu merkende Bezeichnung ein, je nach dem Konto, das Sie für sich selbst einrichten möchten.

Geben Sie den vollständigen Pfad und den Dateinamen inklusive Erweiterung ein. Fehlt zum Beispiel die Erweiterung, läßt sich die im nächsten Abschnitt beschriebene Abfrage nicht realisieren.

Eine Verknüpfung mit Microsoft Query ausführen

Nachdem Sie eine ODBC-Verbindung hergestellt haben, unternehmen wir einen kleinen Abstecher zu einem nützlichen Werkzeug namens Microsoft Query. Dieses Programm gehört unter anderem zum Lieferumfang von Microsoft Office. Sollten Sie Microsoft Query zwar installiert haben, aber weder im Startmenü noch in einer eigenen Programmgruppe finden, lokalisieren Sie es mit dem Windows-Explorer (Dateiname MSQRY32.EXE). Es empfiehlt sich, eine Verknüpfung zu erstellen und auf dem Desktop unterzubringen. Abbildung 14.9 zeigt das Startfenster von Microsoft Query.

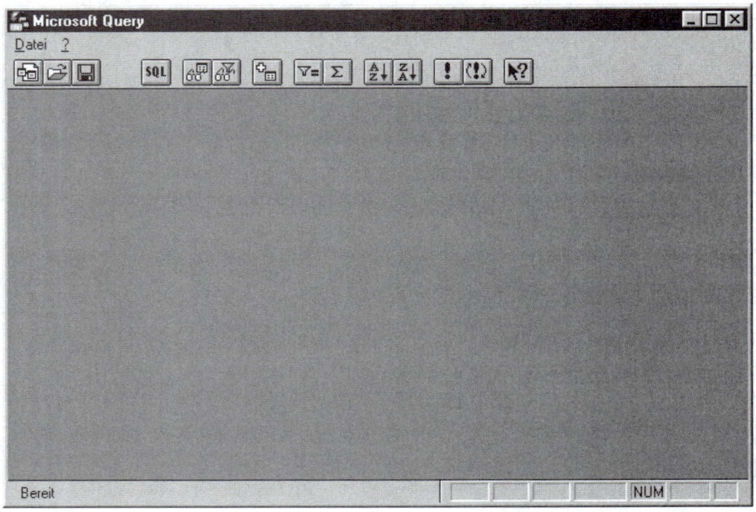

Abbildung 14.9: Microsoft Query

Wählen Sie DATEI | NEUE ABFRAGE. Da Ihre ODBC-Verknüpfung zu SQL21 nicht zu sehen ist, klicken Sie auf die Schaltfläche ANDERE. Es erscheint das in Abbildung 14.10 dargestellte Dialogfeld ODBC-DATENQUELLEN. Markieren Sie hier SQL21.

Klicken Sie auf OK, um zum Dialogfeld DATENQUELLE AUSWÄHLEN zurückzukehren. Markieren Sie SQL21, und klicken Sie auf VERWENDEN (siehe Abbildung 14.11).

Es schließt sich die unvermeidliche Anmeldeprozedur an. Tippen Sie Ihr Kennwort ein, um zum nächsten Fenster zu gelangen.

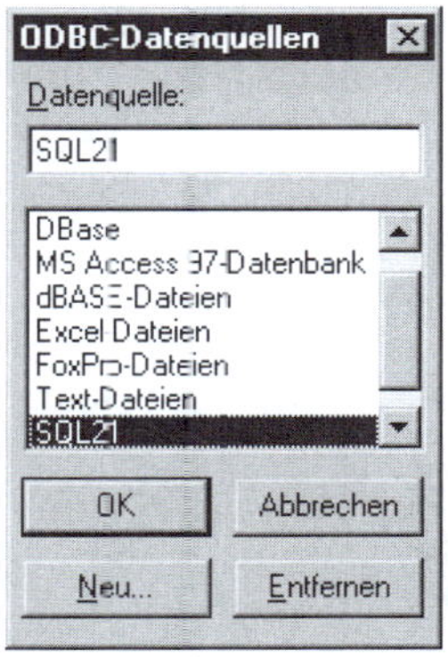

Abbildung 14.10:
Das Dialogfeld ODBC-Datenquellen von Microsoft Query

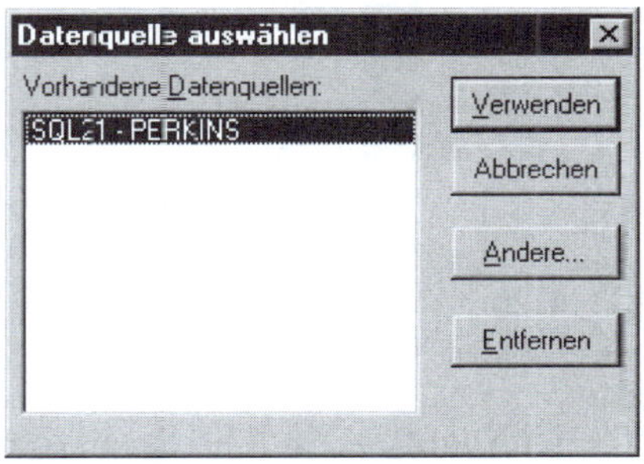

Abbildung 14.11:
Das Dialogfeld Datenquelle auswählen

Das in Abbildung 14.12 dargestellte Dialogfeld TABELLEN HINZUFÜGEN zeigt alle Tabellen der Datenbank, mit der Sie verbunden sind. Fügen Sie nacheinander die Tabellen KUNDE, AUFTRAEGE und TEIL über die Schaltfläche HINZUFÜGEN in die Abfrage ein, und klicken Sie dann auf SCHLIESSEN.

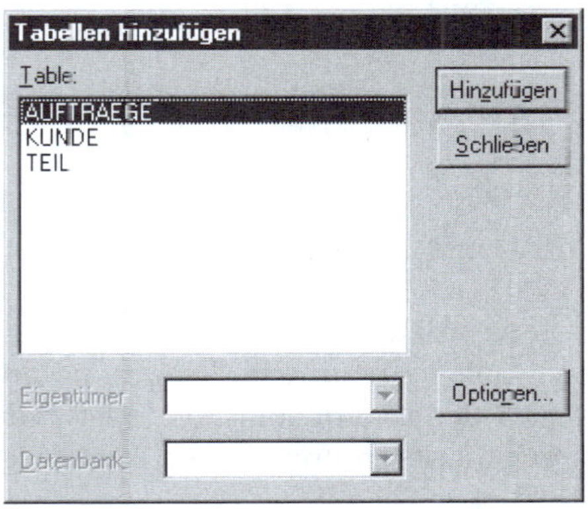

Abbildung 14.12:
Tabellen in Microsoft Query auswählen

Der Bildschirm sollte nun Abbildung 14.13 entsprechen. Doppelklicken Sie auf ADRESSE und NAME in der Tabelle KUNDE. Doppelklicken Sie dann auf AUFTRDAT und TEILNUM in der Tabelle AUFTRAEGE.

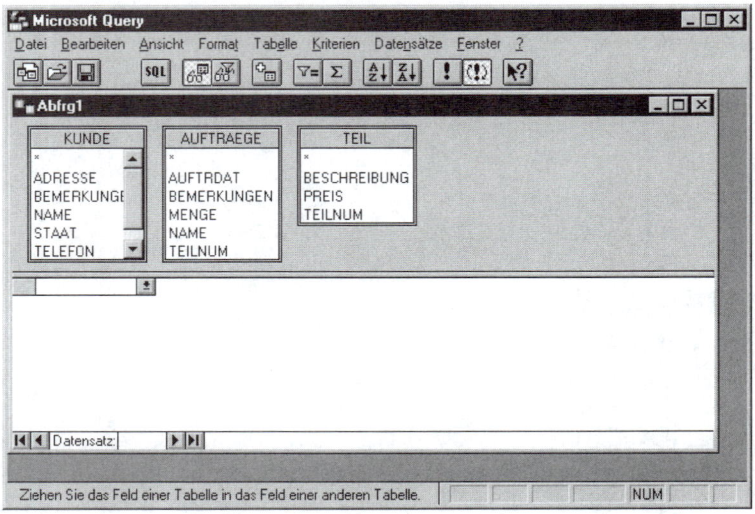

Abbildung 14.13: Visuelle Darstellung einer Tabelle in Microsoft Query

Der nächste Schritt zeigt eine der Stärken von Microsoft Query. Klicken Sie in der Symbolleiste auf die Schaltfläche mit der Aufschrift SQL. Der Bildschirm sollte nun Abbildung 14.14 entsprechen.

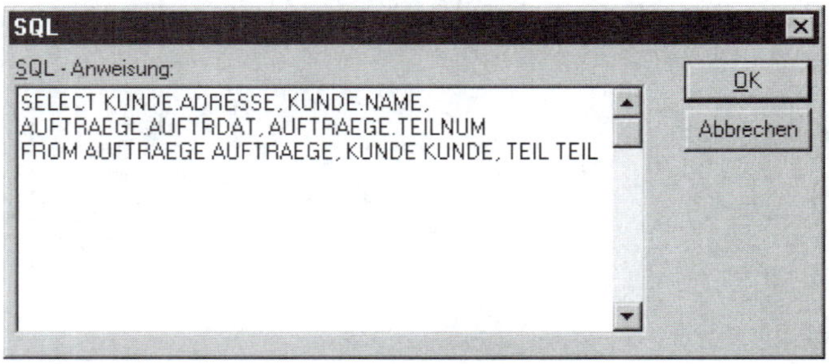

Abbildung 14.14: Die von Query aufgebaute Abfrage

Dieses Hilfsmittel bietet zwei Funktionen. Erstens erlaubt es die Prüfung einer ODBC-Verbindung. Wenn diese hier funktioniert, sollte sie auch im Programm arbeiten. Man kann damit Probleme einkreisen und der Datenbank oder dem Programm zuordnen. Zweitens lassen sich Abfragen generieren und prüfen. Fügen Sie die folgende Zeile in das Dialogfeld SQL ein, und klicken Sie auf OK:

```
WHERE KUNDE.NAME = AUFTRAEGE.NAME AND TEIL.TEILNUM = AUFTRAEGE.TEILNUM
```

Abbildung 14.15 zeigt das bemerkenswerte Ergebnis.

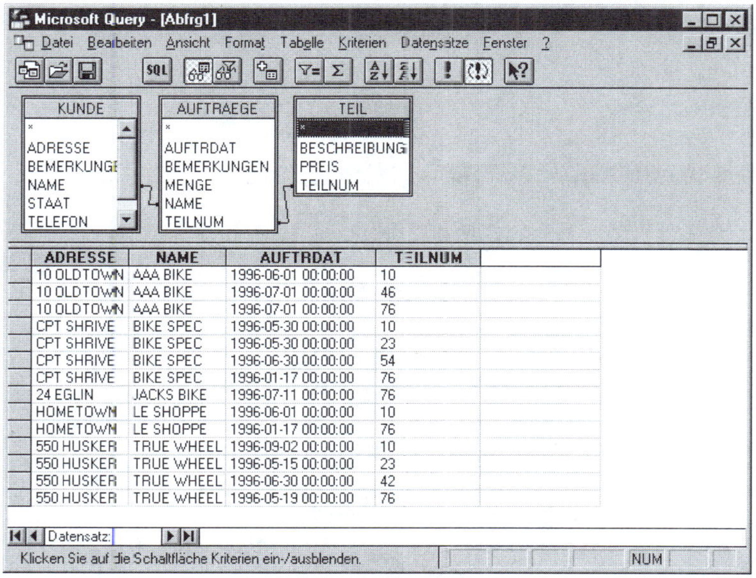

Abbildung 14.15: Die grafische Darstellung einer Verknüpfung in Microsoft Query

Sie haben gerade eine Verknüpfung realisiert! Darüber hinaus sind die verknüpften Felder grafisch in der Tabellendarstellung verbunden (beachten Sie die Zickzack-Linien zwischen `NAME` und `TEILNUM`).

Mit Query besitzen Sie unter Windows ein wichtiges Werkzeug in Ihrem SQL-Arsenal. Es erlaubt Ihnen, Tabellen und Abfragen zu untersuchen und zu manipulieren. Man kann damit auch Tabellen erzeugen und Daten manipulieren. Wenn Sie in Windows mit ODBC und SQL arbeiten, sollten Sie dieses Werkzeug entweder selbst erwerben oder von Ihrer Firma bzw. Ihren Kunden kaufen lassen (wenn es nicht ohnehin zum Lieferumfang eines Ihrer Programme gehört). Es ist zwar nicht so aufregend wie eine Netzwerkversion von DOOM, spart Ihnen aber Zeit und Geld. Nachdem Sie nun eine ODBC-Verknüpfung eingerichtet haben, können Sie sie in einem Programm verwenden.

Visual C++ und SQL

Starten Sie Visual C++. Wählen Sie DATEI | NEU. Im Dialogfeld NEU markieren Sie auf der Registerkarte PROJEKTE den Eintrag `MFC-Anwendungs-Assistent (exe)`. Wählen Sie den gewünschten Pfad, und geben Sie einen passenden Namen im Bearbeitungsfeld PROJEKTNAME ein (im Beispiel SQL21). Abbildung 14.16 zeigt das ausgefüllte Dialogfeld. Projektname und Unterverzeichnis müssen für Ihr Projekt nicht unbedingt mit der Abbildung übereinstimmen.

Hinweis

Den Quellcode für dieses Beispiel finden Sie in Anhang B.

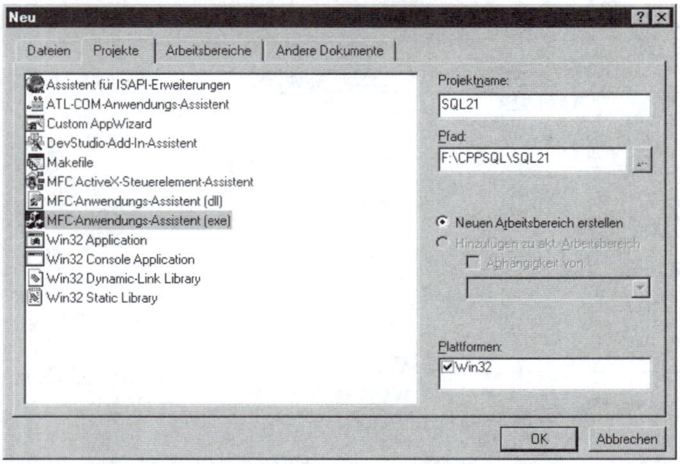

Abbildung 14.16: Einrichtung eines neuen Projekts

Klicken Sie auf OK, um zum Dialogfeld MFC-ANWENDUNGS-ASSISTENT – SCHRITT 1 zu gelangen (siehe Abbildung 14.17). Wählen Sie hier die Option `Einzelnes Dokument (SDI)`. Klicken Sie dann auf die Schaltfläche WEITER.

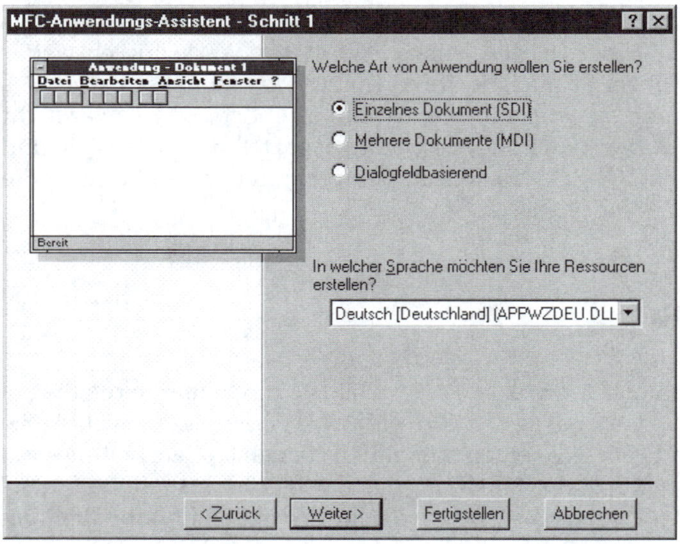

Abbildung 14.17: Das Dialogfeld MFC-Anwendungs-Assistent – Schritt 1

Im zweiten Dialogfeld des Assistenten wählen Sie die Option `Datenbankansicht ohne Dateiunterstützung` (siehe Abbildung 14.18).

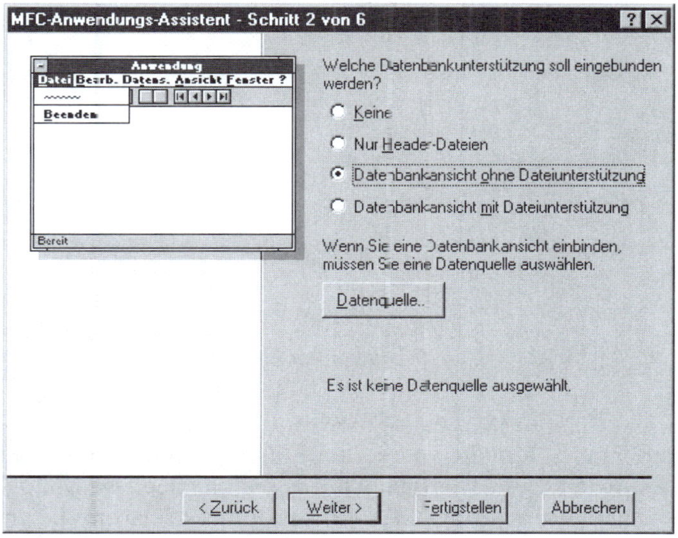

Abbildung 14.18: Im zweiten Dialogfeld legen Sie die Art der Datenbankunterstützung fest

Diese Option verlangt die Auswahl einer Datenquelle. Klicken Sie auf die Schaltfläche DATENQUELLE, um zu dem in Abbildung 14.18 dargestellten Dialogfeld DATENBANKOPTIONEN zu gelangen. Wählen Sie SQL21 im Drop-down-Listenfeld ODBC-DATENQUELLE aus.

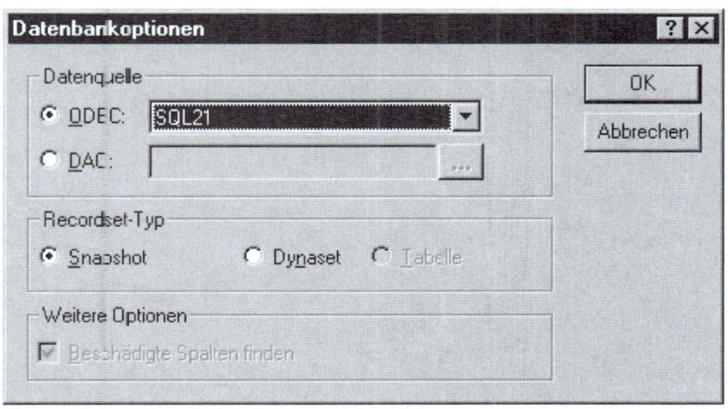

Abbildung 14.19: Eine Datenquelle auswählen

Klicken Sie im Dialogfeld DATENBANKOPTIONEN auf OK. Es schließt sich die bereits bekannte Anmeldeprozedur an. Geben Sie Ihr Kennwort ein. Anschließend gelangen Sie zum Dialogfeld DATENBANKTABELLEN WÄHLEN (siehe Abbildung 14.20). Markieren Sie die Tabelle `KUNDE`.

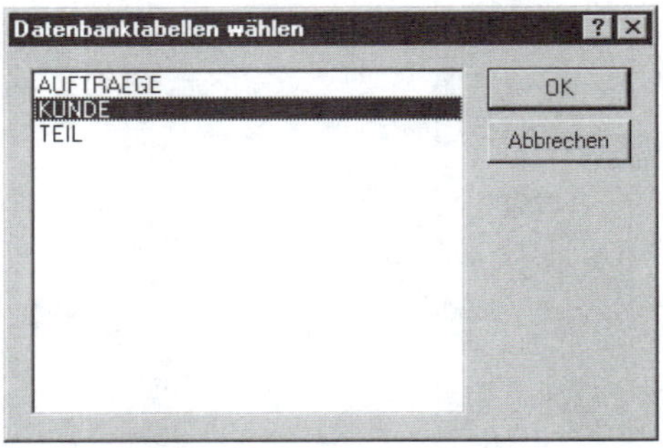

Abbildung 14.20: Eine Tabelle auswählen

Klicken Sie im Dialogfeld DATENBANKTABELLEN WÄHLEN auf OK, um zum Anwendungs-Assistenten zurückzukehren. Für die restlichen Einstellungen können Sie die Vorgaben übernehmen. Klicken Sie daher auf WEITER, bis das sechste Dialogfeld erreicht ist. In diesem Dialogfeld zeigt der MFC-Anwendungs-Assistent die erstellten Klassen an. Klicken Sie im Schritt 6 des Anwendungs-Assistenten auf FERTIGSTELLEN. Der Anwendungs-Assistent zeigt nun das in Abbildung 14.21 dargestellte Dialogfeld NEUE PROJEKTINFORMATIONEN mit den Spezifikationen des neu angelegten Anwendungsgerüsts an.

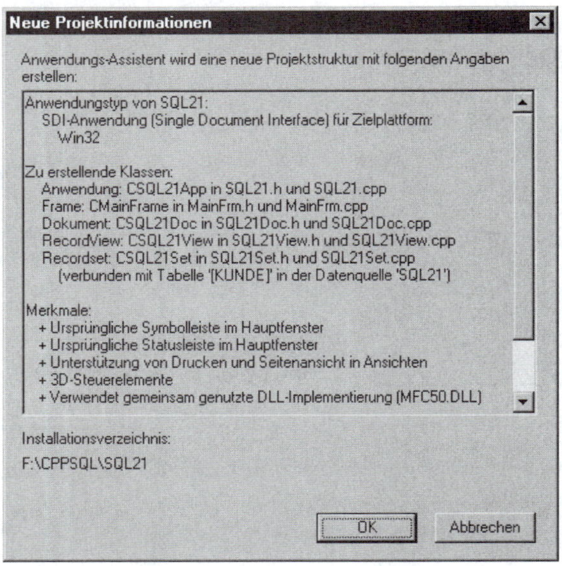

Abbildung 14.21: Das Dialogfeld Neue Projektinformationen des MFC-Anwendungs-Assistenten

Klicken Sie auf OK, um das Programm generieren zu lassen. Als nächstes entwerfen Sie den Hauptbildschirm Ihres Programms. Aktivieren Sie im Fenster ARBEITSBEREICH die Registerkarte RESOURCEVIEW. Erweitern Sie den Eintrag `SQL21 Ressourcen` und dann den Eintrag `Dialog`. Doppelklicken Sie anschließend auf den Eintrag `IDD_SQL21_FORM`. In der rechten Fensterhälfte wird daraufhin ein leeres Formular (eigentlich ein Dialogfeld) angezeigt. Löschen Sie den Text `TODO: Place form controls on this dialog`, und fügen Sie entsprechend Abbildung 14.22 vier Textfelder mit den Aufschriften `Name`, `Adresse`, `Staat` und `ZIP` sowie vier Bearbeitungsfelder hinzu.

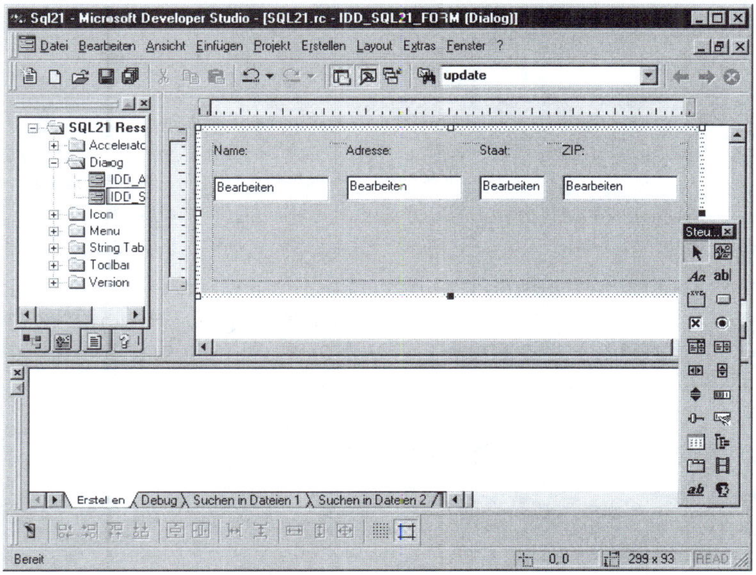

Abbildung 14.22: Das fertiggestellte Formular in der Entwurfsansicht

Der Einfachheit halber haben wir die IDs der Eingabefelder mit `IDC_NAME`, `IDC_ADRESSE`, `IDC_STAAT` und `IDC_ZIP` festgelegt. Hier sind aber auch beliebige Namen möglich.

Wählen Sie ANSICHT | KLASSEN-ASSISTENT (oder drücken Sie [Strg]+[W]), um den Klassenassistenten zu starten, und aktivieren Sie die Registerkarte MEMBER-VARIABLEN. Markieren Sie nacheinander die Steuerelement-IDs, klicken Sie auf die Schaltfläche VARIABLE HINZUFÜGEN, und legen Sie die Member-Variablen nach dem aus Abbildung 14.23 ersichtlichen Muster fest.

Schließen Sie das Dialogfeld MFC-KLASSEN-ASSISTENT mit OK, und speichern Sie Ihre Arbeit. Erstellen Sie das Programm durch Wahl von ERSTELLEN | SQL21.EXE ERSTELLEN. Wenn sich das Programm fehlerfrei erstellen läßt, sollte das Ausgabefenster Abbildung 14.24 entsprechen. Gehen Sie ansonsten die genannten Schritte noch einmal durch, und kontrollieren Sie alles.

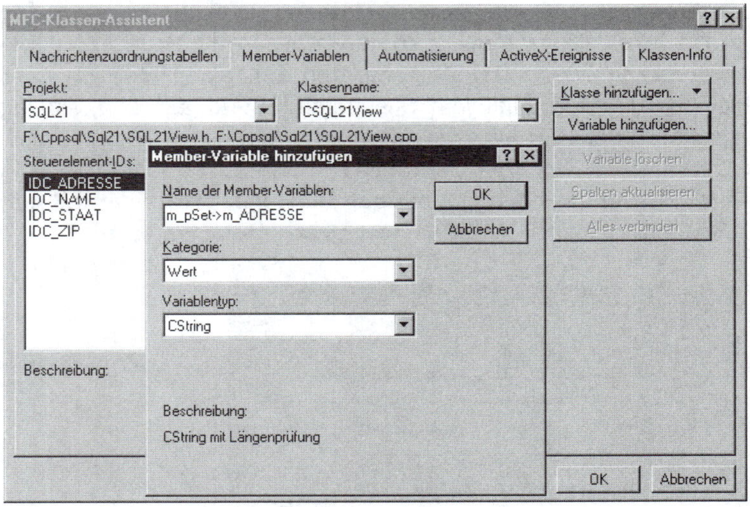

Abbildung 14.23: Elementvariablen im Klassenassistenten hinzufügen

Hinweis Das Programm erzeugt automatisch Verknüpfungen zur Tabelle, mit der Sie eine Verbindung eingerichtet haben. Verknüpfungen gehören zu den Stärken der Assistenten von Microsoft bzw. den Experten von Borland.

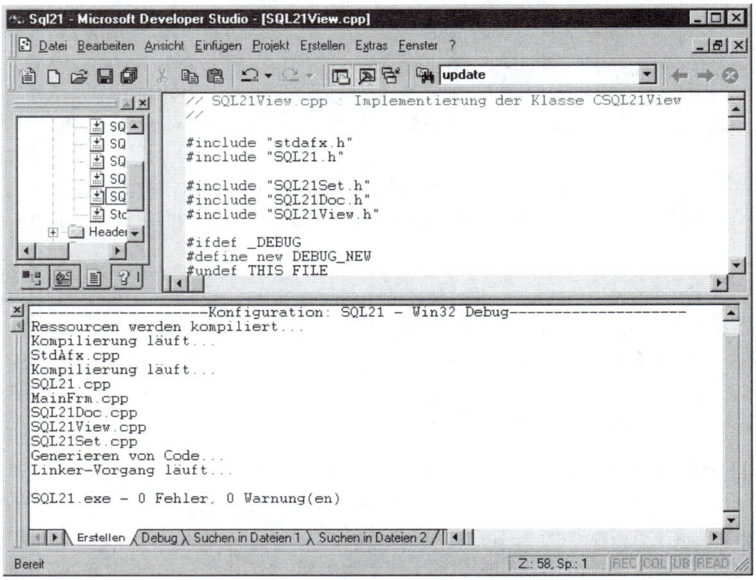

Abbildung 14.24: Das Programm wurde ordnungsgemäß kompiliert

Starten Sie nun das Programm (über ERSTELLEN | AUSFÜHREN VON SQL21.EXE oder [Strg]+[F5]). Nach der unvermeidlichen Anmelderoutine sollten Sie zu dem in Abbildung 14.25 dargestellten Fenster gelangen.

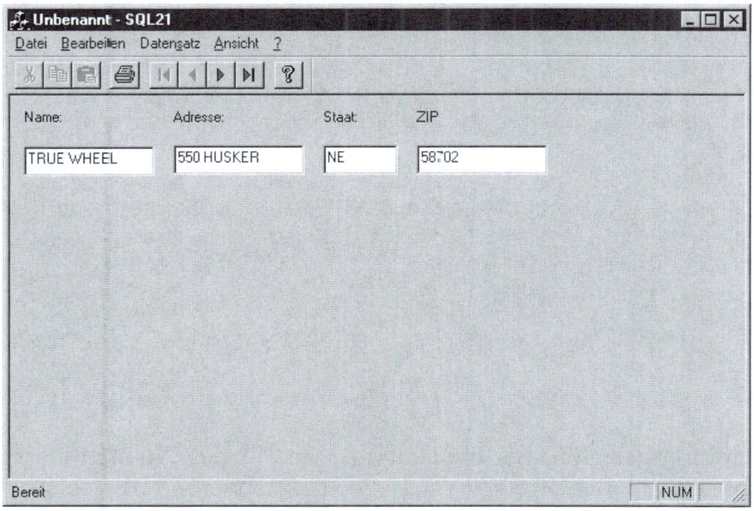

Abbildung 14.25: Das Testprogramm

Ein eindrucksvolles Programm, wenn man bedenkt, daß Sie bisher keine einzige Codezeile geschrieben haben. Verwenden Sie die Pfeiltasten auf der Symbolleiste, um in der Datenbank nach vorn und hinten zu blättern. Beachten Sie, daß die Reihenfolge der Daten der Eingabereihenfolge entspricht. Die Daten liegen also nicht alphabetisch geordnet vor (es sei denn, Sie haben sie entsprechend eingegeben). Wie läßt sich nun die Reihenfolge ändern?

Die Verbindung zur Datenbank ist in der vom Anwendungsassistenten automatisch erzeugten Klasse `CSQL21Set` verkapselt. Sehen Sie sich die Header-Datei (`SQL21set.h`) an:

```
// SQL21Set.h : Schnittstelle der Klasse CSQL21Set
//
/////////////////////////////////////////////////////////////////////////////

class CSQL21Set : public Crecordset
{
public:
    CSQL21Set(CDatabase* pDatabase = NULL);
    DECLARE_DYNAMIC(CSQL21Set)

// Feld-/Parameterdaten
    //{{AFX_FIELD(CSQL21Set, CRecordset)
    CStringm_NAME;
```

```
    CStringm_ADRESSE;
    CStringm_STAAT;
    CStringm_ZIP;
    CStringm_TELEFON;
    CStringm_BEMERKUNGEN;
    //}}AFX_FIELD

// Überladungen
    // Vom Klassenassistenten generierte Überladungen virtueller Funktioren
    //{{AFX_VIRTUAL(CSQL21Set)
    public:
    virtual CString GetDefaultConnect();  // Standard-Verbindungszeichenfolge
    virtual CString GetDefaultSQL();      // Standard-SQL für Recordset
    virtual void DoFieldExchange(CFieldExchange* pFX); // RFX-Unterstützung
    //}}AFX_VIRTUAL

// Implementierung
};
```

Analyse

Der Anwendungsassistent hat Elementvariablen für alle Spalten in der Tabelle konstruiert. Beachten Sie auch die Funktionen `GetDefaultConnect` und `GetDefaultSQL`. Die Implementierung dieser Funktionen steht in der Datei `SQL21Set.cpp`:

```
CString CSQL21Set::GetDefaultConnect()
{
    return _T("ODBC;DSN=SQL21");
}

CString CSQL21Set::GetDefaultSQL()
{
    return _T("[KUNDE]");
}
```

Die Funktion `GetDefaultConnect` stellt die ODBC-Verbindung her. Diese Funktion sollten Sie nicht ändern. Allerdings erlaubt die Funktion `GetDefaultSQL` einige interessante Dinge. Ändern Sie den Text dieser Funktion in:

```
return _T("SELECT * FROM KUNDE ORDER BY NAME");
```

Kompilieren Sie das Programm neu. Die Tabelle ist nun wie von Geisterhand nach dem Namen sortiert (siehe Abbildung 14.26).

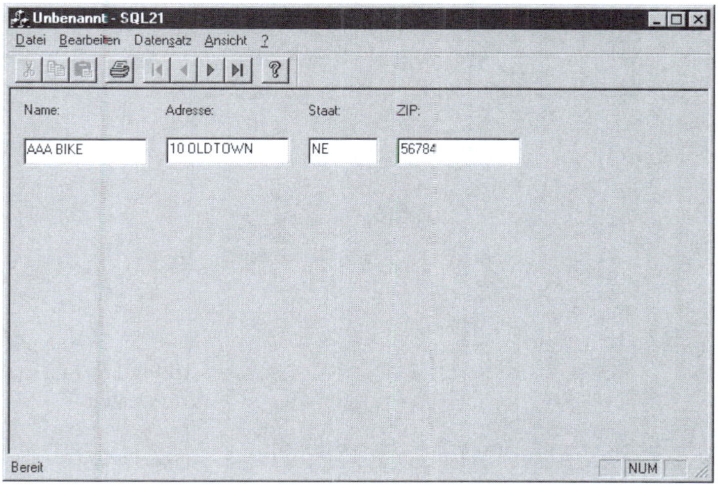

Abbildung 14.26: Die Reihenfolge in der Datenbank per SQL geändert

Da wir hier keinen Lehrgang zur Microsoft Foundation Class (MFC) abhalten wollen, sei wenigstens erwähnt, daß man `CRecordSet`- und `Cdatabase`-Objekte manipulieren, Tabellen verknüpfen und löschen, Zeilen aktualisieren und einfügen sowie allgemein alle möglichen SQL-Operationen realisieren kann. Sie haben gerade ein wenig über den Tellerrand geschaut, und wir haben den Weg gezeigt, wie man SQL in C++-Anwendungen integriert. Weitere Studien sollten Sie den Objekten `CRecordSet` und `Cdatabase` (beide in der Online-Hilfe zu C++ zu finden), dem ODBC-API (Gegenstand mehrerer Bücher) und den von Oracle und Sybase bereitgestellten APIs (die beide ähnlich zum ODBC-API sind) widmen.

Delphi und SQL

Delphi ist ein weiteres wichtiges Datenbank-Werkzeug auf der Windows-Plattform. Während Sie im C++-Beispiel eine Codezeile umgeschrieben haben, werden Sie in Delphi zwei Tabellen verknüpfen, ohne überhaupt eine einzige Codezeile zu schreiben!

Hinweis

Den Quellcode für dieses Programm finden Sie im Anhang C.

Starten Sie Delphi über das Start-Menü oder durch Doppelklicken auf das Delphi-Symbol in der entsprechenden Programmgruppe. Abbildung 14.27 zeigt den Startbildschirm.

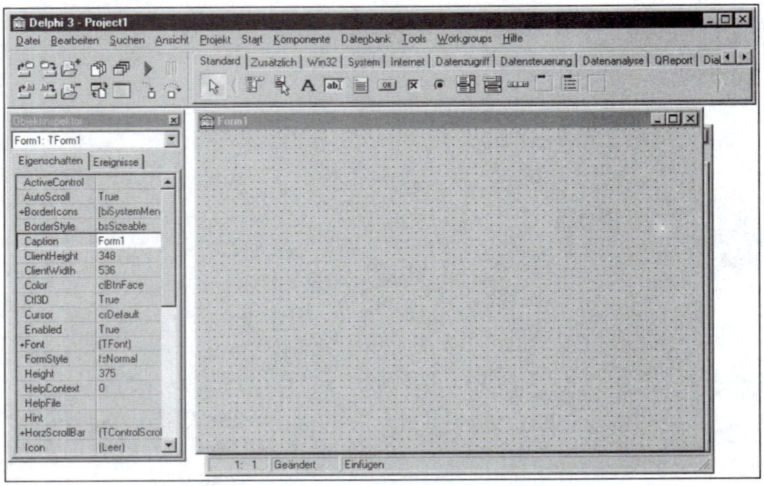

Abbildung 14.27: Die Delphi-Programmierumgebung

In Delphi müssen Sie alle ODBC-Verbindungen, die Sie in Ihren Programmen verwenden, registrieren. Starten Sie dazu das Dienstprogramm BDE-Konfiguration (entweder über START | PROGRAMME | BORLAND DELPHI 3 | BDE-KONFIGURATION oder durch Doppelklicken auf das Symbol in der Delphi-Programmgruppe). Klicken Sie auf die Registerkarte KONFIGURATION im linken Teil der BDE-Verwaltung. Erweitern Sie die Knoten `Konfiguration` und `Treiber` (durch Klicken auf die Plus-Symbole). Klicken Sie dann mit der rechten Maustaste auf das Symbol `ODBC`. Daraufhin erscheint das Dialogfeld NEUER ODBC-TREIBER. Füllen Sie das Dialogfeld wie in Abbildung 14.28 aus.

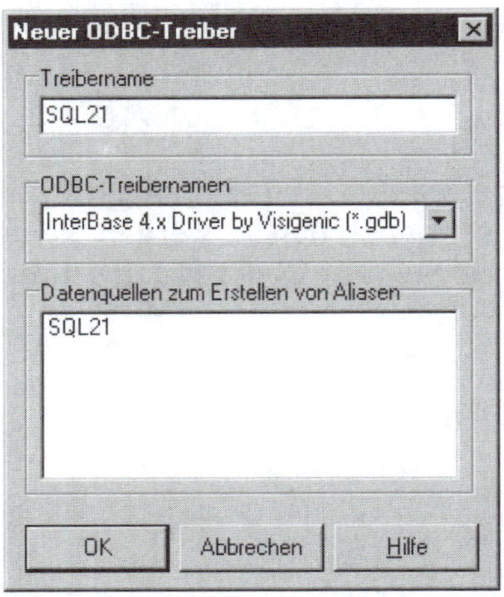

Abbildung 14.28: Verbindungen registrieren

Um einen neuen Datenbank-Alias zu erstellen, klicken Sie auf die Registerkarte DATENBANKEN der BDE-Konfiguration. Klicken Sie dann mit der rechten Maustaste, um das Dialogfeld NEUER DATENBANK-ALIAS zu öffnen. Wählen Sie den in Abbildung 14.29 gezeigten Treibernamen aus, und klicken Sie auf OK. Um einen anderen Namen festzulegen, markieren Sie den Alias, klicken mit der rechten Maustaste und wählen UMBENENNEN.

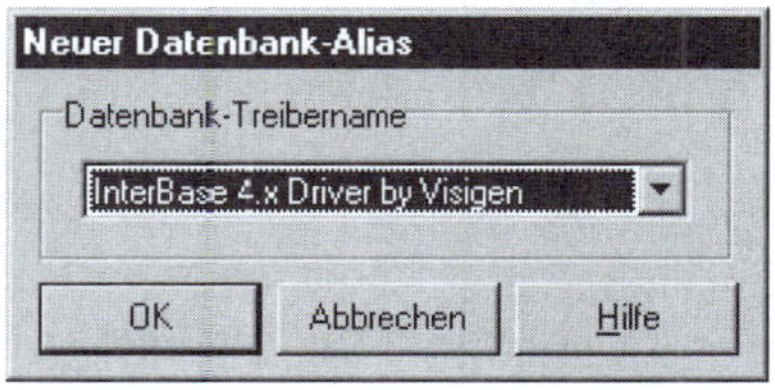

Abbildung 14.29: Einen neuen Alias hinzufügen

Wählen Sie DATEI | NEUES FORMULAR und anschließend DATENBANK | FORMULAR-EXPERTE, um den Datenbankformular-Experten zu starten. Sie können auch DATEI | NEU wählen, im Dialogfeld NEUE EINTRÄGE die Registerkarte GESCHÄFTLICH aktivieren und den Datenbankformular-Experten durch Doppelklicken auf das Symbol DATENBANK-EXPERTE starten, wie es Abbildung 14.30 zeigt.

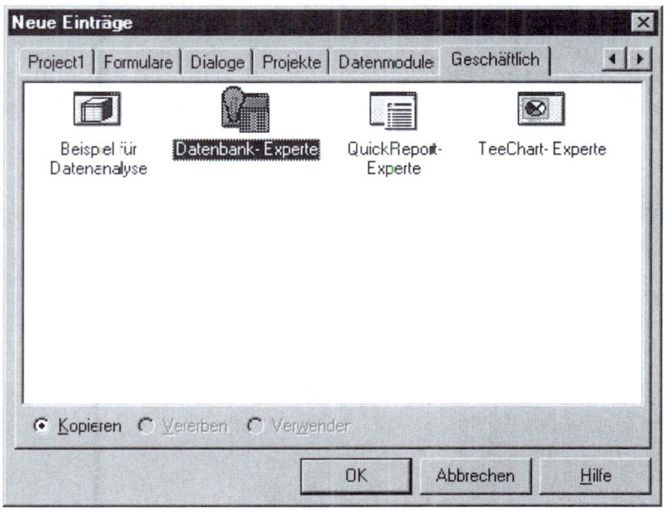

Abbildung 14.30: Wahl des Datenbank-Experten über das Dialogfeld Neue Einträge

Im ersten Dialogfeld des Datenbankformular-Experten wählen Sie die Optionen `Haupt-/Detailformular erstellen` und `Formular unter Verwendung von TQuery-Objekten erstellen` (siehe Abbildung 14.31).

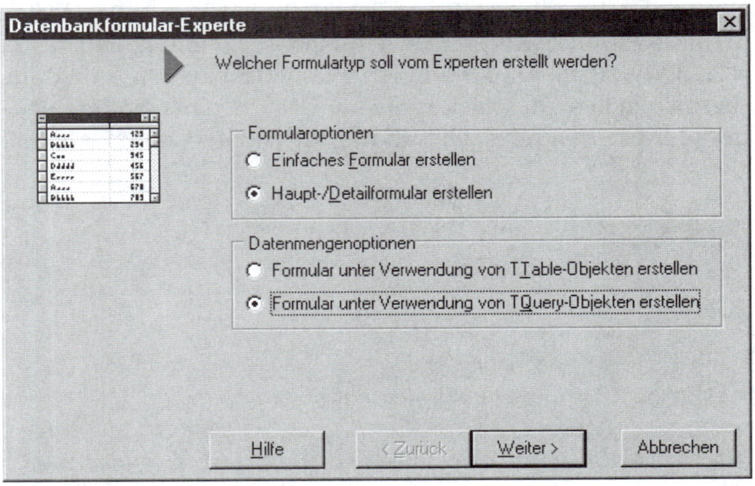

Abbildung 14.31: Das erste Dialogfeld des Datenbankformular-Experten

Hinweis

In Delphi können Sie entweder mit einer Abfrage oder mit einer Tabelle arbeiten. Wenn Sie flexibel bleiben möchten, empfehlen wir das Objekt `TQuery`. Wenn Sie die gesamte Tabelle ohne Modifikationen benötigen, verwenden Sie das Objekt `TTable`.

Klicken Sie auf WEITER, um zum nächsten Dialogfeld zu gelangen (siehe Abbildung 14.32). Wählen Sie hier die Datenquelle SQL21, die Sie weiter vorn eingerichtet haben. Klicken Sie dann auf WEITER.

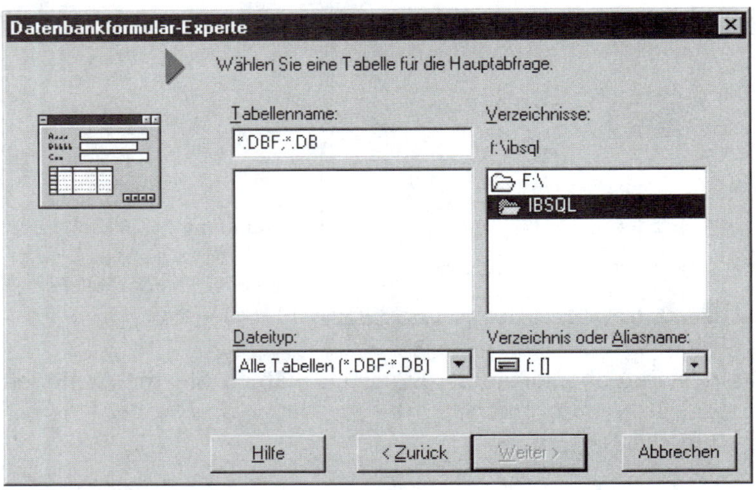

Abbildung 14.32: Auswahl der Datenquelle

Im linken Teil des Dialogfelds sind alle Tabellen der Datenbank SQL21 aufgeführt. Markieren Sie `TEIL` als Tabelle für die Hauptabfrage, wie es Abbildung 14.33 zeigt. Klicken Sie auf WEITER.

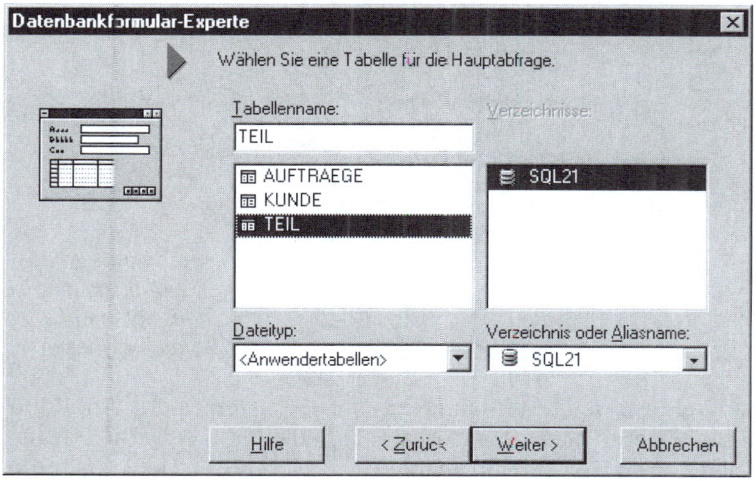

Abbildung 14.33: Eine Tabelle für die Hauptabfrage wählen

Klicken Sie auf den nach rechts weisenden Doppelpfeil, um dem Formular alle Felder hinzuzufügen (siehe Abbildung 14.34).

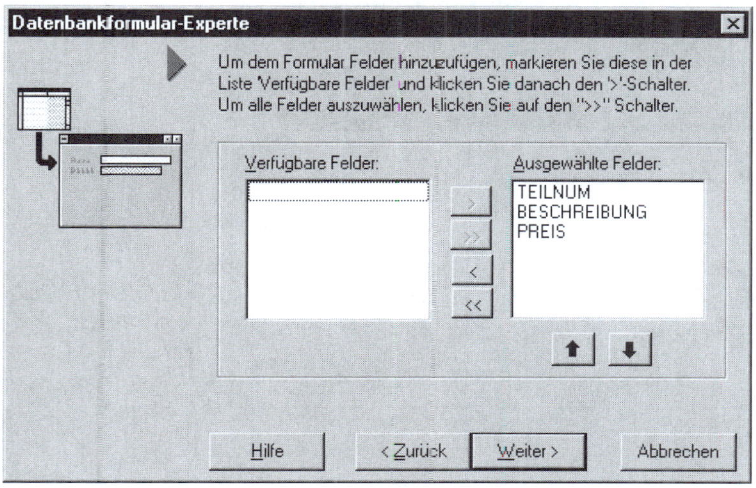

Abbildung 14.34: Hinzufügen aller Felder

Für die Anordnung der Felder auf dem Formular wählen Sie die Option `Horizontal`, wie es Abbildung 14.35 zeigt. Klicken Sie auf WEITER.

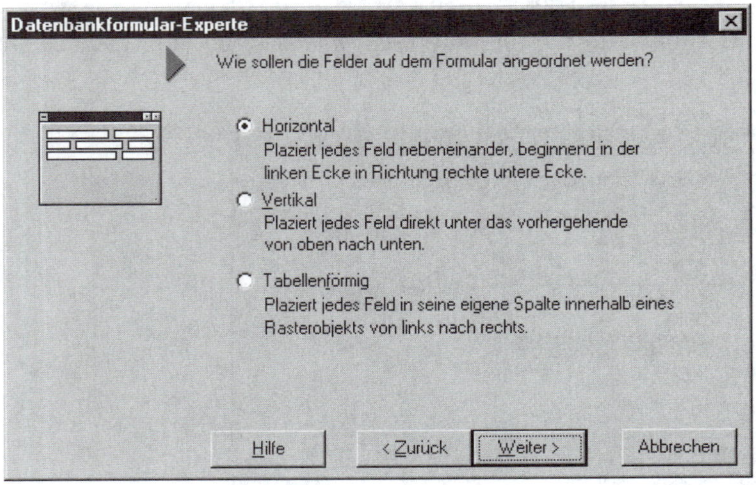

Abbildung 14.35: Anordnung der Felder auf dem Formular festlegen

In den nächsten Dialogfeldern des Datenbankformular-Experten (siehe Abbildungen 14.36 bis 14.38) markieren Sie `AUFTRAEGE` als Tabelle für die Detailabfrage, übernehmen alle verfügbaren Felder und wählen `Tabellenförmig` als Anordnung der Felder auf dem Formular. Klicken Sie in den Dialogfeldern jeweils auf WEITER.

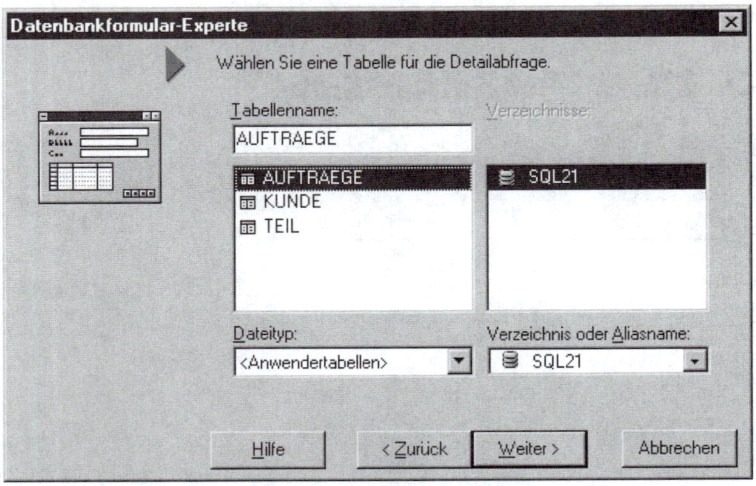

Abbildung 14.36: Auswahl der Tabelle für den Detailbereich des Formulars

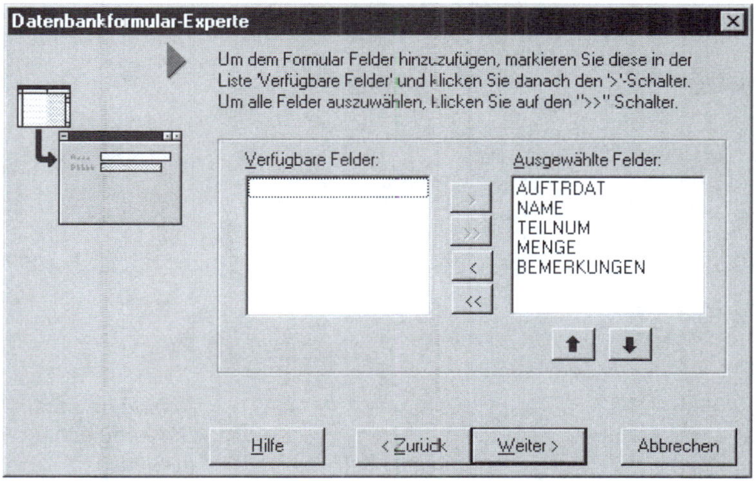

Abbildung 14.37: Auswahl aller Felder

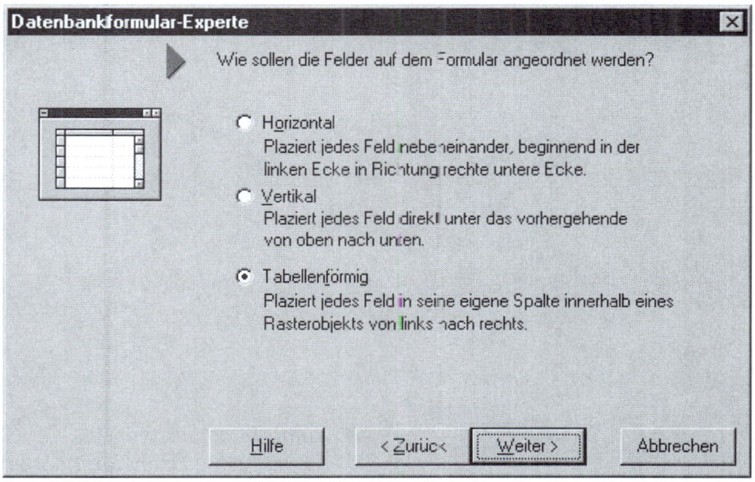

Abbildung 14.38: Anordnung der Felder auf dem Formular festlegen

Im nächsten Dialogfeld können Sie eine Verknüpfung einrichten. Markieren Sie `TEILNUM` in den Listen `Detailfelder` und `Hauptfelder`, und klicken Sie auf HINZUFÜGEN. Das Ergebnis zeigt Abbildung 14.39.

Im letzten Dialogfeld klicken Sie auf die Schaltfläche BEENDEN, um das Formular zu erstellen. Abbildung 14.40 zeigt das fertige Formular.

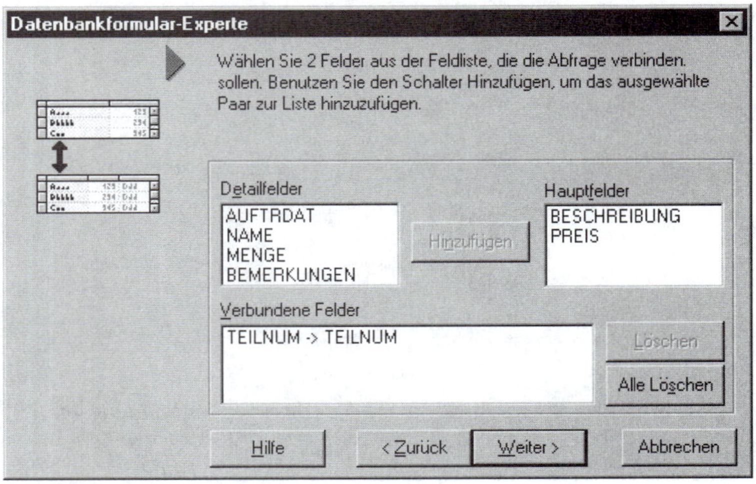

Abbildung 14.39: Die Verknüpfung herstellen

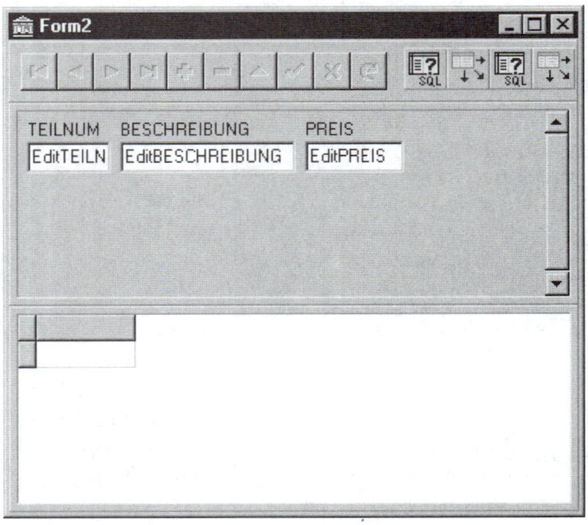

Abbildung 14.40: Das fertiggestellte Formular im Entwurfsmodus

Kompilieren und starten Sie das Programm. Wenn Sie verschiedene Teile auswählen, sollten die zugehörigen Aufträge in der unteren Tabelle erscheinen (siehe Abbildung 14.41).

Schließen Sie das Projekt, und klicken Sie auf eines der Abfrageobjekte (mit der Aufschrift SQL) auf dem Formular. Der Objektinspektor auf der linken Seite des in Abbildung 14.27 dargestellten Bildschirms zeigt daraufhin die verschiedenen Eigenschaften an. Markieren Sie im Objektinspektor die Eigenschaft SQL, und klikken Sie auf die Schaltfläche mit den drei Auslassungspunkten. Damit wird das Dialogfeld STRINGLISTEN-EDITOR geöffnet, das den String mit der Abfrage anzeigt.

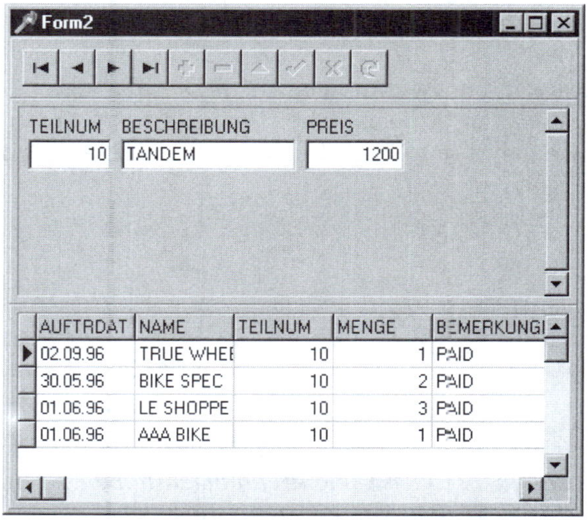

Abbildung 14.41:
Das fertiggestellte Programm

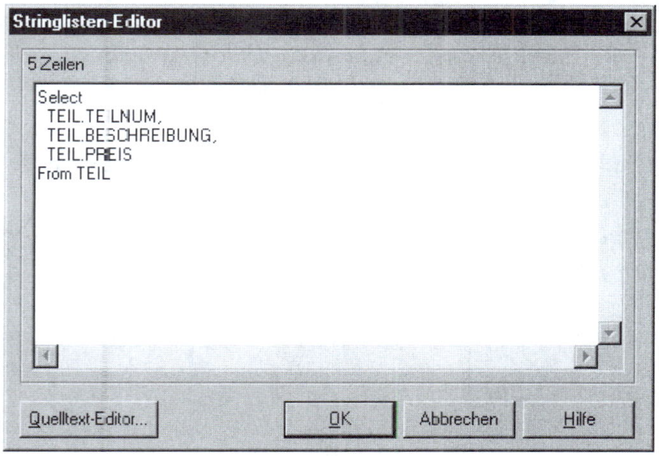

Abbildung 14.42:
Die Abfrage im Objekt TQuery

Probieren Sie die Abfrage aus, und verfolgen Sie die Ergebnisse. Stellen Sie sich vor, was Sie alles erreichen können, wenn Sie erst einmal mit dem Schreiben von Code beginnen!

Zusammenfassung

Heute haben Sie einen ersten Eindruck davon bekommen, wie man SQL in den bekannten Entwicklungsumgebungen einsetzt. Um das bisher Gelernte zu vertiefen, sollten Sie am besten ohne Umschweife mit der Arbeit beginnen und Abfragen en masse ausführen.

Fragen & Antworten

F Worin liegt der Unterschied zwischen dem ODBC-API und den APIs von Oracle und Sybase?

A *Auf der Funktionsebene sind sich die APIs von Oracle und Sybase nicht zufällig sehr ähnlich. Mehrere Firmenzusammenschlüsse und -trennungen haben zu Bibliotheken geführt, die offensichtlich von einer gemeinsamen Basis abstammen. Das ODBC-API ist eher generischer Natur – es bezieht sich nicht auf eine spezielle Datenbank. Will man auf Sonderfunktionen einer Datenbank zurückgreifen oder die Leistungsbilanz einer bestimmten Datenbank im Detail verbessern, sollte man den Einsatz der API-Bibliothek der betreffenden Datenbank in Betracht ziehen.*

F Woher weiß ich bei der Fülle der verfügbaren Produkte, welches sich am besten eignet?

A *In einer Büroumgebung stellt die Produktauswahl gewöhnlich einen Kompromiß zwischen Management und »Techniker« dar. Das Management blickt auf die Kosten eines Produkts, der Techniker interessiert sich vor allem für die Leistungsmerkmale und wie er mit der Programmierumgebung am besten zurecht kommt.*

Workshop

Kontrollfragen

1. In welchem Objekt ist SQL in Microsoft Visual C++ untergebracht?
2. Welches Objekt ist in Delphi für SQL verantwortlich?
3. Was bedeutet ODBC?
4. Was kann man mit Delphi realisieren?

Übungen

1. Ändern Sie im C++-Beispiel die Sortierreihenfolge auf dem Feld STAAT von aufsteigend in absteigend.
2. Halten Sie nach einer Anwendung Ausschau, die SQL benötigt, und bauen Sie SQL in diese Anwendung ein.

Woche Rückblick

Woche 1 hat die wichtige und grundlegende SELECT-Anweisung von allen Seiten beleuchtet. Die zweite Woche ist auf verschiedene andere Themen eingegangen, um die Einführung in die strukturierte Abfragesprache – SQL – abzurunden.

Im Mittelpunkt von Tag 8 standen die Anweisungen der Datenmanipulationssprache (DML). Das sind SQL-Anweisungen, mit denen man Daten innerhalb einer Datenbank modifizieren kann. Die drei am häufigsten eingesetzten Befehle sind INSERT, DELETE und UPDATE. Tag 9 hat erläutert, wie man eine Datenbank entwirft und aufbaut. Dabei wurden die Befehle CREATE DATABASE und CREATE TABLE eingeführt. Eine Tabelle läßt sich mit einer beliebigen Anzahl von Feldern erzeugen. Die möglichen Datentypen dieser Felder sind von der speziellen Datenbank abhängig. Der Befehl `ALTER DATABASE` kann die physikalische Größe oder Lage einer Datenbank ändern. Mit den Befehlen `DROP DATABASE` bzw. `DROP TABLE` löscht man eine Datenbank bzw. eine Tabelle innerhalb einer Datenbank.

Tag 10 hat die beiden Möglichkeiten zur Anzeige von Daten erläutert: die Ansicht und den Index. Eine Ansicht ist eine virtuelle Tabelle, die aus der Ausgabe einer `SELECT`-Anweisung erzeugt wird. Ein Index ordnet die Datensätze innerhalb einer Tabelle, basierend auf dem Inhalt eines oder mehrerer Felder.

In Tag 11 wurde die Transaktionsverwaltung behandelt. Hier haben Sie einen ersten Eindruck zur Programmierung mit SQL erhalten. Transaktionen leitet man mit der Anweisung `BEGIN TRANSACTION` ein. Die Anweisung `COMMIT TRANSACTION` speichert die Arbeit einer Transaktion. Der Befehl `ROLLBACK TRANSACTION` bricht die Arbeit einer Transaktion ab.

Die Datenbanksicherheit war Schwerpunktthema von Tag 12. Obwohl die Implementierung der Datenbanksicherheit zwischen den einzelnen Datenbankprodukten stark variiert, bieten die meisten Implementierungen die Befehle `GRANT` und `REVOKE`. Der Befehl `GRANT` gewährt einem Benutzer Berechtigungen. Mit dem Befehl `REVOKE` entzieht man diese Berechtigungen.

Am 13. Tag sind wir auf weiterführende Aspekte zu SQL eingegangen. Cursor können durch eine Menge von Datensätzen scrollen. Gespeicherte Prozeduren sind Datenbankobjekte, die mehrere SQL-Anweisungen nacheinander ausführen. Gespeicherte Prozeduren können Werte übernehmen und zurückgeben. Trigger als spezielle Form einer gespeicherten Prozedur werden ausgeführt, wenn man innerhalb einer Tabelle einfügt, aktualisiert oder löscht.

Im Mittelpunkt von Tag 14 stand die Entwicklung von Anwendungsprogrammen unter Einbeziehung von SQL. Statisches SQL bedingt normalerweise die Verwendung eines Präcompilers und ist zur Laufzeit unveränderlich. Dynamisches SQL ist flexibel und hat in den letzten Jahren an Popularität gewonnen. Anhand von Beispielprogrammen wurde der Einsatz von dynamischem SQL in den Entwicklungswerkzeugen von Visual C++ und Delphi gezeigt.

Woche

Überblick

Wenden Sie Ihre SQL-Kenntnisse an

Willkommen zur dritten Woche. Bisher haben Sie sich mit den Grundlagen von SQL beschäftigt und können nun das Gelernte auf praktische Situationen anwenden. Diese Woche baut auf den Themen von Woche 1 und 2 auf. Tag 15 zeigt, wie man SQL-Anweisungen optimiert, um die Leistungsbilanz zu verbessern. Tag 16 erläutert das Data Dictionary oder den Systemkatalog einer relationalen Datenbank und zeigt, wie man wertvolle Informationen abruft. Der 17. Tag vertieft das Konzept des Systemkatalogs im Zusammenhang mit der Generierung von SQL als Ausgabe einer anderen SQL-Anweisung. Mit dieser Technik können Sie SQL effizienter einsetzen. Tag 18 behandelt die Sprache PL/SQL – die prozedurale Sprache von Oracle. PL/SQL ist eine der vielen Erweiterungen zu

Standard-SQL. Eine andere Erweiterung ist Transact-SQL von Sybase und Microsoft Server. Auf diese Sprache geht Tag 19 ein. Am 20. Tag kehren wir zu Oracle zurück und besprechen SQL*Plus. Diese Erweiterung bietet komfortablere Befehle zur Kommunikation mit einer Datenbank und erlaubt auch die ansprechende Formatierung von Berichten, die aus einer Abfrage generiert wurden. SQL*Plus können Sie zusammen mit PL/SQL einsetzen. Tag 21 wendet sich den Fehlern zu, auf die Datenbankbenutzer häufig treffen. Wir bringen kurzgefaßte Beschreibungen der Fehler, Lösungen sowie Tips zur Vermeidung von Fehlern.

15

SQL-Anweisungen optimieren

Woche 3

Neben dem Entwurf und der Feinabstimmung einer Datenbank beeinflußt der rationelle Aufbau einer SQL-Anweisung entscheidend die Leistungsbilanz einer Anwendung. Wenn Sie nicht ein paar grundlegende Regeln beachten, erhalten Sie die Ergebnisse einer Abfrage kaum innerhalb akzeptabler Zeiten, unabhängig davon, wie ausgeklügelt die Datenbank aufgebaut ist oder deren Struktur aussieht. Und wenn der Kunde nicht zufrieden ist, wird es Ihr Chef erst recht nicht sein.

Ziele

Die Hauptkomponenten der relationalen Datenbanksprache von SQL sind Ihnen nun bekannt, und Sie wissen, wie man mit der Datenbank kommuniziert. Jetzt ist es an der Zeit, daß Sie Ihre Kenntnisse in die Praxis umsetzen. Die heutige Lektion empfiehlt unter anderem Methoden zur Leistungsverbesserung und zur Optimierung einer SQL-Anweisung. Insbesondere geht es heute um ...

- die Optimierung von SQL-Code.
- die Unterschiede zwischen Stapelverarbeitung und Transaktionsverarbeitung sowie deren Auswirkung auf die Leistung der Datenbank.
- die Anordnung der Bedingungen, um die Abfrage der Daten zu beschleunigen.
- einige zugrundeliegende Elemente, die sich auf die Feinabstimmung der gesamten Datenbank auswirken.

Um eine SQL-Anweisung optimieren zu können, sollte man immer genau wissen, was man erreichen will, und dann bestrebt sein, den Weg des geringsten Widerstands zu gehen. Je mehr Zeit man in die Planung investiert, desto weniger Zeit muß man später mit der Überarbeitung verbringen. Das Ziel sollte immer darin bestehen, Daten gezielt und in möglichst kurzer Zeit abzufragen. Ein Benutzer ist schnell frustriert, wenn er auf eine langsame Abfrage warten muß. Obwohl man die meisten Abfragen auf verschiedene Arten schreiben kann, stellt die Anordnung der Komponenten innerhalb der Abfrage den Faktor dar, der bei der Ausführung den Unterschied in Sekunden, Minuten und manchmal auch Stunden ausmacht. Mit einer Optimierung von SQL versucht man, die bestmögliche Anordnung der Elemente innerhalb der Abfrage zu finden.

Neben der Optimierung der SQL-Anweisung spielen weitere Faktoren eine Rolle, wenn man die Gesamtleistungsbilanz der Datenbank verbessern will. Dazu gehören die Koordinierung gleichzeitig ablaufender Transaktionen, das Indizieren von Tabellen und die Feinabstimmung der Datenbank insgesamt.

Hinweis

Die heutigen Beispiele arbeiten mit Personal Oracle8 und Werkzeugen, die zum relationalen Datenbank-Managementsystem Oracle8 gehören. Die behandelten Konzepte sind allerdings nicht auf Oracle beschränkt. und lassen sich durchaus auf andere Datenbank-Managementsysteme übertragen.

Die Lesbarkeit von SQL-Anweisungen verbessern

Selbst wenn die Lesbarkeit nicht die eigentliche Leistung von SQL-Anweisungen beeinflußt, gehört es zum guten Programmierstil, übersichtlichen Code zu schreiben. Die Lesbarkeit ist insbesondere wichtig, wenn man mehrere Bedingungen in der `WHERE`-Klausel stehen hat. Es sollte auf einen Blick erkennbar sein, ob die Tabellen in geeigneter Weise verknüpft sind und in welcher Reihenfolge die Bedingungen ausgewertet werden.

Lesen Sie einmal diese Anweisung:

```
SQL> SELECT MITARBEITER.MITARBEITER_ID, MITARBEITER.NAME,
GEHALTSLISTE.GEHALT,GEHALTSLISTE.EINST_DATUM
  2  FROM MITARBEITER, GEHALTSLISTE
  3  WHERE MITARBEITER.MITARBEITER_ID = GEHALTSLISTE.MITARBEITER_ID AND
  4  GEHALTSLISTE.GEHALT > 30000 OR (GEHALTSLISTE.GEHALT BETWEEN 25000
  5  AND 30000 AND GEHALTSLISTE.EINST_DATUM < SYSDATE - 365);
```

Die gleiche Abfrage wurde neu formatiert, um die Lesbarkeit zu verbessern:

```
SQL> SELECT M.MITARBEITER, M.NAME, G.GEHALT, G.EINST_DATUM
  2  FROM MITARBEITER M,
  3       GEHALTSLISTE G
  4  WHERE M.MITARBEITER_ID = G.MITARBEITER_ID
  5    AND G.GEHALT > 30000
  6     OR (G.GEHALT BETWEEN 25000 AND 30000
  7    AND G.EINST_DATUM < SYSDATE - 365);
```

Hinweis

Beachten Sie die Aliasnamen für die Tabellen in der obigen Abfrage. `MITARBEITER` in Zeile 2 wurde der Alias `M` zugewiesen, und `GEHALTSLISTE` in Zeile hat den Alias `G` bekommen. In den Zeilen 4 bis 7 ist zu erkennen, daß `M` und `G` für die vollständigen Tabellennamen stehen. Aliase erfordern weniger Tipparbeit als das Ausschreiben des vollen Tabellennamens. Vor allem aber sind Abfragen mit Aliasnamen übersichtlicher als Abfragen, die mit unnötig langen Tabellennamen überladen sind.

Beide Abfragen sind identisch. Die zweite ist aber aufgrund der besseren Struktur wesentlich leichter zu erfassen. Die logischen Komponenten der Abfrage wurden hier durch Zeilenwechsel und einheitliche Abstandsgestaltung getrennt. Man kann schnell erkennen, was ausgewählt wird (SELECT-Klausel), auf welche Tabellen der Zugriff erfolgt (FROM-Klausel) und welche Bedingungen erfüllt sein müssen (WHERE-Klausel).

Vollständige Suche

Das Absuchen ganzer Tabellen tritt auf, wenn der Datenbankserver jeden Datensatz in einer Tabelle liest, um eine SQL-Anweisung auszuführen. Normalerweise ist das der Fall, wenn man mit Abfragen oder der SELECT-Anweisung arbeitet. Allerdings kann das Absuchen ganzer Tabellen auch beim Aktualisieren und Löschen ins Spiel kommen. Vollständige Suchläufe sind erforderlich, wenn die Spalten in der WHERE-Klausel nicht indiziert sind. Man kann das praktisch mit dem Lesen eines Buches von der ersten bis zur letzten Seite vergleichen, wenn man auf der Suche nach einem bestimmten Wort ist. In der Regel greift man aber auf den Index am Ende des Buches zurück.

Die vollständige Suche läßt sich vermeiden, wenn man auf den Spalten, die als Bedingungen in der WHERE-Klausel einer SQL-Anweisung vorkommen, einen Index aufbaut. Genau wie der Index in einem Buch den Leser auf eine bestimmte Seitennummer führt, bieten Indizes in einer Datenbank den direkten Weg zu den Daten und beschleunigen damit den Datenzugriff. Die vollständige Suchmethode ist zwar bei den Programmierern verpönt, in den folgenden Fällen aber durchaus angebracht:

- Man wählt den größten Teil der Zeilen aus einer Tabelle aus.
- Man aktualisiert alle Zeilen in einer Tabelle.
- Die Tabellen sind klein.

In den beiden ersten Fällen wäre ein Index wenig effizient. Der Datenbank-Server müßte sich auf den Index beziehen, die Tabelle lesen, wieder im Index nachsehen, die Tabelle erneut lesen usw. Indizes sind am effizientesten, wenn man nur auf etwa 10 bis 15 Prozent aller in der Tabelle enthaltenen Daten zugreift.

Darüber hinaus eignen sich Indizes am besten für große Tabellen. Bei der Planung von Tabellen und Indizes sollte man immer die Tabellengröße berücksichtigen. Eine geeignete Indizierung der Tabellen setzt voraus, daß man die Datenbestände genau kennt und weiß, auf welche Spalten die häufigsten Zugriffe erfolgen. Außerdem gehören einige Experimente dazu, um herauszufinden, welcher Index am besten arbeitet.

Hinweis

»Groß« ist immer ein relativer Begriff. Eine Tabelle, die für den einen extrem groß sein mag, ist für den anderen nur ein Klacks. Die Größe einer Tabelle ist relativ zur Größe anderer Tabellen in der Datenbank, zum verfügbaren Plattenplatz und der Anzahl der verfügbaren Datenträger zu sehen. Offensichtlich ist eine Tabelle mit 2 Gbyte groß, während eine Tabelle von 16 Kbyte als klein zu bezeichnen ist. In einer Datenbankumgebung, wo die durchschnittliche Größe der Tabellen 100 Mbyte beträgt, wird man eine Tabelle von 500 Mbyte als umfangreich ansehen.

Einen neuen Index hinzufügen

Es kommt gelegentlich vor, daß eine SQL-Anweisung unverhältnismäßig lange für die Ausführung braucht, obwohl die Leistung bei anderen Anweisungen akzeptabel zu sein scheint. Beispielsweise ist das der Fall, wenn sich die Bedingungen für das Abrufen von Daten ändern oder die Tabellenstruktur modifiziert wird.

Dieser Bremseffekt ist auch festzustellen, wenn man einen neuen Bildschirm oder ein neues Fenster in einer Frontend-Anwendung öffnet. Als erstes sollten Sie bei der Fehlersuche ermitteln, ob die Zieltabelle über einen Index verfügt. Oftmals ist die Zieltabelle zwar indiziert, aber für eine der neuen Bedingungen in der `WHERE`-Klausel wurde noch kein Index angelegt. Bei der Analyse der `WHERE`-Klausel in der SQL-Anweisung stellt sich dann die Frage, ob man einen weiteren Index aufbauen sollte. Die Antwort kann Ja lauten, wenn ...

- die restriktivsten Bedingungen weniger als 10 Prozent der Zeilen in einer Tabelle zurückgeben.
- die restriktivsten Bedingungen sehr oft in einer SQL-Anweisung vorkommen.
- Bedingungen auf Spalten mit einem Index eindeutige Werte liefern.
- Spalten häufig in den Klauseln `ORDER BY` und `GROUP BY` referenziert werden.

Es lassen sich auch zusammengesetzte Indizes verwenden. Man versteht darunter einen Index auf zwei oder mehr Spalten einer Tabelle. Diese Indizes können effizienter sein als einspaltige Indizes, wenn die indizierten Spalten oft zusammen als Bedingungen in der `WHERE`-Klausel einer SQL-Anweisung vorkommen. Wenn die indizierten Spalten sowohl einzeln als auch zusammen – insbesondere in anderen Abfragen – verwendet werden, sind einspaltige Indizes geeigneter. Entscheiden Sie selbst anhand von Tests mit Ihren Daten, um den am besten geeigneten Index für Ihre Datenbank herauszufinden.

Anordnung von Elementen in einer Abfrage

Die günstigste Anordnung der Elemente innerhalb einer Abfrage, insbesondere in der WHERE-Klausel, hängt prinzipiell von der Reihenfolge der Verarbeitungsschritte in der konkreten Implementierung ab. Die Anordnung der Bedingungen richtet sich nach den indizierten Spalten sowie danach, welche Bedingung die wenigsten Datensätze abruft.

In der WHERE-Klausel muß man nicht unbedingt eine indizierte Spalte verwenden, offensichtlich ist es aber günstiger, mit einem Index zu arbeiten. Die Ergebnisse der SQL-Anweisung sollte man nach Möglichkeit mit einem Index einengen, der die wenigsten Zeilen zurückgibt. Eine entsprechend formulierte Bedingung bezeichnet man als restriktivste Bedingung. Allgemein gilt, daß die restriktivsten Bedingungen zuletzt in der WHERE-Klausel stehen sollten. (Der Abfrageoptimierer von Oracle liest eine WHERE-Klausel von unten nach oben. Die als letztes angegebene Bedingung steht damit praktisch an erster Stelle.)

Der Optimierer liest also die restriktivste Bedingung zuerst und kann die erste Ergebnismenge einschränken, bevor er zur nächsten Bedingung übergeht. Die nächste Bedingung muß nun nicht mehr auf die gesamte Tabelle, sondern nur noch auf die von der selektivsten Bedingung ausgewählte Untermenge angewendet werden. Letztlich läuft das Abrufen der Daten schneller ab. In komplexen Abfragen mit mehreren Bedingungen, Unterabfragen, Berechnungen und verschiedenen Kombinationen von AND, OR und LIKE läßt sich die selektivste Bedingung allerdings nicht immer auf den ersten Blick erkennen.

Tip

Vergewissern Sie sich anhand der Dokumentation Ihrer Datenbank, wie SQL-Anweisungen in der konkreten Implementierung verarbeitet werden.

Der folgende Test ist einer von vielen, mit denen wir in einer Oracle-Datenbank die Laufzeitunterschiede von zwei Abfragen mit demselben Inhalt, aber unterschiedlicher Anordnung der Bedingungen gemessen haben. Denken Sie daran, daß der Optimierer in dieser Implementierung die WHERE-Klausel von unten nach oben liest.

Vor dem Erstellen der SELECT-Anweisung haben wir zunächst für jede der vorgesehenen Bedingungen die Anzahl der voneinander verschiedenen Zeilen ermittelt. Die folgende Übersicht zeigt die entsprechenden Werte:

Bedingung	**Anzahl der unterschiedlichen Werte**
CALC_YTD = '-2109490.8'	mehr als 13000
DT_STMP = '01-SEP-96'	15

Bedingung	Anzahl der unterschiedlichen Werte
OUTPUT_CD = '001'	13
ACTIVITY_CD = 'IN'	10
STATUS_CD = 'A'	4
FUNCTION_CD = '060'	6

Hinweis

Die restriktivste Bedingung ist auch die Bedingung mit den meisten unterschiedlichen Werten.

Das erste Beispiel plaziert die restriktivsten Bedingungen an erster Stelle in der WHERE-Klausel:

Eingabe

```
SQL> SET TIMING ON
  2  SELECT COUNT(*)
  3  FROM FACT_TABLE
  4  WHERE CALC_YTD = '-2109490.8
  5    AND DT_STMP = '01-SEP-96'
  6    AND OUTPUT_CD = '001'
  7    AND ACTIVITY_CD = 'IN'
  8    AND STATUS_CD = 'A'
  9    AND FUNCTION_CD = '060';
```

Ausgabe

```
COUNT(*)
--------
       8

1 Zeile wurde ausgewählt.
 real:  00:00:15.37
```

Im folgenden Beispiel stehen die restriktivsten Bedingungen an letzter Stelle in der WHERE-Klausel:

```
SQL> SET TIMING ON
  2  SELECT COUNT(*)
  3  FROM FACT_TABLE
  4  WHERE FUNCTION_CD = '060'
  5    AND STATUS_CD = 'A'
  6    AND ACTIVITY_CD = 'IN'
  7    AND OUTPUT_CD = '001'
  8    AND DT_STMP = '01-SEP-96'
  9    AND CALC_YTD = '-2109490.8';

COUNT(*)
--------
       8

1 Zeile wurde ausgewählt.
 real:  00:00:01.80
```

Beachten Sie die unterschiedlichen Ausführungszeiten. Allein durch die geänderte Reihenfolge der Bedingungen entsprechend der Tabellenstatistik läuft die zweite Abfrage fast 14 Sekunden schneller als die erste. Stellen Sie sich den Unterschied bei einer schlecht strukturierten Abfrage vor, die zum Beispiel drei Stunden läuft!

Prozeduren

Bei regelmäßig ausgeführten Abfragen sollten Sie Prozeduren einsetzen. Eine Prozedur faßt mehrere – möglicherweise sehr viele – SQL-Anweisungen als Gruppe zusammen. (Siehe dazu Tag 13.)

Prozeduren werden von der Datenbank-Engine kompiliert und dann ausgeführt. Die Datenbank-Engine muß die Prozedur nicht wie eine SQL-Anweisung vor der Ausführung optimieren. Verglichen mit zahlreichen Einzelabfragen sind Prozeduren für den Benutzer einfacher zu handhaben und erhöhen die Effizienz der Datenbank.

OR vermeiden

Auf den logischen Operator OR sollte man in einer Abfrage nach Möglichkeit verzichten. Bei Tabellen ab einer gewissen Größe verringert dieser Operator unvermeidlich die Geschwindigkeit nahezu jeder Abfrage. Wir haben festgestellt, daß IN im allgemeinen schneller als OR arbeitet, auch wenn die Dokumentationen behaupten, daß Optimierer die IN-Argumente in OR-Bedingungen konvertieren.

Das folgende Beispiel arbeitet mit mehreren OR-Operatoren:

```
SQL> SELECT *
  FROM FACT_TABLE
  WHERE STATUS_CD = 'A'
     OR STATUS_CD = 'B'
     OR STATUS_CD = 'C'
     OR STATUS_CD = 'D'
     OR STATUS_CD = 'E'
     OR STATUS_CD = 'F'
  ORDER BY STATUS_CD;
```

Die gleiche Abfrage unter Verwendung von SUBSTR und IN sieht folgendermaßen aus:

```
SQL> SELECT *
  FROM FACT_TABLE
  WHERE STATUS_CD IN ('A', 'B', 'C', 'D', 'E', 'F')
  ORDER BY STATUS_CD
```

Probieren Sie selbst ähnliche Anweisungen aus. Bücher sind zwar ausgezeichnete Quellen für Standards und die allgemeine Richtung, spezielle Dinge – wie eben die Leistungsbilanz – müssen Sie aber selbst untersuchen.

Hier noch ein Beispiel mit SUBSTR und IN. Beachten Sie, daß die erste Abfrage die Operatoren LIKE und OR kombiniert.

Eingabe

```
SQL> SELECT *
  2  FROM FACT_TABLE
  3  WHERE PROD_CD LIKE 'AB%'
  4     OR PROD_CD LIKE 'AC%'
  5     OR PROD_CD LIKE 'BB%'
  6     OR PROD_CD LIKE 'BC%'
  7     OR PROD_CD LIKE 'CC%'
  8  ORDER BY PROD_CD;
SQL> SELECT *
  2  FROM FACT_TABLE
  3  WHERE SUBSTR(PROD_CD,1,2) IN ('AB','AC','BB','BC','CC')
  4  ORDER BY PROD_CD;
```

Analyse

Das zweite Beispiel vermeidet nicht nur das `OR`, sondern eliminiert auch die Kombination der Operatoren `OR` und `LIKE`. Anhand derartiger Beispiele sollten Sie die Laufzeitunterschiede bei Ihren Datenbeständen messen.

OLAP vs. OLTP

Bei der Feinabstimmung einer Datenbank ist zuerst der Einsatzzweck der Datenbank zu bestimmen. Eine Datenbank für Online-Analysen (OLAP – Online Analytical Processing) ist ein System, das dem Endbenutzer Abfragemöglichkeiten für statistische und allgemeine Informationen liefern soll. In derartigen Umgebungen werden oft Daten für statistische Berichte abgerufen und im Entscheidungsprozeß eines Unternehmens herangezogen. Daher spricht man auch von Systemen zur Entscheidungsunterstützung (DSS – Decision Support Systems). Eine Datenbank für die Online-Transaktionsverarbeitung (OLTP – Online Transactional Processing) stellt in erster Linie die Umgebung für die Eingaben von Endbenutzern bereit und kann gegebenenfalls Abfragen bezüglich aktueller Informationen realisieren. OLTP-Systeme werden für die Manipulation der Datenbankinformationen auf täglicher Basis eingesetzt. Data Warehouses und Systeme zur Entscheidungsunterstützung erhalten ihre Daten aus OLTP-Datenbanken und manchmal von anderen OLAP-Systemen.

OLTP-Feinabstimmung

Eine transaktionale Datenbank ist ein empfindliches System, auf das häufige Zugriffe in Form von Transaktionen und Abfragen bezüglich aktueller Informationen stattfinden. Gewöhnlich erfordert ein OLTP keinen großen Sortierbereich, wie er etwa in einer OLAP-Umgebung benötigt wird. Die meisten OLTP-Transaktionen sind schnell und umfassen kaum Sortieroperationen.

Zu den größten Problemen bei transaktionalen Datenbanken gehören die Rollback-Segmente. Deren Anzahl und Größe hängen in starkem Maße davon ab, wieviel Benutzer gleichzeitig auf die Datenbank zugreifen und wie umfangreich die einzelnen Transaktionen sind. In einer Transaktionsumgebung empfiehlt sich der Einsatz mehrerer Rollback-Segmente.

Ein weiteres Thema in einer Transaktionsumgebung ist die Integrität der Transaktionsprotokolle (oder Transaktions-Logs), die nach jeder Transaktion geschrieben werden. Diese Protokolle dienen einzig und allein der Wiederherstellung. Demzufolge muß jede SQL-Implementierung die Protokolle für »den Zeitpunkt der Wiederherstellung« sichern können. SQL Server bedient sich sogenannter Dump-Geräte. Oracle verwendet einen als `ARCHIVELOG` bezeichneten Datenbankmodus. Transaktionsprotokolle sind ebenfalls Gegenstand einer Leistungsbetrachtung, da die Sicherung der Protokolle zusätzliche Verwaltungsarbeit bedeutet.

OLAP-Feinabstimmung

Die Feinabstimmung von OLAP-Systemen wie bei Data Warehouses oder Systemen zur Entscheidungsunterstützung unterscheidet sich wesentlich von der Feinabstimmung einer Transaktionsdatenbank.

Da diese Systeme dem Abrufen von Daten für die Entscheidungsfindung dienen, ist mit komplexen Abfragen zu rechnen, in denen normalerweise Daten zu gruppieren und zu sortieren sind. Verglichen mit einer Transaktionsdatenbank benötigen OLAP-Systeme in der Regel mehr Platz für den Sortierbereich, aber weniger Platz für den Rollback-Bereich.

Die meisten Transaktionen in einem OLAP-System laufen als Teil einer Stapelverarbeitung ab. Statt verschiedene Rollback-Bereich für die Benutzereingaben vorzusehen, greift man auf einen großen Rollback-Bereiche für die routinemäßig durchgeführten Stapelprozesse zurück, um die zusätzlichen Verwaltungsarbeiten in Grenzen zu halten.

Stapelverarbeitung vs. Transaktionsverarbeitung

Ein Hauptfaktor bei der Leistungsbilanz von Datenbanken und SQL-Anweisungen ist der Typ der Verarbeitung, der in einer Datenbank stattfindet. Zu diesen Typen gehört die oben behandelte OLTP. Bei der Transaktionsverarbeitung unterscheidet man Benutzereingaben und Stapelprozesse.

Normale Benutzereingaben bestehen gewöhnlich aus SQL-Anweisungen wie `INSERT`, `UPDATE` und `DELETE`. Diese Arten der Transaktionen werden oft vom Endbenutzer – oder dem Kunden – ausgeführt. Endbenutzer arbeiten normalerweise mit einer Frontend-Anwendung wie PowerBuilder, um mit der Datenbank in den Dialog zu treten. Da die Frontend-Anwendung den SQL-Code generiert, kommt diese Benutzergruppe mit den eigentlichen SQL-Anweisungen nur selten in Berührung.

Bei der Optimierung der Leistung einer Datenbank sollte man sich hauptsächlich auf die Transaktionen des Endbenutzers konzentrieren. Denn »kein Kunde« ist gleichbedeutend mit »keine Datenbank«. Das heißt wiederum, daß Ihre Arbeit überflüssig wäre. Versuchen Sie immer, Ihre Kunden zufriedenzustellen, selbst wenn deren Erwartungen an die Leistung des Systems bzw. der Datenbank manchmal unvernünftig scheint. Einen Faktor der Benutzereingaben stellt die Anzahl der gleichzeitig arbeitenden – konkurrierenden – Benutzer dar. Die Wahrscheinlichkeit für ein Absinken der Datenbankleistung wächst mit einer größeren Zahl von konkurrierenden Benutzern.

Stapelverarbeitung bedeutet, daß mehrere Transaktionen bezüglich der Datenbank auf einmal ausgeführt werden. Nehmen wir zum Beispiel an, daß Sie die Daten des letzten Jahres in einer umfangreichen Archivdatenbank ablegen möchten. Vielleicht müssen Sie Tausende oder sogar Millionen von Datenzeilen in die Archivtabelle einfügen. Diese Aufgabe wollen Sie sicherlich nicht manuell erledigen, so daß Sie höchstwahrscheinlich einen Stapeljob oder ein Skript zur Automatisierung des Prozesses erstellen. (Für das Laden von Daten in einem Stapel sind zahlreiche Verfahren verfügbar.) Stapelverarbeitungen sind berüchtigt dafür, daß sie System- und Datenbankressourcen in starkem Maße beanspruchen. Zu den Datenbankressourcen gehören Zugriffe auf Tabellen und den Systemkatalog, Rollback-Segmente und Sortierbereiche. Systemressourcen umfassen die verfügbare CPU und den gemeinsam genutzten Speicher. Je nach Betriebssystem und Datenbank-Server sind viele weitere Faktoren zu beachten.

Sowohl Endbenutzer-Transaktionen als auch Stapelprozesse müssen bei den meisten Datenbanken erfolgreich ablaufen. Leistungsprobleme können aber auftreten, wenn sich die beiden Verarbeitungstypen gegenseitig blockieren. Demzufolge sollte man den Unterschied zwischen ihnen kennen und sie möglichst getrennt halten. Beispielsweise wird man bei hoher Benutzeraktivität keine Unmengen von Daten in die Datenbank laden. Aufgrund der vielen gleichzeitig arbeitenden Benutzer kann die Reaktionszeit der Datenbank bereits relativ groß sein. Stapelprozesse sollten vorzugsweise ablaufen, wenn die Benutzeraktivitäten ein Minimum erreicht haben. Viele Shops reservieren Zeiten in den Abend- oder frühen Morgenstunden, um Daten im Stapel zu laden und Konflikte mit den Routinearbeiten zu vermeiden.

Bei der Planung der Datenbankauslastung sollte man eine Überschneidung von massiven Stapeloperationen mit der normalen Datenbanknutzung ausschließen. Abbildung 15.1 zeigt, wie ein Block von massiven Stapelaktualisierungen und mehrere gleichzeitig ablaufende Benutzerprozesse um die Systemressourcen streiten.

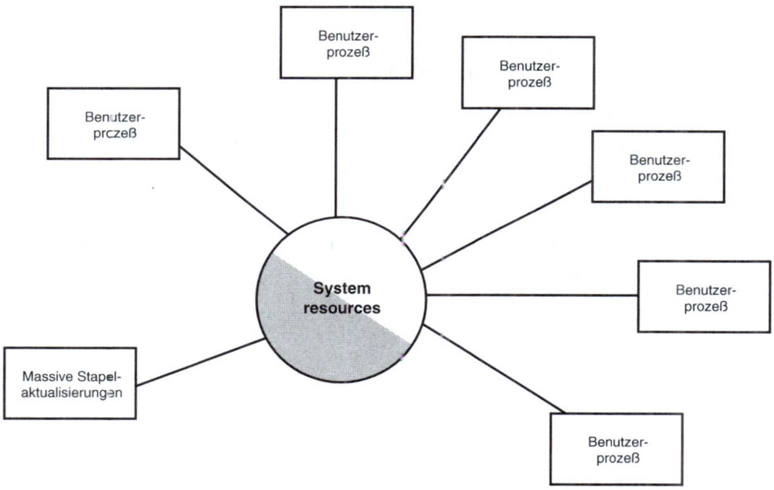

Abbildung 15.1: Kampf um die Systemressourcen

Es wird deutlich, daß viele Prozesse um die Systemressourcen kämpfen und die im Stapel ablaufenden Aktualisierungen der Sand im Getriebe sind. Die Systemressourcen sind nicht etwa gleichmäßig unter den Benutzern aufgeteilt, sondern werden scheinbar von den Stapelprozessen verschlungen. Das ist nur der Anfang des Ressourcenstreits. Im weiteren Verlauf der Stapeltransaktionen können die Benutzerprozesse schließlich ganz verdrängt werden. Dieser Zustand ist nicht gerade erstrebenswert. Selbst wenn nur ein Benutzer im System angemeldet ist, kann dieser nicht vernünftig arbeiten.

Bei Stapelprozessen tritt weiterhin das Problem auf, daß Tabellen gesperrt sind, auf die ein Benutzer gerade zugreifen möchte. Erst wenn der Stapelprozeß die Sperre der Tabellen aufhebt, ist ein Benutzerzugriff möglich – bis dahin können aber mehrere Stunden vergehen. Stapelprozesse plant man für Zeiten ein, wenn die Systemressourcen nur zu einem geringen Teil ausgelastet sind. Die Transaktionen des Benutzers sollten nicht als Konkurrenz zum Stapel ablaufen. Dieses Spiel kennt keine Gewinner.

Datenverarbeitung durch Löschen von Indizes optimieren

Stapelaktualisierungen lassen sich beschleunigen, wenn man Indizes löscht. Die oben erwähnte Archivtabelle enthält sicherlich mehrere tausend Zeilen und verfügt wahrscheinlich über einen oder mehrere Indizes. Zunächst verbindet man mit einem Index die Vorstellung von schnelleren Tabellenzugriffen. Bei Stapelprozessen kann aber das Löschen von Indizes vorteilhafter sein.

Lädt man Daten in eine indizierte Tabelle, ist mit häufigen Zugriffen auf den Index zu rechnen, insbesondere wenn man einen hohen Prozentsatz von Zeilen in der Tabelle aktualisiert. Sucht man zum Beispiel in einem Buch viele Schlüsselstellen für einen späteren Bezug, kommt man wahrscheinlich schneller voran, wenn man das Buch von Anfang bis Ende durcharbeitet, ohne auf den Index zurückzugreifen. (Die Benutzung des Index wäre effizient, wenn man nur einen Bruchteil als Schlüsselstellen markieren möchte.)

Die Geschwindigkeit von Stapelprozessen, die einen großen Teil der Tabellenzeilen betreffen, kann man erhöhen, indem man die Indizes nach den folgenden Schritten behandelt:

1. Löschen der in Frage kommenden Indizes.
2. Laden/Aktualisieren der Daten in der Tabelle.
3. Index auf der Tabelle neu aufbauen.

Ein häufiges COMMIT entlastet den DBA

Bei der Ausführung von Stapeltransaktionen muß man wissen, wie oft `COMMIT`-Operationen auszuführen sind. Wie Sie in Lektion 11 gelernt haben, schließt eine `COMMIT`-Anweisung eine Transaktion ab – das heißt, sichert eine Transaktion oder schreibt alle Änderungen in die betreffende(n) Tabelle(n). Hinter den Kulissen läuft aber wesentlich mehr ab. Einige Bereiche in der Datenbank sind für die Speicherung der abgeschlossenen Transaktionen reserviert, bevor die Änderungen tatsächlich in die Zieltabelle übernommen werden. Oracle nennt diese Bereiche Rollback-Segmente. Führt man eine `COMMIT`-Anweisung aus, werden die in den Rollback-Segmenten der betreffenden SQL-Sitzung gespeicherten Transaktionen in die Zieltabelle geschrieben. Nach abgeschlossener Aktualisierung wird der Inhalt des Rollback-Segments entfernt. Ein `ROLLBACK`-Befehl löscht dagegen den Inhalt des Rollback-Segments, ohne die Zieltabelle zu aktualisieren.

Es liegt auf der Hand, daß sich die Transaktionen in den Rollback-Segmenten anhäufen, wenn man keine `COMMIT`- oder `ROLLBACK`-Befehle auslöst. Reicht der Platz in den Rollback-Segmenten nicht mehr aus, um weitere Daten aufzunehmen, kommt die Datenbank praktisch zum Stillstand und verweigert alle weiteren Transaktionen. Die Unterlassung von `COMMIT`-Befehlen ist ein häufiger Stolperstein in der Programmierung. Regelmäßig ausgelöste `COMMIT`s sichern eine stabile Arbeitsweise des gesamten Datenbanksystems.

Die Verwaltung von Rollback-Segmenten ist eine komplexe und wichtige Aufgabe des Datenbank-Administrators (DBA), da Transaktionen dynamisch die Rollback-Segmente beeinflussen und wiederum sowohl die Gesamtleistung der Datenbank als auch einzelne SQL-Anweisungen betreffen. Wenn man daher große Datenmengen lädt, sollte man die regelmäßige Ausführung des `COMMIT`-Befehls sicherstellen. Fragen Sie Ihren DBA um Rat, wie oft man bei Stapeltransaktionen `COMMIT`s verwenden sollte. (Siehe dazu Abbildung 15.2.)

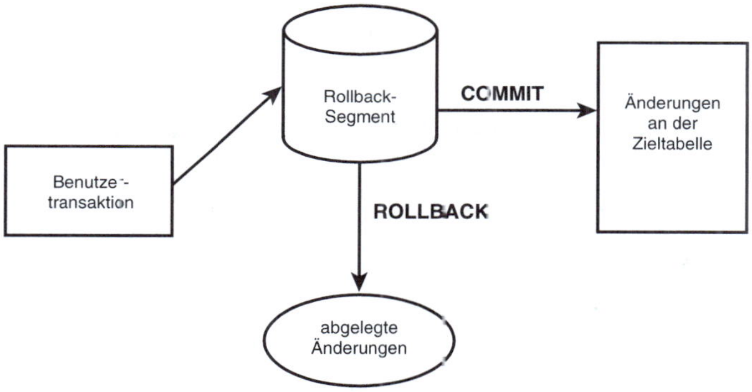

Abbildung 15.2:
Der Rollback-Bereich

Wie man Abbildung 15.2 entnehmen kann, verbleiben die Änderungen im Rollback-Bereich, wenn ein Benutzer eine Transaktion ausführt.

Tabellen und Indizes in einer dynamischen Umgebung neu aufbauen

Der Begriff dynamische Datenbankumgebung bezeichnet eine große Datenbank, die einem ständigen Wechsel unterworfen ist. Dabei geht es hier vor allem um häufige Stapelaktualisierungen und routinemäßig ablaufende Transaktionen. Dynamische Datenbanken erfordern gewöhnlich starke OLTP-Systeme, können sich aber auch auf Systeme der Entscheidungsunterstützung oder Data Warehouses beziehen – je nach Umfang und Häufigkeit der Ladeoperationen von Daten.

Massive und häufige Änderungen führen zu einem Wachstum der Datenbank, was mit einer Fragmentierung verbunden ist. Wenn man auf das Wachstum einer Datenbank nicht in der richtigen Weise Einfluß nimmt, kann die Fragmentierung leicht zu unkontrollierbaren Zuständen führen. Oracle weist den Tabellen bei der Erzeugung eine anfängliche Größe zu. Wenn die geladenen Daten den Umfang der anfänglichen Tabellengröße erreichen, wird ein Erweiterungsbereich zugewiesen, dessen Größe man ebenfalls beim Erstellen der Tabelle festlegt.

Die Größenfestlegung von Tabellen und Indizes ist im wesentlichen eine Aufgabe des DBA und kann die Leistung von SQL-Anweisungen drastisch beeinflussen. Der erste Schritt ist ein vorausschauendes Arbeiten. Schaffen Sie vernünftigen Platz für Tabellen, damit diese vom ersten Tag an wachsen können. Planen Sie auch die regelmäßige Defragmentierung der Datenbank ein, selbst wenn das wöchentliche Wartungsmaßnahmen bedeuten sollte. Die grundlegenden Schritte bei der Defragmentierung von Tabellen und Indizes in einem relationalen Datenbank-Managementsystem sehen folgendermaßen aus:

1. Legen Sie eine Datensicherung der Tabellen und/oder Indizes an.
2. Löschen Sie die Tabellen und/oder Indizes.
3. Bauen Sie die Tabellen und/oder Indizes mit neuer Platzzuweisung wieder auf.
4. Stellen Sie die Daten in den neu aufgebauten Tabellen wieder her.
5. Erstellen Sie bei Bedarf die Indizes neu.
6. Richten Sie bei Bedarf die Benutzer-/Rollenberechtigungen auf der Tabelle neu ein.

7.Heben Sie die Sicherungskopie Ihrer Tabelle solange auf, bis Sie sich von der Fehlerfreiheit der neuen Tabelle überzeugt haben. Wenn Sie die Sicherungskopie der Originaltabelle löschen, sollten Sie zuerst eine Sicherung der neuen Tabelle anlegen, nachdem die Daten vollständig wiederhergestellt wurden.

Das folgende Beispiel demonstriert den Einsatz einer Adressentabelle in einer Oracle-Datenbankumgebung. (Für `NEW_SIZE` ist ein geeigneter Wert einzusetzen. `TABLESPACE_NAME` ist durch den Namen des entsprechenden Tabellenbereichs zu ersetzen.)

Warnung

Verwerfen Sie die Sicherungskopie Ihrer Tabelle erst, wenn Sie sich vom erfolgreichen Aufbau der neuen Tabelle überzeugt haben.

Eingabe

```
CREATE TABLE ADRESSEN_SICH AS
SELECT * FROM ADRESSEN;
```

Ausgabe

```
Tabelle wurde angelegt.
```

Eingabe/
Ausgabe

```
drop table ADRESSEN;

Tabelle wurde gelöscht.

SQL> CREATE TABLE ADRESSEN (
  2  PERSONAL_NR    VARCHAR2(12)  NOT NULL,
  3  NAME           VARCHAR2(30)  NOT NULL,
  4  ADRESSE        VARCHAR(40)   NOT NULL,
  5  STADT          VARCHAR(25)   NOT NULL,
  6  STAAT          VARCHAR(2)    NOT NULL,
  7  ZIP            VARCHAR(9)    NOT NULL
  8  )
  9  TABLESPACE MIST
 10  STORAGE ( INITIAL NEW_SIZE
 11            NEXT NEW_SIZE );

Tabelle wurde angelegt.

SQL> INSERT INTO ADRESSEN
  2  SELECT * FROM ADRESSEN_SICH;

93.451 Zeilen wurden erstellt.
SQL> CREATE INDEX ADRESSEN_IDX ON ADRESSEN
  2  (
  3  PERSONAL_NR
  4  )
  5  TABLESPACE TABLESPACE_NAME
  6  STORAGE ( INITIAL NEW_SIZE
  7            NEXT NEW_SIZE );
```

```
Index wurde angelegt.

SQL> grant select on adressen to public;

Benutzerzugriff (Grant) wurde erteilt.

SQL> drop table adressen_sich;

Tabelle wurde gelöscht.
```

Analyse

Wenn man größer gewordene Tabellen und Indizes neu aufbaut, läßt sich gleichzeitig die Speicherung optimieren und dadurch die Gesamtleistung verbessern. Denken Sie daran, die Sicherungskopie der Tabelle erst dann zu löschen, wenn Sie sich vom erfolgreichen Aufbau der neuen Tabelle überzeugt haben. Beachten Sie auch, daß man die gleichen Ergebnisse mit anderen Methoden erreichen kann. Prüfen Sie die verfügbaren Möglichkeiten anhand der Dokumentation zur Datenbank.

Feinabstimmung der Datenbank

Bei der Feinabstimmung einer Datenbank optimiert man die Leistung des Datenbank-Servers. Als Neueinsteiger in SQL werden Sie wahrscheinlich noch nichts mit der Abstimmung der Datenbank zu tun haben, außer wenn Sie als Datenbank-Administrator neu beginnen oder in dieser Position auf eine relationale Datenbankumgebung umsteigen. Ob Sie nun eine Datenbank verwalten oder SQL in Anwendungen oder der Programmierung einsetzen, es ist für Sie auf jeden Fall von Nutzen, wenn Sie die Methoden zur Feinabstimmung von Datenbanken kennen. Der Schlüssel zum Erfolg für alle Datenbanken liegt in der Zusammenarbeit aller beteiligten Parteien. Die folgenden Tips gelten allgemein für die Feinabstimmung einer Datenbank:

- Minimieren Sie die Gesamtgröße der Datenbank. Es ist zwar gut, der Datenbank bereits beim Entwurf Platz für das Wachstum zu geben, man sollte aber nicht über das Ziel hinausschießen. Binden Sie keine Ressourcen, die Sie vielleicht zur Anpassung an das Wachstum der Datenbank brauchen.
- Experimentieren Sie mit der Variablen, die den Benutzern die Zeitscheiben für die Verarbeitung zuteilt. Über diese Variable steuert man den Zeitabschnitt, den der Scheduler des Datenbank-Servers jedem Prozeß des Benutzers zuteilt.
- Optimieren Sie die von den Anwendungen im Netzwerk verwendete Paketgröße. Je umfangreicher die über das Netz verschickten Datenmengen, desto größer sollten die Pakete sein. Nähere Einzelheiten erfahren Sie in der Dokumentation zu Ihrer Datenbank und zum Netzwerk.

- Speichern Sie Transaktionsprotokolle auf separaten Festplatten. Bei jeder Transaktion muß der Server die Änderungen in die Transaktionsprotokolle schreiben. Wenn sich diese Protokolldateien auf derselben Festplatte wie die Daten befinden, entsteht ein Leistungsengpaß. (Siehe dazu Abbildung 15.3.)
- Verteilen Sie extrem große Tabellen über mehrere Festplatten. Wenn konkurrierende Benutzer auf eine große Tabelle zugreifen, die über mehrere Festplatten verteilt ist, sinkt die Wahrscheinlichkeit für Wartezeiten auf Systemressourcen. (Siehe dazu Abbildung 15.3.)
- Speichern Sie den Sortierbereich der Datenbank, den Bereich für den Systemkatalog und die Rollback-Bereiche auf separaten Festplatten. Auf diese Bereiche der Datenbank greifen die meisten Benutzer häufig zu. Durch die Verteilung der Bereiche erhöht sich die Verfügbarkeit der Systemressourcen. (Siehe Abbildung 15.3.)
- Rüsten Sie das System mit mehreren Prozessoren aus. Es lassen sich damit Strategien der Parallelverarbeitung implementieren. Der Geschwindigkeitsgewinn bei der Datenverarbeitung ist deutlich spürbar. Konsultieren Sie die Dokumentation Ihrer Datenbank hinsichtlich der Parallelverarbeitung, falls diese bei Ihrer Implementierung überhaupt verfügbar ist.
- Bauen Sie zusätzlichen Hauptspeicher ein – je mehr, desto besser.
- Speichern Sie Tabellen und Indizes nach Möglichkeit auf separaten Festplatten. Damit läßt sich die Tabelle zur selben Zeit lesen, zu der der Index auf der anderen Platte referenziert wird. Die Speicherung von Objekten auf mehreren Platten hängt davon ab, wie viele Festplatten an einen Controller abschließbar sind. (Siehe dazu Abbildung 15.3.)

Abbildung 15.3 zeigt ein einfaches Beispiel für die Aufteilung der Hauptbereiche einer Datenbank.

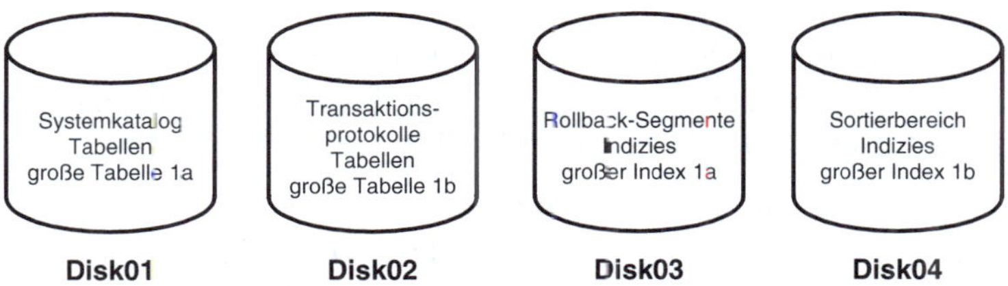

Abbildung 15.3: Verfügbare Laufwerke zur Leistungssteigerung nutzen

Das Szenario in Abbildung 15.3 arbeitet mit vier Platten: Disk01 bis Disk04. Das Ziel bei der Aufteilung der Datenbankbereiche und Objekte besteht darin, Bereiche mit starker Nutzung möglichst voneinander getrennt zu halten.

- Disk01: Der Systemkatalog enthält Informationen über Tabellen, Indizes, Benutzer, Statistiken, Datenbankdateien, Größen, Wachstum und andere wichtige Daten, die für die meisten Transaktionen erforderlich sind.
- Disk02: Transaktionsprotokolle werden bei jeder Änderung an einer Tabelle (Einfügen, Aktualisieren oder Löschen) auf den neuesten Stand gebracht. In einer Datenbank für Online-Transaktionsverarbeitung bilden Transaktionsprotokolle einen wesentlichen Faktor. In Umgebungen, in denen nur gelesen wird, wie etwa bei einem Data Warehouse oder einem System zur Entscheidungsunterstützung, spielen Transaktionsprotokolle dagegen nur eine untergeordnete Rolle.
- Disk03: Rollback-Segmente sind in einer Transaktionsumgebung ebenfalls von Bedeutung. Wenn jedoch nur geringe Transaktionsaktivitäten (Einfügen, Aktualisieren, Löschen) laufen, werden Rollback-Segmente kaum genutzt.
- Disk04: Der Sortierbereich der Datenbank wird dagegen als temporärer Bereich für die Verarbeitung von SQL-Anweisungen beim Sortieren von Daten verwendet, wie etwa in den Klauseln `GROUP BY` und `ORDER BY`. Sortierbereiche sind vor allem in einem Data Warehouse oder System zur Entscheidungsunterstützung von Bedeutung. Allerdings sollte man auch in einer Transaktionsumgebung die Sortierbereiche in die Planung einbeziehen.

Tip

Beachten Sie auch die Anordnung der Tabellen und Indizes einer Anwendung auf den Festplatten. Tabellen und Indizes sollten möglichst getrennt vorliegen.

Wie Abbildung 15.3 zeigt, sind die Tabellen und Indizes auf unterschiedlichen Geräten gespeichert. Insbesondere ist zu sehen, wie eine »große Tabelle« und der dazugehörige Index auf mehrere Geräte aufgeteilt werden. Diese Technik zerlegt die Tabelle in kleinere Segmente, auf die man gleichzeitig zugreifen kann. Darüber hinaus bietet sich die Möglichkeit, die Fragmentierung zu steuern. Im dargestellten Szenario lassen sich Tabellen lesen und gleichzeitig die zugehörigen Indizes referenzieren, was die Geschwindigkeit des gesamten Datenzugriffs erhöht.

Es handelt sich hier nur um ein einfaches Beispiel. Je nach der Funktion, der Größe und der systembezogenen Probleme Ihrer Datenbank werden Sie ähnliche und vielleicht bessere Methoden finden, um den Zugriff auf die Systemressourcen zu optimieren. Im Idealfall könnte man jeder größeren Datenbankeinheit – einschließlich großer Tabellen und Indizes – eine eigene Festplatte spendieren. Dieses Vorhaben wird aber nicht zuletzt am finanziellen Aufwand scheitern.

Hinweis

Der DBA und Systemadministrator sollten zusammenarbeiten, um die Platzzuweisung der Datenbank abzuwägen und den auf dem Server verfügbaren Speicher zu optimieren.

Die Abstimmung einer Datenbank hängt in erster Linie vom eingesetzten Datenbanksystem ab. Offensichtlich genügt es nicht, Abfragen vorzubereiten und sie auf die Datenbank loszulassen. Andererseits nützt die beste Abstimmung der Datenbank nichts, wenn das SQL der Anwendung selbst nur ungenügend formuliert ist. Datenbankprofis spezialisieren sich in der Regel auf ein Datenbankprodukt und beschäftigen sich intensiv mit den Merkmalen und Eigenheiten dieses Produkts. Obwohl die Abstimmung von Datenbanken oft als lästige Aufgabe angesehen wird, kann sie für Leute, die wirklich etwas davon verstehen, eine sehr lukrative Beschäftigung sein.

Leistungsbremsen

Wir haben bereits einige der zahllosen Stolpersteine erwähnt, die die Leistungsbilanz einer Datenbank negativ beeinflussen. Dabei handelt es sich im allgemeinen um Engpässe, die mit der Verwaltung auf Systemebene, der Datenbankwartung und der Verarbeitung der SQL-Anweisungen zusammenhängen.

Dieser Abschnitt faßt die allgemeinen Bremsen der Systemleistung und Reaktionszeiten von Datenbanken zusammen.

- Keine Nutzung der verfügbaren Geräte auf dem Server: Wenn man die wichtigen Datenbankkomponenten nicht auf die vorhandenen Festplatten aufteilt, schränkt man die Möglichkeiten zur Leistungssteigerung von vornherein ein. Die bestmögliche Nutzung der Systemressourcen ist genauso wichtig wie die optimale Nutzung aller vom Datenbank-Server gebotenen Fähigkeiten.
- Keine regelmäßige Ausführung von `COMMIT`s: Insbesondere bei massiven Stapelprozessen sind `COMMIT`- oder `ROLLBACK`-Befehle in kürzeren Intervallen auszulösen, da es sonst zu Engpässen bei der Bereitstellung von Ressourcen kommt.
- Zulassen von Stapeljobs in Konkurrenz zu täglichen Prozessen: Wenn man Stapeljobs in den Zeiten abwickelt, in denen andere Benutzer die Verfügbarkeit der Datenbank erwarten, bringt das Probleme für alle Beteiligten. Der Stapelprozeß steht mit den Endbenutzern im ständigen Kampf um die Systemressourcen.
- Sorgloses Erstellen von SQL-Anweisungen: Komplexe SQL-Anweisungen, die nicht im Hinblick auf die Verarbeitung optimiert sind, führen zu verlängerten Antwortzeiten.

Tip: Die Struktur einer SQL-Anweisung läßt sich mit verschiedenen Methoden optimieren, wobei die Reihenfolge der Verarbeitungsschritte auf dem Datenbank-Server einen wesentlichen Faktor darstellt.

- Ausführung von Stapeljobs mit Tabellenindizes: Indizes wirken sich bremsend auf Stapelprozesse aus, die einen hohen Prozentsatz der Tabellenzeilen betreffen. Ein Stapeljob, der normalerweise in wenigen Stunden abgewickelt wäre, kann dann Tag und Nacht laufen.
- Zu viele gleichzeitige Benutzer für den reservierten Speicher: Bei wachsender Zahl der konkurrierenden Datenbank- und Systembenutzer muß man mehr Speicher für gemeinsam genutzte Prozesse vorsehen. Sprechen Sie mit Ihrem Systemadministrator.
- Erzeugen von Indizes auf Spalten mit wenigen eindeutigen Werten: Das Indizieren einer Spalte wie `GESCHLECHT`, die nur zwei eindeutige Werte hat, ist nicht sehr effizient. Versuchen Sie statt dessen Spalten zu indizieren, die nur einen geringen Teil der Zeilen in einer Abfrage zurückgeben.
- Indizes auf kleinen Tabellen erzeugen: In der Zeit, in der der Index referenziert und die Daten gelesen werden, könnte man auch eine vollständige Tabellensuche ausführen.
- Unbefriedigende Verwaltung der Systemressourcen: Ursachen sind unter anderem verschwendeter Platz bei der Datenbankinitialisierung und der Tabellenerstellung, unkontrollierte Fragmentierung sowie unregelmäßige Wartung des Systems bzw. der Datenbank.
- Keine geeignete Größenfestlegung von Tabellen und Indizes: Schlechte Abschätzungen für Tabellen und Indizes, die in einer großen Datenbankumgebung schnell an Umfang zunehmen, führen zu einer verstärkten Fragmentierung und weiten sich eventuell lawinenartig zu ernsthafteren Problemen aus.

Werkzeuge zur Feinabstimmung

Prüfen Sie zusammen mit Ihrem DBA oder dem Datenbankanbieter, welche Werkzeuge für die Messung und Abstimmung der Leistung vorhanden sind. Mit den entsprechenden Werkzeugen lassen sich Schwächen in der gesamten Kette des Datenzugriffs erkennen. Darüber hinaus können diese Werkzeuge auch Änderungen vorschlagen, um die Leistung einer bestimmten SQL-Anweisung zu verbessern.

Oracle bietet mit dem Befehl `EXPLAIN PLAN` und dem Diagnosewerkzeug `TKPROF` die Möglichkeit, SQL-Anweisungen zu testen. Die Ausgabe des Befehls `EXPLAIN PLAN` spiegelt das Verhalten des Oracle-Optimierers wider. Mit dem Werkzeug `TKPROF` läßt sich die Effizienz der von einer Anwendung ausgeführten SQL-Anweisungen bestimmen. Daneben stellt Oracle weitere Diagnosewerkzeuge für die Analyse von SQL-Anweisungen und der Datenbank bereit. Wenn Sie lediglich die von einer Abfrage benötigte Zeit messen möchten, können Sie mit dem Befehl `SET TIMING ON` von SQL*Plus arbeiten.

Der Befehl `SET TIMING ON` und andere `SET`-Befehle werden detailliert in Lektion 20 behandelt.

SQL Server von Sybase verfügt ebenfalls über Diagnosewerkzeuge für SQL-Anweisungen. Diese Optionen liegen in der Form von `SET`-Befehlen vor, die man in die SQL-Anweisungen einbauen kann. (Diese Befehle ähneln den `SET`-Befehlen von Oracle.) Gebräuchliche Befehle sind `SET SHOWPLAN ON`, `SET STATISTICS IO ON` und `SET STATISTICS TIME ON`. Der Befehl `SET SHOWPLAN ON` generiert eine Beschreibung der Verarbeitungsschritte für die Abfrage. `SET STATISTICS IO ON` zeigt die Anzahl der Suchläufe, die Anzahl der logischen Leseoperationen (Zugriffe auf Seiten im Cache) und die Anzahl der physikalischen Leseoperationen (Laufwerkzugriffe) für jede in der Anweisung referenzierte Tabelle an. Die Ausführungszeit der Befehle insgesamt und der einzelnen Befehlsschritte läßt sich mit `SET STATISTICS TIME ON` anzeigen. Auf die `SET`-Befehle von SQL Server geht Tag 19 ein.

Zusammenfassung

Die Leistung von SQL-Anweisungen läßt sich durch die Optimierung – oder Feinabstimmung – der Anwendung auf der einen Seite und der Datenbank auf der anderen Seite unmittelbar beeinflussen. Die beiden Seiten sind im Prinzip zwar unabhängig, aber eine Komponente kann ohne die andere nicht optimal abgestimmt werden. Der erste Schritt in Richtung Erfolg besteht darin, daß Techniker und Systemingenieure gemeinsam an der Ausgewogenheit der Ressourcen arbeiten und alle von der Datenbank gebotenen Möglichkeiten zur Leistungsverbesserung nutzen. Unterstützung bieten zahlreiche Werkzeuge, die zum Lieferumfang der Datenbanksystem gehören.

Der Anwendungsentwickler muß die Datenstruktur kennen. Hier liegt der Schlüssel zu einem optimalen Datenbankentwurf. Entwickler und Programmierer müssen wissen, wann Indizes zu verwenden sind, wann man einen weiteren Index hinzufügen muß und wann die Ausführung von Stapeljobs erlaubt ist. Stellen Sie einen Zeitplan für Stapelprozesse auf und halten Sie die Stapelverarbeitung von der täglichen Transaktionsverarbeitung getrennt.

Durch eine Feinabstimmung der Datenbank kann man die Leistung der jeweiligen Anwendung verbessern, die auf die Datenbank zugreift. Datenbank-Administratoren müssen die ständige Verfügbarkeit der Datenbank gewährleisten. Neben der sorgfältigen Feinabstimmung, die hinter den Kulissen abläuft, kann der DBA gewöhnlich kreative Vorschläge für den effizienteren Datenzugriff anbieten, wie zum Beispiel die Manipulation von Indizes oder den Neuaufbau einer SQL-Anweisung. Der DBA sollte auch mit den Werkzeugen vertraut sein, die zu den Datenbankpaketen gehören, um die Leistung zu messen und Vorschläge für die Optimierung von Anweisungen zu liefern.

Fragen & Antworten

F Welcher Leistungsgewinn ist zu erwarten, wenn ich meine SQL-Anweisungen optimiere?

A *Der erreichbare Leistungsgewinn hängt von der Größe der Tabellen, von der Indizierung der Spalten und anderen relativen Faktoren ab. In einer sehr großen Datenbank läßt sich eine komplexe Abfrage, die stundenlang läuft, auf einige Minuten reduzieren. Bei der Transaktionsverarbeitung kann die Vereinfachung von SQL-Anweisungen wichtige Sekunden für den Endbenutzer einsparen.*

F Wie koordiniere ich das Laden oder Aktualisieren im Stapelbetrieb?

A *Stimmen Sie mit dem Datenbank-Administrator und natürlich mit dem Management den Zeitplan für das Laden oder Aktualisieren in Stapeln ab. Als Systemingenieur werden Sie wahrscheinlich nicht alle Vorgänge innerhalb der Datenbank kennen.*

F Wie oft sollte ich meine Stapeltransaktionen mit `COMMIT` bestätigen?

A *Fragen Sie den DBA um Rat. Er muß in etwa wissen, wie viele Daten Sie einfügen, aktualisieren oder löschen. Die Häufigkeit der `COMMIT`-Anweisungen sollte auch andere Stapelprozesse berücksichtigen, die gleichzeitig mit anderen Datenbankaktivitäten auftreten.*

F Sollte ich alle Tabellen auf mehrere Laufwerke aufteilen?

A *Das Aufteilen bietet nur bei großen Tabellen und/oder bei Tabellen mit regelmäßig starkem Zugriff Leistungsvorteile.*

Workshop

Kontrollfragen

1. Was versteht man unter Optimieren einer SQL-Anweisung?
2. Sollte man Tabellen mit den zugehörigen Indizes auf demselben Datenträger unterbringen?

3. Warum ist die Anordnung der Bedingungen in einer SQL-Anweisung wichtig?
4. Was passiert bei einer vollständigen Tabellensuche?
5. Wie kann man eine vollständige Tabellensuche vermeiden?
6. Nennen Sie allgemeine Leistungsbremsen.

Übungen

1. Verbessern Sie die Lesbarkeit der folgenden SQL-Anweisung:

```
SELECT MITARBEITER.NACHNAME, MITARBEITER.VORNAME, MITARBEITER.INITIALEN,
MITARBEITER.ADRESSE, MITARBEITER.TELEFON, GEHALTSLISTE.GEHALT,
GEHALTSLISTE.POSITION,
MITARBEITER.SVN, GEHALTSLISTE.EINST_DATUM FROM MITARBEITER, GEHALTSLISTE WHERE
MITARBEITER.SVN = GEHALTSLISTE.SVN AND MITARBEITER.NACHNAME LIKE 'S%' AND
GEHALTSLISTE.GEHALT > 20000;
```

2. Ordnen Sie die Bedingungen in der folgenden Abfrage neu an, um die Zeit für das Abrufen der Daten zu optimieren. Verwenden Sie die folgenden Statistiken (auf den Tabellen in ihrer Gesamtheit), um die Reihenfolge der Bedingungen zu bestimmen:

   - 593 Personen haben den Nachnamen SMITH.
   - 712 Personen wohnen in INDIANAPOLIS.
   - 3492 Personen sind männlich.
   - 1233 Personen verdienen mehr als 30.000
   - 5009 Personen leben allein.
   - Der Primärschlüssel für beide Tabellen ist PERSONAL_NR.

```
SELECT A.NAME, A.ADRESSE, A.STADT, A.STAAT, A.ZIP,
       S.GESCHLECHT, S.PERS_STAND, S.GEHALT
FROM ADRESSEN A,
     PERS_STAT_TBL S
WHERE A.NAME LIKE 'SMITH%'
  AND A.STADT = 'INDIANAPOLIS'
  AND S.GESCHLECHT = 'M'
  AND S.GEHALT >= 30000
  AND S.PERS_STAND = 'S'
  AND A.PERSONAL_NR = S.PERSONAL_NR;
```

16

Systemkatalog

Woche 3

Ziele

Die heutige Lektion, deren Schwerpunkt auf dem Systemkatalog liegt, erläutert ...

- die Definition des Systemkatalogs.
- die Art der Informationen, die der Systemkatalog enthält.
- unterschiedliche Typen von Tabellen innerhalb des Systemkatalogs.
- effektive Möglichkeiten zum Abrufen wichtiger Informationen aus dem Systemkatalog.

Einführung in den Systemkatalog

Zu jeder relationalen Datenbank gehört in irgendeiner Form ein Systemkatalog (auch als Data Dictionary bezeichnet). Man versteht darunter einen Systembereich innerhalb einer Datenbankumgebung, der Informationen zu den Komponenten einer Datenbank wie Datenbankentwurf, gespeicherter SQL-Code, Benutzerstatistiken, Datenbankprozesse, Datenbankwachstum und Statistiken zum Leistungsverhalten der Datenbank enthält.

Die Tabellen des Systemkatalogs mit den Angaben zum Datenbankentwurf werden beim Erstellen der Datenbank angelegt und bei der Ausführung von Befehlen der Datendefinitionssprache (DDL), wie zum Beispiel `CREATE TABLE`, aktualisiert. In diesem Teil des Systemkatalogs finden sich Informationen über die Spalten und Attribute einer Tabelle, Größen von Tabellen, Tabellenprivilegien und das Tabellenwachstum. Weiterhin gehören zum Systemkatalog Objekte wie Indizes, Trigger, Prozeduren, Pakete und Sichten.

Tabellen zur Benutzerstatistik protokollieren den Status von Elementen, wie Verbindungsinformationen zur Datenbank und Privilegien für einzelne Benutzer. Dabei unterscheidet man zwischen Privilegien auf Systemebene und Privilegien auf Objektebene. Die Berechtigung zum Erzeugen eines anderen Benutzers ist ein Privileg auf Systemebene, während der Zugriff auf Tabellen mit Privilegien auf Objektebene gesteuert wird. Rollen dienen ebenfalls der Gewährleistung der Sicherheit innerhalb einer Datenbank und werden auch im Systemkatalog abgelegt.

Tag 16 führt das gestern behandelte Thema fort. Anhand der Daten des Systemkatalogs kann man die Datenbankleistung überwachen und Parameter modifizieren, die das Leistungsverhalten der Datenbank und der SQL-Anweisungen verbessern.

Der Systemkatalog gehört zu den unentbehrlichen Werkzeugen einer Datenbank. Vergleichbar mit der Inventurliste in einem Einzelhandelsgeschäft erlaubt der Systemkatalog die Organisation einer Datenbank aufrechtzuerhalten und stellt die

Mechanismen bereit, um die Integrität der Datenbank sicherzustellen. Wenn man zum Beispiel eine Tabelle erstellt, woher weiß der Datenbank-Server, ob eine Tabelle mit demselben Namen existiert? Wenn man eine Abfrage erzeugt, um Daten aus einer Tabelle auszuwählen, wie läßt sich verifizieren, daß man die passenden Privilegien für den Zugriff auf die Tabelle hat? Der Systemkatalog ist das Herz einer Datenbank, so daß man wissen muß, wie man ihn einsetzt.

Benutzer des Systemkatalogs

Endbenutzer, Systemingenieure und Datenbank-Administratoren greifen alle auf den Systemkatalog zu, ob sie es nun merken oder nicht. Der Zugriff kann sowohl direkt als auch indirekt stattfinden.

Endbenutzer – normalerweise die Kunden, für die die Datenbank erzeugt wurde – greifen auf den Systemkatalog indirekt zu. Wenn sich ein Benutzer in der Datenbank anmeldet, werden anhand des Systemkatalogs der Benutzername, das Kennwort und die Privilegien des Benutzers für die Verbindung zur Datenbank verifiziert. Ebenso finden Prüfungen statt, ob der Benutzer die passenden Privilegien für den Zugriff auf bestimmte Daten hat. In der Regel greift ein Endbenutzer über eine Frontend-Anwendung auf den Systemkatalog zu. Die grafischen Benutzeroberflächen gestatten dem Benutzer den einfachen Aufbau einer SQL-Anweisung. Wenn man sich in einer Datenbank anmeldet, kann die Frontend-Anwendung unmittelbar eine `SELECT`-Operation bezüglich des Systemkatalogs ausführen, um die Tabellen zu ermitteln, auf die der Benutzer Zugriff hat. Mit den aus dem Systemkatalog abgerufenen Daten kann die Frontend-Anwendung dann einen »lokalen« Systemkatalog für den betreffenden Benutzer anlegen. Auf der Basis des lokalen Katalogs kann der Benutzer die jeweiligen Tabellen auswählen, die er abfragen möchte.

Systemingenieure sind Datenbankbenutzer, die etwa für das Modellieren und den Entwurf der Datenbank, die Anwendungsentwicklung und die Anwendungsverwaltung zuständig sind. Systemingenieure arbeiten direkt mit dem Systemkatalog, um den Entwicklungsprozeß zu verwalten und die existierenden Projekte zu warten. Der Zugriff kann auch über Frontend-Anwendungen, Entwicklungswerkzeuge und CASE-Werkzeuge realisiert werden. Diese Benutzer setzen den Systemkatalog ein, um Abfragen zu Objekten in Schemas, Abfragen zu Rollen und Privilegien von Anwendungen sowie Abfragen zu statischen Daten über das Schemawachstum zu stellen. Systemingenieure können anhand des Systemkatalogs auch Datenbankobjekte in einem angegebenen Schema rekonstruieren.

Datenbank-Administratoren (DBAs) stellen mit Sicherheit den größten Anteil der direkten Benutzer des Systemkatalogs. Im Gegensatz zu den beiden anderen Benutzergruppen, die gelegentlich den Systemkatalog direkt verwenden, müssen DBAs explizit den Systemkatalog in das Repertoire ihrer täglichen Routinearbeiten aufnehmen. Der Zugriff erfolgt gewöhnlich über eine SQL-Abfrage, läßt sich aber auch über Administrationswerkzeuge wie den Server Manager von Oracle vornehmen. Der DBA nutzt die Informationen des Systemkatalogs, um Benutzer und Ressourcen zu verwalten und letztendlich eine gut abgestimmte Datenbank zu realisieren.

Man sieht, daß alle Datenbankbenutzer mit dem Systemkatalog arbeiten. Vor allem aber kann eine relationale Datenbank ohne irgendeine Form von Systemkatalog gar nicht existieren.

Inhalt des Systemkatalogs

Dieser Abschnitt untersucht die Systemkataloge von zwei RDBMS-Herstellern, Oracle und Sybase. Obwohl beide Implementierungen eigene Spezifikationen für ihre Systemkataloge haben, dienen sie der gleichen Funktion. Stoßen Sie sich nicht an den abweichenden Namen für die Systemtabellen, verstehen Sie einfach das Konzept eines Systemkatalogs mit den darin enthaltenen Daten.

Der Systemkatalog von Oracle

Jede Tabelle muß einen Eigentümer haben. In einem Oracle-Systemkatalog heißt der Eigentümer der Systemtabellen `SYS`. Die Tabellen des Oracle-Systemkatalogs werden in drei grundlegende Kategorien eingeteilt: durch den Benutzer zugängliche Sichten, DBA-Sichten und dynamische Leistungstabellen, die ebenfalls als Sichten erscheinen. Die für den Benutzer zugänglichen Sichten erlauben dem Benutzer, Informationen über das eigene Datenbank-Konto (beispielsweise Privilegien) oder zu den erzeugten Tabellen einzuholen. Die DBA-Sichten unterstützten den Datenbank-Administrator bei seinen Routinearbeiten und erlauben dem DBA, die Benutzer und Objekte innerhalb der Datenbank zu verwalten. Die dynamischen Leistungstabellen in Oracle werden ebenfalls vom DBA benutzt und liefern einen tieferen Einblick für die Überwachung des Leistungsverhaltens einer Datenbank. Diese Sichten liefern Informationen wie Statistiken zur Verarbeitung, die dynamische Nutzung von Rollback-Segmenten, Speichernutzung usw. Die dynamischen Leistungstabellen sind alle mit dem Präfix `V$` versehen.

Der Systemkatalog von Sybase

Wie in Oracle lautet der Eigentümer von Tabellen in einem Sybase-Systemkatalog `SYS`. Die Tabellen innerhalb des Systemkatalogs werden in zwei Kategorien eingeteilt: Systemtabellen und Datenbanktabellen.

Die Systemtabellen sind nur in der Master-Datenbank vorhanden. Diese Tabellen definieren Objekte (wie Tabellen und Indizes), die über mehrere Datenbanken einheitlich sind. Die zweite Gruppe von Tabellen in einem Sybase-SQL-Server-Systemkatalog sind die Datenbanktabellen. Diese Tabellen beziehen sich nur auf Objekte innerhalb jeder Datenbank.

Ein Blick in den Systemkatalog von Oracle

Die im vorliegenden Abschnitt dargestellten Beispiele zeigen, wie man Informationen aus dem Systemkatalog abruft. Sie sind anwendbar auf die meisten Benutzer einer relationalen Datenbank, das heißt Systemingenieure, Endbenutzer oder DBAs. Der Systemkatalog von Oracle verfügt über ein riesiges Feld von Systemtabellen und Sichten für alle Arten von Datenbankbenutzern. Aus diesem Grund wollen wir den Systemkatalog von Oracle näher beleuchten.

Benutzersichten

Benutzersichten sind Sichten des Systemkatalogs, die allen Datenbankbenutzern zugänglich sind. Ein Benutzer muß lediglich über das Systemprivileg `CREATE SESSION` verfügen, damit er eine Abfrage bezüglich einer Benutzersicht ausführen kann. Dieses Privileg sollten alle Benutzer haben.

Wer sind Sie?

Bevor Sie sich in das scheinbar unerschöpfliche Wissen einer Datenbank vertiefen, müssen Sie genau wissen, wer Sie sind (in bezug auf die Datenbank) und was Sie tun können. Die beiden folgenden Beispiele bringen `SELECT`-Anweisungen aus zwei Tabellen: eine zeigt Ihnen, wer Sie sind, die andere, wer die Datenbank mit Ihnen zusammen nutzt.

Eingabe

```
SQL> SELECT *
  2  FROM USER_USERS;
```

```
USERNAME     USER_ID  DEFAULT_TABLESPACE     TEMPORARY TABLESPACE  CREATED
----------   ------   --------------------   --------------------  --------
FRANK             21  USERS                  TEMP                  01.12.97

1 Zeile wurde ausgewählt.
```

Die hier dargestellte Ausgabe zeigt aus Platzgründen nur einen Ausschnitt der Tabelle. Zusätzlich sind noch die Spalten ACCOUNT_STATUS, LOCK_DATE, EXPIRY_DATE und EXTERNAL_NAME vorhanden. Die Bedeutung dieser Spalten finden Sie in der Oracle-Dokumentation.

Die Sicht USER_USERS liefert den Benutzernamen (USERNAME), die Benutzer-ID (USER_ID), das Datum der Einrichtung (CREATED) sowie Angaben zum Standardtabellenbereich (DEFAULT TABLESPACE) und temporären Tabellenbereich (TEMPORARY TABLESPACE). Im Standardtabellenbereich werden die zum betreffenden Benutzer gehörenden Objekte erstellt. Der temporäre Tabellenbereich kommt bei umfangreichen Sortier- und Gruppenfunktionen zum Einsatz.

```
SQL> SELECT *
  2  FROM ALL_USERS;

USERNAME                        USER_ID CREATED
------------------------------ --------- --------
SYS                                    0 16.07.97
SYSTEM                                 5 16.07.97
FRANK                                 21 01.12.97
DBSNMP                                17 16.07.97
SCOTT                                 18 16.07.97
DEMO                                  19 16.07.97
PO8                                   20 29.11.97
BRYAN                                 22 06.12.97
RON                                   23 06.12.97
```

```
JACK                             24 06.12.97
JILL                             25 06.12.97

11 Zeilen ausgewählt.
```

Wie man den Ergebnissen der obigen Abfrage entnehmen kann, lassen sich mit der Sicht ALL_USERS alle Benutzer anzeigen, die in der Datenbank existieren. Allerdings zeigt die Sicht ALL_USERS nicht die gleichen spezifischen Informationen wie die vorherige Sicht (USER_USERS), da diese Angaben auf Benutzerebene nicht relevant sind. Auf der Systemebene sind dagegen detailliertere Informationen erforderlich.

Welche Privilegien haben Sie?

Sie wissen nun, wer Sie sind, und wollen natürlich auch wissen, was Sie tun können. Die Sichten USER_SYS_PRIVS und USER_ROLE_PRIVS geben Ihnen (dem Benutzer) eine gute Vorstellung darüber, welche Autorität Sie haben.

Anhand der Sicht USER_SYS_PRIVS können Sie Ihre Systemprivilegien untersuchen. Systemprivilegien beziehen sich nicht auf ein Objekt oder eine Objektgruppe, sondern erlauben Ihnen, bestimmte Operationen innerhalb der gesamten Datenbank zu erledigen.

Eingabe

```
SQL> SELECT *
  2  FROM USER_SYS_PRIVS;
```

Ausgabe

```
USERNAME                       PRIVILEGE                                ADM
------------------------------ ---------------------------------------- ---
FRANK                          UNLIMITED TABLESPACE                     NO
FRANK                          CREATE SESSION                           NO

2 Zeilen ausgewählt.
```

Analyse

FRANK verfügt über zwei Privilegien auf Systemebene, außerhalb aller erteilten Rollen. Das zweite Privileg, CREATE SESSION, ist auch in einer Standardrolle von Oracle, CONNECT, enthalten. Darauf geht das nächste Beispiel ein.

Die Sicht USER_ROLE_PRIVS liefert Informationen zu den Rollen, die man innerhalb der Datenbank erhalten hat. Datenbankrollen sind den Privilegien auf Systemebene sehr ähnlich. Eine Rolle erzeugt man fast in der gleichen Weise wie einen Benutzer und weist ihr dann Privilegien zu. Danach läßt sich die Rolle einem Benutzer zuteilen. Denken Sie daran, daß Privilegien auf Objektebene ebenfalls innerhalb einer Rolle enthalten sein können.

Eingabe/Ausgabe

```
SQL> SELECT *
  2  FROM USER_ROLE_PRIVS;

USERNAME                       GRANTED_ROLE                   ADM DEF OS_
------------------------------ ------------------------------ --- --- ---
FRANK                          CONNECT                        NO  YES NO
FRANK                          RESOURCE                       NO  YES NO

2 Zeilen ausgewählt.
```

Analyse

Die Sicht USER_ROLE_PRIVS zeigt die Ihnen gewährten Rollen an. Wie bereits weiter vorn erwähnt, enthält CONNECT das Systemprivileg CREATE SESSION sowie andere Privilegien. RESOURCE verfügt selbst über eigene Privilegien. Man kann sehen, daß beide Rollen als Standardrolle des Benutzers zugeteilt sind. Der Benutzer kann diese Rollen nicht an andere Benutzer weitergeben, wie es die Option Admin (ADM) angibt. Außerdem wurden die Rollen nicht durch das Betriebssystem (OS_) zugeteilt. (Siehe dazu Tag 12 zum Thema Datenbanksicherheit.)

Worauf haben Sie Zugriff?

Als nächstes möchten Sie vielleicht wissen, worauf Sie zugreifen können. Mittlerweile wissen Sie, wer Sie sind und welche Privilegien Sie haben. Aber nun interessiert es, woher Sie Ihre Daten bekommen. Diese Frage läßt sich anhand verschiedener Benutzersichten des Systemkatalogs beantworten. Dieser Abschnitt zeigt ein paar hilfreiche Sichten.

Die vielleicht grundlegendste Benutzersicht ist USER_CATALOG, die einen Katalog der Tabellen, Sichten, Synonyme und Sequenzen darstellt, deren Eigentümer der Benutzer ist.

Eingabe

```
SQL> SELECT *
  2  FROM USER_CATALOG;
```

Ausgabe

```
TABLE_NAME                     TABLE_TYPE
------------------------------ -----------
MAGAZINE_TBL                   TABLE
MAG_COUNTER                    SEQUENCE
MAG_VIEW                       VIEW
SPORTS                         TABLE

4 Zeilen ausgewählt.
```

Analyse

Dieses Beispiel liefert einen schnellen Überblick über die Tabellen und die zugehörigen Objekte, deren Eigentümer Sie sind. Um Tipparbeit zu sparen, kann man für `USER_CATALOG` auch das öffentliche Synonym `CAT` verwenden. Geben Sie also den Befehl `SELECT * FROM CAT;` ein.

In der Sicht `ALL_CATALOG` können Sie auch Tabellen anderer Eigentümer einsehen.

Eingabe/Ausgabe

```
SQL> SELECT *
  2  FROM ALL_CATALOG;

OWNER                          TABLE_NAME                     TABLE_TYPE
------------------------------ ------------------------------ -----------
SYS                            DUAL                           TABLE
PUBLIC                         DUAL                           SYNONYM
JILL                           GEHALT_SICHT                   VIEW
FRANK                          BANKKONTEN                     TABLE
FRANK                          FIRMA                          TABLE
FRANK                          RECHNUNGEN                     TABLE
JSMITH                         MAG_COUNTER                    SEQUENCE
JSMITH                         MAG_VIEW                       VIEW
```

```
JSMITH                         SPORTS                         TABLE
VJOHNSON                       TEST1                          TABLE

10 Zeilen ausgewählt.
```

Analyse

Sie haben als Benutzer Zugriff auf weit mehr Objekte, als in der obigen Liste erscheinen. (Die SYS- und SYSTEM-Tabellen fügen allein viele Tabellen hinzu.) Wir haben die Liste einfach gekürzt. Die Sicht ALL_CATALCG ist die gleiche wie die Sicht USER_CATALOG, zeigt aber alle Tabellen, Sichten, Sequenzen und Synonyme, auf die Sie Zugriff haben (nicht nur diejenigen, deren Eigentümer Sie sind).

Eingabe

```
SQL> SELECT SUBSTR(OBJECT_TYPE,1,15) OBJECT_TYPE,
  2         SUBSTR(OBJECT_NAME,1,30) OBJECT_NAME,
  3         CREATED,
  4         STATUS
  5  FROM USER_OBJECTS
  6  ORDER BY 1;
```

Ausgabe

```
OBJECT_TYPE      OBJECT_NAME                      CREATED  STATUS
---------------  ------------------------------   -------- -------
INDEX            KONTEN_IDX                       10.12.97 VALID
INDEX            TYP_IDX                          10.12.97 VALID
TABLE            BANKKONTEN                       05.12.97 VALID
TABLE            RECHNUNGEN                       05.12.97 VALID
TABLE            FIRMA                            05.12.97 VALID

5 Zeilen ausgewählt.
```

Analyse

In der Sicht USER_OBJECTS kann man allgemeine Informationen über die zu einem Benutzer gehörenden Objekte auswählen, wie etwa Name, Typ, Erstellungsdatum, Datum der letzten Änderung und Status des Objekts. Mit der obigen Abfrage haben wir das Erstellungsdatum und die Gültigkeit der Objekte ausgegeben.

```
SQL> SELECT TABLE_NAME, INITIAL_EXTENT, NEXT_EXTENT
  2  FROM USER_TABLES;

TABLE_NAME                     INITIAL_EXTENT NEXT_EXTENT
------------------------------ -------------- -----------
BANKKONTEN                              10240       10240
FIRMA                                   10240       10240
RECHNUNGEN                              10240       10240

3 Zeilen ausgewählt.
```

Die Sicht USER_TABLES stellt noch wesentlich mehr Daten zur Verfügung. Die meisten Angaben beziehen sich auf Speicherinformationen. Hier wurden nur drei Spalten ausgewählt.

Beachten Sie in der Ausgabe, daß die Werte für den anfänglichen und nächsten Umfang (Extent) in Bytes angegeben sind. In manchen Implementierungen kann man die Anzeige der Spalten mit Formatkennzeichen übersichtlicher gestalten. Siehe dazu Tag 19 und 20.

Die Sicht ALL_TABLES ist für USER_TABLES das gleiche wie ALL_CATALOG für USER_CATALOG. Mit anderen Worten: ALL_TABLES erlaubt die Anzeige aller Tabellen, auf die Sie Zugriff haben, und nicht nur die Tabellen, die Sie besitzen. Die Sicht ALL_TABLES kann auch alle Tabellen einschließen, die in einem anderen Benutzerkatalog existieren.

```
SQL> SELECT SUBSTR(OWNER,1,15) OWNER,
  2         SUBSTR(TABLE_NAME,1,25) TABLE_NAME,
  3         SUBSTR(TABLESPACE_NAME,1,13) TABLESPACE
  4  FROM ALL_TABLES;

OWNER           TABLE_NAME                TABLESPACE
--------------- ------------------------- -------------
SYSTEM          SAMMLUNG                  USER_DATA
SYSTEM          TEMP                      USER_DATA
SYSTEM          BANKKONTEN                USER_DATA
```

```
FRANK           RECHNUNGEN                  SYSTEM
FRANK           BANKKONTEN                  SYSTEM
FRANK           FIRMA                       SYSTEM

6 Zeilen ausgewählt.
```

Analyse

Auch hier wurden nur die gewünschten Informationen ausgewählt. Die Sicht ALL_TABLES bietet noch eine ganze Reihe anderer Spalten.

Als Datenbankbenutzer können Sie das Wachstum von Tabellen und Indizes durch Abfrage der Sicht USER_SEGMENTS aus dem Systemkatalog überwachen. Wie der Name bereits verrät, liefert USER_SEGMENTS Informationen zur Speicherzuweisung für Datenbanksegmente, die zu den Objekten eines Benutzers gehören. Als SEGMENT_TYPE kann man INDEX PARTITION, TABLE PARTITION, TABLE, CLUSTER, INDEX, ROLLBACK, DEFERRED ROLLBACK, TEMPORARY oder CACHE angeben. Das folgende Beispiel ruft ausgewählte Informationen aus der Sicht USER_SEGMENTS ab.

Eingabe/Ausgabe

```
SQL> SELECT SUBSTR(SEGMENT_NAME,1,30) SEGMENT_NAME,
  2         SUBSTR(SEGMENT_TYPE,1,8) SEG_TYPE,
  3         SUBSTR(TABLESPACE_NAME,1,25) TABLESPACE_NAME,
  4         BYTES, EXTENTS
  5  FROM USER_SEGMENTS
  6  ORDER BY EXTENTS DESC;

SEGMENT_NAME                   SEG_TYPE TABLESPACE_NAME                BYTES
EXTENTS
------------------------------ -------- ------------------------- --------- ------
---
RECHNUNGEN                     TABLE    SYSTEM                      4292608
7
BANKKONTEN                     TABLE    SYSTEM                       573440
4
KONTEN_IDX                     INDEX    SYSTEM                       344064
2
TYP_IDX                        INDEX    SYSTEM                      1589248
1

4 Zeilen ausgewählt.
```

Die Ausgabe in der obigen Abfrage wurde nach EXTENTS in fallender Richtung sortiert. Die Segmente mit dem größten Wachstum (eingenommene Erweiterungen) erscheinen zuerst in der Ergebnismenge.

Nachdem Sie nun wissen, auf welche Tabellen Sie zugreifen können, interessiert es natürlich, was man mit jeder Tabelle anfangen kann. Ist man nur auf die Abfrage eingeschränkt, oder kann man eine Tabelle auch aktualisieren? Die Sicht ALL_TAB_PRIVS listet alle Privilegien auf, die man für die einzelnen Tabellen als Datenbankbenutzer hat.

```
SQL> SELECT SUBSTR(TABLE_SCHEMA,1,10) OWNER,
  2         SUBSTR(TABLE_NAME,1,25) TABLE_NAME,
  3         PRIVILEGE
  4  FROM ALL_TAB_PRIVS;
OWNER      TABLE_NAME                PRIVILEGE
---------- ------------------------- ------------------------------------
SYS        DUAL                      SELECT
JSMITH     MAGAZINE_TBL              SELECT
JSMITH     MAGAZINE_TBL              INSERT
JSMITH     MAGAZINE_TBL              UPDATE
JSMITH     MAGAZINE_TBL              DELETE
JSMITH     SPORTS                    SELECT
JSMITH     SPORTS                    INSERT
JSMITH     SPORTS                    UPDATE
JSMITH     SPORTS                    DELETE
VJOHNSON   TEST1                     SELECT
VJOHNSON   TEST1                     INSERT
VJOHNSON   TEST1                     UPDATE
VJOHNSON   TEST1                     DELETE
VJOHNSON   HOBBIES                   SELECT
VJOHNSON   CLASSES                   SELECT
```

Wie Sie sehen, können Sie die Daten in einigen Tabellen manipulieren, während Sie auf andere Tabellen nur Nur-Lese-Zugriff (nur SELECT) haben.

Wenn man Objekte erzeugt, muß man gewöhnlich wissen, wo man sie in der Datenbank plaziert, sofern man nicht die Standardeinstellungen übernimmt. Eine Oracle-Datenbank gliedert sich in Tabellenbereiche, die jeweils Objekte speichern können.

Jedem Tabellenbereich wird entsprechend dem im System verfügbaren Platz ein bestimmter Bereich auf dem Datenträger zugeordnet. Den Festplattenplatz fordert normalerweise der Systemadministrator (SA) an.

Die folgende Abfrage stammt aus der Sicht USER_TABLESPACES. Diese Sicht zeigt Ihre Tabellenbereiche, die Standardeinstellungen für die anfängliche und nächste Größe der im jeweiligen Tabellenbereich erzeugten Objekte sowie den Status.

Eingabe/Ausgabe

```
SQL> SELECT SUBSTR(TABLESPACE_NAME,1,15) TABLESPACE_NAME,
  2         INITIAL_EXTENT,
  3         NEXT_EXTENT,
  4         PCT_INCREASE,
  5         STATUS
  6  FROM USER_TABLESPACES;

TABLESPACE_NAME INITIAL_EXTENT NEXT_EXTENT PCT_INCREASE STATUS
--------------- -------------- ----------- ------------ ---------
SYSTEM                   32768       16384            1 ONLINE
RBS                    2097152     2097152            1 ONLINE
TEMP                    114688      114688            1 ONLINE
TOOLS                    32768       16384            1 ONLINE
USERS                    32768       16384            1 ONLINE

5 Zeilen ausgewählt.
```

Analyse

Eine derartige Abfrage ist hilfreich, wenn man Objekte wie Tabellen und Indizes erzeugt, die eine Speicherung erfordern. Wenn beim Erstellen einer Tabelle oder eines Index die Parameter für anfänglichen und nächsten Speicherbedarf nicht in der DDL angegeben sind, nimmt die Tabelle oder der Index die Standardwerte für den Tabellenbereich an. Das gleiche Konzept trifft auf PCT_INCREASE zu. Hierbei handelt es sich um einen Oracle-Parameter für die prozentuale Größe des zugewiesenen Platzes, den ein Objekt bei seinem Wachstum einnehmen sollte. Wenn beim Erstellen der Tabelle oder des Index kein Wert für PCT_INCREASE angegeben ist, weist der Datenbank-Server den Standardwert zu, der für den betreffenden Tabellenbereich spezifiziert ist. Anhand der Standardwerte kann man ermitteln, ob eine Speicherklausel in der CREATE-Anweisung nötig ist.

Manchmal genügt es nicht, die Tabellenbereiche zu kennen, auf die man zugreifen bzw. in denen man Tabellen anlegen kann. Gegebenenfalls muß man auch wissen, welche Grenzen innerhalb der Tabellenbereiche bestehen, damit man beim Erstellen und der Größenfestlegung der Objekte entsprechend Einfluß nehmen kann. Die Sicht USER_TS_QUOTAS bietet die notwendigen Angaben. Die nächste Abfrage zeigt die Einschränkungen des Benutzers für das Erzeugen von Objekten in der Datenbank an.

Eingabe/ Ausgabe

```
SQL> SELECT SUBSTR(TABLESPACE_NAME,1,30) TABLESPACE_NAME,
  2         BYTES, MAX_BYTES
  3  FROM USER_TS_QUOTAS;

TABLESPACE_NAME                     BYTES MAX_BYTES
------------------------------ --------- ---------
SYSTEM                                  0         0
TOOLS                             5242880     16384
USERS                             573440         -1

3 Zeilen ausgewählt.
```

Analyse

Dieses Beispiel zeigt eine typische Ausgabe aus einem Oracle-Systemkatalog. BYTES gibt die Gesamtzahl der Bytes für den Tabellenbereich des betreffenden Benutzers an. MAX BYTES kennzeichnet die Maximalzahl der dem Benutzer für den Tabellenbereich zugestandenen Bytes – die sogenannte Quote des Benutzers. Die beiden ersten Werte in dieser Spalte sind selbsterklärend. Die -1 in der dritten Zeile bedeutet unbegrenzte Quote – der Benutzer unterliegt also keinen Beschränkungen für diesen Tabellenbereich.

Hinweis

Die Funktion SUBSTR erscheint in vielen der vorherigen Abfragen von Daten aus Katalogsichten. Mit den bisher behandelten Funktionen läßt sich die Lesbarkeit der abzufragenden Daten verbessern. Wenn man bestimmte Konventionen zur Benennung von Objekten in der Datenbank einhält, kann man übersichtliche Ausgaben erzeugen, die nicht über die Breite einer Seite hinausgehen.

Die Beispiele haben nur einen geringen Teil der Sichten vorgeführt, über die ein normaler Datenbankbenutzer auf die Informationen des Systemkatalogs zugreifen kann. Auf jeden Fall sollten Sie die Dokumentation zu Ihrem Datenbanksystem studieren, um alle Möglichkeiten des Systemkatalogs ausschöpfen zu können. Denken Sie daran, daß man den Systemkatalog für die Verwaltung der Datenbankaktivitäten einsetzt. Auch wenn sich die Systemkataloge in den einzelnen Implementierungen unterscheiden, muß man doch wissen, wie man die erforderlichen Daten zur Ergänzung der eigenen Arbeit abrufen kann.

System-DBA-Sichten

Der Datenbank-Administrator wird in erster Linie mit den DBA-Sichten eines Oracle-Systemkatalogs arbeiten. Diese Sichten sind unschätzbar für die Produktivität jedes DBA. Wenn man diese Tabellen einem DBA vorenthält, wäre das so, als würde man einem Tischler den Hammer rauben.

Für den Zugriff auf die DBA-Tabellen ist das Systemprivileg `SELECT ANY TABLE` erforderlich, das in der DBA-Rolle enthalten ist. Nehmen wir zum Beispiel an, daß Sie `JSMITH` sind, der nicht das erforderliche Privileg hat, um aus den DBA-Tabellen auszuwählen.

Eingabe

```
SQL> SELECT *
  2  FROM USER_ROLE_PRIVS;
```

Ausgabe

```
USERNAME                       GRANTED_ROLE                   ADM DEF OS_
------------------------------ ------------------------------ --- --- ---
JSMITH                         CONNECT                        NO  YES NO
JSMITH                         RESOURCE                       NO  YES NO

2 Zeilen ausgewählt.
```

Eingabe/Ausgabe

```
SQL> SELECT *
  2  FROM SYS.DBA_ROLES;
FROM SYS.DBA_ROLES
     *
FEHLER in Zeile 2:
ORA-00942: Tabelle oder View nicht vorhanden
```

Greift man auf eine Tabelle zu, für die man nicht über die geeigneten Privilegien verfügt, weist eine Fehlermeldung auf eine nicht vorhandene Tabelle oder Sicht hin. Diese Nachricht kann ein wenig in die Irre führen. Weil aber der Benutzer die Tabelle nicht »sehen« kann, existiert sie für ihn nicht. Man könnte nun die Rolle DBA an JSMITH zuteilen. Diese Aufgabe muß natürlich ein DBA wahrnehmen.

Datenbankinformationen zum Benutzer

Die Sichten USER_USERS und ALL_USERS bieten ein Minimum an Informationen über die Benutzer. Die DBA-Sicht DBA_USERS (Eigentümer ist SYS) liefert Angaben zu allen Benutzern, wenn Sie über die DBA-Rolle oder das Privileg SELECT ANY TABLE verfügen. Das folgende Beispiel zeigt die Ausgabe der Sicht DBA_USERS.

Eingabe

```
SQL> SELECT SUBSTR(USERNAME,1,10) USERNAME,
  2         SUBSTR(USER_ID,1,3) ID,
  3         PASSWORD,
  4         CREATED
  5  FROM SYS.DBA_USERS;
```

Ausgabe

```
USERNAME   ID  PASSWORD                       CREATED
---------- --- ------------------------------ --------
SYS        0   D4C5016086B2DC6A               16.07.97
SYSTEM     5   D4DF7931AB130E37               16.07.97
FRANK      21  39E3F186A9C3975E               01.12.97
DBSNMP     17  E066D214D5421CCC               16.07.97
SCOTT      18  F894844C34402B67               16.07.97
DEMO       19  4646116A123897CF               16.07.97
PO8        20  7E15FBACA7CDEBEC               29.11.97
JSMITH     26  E0981CA164650CAD               10.12.97
BRYAN      22  E3B3DC9B5DF33852               06.12.97
RON        23  4E3F825C3E9E18DB               06.12.97
JACK       24  F734693258873324               06.12.97
JILL       25  0D719190C6F172B6               06.12.97

12 Zeilen ausgewählt.
```

Das Beispiel zeigt nur einen Teil der in DBA_USERS enthaltenen Spalten. Beachten Sie, daß das Kennwort verschlüsselt ist. DBA_USERS ist die Hauptsicht, die der DBA zur Verwaltung der Benutzer verwendet.

Datenbanksicherheit

Drei grundlegende Sichten des Systemkatalogs betreffen die Sicherheit. (Zur Darstellung umfassender Informationen kann man diese Sichten auch mit verwandten Sichten koppeln.) Die Sichten DBA_ROLES, DBA_ROLE_PRIVS und DBA_SYS_PRIVS geben Auskunft über Datenbankrollen, an Benutzer zugeteilte Rollen und den Benutzern gewährte Privilegien. Die folgenden Beispielabfragen ermitteln die Informationen zur Datenbanksicherheit aus dem Systemkatalog.

Eingabe

```
SQL> SELECT *
  2  FROM SYS.DBA_ROLES;
```

Ausgabe

```
ROLE                           PASSWORD
------------------------------ --------
CONNECT                        NO
RESOURCE                       NO
DBA                            NO
SNMPAGENT                      NO
SELECT_CATALOG_ROLE            NO
EXECUTE_CATALOG_ROLE           NO
DELETE_CATALOG_ROLE            NO
AQ_USER_ROLE                   NO
IMP_FULL_DATABASE              NO
EXP_FULL_DATABASE              NO
RECOVERY_CATALOG_OWNER         NO
AQ_ADMINISTRATOR_ROLE          NO

12 Zeilen ausgewählt.
```

Die Sicht DBA_ROLES listet alle in der Datenbank erzeugten Rollen auf und zeigt an, ob zu diesen Rollen ein Kennwort gehört.

```
SQL> SELECT *
  2  FROM SYS.DBA_ROLE_PRIVS
  3  WHERE GRANTEE = 'RJENNINGS';

GRANTEE                        GRANTED_ROLE                   ADM DEF
------------------------------ ------------------------------ --- ---
RJENNINGS                      CONNECT                        NO  YES
RJENNINGS                      DBA                            NO  YES
RJENNINGS                      RESOURCE                       NO  YES

3 Zeilen ausgewählt.
```

Die Sicht DBA_ROLE_PRIVS liefert Informationen über Datenbankrollen, die den Benutzern gewährt wurden. Die erste Spalte gibt den Berechtigten – oder den Benutzer – an. In der zweiten Spalte steht die zugeteilte Rolle. In der Tabelle ist für jede Rolle des jeweiligen Benutzers ein Datensatz vorgesehen. ADM gibt an, ob die Rolle mit der Option Admin gewährt wurde. Sollte das der Fall sein (YES), kann der Benutzer die entsprechende Rolle an andere Benutzer weitergeben. Die Spalte DEFAULT kennzeichnet, ob die entsprechende Rolle als Standardrolle für den Benutzer vorgesehen ist.

```
SQL> SELECT *
  2  FROM SYS.DBA_SYS_PRIVS
  3  WHERE GRANTEE = 'RJENNINGS';

GRANTEE                        PRIVILEGE                                ADM
------------------------------ ---------------------------------------- ---
RJENNINGS                      CREATE SESSION                           NO
RJENNINGS                      UNLIMITED TABLESPACE                     NO

2 Zeilen ausgewählt.
```

Die Sicht DBA_SYS_PRIVS listet alle Privilegien auf Systemebene auf, die dem Benutzer zugeteilt wurden. Diese Sicht ist ähnlich der Sicht DBA_ROLE_PRIVS. Man kann dieses Systemprivilegien in eine Rolle einschließen, indem man die Systemprivilegien – genau wie bei einem Benutzer – einer Rolle zuteilt.

Datenbankobjekte

Datenbankobjekte stehen ebenfalls im Mittelpunkt der DBA-Arbeit. Verschiedene Sichten innerhalb des Systemkatalogs liefern Informationen über Objekte, wie Tabellen und Indizes. Diese Sichten können allgemeine Angaben oder detaillierte Informationen zu den Objekten in der Datenbank enthalten.

```
SQL> SELECT *
  2  FROM SYS.DBA_CATALOG
  3  WHERE ROWNUM < 5;
```

```
OWNER                          TABLE_NAME                     TABLE_TYPE
------------------------------ ------------------------------ -----------
SYS                            IND$                           TABLE
SYS                            FILE$                          TABLE
SYS                            UNDO$                          TABLE
SYS                            CLU$                           TABLE

4 Zeilen ausgewählt.
```

Die Sicht DBA_CATALOG entspricht der Sicht USER_CATALOG, enthält aber zusätzlich den Eigentümer der Tabelle. Im Gegensatz dazu beschäftigt sich die Sicht USER_CATALOG ausschließlich mit Tabellen, die zum aktuellen Benutzer gehören. Die Sicht DBA_CATALOG bietet dem DBA einen schnellen Überblick über alle Tabellen.

Die folgende Abfrage zeigt, welche Objekttypen in einer bestimmten Datenbank existieren.

Mit ROWNUM läßt sich die Ergebnismenge der Abfrage zu Testzwecken auf die angegebene Anzahl Zeilen eingrenzen. Oracle bezeichnet ROWNUM als Pseudospalte. ROWNUM kann man wie ROWID auf jede Datenbanktabelle oder -sicht anwenden.

```
SQL> SELECT DISTINCT(OBJECT_TYPE)
  2  FROM SYS.DBA_OBJECTS;

OBJECT_TYPE
---------------
CLUSTER
DATABASE LINK
INDEX
LIBRARY
PACKAGE
PACKAGE BODY
PROCEDURE
SEQUENCE
SYNONYM
TABLE
TYPE
UNDEFINED
VIEW

13 Zeilen ausgewählt.
```

Die Funktion DISTINCT in der obigen Abfrage listet alle eindeutigen Objekttypen auf, die in der Datenbank existieren. Mit dieser Abfrage läßt sich schnell herausfinden, welche Objekttypen der Datenbankdesigner und die Entwickler verwenden.

Die Sicht DBA_TABLES gibt spezifische Informationen zu Datenbanktabellen. Die Angaben beziehen sich größtenteils auf die Speicherung.

```
SQL> SELECT SUBSTR(OWNER,1,8) OWNER,
  2         SUBSTR(TABLE_NAME,1,25) TABLE_NAME,
```

```
  3         SUBSTR(TABLESPACE_NAME,1,30) TABLESPACE_NAME
  4  FROM SYS.DBA_TABLES
  5  WHERE OWNER = 'JSMITH';

OWNER    TABLE_NAME                TABLESPACE_NAME
-------- ------------------------- ------------------------------
JSMITH   MAGAZINE_TBL              USERS
JSMITH   HOBBY_TBL                 USERS
JSMITH   ADDRESS_TBL               SYSTEM
JSMITH   CUSTOMER_TBL              USERS

4 Zeilen ausgewählt.
```

Analyse

Alle Tabellen befinden sich im Tabellenbereich USERS, mit Ausnahme von ADDRESS_TBL, die im Tabellenbereich SYSTEM untergebracht ist. Da man im Tabellenbereich SYSTEM ausschließlich die Tabelle SYSTEM speichern sollte, muß der DBA auf diese Situation reagieren. Es war also gut, daß Sie diese Abfrage ausgeführt haben!

JSMITH sollte unverzüglich aufgefordert werden, seine Tabelle in einen anderen geeigneten Tabellenbereich zu verschieben.

Die Sicht DBA_SYNONYMS liefert eine Liste aller Synonyme, die in der Datenbank existieren. DBA_SYNONYMS führt alle Datenbankbenutzer auf, während USER_SYNONYMS nur die privaten Synonyme des aktuellen Benutzers enthält.

Eingabe/Ausgabe

```
SQL> SELECT SYNONYM_NAME,
  2         SUBSTR(TABLE_OWNER,1,10) TAB_OWNER,
  3         SUBSTR(TABLE_NAME,1,30) TABLE_NAME
  4  FROM SYS.DBA_SYNONYMS
  5  WHERE OWNER = 'JSMITH';

SYNONYM_NAME                   TAB_OWNER  TABLE_NAME
------------------------------ ---------- ----------
TRIVIA_SYN                     VJOHNSON   TRIVIA_TBL

1 Zeile wurde ausgewählt.
```

Analyse

Die obige Ausgabe zeigt, daß JSMITH ein Synonym namens TRIVIA_SYN auf einer Tabelle namens TRIVIA_TBL angelegt hat. Der Eigentümer der Tabelle ist VJOHNSON.

Nehmen wir an, daß Sie eine Liste aller Tabellen und deren Indizes haben möchten, die zu JSMITH gehören. Mit Hilfe von DBA_INDEXES läßt sich dann eine Abfrage ähnlich der folgenden schreiben:

```
SQL> SELECT SUBSTR(TABLE_OWNER,1,10) TBL_OWNER,
  2         SUBSTR(TABLE_NAME,1,30) TABLE_NAME,
  3         SUBSTR(INDEX_NAME,1,30) INDEX_NAME
  4  FROM SYS.DBA_INDEXES
  5  WHERE OWNER = 'JSMITH'
  6    AND ROWNUM < 5
  7  ORDER BY TABLE_NAME;

TBL_OWNER  TABLE_NAME                     INDEX_NAME
---------- ------------------------------ -----------
JSMITH     ADDRESS_TBL                    ADDR_INX
JSMITH     CUSTOMER_TBL                   CUST_INX
JSMITH     HOBBY_TBL                      HOBBY_PK
JSMITH     MAGAZINE_TBL                   MAGAZINE_INX

4 Zeilen ausgewählt.
```

Mit einer derartigen Abfrage lassen sich leicht alle Indizes eines bestimmten Schemas auflisten und den entsprechenden Tabellen zuordnen.

```
SQL> SELECT SUBSTR(TABLE_NAME,1,15) TABLE_NAME,
  2         SUBSTR(INDEX_NAME,1,30) INDEX_NAME,
  3         SUBSTR(COLUMN_NAME,1,15) COLUMN_NAME,
  4         COLUMN_POSITION
  5  FROM SYS.DBA_IND_COLUMNS
  6  WHERE TABLE_OWNER = 'JSMITH'
  7    AND ROWNUM < 10
  8  ORDER BY 1,2,3;
```

```
TABLE_NAME      INDEX_NAME                      COLUMN_NAME     COLUMN_POSITION
--------------  ------------------------------  --------------  ---------------
ADDRESS_TBL     ADDR_INX                        PERS_ID                       1
ADDRESS_TBL     ADDR_INX                        NAME                          2
ADDRESS_TBL     ADDR_INX                        CITY                          3
CUSTOMER_TBL    CUST_INX                        CUST_ID                       1
CUSTOMER_TBL    CUST_INX                        CUST_NAME                     2
CUSTOMER_TBL    CUST_INX                        CUST_ZIP                      3
HOBBY_TBL       HOBBY_PK                        SAKEY                         1
MAGAZINE_TBL    MAGAZINE_INX                    ISSUE_NUM                     1
MAGAZINE_TBL    MAGAZINE_INX                    EDITOR                        2

9 Zeilen ausgewählt.
```

In dieser Abfrage haben Sie alle Spalten ausgewählt, die in den jeweiligen Tabellen indiziert sind. Die Ergebnisse wurden nach der Reihenfolge sortiert, nach der die Spalte im Index erscheint. Nachdem Sie nun über die Tabellen Bescheid wissen, stellt sich die Frage, wo die Tabellen überhaupt untergebracht sind. Tabellenbereiche sind auf einer höheren Ebene angesiedelt als Objekte wie Tabellen oder Indizes. Über den Mechanismus der Tabellenbereiche reserviert Oracle den Speicher für die Datenbank. Damit man Speicherplatz zuweisen kann, muß man die momentan verfügbaren Tabellenbereiche kennen. Zu diesem Zweck läßt sich eine `SELECT`-Abfrage bezüglich `DBA_TABLESPACES` ausführen, um eine Liste aller Tabellenbereiche und deren Status zu erhalten. Das nächste Beispiel zeigt eine derartige Abfrage.

```
SQL> SELECT TABLESPACE_NAME, STATUS
  2  FROM SYS.DBA_TABLESPACES;

TABLESPACE_NAME                STATUS
------------------------------ ---------
SYSTEM                         ONLINE
RBS                            ONLINE
TEMP                           ONLINE
TOOLS                          ONLINE
USERS                          ONLINE
DATA_TS                        ONLINE
INDEX_TS                       ONLINE

7 Zeilen ausgewählt.
```

Der Status ONLINE in dieser Abfrage weist darauf hin, daß alle Tabellenbereiche verfügbar sind. Wenn für einen Tabellenbereich der Status OFFLINE angegeben ist, sind die darin enthaltenen Datenbankobjekte (das heißt die Tabellen) nicht zugänglich.

Welche Quoten sind JSMITH für die Tabellenbereiche zugewiesen, auf die er Zugriff hat? Anders gefragt: Wieviel Platz ist für die Datenbankobjekte von JSMITH verfügbar?

```
SQL> SELECT TABLESPACE_NAME,
  2         BYTES,
  3         MAX_BYTES
  4  FROM SYS.DBA_TS_QUOTAS
  5  WHERE USERNAME = 'JSMITH'

TABLESPACE_NAME                           BYTES  MAX_BYTES
------------------------------ ---------- ----------
DATA_TS                               134111232         -1
INDEX_TS                              474390528         -1

2 Zeilen ausgewählt.
```

JSMITH hat auf die beiden, ihm zugänglichen Tabellenbereiche unbegrenzte Quoten. In diesem Fall steht der gesamte Tabellenbereich demjenigen zur Verfügung, der ihn zuerst beansprucht. Wenn zum Beispiel JSMITH den gesamten freien Platz in DATA_TS belegt, kann kein anderer Benutzer in diesem Tabellenbereich Objekte erzeugen.

Datenbankwachstum

Dieser Abschnitt beschäftigt sich mit zwei Sichten, die das Wachstum einer Datenbank betreffen: DBA_SEGMENTS und DBA_EXTENTS. Die Sicht DBA_SEGMENTS liefert Angaben zu jedem Segment oder Objekt in der Datenbank, wie zum Beispiel Speicherzuweisung, belegter Platz und Umfang. Wenn eine Tabelle oder ein Index wächst und mehr Platz als in NEXT_EXTENT angegeben belegen muß, erhält die Tabelle die nächste Erweiterung (Extent). Wächst eine Tabelle auf diese Weise, wird sie normalerweise fragmentiert. DBA_EXTENTS liefert Informationen über alle Erweiterungen eines Segments.

Eingabe

```
SQL> SELECT SUBSTR(SEGMENT_NAME,1,30) SEGMENT_NAME,
  2         SUBSTR(SEGMENT_TYPE,1,12) SEGMENT_TYPE,
  3         BYTES,
  4         EXTENTS,
  5  FROM SYS.DBA_SEGMENTS
  6  WHERE OWNER = 'TWILLIAMS'
  7    AND ROWNUM < 5;
```

Ausgabe

```
SEGMENT_NAME                   SEGMENT_TYPE      BYTES    EXTENTS
------------------------------ ------------ ---------- ----------
INVOICE_TBL                    TABLE            163840         10
COMPLAINT_TBL                  TABLE           4763783          3
HISTORY_TBL                    TABLE         547474996         27
HISTORY_INX                    INDEX         787244534         31

4 Zeilen ausgewählt.
```

Analyse

In der Ausgabe von DBA_SEGMENTS kann man aus der Anzahl der Extents erkennen, welche Tabellen das meiste Wachstum erfahren. Sowohl HISTORY_TBL als auch HISTORY_INX weisen ein größeres Wachstum auf als die beiden anderen Tabellen.

Als nächstes sehen wir uns alle Extents der Tabelle INVOICE_TBL an.

Eingabe/Ausgabe

```
SQL> SELECT SUBSTR(OWNER,1,10) OWNER,
  2         SUBSTR(SEGMENT_NAME,1,30) SEGMENT_NAME,
  3         EXTENT_ID,
  4         BYTES
  5  FROM SYS.DBA_EXTENTS
  6  WHERE OWNER = 'TWILLIAMS'
  7    AND SEGMENT_NAME = 'INVOICE_TBL'
  8  ORDER BY EXTENT_ID;
```

```
OWNER      SEGMENT_NAME                   EXTENT_ID     BYTES
---------- ------------------------------ --------- ---------
TWILLIAMS  INVOICE_TBL                            0     16384
TWILLIAMS  INVOICE_TBL                            1     16384
TWILLIAMS  INVOICE_TBL                            2     16384
TWILLIAMS  INVOICE_TBL                            3     16384
TWILLIAMS  INVOICE_TBL                            4     16384
TWILLIAMS  INVOICE_TBL                            5     16384
TWILLIAMS  INVOICE_TBL                            6     16384
TWILLIAMS  INVOICE_TBL                            7     16384
TWILLIAMS  INVOICE_TBL                            8     16384
TWILLIAMS  INVOICE_TBL                            9     16384

10 Zeilen ausgewählt.
```

Dieses Beispiel zeigt alle Extents der Tabelle, die `EXTENT_ID` und die jeweilige Größe in Bytes an. Jeder Extent ist nur 16 Kbyte groß. Da es bereits 10 Extents gibt, empfiehlt sich der Neuaufbau der Tabelle. Dabei sollte man `INITIAL_EXTENT` entsprechend vergrößern, um die Platznutzung zu optimieren. Nach dem Neuaufbau der Tabelle passen alle Daten in einen einzelnen Extent, so daß die Tabelle nicht mehr fragmentiert ist.

Zugewiesener Platz

Oracle reserviert mit Hilfe sogenannter »Datendateien« den Platz für die Datenbank. Der Platz ist einem Tabellenbereich in logischen Einheiten zugeordnet, während die Datendateien die physikalischen Einheiten der Tabellenbereiche darstellen. In anderen Implementierungen sind die Daten letztendlich auch in Datendateien enthalten, auch wenn diese einen anderen Namen tragen. Mit der Sicht `DBA_DATA_FILES` können Sie sich die tatsächliche Zuordnung der Datendateien zu einem Tabellenbereich ansehen.

```
SQL> SELECT SUBSTR(TABLESPACE_NAME,1,20) TABLESPACE_NAME,
  2         SUBSTR(FILE_NAME,1,40) FILE_NAME,
  3         BYTES
  4  FROM SYS.DBA_DATA_FILES;
```

```
TABLESPACE_NAME      FILE_NAME                                    BYTES
-------------------- ---------------------------------------- ---------
USER_DATA            F:\ORAWIN95\DATABASE\USR1ORCL.ORA          3145728
ROLLBACK_DATA        F:\ORAWIN95\DATABASE\RBS1ORCL.ORA          5242880
TEMPORARY_DATA       F:\ORAWIN95\DATABASE\TMP1ORCL.ORA          2097152
SYSTEM               F:\ORAWIN95\DATABASE\SYS1ORCL.ORA         20971520
MIST                 F:\ORASQL\MIST.DAT                        20971520

5 Zeilen ausgewählt.
```

Analyse

Mit einer derartigen Abfrage können Sie sich über den Platzbedarf aller Tabellenbereiche in der Datenbank informieren. Beachten Sie, daß die Namen der Datendateien mit dem zugehörigen Tabellenbereich korrespondieren.

Verfügbarer Platz

Wie das folgende Beispiel zeigt, gibt die Sicht `DBA_FREE_SPACE` darüber Auskunft, wie viel freier Platz in jedem Tabellenbereich verfügbar ist.

Eingabe

```
SQL> SELECT TABLESPACE_NAME, SUM(BYTES)
  2  FROM SYS.DBA_FREE_SPACE
  3  GROUP BY TABLESPACE_NAME;
```

Ausgabe

```
TABLESPACE_NAME                 SUM(BYTES)
------------------------------ ----------
MIST                              20969472
ROLLBACK_DATA                      3244032
SYSTEM                             2848768
TEMPORARY_DATA                     2095104
USER_DATA                          2201600

5 Zeilen ausgewählt.
```

Das obige Beispiel listet den gesamten freien Platz für jeden Tabellenbereich auf. Man kann auch die einzelnen freien Segmente anzeigen, indem man einfach die Bytes aus DBA_FREE_SPACE auswählt und sie nicht mit SUM(BYTES) summiert.

Rollback-Segmente

Da Bereiche für das Rückgängigmachen von Transaktionen entscheidenden Einfluß auf die Datenbankleistung haben, muß man die verfügbaren Rollback-Segmente kennen. Diese Angaben liefert die Sicht DBA_ROLLBACK_SEGS.

Eingabe

```
SQL> SELECT OWNER,
  2         SEGMENT_NAME
  3  FROM SYS.DBA_ROLLBACK_SEGS;
```

Ausgabe

```
OWNER  SEGMENT_NAME
------ ------------------------------
SYS    SYSTEM
SYS    RB_TEMP
PUBLIC RB1
PUBLIC RB2
PUBLIC RB3
PUBLIC RB4
PUBLIC RB5
PUBLIC RB6
PUBLIC RB7
PUBLIC RB8
PUBLIC RB9
PUBLIC RB10
PUBLIC RB11
PUBLIC RB12
PUBLIC RB13
PUBLIC RB14
PUBLIC RB15
PUBLIC RB16

18 Zeilen ausgewählt.
```

Analyse

Dieses Beispiel führt eine einfache Auswahl aus, um alle Rollback-Segmente nach dem Namen aufzulisten. Zur Beurteilung stehen noch zahlreiche andere Daten zur Verfügung.

Sichten der dynamischen Leistung

Mit Oracle arbeitende DBAs greifen häufig auf Sichten für die dynamische Leistung zu, da diese mehr Details zu den internen Leistungsdaten bringen als andere Sichten des Systemkatalogs. (Die DBA-Sichten enthalten einige dieser Informationen.)

Diese Sichten liefern umfangreiche Einzeldaten, die von der jeweiligen Implementierung abhängig sind. Der vorliegende Abschnitt bietet lediglich einen Überblick über die Informationstypen eines bestimmten Systemkatalogs.

Sitzungsinformationen

Das nachstehende Beispiel zeigt einen `DESCRIBE`-Befehl der `V$SESSION`-Sichten. (`DESCRIBE` ist ein Befehl von SQL*Plus, auf den Tag 20 eingeht.) Die Ausgabe erläutert die Spalten, die in der Sicht enthalten sind.

Eingabe

```
SQL> DESCRIBE V$SESSION
```

Ausgabe

```
Name                              Null?    Type
------------------------------ -------- ----
SADDR                                       RAW(4)
SID                                         NUMBER
SERIAL#                                     NUMBER
AUDSID                                      NUMBER
PADDR                                       RAW(4)
USER#                                       NUMBER
USERNAME                                    VARCHAR2(30)
COMMAND                                     NUMBER
TADDR                                       VARCHAR2(8)
LOCKWAIT                                    VARCHAR2(8)
STATUS                                      VARCHAR2(8)
SERVER                                      VARCHAR2(9)
SCHEMA#                                     NUMBER
```

```
SCHEMANAME                              VARCHAR2(30)
OSUSER                                  VARCHAR2(15)
PROCESS                                 VARCHAR2(9)
MACHINE                                 VARCHAR2(64)
TERMINAL                                VARCHAR2(10)
PROGRAM                                 VARCHAR2(48)
TYPE                                    VARCHAR2(10)
SQL_ADDRESS                             RAW(4)
SQL_HASH_VALUE                          NUMBER
PREV_SQL_ADDR                           RAW(4)
PREV_HASH_VALUE                         NUMBER
MODULE                                  VARCHAR2(48)
MODULE_HASH                             NUMBER
ACTION                                  VARCHAR2(32)
ACTION_HASH                             NUMBER
CLIENT_INFO                             VARCHAR2(64)
FIXED_TABLE_SEQUENCE                    NUMBER
ROW_WAIT_OBJ#                           NUMBER
ROW_WAIT_FILE#                          NUMBER
ROW_WAIT_BLOCK#                         NUMBER
ROW_WAIT_ROW#                           NUMBER
LOGON_TIME                              DATE
LAST_CALL_ET                            NUMBER
```

Informationen zu den aktuellen Datenbanksitzungen lassen sich über eine SELECT-Anweisung bezüglich V$SESSION wie im folgenden Beispiel ermitteln.

Eingabe/Ausgabe

```
SQL> SELECT USERNAME, COMMAND, STATUS
  2  FROM V$SESSION
  3  WHERE USERNAME IS NOT NULL;

USERNAME                        COMMAND STATUS
------------------------------ --------- --------
TWILLIAMS                             3 ACTIVE
JSMITH                                0 INACTIVE

2 Zeilen ausgewählt.
```

Analyse

TWILLIAMS ist in der Datenbank angemeldet und führt eine SELECT-Abfrage aus, die durch den Befehl 3 (COMMAND 3) repräsentiert wird.

JSMITH ist lediglich in der Datenbank angemeldet. Seine Sitzung ist nicht aktiv, und er führt keinerlei Befehle aus. Die Kennzeichnung der Befehle im Systemkatalog entnehmen Sie bitte der Dokumentation zu Ihrer Datenbank. Zu den Befehlen gehören SELECT, INSERT, UPDATE, DELETE, CREATE TABLE und DROP TABLE.

Leistungsstatistik

Im Systemkatalog finden sich auch Daten, die Angaben zur Leistungsstatistik außerhalb des Bereichs von Benutzersitzungen liefern. Diese Art von Daten ist stärker von der Implementierung abhängig als andere Sichten, die heute behandelt wurden.

Zu den Leistungsstatistiken gehören Daten wie Lese-/Schreibraten, erfolgreiche Treffer in Tabellen, Verwendung des globalen Systembereichs, Nutzung des Speicher-Caches, detaillierte Informationen über das Rollback-Segment, Einzelheiten zum Transaktionsprotokoll sowie Sperren und Wartezustände von Tabellen. Die Quelle der Informationen ist nahezu unerschöpflich.

Die Tabelle PLAN_TABLE

Der Oracle-Befehl EXPLAIN PLAN zur Untersuchung von SQL-Anweisungen verwendet PLAN_TABLE als Standardtabelle. (Siehe dazu Tag 15.) Das Erstellen dieser Tabelle übernimmt das Oracle-Skript UTLXPLAN.SQL, das bei der Installation der Software auf den Server kopiert wird. Der Befehl EXPLAIN PLAN schreibt die Informationen zum jeweiligen Objekt und den Ausführungsplan einer SQL-Anweisung in die Tabelle PLAN_TABLE.

Zusammenfassung

Obwohl die Einzelheiten des Systemkatalogs stark von der Implementierung abhängen, bleibt der Inhalt vom Konzept her in allen relationalen Datenbanken der gleiche. Es sind zwar die Syntax und die Regeln des konkreten Datenbank-Managementsystems zu beachten, die heutigen Beispiele sollten Ihnen aber zumindest das Selbstvertrauen geben, daß Sie Ihren Systemkatalog abfragen und damit kreativ arbeiten können.

Hinweis: Die Untersuchung des Systemkatalogs ist ein Abenteuer, auf das Sie sich einlassen müssen, um den Systemkatalog effektiv nutzen zu können.

Fragen & Antworten

F Warum sollte ich auf Sichten und Tabellen des Systemkatalogs zurückgreifen?

A *Anhand der Sichten des Systemkatalogs läßt sich der Aufbau einer Datenbank am genauesten erkunden. Den Tabellen entnehmen Sie, worauf Sie zugreifen können und welche Privilegien Sie haben. Außerdem bieten diese Tabellen die Möglichkeit, verschiedene andere Datenbankereignisse, wie etwa Benutzerprozesse und die Datenbankleistung zu überwachen.*

F Wie wird der Systemkatalog erzeugt?

A *Der Systemkatalog wird bei der Initialisierung der Datenbank angelegt. Oracle liefert verschiedene Skripts, die beim Erstellen einer Datenbank ablaufen und alle erforderlichen Tabellen und Sichten für den Systemkatalog der betreffenden Datenbank erzeugen.*

F Wie wird der Systemkatalog aktualisiert?

A *Das RDBMS aktualisiert den Systemkatalog intern während der laufenden Operationen. Wenn man die Struktur einer Tabelle ändert, werden die entsprechenden Änderungen intern am Systemkatalog vorgenommen. Man sollte niemals versuchen, irgendwelche Tabellen im Systemkatalog auf eigene Faust zu aktualisieren. Beschädigungen der Datenbank könnten die Folge sein.*

F Wie kann ich ermitteln, wer was in der Datenbank gemacht hat?

A *Normalerweise erlauben Tabellen oder Sichten in einem Systemkatalog die Revision der Benutzeraktivitäten.*

Workshop

Kontrollfragen

1. Wie kann man in Oracle ermitteln, welche Tabellen und Sichten man besitzt?
2. Welche Arten von Informationen werden im Systemkatalog gespeichert?
3. Wie kann man Leistungsstatistiken nutzen?
4. Nennen Sie einige Datenbankobjekte.

Übung

Nehmen wir an, daß Sie eine kleine bis mittlere Datenbank verwalten. Zu Ihren Verantwortlichkeiten gehört die Entwicklung und die Verwaltung der Datenbank. Ein anderer Benutzer fügt große Datenmengen in eine Tabelle ein und erhält einen Fehler, der auf mangelnden Platz hinweist. Nun müssen Sie die Ursache für dieses Problem ermitteln. Muß die Quote des Benutzers für den Tabellenbereich erhöht werden, oder müssen Sie mehr Platz für den Tabellenbereich reservieren? Erstellen Sie eine Liste mit den erforderlichen Schritten, um die benötigten Informationen aus dem Systemkatalog zusammenzutragen. Auf die Angabe spezieller Tabellen- oder Sichtnamen können Sie verzichten.

17

SQL-Anweisungen mit SQL generieren

Woche 3

Ziele

In der heutigen Lektion erfahren Sie, wie man SQL-Anweisungen aus einer Abfrage generiert. Insbesondere lernen Sie ...

- welche Vorteile die Generierung von SQL-Anweisungen aus einer Abfrage bietet.
- wie man die Ausgabe einer Abfrage in eine andere SQL-Anweisung überführt.
- wie man SQL-Anweisungen mit Hilfe des Systemkatalogs und/oder von Datenbanktabellen bildet.

Warum man mit SQL andere SQL-Anweisungen generiert

Das Generieren von SQL aus einer anderen SQL-Anweisung bedeutet einfach, daß die Ausgabe der einen SQL-Anweisung eine andere SQL-Anweisung oder einen Befehl bildet. Bis jetzt haben Sie ausschließlich SQL-Anweisungen geschrieben, die entweder eine Manipulation ausführen – beispielsweise die Daten in einer Tabelle zeilenweise aktualisieren – oder eine Art Bericht aus einer Abfrage erzeugen. Heute lernen Sie, wie man eine Abfrage schreibt, deren Ausgabe zu einer anderen Abfrage oder SQL-Anweisung führt.

Warum sollte man überhaupt eine SQL-Anweisung aus einer Abfrage erzeugen? Zunächst einmal ist das eine Sache der Vereinfachung und Effizienz. Man ist natürlich nicht gezwungen, SQL-Anweisungen zu generieren, würde dann aber auf eine der leistungsfähigsten Möglichkeiten von SQL verzichten, und zwar auf ein Merkmal, das ohnehin noch zu wenig bekannt ist.

Normalerweise lassen sich alle SQL-Anweisungen manuell erzeugen und auslösen, was aber in bestimmten Situationen sehr mühselig sein kann. Andererseits kann ein wichtiger Termin das Generieren von SQL-Anweisungen erforderlich machen, wenn zum Beispiel Ihr Chef allen 90 Benutzern in der Marketing-Abteilung den Zugriff auf eine neue Tabelle gewähren möchte (Sie aber nach Hause wollen). Da einige Benutzer dieser Datenbank nicht im Marketing arbeiten, kann man nicht einfach den Zugriff auf die Tabelle öffentlich gewähren. Bei mehreren Benutzergruppen mit unterschiedlichen Zugriffstypen sollte man die Rollensicherheit durchsetzen – eine integrierte Methode, die den Benutzerzugriff auf Daten steuert. In diesem Fall kann man eine SQL-Anweisung schreiben, die `GRANT`-Anweisungen für alle Personen in der Marketing-Abteilung generiert. Diese Anweisung sorgt also dafür, daß jeder Benutzer die geeignete(n) Rolle(n) erhält.

Man könnte genügend Beispiele anführen, wo es vorteilhaft ist, eine SQL-Anweisung als Ausgabe an eine andere Anweisung zu produzieren. Manchmal muß man viele ähnliche SQL-Anweisungen als Gruppe ausführen oder DDL aus dem Systemkatalog regenerieren. Erzeugt man SQL als Ausgabe von einer anderen Anweisung, erhält man immer die Daten für die Ausgabe entweder vom Systemkatalog oder den Schematabellen in der Datenbank. Abbildung 17.1 verdeutlicht dieses Verfahren.

Wie Abbildung 17.1 zeigt, kann eine SELECT-Anweisung an die Datenbank ausgelöst werden, die ihre Ergebnismenge entweder vom Systemkatalog oder von Anwendungstabellen in der Datenbank bezieht. Die Anweisung kann die abgerufenen Daten in einer oder mehreren SQL-Anweisungen anordnen. Gibt die Anweisung eine Zeile zurück, läßt man eine SQL-Anweisung generieren. Erhält man 100 Zeilen aus der Anweisung zurück, wird man 100 SQL-Anweisungen generieren lassen. Bei erfolgreicher Generierung von SQL-Code aus der Datenbank kann man diesen Code wiederum auf die Datenbank anwenden und damit eine Reihe von Abfragen oder Datenbankaktionen auslösen.

Die Beispiele dieser Lektion zeigen, wie man Ausgaben in der Form von SQL-Anweisungen produziert. Die meisten Informationen kommen dabei aus dem Systemkatalog, so daß Sie sich gegebenenfalls noch einmal mit den gestrigen Themen befassen sollten.

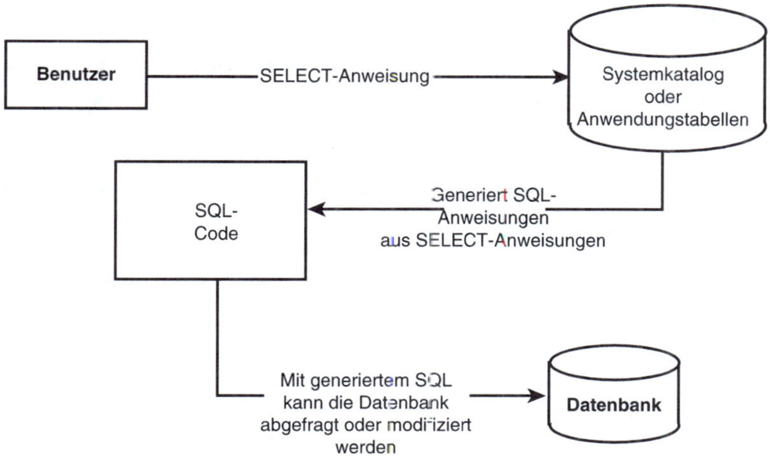

Abbildung 17.1: Das Generieren von SQL aus der Datenbank

Hinweis Die heutigen Beispiele arbeiten mit Personal Oracle8. Wie immer sollten Sie die heute behandelten Konzepte auf die Syntax Ihrer konkreten Datenbankimplementierung übertragen.

Verschiedene Befehle von SQL*Plus

In den heutigen Beispielen kommen einige neue Befehle vor. Diese sogenannten SQL*Plus-Befehle sind spezifisch für Personal Oracle8 und steuern das Format der Ausgabe. (Siehe dazu Tag 20.) SQL*Plus-Befehle werden an der Aufforderung `SQL>` ausgelöst oder können in einer Datei verwendet werden.

Hinweis Die hier behandelten Befehle gehören zwar speziell zu Oracle, in anderen Implementierungen (wie zum Beispiel Transact-SQL) gibt es aber ähnliche Befehle. (Siehe dazu insbesondere Tag 19.)

SET ECHO ON/OFF

Der Befehl `SET ECHO ON` aktiviert die Anzeige von SQL-Anweisungen, die aus einer Befehlsdatei über den Befehl `START` ausgeführt werden. Mit `SET ECHO OFF` schaltet man die Echoanzeige der SQL-Anweisungen aus und läßt nur die Anzeige der eigentlichen Ausgaben zu.

```
SET ECHO [ ON | OFF ]
```

SET FEEDBACK ON/OFF

Zeigt die Anzahl der aus einer Abfrage zurückgegebenen Datensätze an. Wenn eine `SELECT`-Anweisung zum Beispiel 30 Zeilen zurückgibt, lautet die Rückmeldung:

```
30 Zeilen ausgewählt.
```

`SET FEEDBACK ON` schaltet die Anzeige ein; `SET FEEDBACK OFF` oder `SET FEEDBACK` blendet den Zeilenzähler von der Ausgabe aus.

```
SET FEEDBACK [ ON | OFF ]
```

SET HEADING ON/OFF

Steuert die Anzeige der Spaltenüberschriften in der Ausgabe. `SET HEADING ON` schaltet die Anzeige ein, `SET HEADING OFF` blendet die Spaltenüberschriften von der Ausgabe aus.

```
SET HEADING [ ON | OFF ]
```

SPOOL Dateiname/OFF

Mit Spooling bezeichnet man die Weiterleitung der Abfrageergebnisse in eine Datei. Mit dem Befehl

```
SPOOL Dateiname
```

öffnet man eine Spool-Datei unter dem angegebenen Dateinamen. Der Befehl

```
SPOOL OFF
```

schließt die Spool-Datei. Fehlt die Angabe einer Erweiterung in `Dateiname`, wird `.LST` als Standard angenommen.

START Dateiname

Die meisten bisher behandelten SQL-Befehle wurden an der Aufforderung `SQL>` ausgeführt. Man kann die Befehle auch in eine Datei schreiben und diese Datei dann mit dem Befehl

```
START Dateiname
```

ausführen. Wenn keine Dateierweiterung angegeben ist, verwendet SQL*Plus die Standarderweiterung `.SQL`.

EDIT Dateiname

Der Befehl `EDIT` (Kurzform `ED`) startet einen Editor und lädt die als `Dateiname` angegebene Datei zur Bearbeitung. Mit diesem Befehl läßt sich auch der Inhalt der Spool-Datei bearbeiten. `EDIT` ohne `Dateiname` schreibt den Inhalt des SQL-Puffers in eine Datei mit dem Standardnamen `AFIEDT.BUF`, ruft den Editor auf und lädt die Datei `AFIEDT.BUF` zur Bearbeitung. Ist die Datei `AFIEDT.BUF` bereits vorhanden, wird sie überschrieben. Wenn die als `Dateiname` angegebene Datei nicht existiert, erscheint die Frage, ob Sie die Datei neu anlegen möchten. Fehlt die Angabe einer Erweiterung in `Dateiname`, wird `.SQL` als Standard angenommen.

```
ED[IT] Dateiname
```

Zeilen in allen Tabellen zählen

Das erste Beispiel zeigt, wie man die Spool-Datei bearbeitet, um belanglose Zeilen im generierten Code zu entfernen und Syntaxfehler bei der Ausführung der SQL-Anweisungen zu vermeiden.

Hinweis

Die Bearbeitungsmethoden zeigen wir nur im ersten Beispiel und übergehen diesen Schritt in den übrigen Beispielen der heutigen Lektion. Mittlerweile dürfte Ihnen die grundlegende Syntax der SQL-Anweisungen vertraut sein. Darüber hinaus sind Sie nicht auf einen bestimmten Editor festgelegt, sondern können die Spool-Datei auch mit anderen Werkzeugen bearbeiten.

Als erstes bemühen wir die Funktion zum Zählen aller Zeilen in einer Tabelle: `COUNT(*)`. Sie wissen bereits, wie man einen Zähler für alle Zeilen in einer einzelnen Tabelle auswählt. Dazu folgendes Beispiel:

Eingabe

```
SQL> SELECT COUNT(*)
  2  FROM RECHNUNGEN;
```

Ausgabe

```
 COUNT(*)
---------
       10

1 Zeile wurde ausgewählt.
```

Nehmen wir nun an, daß Sie alle Zeilen in allen Tabellen, die Sie besitzen oder die sich in Ihrem Schema befinden, zählen möchten. Die folgende Liste zeigt als Beispiel alle Tabellen, deren Eigentümer Sie sind.

Eingabe/Ausgabe

```
SELECT * FROM CAT;

TABLE_NAME                     TABLE_TYPE
------------------------------ -----------
ACCT_PAY                       TABLE
ACCT_REC                       TABLE
CUSTOMERS                      TABLE
EMPLOYEES                      TABLE
HISTORY                        TABLE
INVOICES                       TABLE
```

```
ORDERS                          TABLE
PRODUCTS                        TABLE
PROJECTS                        TABLE
VENDORS                         TABLE

10 Zeilen ausgewählt.
```

Analyse

Um die Gesamtzahl der Zeilen in diesen Tabellen zu ermitteln, könnten Sie die Anweisung `COUNT(*)`auf jede einzelne Tabelle anwenden. Dieses manuelle Verfahren ist recht umständlich.

Die folgende `SELECT`-Anweisung erzeugt weitere `SELECT`-Anweisungen, um einen Zeilenzähler für alle oben aufgeführten Tabellen zu erhalten.

Eingabe/Ausgabe

```
SQL> SET ECHO OFF
SQL> SET FEEDBACK OFF
SQL> SET HEADING OFF
SQL> SPOOL CNT.SQL
SQL> SELECT 'SELECT COUNT(*) FROM ' || TABLE_NAME || ';'
  2  FROM CAT;

SELECT COUNT(*) FROM ACCT_PAY;
SELECT COUNT(*) FROM ACCT_REC;
SELECT COUNT(*) FROM CUSTOMERS;
SELECT COUNT(*) FROM EMPLOYEES;
SELECT COUNT(*) FROM HISTORY;
SELECT COUNT(*) FROM INVOICES;
SELECT COUNT(*) FROM ORDERS;
SELECT COUNT(*) FROM PRODUCTS;
SELECT COUNT(*) FROM PROJECTS;
SELECT COUNT(*) FROM VENDORS;
```

Eingabe

```
SQL> SPOOL OFF
SQL> ED CNT.SQL
```

Analyse

Zunächst verdichtet man mit den SQL*Plus-Befehlen `SET ECHO OFF`, `SET FEEDBACK OFF` und `SET HEADING OFF` die Ausgabe auf das, was eigentlich auszuwählen ist. Die Ausgabe soll nämlich nicht als Bericht dienen, sondern ausführbare SQL-Anweisungen liefern. Der nächste Schritt leitet mit dem `SPOOL`-Befehl die Ausgabe in die Datei `CNT.SQL` um. Die SQL-Anweisung im letzten Schritt produziert Ausgaben in Form anderer Anweisungen. Beachten Sie die Apostrophe für die Auswahl einer literalen Zeichenfolge. Mit Hilfe der Apostrophe und dem Verkettungsoperator (||) lassen sich die eigentlichen Daten mit literalen Strings verbinden, um eine andere SQL-Anweisung zu bilden. Das Beispiel wählt die Daten aus dem Systemkatalog aus.

Tip

Bevor Sie die Ausgabedatei ausführen, ist eine Bearbeitung erforderlich, um Korrekturen der Syntax und weitere Anpassungen in der erzeugten Datei vorzunehmen.

Ausgabe

```
SQL> SELECT 'SELECT COUNT(*) FROM ' || TABLE_NAME || ';'
  2  FROM CAT;

SELECT COUNT(*) FROM ACCT_PAY;
SELECT COUNT(*) FROM ACCT_REC;
SELECT COUNT(*) FROM CUSTOMERS;
SELECT COUNT(*) FROM EMPLOYEES;
SELECT COUNT(*) FROM HISTORY;
SELECT COUNT(*) FROM INVOICES;
SELECT COUNT(*) FROM ORDERS;
SELECT COUNT(*) FROM PRODUCTS;
SELECT COUNT(*) FROM PROJECTS;
SELECT COUNT(*) FROM VENDORS;
SQL> SPOOL OFF
```

Nach der Bearbeitung sollte die Datei das folgende Aussehen haben. Beachten Sie, daß jede Zeile eine gültige SQL-Anweisung darstellt.

Der Befehl SPOOL OFF schließt die Spool-Datei. Mit dem Befehl ED ruft man den Editor auf und öffnet die Datei CNT.SQL – das heißt die gerade erzeugte Datei – zur Bearbeitung. Die obige Ausgabe zeigt den Inhalt dieser Datei, aus der nun alle unnötigen Zeilen zu entfernen sind. Auf jeden Fall ist die SELECT-Anweisung zu löschen, mit der die Ergebnisse realisiert wurden, da die Eingabeaufforderung SQL> zu Fehlern bei der späteren Ausführung der Datei führt. Das gleiche trifft auf das SPOOL OFF am Ende der Datei zu.

```
SELECT COUNT(*) FROM ACCT_PAY;
SELECT COUNT(*) FROM ACCT_REC;
SELECT COUNT(*) FROM CUSTOMERS;
SELECT COUNT(*) FROM EMPLOYEES;
SELECT COUNT(*) FROM HISTORY;
SELECT COUNT(*) FROM INVOICES;
SELECT COUNT(*) FROM ORDERS;
SELECT COUNT(*) FROM PRODUCTS;
SELECT COUNT(*) FROM PROJECTS;
SELECT COUNT(*) FROM VENDORS;
```

Führen Sie nun die Datei aus:

```
SQL> SET ECHO ON
SQL> SET HEADING ON
SQL> START CNT.SQL

SQL> SELECT COUNT(*) FROM ACCT_PAY;

 COUNT(*)
---------
        7
SQL> SELECT COUNT(*) FROM ACCT_REC;

 COUNT(*)
---------
        9
SQL> SELECT COUNT(*) FROM CUSTOMERS;

 COUNT(*)
---------
        5
SQL> SELECT COUNT(*) FROM EMPLOYEES;
```

```
 COUNT(*)
---------
       10

SQL> SELECT COUNT(*) FROM HISTORY;

 COUNT(*)
---------
       26
SQL> SELECT COUNT(*) FROM INVOICES;

 COUNT(*)
---------
        0
SQL> SELECT COUNT(*) FROM ORDERS;

 COUNT(*)
---------
        0
SQL> SELECT COUNT(*) FROM PRODUCTS;

 COUNT(*)
---------
       10
SQL> SELECT COUNT(*) FROM PROJECTS;

 COUNT(*)
---------
       16
SQL> SELECT COUNT(*) FROM VENDORS;

 COUNT(*)
---------
       22
SQL>
```

Mehreren Benutzern Systemprivilegien zuteilen

Wenn Sie für die Verwaltung von Benutzern verantwortlich sind (etwa als Datenbank-Administrator), werden Sie häufig Anforderungen nach Benutzer-IDs erhalten. Sie müssen den Benutzern nicht nur die geeigneten Privilegien für die Nutzung der Datenbank erteilen, sondern die Privilegien der Benutzer auch modifizieren, um

Analyse

Der Befehl SET ECHO ON schaltet die Anzeige der Anweisungen ein, wenn diese aus einer Datei heraus ausgeführt werden. Mit SET HEADING ON aktiviert man die Anzeige der Spaltenüberschrift COUNT(*) für die einzelnen SELECT-Anweisungen. Wenn Sie zusätzlich den Befehl

```
SET FEEDBACK ON
```

einbinden, erscheint nach jeder Zählanweisung

```
1 Zeile wurde ausgewählt.
```

in der Ausgabe. In diesem Beispiel wurde das SQL-Skript mit dem START-Befehl von SQL*Plus ausgeführt. Bei lediglich 10 Tabellen ist die Arbeitserleichterung vielleicht noch nicht so deutlich geworden. Stellen Sie sich das Ganze aber einmal mit 50 oder mehr Tabellen vor!

Hinweis

Der richtige Einsatz der Apostrophe (einfache Anführungszeichen) ist bei der Generierung eines SQL-Skripts von entscheidender Bedeutung. Achten Sie darauf, daß Sie alle Elemente einbinden, um die zu generierende Anweisung vollständig zu beschreiben. Im Beispiel schließen die Apostrophe die Komponenten ein, die sich nicht aus einer Tabelle auswählen lassen; in diesem Fall 'SELECT COUNT(*) FROM' und ';'.

den sich ändernden Anforderungen zu entsprechen. Mit den Angaben aus dem Systemkatalog können Sie nun GRANT-Anweisungen erzeugen, um vielen Benutzern Systemprivilegien oder Rollen zuzuteilen.

Eingabe

```
SQL> SET ECHO OFF
SQL> SET HEADING OFF
SQL> SET FEEDBACK OFF
SQL> SPOOL GRANTS.SQL
SQL> SELECT 'GRANT CONNECT, RESOURCE TO ' || USERNAME || ';'
  2  FROM SYS.DBA_USERS
  3  WHERE USERNAME NOT IN ('SYS','SYSTEM','SCOTT','RYAN','PO8','DEMO')
  4  /
```

Ausgabe

```
GRANT CONNECT, RESOURCE TO KEVIN;
GRANT CONNECT, RESOURCE TO JOHN;
GRANT CONNECT, RESOURCE TO JUDITH;
GRANT CONNECT, RESOURCE TO STEVE;
GRANT CONNECT, RESOURCE TO RON;
GRANT CONNECT, RESOURCE TO MARY;
GRANT CONNECT, RESOURCE TO DEBRA;
GRANT CONNECT, RESOURCE TO CHRIS;
GRANT CONNECT, RESOURCE TO CAROL;
GRANT CONNECT, RESOURCE TO EDWARD;
GRANT CONNECT, RESOURCE TO BRANDON;
GRANT CONNECT, RESOURCE TO JACOB;
```

Eingabe/Ausgabe

```
SQL> SPOOL OFF

SQL> START GRANTS.SQL

SQL> GRANT CONNECT, RESOURCE TO KEVIN;

Benutzerzugriff (Grant) wurde erteilt.

SQL> GRANT CONNECT, RESOURCE TO JOHN;

Benutzerzugriff (Grant) wurde erteilt.

SQL> GRANT CONNECT, RESOURCE TO JUDITH;

Benutzerzugriff (Grant) wurde erteilt.

SQL> GRANT CONNECT, RESOURCE TO STEVE;

Benutzerzugriff (Grant) wurde erteilt.

SQL> GRANT CONNECT, RESOURCE TO RON;

Benutzerzugriff (Grant) wurde erteilt.

SQL> GRANT CONNECT, RESOURCE TO MARY;
```

```
Benutzerzugriff (Grant) wurde erteilt.

SQL> GRANT CONNECT, RESOURCE TO DEBRA;

Benutzerzugriff (Grant) wurde erteilt.

SQL> GRANT CONNECT, RESOURCE TO CHRIS;

Benutzerzugriff (Grant) wurde erteilt.

SQL> GRANT CONNECT, RESOURCE TO CAROL;

Benutzerzugriff (Grant) wurde erteilt.

SQL> GRANT CONNECT, RESOURCE TO EDWARD;

Benutzerzugriff (Grant) wurde erteilt.

SQL> GRANT CONNECT, RESOURCE TO BRANDON;

Benutzerzugriff (Grant) wurde erteilt.

SQL> GRANT CONNECT, RESOURCE TO JACOB;

Benutzerzugriff (Grant) wurde erteilt.
```

Analyse In diesem Beispiel haben Sie sich viele mühsame Tastenanschläge gespart, indem Sie alle `GRANT`-Anweisungen mit Hilfe einer einfachen SQL-Anweisung generiert haben und sie nicht einzeln eintippen mußten.

Hinweis Dieses und auch die folgenden Beispiele übergehen den Schritt, in dem Sie die Ausgabedatei bearbeiten. Die Dateien werden bereits in der bearbeiteten Form wiedergegeben.

Privilegien Ihrer Tabellen an andere Benutzer übertragen

Die Zuteilung von Privilegien für eine Tabelle an einen anderen Benutzer ist genauso einfach wie das Auswählen eines Zeilenzählers auf einer Tabelle. Möchten Sie aber den Zugriff auf mehrere Tabellen für Rollen oder Benutzer festlegen, können Sie dafür per SQL ein Skript erzeugen lassen (es sei denn, daß Sie alle Anweisungen lieber selbst eintippen wollen).

Wiederholen wir zunächst eine einfache GRANT-Anweisung für eine Tabelle:

Eingabe

```
SQL> GRANT SELECT ON HISTORY TO BRANDON;
```

Ausgabe

```
Benutzerzugriff (Grant) wurde erteilt.
```

Die nächste Anweisung erzeugt nun eine GRANT-Anweisung für alle 10 Tabellen in Ihrem Schema.

Eingabe/Ausgabe

```
SQL> SET ECHO OFF
SQL> SET FEEDBACK OFF
SQL> SET HEADING OFF
SQL> SPOOL GRANTS.SQL
SQL> SELECT 'GRANT SELECT ON ' || TABLE_NAME || ' TO BRANDON;'
  2  FROM CAT
  3  /

GRANT SELECT ON ACCT_PAY TO BRANDON;
GRANT SELECT ON ACCT_REC TO BRANDON;
GRANT SELECT ON CUSTOMERS TO BRANDON;
GRANT SELECT ON EMPLOYEES TO BRANDON;
GRANT SELECT ON HISTORY TO BRANDON;
GRANT SELECT ON INVOICES TO BRANDON;
GRANT SELECT ON ORDERS TO BRANDON;
GRANT SELECT ON PRODUCTS TO BRANDON;
GRANT SELECT ON PROJECTS TO BRANDON;
GRANT SELECT ON VENDORS TO BRANDON;
```

Analyse

Für jede Tabelle wurde automatisch eine GRANT-Anweisung vorbereitet. BRANDON erhält SELECT-Zugriff auf alle Tabellen.

Schließen Sie die Ausgabedatei mit dem Befehl SPOOL OFF. Wir gehen davon aus, daß die Datei dann bearbeitet wurde und sich ausführen läßt.

Eingabe/Ausgabe

```
SQL> SPOOL OFF
SQL> SET FEEDBACK ON
SQL> START GRANTS.SQL

SQL> GRANT SELECT ON ACCT_PAY TO BRANDON;

Benutzerzugriff (Grant) wurde erteilt.

SQL> GRANT SELECT ON ACCT_REC TO BRANDON;

Benutzerzugriff (Grant) wurde erteilt.

SQL> GRANT SELECT ON CUSTOMERS TO BRANDON;

Benutzerzugriff (Grant) wurde erteilt.

SQL> GRANT SELECT ON EMPLOYEES TO BRANDON;

Benutzerzugriff (Grant) wurde erteilt.

SQL> GRANT SELECT ON HISTORY TO BRANDON;

Benutzerzugriff (Grant) wurde erteilt.

SQL> GRANT SELECT ON INVOICES TO BRANDON;

Benutzerzugriff (Grant) wurde erteilt.

SQL> GRANT SELECT ON ORDERS TO BRANDON;

Benutzerzugriff (Grant) wurde erteilt.

SQL> GRANT SELECT ON PRODUCTS TO BRANDON;

Benutzerzugriff (Grant) wurde erteilt.

SQL> GRANT SELECT ON PROJECTS TO BRANDON;

Benutzerzugriff (Grant) wurde erteilt.

SQL> GRANT SELECT ON VENDORS TO BRANDON;

Benutzerzugriff (Grant) wurde erteilt.
```

Mit dem Befehl SET ECHO ON aktivieren Sie das Echo. Durch das Einschalten der Rückmeldung mit SET FEEDBACK ON erscheint Benutzerzugriff (Grant) wurde erteilt. in der Ausgabe. In diesem Beispiel haben Sie mühelos das SELECT-Privileg an BRANDON für alle 10 Tabellen übertragen. Auch hier sollten Sie daran denken, daß man es oft mit weit mehr als zehn Tabellen zu tun hat.

Tabelleneinschränkungen beim Laden von Daten deaktivieren

Bei der Übernahme von Daten in Tabellen muß man manchmal die Einschränkungen (Constraints) auf den Tabellen deaktivieren. Nehmen wir an, daß Sie Ihre Tabellen geleert haben und nun Daten von Grund auf in die Tabellen einfügen. Wahrscheinlich weisen Ihre Tabellen Einschränkungen hinsichtlich der referentiellen Integrität auf (zum Beispiel Fremdschlüssel). Da Ihnen die Datenbank nicht erlaubt, in eine Tabelle Datenzeilen mit Verweisen auf eine andere Tabelle einzufügen (wenn die referenzierte Spalte nicht in der anderen Tabelle existiert), müssen Sie Einschränkungen deaktivieren, um die Initialisierung mit den neuen Daten durchführen zu können. Nach dem erfolgreichen Ladevorgang sind die Einschränkungen natürlich wieder zu aktivieren.

```
SQL> SET ECHO OFF
SQL> SET FEEDBACK OFF
SQL> SET HEADING OFF
SQL> SPOOL DISABLE.SQL
SQL> SELECT 'ALTER TABLE ' || TABLE_NAME ||
  2         'DISABLE CONSTRAINT ' || CONSTRAINT_NAME || ';'
  3  FROM SYS.DBA_CONSTRAINTS
  4  WHERE OWNER = 'RYAN'
  5  /
```

```
ALTER TABLE ACCT_PAY DISABLE CONSTRAINT FK_ACCT_ID;
ALTER TABLE ACCT_REC DISABLE CONSTRAINT FK_ACCT_ID;
ALTER TABLE CUSTOMERS DISABLE CONSTRAINT FK_CUSTOMER_ID;
```

```
ALTER TABLE HISTORY DISABLE CONSTRAINT FK_ACCT_ID;
ALTER TABLE INVOICES DISABLE CONSTRAINT FK_ACCT_ID;
ALTER TABLE ORDERS DISABLE CONSTRAINT FK_ACCT_ID;
```

Das Ziel besteht in der Generierung einer Folge von `ALTER TABLE`-Anweisungen, die die Einschränkungen für alle Tabellen, deren Eigentümer `RYAN` ist, deaktivieren. Das am Ende der Auswahlanweisungen angehängte Semikolon schließt die SQL-Anweisungen ab.

```
SQL> SPOOL OFF

SQL> SET ECHO OFF
SQL> SET FEEDBACK ON
SQL> START DISABLE.SQL

Tabelle wurde geändert.

Tabelle wurde geändert.

Tabelle wurde geändert.

Tabelle wurde geändert.

Tabelle wurde geändert.

Tabelle wurde geändert.
```

Beachten Sie, daß das Echo deaktiviert ist. Die einzelnen Anweisungen sind also nicht zu sehen. Da die Rückmeldungen eingeschaltet sind, erscheinen die Ergebnisse:

```
Tabelle wurde geändert.
```

Wenn man sowohl Echo als auch Rückmeldung deaktiviert, ist gar nichts zu sehen, und es entsteht einfach eine Pause für die Ausführungszeit der `ALTER TABLE`-Anweisungen. Dann erscheint wieder die `SQL>`-Aufforderung.

Nun können Sie die Daten laden, ohne Fehler infolge von Einschränkungen befürchten zu müssen. Einschränkungen sind zwar sinnvoll, können aber auch beim Laden von Daten hinderlich sein. Das gleiche Konzept können Sie auf das Aktivieren der Tabelleneinschränkungen anwenden.

Mehrere Synonyme im Block erzeugen

Eine andere mühselige und aufreibende Aufgabe ist das Erzeugen zahlreicher Synonyme, ob sie nun öffentlich oder privat sind. Öffentliche Synonyme kann nur der DBA erzeugen, private Synonyme kann aber jeder Benutzer vergeben.

Das folgende Beispiel erzeugt öffentliche Synonyme für alle Tabellen, deren Eigentümer RYAN ist.

Eingabe

```
SQL> SET ECHO OFF
SQL> SET FEEDBACK OFF
SQL> SET HEADING OFF
SQL> SPOOL PUB_SYN.SQL
SQL> SELECT 'CREATE PUBLIC SYNONYM ' || TABLE_NAME || ' FOR ' ||
  2         OWNER || '.' || TABLE_NAME || ';'
  3  FROM SYS.DBA_TABLES
  4  WHERE OWNER = 'RYAN'
  5  /
```

Ausgabe

```
CREATE PUBLIC SYNONYM ACCT_PAY FOR RYAN.ACCT_PAY;
CREATE PUBLIC SYNONYM ACCT_REC FOR RYAN.ACCT_REC;
CREATE PUBLIC SYNONYM CUSTOMERS FOR RYAN.CUSTOMERS;
CREATE PUBLIC SYNONYM EMPLOYEES FOR RYAN.EMPLOYEES;
CREATE PUBLIC SYNONYM HISTORY FOR RYAN.HISTORY;
CREATE PUBLIC SYNONYM INVOICES FOR RYAN.INVOICES;
CREATE PUBLIC SYNONYM ORDERS FOR RYAN.ORDERS;
CREATE PUBLIC SYNONYM PRODUCTS FOR RYAN.PRODUCTS;
CREATE PUBLIC SYNONYM PROJECTS FOR RYAN.PROJECTS;
CREATE PUBLIC SYNONYM VENDORS FOR RYAN.VENDORS;
```

Führen Sie nun die Datei aus.

Eingabe/Ausgabe

```
SQL> SPOOL OFF
SQL> ED PUB_SYN.SQL
SQL> SET ECHO ON
SQL> SET FEEDBACK ON
SQL> START PUB_SYN.SQL

SQL> CREATE PUBLIC SYNONYM ACCT_PAY FOR RYAN.ACCT_PAY;

Synonym wurde angelegt.

SQL> CREATE PUBLIC SYNONYM ACCT_REC FOR RYAN.ACCT_REC;

Synonym wurde angelegt.

SQL> CREATE PUBLIC SYNONYM CUSTOMERS FOR RYAN.CUSTOMERS;

Synonym wurde angelegt.

SQL> CREATE PUBLIC SYNONYM EMPLOYEES FOR RYAN.EMPLOYEES;

Synonym wurde angelegt.

SQL> CREATE PUBLIC SYNONYM HISTORY FOR RYAN.HISTORY;

Synonym wurde angelegt.

SQL> CREATE PUBLIC SYNONYM INVOICES FOR RYAN.INVOICES;

Synonym wurde angelegt.

SQL> CREATE PUBLIC SYNONYM ORDERS FOR RYAN.ORDERS;

Synonym wurde angelegt.

SQL> CREATE PUBLIC SYNONYM PRODUCTS FOR RYAN.PRODUCTS;

Synonym wurde angelegt.

SQL> CREATE PUBLIC SYNONYM PROJECTS FOR RYAN.PROJECTS;

Synonym wurde angelegt.
```

```
SQL> CREATE PUBLIC SYNONYM VENDORS FOR RYAN.VENDORS;

Synonym wurde angelegt.
```

Analyse

Fast augenblicklich haben alle Datenbankbenutzer Zugriff auf ein öffentliches Synonym für alle Tabellen, deren Eigentümer RYAN ist. Ein Benutzer braucht nun nicht die Tabelle qualifizieren, wenn er eine SELEC¯-Operation ausführt. (Qualifizieren bedeutet die Kennzeichnung des Tabelleneigentümers wie in RYAN.VENDORS.)

Nehmen wir nun an, daß es keine öffentlichen Synonyme gibt. BRANDON hat SELECT-Zugriff auf alle Tabellen, deren Eigentümer RYAN ist, und möchte nun private Synonyme erzeugen.

Eingabe/Ausgabe

```
SQL> CONNECT BRANDON
Kennwort eingeben: *******
Connect durchgeführt.

SQL> SET ECHO OFF
SQL> SET FEEDBACK OFF
SQL> SET HEADING OFF
SQL> SPOOL PRIV_SYN.SQL
SQL> SELECT 'CREATE SYNONYM ' || TABLE_NAME || ' FOR ' ||
  2         OWNER || '.' || TABLE_NAME || ';'
  3  FROM ALL_TABLES
  4  /

CREATE SYNONYM DUAL FOR SYS.DUAL;
CREATE SYNONYM AUDIT_ACTIONS FOR SYS.AUDIT_ACTIONS;
CREATE SYNONYM USER_PROFILE FOR SYSTEM.USER_PROFILE;
CREATE SYNONYM CUSTOMERS FOR RYAN.CUSTOMERS;
CREATE SYNONYM ORDERS FOR RYAN.ORDERS;
CREATE SYNONYM PRODUCTS FOR RYAN.PRODUCTS;
CREATE SYNONYM INVOICES FOR RYAN.INVOICES;
CREATE SYNONYM ACCT_REC FOR RYAN.ACCT_REC;
CREATE SYNONYM ACCT_PAY FOR RYAN.ACCT_PAY;
CREATE SYNONYM VENDORS FOR RYAN.VENDORS;
CREATE SYNONYM EMPLOYEES FOR RYAN.EMPLOYEES;
CREATE SYNONYM PROJECTS FOR RYAN.PROJECTS;
CREATE SYNONYM HISTORY FOR RYAN.HISTORY;
```

Eingabe/Ausgabe

```
SQL> SPOOL OFF
SQL>

SQL> SET ECHO OFF
SQL> SET FEEDBACK ON
SQL> START PRIV_SYN.SQL

Synonym wurde angelegt.

Synonym wurde angelegt.

Synonym wurde angelegt.

Synonym wurde angelegt.

Synonym wurde angelegt.

Synonym wurde angelegt.

Synonym wurde angelegt.

Synonym wurde angelegt.

Synonym wurde angelegt.

Synonym wurde angelegt.

Synonym wurde angelegt.

Synonym wurde angelegt.

Synonym wurde angelegt.
```

Analyse

Ohne großen Aufwand verfügt BRANDON jetzt über Synonyme für alle Tabellen, deren Eigentümer RYAN ist, und BRANDON muß die Tabellennamen nicht mehr qualifizieren.

Sichten auf Tabellen erzeugen

Wenn man Sichten auf eine Gruppe von Tabellen erzeugen möchte, kann man etwa wie im folgenden Beispiel vorgehen:

Eingabe

```
SQL> SET ECHO OFF
SQL> SET FEEDBACK OFF
SQL> SET HEADING OFF
SQL> SPOOL VIEWS.SQL
SQL> SELECT 'CREATE VIEW ' || TABLE_NAME || '_VIEW AS SELECT * FROM ' ||
  2         TABLE_NAME || ';'
  3  FROM CAT
  4  /
```

Ausgabe

```
CREATE VIEW ACCT_PAY_VIEW AS SELECT * FROM ACCT_PAY;
CREATE VIEW ACCT_REC_VIEW AS SELECT * FROM ACCT_REC;
CREATE VIEW CUSTOMERS_VIEW AS SELECT * FROM CUSTOMERS;
CREATE VIEW EMPLOYEES_VIEW AS SELECT * FROM EMPLOYEES;
CREATE VIEW HISTORY_VIEW AS SELECT * FROM HISTORY;
CREATE VIEW INVOICES_VIEW AS SELECT * FROM INVOICES;
CREATE VIEW ORDERS_VIEW AS SELECT * FROM ORDERS;
CREATE VIEW PRODUCTS_VIEW AS SELECT * FROM PRODUCTS;
CREATE VIEW PROJECTS_VIEW AS SELECT * FROM PROJECTS;
CREATE VIEW VENDORS_VIEW AS SELECT * FROM VENDORS;
```

Eingabe/Ausgabe

```
SQL> SPOOL OFF
SQL> SET ECHO OFF
SQL> SET FEEDBACK ON
SQL> START VIEWS.SQL

View wurde angelegt.

View wurde angelegt.
```

```
View wurde angelegt.

View wurde angelegt.

View wurde angelegt.

View wurde angelegt.

View wurde angelegt.

View wurde angelegt.

View wurde angelegt.

View wurde angelegt.
```

Analyse

Die obige SQL-Anweisung hat die Datei `VIEWS.SQL` generiert. Diese Ausgabedatei fungiert als Befehlsdatei und enthält SQL-Anweisungen, die Sichten auf allen angegebenen Tabellen erzeugen. Die Ausführung von VIEWS.SQL bringt lediglich die Ausgabe, daß die Sichten angelegt wurden.

Alle Tabellen in einem Schema leeren

Insbesondere in einer Entwicklungsumgebung muß man häufig Tabellen in den Urzustand bringen und die Daten erneut einlesen, damit man die Laderoutinen für Daten effektiv entwickeln und die Leistung von SQL-Anweisungen testen kann. In diesem Prozeß lassen sich Fehler erkennen und beseitigen, bevor man die zu entwickelnde oder zu testende Anwendung in eine Produktionsumgebung überführt.

Das folgende Beispiel leert alle Tabellen in einem angegebenen Schema.

Eingabe

```
SQL> SET ECHO OFF
SQL> SET FEEDBACK OFF
SQL> SET HEADING OFF
SQL> SPOOL TRUNC.SQL
SQL> SELECT 'TRUNCATE TABLE ' || TABLE_NAME || ';'
  2  FROM ALL_TABLES
  3  WHERE OWNER = 'RYAN'
  4  /
```

Ausgabe

```
TRUNCATE TABLE ACCT_PAY;
TRUNCATE TABLE ACCT_REC;
TRUNCATE TABLE CUSTOMERS;
TRUNCATE TABLE EMPLOYEES;
TRUNCATE TABLE HISTORY;
TRUNCATE TABLE INVOICES;
TRUNCATE TABLE ORDERS;
TRUNCATE TABLE PRODUCTS;
TRUNCATE TABLE PROJECTS;
TRUNCATE TABLE VENDORS;
```

Starten Sie nun das Skript, wenn Sie auf die Daten in den Tabellen verzichten oder diese wiederherstellen können.

Eingabe/Ausgabe

```
SQL> SPOOL OFF
SQL> SET FEEDBACK ON
SQL> START TRUNC.SQL

Tabelle mit TRUNCATE geleert.

Tabelle mit TRUNCATE geleert.

Tabelle mit TRUNCATE geleert.

Tabelle mit TRUNCATE geleert.

Tabelle mit TRUNCATE geleert.

Tabelle mit TRUNCATE geleert.

Tabelle mit TRUNCATE geleert.

Tabelle mit TRUNCATE geleert.

Tabelle mit TRUNCATE geleert.

Tabelle mit TRUNCATE geleert.
```

Analyse

In einfachster Weise haben Sie hiermit alle Daten aus den Tabellen des Eigentümers RYAN entfernt. Dieses Verfahren bietet sich an, wenn Sie im Entwicklungsprozeß die Tabellen mit neuen Daten füllen möchten.

Tip

Bevor Sie eine Operation wie das Leeren von Tabellen in einem Schema ausführen, sollten Sie immer eine gute Sicherungskopie der betreffenden Tabellen anlegen, selbst wenn Sie genau wissen, daß Sie diese Daten niemals wieder brauchen. (Wenn alles gelöscht ist, kommt garantiert jemand, der auf die alten Datenbestände nicht verzichten kann.)

Shell-Skripts mit SQL generieren

Mit SQL lassen sich auch andere Formen von Skripts generieren – beispielsweise Shell-Skripts. Ein Oracle-RDBMS-Server kann zum Beispiel in einer Unix-Umgebung laufen, die normalerweise größer als die Umgebung eines PC-Betriebssystems ist. Demzufolge muß die Dateiverwaltung in Unix höheren Ansprüchen gerecht werden. Wenn Sie Shell-Skripts mit Hilfe von SQL erstellen, lassen sich die Datenbankdateien leicht verwalten.

Das folgende Szenario löscht Tabellenbereiche in einer Datenbank. Obwohl man Tabellenbereiche direkt per SQL löschen kann, muß man die eigentlichen Datendateien, die mit diesen Tabellenbereichen verbunden sind, separat über das Betriebssystem entfernen.

Der erste Schritt besteht im Erstellen eines SQL-Skripts, das die Tabellenbereiche löscht.

Eingabe

```
SQL> SET ECHO OFF
SQL> SET FEEDBACK OFF
SQL> SET HEADING OFF
SQL> SPOOL DROP_TS.SQL
SQL> SELECT 'DROP TABLESPACE ' || TABLESPACE_NAME || ' INCLUDING CONTENTS;'
  2  FROM SYS.DBA_TABLESPACES
  3  /
```

```
DROP TABLESPACE SYSTEM INCLUDING CONTENTS;
DROP TABLESPACE RBS INCLUDING CONTENTS;
DROP TABLESPACE TEMP INCLUDING CONTENTS;
DROP TABLESPACE TOOLS INCLUDING CONTENTS;
DROP TABLESPACE USERS INCLUDING CONTENTS;
```

Nachdem die Tabellenbereiche gelöscht wurden, ist als nächstes ein Shell-Skript zu generieren, das die Datendateien auf Betriebssystemebene entfernt.

```
SQL> SPOOL OFF
SQL> SPOOL RM_FILES.SH
SQL> SELECT 'RM -F ' || FILE_NAME
  2  FROM SYS.DBA_DATA_FILES
  3  /

rm -f /disk01/orasys/db01/system0.dbf
rm -f /disk02/orasys/db01/rbs0.dbf
rm -f /disk03/orasys/db01/temp0.dbf
rm -f /disk04/orasys/db01/tools0.dbf
rm -f /disk05/orasys/db01/users0.dbf
SQL> SPOOL OFF
SQL>
```

Nachdem Sie beide Skripts erstellt haben, können Sie mit dem ersten Skript die Tabellenbereiche löschen und dann das Shell-Skript für das Betriebssystem ausführen, um die zugehörigen Dateien zu entfernen. Für die Verwaltung von Dateien und das Generieren von SQL-fremden Skripts werden Sie noch zahlreiche andere Einsatzmöglichkeiten finden.

Tabellen und Indizes rekonstruieren

Selbst wenn viele CASE-Werkzeuge die Rekonstruktion von Tabellen und Indizes erlauben, kann man für diesen Zweck immer reines SQL verwenden. Aus dem Systemkatalog lassen sich alle erforderlichen Informationen abrufen, um Tabellen und Indizes neu aufzubauen. Ohne eine prozedurale Sprache wie PL/SQL oder ein Shell-Skript läßt sich das aber nicht effizient realisieren.

In einem Shell-Skript verwenden wir normalerweise eingebettetes SQL. Die Funktionen der prozeduralen Sprachen sind um die erforderlichen Syntaxelemente wie zum Beispiel Kommas zu ergänzen. Das Skript muß über eine gewisse »Intelligenz« verfügen, damit zum Beispiel nach der letzten Spalte kein Komma gesetzt wird und die Klammern an der richtigen Stelle stehen. Suchen Sie sich die Werkzeuge zusammen, die für das Regenerieren von Objekten aus dem Systemkatalog verfügbar sind, gleichgültig, ob Sie mit C, Perl, Shell-Skripts, Cobol oder PL/SQL arbeiten.

Zusammenfassung

Wenn man Anweisungen direkt aus der Datenbank generieren läßt, spart man sich oft das mühsame Kodieren von SQL-Anweisungen und hat mehr Zeit für die Arbeit an anderen Teilen eines Projekts.

Auch wenn die heute behandelten Grundlagen ausschließlich an einer Oracle-Datenbank demonstriert wurden, können Sie die Konzepte auf andere relationale Datenbanken übertragen. Machen Sie sich in der bei Ihnen eingesetzten Implementierung mit den Syntaxvarianten und der Struktur des Systemkatalogs vertraut. Wenn Sie neuen Dingen aufgeschlossen gegenüberstehen, finden Sie ständig Möglichkeiten zur Generierung von SQL-Skripts – angefangen bei einfachen Anweisungen bis hin zum komplexen Systemmanagement.

Fragen & Antworten

F Wann sollte ich Anweisungen manuell ausführen, und wann ist es angebracht, SQL-Anweisungen per SQL generieren zu lassen?

A *Beantworten Sie sich die folgenden Fragen:*

- *Wie oft führe ich die betreffenden Anweisungen aus?*
- *Was nimmt mehr Zeit in Anspruch: das Schreiben der »Mutter«-Anweisung oder die manuelle Ausführung aller Anweisungen?*

F Aus welchen Tabellen kann ich auswählen, um SQL-Anweisungen zu generieren?

A *Sie können aus allen Tabellen auswählen, auf die Sie Zugriff haben – Tabellen, die Sieselbst besitzen, oder Tabellen des Systemkatalogs. Denken Sie auch daran, daß man aus allen gültigen Objekten in der Datenbank auswählen kann, beispielsweise Sichten oder Snapshots.*

F Gibt es irgendwelche Einschränkungen hinsichtlich der Anweisungen, die ich mit SQL generieren kann?

A *Prinzipiell läßt sich jede Anweisung, die Sie manuell schreiben können, auch mittels SQL generieren. Untersuchen Sie Ihre Implementierung nach speziellen Optionen für die Umleitung der Ausgabe in eine Datei und das Formatieren der Ausgabe in der gewünschten Weise. Die generierten Anweisungen können Sie im nachhinein noch modifizieren, da die Ausgabe in eine Datei umgeleitet wird.*

Workshop

Kontrollfragen

1. Aus welchen zwei Quellen kann man SQL-Skripts generieren?
2. Funktioniert die folgende SQL-Anweisung? Ist die generierte Ausgabe funktionsfähig?

```
SQL> SET ECHO OFF
SQL> SET FEEDBACK OFF
SQL> SPOOL CNT.SQL
SQL> SELECT 'COUNT(*) FROM ' || TABLE_NAME || ';'
2  FROM CAT
3  /
```

3. Funktioniert die folgende SQL-Anweisung? Ist die generierte Ausgabe funktionsfähig?

```
SQL> SET ECHO OFF
SQL> SET FEEDBACK OFF
SQL> SPOOL GRANT.SQL
SQL> SELECT 'GRANT CONNECT DBA TO ' || USERNAME || ';'
2  FROM SYS.DBA_USERS
3  WHERE USERNAME NOT IN ('SYS','SYSTEM','SCOTT')
4  /
```

4. Funktioniert die folgende SQL-Anweisung? Ist die generierte Ausgabe funktionsfähig?

```
SQL> SET ECHO OFF
SQL> SET FEEDBACK OFF
SQL> SELECT 'GRANT CONNECT, DBA TO ' || USERNAME || ';'
  2  FROM SYS.DBA_USERS
  3  WHERE USERNAME NOT IN ('SYS','SYSTEM','SCOTT')
  4  /
```

5. Richtig oder falsch: Wenn man SQL-Anweisungen generiert, sollte man am besten die Rückmeldungen aktivieren (`SET FEEDBACK ON`).
6. Richtig oder falsch: Beim Generieren von SQL leitet man immer die Ausgabe in eine Protokolldatei um, damit man die Ereignisse nachvollziehen kann.
7. Richtig oder falsch: Bevor man Tabellen mit generierten SQL-Anweisungen leert, sollte man immer eine Sicherungskopie der Tabellen anlegen.
8. Was bedeutet der Befehl `ED`?
9. Was bewirkt der Befehl `SPOOL OFF`?

Übungen

1. Verwenden Sie die Sicht `SYS.DBA_USERS` (Personal Oracle8) und erzeugen Sie eine SQL-Anweisung, die eine Folge von `GRANT`-Anweisungen für fünf neue Benutzer generiert: John, Kevin, Ryan, Ron und Chris. Verwenden Sie die Spalte namens `USERNAME`. Gewähren Sie den Benutzern `SELECT`-Zugriff auf die Tabelle `HISTORY_TBL`.
2. Orientieren Sie sich an den Beispielen dieses Kapitels und erzeugen Sie SQL-Anweisungen, die andere ausführbare SQL-Anweisungen generieren.

18

PL/SQL: Eine Einführung

Woche 3

Ziele

Mit PL/SQL hat Oracle eine Technologie geschaffen, die den Einsatz von SQL in der Art einer prozeduralen Sprache erlaubt. Am Ende dieses Tages sollten Sie ...

- über das grundlegende Konzept von PL/SQL Bescheid wissen.
- die Unterschiede zwischen PL/SQL und Standard-SQL kennen.
- die grundlegenden Elemente eines PL/SQL-Programms verstehen.
- in der Lage sein, ein einfaches PL/SQL zu schreiben.
- wissen, wie man Fehler in PL/SQL behandelt.
- PL/SQL in der Praxis einsetzen können.

Einführung

In den bisherigen Lektionen haben wir uns fast ausschließlich mit Standard-SQL beschäftigt. Eine Einführung zu PL/SQL setzt die Kenntnis von Standard-SQL voraus. Die Sprache SQL dient der Kommunikation mit einer relationalen Datenbank. Man kann damit Datenbanken abfragen und Tabellen in der Datenbank modifizieren. Mit SQL-Anweisungen weist man die Datenbank an, was zu tun ist, und nicht, wie es zu tun ist. Der Abfrageoptimierer legt den Weg für die effizienteste Ausführung der Anweisung fest. Schickt man in Standard-SQL eine Folge von SQL-Anweisungen an den Server, führt der Server die Anweisungen einzeln in chronologischer Reihenfolge aus.

PL/SQL ist die prozedurale Sprache von Oracle. Sie umfaßt die Standardsprache von SQL und einen weiten Bereich von Befehlen, mit denen man die Ausführung von SQL-Anweisungen entsprechend unterschiedlicher Bedingungen steuern kann. PL/SQL kann auch Laufzeitfehler behandeln. Möglichkeiten wie Schleifen und `IF...THEN`-Anweisungen verleihen PL/SQL die Leistungsfähigkeit von Programmiersprachen der dritten Generation. Es lassen sich interaktive, benutzerfreundliche Programme schreiben, die Werte an Variablen übergeben können. Zum Lieferumfang gehören verschiedene vordefinierte Pakete, zum Beispiel für die Anzeige von Meldungen für den Benutzer.

Tag 18 behandelt die folgenden Schlüsselmerkmale von PL/SQL:

- Deklaration von Variablen, die sich bei der Verarbeitung von Anweisungen einsetzen lassen.
- Routinen zur Fehlerbehandlung, um Programme gegenüber einem unerwarteten Abbruch zu schützen.

- Interaktive Programme, die Eingaben vom Benutzer entgegennehmen.
- Aufteilen von Funktionen in logische Codeblöcke. Modulare Programmiertechniken unterstützen die Flexibilität während der Anwendungsentwicklung.
- Verbesserte Leistungsbilanz durch gleichzeitige Verarbeitung von SQL-Anweisungen.

Datentypen in PL/SQL

Die meisten Datentypen sind weitgehend einheitlich definiert, wobei aber bei den einzelnen Implementierungen gewisse Eigenheiten hinsichtlich der Speicherung und der internen Verarbeitung zu beachten sind. Variablen, die man in PL/SQL-Blöcken deklariert, müssen gültige Datentypen aufweisen. Die folgenden Unterabschnitte beschreiben kurz die in PL/SQL verfügbaren Datentypen.

Oracle stellt in PL/SQL sogenannte Untertypen zu den Datentypen bereit. Beispielsweise hat der Datentyp `NUMBER` einen Untertyp `INTEGER`. Mit Untertypen läßt sich die Kompatibilität der Datentypen eines PL/SQL-Programms zu Datentypen in anderen Programmen wie zum Beispiel Cobol erreichen, insbesondere wenn man PL/SQL-Code in ein anderes Programm einbettet. Untertypen sind lediglich alternative Namen für die Datentypen von Oracle, und man muß demnach die Regeln des zugehörigen Originaltyps beachten.

Hinweis

Wie in den meisten Implementierungen von SQL wird die Groß-/Kleinschreibung in der Syntax einer Anweisung nicht berücksichtigt. PL/SQL erlaubt in den Befehlen sowohl Groß- als auch Kleinbuchstaben.

Zeichenstrings

Die in PL/SQL als Zeichenstrings vorhandenen Datentypen sind allgemein für die Aufnahme von alphanumerischen Werten definiert. Beispiele für Zeichenstring-Datentypen sind Namen, Codes, Beschreibungen und Seriennummern, die Zeichen enthalten.

In Variablen vom Datentyp `CHAR` lassen sich Zeichenstrings fester Länge mit maximal 32767 Byte speichern, obwohl man sich in einer Tabelle kaum einen derartig großen Wert dieses Datentyps vorstellen kann.

Syntax

```
CHAR ( max_Laenge )
```

Untertyp: CHARACTER

VARCHAR2 speichert Zeichenstrings variabler Länge. Normalerweise verwendet man VARCHAR2 anstelle von CHAR, um Daten veränderlicher Länge zu speichern, beispielsweise Personennamen. Die maximale Länge von VARCHAR2 beträgt ebenfalls 32767 Byte.

Syntax

```
VARCHAR2 ( max_Laenge )
```

Untertypen: VARCHAR, STRING

LONG speichert ebenfalls Strings variabler Länge, wobei die maximale Zeichenzahl 32760 Byte beträgt. In der Regel verwendet man LONG, um längere Texte (etwa Anmerkungen) zu speichern, obwohl sich VARCHAR2 genausogut dafür eignet.

Numerische Datentypen

In einer Oracle-Datenbank lassen sich im Datentyp NUMBER beliebige Zahlenwerte speichern.

Syntax

```
NUMBER ( max_length )
```

Die Genauigkeit der Daten läßt sich im Typ NUMBER mit der folgenden Syntax festlegen:

```
NUMBER (Genauigkeit, Skala)
```

Untertypen: DEC, DECIMAL, DOUBLE PRECISION, INTEGER, INT, NUMERIC, REAL, SMALLINT, FLOAT

PLS_INTEGER definiert Spalten, die ganze Zahlen mit Vorzeichen (negative Zahlen) enthalten können.

Binäre Datentypen

Binäre Datentypen speichern Daten, die in einem binären Format vorliegen, beispielsweise Grafiken oder Fotos. Zu diesen Datentypen gehören RAW und LONG RAW.

Der Datentyp DATE

DATE ist der gültige Oracle-Datentyp zur Speicherung von Datumswerten. Wenn man eine Spalte als DATE definiert, gibt man keine Länge an, da die Länge des DATE-Felds implizit enthalten ist. Das Format eines Oracle-Datums lautet zum Beispiel 01.10.97 oder 01-OCT-97.

BOOLEAN

BOOLEAN speichert die Werte TRUE, FALSE und NULL. Wie DATE erfordert BOOLEAN keine Parameter, wenn man diesen Datentyp für die Definition einer Spalte oder einer Variablen angibt.

ROWID

ROWID ist eine Pseudospalte, die in jeder Tabelle einer Oracle-Datenbank vorhanden ist. ROWID wird im binären Format gespeichert und identifiziert die Zeilen einer Tabelle. Indizes verwenden ROWIDs als Zeiger auf Daten.

Die Struktur eines PL/SQL-Blocks

PL/SQL ist eine Sprache mit Blockstruktur, das heißt PL/SQL-Programme sind in logische Codeblöcke unterteilt. Innerhalb eines PL/SQL-Codeblocks lassen sich Prozesse wie Datenmanipulationen oder Abfragen formulieren. Ein PL/SQL-Block baut sich aus den folgenden Teilen auf:

- Der optionale DECLARE-Abschnitt enthält die Definitionen von Variablen und anderen Objekten, wie Konstanten und Cursor.
- Der PROCEDURE-Abschnitt enthält Bedingungsbefehle und SQL-Anweisungen. In diesem Abschnitt wird der Block auch gesteuert. Der PROCEDURE-Abschnitt ist der einzige obligatorische Teil eines PL/SQL-Blocks.
- Der ebenfalls optionale EXCEPTION-Abschnitt weist den PL/SQL-Block an, wie bestimmte Fehler und benutzerdefinierte Ausnahmen (Exceptions) zu behandeln sind.

Hinweis

Ein Block ist eine logische Einheit des PL/SQL-Codes, der zumindest einen PROCEDURE-Abschnitt und optional die Abschnitte DECLARE und EXCEPTION enthält.

Die grundlegende Struktur eines PL/SQL-Blocks stellt sich wie folgt dar:

Syntax

```
BEGIN        -- optional, kennzeichnet den Beginn des Blocks
  DECLARE    -- optional, Variablendefinitionen
  BEGIN      -- obligatorisch, kennzeichnet den Beginn des PROCEDURE-
Abschnitts
  EXCEPTION -- optional, kennzeichnet den Beginn eines EXCEPTION-
Abschnitts
  END        -- obligatorisch, kennzeichnet das Ende des PROCEDURE-
Abschnitts
END          -- optional, kennzeichnet das Ende des Blocks
```

Beachten Sie, daß es nur zwei obligatorische Elemente in einem PL/SQL-Block gibt: das zweite BEGIN und das erste END, die den PROCEDURE-Abschnitt kennzeichnen. Natürlich wird man dazwischen noch Anweisungen schreiben. Wenn man das erste BEGIN angibt, muß man auch das zweite END schreiben, und umgekehrt.

Kommentare

Was wäre ein Programm ohne Kommentare? Alle Programmiersprachen bieten Befehle, mit denen man Kommentare in den Code einfügen kann. PL/SQL bildet auch hier keine Ausnahme. Die Kommentare auf den Zeilen in der oben dargestellten Blockstruktur beschreiben jeden Befehl. In PL/SQL kennzeichnet man Kommentare wie folgt:

Syntax

```
-- Das ist ein einzeiliger Kommentar.

/* Das ist ein
mehrzeiliger Kommentar. */
```

Hinweis

PL/SQL unterstützt direkt die Befehle der Datenmanipulationssprache (DML) und Datenbankabfragen. Dagegen werden die Befehl der Datendefinitionssprache (DLL) nicht unterstützt. Im allgemeinen setzt man PL/SQL ein, um die Daten innerhalb der Datenbankstruktur zu manipulieren, aber nicht, um diese Strukturen zu verändern.

Der DECLARE-Abschnitt

Der DECLARE-Abschnitt in einem PL/SQL-Codeblock besteht aus Variablen, Konstanten, Cursordefinitionen und speziellen Datentypen. Als PL/SQL-Programmierer können Sie alle Variablentypen innerhalb Ihrer Codeblöcke deklarieren. Allerdings müssen Sie jeder definierten Variablen einen Datentyp zuweisen, der den Regeln von Oracle für den betreffenden Datentyp entspricht. Variablen müssen außerdem den Standards von Oracle zur Benennung genügen.

Variablenzuweisung

Variablen sind Werte, die sich innerhalb eines PL/SQL-Blocks verändern lassen. PL/SQL-Variablen ist ein gültiger Datentyp bei der Deklaration zuzuweisen. Bei Bedarf kann man Variablen initialisieren. Das folgende Beispiel definiert einen Satz von Variablen im DECLARE-Abschnitt eines Blocks:

```
DECLARE
  owner char(10);
  tablename char(30);
  bytes number(10);
  today date;
```

Analyse

Der DECLARE-Abschnitt eines Blocks ist nicht selbständig ausführbar. Der Abschnitt wird mit der Anweisung DECLARE eingeleitet. Daran schließen sich die Definitionen der Variablen auf jeweils eigenen Zeilen an. Jede Variablendeklaration endet mit einem Semikolon.

Im DECLARE-Abschnitt kann man Variablen auch initialisieren. Dazu ein Beispiel:

```
DECLARE
  Kunde char(30);
  Rechnungsjahr number(2) := '97';
```

Mit dem Symbol := initialisiert man eine Variable im DECLARE-Abschnitt, das heißt man weist dieser Variablen einen Anfangswert zu. Eine als NOT NULL definierte Variable muß initialisiert werden.

```
DECLARE
  Kunde char(30);
  Rechnungsjahr number(2) NOT NULL := '97';
```

Analyse

Die Klausel NOT NULL in der Definition von Rechnungsjahr ähnelt einer Spaltendefinition in einer CREATE TABLE-Anweisung.

Konstantenzuweisung

Konstanten definiert man in der gleichen Weise wie Variablen. Konstante Werte sind allerdings statisch und ändern sich nicht. Im obigen Beispiel stellt `Rechnungsjahr` wahrscheinlich eine Konstante dar.

Hinweis: Jede Variablendeklaration muß mit einem Semikolon enden.

Cursordefinitionen

Ein Cursor ist ein weiterer Variablentyp in PL/SQL. Bei einer Variablen denkt man gewöhnlich an einen einzelnen Wert. Ein Cursor ist eine Variable, die auf eine Datenzeile in der Ergebnismenge einer Abfrage zeigt. In einer mehrzeiligen Ergebnismenge braucht man eine Möglichkeit, um durch jeden Datensatz zu scrollen und die Daten zu analysieren. Genau dazu dient ein Cursor. Wenn der PL/SQL-Block die Ergebnismenge einer Abfrage innerhalb des Blocks bearbeitet, zeigt ein Cursor auf die zurückgegebene Zeile. Das folgende Beispiel zeigt, wie man in PL/SQL einen Cursor definiert:

Eingabe

```
DECLARE
  cursor employee_cursor is
    select * from employees;
```

Ein Cursor ist einer Sicht ähnlich. Mit einer Schleife im `PROCEDURE`-Abschnitt kann man durch einen Cursor scrollen. Diese Technik wird in Kürze gezeigt.

Das Attribut %TYPE

Das Attribut `%TYPE` liefert den Datentyp einer Variablen oder einer Datenbankspalte. Statt den Datentyp fest im PL/SQL-Block zu kodieren, läßt sich mit `%TYPE` die Konsistenz der Datentypen in den Codeblöcken gewährleisten.

Eingabe

```
DECLARE
  cursor employee_cursor is
    select emp_id, emp_name from employees;
  id_num employees.emp_id%TYPE;
  name employees.emp_name%TYPE;
```

Analyse

Die Variable `id_num` wird vom selben Datentyp wie `emp_id` in der Tabelle `EMPLOYEES` deklariert. Mit `%TYPE` übernimmt man bei der Deklaration der Variablen `name` den Datentyp der Spalte `emp_name` in der Tabelle `EMPLOYEES`.

Das Attribut %ROWTYPE

Variablen sind nicht auf einzelne Werte beschränkt. Eine Variable kann zum Beispiel mit einem definierten Cursor verbunden sein. Das Attribut `%ROWTYPE` liefert einen Datensatztyp zurück, der eine ganze Zeile in einer Tabelle (oder Sicht) repräsentiert. Damit kann man den Datentyp der Variablen auf die Datentypen der Spalten in der betreffenden Datenzeile des Cursors festlegen. Im folgenden Beispiel erzeugt das Attribut `%ROWTYPE` eine Datensatzvariable.

Eingabe

```
DECLARE
  cursor employee_cursor is
    select emp_id, emp_name from employee;
  employee_record employee_cursor%ROWTYPE;
```

Analyse

Dieses Beispiel deklariert eine Variable namens `employee_record`. Das Attribut `%ROWTYPE` definiert diese Variable vom selben Datentyp wie die gesamte Datenzeile im `employee_cursor`. Variablen, die mit dem Attribut `%ROWTYPE` deklariert sind, bezeichnet man auch als Aggregatvariable.

Das Attribut %ROWCOUNT

Das PL/SQL-Attribut `%ROWCOUNT` liefert die Anzahl der Zeilen, die von SQL-Anweisungen im betreffenden Block aus einem Cursor zurückgegeben wurden.

```
DECLARE
  cursor employee_cursor is
    select emp_id, emp_name from employees;
  records_processed := employee_cursor%ROWCOUNT;
```

In diesem Beispiel stellt die Variable `records_processed` die aktuelle Anzahl der Zeilen dar, auf die der PL/SQL-Block in `employee_cursor` zugegriffen hat.

Achten Sie bei der Deklaration von Variablen auf Konflikte mit Tabellennamen. Deklariert man zum Beispiel eine Variable mit demselben Namen wie eine Tabelle, auf die man im PL/SQL-Code zugreifen möchte, hat die lokale Variable den Vorrang gegenüber dem Tabellennamen.

Der PROCEDURE-Abschnitt

Der `PROCEDURE`-Abschnitt ist der einzige obligatorische Teil eines PL/SQL-Blocks. Dieser Teil des Blocks ruft Variablen auf und manipuliert mit Cursor die Daten in der Datenbank. Der `PROCEDURE`-Abschnitt ist der Hauptteil eines Blocks und enthält Bedingungsanweisungen und SQL-Befehle.

BEGIN...END

In einem Block kennzeichnet die Anweisung `BEGIN` den Anfang einer Prozedur. Analog dazu markiert die `END`-Anweisung das Ende der Prozedur. Das folgende Beispiel zeigt die Grundstruktur des `PROCEDURE`-Abschnitts:

Syntax

```
BEGIN
  open Cursorname;
  Bedingung1;
    Anweisung1;
  Bedingung2;
    Anweisung2;
  Bedingung3;
    Anweisung3;
...
...
...
  close Cursorname;
END
```

Befehle zur Cursor-Steuerung

Nachdem Sie gelernt haben, wie man Cursor in einem PL/SQL-Block definiert, müssen Sie wissen, wie man auf die definierten Cursor zugreift. Dieser Abschnitt erläutert die grundlegenden Befehle zur Cursor-Steuerung: `DECLARE`, `OPEN`, `FETCH` und `CLOSE`.

DECLARE

Weiter vorn in der heutigen Lektion wurde gezeigt, wie man einen Cursor im `DECLARE`-Abschnitt eines Blocks definiert. Die `DECLARE`-Anweisung gehört zur Liste der Cursor-Steuerbefehle.

OPEN

Genau wie man ein Buch nicht lesen kann, bevor man es öffnet, muß man einen definierten Cursor erst öffnen und kann erst dann darauf zugreifen. Einen Cursor öffnet man mit dem Befehl `OPEN`, wie es das folgende Beispiel zeigt:

Syntax

```
BEGIN
  open employee_cursor;
  Anweisung1;
  Anweisung2;
...
...
...
END
```

FETCH

Der Befehl FETCH füllt eine Variable mit den Werten aus einem Cursor. Hier zwei Beispiele für den Einsatz von FETCH: das erste füllt eine Aggregatvariable, das andere Beispiel zwei einzelne Variablen.

Eingabe

```
DECLARE
  cursor employee_cursor is
    select emp_id, emp_name from employees;
  employee_record employee_cursor%ROWTYPE;
BEGIN
  open employee_cursor;
  loop
    fetch employee_cursor into employee_record;
  end loop;
  close employee_cursor;
END
```

Analyse

Das obige Beispiel holt die aktuelle Zeile des Cursors in die Aggregatvariable employee_record. Der Cursor wird in einer Schleife durchlaufen. Ansonsten führt dieses Beispiel keine sinnvollen Aktionen aus.

Eingabe

```
DECLARE
  cursor employee_cursor is
    select emp_id, emp_name from employees;
  id_num employees.emp_id%TYPE;
  name employees.emp_name%TYPE;
BEGIN
  open employee_cursor;
  loop
    fetch employee_cursor into id_num, name;
  end loop;
  close employee_cursor;
END
```

Analyse

Dieses Beispiel holt die aktuelle Zeile des Cursors in die Variablen id_num und name, die im DECLARE-Abschnitt definiert wurden.

CLOSE

Wenn man die Arbeit mit einem Cursor in einem Block beendet hat, sollte man den Cursor schließen. Der entsprechende Befehl lautet CLOSE.

Syntax

```
BEGIN
  open employee_cursor;
  Anweisung1;
  Anweisung2;
...
...
...
  close employee_cursor;
END
```

Analyse

Nachdem ein Cursor geschlossen wurde, existiert die Ergebnismenge einer Abfrage nicht mehr. Man muß den Cursor erneut öffnen, um auf die zugehörige Datenmenge zuzugreifen.

Bedingungsanweisungen

Nun kommen wir zur eigentlichen Würze von PL/SQL. Mit den Bedingungsanweisungen können Sie die Verarbeitung der SQL-Anweisungen beeinflussen. Die PL/SQL-Bedingungsanweisungen findet man so oder in ähnlicher Form in den meisten Sprachen der dritten Generation wieder.

IF...THEN

Die Bedingungsanweisung IF...THEN dürfte den meisten Programmierern am vertrautesten sein. Die IF...THEN-Anweisung schreibt die Ausführung bestimmter Aktionen vor, wenn die angegebenen Bedingungen erfüllt sind. Die Struktur einer IF...THEN-Anweisung sieht folgendermaßen aus:

Syntax

```
IF Bedingung1 THEN
  Anweisung1;
END IF;
```

Prüft man auf zwei Bedingungen, kann man die Anweisung wie folgt schreiben:

Syntax

```
IF Bedingung1 THEN
  Anweisung1;
ELSE
  Anweisung2;
END IF;
```

Bei mehr als zwei Bedingungen läßt sich die Anweisung folgendermaßen formulieren:

Syntax

```
IF Bedingung1 THEN
  Anweisung1;
ELSIF Bedingung2 THEN
  Anweisung2;
ELSE
  Anweisung3;
END IF;
```

Analyse

Die Struktur des letzten Beispiels ist folgendermaßen zu interpretieren: Wenn `Bedingung1` erfüllt ist, dann führe `Anweisung1` aus. Wenn `Bedingung2` erfüllt ist, dann führe `Anweisung2`, andernfalls `Anweisung3` aus. `IF...THEN`-Anweisungen lassen sich auch in anderen Anweisungen und/oder Schleifen verschachteln.

Schleifen (LOOP)

In einem PL/SQL-Block kann man Anweisung in Schleifen solange wiederholen, bis die angegebene Bedingung erfüllt ist. Man unterscheidet drei Arten von Schleifen.

Als einfachste Form der Schleifenanweisungen realisiert `LOOP` eine Endlosschleife, die man häufig für das Durchlaufen eines Cursors einsetzt. Damit eine derartige Schleife terminiert, muß man einen Austrittspunkt spezifizieren. Zum Beispiel soll beim Durchlaufen eines Cursors die Schleife nach der Verarbeitung der letzten Zeile im Cursor verlassen werden:

Eingabe

```
BEGIN
open employee_cursor;
LOOP
  FETCH employee_cursor into employee_record;
  EXIT WHEN employee_cursor%NOTFOUND;
```

```
  statement1;
  .
  .
  .
END LOOP;
close employee_cursor;
END;
```

Das Cursor-Attribut %NOTFOUND liefert das Ergebnis TRUE, wenn die letzte FETCH-Operation keine Zeile aus dem Cursor zurückgegeben hat. Im Beispiel wird damit die Schleife verlassen, wenn der Cursor keine Daten mehr enthält. Gibt man diese Anweisung nicht in der Schleife an, läuft die Schleife auf immer und ewig.

Eine WHILE-Schleife führt Befehle aus, solange eine bestimmte Bedingung TRUE ist. Sobald die Bedingung nicht mehr TRUE ist, gibt die Schleife die Steuerung des Programmablaufs an die nächste Anweisung nach der Schleife ab.

```
DECLARE
  cursor payment_cursor is
    select cust_id, payment, total_due from payment_table;
  cust_id payment_table.cust_id%TYPE;
  payment payment_table.payment%TYPE;
  total_due payment_table.total_due%TYPE;
BEGIN
  open payment_cursor;
  WHILE payment < total_due LOOP
    FETCH payment_cursor into cust_id, payment, total_due;
    EXIT WHEN payment_cursor%NOTFOUND;
    insert into underpay_table
    values (cust_id, 'STILL OWES');
END LOOP;
  close payment_cursor;
END;
```

Das obige Beispiel verwendet die WHILE-Schleife, um den Cursor zu durchlaufen und die Befehle innerhalb der Schleife auszuführen, solange die Bedingung payment < total_due erfüllt ist.

Im vorherigen Block läßt sich auch die FOR-Schleife einsetzen, um implizit die aktuelle Zeile des Cursors in die definierten Variablen zu holen.

Eingabe

```
DECLARE
  cursor payment_cursor is
    select cust_id, payment, total_due from payment_table;
  cust_id payment_table.cust_id%TYPE;
  payment payment_table.payment%TYPE;
  total_due payment_table.total_due%TYPE;
BEGIN
  FOR pay_rec IN payment_cursor LOOP
    IF pay_rec.payment < pay_rec.total_due THEN
      insert into underpay_table
      values (pay_rec.cust_id, 'STILL OWES');
    END IF;
  END LOOP;
END;
```

Analyse

Dieses Beispiel durchläuft den Cursor mit einer FOR-Schleife. Die FOR-Schleife schließt in Verbindung mit einem Cursor die Befehle OPEN, FETCH und CLOSE ein, so daß man auf diese Befehle verzichten kann. Beachten Sie, daß auch das Attribut %NOTFOUND fehlt. Dieses Attribut ist implizit in der FOR-Schleife enthalten. Demzufolge liefert dieses und das vorherige Beispiel die gleichen Ergebnisse.

Der EXCEPTION-Abschnitt

Der EXCEPTION-Abschnitt ist ein optionaler Teil eines PL/SQL-Blocks. Wenn dieser Abschnitt fehlt und Fehler auftreten, wird der Block beendet. Bestimmte Fehler rechtfertigen aber nicht die unmittelbare Beendigung eines Blocks, so daß man mit dem EXCEPTION-Abschnitt spezielle Fehler oder benutzerdefinierte Ausnahmen in einer ordnungsgemäßen Weise behandeln kann. Exceptions (deutsch: Ausnahmen) können benutzerdefiniert sein, obwohl viele Exceptions bereits durch Oracle vordefiniert sind.

Exceptions auslösen

Exceptions werden in einem Block mit dem Befehl RAISE ausgelöst. Dabei kann der Programmierer explizit Exceptions auslösen, während interne Datenbankfehler automatisch – oder implizit – vom Datenbankserver ausgelöst werden.

Syntax

```
BEGIN
  DECLARE
    Exceptionname EXCEPTION;
  BEGIN
    IF Bedingung THEN
      RAISE Exceptionname;
    END IF;
  EXCEPTION
    WHEN Exceptionname THEN
      Anweisung;
END;
```

Analyse

Dieser Block zeigt die Grundlagen für das explizite Auslösen einer Exception. Zuerst wird der `Exceptionname` mit der Anweisung `EXCEPTION` deklariert. Im `PROCEDURE`-Abschnitt löst ein `RAISE`-Befehl die Exception aus, wenn eine gegebene Bedingung erfüllt ist. Die `RAISE`-Operation referenziert dann den `EXCEPTION`-Abschnitt des Blocks, wo die entsprechenden Anweisungen zur Fehlerbehandlung (oder andere Aktionen) stehen.

Exceptions behandeln

Das obige Beispiel hat eine Exception im `EXCEPTION`-Abschnitt des Blocks behandelt. In PL/SQL kann man problemlos auf Fehler reagieren und mit Hilfe von Exceptions den PL/SQL-Block entweder mit einem bekannten Fehler fortsetzen oder auf sanfte Weise beenden.

Syntax

```
EXCEPTION
  WHEN Exception1 THEN
    Anweisung1;
  WHEN Exception2 THEN
    Anweisung2;
  WHEN OTHERS THEN
    Anweisung3;
```

Analyse

Dieses Beispiel zeigt, wie der `EXCEPTION`-Block aussehen könnte, wenn man mehrere Exceptions zu behandeln hat. Das Beispiel erwartet zwei Exceptions (`Exception1` und `Exception2`), wenn dieser Block gestartet wird. Die Anweisung `WHEN OTHERS` bewirkt die Ausführung von `Anweisung3`, wenn keine anderen Exceptions auftreten, während der Block abgearbeitet wird. Die Klausel `WHEN OTHERS` erlaubt die Kontrolle über alle Fehler, die innerhalb des Blocks auftreten.

Einen PL/SQL-Block ausführen

PL/SQL-Anweisungen werden normalerweise mit einem Host-Editor erzeugt und wie normale SQL-Skript-Dateien ausgeführt. In PL/SQL ist jede Anweisung in einem Block mit einem Semikolon abzuschließen – angefangen bei Variablenzuweisungen bis zu Befehlen der Datenmanipulation. Der Schrägstrich (/) ist hauptsächlich in SQL-Skript-Dateien zu finden, PL/SQL beendet mit dem Schrägstrich aber auch einen Block in einer Skript-Datei. Ein PL/SQL-Block läßt sich am einfachsten mit dem Befehl `START` ausführen, den man auch als `STA` oder `@` abkürzen kann.

Eine Skript-Datei in PL/SQL könnte etwa folgendermaßen aussehen:

Syntax

```
/* Diese Datei heisst proc1.sql */
BEGIN
  DECLARE
    ...
  BEGIN
    ...
    Anweisungen;
    ...
  EXCEPTION
    ...
  END;
END;
/
```

Die PL/SQL-Skriptdatei führen Sie folgendermaßen aus:

```
SQL> start proc1
```

oder

```
SQL> sta proc1
```

oder

```
SQL> @proc1
```

Hinweis

PL/SQL-Skript-Dateien können mit dem Befehl `START` oder dem Zeichen `@` ausgeführt werden. PL/SQL-Skript-Dateien lassen sich auch aus anderen PL/SQL-Dateien, Shell-Skripts oder Programmen aufrufen.

Ausgaben anzeigen

Insbesondere bei der Behandlung von Exceptions möchte man die Benutzer über die ablaufenden Vorgänge informieren. In der Ausgabe lassen sich einerseits Daten anzeigen, andererseits aber auch eigene Fehlermeldungen, die für den Benutzer sicherlich nützlicher sind als kryptische Fehlernummern. Sollte die Fehlermeldung zu kompliziert sein, können Sie den Benutzer auch bitten, sich mit dem Datenbank-Administrator in Verbindung zu setzen.

PL/SQL bietet zwar keine direkten syntaktischen Mittel für eine Anzeige, erlaubt aber den Aufruf eines Pakets aus einem Block heraus, um diese Funktion zu realisieren. Das betreffende Paket heißt DBMS_OUTPUT.

```
EXCEPTION
  WHEN zero_divide THEN
    DBMS_OUTPUT.put_line('Fehler: Division durch 0. Bitte DBA kontaktieren.');
```

Analyse

ZERO_DIVIDE ist eine von Oracle vordefinierte Exception. Die gebräuchlichsten Fehler, die während der Programmabarbeitung auftreten, sind als Exceptions vordefiniert und werden implizit ausgelöst (das heißt Sie brauchen den Fehler nicht im PROCEDURE-Abschnitt des Blocks auslösen).

Wenn Sie den Block mit

Eingabe

```
SQL> @block1
```

ausführen und die Exception während der Abarbeitung des Blocks auftritt, erhalten Sie die Fehlermeldung:

Ausgabe

```
Fehler: Division durch 0. Bitte DBA kontaktieren.

PL/SQL-Prozedur wurde erfolgreich abgeschlossen.
```

Sieht diese Meldung nicht freundlicher aus als:

Eingabe/Ausgabe

```
SQL> @block1
begin
*
```

```
FEHLER in Zeile 1:
ORA-01476: Divisor ist Null
ORA-06512: in  Zeile 20
```

Transaktionssteuerung in PL/SQL

In Lektion 11 haben wir die Befehle zur Transaktionssteuerung COMMIT, ROLLBACK und SAVEPOINT behandelt. Mit diesen Befehlen kann der Programmierer steuern, wann und wie oft Transaktionen tatsächlich in die Datenbank zu übernehmen und wann sie rückgängig zu machen sind.

Syntax

```
BEGIN
  DECLARE
    ...
  BEGIN
    Anweisungen...
    IF Bedingung THEN
      COMMIT;
    ELSE
      ROLLBACK;
    END IF;
    ...
  EXCEPTION
    ...
  END;
END;
```

Das Gute an PL/SQL ist, daß sich die Befehle zur Transaktionssteuerung automatisieren lassen. Die manchmal lästige Überwachung umfangreicher Transaktionen entfällt damit.

Alles zusammen

Bisher haben Sie eine Einführung in PL/SQL erhalten, sind mit den unterstützten Datentypen vertraut und kennen die wesentlichen Charakteristika eines PL/SQL-Blocks. Sie wissen, wie man lokale Variablen, Konstanten und Cursor deklariert. Außerdem haben Sie gesehen, wie man SQL im PROCEDURE-Abschnitt einbettet, Cursor manipuliert und Exceptions auslöst. Die grundsätzlichen Verfahren zur Behandlung von Ausnahmen im EXCEPTION-Abschnitt des Blocks kennen Sie ebenfalls. Nunmehr sind Sie darauf vorbereitet, einige praktische Beispiele durchzuarbeiten und Blöcke von BEGIN bis END zu erstellen. Am Ende dieses Abschnitts sollten Sie wissen, wie die Teile eines PL/SQL-Blocks miteinander interagieren.

Beispiele für Tabellen und Daten

Um PL/SQL-Blöcke zu erstellen, verwenden wir an dieser Stelle zwei Tabellen. ZAHLUNGEN speichert den Namen des Kunden, wieviel er bezahlt hat und wie hoch seine Restschuld ist. ZAHLUNG_STATUS enthält noch keinerlei Daten. Diese werden in die Tabelle entsprechend den Bedingungen in der Tabelle ZAHLUNGEN eingefügt.

```
SQL> SELECT *
  2  FROM ZAHLUNGEN;
```

```
KUN      ZAHLG    SCHULD
--- --------- ---------
ABC       90,5    150,99
AAA         79        79
BBB        950      1000
CCC       27,5      27,5
DDD        350    500,95
EEE      67,89     67,89
FFF     555,55    455,55
GGG     122,36    122,36
HHH      26,75         0

9 Zeilen ausgewählt.
```

```
SQL> DESCRIBE ZAHLUNG_STATUS
```

```
 Name                            Null?    Type
 ------------------------------- -------- ----
 KUND_NR                         NOT NULL CHAR(3)
 STATUS                          NOT NULL VARCHAR2(15)
 SOLL                                     NUMBER(8,2)
 HABEN                                    NUMBER(8,2)
```

Der Oracle-SQL-Befehl DESCRIBE zeigt die Struktur einer Tabelle an, ohne daß man dazu den Systemkatalog abfragen muß. DESCRIBE und andere Befehle von Oracle SQL*Plus behandelt Tag 20.

Ein einfacher PL/SQL-Block

Das als Beispiel verwendete PL/SQL-Skript (block1.sql) sieht folgendermaßen aus:

```
set serveroutput on
BEGIN
  DECLARE
    AmtZero EXCEPTION;
    cCustId ZAHLUNGEN.KUND_NR%TYPE;
    fPayment ZAHLUNGEN.ZAHLG%TYPE;
    fTotalDue ZAHLUNGEN.SCHULD%TYPE;
    cursor ZAHLG_CURSOR is
      select KUND_NR, ZAHLG, SCHULD
      from ZAHLUNGEN;
    fOverPaid number(8,2);
    fUnderPaid number(8,2);
  BEGIN
    open ZAHLG_CURSOR;
    loop
      fetch ZAHLG_CURSOR into
        cCustId, fPayment, fTotalDue;
      exit when ZAHLG_CURSOR%NOTFOUND;
      if ( fTotalDue = 0 ) then
        raise AmtZero;
      end if;
      if ( fPayment > fTotalDue ) then
        fOverPaid := fPayment - fTotalDue;
        insert into ZAHLUNG_STATUS (KUND_NR, STATUS, HABEN)
        values (cCustId, 'Zuviel bezahlt', fOverPaid);
      elsif ( fPayment < fTotalDue ) then
        fUnderPaid := fTotalDue - fPayment;
        insert into ZAHLUNG_STATUS (KUND_NR, STATUS, SOLL)
        values (cCustId, 'Restschuld', fUnderPaid);
      else
        insert into ZAHLUNG_STATUS
        values (cCustId, 'Bezahlt', null, null);
```

```
      end if;
    end loop;
    close ZAHLG_CURSOR;
  EXCEPTION
    when AmtZero then
    DBMS_OUTPUT.put_line('Fehler: Betrag ist 0. Bitte Supervisor kontaktieren.');
    when OTHERS then
    DBMS_OUTPUT.put_line('Unbekannter Fehler. Bitte DBA konsultieren.');
  END;
END;
/
```

Der `DECLARE`-Abschnitt definiert sechs lokale Variablen sowie einen Cursor namens `ZAHLG_CURSOR`. Der `PROCEDURE`-Abschnitt beginnt mit der zweiten `BEGIN`-Anweisung. Als erstes wird hier der Cursor geöffnet und eine Schleife gestartet. Der `FETCH`-Befehl übergibt die aktuellen Werte im Cursor in die Variablen, die im `DECLARE`-Abschnitt definiert wurden. Solange die Schleife Datensätze im Cursor findet, vergleicht die Anweisung den von einem Kunden bezahlten Betrag mit der gesamten Restschuld. Mehrzahlungen und Zahlungsverzug werden entsprechend der gezahlten Beträge berechnet. Dann übernimmt das Programm die berechneten Beträge in die Tabelle `ZAHLUNG_STATUS`. Die Schleife terminiert, und der Cursor wird geschlossen. Der `EXCEPTION`-Abschnitt behandelt Fehler, die während der Verarbeitung auftreten können.

Sehen wir uns nun an, was beim Start des PL/SQL-Skripts passiert.

```
SQL> @block1
```

```
Fehler: Betrag ist 0. Bitte Supervisor kontaktieren.

PL/SQL-Prozedur wurde erfolgreich abgeschlossen.
```

Diese Meldung zeigt, daß in der Spalte für die Gesamtschuld ein falscher Wert aufgetreten ist. Damit können Sie den Betrag korrigieren und das Skript erneut starten.

Eingabe/Ausgabe

```
SQL> UPDATE ZAHLUNGEN
  2  SET SCHULD = 26.75
  3  WHERE KUND_NR = 'HHH';

1 Zeile wurde aktualisiert.

SQL> COMMIT;

Transaktion mit COMMIT abgeschlossen.

SQL> TRUNCATE TABLE ZAHLUNG_STATUS;

Tabelle mit TRUNCATE geleert.
```

Hinweis

Dieses Beispiel löscht den Inhalt der Tabelle ZAHLUNG_STATUS mit TRUNCATE TABLE. Der nächste Start des PL/SQL-Skripts füllt die Tabelle erneut. Die Anweisung TRUNCATE TABLE können Sie auch in Ihren PL/SQL-Block aufnehmen.

Eingabe/Ausgabe

```
SQL> @block1

PL/SQL-Prozedur wurde erfolgreich abgeschlossen.
```

Nun können Sie aus der Tabelle ZAHLUNG_STATUS auswählen und die Zahlungsmoral für jeden Kunden anzeigen.

Eingabe/Ausgabe

```
SQL> SELECT *
  2  FROM ZAHLUNG_STATUS
  3  ORDER BY STATUS;
KUN STATUS                SOLL     HABEN
--- --------------- --------- ---------
AAA Bezahlt
CCC Bezahlt
```

```
GGG Bezahlt
HHH Bezahlt
EEE Bezahlt
ABC Restschuld          60,49
DDD Restschuld         150,95
BBB Restschuld             50
FFF Zuviel bezahlt                       100

9 Zeilen ausgewählt.
```

In die Tabelle ZAHLUNG_STATUS wird für jede Datenzeile, die in der Tabelle ZAHLUNGEN enthalten ist, eine Zeile eingefügt. Wenn der Kunde mehr als den geforderten Betrag bezahlt hat, kommt die Differenz in die Spalte HABEN. Hat der Kunde weniger als den Rechnungsbetrag bezahlt, erfolgt ein Eintrag in die Spalte SOLL. Bei vollständiger Bezahlung bleiben beide Spalten leer.

Ein anderes Programm

Dieses Beispiel arbeitet mit einer Tabelle namens LOHN:

```
SQL> DESC LOHN
```

```
 Name                            Null?    Type
 ------------------------------- -------- ----
 NAME                                     VARCHAR2(20)
 ART                                      VARCHAR2(3)
 TARIF                                    NUMBER(8,2)
 SEIT                                     DATE
 TARIF_ALT                                NUMBER(8,2)
```

Sehen Sie sich zunächst die Daten an:

Eingabe

```
SQL> SELECT *
  2  FROM LOHN
  3  ORDER BY ART, TARIF DESC;
```

Ausgabe

```
NAME                 ART     TARIF SEIT       TARIF_ALT
-------------------- --- --------- -------- ---------
CHRISSY ZOES         GEH     50000 01.01.97
CLODE EVANS          GEH     42150 01.03.97
JOHN SMITH           GEH     35000 15.06.96
KEVIN TROLLBERG      GEH     27500 15.06.96
SANDRA SAMUELS       STD      12,5 01.01.97
ROBERT BOBAY         STD      11,5 15.05.96
KEITH JONES          STD        10 31.10.96
SUSAN WILLIAMS       STD      9,75 01.05.97

8 Zeilen ausgewählt.
```

Die Situation: Der Umsatz ist gestiegen. Alle Mitarbeiter, die in den letzten sechs Monaten keine Gehaltserhöhung erhalten haben, werden heute damit bedacht. Alle in Frage kommenden stundenweise Beschäftigten erhalten eine 4prozentige Steigerung, und alle in Frage kommenden Gehaltsempfänger eine 5prozentige Erhöhung.

Heute ist:

Eingabe/Ausgabe

```
SQL> SELECT SYSDATE
  2  FROM DUAL;

SYSDATE
--------
12.12.97
```

Bevor wir den nächsten PL/SQL-Block untersuchen, führen wir eine manuelle Auswahl aus der Tabelle `LOHN` durch und zeigen die Mitarbeiter an, die eine Gehaltserhöhung erhalten sollten.

Eingabe

```
SQL> SELECT NAME, ART, TARIF, SEIT,
            'JA' ANSPRUCH
     FROM LOHN
     WHERE SEIT < SYSDATE - 180
     UNION ALL
     SELECT NAME, ART, TARIF, SEIT,
            'NEIN' ANSPRUCH
     FROM LOHN
     WHERE SEIT >= SYSDATE - 180
     ORDER BY 2, 3 DESC;
```

Ausgabe

```
NAME                 ART     TARIF SEIT     ANSP
-------------------- --- --------- -------- ----
CHRISSY ZOES         GEH     50000 01.08.97 NEIN
CLODE EVANS          GEH     42150 01.10.97 NEIN
JOHN SMITH           GEH     35000 15.01.97 JA
KEVIN TROLLBERG      GEH     27500 15.01.97 JA
SANDRA SAMUELS       STD      12,5 01.08.97 NEIN
ROBERT BOBAY         STD      11,5 15.12.96 JA
KEITH JONES          STD        10 31.05.97 JA
SUSAN WILLIAMS       STD      9,75 01.12.97 NEIN

8 Zeilen ausgewählt.
```

Die Spalte `ANSPRUCH` kennzeichnet die Mitarbeiter, die für eine Erhöhung in Frage kommen. Das PL/SQL-Skript sieht folgendermaßen aus:

Eingabe

```
set serveroutput on
BEGIN
  DECLARE
    UnknownPayType exception;
```

```
    cursor LOHN_CURSOR is
      select NAME, ART, TARIF, SEIT,
             sysdate, rowid
      from LOHN;
    IndRec LOHN_CURSOR%ROWTYPE;
    cOldDate date;
    fNewPay number(8,2);
  BEGIN
    open LOHN_CURSOR;
    loop
    fetch LOHN_CURSOR into IndRec;
    exit when LOHN_CURSOR%NOTFOUND;
    cOldDate := sysdate - 180;
    if (IndRec.ART = 'GEH') then
      fNewPay := IndRec.TARIF * 1.05;
    elsif (IndRec.ART = 'STD') then
      fNewPay := IndRec.TARIF * 1.04;
    else
      raise UnknownPayType;
    end if;
    if (IndRec.SEIT < cOldDate) then
      update LOHN
      set TARIF = fNewPay,
          TARIF_ALT = IndRec.TARIF,
          SEIT = IndRec.sysdate
      where rowid = IndRec.rowid;
      commit;
    end if;
    end loop;
    close LOHN_CURSOR;
  EXCEPTION
    when UnknownPayType then
      dbms_output.put_line('======================');
      dbms_output.put_line('Fehler: Programm abgebrochen.');
      dbms_output.put_line('Unbekannte Zahlungsart für: ' || IndRec.Name);
    when others then
      dbms_output.put_line('Fehler bei Verarbeitung. Bitte DBA kontaktieren.');
    END;
END;
/
```

Sind Sie sicher, daß Sie vier Mitarbeitern eine Gehaltserhöhung geben wollen? (Die letzte SELECT-Anweisung zeigt vier JA-Werte in der Spalte ANSPRUCH.) Warum eigentlich nicht? Die entsprechende Anhebung können Sie zuweisen, indem Sie das PL/SQL-Skript namens BLOCK2.SQL ausführen:

```
SQL> @block2

PL/SQL-Prozedur wurde erfolgreich abgeschlossen.
```

Mit einer einfachen Auswahl können Sie sich davon überzeugen, daß die Änderungen an TARIF der in Frage kommenden Personen vorgenommen wurden:

```
SQL> SELECT *
  2  FROM LOHN
  3  ORDER BY ART, TARIF DESC;
```

```
NAME                 ART     TARIF SEIT      TARIF_ALT
-------------------- --- --------- -------- ---------
CHRISSY ZOES         GEH     50000 01.08.97
CLODE EVANS          GEH     42150 01.10.97
JOHN SMITH           GEH     36750 13.12.97     35000
KEVIN TROLLBERG      GEH     28875 13.12.97     27500
SANDRA SAMUELS       STD      12,5 01.08.97
ROBERT BOBAY         STD     11,96 13.12.97      11,5
KEITH JONES          STD      10,4 13.12.97        10
SUSAN WILLIAMS       STD      9,75 01.12.97

8 Zeilen ausgewählt.
```

Vier Mitarbeiter haben eine Gehaltserhöhung erhalten. Ein Vergleich mit der Ausgabe der anfänglichen SELECT-Anweisung zeigt die Änderungen. Der aktuelle Tarif spiegelt die Gehaltserhöhung wider. Der alte Tarif wurde in die Spalte TARIF_ALT übertragen und das Datum für das Inkrafttreten des neuen Tarifs (Spalte SEIT) auf das heutige Datum aktualisiert. Bei den nicht für eine Gehaltserhöhung in Frage kommenden Personen hat das Programm keine Änderungen vorgenommen.

Moment mal – es gab noch keine Möglichkeit, die Wirkung der definierten Exception zu sehen. Um den EXCEPTION-Abschnitt zu testen, fügt man eine ungültige Zahlungsweise (Spalte ART) in die Tabelle LOHN ein.

```
SQL> insert into LOHN values
  2  ('JEFF JENNINGS','WOE',71.50,'01.08.97',null);

1 Zeile wurde erstellt.
```

Nun kommt der Moment der Wahrheit:

```
SQL> @block2
=======================
Fehler: Programm abgebrochen.
Unbekannte Zahlungsart für: JEFF JENNINGS

PL/SQL-Prozedur wurde erfolgreich abgeschlossen.
```

Die Fehlermeldung weist darauf hin, daß die Zahlungsweise bei JEFF JENNINGS einen Wert enthält, der von GEH oder STD abweicht. Die Exception wurde demnach mit einer Fehlermeldung behandelt.

Gespeicherte Prozeduren, Pakete und Trigger

Mit Hilfe von PL/SQL kann man gespeicherte Objekte erzeugen, um das ständige Eingeben gleichbleibenden Codes zu vermeiden. Prozeduren sind Codeblöcke, die eine bestimmte Aufgabe ausführen. Verwandte Prozeduren lassen sich in einem sogenannten Paket speichern. Ein Trigger ist ein Datenbankobjekt, das bei anderen Transaktionen zum Einsatz kommt. Beispielsweise kann man einen Trigger auf der Tabelle AUFTRAEGE einrichten, der Daten in eine Tabelle PROTOKOLL einfügt, wenn die Tabelle AUFTRAEGE Daten erhält. Die nächsten drei Abschnitte zeigen die grundlegende Syntax dieser Objekte.

PROCEDURE

Syntax

```
PROCEDURE Prozedurname IS
  Variable1 Datentyp;
  ...
BEGIN
  Anweisung1;
  ...
EXCEPTION
  when ...
END Prozedurname;
```

PACKAGE

Syntax

```
CREATE PACKAGE Paketname AS
  PROCEDURE Prozedur1 (globale_Variable1 Datentyp, ...);
  PROCEDURE Prozedur2 (globale_Variable1 Datentyp, ...);
END Paketname;
CREATE PACKAGE BODY Paketname AS
  PROCEDURE Prozedur1 (globale_Variable1 Datentyp, ...) IS
    BEGIN
      Anweisung1;
      ...
    END Prozedur1;
  PROCEDURE Prozedur2 (globale_Variable1 Datentyp, ...) IS
    BEGIN
      Anweisung1;
      ...
  END Prozedur2;
END Paketname;
```

TRIGGER

Syntax

```
CREATE TRIGGER Triggername
    AFTER UPDATE OF Spalte ON Tabellenname
    FOR EACH ROW
  BEGIN
    Anweisung1;
    ...
  END;
```

Das folgende Beispiel fügt über einen Trigger eine Datenzeile in eine Transaktionstabelle ein, wenn die Tabelle `LOHN` aktualisiert wird. Die Tabelle `TRANSAKTION` hat folgendes Aussehen:

Eingabe

```
SQL> describe TRANSAKTION
```

Ausgabe

```
 Name                           Null?    Type
 ------------------------------ -------- ----
 AKTION                                  VARCHAR2(10)
 NAME                                    VARCHAR2(20)
 TARIF_ALT                               NUMBER(8,2)
 TARIF_AKT                               NUMBER(8,2)
 SEIT                                    DATE
```

Als Beispiel verwenden wir die folgende Datenzeile:

Eingabe/Ausgabe

```
SQL> select *
  2  from LOHN
  3  where name = 'JEFF JENNINGS';

NAME                 ART     TARIF SEIT      TARIF_ALT
-------------------- --- --------- -------- ---------
JEFF JENNINGS        WOE      71,5 01.08.97

1 Zeile wurde ausgewählt.
```

Erzeugen Sie nun einen Trigger:

```
SQL> CREATE TRIGGER LOHN_TRIGGER
  2      AFTER UPDATE ON LOHN
  3      FOR EACH ROW
  4    BEGIN
  5      INSERT INTO TRANSAKTION VALUES
  6      ('ART AEND', :new.name, :old.tarif,
  7       :new.tarif, :new.seit);
  8    END;
  9  /

Trigger wurde erstellt.
```

Im letzten Schritt aktualisieren wir die Tabelle LOHN, um den Trigger auszulösen.

Eingabe/Ausgabe

```
SQL> update LOHN
  2  set TARIF = 15.50,
  3      SEIT = sysdate
  4  where name = 'JEFF JENNINGS';

1 Zeile wurde aktualisiert.

SQL> select *
  2  from LOHN
  3  where name = 'JEFF JENNINGS';

NAME                 ART     TARIF SEIT     TARIF_ALT
-------------------- --- --------- -------- ---------
JEFF JENNINGS        WOE      15,5 13.12.97

1 Zeile wurde ausgewählt.

SQL> select *
  2  from TRANSAKTION;

AKTION     NAME                 TARIF_ALT TARIF_AKT SEIT
---------- -------------------- --------- --------- --------
ART AEND   JEFF JENNINGS             71,5      15,5 13.12.97

1 Zeile wurde ausgewählt.
```

In der Tabelle LOHN enthält die Spalte TARIF_ALT den Wert NULL, während in der Tabelle TRANSAKTION in der Spalte TARIF_ALT ein Wert erscheint. Das ist nicht ganz so kompliziert, wie es auf den ersten Blick scheinen mag. Die Tabelle LOHN braucht keinen Eintrag für TARIF_ALT, da ein Stundenlohn von 71.50 offensichtlich einen fehlerhaften Betrag darstellt. Statt dessen haben wir den Wert für TARIF_ALT in die Tabelle TRANSAKTION eingefügt, da die Aktualisierung eine Transaktion darstellt und die Tabelle TRANSAKTION alle Transaktionen bezüglich der Tabelle LOHN protokollieren soll.

Wenn Sie sich in der Netzwerktechnologie auskennen, sind Ihnen sicherlich die Ähnlichkeiten der gespeicherten Prozeduren bei PL/SQL und Java aufgefallen. Es sei aber auf einige Unterschiede hingewiesen. PL/SQL ist eine Erweiterung von Standard-SQL und implementiert die Befehle einer prozeduralen Sprache. Java ist eine modernere Sprache als PL/SQL und erlaubt dem Programmierer, komplexere Programme zu schreiben, als es mit PL/SQL möglich ist. PL/SQL basiert auf der Datenbank-orientierten Funktionalität von SQL; Java zielt mehr auf CPU-intensive Programme ab. Die meisten prozeduralen Sprachen wie zum Beispiel PL/SQL sind speziell auf die jeweilige Plattform ausgerichtet. Die Weiterentwicklung der prozeduralen Sprachen wird ein höheres Niveau der Standardisierung über verschiedene Plattformen hinweg bringen.

Zusammenfassung

PL/SQL erweitert die Funktionalität von Standard-SQL. Die Basiskomponenten von PL/SQL realisieren die gleichen Funktionen wie bei einer Sprache der dritten Generation. Lokale Variablen unterstützen dynamischen Code, das heißt, Werte innerhalb eines Blocks können sich in Abhängigkeit von Benutzereingaben, angegebenen Bedingungen oder dem Inhalt eines Cursors ändern. PL/SQL arbeitet mit Anweisungen zur Programmsteuerung, die denen in Standardprogrammiersprachen ähnlich sind. IF...THEN-Anweisungen und Schleifen erlauben die Auswertung nach bestimmten Bedingungen. Mit Schleifen kann man durch den Inhalt eines definierten Cursors scrollen.

In professionellen Programmen sollte man der Fehlerbehandlung besondere Aufmerksamkeit schenken. Mit den Exceptions (Ausnahmen) von PL/SQL läßt sich das Verhalten eines Programms steuern, wenn syntaktische oder logische Fehler auftreten. Zahlreiche Exceptions – wie zum Beispiel Fehler bei Division durch Null – sind bereits vordefiniert. Während des Programmlaufs kann man Exceptions jederzeit nach spezifizierten Bedingungen auslösen und mit geeigneten Maßnahmen je nach Vorstellung des PL/SQL-Programmierers behandeln.

Lektion 18 hat auch einige praktische Einsatzfälle von PL/SQL gezeigt. Datenbankobjekte wie Trigger, gespeicherte Prozeduren und Pakete können viele Funktionen automatisieren. Die heutigen Beispiele setzen einige der Konzepte um, die wir in den vorangegangenen Tagen behandelt haben.

Fragen & Antworten

F Wurde in Lektion 18 alles behandelt, was ich über PL/SQL wissen muß?

A *Bei weitem nicht. Die heutige Einführung hat nur die wichtigsten Konzepte von PL/SQL gestreift. Wir wollten lediglich die wesentlichen Elemente hervorheben, um Ihnen grundlegende Kenntnisse zu PL/SQL zu vermitteln.*

F Kann ich auch ohne PL/SQL auskommen?

A *Natürlich. Um aber die mit PL/SQL erreichbaren Ergebnisse zu erzielen, müssen Sie weit mehr Zeit in die Codierung einer Sprache der dritten Generation investieren. Wenn Sie nicht mit Oracle arbeiten, sollten Sie sich anhand Ihrer Dokumentation kundig machen, ob es in Ihrer Datenbank ähnliche Möglichkeiten wie mit PL/SQL gibt.*

Workshop

Kontrollfragen

1. Wie setzt man einen Datenbanktrigger ein?
2. Können verwandte Prozeduren zusammen gespeichert werden?
3. Richtig oder falsch: In PL/SQL kann man die Anweisungen der Datenmanipulationssprache verwenden.
4. Richtig oder falsch: In PL/SQL kann man die Anweisungen der Datendefinitionssprache verwenden.
5. Gehört die Textausgabe unmittelbar zur Syntax von PL/SQL?
6. Nennen Sie die drei Hauptbestandteile einer PL/SQL-Anweisung.
7. Nennen Sie die Befehle, die zur Cursorsteuerung gehören.

Übungen

1. Deklarieren Sie eine Variable namens `Stundenlohn`, die einen größten Wert von 99.99/Stunde akzeptiert.
2. Definieren Sie einen Cursor mit allen Datensätzen der Tabelle `KUNDEN`, die in der Spalte `STADT` den Eintrag `INDIANAPOLIS` enthalten.
3. Definieren Sie eine Exception namens `UnbekannterCode`.
4. Schreiben Sie eine Anweisung, die `BETRAG` in der Tabelle `BETRAG_TABELLE` auf `10` setzt, wenn `CODE` gleich `A` ist, `BETRAG` auf `20` setzt, wenn `CODE` gleich `B` ist, und eine Exception namens `UnbekannterCode` auslöst, wenn `CODE` weder `A` noch `B` ist. Die Tabelle hat eine Zeile.

19

Transact-SQL: Eine Einführung

Woche 3

Ziele

Das heutige Material rundet die vorherigen Darstellungen ab, da Transact-SQL eine Ergänzung zum akzeptierten SQL-Standard ist. Die heutige Lektion zeigt ...

- eine der populären Erweiterungen zu SQL im Überblick.
- die wesentlichen Funktionen von Transact-SQL.
- praktische Beispiele, um Ihr Verständnis für den Einsatz von Transact-SQL zu vertiefen.

Ein Überblick über Transact-SQL

Tag 14 ist kurz auf statisches SQL eingegangen. Die Beispiele in Lektion 14 haben die Verwendung von eingebettetem SQL in Sprachen der dritten Generation wie C herausgestellt. Bei dieser Programmiermethode ändert sich der eingebettete SQL-Code nicht und ist demnach recht eingeschränkt. Mit dynamischem SQL kann man dagegen die gleichen Funktionen in einer prozeduralen Programmiersprache realisieren und innerhalb des SQL-Codes variable Kriterien erlauben.

Wir haben mehrfach darauf hingewiesen, daß die meisten Datenbankhersteller die Standard-SQL-Sprache um zahlreiche Erweiterungen bereichern. Transact-SQL ist das Datenbankprodukt von Sybase und Microsoft SQL Server. Das Pendant von Oracle heißt PL/SQL. Diese Sprachen realisieren in vollem Umfang die bisher im Buch dargestellte Funktionalität. Darüber hinaus enthält jedes Produkt verschiedene Erweiterungen zum ANSI SQL-Standard.

Erweiterungen zu ANSI-SQL

In dieser Lektion demonstrieren wir SQL-Erweiterungen für das Erstellen von Programmen anhand der Sprache Transact-SQL von Sybase und Microsoft SQL Server. Zu dieser Sprache gehören sowohl Konstrukte, die man in Sprachen der dritten Generation findet, als auch einige SQL-Server-spezifische Funktionen, die sich als nützliche Werkzeuge für den Datenbankprogrammierer herausstellen.

Wer verwendet Transact-SQL?

Jeder, der dieses Buch liest, kann mit Transact-SQL arbeiten – sowohl Programmierer, die gelegentlich mit relationalen Datenbanken zu tun haben und hin und wieder Abfragen schreiben, als auch Entwickler, die Anwendungen schreiben und Objekte wie Trigger und gespeicherte Prozeduren erstellen.

Hinweis

Benutzer von Sybase und Microsoft SQL Server, die alle Möglichkeiten bei der Programmierung relationaler Datenbanken ausschöpfen wollen, kommen an den Funktionen von Transact-SQL nicht vorbei.

Die grundlegenden Komponenten von Transact-SQL

SQL-Erweiterungen überwinden als prozedurale Sprache die Beschränkungen von SQL. Beispielsweise lassen sich mit Transact-SQL die Transaktionen einer Datenbank unmittelbar steuern, und man kann prozedurale Datenbankprogramme schreiben, die den Programmierer von zeitaufwendigen Programmieraufgaben befreien.

Tag 19 behandelt die folgenden Schlüsselmerkmale von Transact-SQL:

- Datentypen zur Optimierung der Datenspeicherung
- Befehle zur Flußsteuerung wie Schleifen und `IF...ELSE`-Anweisungen
- Variablen in SQL-Anweisungen
- Zusammengefaßte Berichte mit berechneten Spalten
- Diagnosefunktionen zur Analyse von SQL-Anweisungen
- Viele andere Optionen zur Erweiterung der Standardsprache von SQL

Datentypen

Tag 9 ist unter anderem auf Datentypen eingegangen. Beim Erstellen von Tabellen in SQL muß man für jede Spalte einen bestimmten Datentyp angeben.

Hinweis

Datentypen sind in den jeweiligen Implementierungen von SQL unterschiedlich definiert, da jeder Datenbankserver die Daten auf andere Weise speichert. Beispielsweise existieren in Oracle andere Datentypen als in SQL Server von Sybase und Microsoft.

SQL Server von Sybase und Microsoft unterstützt die folgenden Datentypen.

Zeichenstrings

- `char` speichert Zeichenstrings fester Länge. Dieser Datentyp bietet sich an, wenn die genaue Breite einer Spalte feststeht, beispielsweise bei Abkürzungen von Staaten oder Bundesländern.
- `varchar` speichert Zeichenstrings variabler Länge und eignet sich zum Beispiel für Namen oder Bezeichnungen, wo die Länge nicht von vornherein bekannt ist.
- `text` speichert Strings mit nahezu unbeschränkter Länge, beispielsweise für Kommentarspalten oder die Beschreibung eines Dienstes.

Numerische Datentypen

- `int` speichert ganze Zahlen von `-2,147,483,648` bis `+2,147,483,647`.
- `smallint` speichert ganze Zahlen von `-32,768` bis `32,767`.
- `tinyint` speichert ganze Zahlen von `0` bis `255`.
- `float` stellt positive oder negative Gleitkommazahlen (Realzahlen) in verschiedenen Genauigkeitsbereichen dar. Die Standardgenauigkeit umfaßt 15 Stellen in einem Wertebereich von `1.7E-308` bis `1.7E+308`
- `real` drückt Realzahlen im Bereich von `3.4E-38` bis `3.4E+38` aus.

Datumswerte

- `datetime` stellt Datumswerte vom 1. Januar 1753 bis 31. Dezember 9999 dar.
- `smalldatetime` drückt Datumswerte vom 1. Januar 1900 bis 6. Juni 2079 aus.

Datentypen für Währungen

- `money` speichert Währungsdaten von `-922,337,203,685,477.5808` bis `+922,337,203,685,477.5807`.
- `smallmoney` speichert Währungsdaten von `-214,748.3648` bis `+214,748.3647`.

Währungstypen fügt man mit Hilfe eines vorangestellten Dollarzeichens ein. Dazu ein Beispiel:

```
insert payment_tbl (KUNDEN_NR, ZAHL_DATUM, ZAHL_BETRAG)
values (012845, '01.05.1997', $2099.99)
```

Binäre Strings

- binary speichert binäre Strings fester Länge.
- varbinary speichert binäre Strings variabler Länge.
- image speichert sehr große Binärstrings, beispielsweise Fotos oder andere Bilder.

bit: ein logischer Datentyp

Die im Datentyp bit gespeicherten Werte können entweder 1 oder 0 sein. Man verwendet diesen Datentyp beispielsweise, um eine Spalte mit einem Kennzeichen – einem sogenannten Flag – zu versehen. Eine 1 kann dann bedeuten, daß eine Bedingung wahr (TRUE) ist, während 0 für eine falsche (FALSE) Bedingung steht. Das folgende Beispiel zeigt mit einer Spalte des Datentyps bit einen Testzustand an.

```
create table test_flag
( ind_id int not null,
  test_ergebnis int not null,
  ergebnis_flag bit not null)
```

Analyse

Die Spalte ergebnis_flag ist als bit-Spalte definiert, in der ein bestandener Test mit dem Wert TRUE (oder 1) und ein nichtbestandener Test mit dem Wert FALSE (oder 0) gespeichert wird.

Achten Sie in den restlichen Beispielen dieses Tages auf die Datentypen, die in Tabellen und im Transact-SQL-Code zum Einsatz kommen.

Hinweis

Der Code in den heutigen Beispielen ist sowohl in Groß- als auch Kleinschreibung dargestellt. SQL-Schlüsselwörter sind zwar in den meisten Implementierungen von SQL nicht von der Groß-/Kleinschreibung abhängig, dennoch sollte man sich davon anhand der Dokumentation überzeugen.

Auf die Datenbank mit Transact-SQL zugreifen

Genug der Vorrede, kommen wir zu praktischen Beispielen. Bauen Sie zunächst die folgenden Tabellen in der Datenbank BASEBALL auf, damit Sie die Beispiele der heutigen Lektion nachvollziehen können.

Die Datenbank BASEBALL

Die Datenbank BASEBALL besteht aus drei Tabellen, in denen typische Angaben von Baseball-Spielen aufgezeichnet werden: die Tabelle BATTERS (Schlagmann), die Tabelle PITCHERS (Werfer) und die Tabelle TEAMS. Diese Datenbank begleitet uns durch alle weiteren Beispiele dieses Tages.

Die Tabelle BATTERS

```
NAME char(30)
TEAM int
AVERAGE float
HOMERUNS int
RBIS int
```

Die obige Tabelle kann man mit der folgenden Transact-SQL-Anweisung erstellen:

Eingabe

```
1> create database BASEBALL on default
2> go
1> use BASEBALL
2> go
1> create table BATTERS (
2> NAME char(30),
3> TEAM int,
4> AVERAGE float,
5> HOMERUNS int,
6> RBIS int)
7> go
```

Analyse

Zeile 1 erstellt die Datenbank. Man gibt die Datenbank BASEBALL an und erzeugt dann darunter die Tabelle BATTERS.

Geben Sie die Daten aus Tabelle 19.1 in die Tabelle BATTERS ein.

Hinweis

Der Befehl go, der jede Transact-SQL-Anweisung im obigen Beispiel trennt, gehört nicht zur Sprache Transact-SQL. Der Zweck von go ist die Übergabe jeder Anweisung von einer Frontend-Anwendung an SQL Server.

Tabelle 19.1: Daten für die Tabelle BATTERS

Name	Team	Average	Homeruns	RBIs
Billy Brewster	1	.275	14	46
John Jackson	1	.293	2	29
Phil Hartman	1	.221	13	21
Jim Gehardy	2	.316	29	84
Tom Trawick	2	.258	3	51
Eric Redstone	2	.305	0	28

Die Tabelle PITCHERS

Die Tabelle PITCHERS läßt sich mit der folgenden Transact-SQL-Anweisung erstellen:

Eingabe

```
1> use BASEBALL
2> go
1> create table PITCHERS (
2> NAME char(30),
3> TEAM int,
4> WON int,
5> LOST int,
6> ERA float)
7> go
```

Geben Sie die Daten aus Tabelle 19.2 in die Tabelle PITCHERS ein.

Tabelle 19.2: Daten für die Tabelle PITCHERS

Name	Team	Won	Lost	Era
Tom Madden	1	7	5	3.46
Bill Witter	1	8	2	2.75
Jeff Knox	2	2	8	4.82
Hank Arnold	2	13	1	1.93
Tim Smythe	3	4	2	2.76

Die Tabelle TEAMS

Die Tabelle TEAMS läßt sich mit der folgenden Transact-SQL-Anweisung erstellen:

Eingabe

```
1> use BASEBALL
2> go
1> create table TEAMS (
2> TEAM_ID int,
3> CITY char(30),
4> NAME char(30),
5> WON int,
6> LOST int,
7> TOTAL_HOME_ATTENDANCE int,
8> AVG_HOME_ATTENDANCE int)
9> go
```

Geben Sie die Daten aus Tabelle 19.3 in die Tabelle TEAMS ein.

Tabelle 19.3: Daten für die Tabelle TEAMS

Team_ID	City	Name	Won	Lost	Total_Home_-Attendance	Avg_Home_-Attendance
1	Portland	Beavers	72	63	1,226,843	19,473
2	Washington	Representatives	50	85	941,228	14,048
3	Tampa	Sharks	99	36	2,028,652	30,278

Lokale Variablen deklarieren

Jede Programmiersprache bietet irgendeine Methode für die Deklaration von lokalen (oder globalen) Variablen, in denen man Daten speichern kann. Transact-SQL bildet hier keine Ausnahme. Die Deklaration einer Variablen in Transact-SQL ist eine recht einfache Prozedur. Man verwendet folgende Syntax mit dem Schlüsselwort DECLARE:

Syntax

```
declare @Variablenname Datentyp
```

Eine Zeichenstringvariable zur Speicherung von Spielernamen deklariert man mit der folgenden Anweisung:

```
1> declare @name char(30)
2> go
```

Beachten Sie das Symbol @ vor dem Namen der Variablen. Dieses Symbol ist erforderlich und wird vom Abfrageprozessor zur Identifikation von Variablen verwendet.

Globale Variablen deklarieren

Wenn Sie sich weiter in die Dokumentation von Transact-SQL vertiefen, stoßen Sie auf das Symbol @@. SQL Server kennzeichnet damit globale Systemvariablen.

Die Deklaration eigener globaler Variablen ist vor allem nützlich, wenn man mit gespeicherten Prozeduren arbeitet. SQL Server verwaltet auch mehrere globale Systemvariablen, auf die der Benutzer des Datenbanksystems zurückgreifen kann. Tabelle 19.4 zeigt eine Liste dieser Variablen.

Tabelle 19.4: Globale Variablen von SQL Server

Variablenname	Zweck
@@char_convert	0 bei aktiver Zeichensatzumwandlung
@@client_csid	Zeichensatz-ID des Clients
@@client_csname	Zeichensatzname des Clients
@@connections	Anzahl der Anmeldungen seit Start von SQL Server
@@cpu_busy	In Ticks gemessene Zeitspanne, die die CPU seit Start von SQL Server beschäftigt ist
@@error	Enthält den Fehlerstatus
@@identity	Letzter in eine Identitätsspalte eingefügter Wert
@@idle	In Ticks gemessene Zeitspanne, die SQL Server seit Start im Leerlauf ist
@@io_busy	In Ticks gemessene Zeitspanne, die SQL Server mit Ein-/Ausgaben verbracht hat
@@isolation	Momentane Isolationsebene des Transact-SQL-Programms
@@langid	Definiert ID der lokalen Sprache
@@language	Definiert den Namen der lokalen Sprache
@@maxcharlen	Maximale Länge eines Zeichens
@@max_connections	Maximale Anzahl von Verbindungen, die mit SQL Server hergestellt werden können

Tabelle 19.4: Globale Variablen von SQL Server

Variablenname	Zweck
`@@ncharsize`	Durchschnittliche Länge eines nationalen Zeichens
`@@nestlevel`	Verschachtelungsebene der aktuellen Programmausführung
`@@pack_received`	Anzahl der Eingabepakete, die durch SQL Server seit dem Start eingelesen wurden
`@@pack_sent`	Anzahl der Ausgabepakete, die durch SQL Server seit dem Start gesendet wurden
`@@packet_errors`	Anzahl der Fehler, die seit Start von SQL Server aufgetreten sind
`@@procid`	ID der momentan ausgeführten gespeicherten Prozedur
`@@rowcount`	Anzahl der vom letzten Befehl beeinflußten Zeilen
`@@servername`	Name des lokalen SQL Servers
`@@spid`	ID des aktuellen Prozesses
`@@sqlstatus`	Enthält Statusinformationen
`@@textsize`	Maximale Länge von Text- oder Bilddaten, die mit der `SELECT`-Anweisung zurückgegeben werden
`@@thresh_hysteresis`	Änderung im freien Speicher, der für die Aktivierung einer Schwelle erforderlich ist
`@@timeticks`	Anzahl der Mikrosekunden pro Tick
`@@total_errors`	Anzahl der Fehler, die beim Lesen oder Schreiben aufgetreten sind
`@@total_read`	Anzahl der Lesezugriffe auf den Datenträger seit Start von SQL Server
`@@total_write`	Anzahl der Schreibzugriffe auf den Datenträger seit Start von SQL Server
`@@tranchained`	Momentaner Transaktionsmodus des Transact-SQL-Programms
`@@trancount`	Verschachtelungsebene der Transaktionen
`@@transtate`	Momentaner Status einer Transaktion nach Ausführung einer Anweisung
`@@version`	Datum der aktuellen Version von SQL Server.

Variablen verwenden

Mit dem Schlüsselwort DECLARE kann man mehrere Variablen in einer einzigen Anweisung deklarieren (obwohl das Ganze leicht unübersichtlich werden kann, vor allem, wenn man sich den Code später ansieht). Ein Beispiel für diese Art der Anweisung:

```
1> declare @batter_name char(30), @team int, @average float
2> go
```

Der nächste Abschnitt erläutert, wie man diese Variablen in Programmoperationen einsetzt.

Daten in Variablen speichern

Variablen sind nur innerhalb des aktuellen Anweisungsblocks verfügbar. In der Sprache Transact-SQL führt man einen Anweisungsblock mit dem Befehl go aus. (In Oracle dient das Semikolon demselben Zweck.) Der Gültigkeitsbereich einer Variablen bezieht sich auf die Verwendung der Variablen innerhalb der aktuellen Transact-SQL-Anweisung.

Variablen lassen sich nicht einfach mit Hilfe des Gleichheitszeichens initialisieren. Probieren Sie die folgende Anweisung aus, und beachten Sie den zurückgegebenen Fehler.

Eingabe

```
1> declare @name char(30)
2> @name = 'Billy Brewster'
3> go
```

Sie sollten eine Fehlermeldung erhalten haben, die eine ungeeignete Syntax in Zeile 2 bemängelt. Eine Variable ist nämlich mit einem SELECT-Befehl zu initialisieren. (Jawohl, derselbe Befehl, den Sie bereits beherrschen.) Wiederholen Sie das obige Beispiel mit der korrekten Syntax:

Eingabe

```
1> declare @name char(30)
2> select @name = 'Billy Brewster'
3> go
```

Diese Anweisung wird ohne Beanstandung ausgeführt. Hätten Sie weitere Anweisungen vor Ausführung von `go` eingefügt, könnten Sie hier die Variable `@name` verwenden.

Daten in lokale Variablen abrufen

Variablen speichern oft Daten, die aus einer Datenbank abgerufen wurden. Man kann diese Variablen dann in gebräuchlichen SQL-Befehlen wie `SELECT`, `INSERT`, `UPDATE` und `DELETE` verwenden. Beispiel 19.1 zeigt die Verwendung von Variablen in dieser Weise.

Beispiel 19.1

Dieses Beispiel ruft den Namen des Spielers in der Datenbank `BASEBALL` ab, der den höchsten Schlagdurchschnitt aufweist und für die Portland Beavers spielt.

Eingabe

```
1> declare @team_id int, @player_name char(30), @max_avg float
2> select @team_id = TEAM_ID from TEAMS where CITY = 'Portland'
3> select @max_avg = max(AVERAGE) from BATTERS where TEAM = @team_id
4> select @player_name = NAME from BATTERS where AVERAGE = @max_avg
5> go
```

Analyse

Dieses Beispiel gliedert sich in drei Abfragen, um die Verwendung von Variablen zu demonstrieren.

Der Befehl PRINT

Ein weiteres nützliches Feature von Transact-SQL ist der Befehl `PRINT`, mit dem man die Ausgabe auf das Anzeigegerät schreiben kann. Der Befehl hat die folgende Syntax:

Syntax

```
PRINT Zeichenstring
```

Obwohl `PRINT` nur Zeichenstrings anzeigt, bietet Transact-SQL eine Anzahl von Funktionen, die verschiedene Datentypen in Strings (und umgekehrt) umwandeln können.

Beispiel 19.2

Dieses Beispiel wiederholt Beispiel 19.1, gibt aber am Ende den Namen des Spielers aus.

Eingabe

```
1> declare @team_id int, @player_name char(30), @max_avg float
2> select @team_id = TEAM_ID from TEAMS where CITY = 'Portland'
3> select @max_avg = max(AVERAGE) from BATTERS where TEAM = @team_id
4> select @player_name = NAME from BATTERS where AVERAGE = @max_avg
5> print @player_name
6> go
```

Beachten Sie, daß man eine Variable in der `WHERE`-Klausel (oder irgendeiner anderen Klausel) wie einen konstanten Wert verwenden kann.

Flußsteuerung

Wahrscheinlich die leistungsfähigste Gruppe von Transact-SQL-Funktionen betrifft die Steuerung des Programmablaufs. Wenn Sie bereits mit anderen bekannten Sprachen wie C, Cobol, Pascal oder Visual Basic programmiert haben, sind Sie sicherlich schon mit Befehlen wie `IF...THEN` und Schleifenanweisungen vertraut. Dieser Abschnitt beschreibt die wichtigsten Befehle zur Steuerung des Programmablaufs.

Die Anweisungen BEGIN und END

Transact-SQL kennzeichnet mit den Anweisungen `BEGIN` und `END` die Anfangs- und Endpunkte von Codeblöcken. (Andere Sprachen verwenden für diesen Zweck unter anderem geschweifte Klammern oder andere Operatoren.) Häufig findet man die `BEGIN/END`-Anweisungen in Verbindung mit `IF...ELSE`-Anweisungen und `WHILE`-Schleifen. Das folgende Beispiel zeigt einen einfachen Block mit `BEGIN` und `END`:

Syntax

```
BEGIN
  Anweisung1
  Anweisung2
  Anweisung3
END
```

Die Anweisung IF...ELSE

Eine der grundlegendsten Programmkonstruktionen ist die Anweisung IF...ELSE. Nahezu jede Programmiersprache unterstützt diese Konstruktion. Beispielsweise lassen sich damit die aus einer Datenbank abgerufenen Werte testen. Die Transact-SQL-Syntax für die IF...ELSE-Anweisung sieht folgendermaßen aus:

Syntax

```
if (Bedingung)
begin
  (Anweisungsblock)
end
else if (Bedingung)
begin
  (Anweisungsblock)
end
...
...
...
else
begin
  (Anweisungsblock)
end
```

Für jeden Zweig der Bedingungskonstruktion existiert ein eigener BEGIN/END-Block mit entsprechenden Anweisungen. Es gehört zum guten Programmierstil, die Anweisungsblöcke um eine bestimmte Anzahl von Leerzeichen einzurücken und diese Konvention in der gesamten Anwendung beizubehalten. Dadurch verbessert sich die Lesbarkeit des Programms, und man verringert die Anzahl der Fehler, die sich allein aufgrund einer unübersichtlichen Darstellung einschleichen.

Beispiel 19.3

Dieses Beispiel erweitert Beispiel 19.2 durch eine Prüfung auf den Schlagdurchschnitt eines Spielers. Wenn der Durchschnitt des Spielers über .300 liegt, soll er eine Gehaltserhöhung erhalten. Andernfalls könnte der Spieler schnell im Abseits verschwinden!

Beispiel 19.3 setzt die IF...ELSE-Anweisung ein, um Bedingungen innerhalb der Anweisung auszuwerten. Wenn die erste Bedingung gleich TRUE ist, erscheint der angegebene Text auf dem Bildschirm. Der alternative Text wird bei jeder anderen Bedingung (ELSE) ausgegeben.

Eingabe

```
1> declare @team_id int, @player_name char(30), @max_avg float
2> select @team_id = TEAM_ID from TEAMS where CITY = 'Portland'
3> select @max_avg = max(AVERAGE) from BATTERS where TEAM = @team_id
4> select @player_name = NAME from BATTERS where AVERAGE = @max_avg
5> if (@max_avg > .300)
6> begin
7>      print @player_name
8>      print 'Bekommt eine Gehaltserhöhung!'
9> end
10> else
11> begin
12>      print @player_name
13>      print 'Komm'' wieder, wenn du besser triffst!'
14> end
15> go
```

Beispiel 19.4

Mit dieser neuen IF-Anweisung lassen sich die einfachen BASEBALL-Datenbankabfragen etwas interessanter gestalten. Beispiel 19.4 fügt einen IF...ELSE IF...ELSE-Zweig in den Code von Beispiel 19.3 ein.

Eingabe

```
1> declare @team_id int, @player_name char(30), @max_avg float
2> select @team_id = TEAM_ID from TEAMS where CITY = 'Portland'
3> select @max_avg = max(AVERAGE) from BATTERS where TEAM = @team_id
4> select @player_name = NAME from BATTERS where AVERAGE = @max_avg
5> if (@max_avg > .300)
6> begin
7>      print @player_name
8>      print 'Bekommt eine Gehaltserhöhung!'
9> end
10> else if (@max_avg > .275)
11> begin
12>      print @player_name
13>      print 'Nicht schlecht.  Hier ist eine Anerkennung!'
14> end
15> else
16> begin
17>      print @player_name
```

```
      print 'Komm'' wieder, wenn du besser triffst!'
end
go
```

In Transact-SQL lassen sich auch Bedingungsfunktionen in einer IF-Anweisung einsetzen. Entsprechende Funktionen können auf bestimmte Bedingungen oder Werte testen. Wenn die Funktion TRUE zurückgibt, wird der IF-Zweig abgearbeitet. Andernfalls durchläuft das Programm den ELSE-Zweig (falls dieser vorhanden ist), wie es das vorhergehende Beispiel gezeigt hat.

Die Bedingung EXISTS

Mit dem Schlüsselwort EXISTS läßt sich prüfen, ob eine SELECT-Anweisung einen Wert zurückgegeben hat. In diesem Fall durchläuft das Programm den IF-Zweig. Beispiel 19.5 demonstriert diese Logik.

Beispiel 19.5

In diesem Beispiel wertet das Schlüsselwort EXISTS eine Bedingung in IF aus. Die Bedingung ist in Form einer SELECT-Anweisung formuliert.

Eingabe

```
if exists (select * from TEAMS where TEAM_ID > 5)
begin
      print 'Es existiert!!'
end
else
begin
      print 'Nichts zu finden!'
end
```

Das Ergebnis einer Abfrage testen

Mit der IF-Anweisung läßt sich auch das Ergebnis testen, das eine SELECT-Abfrage zurückgibt. Beispiel 19.6 implementiert diese Möglichkeit, um auf den maximalen Schlagdurchschnitt unter den Spielern zu prüfen.

Beispiel 19.6

Dieses Beispiel ist ähnlich zu Beispiel 19.5. Es verwendet die SELECT-Anweisung, um eine Bedingung zu testen. Dieses Mal testen wir aber die Bedingung mit dem Zeichen größer als (>).

Eingabe

```
1> if (select max(AVG) from BATTERS) > .400
2> begin
3>       print 'UNGLAUBLICH!!'
4> end
5> else
6>       print 'TED WILLIAMS IST ABGESCHLAGEN!'
7> end
```

Informieren Sie sich über die IF-Anweisung in Ihrer konkreten SQL-Implementierung. Denken Sie sich verschiedene Bedingungen aus, die Sie in der Datenbank BASEBALL (oder irgendeiner anderen) überprüfen möchten. Starten Sie einige Abfragen, um sich mit dem Einsatz der IF-Anweisung vertraut zu machen.

Die WHILE-Schleife

Mit der WHILE-Schleife unterstützt Transact-SQL eine weitere bekannte Programmkonstruktion. Die Syntax lautet:

Syntax

```
WHILE (logischer_Ausdruck)
begin
  Anweisung(en)
end
```

Beispiel 19.7

Die WHILE-Schleife arbeitet die enthaltenen Anweisungen wiederholt ab, bis der logische Ausdruck FALSE liefert. Das nächste Beispiel inkrementiert eine lokale Variable (namens COUNT) in einer einfachen WHILE-Schleife.

Eingabe

```
1> declare @COUNT int
2> select @COUNT = 1
3> while (@COUNT < 10)
4> begin
5>       select @COUNT = @COUNT + 1
6>       print 'Erneuter Schleifendurchlauf!'
7> end
8> print 'Schleife beendet!'
```

Beispiel 19.7 implementiert eine einfache FOR-Schleife. Andere Implementierungen von SQL, wie etwa PL/SQL von Oracle, stellen tatsächlich eine FOR-Konstruktion bereit. Sehen Sie bitte in Ihrer Dokumentation nach, ob Ihr System diesen Befehl unterstützt.

Der Befehl BREAK

Mit dem Befehl BREAK läßt sich der sofortige Austritt aus einer WHILE-Schleife erzwingen. Den Befehl BREAK setzt man häufig in Verbindung mit einem IF-Test ein, um bei einem bestimmten Ergebnis einer Bedingung die WHILE-Schleife zu verlassen. Damit setzt die Programmausführung mit den Befehlen fort, die unmittelbar auf die END-Anweisung folgen. Beispiel 19.8 zeigt den Einsatz des BREAK-Befehls. Hier wird auf eine willkürlich gewählte Zahl (sagen wir @COUNT = 8) geprüft. Wenn die Bedingung erfüllt ist, verläßt das Programm die WHILE-Schleife.

Beispiel 19.8

Beachten Sie die Anordnung des BREAK-Befehls nach der Auswertung der ersten Bedingung in IF.

```
1> declare @COUNT int
2> select @COUNT = 1
3> while (@COUNT < 10)
4> begin
5>      select @COUNT = @COUNT + 1
6>      if (@COUNT = 8)
7>      begin
8>            break
9>      end
10>     else
11>     begin
12>           print 'Erneuter Schleifendurchlauf!'
13>     end
14> end
15> print 'Schleife beendet!'
```

Der BREAK-Befehl bewirkt das Verlassen der Schleife, wenn die Variable @COUNT den Wert 8 erreicht.

Der Befehl CONTINUE

Der Befehl `CONTINUE` ist ein weiterer Spezialbefehl, der sich innerhalb einer `WHILE`-Schleife einsetzen läßt. Dieser Befehl bewirkt, daß die Schleifenausführung sofort an den Beginn der Schleife springt, statt den Rest der Schleife abzuarbeiten und dann erst wieder an den Beginn zurückzugehen. Wie beim `BREAK`-Befehl verwendet man den Befehl `CONTINUE` häufig in einer `IF`-Anweisung, um auf eine Bedingung zu testen und dann eine Aktion auszulösen. Beispiel 19.9 zeigt einen Einsatzfall.

Beispiel 19.9

Beachten Sie die Anordnung der `CONTINUE`-Anweisung nach der Auswertung der ersten Bedingung in `IF`.

```
declare @COUNT int
select @COUNT = 1
while (@COUNT < 10)
begin
     select @COUNT = @COUNT + 1
     if (@COUNT = 8)
     begin
           continue
     end
     else
     begin
           print 'Erneuter Schleifendurchlauf!'
     end
end
print 'Schleife beendet!'
```

Beispiel 19.9 ist Beispiel 19.8 ähnlich, arbeitet aber mit dem `CONTINUE`-Befehl statt mit `BREAK`. Bei `@COUNT = 8` verläßt das Programm nunmehr nicht die Schleife, sondern geht an den Anfang der `WHILE`-Schleife zurück und arbeitet die Anweisungen in der Schleife weiter ab.

Mit der WHILE-Schleife durch eine Tabelle scrollen

SQL Server und viele andere Datenbanksysteme verfügen über den speziellen Objekttyp Cursor, mit dem man datensatzweise durch die Datensätze einer Tabelle scrollen kann. (Siehe dazu Tag 13.) Allerdings unterstützen manche Datenbanksysteme keine scrollbaren Cursor. Beispiel 19.10 zeigt einen Ansatz, wie man mit einer WHILE-Schleife arbeitet, um etwa die Funktionalität eines Cursors zu implementieren, wenn diese Funktionalität nicht automatisch zur Verfügung steht.

Beispiel 19.10

Mit der WHILE-Schleife kann man durch Tabellen datensatzweise blättern. Transact-SQL verwaltet die Variable rowcount, mit der man SQL Server anweisen kann, nur eine Zeile bei einer Abfrage zurückzugeben. Wenn man mit einem anderen Datenbankprodukt arbeitet, sollte man sich über ähnliche Einstellungen informieren. Durch Setzen von rowcount auf 1 (der Standardwert 0 bedeutet unbegrenzt) gibt SQL Server nur einen Datensatz bei einer SELECT-Abfrage zurück. Mit diesem einen Datensatz können Sie dann alle gewünschten Operationen anstellen. Indem Sie den Inhalt einer Tabelle in eine temporäre Tabelle selektieren, die am Ende der Operation gelöscht wird, können Sie eine Zeile pro Abfrage auswählen und diese Zeile nach getaner Arbeit löschen. Wenn alle Zeilen aus der Tabelle ausgewählt würden, müßte man jede Zeile in der Tabelle durcharbeiten! (Wie gesagt, diese Funktionalität entspricht nur in etwa der eines Cursors.) Führen wir nun das Beispiel aus.

Eingabe

```
1> set rowcount 1
2> declare @PLAYER char(30)
3> create table temp_BATTERS (
4> NAME char(30),
5> TEAM int,
6> AVERAGE float,
7> HOMERUNS int,
8> RBIS int)
9> insert temp_BATTERS
10> select * from BATTERS
11> while exists (select * from temp_BATTERS)
12> begin
13>      select @PLAYER = NAME from temp_BATTERS
14>      print @PLAYER
15>      delete from temp_BATTERS where NAME = @PLAYER
16> end
17> print 'Schleife beendet!'
```

Beachten Sie, daß sich über die Variable rowcount lediglich die Anzahl der aus einer SELECT-Operation zurückgegebenen Zeilen festlegen läßt. Sollte die WHERE-Klausel eines DELETE-Befehls fünf Zeilen zurückgeben, würden auch fünf Zeilen gelöscht! Weiterhin ist anzumerken, daß man die Variable rowcount wiederholt zurücksetzen kann. Demzufolge läßt sich innerhalb der Schleife die Datenbank nach bestimmten Zusatzinformationen abfragen, indem man einfach rowcount auf 1 setzt, bevor man den Schleifendurchlauf fortsetzt.

Platzhalter-Operatoren von Transact-SQL

Der Einsatz von Platzhalterbedingungen (Wildcards) in SQL wurde in Lektion 3 eingeführt. Der Operator LIKE erlaubt die Verwendung von Platzhalterbedingungen in SQL-Anweisungen. Transact-SQL erweitert die Flexibilität von Platzhalterbedingungen. Die folgende Übersicht faßt die Wildcard-Operationen von Transact-SQL zusammen.

- Der Unterstrich (_) repräsentiert ein einzelnes Zeichen. Beispielsweise zeigt _MITH der Abfrage an, nach einem String mit fünf Zeichen zu suchen, der auf MITH endet.
- Das Prozentzeichen (%) steht für null oder mehrere beliebige Zeichen. Zum Beispiel liefert WILL% den Wert WILLIAMS zurück, wenn dieser existiert. WILL% kann aber auch den WILL zurückgeben.
- Mit Hilfe der eckigen Klammern ([ ]) kann man in einer Abfrage nach einzelnen Zeichen suchen, die innerhalb der eckigen Klammern – als Bereich oder als Menge – angegeben sind. Beispielsweise bewirkt [ABC], daß die Abfrage nach Strings sucht, die die Buchstaben A, B oder C enthalten.
- Das Zeichen ^ wird innerhalb der eckigen Klammern verwendet und gibt an, daß die Abfrage nach allen Zeichen sucht, die nicht innerhalb der Klammern aufgeführt sind. Mit [^ABC] wird eine Suche nach Strings ausgeführt, in der die Buchstaben A, B bzw. C nicht enthalten sind.

Berichte mit COMPUTE erstellen

In Transact-SQL lassen sich auch zusammengefaßte Datenbankberichte erstellen. Die Syntax des Befehls COMPUTE ist eng mit dem Pendant in SQL*Plus verwandt. (Siehe dazu Tag 20.)

Die folgende Abfrage liefert einen Bericht, der alle Schläger, die Anzahl der Heimspiele jedes Schlagmanns und die Gesamtzahl der Heimspiele aller Schlagmänner zeigt:

Eingabe

```
select name, homeruns
from batters
compute sum(homeruns)
```

Analyse

Im obigen Beispiel führt COMPUTE allein Berechnungen auf dem Bericht als Ganzes aus, während COMPUTE BY die Berechnungen auf angegebenen Gruppen und dem gesamten Bericht ausführt, wie es das folgende Beispiel zeigt:

Syntax

```
COMPUTE FUNCTION(Ausdruck) [BY Ausdruck]
```

Für FUNCTION können die Aggregatfunktionen SUM, MAX, MIN etc. stehen. Ausdruck ist gewöhnlich ein Spaltenname oder ein Alias.

Datumsformate

Sybase und Microsoft SQL Server kann Datumswerte in eine Tabelle in verschiedenen Formaten einfügen. Außerdem lassen sich Datumswerte in verschiedenen Formaten abrufen. Dieser Abschnitt zeigt, wie man mit dem Befehl CONVERT von SQL Server das Anzeigeformat eines Datums beeinflussen kann.

Syntax

```
CONVERT (Datentyp [(Laenge)], Ausdruck, Format)
```

Die folgenden Datumsformate sind in SQL Server verfügbar, wenn man mit der Funktion `CONVERT` arbeitet:

Tabelle 19.5: Datumsformate in SQL Server

Formatcode	Darstellung
100	`mon dd yyyy hh:miAM` (oder `PM`)
101	`mm/dd/yy`
102	`yy.mm.dd`
103	`dd/mm/yy`
104	`dd.mm.yy`
105	`dd-mm-yy`
106	`dd mon yy`
107	`mon dd, yy`
108	`hh:mi:ss`
109	`mon dd, yyyy hh:mi:ss:mmmAM` (oder `PM`)
110	`mm-dd-yy`
111	`yy/mm/dd`
112	`yymmdd`
113	`dd mon yyyy hh:mm:ss:mmm` (24h)
114	`hh:mi:ss:mmm` (24h)

Eingabe

```
select 'ZAHL_DATUM' = convert(char(15), ZAHL_DATUM, 104)
from RECHNUNGEN
where KUNDEN_NR = 012845
```

Ausgabe

```
ZAHL_DATUM
---------------
01.05.1997
```

Analyse

Das obige Beispiel verwendet den Formatcode 104 in der `CONVERT`-Funktion. Entsprechend der Tabelle der Datumsformate zeigt Code 104 das Datum im deutschen Format `dd.mm.yy` an.

Diagnosewerkzeuge von SQL Server – SET-Befehle

In Transact-SQL lassen sich mit `SET`-Befehlen verschiedene Optionen aktivieren, um Transact-SQL-Anweisungen zu analysieren. Einige der gebräuchlichsten `SET`-Befehle zeigt die folgende Übersicht:

- `SET STATISTICS IO ON` weist den Server an, die Anzahl der logischen und physikalischen Seitenanforderungen zurückzugeben.
- `SET STATISTICS TIME ON` weist den Server an, die Ausführungszeit einer SQL-Anweisung anzuzeigen.
- `SET SHOWPLAN ON` weist den Server an, den Ausführungsplan für die angegebene Abfrage anzuzeigen.
- `SET NOEXEC ON` weist den Server an, die angegebene Abfrage zu kompilieren, aber nicht auszuführen.
- `SET PARSEONLY ON` weist den Server an, die Syntax der angegebenen Abfrage zu prüfen (zu parsen), aber die Abfrage nicht auszuführen.

Mit den folgenden Befehlen kann man steuern, was als Teil der Ausgabe von Abfragen anzuzeigen ist:

- `SET ROWCOUNT` n weist den Server an, nur die ersten n Datensätze aus einer Abfrage anzuzeigen.
- `SET NOCOUNT ON` weist den Server an, die Anzahl der von einer Abfrage zurückgegebenen Zeilen nicht anzuzeigen.

Hinweis

Die Optimierung von SQL-Anweisungen ist Thema von Tag 15.

Zusammenfassung

Tag 19 führt eine Reihe von Themen ein, die etwas Biß in Ihre SQL-Programmierpraxis bringen. Die bisher in diesem Buch behandelten SQL-Themen sind äußerst wichtig und liefern die Grundlage für Ihre gesamte Datenbankprogrammierung. Allerdings bilden diese Themen erst den Anfang. Die gestern und heute erläuterten prozeduralen Sprachkonzepte von SQL bauen auf Ihren SQL-Grundkenntnissen auf. Es handelt sich um leistungsfähige Konstruktionen, mit denen Sie auf die Daten in Ihrer relationalen Datenbank zugreifen können.

Die Sprache Transact-SQL gehört zu den Produkten SQL Server von Sybase und Microsoft und stellt viele Programmkonstrukte bereit, die man in bekannten Sprachen der dritten und vierten Generation findet. Dazu gehört die `IF`-Anweisung, die `WHILE`-Schleife und die Möglichkeit, lokale und globale Variablen zu deklarieren.

Denken Sie daran, daß Tag 19 nur eine kurze Einführung in die Funktionen und Verfahren des Transact-SQL-Codes bietet. Vertiefen Sie sich ruhig in Ihre Dokumentation und probieren Sie alle Werkzeuge aus, die Ihnen zur Verfügung stehen. Eine detaillierte Behandlung von Transact-SQL finden Sie in den entsprechenden Dokumentationen zu Microsoft SQL Server.

Fragen & Antworten

F Stellt SQL eine `FOR`-Schleife bereit?

A *Programmierkonstrukte wie `FOR`-Schleifen, `WHILE`-Schleifen und `CASE`-Anweisungen sind Erweiterungen zu ANSI-SQL. Demzufolge variiert die Verwendung dieser Elemente von einem Datenbanksystem zum anderen. Beispielsweise bietet Oracle die `FOR`-Schleife, während Transact-SQL (SQL Server) diese Konstruktion nicht kennt. Man kann natürlich in einer `WHILE`-Schleife eine Variable inkrementieren und auf diese Weise die `FOR`-Schleife nachbilden.*

F Ich entwickle eine Windows- (oder Macintosh-) Anwendung, in der die Benutzeroberfläche aus Elementen wie Fenstern und Dialogfeldern besteht. Kann ich mit der `PRINT`-Anweisung Meldungen an den Benutzer ausgeben?

A *SQL ist vollständig plattformunabhängig. Demzufolge öffnet die `PRINT`-Anweisung kein eigenes Meldungsfenster. Um Meldungen an den Benutzer auszugeben, können Ihre SQL-Prozeduren vordefinierte Werte zurückgeben, die Erfolg oder Scheitern anzeigen. Dann kann der Benutzer vom Status der Abfragen unterrichtet werden. (Der `PRINT`-Befehl ist vor allem bei der Fehlersuche hilfreich, da eine innerhalb einer gespeicherten Prozedur ausgeführte `PRINT`-Anweisung überhaupt nicht auf dem Bildschirm ausgegeben wird.)*

Workshop

Kontrollfragen

1. Richtig oder falsch: Die Bezeichnung SQL in PL/SQL von Oracle und Transact-SQL von Microsoft/Sybase impliziert, daß diese Produkte vollständig kompatibel zum ANSI-Standard sind.
2. Richtig oder falsch: Statisches SQL ist nicht so flexibel wie dynamisches SQL, obwohl die Leistungsbilanz von statischem SQL besser sein kann.

Übungen

1. Wenn Sie nicht mit SQL Server von Microsoft/Sybase arbeiten, sollten Sie die Erweiterungen Ihres Produkts zu ANSI-SQL mit den heute erwähnten Erweiterungen vergleichen.
2. Schreiben Sie eine Anweisungsgruppe, die das Vorhandensein einer bestimmten Bedingung überprüft. Wenn diese Bedingung `TRUE` ist, führen Sie eine bestimmte Operation aus. Andernfalls führen Sie eine andere Operation aus.

20

SQL*Plus

Woche 3

Ziele

Im Mittelpunkt des heutigen Tages steht SQL*Plus, die SQL-Schnittstelle für das RDBMS von Oracle. Insbesondere erfahren Sie in der heutigen Lektion ...

- wie man den Puffer von SQL*Plus einsetzt.
- wie man Berichte attraktiv formatiert.
- wie man Datumswerte manipuliert.
- wie man interaktive Abfragen stellt.
- wie man kompliziertere Berichte erzeugt.
- wie man die leistungsfähige Funktion `DECODE` einsetzt.

Einführung

SQL*Plus dürfte für viele Leser von Interesse sein, da Oracle auf dem Markt der relationalen Datenbanken dominiert und mit SQL*Plus dem Datenbankbenutzer ein leistungsfähiges und flexibles Produkt bietet. SQL*Plus ist Transact-SQL (siehe Tag 19) in vielerlei Hinsicht ähnlich. Beide Implementierungen gehen größtenteils mit dem ANSI-SQL-Standard konform, der weiterhin das Grundgerüst jeder Implementierung bildet.

SQL*Plus-Befehle können die Möglichkeiten einer SQL-Sitzung erweitern und das Format von Abfragen aus der Datenbank verbessern. SQL*Plus läßt sich außerdem als Werkzeug zur Berichterstellung einsetzen. SQL*Plus ergänzt sowohl Standard-SQL als auch PL/SQL und unterstützt damit den Programmierer bei der Zusammenstellung der Daten im gewünschten Format.

Der SQL*Plus-Puffer

Der SQL*Plus-Puffer speichert Befehle, die spezifisch zur jeweiligen SQL-Sitzung sind. Zu diesen Befehlen gehören die zuletzt ausgeführten SQL-Anweisungen und Befehle, mit denen Sie Ihre SQL-Sitzung angepaßt haben, zum Beispiel Befehle zur Formatierung und Variablenzuweisungen. Dieser Puffer verhält sich wie ein Kurzzeitgedächtnis. Einige der gebräuchlichsten SQL-Pufferbefehle lauten:

- `LIST Zeilennummer` – Listet eine Zeile der im Puffer befindlichen Anweisung auf und kennzeichnet sie als aktuelle Zeile.
- `CHANGE/alter_Wert/neuer_Wert` – Ändert `alter_Wert` in `neuer_Wert` auf der aktuellen Zeile im Puffer.

- `APPEND Text` – Fügt den `Text` an die aktuelle Zeile im Puffer an.
- `DEL` – Löscht die aktuelle Zeile im Puffer.
- `SAVE neue_Datei` – Speichert die SQL-Anweisung im Puffer als Datei.
- `GET Dateiname` – Lädt eine SQL-Datei in den Puffer.
- `/` – Führt die SQL-Anweisung im Puffer aus.

Wir beginnen mit einer einfachen SQL-Anweisung:

Eingabe

```
SQL> select *
  2  from artikel
  3  where einzelpreis > 25;
```

Ausgabe

```
ART ART_NAME                              EINZELPREIS
--- ------------------------------ -----------
P01 MICKY-MAUS-LAMPE                            29,95
P06 SQL-BEFEHLSREFERENZ                         29,99
P07 LEDERBRIEFTASCHE SCHWARZ                    99,99

3 Zeilen ausgewählt.
```

Der Befehl `LIST` zeigt die zuletzt ausgeführte SQL-Anweisung im Puffer an. Als Ausgabe erscheint lediglich die Anweisung.

```
SQL> list
  1  select *
  2  from artikel
  3* where einzelpreis > 25
```

Analyse

Beachten Sie, daß alle Zeilen numeriert sind. Die Zeilennummern dienen als Zeiger, über den man bestimmte Zeilen der Anweisung im SQL*Plus-Puffer spezifizieren kann. Der SQL*Plus-Puffer verhält sich nicht wie ein Ganzseiteneditor. Nachdem man die [↵]-Taste gedrückt hat, läßt sich der Cursor nicht mehr auf eine der vorhergehenden Zeilen setzen, wie es das folgende Beispiel zeigt.

Eingabe

```
SQL> select *
  2  from artikel
  3  where einzelpreis > 25
  4  /
```

Hinweis

Befehle von SQL*Plus können Sie ebenso wie normale SQL-Befehle sowohl in Groß- als auch Kleinschreibung angeben.

Tip

Die meisten SQL*Plus-Befehle lassen sich abkürzen. Zum Beispiel läßt sich `LIST` mit `l` abkürzen.

Wenn man nach dem `l` die Zeilennummer schreibt, gelangt man direkt zur spezifizierten Zeile des Puffers.

Eingabe

```
SQL> l3
```

Ausgabe

```
  3* where einzelpreis > 25
```

Analyse

Das Sternchen nach der Zeilennummer 3 kennzeichnet die aktuelle Zeilennummer. Achten Sie genau auf die Position des Sternchens in den heutigen Beispielen. Immer wenn eine Zeile durch das Sternchen markiert ist, kann man diese Zeile verändern.

An der aktuellen Zeile – im Beispiel 3 – können Sie nun Änderungen vornehmen. Die Syntax für den Befehl CHANGE lautet:

Syntax

```
CHANGE/alter_Wert/neuer_Wert
```

oder

```
C/alter_Wert/neuer_Wert
```

Eingabe

```
SQL> c/>/<
```

Ausgabe

```
  3* where einzelpreis < 25
```

Eingabe

```
SQL> l
```

Ausgabe

```
  1  select *
  2  from artikel
  3* where einzelpreis < 25
```

Analyse

In Zeile 3 wurde das Größer-als-Zeichen (>) in das Zeichen Kleiner-als (<) geändert. Zur Kontrolle erscheint die modifizierte Zeile in der Anzeige. Mit dem Befehl LIST oder l kann man die vollständige Anweisung einsehen. Führen Sie nun die folgende Anweisung aus:

Eingabe

```
SQL> /
```

Ausgabe

```
ART ART_NAME                       EINZELPREIS
--- ------------------------------ -----------
P02 20ER PACKUNG STIFTE NR 2              1,99
P03 KAFFEEKANNE                           6,95
P04 LANDSCHAFTSKALENDER                   10,5
P05 NATURKALENDER                        12,99

4 Zeilen ausgewählt.
```

Analyse

Der Schrägstrich (/) an der Aufforderung `SQL>` führt alle im Puffer befindlichen Anweisungen aus.

Eingabe

```
SQL> 1
```

Ausgabe

```
  1 select *
  2 from artikel
  3* where einzelpreis < 25
```

Dieser Anweisung können Sie nun eine neue Zeile hinzufügen, indem Sie an der Aufforderung `SQL>` eine neue Zeilennummer und den entsprechenden Text schreiben. Anschließend holen Sie sich das vollständige Listing auf den Bildschirm. Dazu ein Beispiel:

Eingabe

```
SQL> 4 order by einzelpreis
SQL> l
```

Ausgabe

```
  1  select *
  2  from artikel
  3  where einzelpreis < 25
  4* order by einzelpreis
```

Analyse

Das Löschen einer Zeile geht leichter vonstatten als das Hinzufügen. Tippen Sie einfach `DEL 4` an der Aufforderung `SQL>` ein, um Zeile 4 zu löschen. Listen Sie wieder alle Anweisungen auf, um sich vom Löschen der Zeile zu überzeugen.

Eingabe

```
SQL> del4
SQL> l
```

Ausgabe

```
  1  select *
  2  from artikel
  3* where einzelpreis < 25
```

Mit dem Befehl `INPUT` lassen sich ebenfalls eine oder mehrere Zeilen in die Anweisung einfügen. Um den Ausgangszustand wiederherzustellen, geben Sie zunächst Zeile 4 wie im obigen Beispiel ein. Legen Sie dann mit dem Befehl `l3` die Zeile 3 als aktuelle Zeile fest. Tippen Sie `input` an der Eingabeaufforderung ein, und drücken Sie [↵]. Nun können Sie mit dem Schreiben des Textes beginnen. Jedes Drücken von [↵] erzeugt eine weitere Zeile. Wenn man [↵] zweimal betätigt, gelangt man zum `SQL>`-Prompt zurück. Zeigen Sie wie im folgenden Beispiel nach abgeschlossener Eingabe die Anweisungsliste an, um sich von der eingefügten Zeile 4 zu überzeugen.

Eingabe

```
SQL> input
  4i   and art_id = 'P01'
  5i
SQL> l
```

Ausgabe

```
  1  select *
  2  from artikel
  3  where einzelpreis < 25
  4    and art_id = 'P01'
  5* order by einzelpreis
```

Mit dem Befehl APPEND läßt sich Text an die aktuelle Zeile anfügen. Vergleichen Sie die Ausgabe des vorherigen Beispiels – die aktuelle Zeilennummer ist 5 – mit dem folgenden Beispiel.

Eingabe

```
SQL> append desc
```

Ausgabe

```
  5* order by einzelpreis desc
```

Zeigen Sie nun ein vollständiges Listing der Anweisung an:

Eingabe

```
SQL> l
```

Ausgabe

```
 1  select *
 2  from artikel
 3  where einzelpreis < 25
 4    and art_id = 'P01'
 5* order by einzelpreis desc
```

Nehmen wir nun an, daß Sie wieder einen leeren »Notizblock« (das heißt Puffer) haben möchten. Der Inhalt des SQL*Plus-Puffers läßt sich mit dem Befehl `CLEAR BUFFER` löschen. Mit dem Befehl `CLEAR` kann man auch bestimmte Einstellungen aus dem Puffer löschen, beispielsweise Formatinformationen und Berechnungen auf einem Bericht. Darauf gehen wir später ein.

Eingabe

```
SQL> clear buffer
```

Ausgabe

```
buffer entfernt
```

Eingabe

```
SQL> l
```

Ausgabe

```
Puffer SQL enthält keine Zeilen.
```

Analyse

Offensichtlich kann man aus einem leeren Puffer nichts abrufen.

Auch wenn Sie noch kein Meister sind, sollten Sie nun die Befehle im Puffer problemlos manipulieren können.

Der Befehl DESCRIBE

Mit dem Befehl `DESCRIBE` läßt sich die Struktur einer Tabelle anzeigen, daß man erst eine Abfrage bezüglich des Systemkatalogs vornehmen muß.

Syntax

```
DESC[RIBE] Tabellenname
```

Die beiden folgenden Tabellen kommen in den restlichen Beispielen dieser Lektion zum Einsatz.

Eingabe

```
SQL> describe auftraege
```

Ausgabe

```
 Name                            Null?    Type
 ------------------------------- -------- ----
 AUFTR_NR                        NOT NULL NUMBER(2)
 KUNDE                           NOT NULL VARCHAR2(30)
 ART_ID                          NOT NULL CHAR(3)
 ART_MENGE                       NOT NULL NUMBER(5)
 LIEF_DAT                                 DATE
```

Die folgende Anweisung verwendet die Abkürzung `DESC` statt `DESCRIBE`:

Eingabe

```
SQL> desc artikel
```

```
Name                              Null?    Type
------------------------------- -------- ----
ART_ID                            NOT NULL VARCHAR2(3)
ART_NAME                          NOT NULL VARCHAR2(30)
EINZELPREIS                       NOT NULL NUMBER(8,2)
```

DESC zeigt alle Spaltennamen an, welche Spalten Daten enthalten müssen (NULL/NOT NULL) und welcher Datentyp jeder Spalte zugewiesen ist. Auf diesen Befehl werden Sie häufig zurückgreifen, insbesondere wenn Sie viele Abfragen schreiben. Auf lange Sicht spart Ihnen dieser Befehl viele Stunden Programmierzeit, da Sie sonst die Projektdokumentation oder sogar die Datenbankhandbücher mit den Listen der Systemkatalogtabellen durchsuchen müßten, um die entsprechenden Informationen zusammenzutragen.

Der Befehl SHOW

Der Befehl SHOW zeigt die aktuellen Einstellungen einer Sitzung an – angefangen bei Formatbefehlen bis zu Ihrem Benutzernamen. SHOW ALL listet alle Einstellungen auf. Die nächsten Abschnitte behandeln die gebräuchlichsten Einstellungen.

```
SQL> show all
```

```
appinfo ist ON und auf "SQL*Plus" eingestellt
arraysize 15
autocommit OFF
autoprint OFF
autotrace OFF
shiftinout INVISIBLE
blockterminator "." (hex 2e)
btitle OFF und sind die ersten Zeichen der nächsten SELECT-Anweisung
```

```
cmdsep OFF
colsep " "
compatibility version NATIVE
concat "." (hex 2e)
copycommit 0
copytypecheck ist ON
define "&" (hex 26)
echo ON
editfile "afiedt.buf"
embedded OFF
escape OFF
feedback ON für 1 oder mehr Zeilen
flagger OFF
flush ON
heading ON
headsep "|" (hex 7c)
linesize 100
lno 10
loboffset 1
long 80
longchunksize 80
newpage 1
null ""
numformat ""
numwidth 9
pagesize 24
Pause ist OFF
pno 1
recsep WRAP
recsepchar " " (hex 20)
release 800030000
repfooter OFF  und ist NULL
repheader OFF  und ist NULL
serveroutput OFF
showmode OFF
spool OFF
sqlcase MIXED
sqlcode 942
sqlcontinue "> "
sqlnumber ON
sqlprefix "#" (hex 23)
sqlprompt "SQL> "
sqlterminator ";" (hex 3b)
suffix "SQL"
tab ON
termout ON
time OFF
```

```
timing OFF
trimout ON
trimspool OFF
ttitle OFF und sind die ersten Zeichen der nächsten SELECT-Anweisung
underline "-" (hex 2d)
Der Benutzer ist "SYS"
verify ON
wrap : Es werden umgebrochen Zeilen
```

Der Befehl `SHOW` zeigt eine spezielle, vom Benutzer eingegebene Einstellung an. Wenn Sie zum Beispiel Zugriff auf die IDs mehrerer Datenbankbenutzer haben und die angemeldeten Benutzer anzeigen möchten, führen Sie einfach den folgenden Befehl aus:

```
SQL> show user
```

```
Der Benutzer ist "SYS"
```

Die momentane Länge einer Zeile zeigen Sie mit dem folgenden Befehl an:

```
SQL> show linesize
```

```
linesize 100
```

Dateibefehle

In SQL*Plus stehen verschiedene Befehle bereit, mit denen Sie Dateien manipulieren können. Dazu gehören das Erzeugen einer Datei, die Bearbeitung der Datei mit einem Editor statt über den Puffer von SQL*Plus und die Umleitung der Ausgabe in eine Datei. Außerdem muß man wissen, wie eine SQL-Datei auszuführen ist.

Die Befehle SAVE, GET und EDIT

Der Befehl SAVE speichert den Inhalt der im Puffer befindlichen SQL-Anweisung in eine Datei mit dem angegebenen Namen. Beispielsweise:

```
SQL> select *
  2  from artikel
  3  where einzelpreis < 25

SQL> save query1.sql
```

```
file query1.sql wurde angelegt
```

Eine gespeicherte Datei können Sie mit dem Befehl GET auflisten. GET arbeitet ähnlich zum Befehl LIST. Während aber GET die Anweisungen aus einer Datei holt, bringt LIST die Anweisungen aus dem Puffer auf den Bildschirm.

```
SQL> get query1
```

```
  1  select *
  2  from artikel
  3* where einzelpreis < 25
```

Mit dem Befehl EDIT kann man sowohl eine neue Datei erstellen als auch eine vorhandene Datei bearbeiten. Der Befehl startet normalerweise den Standardeditor des jeweiligen Betriebssystems – unter Windows demnach den Windows-Editor. Vor allem bei großen und komplexen Anweisungen ist es einfacher, mit dem Editor zu arbeiten, als die Änderungen über den Puffer vorzunehmen. Abbildung 20.1 zeigt ein Beispiel für den Befehl EDIT.

```
SQL> edit query1.sql
```

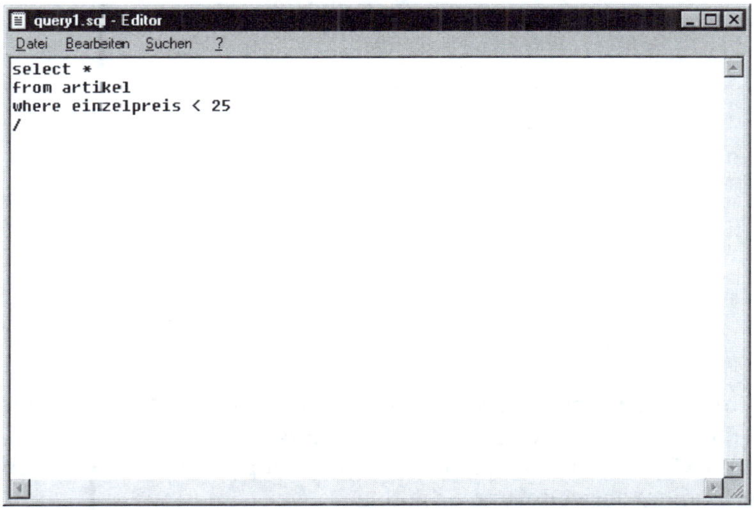

*Abbildung 20.1: Eine Datei in SQL*Plus bearbeiten*

Eine Datei ausführen

Nachdem Sie nun wissen, wie man eine SQL-Datei erzeugt und bearbeitet, brauchen Sie nur noch zu wissen, wie man diese Datei ausführt. Der Start-Befehl kann folgende Formen annehmen:

Syntax

```
START Dateiname
```

oder

```
STA Dateiname
```

oder

```
@Dateiname
```

Tip

Befehle sind nicht von der Groß-/Kleinschreibung abhängig.

```
SQL> start query1.sql
```

```
ART ART_NAME                      EINZELPREIS
--- ----------------------------- -----------
P02 20ER PACKUNG STIFTE NR 2             1,99
P03 KAFFEEKANNE                          6,95
P04 LANDSCHAFTSKALENDER                  10,5
P05 NATURKALENDER                       12,99

4 Zeilen ausgewählt.
```

Wenn Sie im Dateinamen die Erweiterung nicht explizit angeben, nimmt SQL*Plus die Standarderweiterung `.sql` an. In Befehlen wie `START`, `SAVE`, `GET` oder `EDIT` können Sie also die Dateierweiterung weglassen, solange Sie mit der Standarderweiterung arbeiten.

```
SQL> @query1
```

```
ART ART_NAME                      EINZELPREIS
--- ----------------------------- -----------
P02 20ER PACKUNG STIFTE NR 2             1,99
P03 KAFFEEKANNE                          6,95
P04 LANDSCHAFTSKALENDER                  10,5
P05 NATURKALENDER                       12,99

4 Zeilen ausgewählt.
```

Eingabe

```
SQL> run query1
```

Ausgabe

```
  1  select *
  2  from artikel
  3* where einzelpreis < 25

ART ART_NAME                       EINZELPREIS
--- ------------------------------ -----------
P02 20ER PACKUNG STIFTE NR 2              1,99
P03 KAFFEEKANNE                           6,95
P04 LANDSCHAFTSKALENDER                   10,5
P05 NATURKALENDER                        12,99

4 Zeilen ausgewählt.
```

Analyse

Wenn Sie eine Abfrage mit RUN starten, wird die Anweisung als Echo auf dem Bildschirm ausgegeben.

Ausgaben umleiten

In der Regel genügt es, die Ergebnisse einer Abfrage auf dem Bildschirm anzuzeigen. Mit dem Befehl SPOOL kann man die Ausgabe auch an eine Datei senden, so daß man im nachhinein auf die Ergebnisse zurückgreifen oder die Datei drucken kann. Wenn die Datei noch nicht existiert, wird sie angelegt, ansonsten überschrieben.

Eingabe

```
SQL> spool artikel.lst
SQL> select *
  2  from artikel;
```

```
ART ART_NAME                       EINZELPREIS
--- ------------------------------ -----------
P01 MICKY-MAUS-LAMPE                     29,95
P02 20ER PACKUNG STIFTE NR 2              1,99
P03 KAFFEEKANNE                           6,95
P04 LANDSCHAFTSKALENDER                   10,5
P05 NATURKALENDER                        12,99
P06 SQL-BEFEHLSREFERENZ                  29,99
P07 LEDERBRIEFTASCHE SCHWARZ             99,99

7 Zeilen ausgewählt.
```

```
SQL> spool off
SQL> edit artikel.lst
```

Abbildung 20.2 zeigt die mit EDIT aufgerufene SQL*Plus-Datei ARTIKEL.LST. Die Umleitung in eine Datei ist mit dem Befehl SPOOL OFF aufzuheben. Beim Verlassen von SQL*Plus wird der Befehl SPOOL OFF automatisch ausgeführt. Ansonsten leitet SQL*Plus alle Ausgaben in die Datei weiter, bis man explizit den Befehl SPOOL OFF ausführt.

SET-Befehle

Mit den SET-Befehlen ändert man in Oracle die Einstellungen von SQL*Plus. Man kann damit die Arbeitsumgebung von SQL anpassen und Optionen festlegen, um die Anzeige der Ergebnisse übersichtlicher zu gestalten. Bei vielen SET-Befehlen schaltet man eine Option ein oder aus (ON bzw. OFF).

Die nächsten Beispiele demonstrieren verschiedene SET-Befehle. Führen Sie zunächst die folgende SELECT-Anweisung aus.

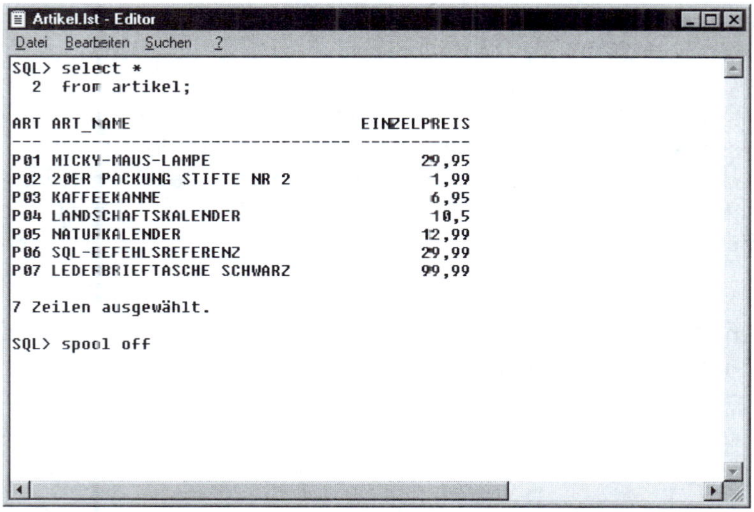

Artikel.lst - Editor

Datei Bearbeiten Suchen ?

```
SQL> select *
  2  from artikel;

ART ART_NAME                       EINZELPREIS
--- ------------------------------ -----------
P01 MICKY-MAUS-LAMPE                     29,95
P02 20ER PACKUNG STIFTE NR 2              1,99
P03 KAFFEEKANNE                           6,95
P04 LANDSCHAFTSKALENDER                   10,5
P05 NATURKALENDER                        12,99
P06 SQL-BEFEHLSREFERENZ                  29,99
P07 LEDERBRIEFTASCHE SCHWARZ             99,99

7 Zeilen ausgewählt.

SQL> spool off
```

Abbildung 20.2: Umleitung der Ausgabe in eine Datei

Eingabe

```
SQL> select *
  2  from artikel;
```

Ausgabe

```
ART ART_NAME                       EINZELPREIS
--- ------------------------------ -----------
P01 MICKY-MAUS-LAMPE                     29,95
P02 20ER PACKUNG STIFTE NR 2              1,99
P03 KAFFEEKANNE                           6,95
P04 LANDSCHAFTSKALENDER                   10,5
P05 NATURKALENDER                        12,99
P06 SQL-BEFEHLSREFERENZ                  29,99
P07 LEDERBRIEFTASCHE SCHWARZ             99,99

7 Zeilen ausgewählt.
```

Analyse

Die letzte Zeile der Ausgabe

```
7 Zeilen ausgewählt.
```

bezeichnet man als Rückmeldung (Feedback). Die SQL-Einstellungen haben Standardwerte, die sich modifizieren lassen. Im Beispiel ist FEEDBACK gleich ON gesetzt, die Rückmeldung also aktiviert. Sollte die Rückmeldung nicht zu sehen sein, können Sie sie vor Ausführung der SELECT-Anweisung mit dem Befehl

```
SET FEEDBACK ON
```

einschalten. Bei zusammenfassenden Berichten mit Berechnungen ist es oftmals sinnvoll, die Rückmeldung zu unterdrücken.

Eingabe

```
SQL> set feedback off
SQL> select *
  2  from artikel;
```

Ausgabe

```
ART ART_NAME                        EINZELPREIS
--- ------------------------------ -----------
P01 MICKY-MAUS-LAMPE                     29,95
P02 20ER PACKUNG STIFTE NR 2              1,99
P03 KAFFEEKANNE                           6,95
P04 LANDSCHAFTSKALENDER                   10,5
P05 NATURKALENDER                        12,99
P06 SQL-BEFEHLSREFERENZ                  29,99
P07 LEDERBRIEFTASCHE SCHWARZ             99,99
```

Analyse

Der Befehl SET FEEDBACK OFF schaltet die Anzeige der Rückmeldungen ab.

In bestimmten Fällen möchte man die Spaltenüberschriften in einem Bericht ausblenden. Diese Einstellung heißt HEADING und läßt sich ebenfalls auf ON oder OFF setzen.

Eingabe

```
SQL> set heading off
SQL> /
```

Ausgabe

```
P01 MICKY-MAUS-LAMPE                      29,95
P02 20ER PACKUNG STIFTE NR 2               1,99
P03 KAFFEEKANNE                            6,95
P04 LANDSCHAFTSKALENDER                   10,5
P05 NATURKALENDER                         12,99
P06 SQL-BEFEHLSREFERENZ                   29,99
P07 LEDERBRIEFTASCHE SCHWARZ              99,99
```

Analyse

Die Ausgabe zeigt nur noch die eigentlichen Daten ohne Spaltenüberschriften.

Die Anzeige läßt sich mit zahlreichen Einstellungen modifizieren. Beispielsweise legt die Option `LINESIZE` die Länge der Ausgabezeilen fest. Bei kürzeren Zeilen treten Zeilenumbrüche häufiger auf, so daß man die Standardlänge von 80 Zeichen gegebenenfalls erhöhen muß, um Zeilenumbrüche bei längeren Zeilen zu vermeiden. Ab einer Länge von 80 Zeichen pro Zeile sollte man beim Ausdruck das Querformat verwenden. Das folgende Beispiel zeigt den Einsatz von `LINESIZE`.

Eingabe

```
SQL> set linesize 40
SQL> /
```

Ausgabe

```
P01 MICKY-MAUS-LAMPE
     29,95
```

```
P02 20ER PACKUNG STIFTE NR 2
        1,99

P03 KAFFEEKANNE
        6,95

P04 LANDSCHAFTSKALENDER
        10,5

P05 NATURKALENDER
       12,99

P06 SQL-BEFEHLSREFERENZ
       29,99

P07 LEDERBRIEFTASCHE SCHWARZ
       99,99
```

Die Größe einer Seite läßt sich mit der Einstellung PAGESIZE anpassen. Bei Ausgabe auf dem Bildschirm empfiehlt sich ein PAGESIZE-Wert von 23. Damit vermeidet man mehrere Seitenwechsel pro Bildschirm. Das folgende Beispiel setzt PAGESIZE auf einen kleinen Wert, um die Auswirkung auf die Seitenwechsel zu demonstrieren.

Eingabe

```
SQL> set linesize 80
SQL> set heading on
SQL> set pagesize 7
SQL> /
```

Ausgabe

```
ART ART_NAME                       EINZELPREIS
--- ------------------------------ -----------
P01 MICKY-MAUS-LAMPE                     29,95
P02 20ER PACKUNG STIFTE NR 2              1,99
P03 KAFFEEKANNE                           6,95
P04 LANDSCHAFTSKALENDER                   10,5

ART ART_NAME                       EINZELPREIS
--- ------------------------------ -----------
P05 NATURKALENDER                        12,99
P06 SQL-BEFEHLSREFERENZ                  29,99
P07 LEDERBRIEFTASCHE SCHWARZ             99,99
```

Bei der Einstellung PAGESIZE 7 erscheinen auf einer Seite maximal 7 Zeilen. Am Beginn jeder neuen Seite werden automatisch Spaltenüberschriften ausgegeben.

Die Einstellung TIME zeigt die aktuelle Uhrzeit als Teil der Aufforderung SQL> an.

```
SQL> set time on
```

```
22:24:06 SQL>
```

An dieser Stelle haben wir nur einen kleinen Ausschnitt der verfügbaren SET-Optionen gezeigt. Prinzipiell arbeiten aber alle SET-Befehle in der gleichen Weise. Wie Sie der umfangreichen Liste beim Befehl SHOW ALL (weiter oben) entnehmen können, gibt es zahlreiche Möglichkeiten zur Anpassung einer SQL*Plus-Sitzung. Probieren Sie am besten die einzelnen Optionen aus, und übernehmen Sie die Ihrer Meinung nach besten Werte. Wahrscheinlich können Sie die Standardwerte der meisten Optionen beibehalten, bei verschiedenen Szenarios werden Sie aber die eine oder andere Option ändern wollen.

Die Datei LOGIN.SQL

Wenn man sich von SQL*Plus abmeldet, werden alle Einstellungen für die Sitzung gelöscht. Melden Sie sich wieder an, müssen Sie die von den Vorgaben abweichenden Werte wiederherstellen. Dieser Vorgang läßt sich mit Hilfe der Datei login.sql automatisieren. Diese Initialisierungsdatei wird automatisch bei der Anmeldung in SQL*Plus ausgeführt und entspricht in ihrer Art der Datei autoexec.bat auf dem PC oder .profile in einer Unix-Umgebung.

In Personal Oracle8 können Sie mit dem Befehl EDIT eine eigene login.sql-Datei erstellen, wie es Abbildung 20.3 zeigt.

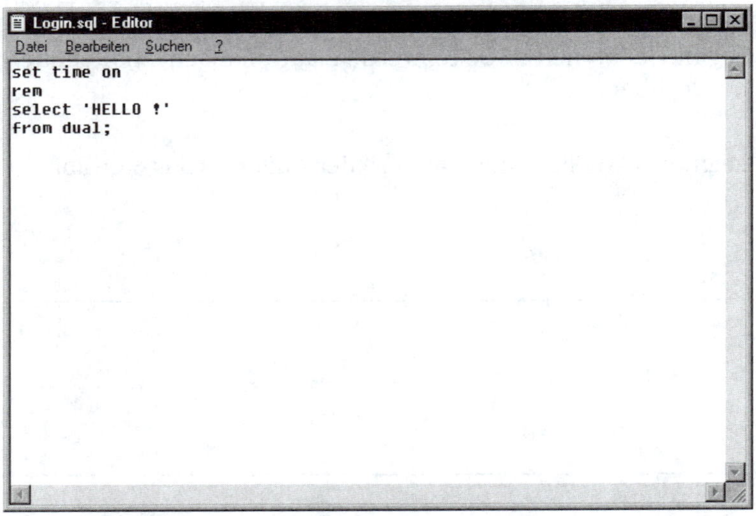

Abbildung 20.3: Eine login.sql-Datei erstellen

Bei der Anmeldung in SQL*Plus erscheint dann folgende Meldung:

```
SQL*Plus: Release 8.0.3.0.0 - Production on So Dez 14 22:41:1 1997

(c) Copyright 1997 Oracle Corporation.  All rights reserved.

Kennwort eingeben: *****************

Verbunden mit:
Personal Oracle8 Release 8.0.3.0.0 - Production
With the Partitioning option
PL/SQL Release 8.0.3.0.0 - Production


'HELLO!
-------
HELLO !

22:41:19 SQL>
```

Der Befehl CLEAR

In SQL*Plus werden die Einstellungen bei der Abmeldung oder dem Verlassen von SQL*Plus gelöscht. Bestimmte Einstellungen lassen sich auch mit dem Befehl `CLEAR` löschen, wie es die folgenden Beispiele zeigen.

```
SQL> clear col
```

```
columns entfernt
```

```
SQL> clear break
```

```
breaks entfernt
```

```
SQL> clear compute
```

```
computes entfernt
```

Ausgaben formatieren

SQL*Plus kennt auch Befehle, mit denen man die Ausgabe in nahezu jedem gewünschten Format anordnen kann. Dieser Abschnitt behandelt die grundlegenden Befehle zur Formatierung für Berichtstitel, Spaltenüberschriften und Formate und zeigt, wie man eine Spalte mit einem »neuen Wert« versieht.

TTITLE und BTITLE

Mit TTITLE und BTITLE lassen sich Titel in Berichten erstellen. Die bisherigen Lektionen haben sich mit Abfragen und Ausgaben beschäftigt, mit SQL*Plus lassen sich aber auch einfache Ausgaben in ansprechende Berichte umwandeln. Der Befehl TTITLE plaziert einen Titel am Beginn jeder Seite der Ausgabe oder des Berichts. BTITLE setzt einen Titel am unteren Rand jeder Seite des Berichts. Bei diesen Befehlen sind viele Optionen verfügbar, die heutige Darstellung behandelt aber nur das wesentliche. Die grundlegende Syntax von TTITLE und BTITLE lautet:

Syntax

```
TTITLE [center|left|right] 'text' [&variable] [skip n]
BTITLE [center|left|right] 'text' [&variable] [skip n]
```

Eingabe

```
SQL> ttitle 'ARTIKELLISTE'
SQL> btitle 'ENDE DER LISTE'
SQL> set pagesize 15
SQL> /
```

Ausgabe

```
So Dez 14
ARTIKELLISTE

ART ART_NAME                       EINZELPREIS
--- ------------------------------ -----------
P01 MICKY-MAUS-LAMPE                     29,95
P02 20ER PACKUNG STIFTE NR 2              1,99
P03 KAFFEEKANNE                           6,95
P04 LANDSCHAFTSKALENDER                   10,5
P05 NATURKALENDER                        12,99
P06 SQL-BEFEHLSREFERENZ                  29,99
P07 LEDERBRIEFTASCHE SCHWARZ             99,99

                                ENDE DER LISTE

7 Zeilen ausgewählt.
```

Analyse

Titel erscheinen am oberen und unteren Rand jeder Seite. Den unteren Titel verwendet man oft als Kennzeichnungsblock für überprüfte oder geänderte Daten im Bericht. Der obere Titel enthält unter anderem das Datum und läßt sich durch Angabe verschiedener Variablen um zusätzliche Angaben (zum Beispiel die Seitennummer) erweitern.

Spalten formatieren (COLUMN, HEADING, FORMAT)

Eine Spaltenformatierung bezieht sich auf die angezeigten Spalten oder die Spalten, die nach dem SELECT in einer SQL-Anweisung aufgeführt sind. Mit den Befehlen COLUMN, HEADING und FORMAT lassen sich Spaltenüberschriften umbenennen und die anzuzeigenden Daten formatieren.

Den Befehl COL[UMN] setzt man gewöhnlich mit dem Befehl HEADING oder mit dem Befehl FORMAT ein. COLUMN definiert die zu formatierende Spalte. Die Definition der Spalte muß exakt mit der Angabe in der SELECT-Anweisung übereinstimmen. In diesem Befehl kann auch ein Alias für die Spalte statt dem vollen Spaltennamen stehen.

Mit dem Befehl HEADING legt man eine Spaltenüberschrift fest, der Befehl FORMAT dient der Formatierung einer Spalte. Bei beiden Befehlen ist mit COLUMN die betreffende Spalte anzugeben.

Die grundlegende Syntax für alle drei Befehle folgt umgehend. Beachten Sie, daß die Befehle HEADING und FORMAT optional sind. In der FORMAT-Syntax ist bei Zeichenformaten ein a zu schreiben, numerische Datentypen sind mit den Ziffern 0 oder 9 darzustellen. Numerische Werte können auch Dezimalstellen enthalten. Die Zahl rechts neben dem a gibt die gesamte Breite an, die für die spezifizierte Spalte zulässig sein soll.

Syntax

```
COL[UMN] Spaltenname HEA[DING] "Neue_Überschrift" FOR[MAT] [a1|99.99]
```

Die einfache SELECT-Anweisung im folgenden Beispiel zeigt die Formatierung einer Spalte. Die angegebene Spalte hat den Datentyp NUMBER, die Zahl soll in Dezimaldarstellung mit einem Dollarzeichen erscheinen.

Eingabe

```
SQL> column einzelpreis heading "PREIS" format $99.99
SQL> select art_name, einzelpreis
  2  from artikel;
```

Ausgabe

```
ART_NAME                        PREIS
------------------------------ -------
MICKY-MAUS-LAMPE               $29.95
20ER PACKUNG STIFTE NR 2        $1.99
KAFFEEKANNE                     $6.95
LANDSCHAFTSKALENDER            $10.50
NATURKALENDER                  $12.99
SQL-BEFEHLSREFERENZ            $29.99
LEDERBRIEFTASCHE SCHWARZ       $99.99

7 Zeilen ausgewählt.
```

Analyse

Mit dem verwendeten Format 99.99 läßt sich als größte Zahl 99.99 anzeigen.

Die Befehle in den folgenden Beispielen sind abgekürzt. Das erste Beispiel zeigt den Befehl HEADING:

Eingabe

```
SQL> col einzelpreis hea "Preis|Stück" for $09.99
SQL> select art_name, einzelpreis
  2  from artikel;
```

Ausgabe

```
                               Preis
ART_NAME                       Stück
------------------------------ -------
MICKY-MAUS-LAMPE               $29.95
20ER PACKUNG STIFTE NR 2       $01.99
KAFFEEKANNE                    $06.95
LANDSCHAFTSKALENDER            $10.50
NATURKALENDER                  $12.99
SQL-BEFEHLSREFERENZ            $29.99
LEDERBRIEFTASCHE SCHWARZ       $99.99

7 Zeilen ausgewählt.
```

Analyse

Das Pipe-Zeichen (|) im HEADING-Befehl bewirkt die Ausgabe des folgenden Textes der Spaltenüberschrift auf der nächsten Zeile. Es lassen sich mehrere Pipe-Zeichen angeben. Diese Methode bietet sich an, wenn die Breite des Berichts an die maximal verfügbare Zeilengröße stößt. Das Format der Spalten für den Einzelpreis lautet jetzt 09.99. Die maximal anzuzeigende Zahl beträgt weiterhin 99.99. Jetzt aber steht eine 0 vor allen Zahlen, die kleiner als 10 sind. Vielleicht bevorzugen Sie dieses Format, da die Dollarbeträge dann einheitlich aussehen.

Zusammenfassungen in Berichten und Gruppen

Was wäre ein Bericht ohne Zusammenfassungen und Berechnungen? Bestimmte Befehle in SQL*Plus erlauben die Aufteilung des Berichts in verschiedene Gruppentypen mit Zusammenfassungen oder Berechnungen für jede Gruppe. BREAK unterscheidet sich etwas von den Gruppenfunktionen in Standard-SQL wie COUNT und SUM. Diese Funktionen verwendet man für Berichts- und Gruppenzusammenfassungen, um den Bericht aussagekräftiger zu gestalten.

BREAK ON

Der Befehl BREAK ON teilt die aus einer SQL-Anweisung zurückgegebenen Datenzeilen in eine oder mehrere Gruppen auf. Nimmt man die Aufteilung bezüglich des Kundennamens vor, erscheint der Name des Kunden per Vorgabe nur in der ersten zurückgegebenen Zeile und wird in den anderen Datenzeilen mit diesem Namen freigelassen. Die grundlegende Syntax des Befehls BREAK ON sieht folgendermaßen aus:

Syntax

```
BRE[AK][ON Spalte1 ON Spalte2...][SKIP n|PAGE][DUP|NODUP]
```

Die Aufteilung läßt sich auch mit den Optionen `REPORT` und `ROW` durchführen. `BREAK ON REPORT` führt Berechnungen auf dem Bericht als Ganzes aus, während `BREAK ON ROW` die Berechnungen für jede Zeilengruppe vornimmt.

Mit der Option `SKIP` werden n Zeilen bzw. eine Seite bei jeder Gruppe übersprungen. `DUP` und `NODUP` zeigen an, ob Duplikate in jeder Gruppe auszugeben sind. Der Vorgabewert ist `NODUP`.

Dazu ein Beispiel:

Eingabe

```
SQL> col einzelpreis head 'Preis|Stück' for $09.99
SQL> break on kunde
SQL> select a.kunde, p.art_name, p.einzelpreis
  2  from auftraege a,
  3       artikel p
  4  where a.art_id = p.art_id
  5  order by kunde;
```

Ausgabe

```
                                                            Preis
KUNDE                          ART_NAME                     Stück
------------------------------ ------------------------------ -------
BOUTIQUE AM TURM               MICKY-MAUS-LAMPE             $29.95
                               20ER PACKUNG STIFTE NR 2     $01.99
                               KAFFEEKANNE                  $06.95
MEIER-WERBUNG                  MICKY-MAUS-LAMPE             $29.95
                               20ER PACKUNG STIFTE NR 2     $01.99
                               SQL-BEFEHLSREFERENZ          $29.99
                               LEDERBRIEFTASCHE SCHWARZ     $99.99
                               LANDSCHAFTSKALENDER          $10.50
TANKSTELLE NORD                MICKY-MAUS-LAMPE             $29.95
                               LEDERBRIEFTASCHE SCHWARZ     $99.99
                               LEDERBRIEFTASCHE SCHWARZ     $99.99
```

```
                       20ER PACKUNG STIFTE NR 2      $01.99
                       20ER PACKUNG STIFTE NR 2      $01.99

13 Zeilen ausgewählt.
```

Analyse

Jeder eindeutige Kundenname erscheint nur einmal. Gegenüber einem Bericht, der den Kundennamen auf jeder Zeile zeigt, läßt sich der obige Bericht besser lesen. Damit der BREAK-Befehl funktioniert, sind die Ergebnisse in der gleichen Reihenfolge aufzuteilen wie die Spalten, auf denen man die Gruppierung vornimmt.

COMPUTE

Der Befehl COMPUTE wird zusammen mit BREAK ON eingesetzt. COMPUTE erlaubt die Ausführung verschiedenartiger Berechnungen auf jeder Datengruppe und/oder auf dem gesamten Bericht.

Syntax

```
COMP[UTE] Funktion OF Spalte_oder_Alias ON
Spalte_oder_Zeile_oder_Bericht
```

Zu den gebräuchlichsten Funktionen gehören:

- AVG – berechnet den Mittelwert für jede Gruppe.
- COUNT – berechnet die Anzahl der Werte in jeder Gruppe.
- SUM – berechnet die Summe der Werte in jeder Gruppe.

Das nächste Beispiel erstellt einen Bericht, der die Informationen aus der Tabelle ARTIKEL auflistet und den durchschnittlichen Artikelpreis berechnet.

Eingabe

```
SQL> break on report
SQL> compute avg of einzelpreis on report
SQL> select *
  2  from artikel;
```

Ausgabe

```
                                       Preis
ART ART_NAME                           Stück
--- ------------------------------ -------
P01 MICKY-MAUS-LAMPE                $29.95
P02 20ER PACKUNG STIFTE NR 2        $01.99
P03 KAFFEEKANNE                     $06.95
P04 LANDSCHAFTSKALENDER             $10.50
P05 NATURKALENDER                   $12.99
P06 SQL-BEFEHLSREFERENZ             $29.99
P07 LEDERBRIEFTASCHE SCHWARZ        $99.99
                                   -------
avg                                 $27.48

7 Zeilen ausgewählt.
```

Analyse

Die gewünschten Informationen erhält man, indem man eine Gruppe auf `REPORT` bildet und dann den Mittelwert (Funktion `avg`) für die Spalte `Einzelpreis` auf `REPORT` berechnet.

Erinnern Sie sich noch an den Befehl `CLEAR`? Wir löschen jetzt die letzte Berechnung aus dem Puffer und beginnen von neuem – dieses Mal möchten wir aber den von jedem Kunden bezahlten Betrag berechnen. Da wir kein Interesse mehr am Mittelwert haben, löschen wir die Berechnungen.

Eingabe

```
SQL> clear compute
```

Ausgabe

```
computes entfernt
```

Den letzten `BREAK` löschen wir ebenfalls. (Im vorliegenden Fall ist das eigentlich nicht erforderlich, da wir die Gruppierung weiterhin auf dem Bericht bilden wollen.)

Eingabe

```
SQL> clear break
```

Ausgabe

```
breaks entfernt
```

Im nächsten Schritt legen wir die Gruppen und die gewünschten Berechnungen neu fest. Außerdem ist die Spalte `Einzelpreis` für größere Zahlen zu formatieren, da wir jetzt die Summe für die Spalte `Einzelpreis` des Berichts berechnen und das Gesamtergebnis unter dieser Spalte im gleichen Format stehen soll. Aus diesem Grund sehen wir eine weitere Stelle links vom Dezimaltrennzeichen vor.

Eingabe

```
SQL> col einzelpreis hea 'Preis|Stück' for $099.99
SQL> break on report on kunde skip 1
SQL> compute sum of einzelpreis on kunde
SQL> compute sum of einzelpreis on report
```

Jetzt listen wir die letzte SQL-Anweisung im Puffer auf.

Eingabe

```
SQL> l
```

Ausgabe

```
  1  select a.kunde, p.art_name, p.einzelpreis
  2  from auftraege a,
  3       artikel p
  4  where a.art_id = p.art_id
  5* order by kunde
```

Analyse

Nachdem wir uns davon überzeugt haben, daß es sich um die vorgesehene Anweisung handelt, führen wir sie aus:

Eingabe

```
SQL> /
```

Ausgabe

```
                                                                       Preis
KUNDE                          ART_NAME                                Stück
------------------------------ ------------------------------ --------
BOUTIQUE AM TURM               MICKY-MAUS-LAMPE                        $029.95
                               20ER PACKUNG STIFTE NR 2                $001.99
                               KAFFEEKANNE                             $006.95
******************************                                --------
sum                                                                    $038.89

MEIER-WERBUNG                  MICKY-MAUS-LAMPE                        $029.95
                               20ER PACKUNG STIFTE NR 2                $001.99
                               SQL-BEFEHLSREFERENZ                     $029.99
                               LEDERBRIEFTASCHE SCHWARZ                $099.99
                               LANDSCHAFTSKALENDER                     $010.50
******************************                                --------
sum                                                                    $172.42

TANKSTELLE NORD                MICKY-MAUS-LAMPE                        $029.95
                               LEDERBRIEFTASCHE SCHWARZ                $099.99
                               LEDERBRIEFTASCHE SCHWARZ                $099.99
                               20ER PACKUNG STIFTE NR 2                $001.99
                               20ER PACKUNG STIFTE NR 2                $001.99

                                                                       Preis
KUNDE                          ART_NAME                                Stück
------------------------------ ------------------------------ --------
******************************                                --------
sum                                                                    $233.91
                                                              --------
sum                                                                    $445.22

13 Zeilen ausgewählt.
```

Dieses Beispiel hat die Summe für jeden Kunden sowie die Gesamtsumme für alle Kunden berechnet.

Mittlerweile sollten Sie die Grundlagen der Spaltenformatierung, der Gruppierung von Daten auf dem Bericht und die Ausführung von Berechnungen auf jeder Gruppe beherrschen.

Variablen in SQL*Plus

In einer SQL-Anweisung lassen sich Variablen definieren, ohne daß man dazu eine prozedurale Programmiersprache bemühen muß. Mit speziellen – in diesem Abschnitt behandelten – Optionen von SQL*Plus kann man Eingaben vom Benutzer entgegennehmen und Parameter an das SQL-Programm übergeben.

Variablen substituieren (&)

Mit Hilfe des kaufmännischen Und-Zeichens (&) läßt sich der Wert für eine Variable innerhalb eines SQL-Skripts abrufen. Ist die Variable noch nicht definiert, wird der Benutzer aufgefordert, einen Wert einzugeben.

```
SQL> select *
  2  from &TBL
  3  ;
Geben Sie einen Wert für tbl ein: artikel
```

```
alt   2: from &TBL
neu   2: from artikel

                                         Preis
ART ART_NAME                             Stück
--- ------------------------------ -------
P01 MICKY-MAUS-LAMPE                    $29.95
P02 20ER PACKUNG STIFTE NR 2             $1.99
```

```
P03 KAFFEEKANNE                      $6.95
P04 LANDSCHAFTSKALENDER             $10.50
P05 NATURKALENDER                   $12.99
P06 SQL-BEFEHLSREFERENZ             $29.99
P07 LEDERBRIEFTASCHE SCHWARZ        $99.99

7 Zeilen ausgewählt.
```

Analyse

In dieser »interaktiven Abfrage« wurde der Wert `artikel` für `&TBL` substituiert.

DEFINE

Mit `DEFINE` weist man Variablen in einem SQL-Skript Werte zu. Definiert man die Variablen im Skript, werden die Benutzer zur Laufzeit des Programms nicht zur Eingabe eines Werts für die Variable aufgefordert, wie es bei Verwendung des kaufmännischen Und-Zeichens (&) geschieht. Das nächste Beispiel führt die gleiche `SELECT`-Anweisung wie im vorhergehenden Beispiel aus, dieses Mal wird aber der Wert von `TBL` innerhalb des Skripts definiert.

Eingabe

```
SQL> define TBL=artikel
SQL> select *
  2  from &TBL;
```

Ausgabe

```
alt   2: from &TBL
neu   2: from artikel

                                     Preis
ART ART_NAME                         Stück
--- ------------------------------ -------
P01 MICKY-MAUS-LAMPE                $29.95
P02 20ER PACKUNG STIFTE NR 2         $1.99
P03 KAFFEEKANNE                      $6.95
P04 LANDSCHAFTSKALENDER             $10.50
```

```
P05 NATURKALENDER                    $12.99
P06 SQL-BEFEHLSREFERENZ              $29.99
P07 LEDERBRIEFTASCHE SCHWARZ         $99.99

7 Zeilen ausgewählt.
```

Beide Abfragen liefern das gleiche Ergebnis. Der nächste Abschnitt beschreibt eine andere Möglichkeit, um vom Benutzer Skript-Parameter abzufordern.

ACCEPT

`ACCEPT` erlaubt dem Benutzer, den Wert einer Variablen zur Laufzeit des Skripts einzugeben und bewirkt damit das gleiche wie das `&` ohne `DEFINE`. Allerdings läßt sich `ACCEPT` etwas besser kontrollieren und erlaubt die Ausgabe einer benutzerfreundlichen Aufforderung.

Das nächste Beispiel löscht zunächst den Puffer:

```
SQL> clear buffer
```

```
buffer entfernt
```

Die neue SQL-Anweisung geben wir dann über einen `INPUT`-Befehl in den Puffer ein. Läßt man den `INPUT`-Befehl weg und beginnt sofort mit der Eingabe, erhält man als erstes eine Aufforderung zur Eingabe eines Werts für `newtitle`. Als Alternative kann man gleich eine neue Datei anlegen und die Anweisungen dort schreiben.

```
SQL> input
  1  accept newtitle prompt 'Bitte Titel für Bericht eingeben: '
  2  ttitle center newtitle
  3  select *
  4  from artikel
  5
SQL> save artikel
```

```
"artikel.SQL" existiert bereits.
Namen ändern oder "SAVE Dateiname REPLACE" verw.
```

Was nun? Die Datei `artikel.sql` existiert bereits. Wir können den Namen ändern oder die Datei überschreiben. Für das Beispiel entscheiden wir uns für das Überschreiben der Datei und verwenden die Ersetzungsoption `REPLACE`, um die Anweisung im Puffer nach `artikel.sql` zu speichern. Die `PROMPT`-Klausel in der obigen Anweisung gibt einen Aufforderungstext für den Benutzer aus.

```
SQL> save artikel replace
```

```
file artikel wurde geschrieben
```

Nun können Sie mit dem Befehl `START` die Datei ausführen.

```
SQL> start artikel

Bitte Titel für Bericht eingeben: ARTIKELLISTE
```

```
                              ARTIKELLISTE
                                 Preis
ART ART_NAME                     Stück
--- ---------------------------- -------
P01 MICKY-MAUS-LAMPE             $29.95
```

```
P02 20ER PACKUNG STIFTE NR 2           $1.99
P03 KAFFEEKANNE                        $6.95
P04 LANDSCHAFTSKALENDER               $10.50
P05 NATURKALENDER                     $12.99
P06 SQL-BEFEHLSREFERENZ               $29.99
P07 LEDERBRIEFTASCHE SCHWARZ          $99.99

7 Zeilen ausgewählt.
```

Der eingegebene Text wird zum aktuellen Titel des Berichts.

Das nächste Beispiel zeigt, wie man Substitutionsvariablen in einer Anweisung verwendet:

```
SQL> input
  1  accept ART_ID prompt 'Zu suchende ART ID eingeben: '
  2  select *
  3  from artikel
  4  where ART_ID = '&ART_ID'
  5
SQL> save art1
```

```
file art1 wurde angelegt
```

```
SQL> start art1

Zu suchende ART ID eingeben: P01
```

Ausgabe

```
alt   3: where ART_ID = '&ART_ID'
neu   3: where ART_ID = 'P01'

                                            ARTIKELLISTE
                                               Preis
ART ART_NAME                                   Stück
--- ------------------------------ -------
P01 MICKY-MAUS-LAMPE                          $29.95

1 Zeile wurde ausgewählt.
```

Analyse

Variablen kann man für viele Zwecke einsetzen – beispielsweise, um die Datei zu benennen, in die man die Ausgaben umleiten möchte, oder um einen Ausdruck in der ORDER BY-Klausel zu spezifizieren. Über Substitutionsvariablen lassen sich auch Berichtsdaten in der WHERE-Klausel bei Berichten zur Qualitätssicherung eingeben. Soll eine Abfrage die Angaben zu jeweils einer Person abrufen, kann man eine Substitutionsvariable vorsehen und diese mit der Spalte SVN (Sozialversicherungsnummer) einer Tabelle vergleichen.

NEW_VALUE

Mit der Klausel NEW_VALUE kann man den Wert einer ausgewählten Spalte in die angegebene – noch nicht definierte – Variable übernehmen. Die Syntax lautet wie folgt:

Syntax

```
COL[UMN] Spaltenname NEW_VALUE neuer_Name
```

Die Werte von Variablen ruft man mit Hilfe des Zeichens & auf. Dazu ein Beispiel:

```
&neuer_Name
```

Die Klausel NEW_VALUE ist in Verbindung mit dem Befehl COLUMN zu verwenden.

Beachten Sie die Verwendung von & und des Befehls COLUMN in der nächsten SQL*Plus-Datei. Der GET-Befehl lädt die Datei.

```
SQL> get art2
Zeile 5 abgeschnitten.
  1  ttitle left 'Artikelübersicht: &ART_TITEL' skip 2
  2  col ART_NAME new_value ART_TITEL
  3  select ART_NAME, EINZELPREIS
  4  from ARTIKEL
  5* where ART_NAME = 'KAFFEEKANNE
```

```
Artikelübersicht: Kaffeekanne

                                 Preis
ART_NAME                         Stück
------------------------------ -------
KAFFEEKANNE                      $6.95

1 Zeile wurde ausgewählt.
```

Das Beispiel übergibt den Wert für die Spalte ART_NAME mittels NEW_VALUE an die Variable art_titel. Der Wert der Variablen art_title wurde dann in TTITLE aufgerufen.

Weitere Informationen zu Variablen in SQL finden Sie in den Lektionen 18 und 19.

Die Tabelle DUAL

Die Tabelle DUAL ist eine Dummy-Tabelle, die in jeder Oracle-Datenbank existiert. Die Tabelle besteht nur aus der Spalte DUMMY mit dem einzigen Wert X. Die Tabelle DUAL steht allen Datenbankbenutzern zur Verfügung und läßt sich für allgemeine Zwecke verwenden, beispielsweise um arithmetische Operationen auszuführen (hier dient die Tabelle als Rechner) oder um das Format von SYSDATE zu manipulieren.

Eingabe

```
SQL> desc dual;
```

Ausgabe

```
 Name                            Null?    Type
 ------------------------------- -------- ----
 DUMMY                                    VARCHAR2(1)
```

Eingabe

```
SQL> select *
  2  from dual;
```

Ausgabe

```
D
-
X
```

Sehen Sie sich die folgenden Beispiele an, die mit der Tabelle `DUAL` arbeiten:

Eingabe

```
SQL> select sysdate
  2  from dual;
```

Ausgabe

```
SYSDATE
--------
15.12.97
```

Eingabe

```
SQL> select 2 * 2
  2  from dual;
```

Ausgabe

```
      2*2
---------
        4
```

Die erste Anweisung hat SYSDATE aus der Tabelle DUAL ausgewählt und das heutige Datum geholt. Das zweite Beispiel zeigt, wie man in der Tabelle DUAL multipliziert. Die Antwort für 2 * 2 lautet 4.

Die Funktion DECODE

Die Funktion DECODE gehört zu den leistungsfähigsten Befehlen in SQL*Plus. In der Standardsprache von SQL fehlen prozedurale Funktionen, wie man sie aus Sprachen wie Cobol oder C kennt.

Die Anweisung DECODE ähnelt einer IF...THEN-Anweisung in einer prozeduralen Programmiersprache. In komplexen Berichten kann DECODE oftmals die Lücke zwischen SQL und den Funktionen einer prozeduralen Sprache schließen.

Syntax

```
DECODE(Spalte1, Wert1, Ausgabe1, Wert2, Ausgabe2, Ausgabe3)
```

Das Syntaxbeispiel führt die DECODE-Funktion auf Spalte1 aus. Wenn Spalte1 einen Wert von Wert1 aufweist, dann erscheint Ausgabe1 statt dem eigentlichen Wert der Spalte in der Anzeige. Wenn Spalte1 einen Wert von Wert2 hat, dann wird Ausgabe2 anstelle des tatsächlichen Werts der Spalte angezeigt. Wenn Spalte1 irgendeinen anderen Wert als Wert1 oder Wert2 enthält, erscheint Ausgabe3 anstelle des tatsächlichen Spaltenwerts.

Wie wäre es mit ein paar Beispielen? Zuerst führen wir ein einfaches SELECT auf einer neuen Tabelle aus:

Eingabe

```
SQL> select * from staaten;
```

Ausgabe

```
ST
--
IN
FL
KY
IL
OH
CA
NY

7 Zeilen ausgewählt.
```

Nun kommt der Befehl DECODE zum Einsatz:

Eingabe

```
SQL> select decode(staat,'IN','INDIANA','ANDERER') staat
  2  from staaten;
```

Ausgabe

```
STAAT
-------
INDIANA
ANDERER
ANDERER
ANDERER
ANDERER
ANDERER
ANDERER

7 Zeilen ausgewählt.
```

Nur eine Zeile erfüllt die Bedingung STAAT gleich IN, so daß nur eine Zeile als INDIANA erscheint. Die anderen Staaten nehmen den Standardwert an und werden demnach als ANDERER angezeigt.

Das nächste Beispiel liefert Ausgabestrings für alle Werte der Tabelle. Trotzdem sollte man einen Standardwert ('ANDERER') vorsehen, falls in der Tabelle Staaten vorkommen, die nicht in der DECODE-Liste aufgeführt sind.

```
SQL> select decode(staat,'IN','INDIANA',
  2                       'FL','FLORIDA',
  3                       'KY','KENTUCKY',
  4                       'IL','ILLINOIS',
  5                       'OH','OHIO',
  6                       'CA','CALIFORNIA',
  7                       'NY','NEW YORK','ANDERER')
  8  from staaten;
```

```
DECODE(STA
----------
INDIANA
FLORIDA
KENTUCKY
ILLINOIS
OHIO
CALIFORNIA
NEW YORK
7 Zeilen ausgewählt.
```

Das war fast zu einfach. Das nächste Beispiel führt die Tabelle LOHN2 ein. Anhand dieser Tabelle läßt sich die Leistung von DECODE besser demonstrieren.

```
SQL> col std_lohn hea 'LOHN|STUNDE' for 99.00
SQL> col datum_erh hea 'LETZTE|ERHÖHUNG'
SQL> select name, std_lohn, datum_erh
  2  from lohn2;
```

Ausgabe

```
                      LOHN LETZTE
NAME                STUNDE ERHÖHUNG
-------------------- ------ --------
JOHN                  12.60 01.01.96
JEFF                   8.50 17.03.97
RON                    9.35 01.10.96
RYAN                   7.00 15.03.96
BRYAN                 11.00 01.06.96
MARY                  17.50 01.01.96
ELAINE                14.20 01.02.97

7 Zeilen ausgewählt.
```

Alle in der Tabelle LOHN2 aufgeführten Mitarbeiter sollen nun eine Gehaltserhöhung bekommen. War das Jahr der letzten Gehaltserhöhung 1996, berechnen wir eine Erhöhung um 10 Prozent. Liegt die letzte Gehaltserhöhung in 1997, gibt es 20 Prozent mehr. Außerdem zeigen wir den prozentualen Zuwachs für die einzelnen Mitarbeiter an.

Eingabe

```
SQL> col lohn_neu hea 'LOHN|NEU' for 99.00
SQL> col std_lohn hea 'LOHN|STUNDE' for 99.00
SQL> col datum_erh hea 'LETZTE|ERHÖHUNG'
SQL> select name, std_lohn, datum_erh,
  2        decode(substr(datum_erh,7,2),'96',std_lohn * 1.2,
  3                                     '97',std_lohn * 1.1) lohn_neu,
  4        decode(substr(datum_erh,7,2),'96','20%',
  5                                     '97','10%',null) ZUWACHS
  6  from lohn2;
```

Ausgabe

```
                      LOHN LETZTE     LOHN
NAME                STUNDE ERHÖHUNG    NEU ZUW
-------------------- ------ -------- ------ ---
JOHN                  12.60 01.01.96  15.12 20%
JEFF                   8.50 17.03.97   9.35 10%
RON                    9.35 01.10.96  11.22 20%
```

```
RYAN                     7.00 15.03.96   8.40 20%
BRYAN                   11.00 01.06.96  13.20 20%
MARY                    17.50 01.01.96  21.00 20%
ELAINE                  14.20 01.02.97  15.62 10%

7 Zeilen ausgewählt.
```

Analyse

Gemäß der Ausgabe erhält jeder eine 20prozentige Gehaltserhöhung mit Ausnahme von Jeff und Elaine, die bereits 1997 bedacht wurden.

Datumsumwandlungen

Wenn Sie in Ihre Datumsanzeige einen Hauch von Klasse bringen wollen, können Sie mit der Funktion TO_CHAR das »Datumsbild« verändern. Das nächste Beispiel ermittelt zunächst das heutige Datum:

Eingabe

```
SQL> select sysdate
  2  from dual;
```

Ausgabe

```
SYSDATE
--------
15.12.97
```

Bei der Umwandlung eines Datums in einen Zeichenstring können Sie die Funktion TO_CHAR mit der folgenden Syntax verwenden:

Syntax

```
TO_CHAR(sysdate,'Datumsbild')
```

Datumsbild gibt das gewünschte Aussehen des Datums an. Zu den gebräuchlichen Teilen des Datumsformats gehören:

- Month Der aktuelle Monat in ausgeschriebener Form.
- Mon Der aktuelle Monat in abgekürzter Form.
- Day Der aktuelle Wochentag.
- mm Die Zahl des aktuellen Monats.
- yy Die letzen beiden Stellen des aktuellen Jahrs.
- dd Der laufende Tag des Monats.
- yyyy Das aktuelle Jahr.
- ddd Der laufende Tag des Jahres seit dem 1. Januar.
- hh Die aktuelle Stunde des Tages.
- mi Die aktuelle Minute der Stunde.
- ss Die aktuelle Sekunde der Minute.
- a.m. Zeigt a.m. oder p.m. an.

Das Datumsbild kann auch Kommas und literale Strings enthalten, sofern man diese in Anführungszeichen (" ") einschließt. Probieren Sie auch den Einfluß der Groß-/Kleinschreibung in Month, Mon und Day aus.

Eingabe

```
SQL> col HEUTE for a40
SQL> select to_char(sysdate,'Day", der "dd"." Month yyyy') HEUTE
  2  from dual;
```

Ausgabe

```
HEUTE
----------------------------------------
Montag    , der 15. Dezember  1997
```

Analyse

Beachten Sie den Alias `HEUTE` im Befehl `COLUMN`.

Eingabe

```
SQL> col HEUTE hea 'Heute ist der' for a30
SQL> select to_char(sysdate,'ddd ". Tag des Jahres') HEUTE
  2  from dual;
```

Ausgabe

```
Heute ist der
------------------------------
349 . Tag des Jahres
```

Analyse

Vor die fortlaufende Nummer des Tages können Sie auch das Jahr setzen und folgendes Datumsbild verwenden: `'yyddd'`.

Nehmen wir an, daß Sie ein kleines Skript geschrieben und als `tag` gespeichert haben. Das nächste Beispiel lädt die Datei und zeigt die verschiedenen Teile der konvertierten Datumsinformationen an.

Eingabe

```
SQL> get tag
```

Ausgabe

```
Zeile 10 abgeschnitten.
  1  set echo on
  2  col TAG for a10
  3  col HEUTE for a25
  4  col JAHR for a25
```

```
  5  col UHRZEIT for a15
  6  select to_char(sysdate,'Day') TAG,
  7         to_char(sysdate,'dd"." Mon yyyy') HEUTE,
  8         to_char(sysdate,'Year') Jahr,
  9         to_char(sysdate,'hh:mi:ss a.m.') Zeit
 10* from dual
```

Nun können Sie das Skript ausführen:

Eingabe

```
SQL> @day
```

Ausgabe

```
SQL> set echo on
SQL> col TAG for a10
SQL> col HEUTE for a25
SQL> col JAHR for a25
SQL> col UHRZEIT for a15
SQL> select to_char(sysdate,'Day') TAG,
  2         to_char(sysdate,'dd"." Mon yyyy') HEUTE,
  3         to_char(sysdate,'Year') Jahr,
  4         to_char(sysdate,'hh:mi:ss a.m.') Zeit
  5  from dual;

TAG        HEUTE                     JAHR                      ZEIT
---------- ------------------------- ------------------------- -----------
Montag     15. Dez 1997              Nineteen Ninety-Seven     05:30:14 PM
```

Analyse

Durch den Befehl `SET ECHO ON` am Anfang der Datei wurde die gesamte Anweisung vor der Ausführung angezeigt. Das Beispiel teilt das System in vier Spalten auf und konvertiert das Datum in vier Formate.

Mit der Funktion `TO_DATE` kann man Text in ein Datumsformat umwandeln. Die Syntax ist grundsätzlich die gleiche wie bei `TO_CHAR`.

Syntax

```
TO_DATE(Ausdruck, 'Datumsbild')
```

Probieren Sie die folgenden Beispiele aus:

```
SQL> select to_date('19970501','yyyymmdd') "Datum 1"
  2  from dual;
```

```
Datum 1
--------
01.05.97
```

```
SQL> select to_date('05/01/97','mm"/"dd"/"yy') "Datum 2"
  2  from dual;
```

```
Datum 2
--------
01.05.97
```

Beachten Sie die Anführungszeichen zur Kennzeichnung eines literalen Strings.

Eine Folge von SQL-Dateien ausführen

In einer SQL-Skript-Datei kann alles stehen, was sich in den SQL-Puffer an der Aufforderung `SQL>` eingeben läßt – sogar Befehle, die ein anderes SQL-Skript ausführen. Abbildung 20.4 zeigt eine Skript-Datei, die mit dem Befehl `EDIT` erstellt wurde. Die Datei enthält mehrere SQL-Anweisungen sowie Befehle zur Ausführung anderer SQL-Skripts.

Eingabe

```
SQL> edit main.sql
```

Ausgabe

```
SQL> @main
```

Analyse

Der Start von `main.sql` führt alle SQL-Befehle aus, die im Skript enthalten sind. Die Skripts `abfrage1` bis `abfrage5` werden entsprechend der aus Abbildung 20.4 ersichtlichen Reihenfolge ebenfalls ausgeführt.

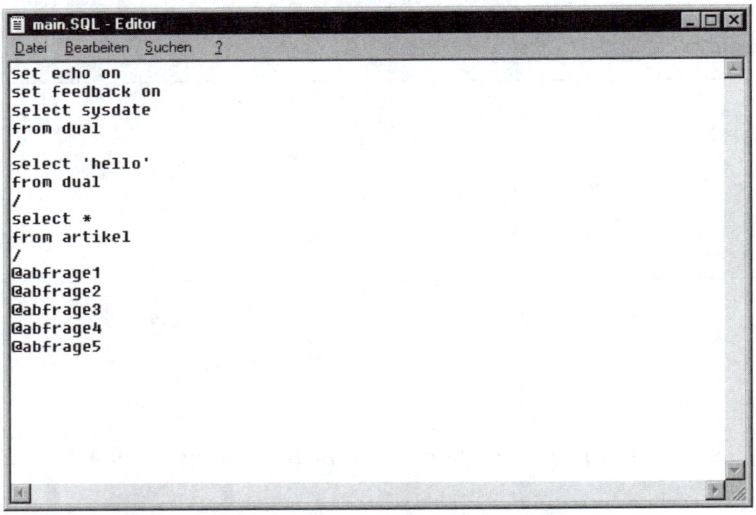

Abbildung 20.4: SQL-Skripts aus einem anderen SQL-Skript ausführen

Kommentare im SQL-Skript

In SQL*Plus kann man Kommentare in drei verschiedenen Formen in eine Datei aufnehmen:

- `--` plaziert einen Kommentar auf einer einzigen Zeile.
- `REMARK` (Abkürzung `REM`) plaziert einen Kommentar auf einer einzigen Zeile.
- `/* */` plaziert einen Kommentar auf einer oder mehreren Zeilen.

Studieren Sie das folgende Beispiel:

Eingabe

```
SQL> input
  1  REMARK Das ist ein Kommentar
  2  -- Das ist ebenfalls ein Kommentar
  3  REM
  4  -- SET-Befehle
  5  set echo on
  6  set feedback on
  7  -- SQL-Anweisung
  8  select *
  9  from artikel
 10
SQL> save abfrage6
```

Mit dem folgenden Befehl können Sie sich die Kommentare in der SQL-Skript-Datei ansehen:

```
SQL> edit query6
```

Kompliziertere Berichte

Gönnen wir uns etwas Abwechslung. Mit den Konzepten, die Sie heute und in den vergangenen Tagen gelernt haben, können Sie nun eigene Berichte erstellen. Nehmen wir an, daß Sie bereits ein Skript namens `bericht1.sql` erstellt haben. Starten Sie das Skript, und beobachten Sie die Ergebnisse.

Eingabe

```
SQL> @bericht1
```

Ausgabe

```
SQL> set echo on
SQL> set pagesize 50
SQL> set feedback off
SQL> set rewpage 0
```

```
SQL> col art_name hea 'Artikel|Name' for a20 trunc
SQL> col einzelpreis hea 'Preis|Stück' for $99.99
SQL> col art_menge hea 'Menge' for 999
SQL> col gesamt for $99,999.99
SQL> spool bericht
SQL> compute sum of gesamt on kunde
SQL> compute sum of gesamt on report
SQL> break on report on kunde skip 1
SQL> select a.kunde, p.art_name, p.einzelpreis,
  2         a.art_menge, (p.einzelpreis * a.art_menge) Gesamt
  3  from auftraege a,
  4       artikel p
  5  where a.art_id = p.art_id
  6  order by kunde
  7  Eingabe wurde auf 1 Zeichen abgeschnitten
/
                               Artikel              Preis
KUNDE                          Name                 Stück Menge      GESAMT
------------------------------ -------------------- ------- ----- -----------
BOUTIQUE AM TURM               MICKY-MAUS-LAMPE     $29.95    50   $1,497.50
                               20ER PACKUNG STIFTE   $1.99    10      $19.90
                               KAFFEEKANNE           $6.95    10      $69.50
******************************                                   -----------
sum                                                                $1,536.90

MEIER-WERBUNG                  MICKY-MAUS-LAMPE     $29.95     5     $149.75
                               20ER PACKUNG STIFTE   $1.99    15      $29.85
                               SQL-BEFEHLSREFERENZ  $29.99    10     $299.90
                               LEDERBRIEFTASCHE SCH $99.99     1      $99.99
                               LANDSCHAFTSKALENDER  $10.50    22     $231.00
******************************                                   -----------
sum                                                                  $810.49

TANKSTELLE NORD                MICKY-MAUS-LAMPE     $29.95     1      $29.95
                               LEDERBRIEFTASCHE SCH $99.99     5     $499.95
                               LEDERBRIEFTASCHE SCH $99.99     1      $99.99
                               20ER PACKUNG STIFTE   $1.99    10      $19.90
                               20ER PACKUNG STIFTE   $1.99    10      $19.90
******************************                                   -----------
sum                                                                  $669.69

                                                                 -----------
sum                                                                $3,067.08
SQL> spool off
```

Die eigentliche SQL-Anweisung wählt Daten aus zwei Tabellen aus und führt eine arithmetische Funktion aus. Die Anweisung verknüpft die beiden Tabellen in der `WHERE`-Klausel und sortiert nach dem Kundennamen. Das sind die grundlegenden Operationen. Darüber hinaus formatieren die SQL*Plus-Befehle das Datum in der gewünschten Weise. Die Befehle teilen den Bericht in Gruppen auf, führen Berechnungen auf jeder Gruppe durch und fassen den Bericht zusammen.

Zusammenfassung

Tag 20 erläutert die Oracle-Erweiterungen der Standard-SQL-Sprache. Die heute behandelten Befehle sind nur ein Teil dessen, was Ihnen in SQL*Plus zur Verfügung steht. Wenn Sie mit den Produkten von Oracle arbeiten, sollten Sie Ihre erworbenen Kenntnisse anhand der Datenbankdokumentation vertiefen und alle gebotenen Möglichkeiten ausprobieren. Mit SQL*Plus kann man nahezu alle Aufgaben realisieren, die in Berichten erforderlich sind, ohne daß man auf eine prozedurale Programmiersprache zurückgreifen muß. Auch wenn Sie nicht mit Oracle arbeiten, können Sie das heute Gelernte einsetzen, um mit den Möglichkeiten Ihrer Implementierung die Datenbankabfragen zu verbessern. Die meisten großen Datenbankprodukte bieten Erweiterungen zur SQL-Standardsprache.

Fragen & Antworten

F Warum sollte ich meine Zeit mit dem Erlernen von SQL*Plus verbringen, wenn ich die gleichen Ergebnisse mit einfachem SQL erreichen kann?

A *Wenn Ihre Anforderungen an Berichte einfacher Natur sind, ist SQL tatsächlich ausreichend. Man kann aber die Zeit, die man auf das Erstellen von Berichten verwendet, per SQL*Plus reduzieren. Außerdem können Sie davon ausgehen, daß die Ansprüche Ihrer Kunden an die Berichte zunehmen.*

F Wieso kann ich `SYSDATE` aus der Tabelle `DUAL` auswählen, obwohl es sich nicht um eine Spalte handelt?

A *Man kann `SYSDATE` aus `DUAL` oder irgendeiner anderen gültigen Tabelle auswählen, weil `SYSDATE` eine Pseudospalte darstellt.*

F Wenn ich mit dem Befehl `DECODE` arbeite, kann ich dann auch `DECODE` innerhalb eines anderen `DECODE` verwenden?

A *Ja. Man kann `DECODE` aus einem anderen `DECODE` heraus aufrufen. In SQL lassen sich Funktionen auf anderen Funktionen ausführen, um die gewünschten Ergebnisse zu erhalten.*

Workshop

Kontrollfragen

1. Mit welchen Befehlen lassen sich die Vorzugseinstellungen für eine SQL-Sitzung modifizieren?
2. Kann man im SQL-Skript einen Benutzer zur Eingabe eines Parameters auffordern und die SQL-Anweisung mit dem eingegebenen Parameter ausführen?
3. Wie würde man die Daten für einen Bericht gruppieren, wenn man einen zusammenfassenden Bericht auf den Einträgen einer `KUNDEN`-Tabelle erstellt?
4. Gibt es inhaltliche Einschränkungen bezüglich der Datei `LOGIN.SQL`?
5. Richtig oder falsch: Die Funktion `DECODE` ist das Äquivalent zu einer Schleife in einer prozeduralen Programmiersprache.
6. Richtig oder falsch: Wenn man die Ausgabe einer Abfrage in eine vorhandene Datei umleitet, wird die Ausgabe an diese Datei angefügt.

Übungen

1. Verwenden Sie die am Beginn der heutigen Lektion eingeführte Tabelle `ARTIKEL`. Schreiben Sie eine Abfrage, die alle Daten auswählt und alle in den Bericht zurückgegebenen Datensätze zählt, ohne den Befehl `SET FEEDBACK ON` zu verwenden.
2. Nehmen wir an, es ist Montag, der 12. Mai 1998. Schreiben Sie eine Abfrage, die die folgende Ausgabe liefert:

   ```
   Heute ist Montag, der 12. Mai 1998
   ```

   Verwenden Sie für diese Übung die folgende SQL-Anweisung:

   ```
   1  select *
   2  from auftraege
   3  where kunden_id = '001'
   4* order by kunden_id;
   ```

3. Ändern Sie – ohne erneutes Eintippen in den SQL-Puffer – die in der `FROM`-Klausel angegebene Tabelle in die Tabelle `KUNDE`.
4. Fügen Sie dann `DESC` an die `ORDER BY`-Klausel an.

Fehler und deren Beseitigung

Woche 3

Ziele

Willkommen zum einundzwanzigsten und letzten Tag dieses Kurses. Die heutige Lektion zeigt Ihnen ...

- typische Fehler und deren Auflösung.
- Logikfehler, über die Benutzer von SQL häufig stolpern.
- Möglichkeiten, wie man ständige Rückschläge aufgrund von Fehlern verhindert.

Einführung

Heute lernen Sie verschiedene Fehler kennen, die sowohl dem Einsteiger als auch dem Profi beim Einsatz von SQL unterlaufen können. Fehler lassen sich nie völlig vermeiden. Wenn man aber mit einem weiten Bereich von Fehlern vertraut ist, kann man sie in einer möglichst kurzen Zeit auflösen.

Hinweis: Die Beispiele arbeiten mit Personal Oracle8. Die angesprochenen Fehler können bei Ihrer konkreten Implementierung hinsichtlich Numerierung und Benennung abweichen. Die SQL-Anweisungen wurden mit SQL*Plus ausgeführt. Die Einstellungen `ECHO` und `FEEDBACK` sind auf `ON` gesetzt, damit die Anweisungen zu sehen sind.

Denken Sie daran, daß bestimmte Fehler unmittelbar zu Fehlermeldungen führen, während sich andere Fehler in der Logik verstecken und erst im weiteren Verlauf in Form ernsthafter Probleme zutage treten. Mit einem geübten Blick für das Detail lassen sich zwar viele Probleme vermeiden, trotzdem wird man immer wieder über Fehler stolpern.

Häufige Fehler

Dieser Abschnitt beschreibt häufige Fehler, die man bei der Ausführung aller Arten von SQL-Anweisungen erhält. Viele Fehler sind einfach zu erkennen, daß man sich wahrscheinlich nur ärgert, sie übersehen zu haben, während andere, scheinbar offensichtliche Fehler auf eine falsche Spur führen.

Tabelle oder View nicht vorhanden

Wenn eine Fehlermeldung darauf hinweist, daß die angesprochene Tabelle nicht existiert, scheint auf den ersten Blick alles klar zu sein. Dazu folgendes Beispiel:

Eingabe

```
SQL> @tables.sql
```

Ausgabe

```
SQL> spool tables.lst
SQL> set echo on
SQL> set feedback on
SQL> set pagesize 1000
SQL> select owner|| '.' ||table_name
  2  from sys.dba_table
  3  where owner = 'SYSTEM'
  4  order by table_name;
  5  /
from sys.dba_table
         *
FEHLER in Zeile 2:
ORA-00942: Tabelle oder View nicht vorhanden
```

Analyse

Beachten Sie das Sternchen unter `dba_table`. Der korrekte Tabellenname lautet `sys.dba_tables`. Es wurde also ein `s` im Tabellennamen vergessen.

Was hat eine derartige Fehlermeldung aber zu bedeuten, wenn man genau weiß, daß die Tabelle existiert? In diesem Fall kann ein Sicherheitsproblem vorliegen – die Tabelle existiert zwar, aber man hat keinen Zugriff darauf. Der Datenbank-Server gibt uns damit höflich zu verstehen: »Sie haben keine Berechtigung, auf diese Tabelle zuzugreifen!«

Tip

Bevor sich bei Ihnen Panik breitmacht, sollten Sie umgehend prüfen, ob die Tabelle existiert oder nicht. Melden Sie sich – wenn möglich – mit einem DBA-Konto oder dem Schemakonto an. Oftmals stellt man fest, daß die Tabelle existiert und der Benutzer nicht die geeigneten Zugriffsprivilegien hat.

Benutzername oder Kennwort ungültig

Eingabe

```
SQL*Plus: Release 8.0.3.0.0 - Production on Di Dez 16 0:58:48 1997

(c) Copyright 1997 Oracle Corporation.  All rights reserved.

Benutzernamen eingeben: rplew
Kennwort eingeben: *******
```

Ausgabe

```
FEHLER:
ORA-01017: invalid username/password; logon denied

Benutzernamen eingeben:
```

Analyse

Diese Fehlermeldung erscheint, wenn man entweder den falschen Benutzernamen oder das falsche Kennwort eingegeben hat. Geben Sie den Benutzernamen bzw. das Kennwort noch einmal ein. Falls der erneute Versuch scheitert, sollten Sie Ihr Kennwort zurücksetzen lassen. Wenn Sie sicher sind, daß Benutzername und Kennwort stimmen, dann vergewissern Sie sich, ob Sie sich überhaupt bei der richtigen Datenbank anmelden, falls Sie Zugriff auf mehrere Datenbanken haben.

Schlüsselwort FROM nicht angegeben

```
SQL> @tblspc.sql
```

```
SQL> spool tblspc.lst
SQL> set feedback on;
SQL> set pagesize 1000;
SQL> select substr(tablespace_name,1,15) a,
  2         substrfile_name,1,45) c, bytes
  3  from sys.dba_data_files
  4  order by tablespace_name;
       substrfile_name,1,45) c, bytes
                          *
FEHLER in Zeile 2:
ORA-00923: Schlüsselwort FROM nicht an erwarteter Stelle gefunden
SQL> spool off
SQL>
```

Dieser Fehler kann in die Irre führen. Das Schlüsselwort `FROM` ist vorhanden, es fehlt aber die linke Klammer zwischen `substr` und `file_name` auf Zeile 2. Dieser Fehler kann auch durch ein fehlendes Komma zwischen den Spaltennamen in der `SELECT`-Anweisung verursacht werden. Wenn in der `SELECT`-Anweisung nach einem Spaltennamen kein Komma folgt, sucht der Abfrageprozessor automatisch nach dem Schlüsselwort `FROM`. Die korrigierte Anweisung sieht wie folgt aus:

```
SQL> select substr(tablespace_name,1,15) a,
  2         substr(file_name,1,45) c, bytes
  3  from sys.dba_data_files
  4  order by tablespace_name;
```

Gruppenfunktion nicht zulässig

Eingabe

```
SQL> select count(nachname), vorname, telefon
  2  from mitarbeiter
  3  group by count(nachname), vorname, telefon
  4  /
```

Ausgabe

```
group by count(nachname), vorname, telefon
         *
FEHLER in Zeile 3:
ORA-00934: Gruppenfunktion ist hier nicht zulässig
```

Analyse

Wie bei jeder Gruppenfunktion darf man `COUNT` nicht in der `GROUP BY`-Klausel verwenden. In der `GROUP BY`-Klausel lassen sich nur Spaltenfunktionen und nichtgruppierende Funktionen wie `SUBSTR` angeben.

Tip

Die Funktion `COUNT` wird auf Gruppen in der Abfrage ausgeführt.

Die korrigierte Anweisung mit der richtigen Syntax lautet:

```
SQL> select count(nachname), vorname, telefon
  2  from mitarbeiter
  3  group by nachname, vorname, telefon;
```

Spaltenname ungültig

Eingabe

```
SQL> @tables.sql
```

Ausgabe

```
SQL> spool tables.lst
SQL> set echo on
SQL> set feedback on
SQL> set pagesize 1000
SQL> select owner|| '.' ||tablename
  2  from sys.dba_tables
  3  where owner = 'SYSTEM'
  4  order by table_name
  5  /
select owner|| '.' ||tablename
                        *
FEHLER in Zeile 1:
ORA-00904: Ungültiger Spaltenname
SQL> spool off
SQL>
```

Analyse

In Zeile 1 ist die Spalte `tablename` nicht korrekt geschrieben. Der richtige Spaltenname lautet `table_name`. Es fehlt lediglich der Unterstrich. Die korrekten Spaltennamen lassen sich über den Befehl `DESCRIBE` anzeigen. Dieser Fehler kann auch auftreten, wenn man in einer `SELECT`-Anweisung eine Spalte mit dem falschen Tabellennamen qualifiziert.

Schlüsselwort fehlt

Eingabe

```
SQL> create view ma_view
  2  select * from mitarbeiter_tbl
  3  ;
```

Ausgabe

```
select * from mitarbeiter_tbl
*
FEHLER in Zeile 2:
ORA-00905: Schlüsselwort fehlt
```

Analyse

Hier stimmt die Syntax nicht. Dieser Fehler tritt auf, wenn man ein obligatorisches Wort in einer syntaktischen Konstruktion ausläßt. Auch ein optionaler Teil eines Befehls kann ein bestimmtes Schlüsselwort erfordern. Im Beispiel fehlt das Schlüsselwort AS. Die Anweisung sollte folgendermaßen aussehen:

```
SQL> create view ma_view as
  2  select * from mitarbeiter_tbl
  3 /
```

Linke Klammer fehlt

Eingabe

```
SQL> @lklammer.sql
```

Ausgabe

```
SQL> insert into personal_tbl values
  2  '303785523','SMITH','JOHN','JAY','MALE','10.01.50')
/
'303785523','SMITH','JOHN','JAY','MALE','10.01.50')
*
FEHLER in Zeile 2:
ORA-00906: Linke Klammer fehlt
```

Analyse

In Zeile 2 fehlt eine Klammer vor der Sozialversicherungsnummer. Die richtige Syntax sieht folgendermaßen aus:

```
SQL> insert into personal_tbl values
  2  ('303785523','SMITH','JOHN','JAY','MALE','10.01.50')
  3  /
```

Rechte Klammer fehlt

Eingabe

```
SQL> @rklammer.sql
```

Ausgabe

```
SQL> spool rklammer.lst
SQL> set echo on
SQL> set feedback on
SQL> set pagesize 1000
SQL> select substr(tablespace_name,1,15 a,
  2         substr(file_name,1,45) c, bytes
  3  from sys.dba_data_files
  4  order by tablespace_name;
select substr(tablespace_name,1,15 a,
                                   *
FEHLER in Zeile 1:
ORA-00907: Rechte Klammer fehlt
SQL> spool off
SQL>
```

Analyse

In Zeile 1 fehlt die rechte Klammer des `substr`-Ausdrucks. Die korrekte Syntax sieht folgendermaßen aus:

```
SQL> select substr(tablespace_name,1,15) a,
  2         substr(file_name,1,45) c, bytes
  3  from sys.dba_data_files
  4  order by tablespace_name;
```

Komma fehlt

Eingabe

```
SQL> @komma.sql
```

Ausgabe

```
SQL> spool komma.lst
SQL> set echo on
SQL> set feedback on
SQL> insert into personal_tbl values
  2  ('303785523' 'SMITH','JOHN','JAY','MALE','10.01.50')
  3  /
('303785523' 'SMITH','JOHN','JAY','MALE','10.01.50')
             *
FEHLER in Zeile 2:
ORA-00917: Komma fehlt
```

Analyse

In Zeile 2 fehlt ein Komma zwischen der Sozialversicherungsnummer und SMITH.

Spalte nicht eindeutig definiert

Eingabe

```
SQL> @mehrd
```

Ausgabe

```
SQL> spool mehrd.lst
SQL> set echo on
SQL> set feedback on
SQL> select g.svn, name, m.adresse, m.telefon
  2  from mitarbeiter m,
  3  gehalt g
  4  where m.svn = g.svn;
select g.svn, name, m.adresse, m.telefon
              *
FEHLER in Zeile 1:
ORA-00918: Spalte nicht eindeutig definiert
SQL> spool off
SQL>
```

Analyse

In Zeile 1 wurde der Spaltenname nicht richtig definiert. Die Tabellen haben die Aliase `m` und `g` erhalten. Entscheiden Sie sich, aus welcher Tabelle der Name kommen soll, und schreiben Sie den entsprechenden Alias vor `name`.

SQL-Befehl nicht korrekt beendet

Eingabe

```
SQL> create view ma_tbl as
  2  select * from mitarbeiter
  3  order by name
  4  /
```

Ausgabe

```
order by name
*
FEHLER in Zeile 3:
ORA-00933: SQL-Befehl wurde nicht korrekt beendet
```

Analyse

Warum wurde dieser Befehl nicht richtig beendet? Eine SQL-Anweisung kann man doch mit `/` abschließen. Hier haben wir es wieder mit einer Meldung zu tun, die auf eine falsche Fährte führt. Eine `ORDER BY`-Klausel darf man nicht in einer `CREATE VIEW`-Anweisung verwenden. Geben Sie statt dessen eine `GROUP BY`-Klausel an. Im vorliegenden Fall sucht der Abfrageprozessor nach einem Abschlußzeichen (Semikolon oder Schrägstrich) vor der `ORDER BY`-Klausel, weil der Prozessor annimmt, daß die `ORDER BY`-Klausel nicht Bestandteil der Anweisung `CREATE VIEW` ist. Da vor dem `ORDER BY` kein Abschlußzeichen erscheint, erhält man diesen Fehler zurück und keinen Fehler, der auf das `ORDER BY` verweist.

Ausdruck fehlt

Eingabe

```
SQL> @ausdr.sql
```

Ausgabe

```
SQL> spool ausdr.lst
SQL> set echo on
SQL> set feedback on
SQL> set pagesize 1000
SQL> select owner|| '.' ||table,
  2  from sys.dba_tables
  3  where owner = 'SYSTEM'
  4  order by table_name
  5  /
select owner|| '.' ||table,
                     *
FEHLER in Zeile 1:
ORA-00936: Ausdruck fehlt
```

Analyse

Beachten Sie das Komma nach `table` auf der ersten Zeile. Der Abfrageprozessor sucht demzufolge nach einer weiteren Spalte in der SELECT-Klausel und erwartet noch nicht die FROM-Klausel.

Anzahl der Argumente reicht nicht aus

Eingabe

```
SQL> @argum.sql
```

Ausgabe

```
SQL> spool argum.lst
SQL> set echo on
```

```
SQL> set feedback on
SQL> set pagesize 1000
SQL> select substr(tablespace_name,1,15) a,
  2         decode(substr(file_name,1,45)) c, bytes
  3  from sys.dba_data_files
  4  order by tablespace_name;
         decode(substr(file_name,1,45)) c, bytes
         *
FEHLER in Zeile 2:
ORA-00938: Anzahl der Argumente reicht für Funktion nicht aus
SQL> spool off
SQL>
```

Für die DECODE-Funktion sind nicht genügend Argumente angegeben. Prüfen Sie Ihre Implementierung hinsichtlich der passenden Syntax.

Nicht genügend Werte

```
SQL> @werte.sql
```

```
SQL> spool werte.lst
SQL> set echo on
SQL> set feedback on
SQL> insert into mitarbeiter values
  2  ('303785523','SMITH','JOHN')
  3  /
insert into mitarbeiter values
            *
FEHLER in Zeile 1:
ORA-00947: Anzahl der Werte reicht nicht aus
SQL> spool off
SQL>
```

Analyse

Es fehlt ein Spaltenwert. Führen Sie einen DESCRIBE-Befehl für die Tabelle aus, um die fehlende Spalte zu ermitteln. Daten lassen sich nur dann gezielt einfügen, wenn man auch die zugehörigen Spalten auflistet. Das nächste Beispiel zeigt eine entsprechende Anweisung:

Eingabe

```
SQL> set echo on
SQL> set feedback on
SQL> insert into mitarbeiter (svn, name, vorname)
  2  values('303785523','SMITH','JOHN')
  3  /

1 Zeile wurde erstellt.
```

Verstoß gegen Integritätsregel – übergeordneten Schlüssel nicht gefunden

Eingabe

```
SQL> insert into gehalt values
  2  ('123456789','SMITH');
  3  /
```

Ausgabe

```
insert into gehalt values
            *
FEHLER in Zeile 1:
ORA-02291: Verstoß gegen Integritätsregel (SYS.FK_NAME). Übergeordn. Schlüssel
nicht gefunden
```

In diesem Beispiel dient MITARBEITER als übergeordnete Tabelle mit der Spalte NAME als Primärschlüssel. In der Tabelle GEHALT ist die Spalte NAME als Fremdschlüssel definiert. Der Fehler entsteht, weil der angegebene Name (SMITH) noch nicht in der Tabelle MITARBEITER enthalten ist und somit kein Bezug auf den Primärschlüssel hergestellt werden kann. Untersuchen Sie in diesem Fall die übergeordnete Tabelle (hier MITARBEITER), ob die Daten korrekt eingetragen sind. Fehlen diese, müssen Sie zunächst die Daten in der übergeordneten Tabelle ergänzen, bevor Sie Daten in die untergeordnete Tabelle (hier GEHALT) einfügen.

Oracle nicht verfügbar

```
SQL*Plus: Release 8.0.3.0.0 - Production on Di Dez 16 3:19:0 1997

(c) Copyright 1997 Oracle Corporation.  All rights reserved.

FEHLER:
ORA-01034: ORACLE not available
ORA-09243: smsget: error attaching to SGA
OSD-04101: Ungültige SGA: SGA ist nicht initialisiert


Benutzernamen eingeben:
```

Hier haben Sie versucht, sich in SQL*Plus anzumelden. Die Datenbank ist aber wahrscheinlich heruntergefahren. Prüfen Sie den Status der Datenbank. Vergewissern Sie sich auch, daß Sie sich mit der richtigen Datenbank verbinden wollen, falls Sie auf mehrere Datenbanken Zugriff haben.

Eingefügter Wert zu groß für Spalte

```
SQL> @wert.sql
```

Ausgabe

```
SQL> spool wert.lst
SQL> set feedback on
SQL> insert into gehalt values
  2  ('303785523','SMITH-JOHNSON OF HAMPSHIRE','JOHN');
('303785523','SMITH-JOHNSON OF HAMPSHIRE','JOHN')
            *
FEHLER in Zeile 2:
ORA-01401: Eingefügter Wert zu groß für Spalte
SQL> spool off
SQL>
```

Analyse

Der mit dem Sternchen gekennzeichnete Wert ist zu groß für die Spalte. Ermitteln Sie mit dem `DESCRIBE`-Befehl (im Beispiel `DESC GEHALT`) die Definition der Spalte. Gegebenenfalls können Sie mit einem `ALTER TABLE`-Befehl die Spaltenbreite erweitern.

Servicename kann nicht aufgelöst werden

Eingabe

```
SQL> connect rplew/xxxx@database1
```

Ausgabe

```
FEHLER:
ORA-12154: TNS:Der Servicename konnte nicht aufgelöst werden.

Achtung: Sie sind nicht mehr mit ORACLE verbunden.
```

Analyse

Die Verbindung zur Datenbank ist fehlgeschlagen. Entweder haben Sie den Namen der Datenbank falsch eingegeben, oder der Name ist nicht in der Datei `TNSNAMES.ORA` verzeichnet. Prüfen Sie, ob die Datei `TNSNAMES.ORA` vorhanden, an der richtigen Stelle gespeichert und zugänglich ist.

Berechtigungen nicht zureichend

Eingabe

```
SQL> grant select on personal to frank;
```

Ausgabe

```
grant select on personal to frank
                            *
FEHLER in Zeile 1:
ORA-01749: An/von sich selbst können Sie keine Berechtigungen erteilen/entziehen
```

Eingabe

```
SQL> grant select on gehalt to ron;
```

Ausgabe

```
grant select on gehalt to ron
                 *
FEHLER in Zeile 1:
ORA-01031: Unzureichende Berechtigungen
```

Analyse

Dieser Fehler tritt auf, wenn man Privilegien (Berechtigungen) an die Tabelle eines anderen Benutzers zuteilen möchte und selbst nicht über die entsprechenden Privilegien verfügt. Damit man Privilegien auf die Tabelle eines anderen Benutzers übertragen kann, muß man Eigentümer der Tabelle sein. Wenn Sie in Oracle ein Privileg mit der Option `WITH ADMIN OPTION` erhalten, können Sie das angegebene Privileg an andere Benutzer übertragen. Überprüfen Sie Ihre Implementierung hinsichtlich der Privilegien, die Sie für die Gewährung eines Privilegs benötigen.

Ungültige Zeichen in einer Anweisung

Sonderzeichen können die Fehlersuche in einer SQL-Anweisung erschweren. Ungültige Zeichen treten zum Beispiel auf, wenn man die [←]-Taste während der Eingabe einer Anweisung in den Puffer oder in eine Datei benutzt. Je nach Interpretation der Tastaturcodes kann die [←]-Taste zu ungültigen Zeichen in der Anweisung führen, selbst wenn diese Zeichen nicht sichtbar sind.

Datei kann nicht angelegt werden

Dieser Fehler hat eine Reihe von Ursachen. Häufig ist der angegebene Datenträger voll, oder es sind nicht die geeigneten Berechtigungen für das Dateisystem vorhanden. Im ersten Fall kann man überflüssige Dateien löschen. Wenn die Sicherheitseinstellungen für das Netzlaufwerk nicht in Ordnung sind, nehmen Sie die erforderlichen Korrekturen vor. Da dieser Fehler mehr das Betriebssystem als Oracle selbst betrifft, sollten Sie sich mit Ihrem Systemadministrator in Verbindung setzen.

Logische Fehler

Die bisher behandelten Fehler in SQL-Anweisungen haben direkt zu Fehlermeldungen geführt. Die meisten dieser Fehler sind auf den ersten Blick zu erkennen und problemlos zu beseitigen. Als nächstes gehen wir auf Fehler ein, die mehr (oder weniger) logischer Natur sind.

Reservierte Wörter in SQL-Anweisung

```
SQL> select sysdate DATE
  2  from dual;
```

```
select sysdate DATE
               *
FEHLER in Zeile 1:
ORA-00923: Schlüsselwort FROM nicht an erwarteter Stelle gefunden
```

In diesem Beispiel erwartet der Abfrageprozessor nicht das Wort DATE, da es ein reserviertes Wort ist. Nach dem Namen der Pseudospalte SYSDATE steht kein Komma. Demzufolge erwartet der Prozessor als nächstes Element die FROM-Klausel.

```
SQL> select sysdate "DATE"
  2  from dual;
```

```
DATE
--------
15.12.97
```

Reservierte Wörter lassen sich als normale Bezeichner »umfunktionieren«, wenn man sie in Anführungszeichen einschließt. Damit kann man im Beispiel das reservierte Wort DATE als Alias für eine Spalte verwenden. In einem deutschen Programm hätte man zwar ohnehin die Bezeichnung DATUM gewählt, man sollte aber nicht davon ausgehen, daß deutsche Bezeichnungen durchgängig gefahrlos sind. Lektion 12 hat dazu ein Beispiel mit dem Schlüsselwort ALTER gebracht, das in Verbindungen wie ALTER TABLE zu finden ist.

Eine Liste der reservierten Wörter sollten Sie Ihrer Datenbankdokumentation entnehmen, da sich die reservierten Wörter zwischen den einzelnen Implementierungen unterscheiden.

Außer bei zusammengesetzten Bezeichnungen (wie PREIS PRO STÜCK) und reservierten Wörtern sind Anführungszeichen für den Aliasnamen einer Spalte nicht unbedingt erforderlich. Im folgenden Beispiel kann man auf die Anführungszeichen verzichten, da HEUTE kein reserviertes Wort ist.

```
SQL> select sysdate HEUTE
  2  from dual;
```

```
HEUTE
--------
15.12.97
```

DISTINCT bei Auswahl mehrerer Spalten

```
SQL> select distinct(stadt), distinct(plz)
  2  from adressen;
```

```
select distinct(stadt), distinct(plz)
                        *
FEHLER in Zeile 1:
ORA-00936: Ausdruck fehlt
```

Eine Stadt kann durchaus mehrere Postleitzahlen haben. In der Regel sollte man mit dem Befehl `DISTINCT` nur auf einer ausgewählten Spalte arbeiten.

Löschen einer nicht bezeichneten Tabelle

Geben Sie beim Löschen einer Tabelle immer den Eigentümer oder das Schema an. In der Datenbank können doppelte Tabellennamen vorkommen. Wenn man den Eigentümer bzw. das Schema nicht angibt, löscht man unter Umständen die falsche Tabelle.

Die riskante Syntax für das Löschen einer Tabelle lautet:

```
SQL> drop table personal;
```

Die nächste Anweisung ist wesentlich sicherer, da sie den Eigentümer der zu löschenden Tabelle angibt.

```
SQL> drop table ron.personal;
```

Beim Löschen sollte man eine Tabelle immer qualifizieren, auch wenn dieser Schritt nicht unbedingt erforderlich ist. Lösen Sie niemals einen `DROP TABLE`-Befehl aus, ohne zuerst die Benutzer-ID zu überprüfen, über die Sie sich in der Datenbank angemeldet haben.

Öffentliche Synonyme in einer Datenbank mit mehreren Schemata

Synonyme erleichtern den Benutzern das Leben. Allerdings öffnen Synonyme Tabellen, die eventuell nicht alle Benutzer sehen sollen. Lassen Sie Vorsicht walten, wenn Sie öffentliche Synonyme vergeben, insbesondere in einer Umgebung mit mehreren Schemata.

Das gefürchtete kartesische Produkt

```
SQL> select a.svn, p.nachname
  2  from adressen a,
  3       personal p;
```

```
SVN       NACHNAME
--------- ---------------
303785523 SMITH
313507927 SMITH
490552223 SMITH
312667771 SMITH
420001690 SMITH
303785523 JONES
313507927 JONES
490552223 JONES
312667771 JONES
420001690 JONES
303785523 OSBORN
313507927 OSBORN
490552223 OSBORN
312667771 OSBORN
420001690 OSBORN
303785523 JONES
313507927 JONES
490552223 JONES
312667771 JONES
420001690 JONES

16 Zeilen ausgewählt.
```

Dieses Ergebnis entsteht, wenn man die Tabellen in der `WHERE`-Klausel nicht verknüpft. Beide Tabellen enthalten jeweils 4 Zeilen. In der Ergebnismenge sollten daher ebenfalls nur 4 Zeilen erscheinen. Statt dessen erhält man 16 Zeilen. Durch die fehlende Verknüpfung in der `WHERE`-Klausel wird jede Zeile in der ersten Tabelle mit jeder Zeile in der zweiten Tabelle kombiniert. Die Gesamtzahl der Zeilen ergibt sich aus dem Produkt der Zeilenzahlen beider Tabellen, im Beispiel also 4 Zeilen mal 4 Zeilen gleich 16 Zeilen. Dieses Demonstrationsbeispiel verhält sich demnach noch harmlos. Normalerweise enthalten die Tabellen in einer echten Datenbank wesentlich mehr als 4 Datenzeilen, vielleicht Tausende oder Millionen von Zeilen. In diesen Fällen brauchen Sie die Multiplikation gar nicht erst zu probieren, da die Abfrage sicherlich sofort aus dem Ruder läuft.

Verletzung von Eingabestandards

Die Einhaltung gewisser Standards bei der Eingabe bezeichnet man auch als Qualitätssicherung. Ohne regelmäßige Prüfung der eingegebenen Daten durch entsprechende Mitarbeiter geht man das Risiko ein, daß sich in der Datenbank sogenannter Datenmüll ansammelt. Um die Qualitätssicherung in den Griff zu bekommen, kann man mittels SQL verschiedenartige Berichte erstellen, aus denen sich ableiten läßt, welche Aktionen zur Korrektur von Fehlern oder widersprüchlichen Daten zu unternehmen sind.

Dateisysteme

Informieren Sie sich in der Dokumentation zu Ihrem Datenbanksystem, welche Vorschriften oder Empfehlungen für die Struktur des Dateisystems bestehen. Wenn Sie die entsprechenden Konventionen nicht einhalten, kann das zu schwer auffindbaren Fehlern führen.

Speicherparameter bei großen Tabellen

Die Standardparameter zur Speicherung von Tabellen unterscheiden sich zwar in den einzelnen Implementierungen, gewöhnlich sind die Bereiche aber ziemlich klein bemessen. Wenn man eine große oder dynamische Tabelle erstellt und dabei die Standardparameter für die Speicherung zugrunde legt, führt das mit der Zeit zu stark fragmentierten Tabellen, die als Bremse der Datenbankleistung wirken. Durch eine entsprechende Planung der zu erstellenden Tabellen läßt sich dieser Effekt vermeiden. Das folgende Beispiel verwendet die Optionen der Speicherparameter von Oracle.

Eingabe

```
SQL> create table test_tbl
  (ssn   number(9) not null,
  name  varchar2(30) not null)
  storage
  (initial extent 100M
   next extent     20M
   minextents 1
   maxextents 121
   pctincrease 0);
```

Objekte im Bereich der Systemtabellen

Die folgende Anweisung zeigt eine Tabelle, die im Tabellenbereich SYSTEM erzeugt wurde. Obwohl diese Anweisung keinen Fehler zurückgibt, führt sie wahrscheinlich in der Zukunft zu Problemen.

Eingabe

```
SQL> create table test_tbl
  2  (ssn    number(9) not null,
  3  name  varchar2(30) not null)
  4  tablespace SYSTEM
  5  storage
  6  (initial extent 100M
  7  next extent     20M
  8  minextents 1
  9  maxextents 121
  10 pctincrease 0};
```

Die im folgenden Beispiel dargestellten Korrekturen sollen das genannte Problem vermeiden:

Eingabe

```
SQL> create table test_tbl
  2  (ssn    number(9) not null,
  3  name  varchar2(30) not null)
  4  tablespace linda_ts
  5  (initial extent 100M
  6   next extent     20M
  7  minextents 1
  8  maxextents 121
  9  pctincrease 0};
```

Fehler bei der Komprimierung großer Sicherungsdateien

Wenn man umfangreiche Exportoperationen durchführt und die Dateien nicht komprimiert, kann es zu einem Platzmangel bei der Zwischenspeicherung der Dateien kommen. Komprimieren Sie daher immer die zu exportierenden Dateien. Wenn Sie archivierte Protokolldateien auf der Festplatte statt auf Band speichern, können und sollten diese Dateien aus Platzgründen komprimiert werden.

Analyse

Oracle speichert im Tabellenbereich SYSTEM normalerweise nur Objekte, deren Eigentümer SYSTEM ist, beispielsweise Tabellen des Systemkatalogs. Falls Sie dynamische Tabellen in diesem Tabellenbereich unterbringen und diese Tabellen wachsen, wird unter Umständen der freie Platz zerstört oder zumindest aufgefüllt. Die Datenbank kann dadurch abstürzen und in einen nicht wiederherstellbaren Zustand gelangen. Speichern Sie deshalb die Anwendung und die Benutzertabellen in separat ausgewiesenen Tabellenbereichen.

Fehler bei der Planung der Systemressourcen

Bereits vor dem Erstellen der Datenbank sollten Sie die Systemressourcen einplanen. Ansonsten ist mit einer verminderten Leistung der Datenbank zu rechnen. Bestimmend für die Kalkulation der Systemressourcen ist der Einsatzzweck der Datenbank. Es ist also die Frage zu beantworten, ob die Datenbank für Transaktionen, als Data-Warehouse oder lediglich für Abfragen vorgesehen ist. Die Aufgaben der Datenbank beeinflussen die Anzahl und Größe von Rollback-Segmenten. Die Anzahl der Datenbankbenutzer geht in die Größenbemessung der Tabellenbereiche USERS und TEMP ein. Haben Sie genug Platz, um größere Tabellen aufzuteilen? Tabellen und Indizes sollten auf separaten Geräten gespeichert werden, um den Konkurrenzbetrieb der Laufwerke zu vermindern. Gleiches gilt für die Protokolle zur Wiederherstellung und die Tabellenbereiche für Daten. Die genannten Punkte stellen nur eine kleine Auswahl der Probleme dar, mit denen man es in bezug auf die Systemressourcen zu tun hat.

Probleme mit Daten vermeiden

Ihr Datenverarbeitungszentrum sollte ein eingerichtetes Sicherungssystem haben. Bei kleinen bis mittleren Datenbanken kann man die zusätzlichen Vorsichtsmaßnahmen mittels EXPORT vornehmen, um eine Sicherung der Daten zu gewährleisten. Von den Exportdateien sollte man Kopien anlegen und sie an einem anderen sicheren Platz aufbewahren. Denken Sie daran, daß es sich um große Dateien mit entsprechendem Platzbedarf handeln kann.

Suchen nach doppelten Datensätzen in der Datenbank

Wenn Ihre Datenbank perfekt geplant ist, sollten Sie keine Probleme mit doppelten Datensätzen haben. Duplikate lassen sich vermeiden, indem man mit Einschränkungen, Fremdschlüsseln und eindeutigen Indizes arbeitet.

Zusammenfassung

Viele verschiedene Arten von Fehlern – im wörtlichen Sinne Hunderte – können Ihnen und Ihren Daten im Wege stehen. Zum Glück sind die meisten Fehler nicht gefährlich und lassen sich leicht beseitigen. Allerdings gibt es auch das andere Extrem. Eine Fehlerkorrektur ist mit Umsicht vorzunehmen, weil sich der Fehler fortpflanzen kann, wenn man nicht die Wurzel des Problems beseitigt. Wenn Ihnen Fehler unterlaufen, was mit Sicherheit passiert, sollten Sie diese als lehrreiche Erfahrung ansehen.

Tip

Es empfiehlt sich, ein gewissenhaftes Protokoll zu allen aufgetretenen Fehlern anzulegen. Insbesondere bei ungewöhnlichen Fehlerbildern ist eine derartige Fehlerdatei eine unschätzbare Quelle für die Fehlersuche.

Hinweis

Tag 21 bietet Ihnen lediglich eine Kostprobe der häufigsten Fehler in Personal Oracle8. Eine vollständige Fehlerliste und Vorschläge zur Lösung sollten Sie in der Dokumentation zu Ihrer Datenbank finden.

Fragen & Antworten

F Es klingt so, als ob sich jeder Fehler beheben ließe. Warum sich also Gedanken machen?

A *Ja. Die meisten Fehler lassen sich leicht beheben. Aber angenommen, Sie löschen eine Tabelle in einer Produktionsumgebung. Vielleicht brauchen Sie Stunden oder Tage, um die Datenbank wiederherzustellen. Die Datenbank ist in dieser Zeit nicht betriebsbereit, und es fallen Überstunden an, um den Fehler zu beseitigen. Ihr Chef wird darüber nicht gerade glücklich sein.*

F Gibt es todsichere Tips, wie man Fehler vermeidet?

A *Es liegt in der Natur des Menschen, Fehler zu machen. Allerdings lassen sich viele Fehler durch Training, Konzentration, Selbstvertrauen, eine gute Einstellung und eine streßfreie Arbeitsumgebung vermeiden.*

Workshop

Kontrollfragen

1. Ein Benutzer ruft an und sagt: »Ich kann mich nicht in der Datenbank anmelden. Gestern lief alles noch wunderbar. Als Fehlermeldung erhalte ich den Hinweis auf ein ungültiges Kennwort. Können Sie mir helfen?« Welche Schritte sind in diesem Fall zu unternehmen?
2. Warum sollte man Tabellen mit einer Speicherklausel und Angaben zum Tabellenbereich erstellen?

Übungen

1. Angenommen, Sie haben sich in der Datenbank als `SYSTEM` angemeldet und möchten eine Tabelle namens `HISTORY` in Ihrem Schema löschen. Ihre reguläre Benutzer-ID lautet `JSMITH`. Wie sieht die korrekte Syntax aus, um diese Tabelle zu löschen?
2. Korrigieren Sie den folgenden Fehler:

Eingabe

```
SQL> select sysdate DATE
  2  from dual;
```

Ausgabe

```
select sysdate DATE
               *
FEHLER in Zeile 1:
ORA-00923: Schlüsselwort FROM nicht an erwarteter Stelle gefunden
```

Woche Rückblick

Diese Woche hat sich vor allem an der Praxis orientiert. Woche 3 zeigt Ihnen die Flexibilität von SQL, erläutert, wie man die verfügbaren Mittel auf praktische Probleme anwendet, und führt einige populäre Erweiterungen zu SQL ein. Mit den Werkzeugen der jeweiligen SQL-Implementierung sollten Sie in der Lage sein, die Lesbarkeit des Codes zu verbessern. Auch wenn die Syntax leicht variiert, liegt doch allen SQL-Implementierungen ein gemeinsames Konzept zugrunde.

Der Systemkatalog ist für Sie kein Buch mit sieben Siegeln mehr, und Sie wissen, welche Daten man wie daraus abrufen kann. Wenn Sie verstehen, wie man SQL aus einer anderen SQL-Anweisung generieren kann, sollten Sie zu ungeahnten Höhenflügen ansetzen können.

Wie steht es mit Fehlern? Syntaxfehler oder logische Fehler lassen sich nicht 100%ig vermeiden. Durch praktischen Umgang und zunehmende Erfahrung mit SQL werden Sie viele Probleme von vornherein vermeiden können. Dennoch stellen Fehler immer eine exzellente Möglichkeit zum Lernen dar.

SQL-Anweisungen – Übersicht

ALTER DATABASE

```
ALTER DATABASE Datenbankname;
```

Der Befehl `ALTER DATABASE` ändert die Größe oder Einstellungen der Datenbank. Die Syntax variiert stark zwischen verschiedenen Datenbanksystemen.

ALTER USER

```
ALTER USER Benutzer
```

Mit der Anweisung `ALTER USER` lassen sich die Systemeinstellungen des Benutzers – beispielsweise das Kennwort – ändern.

BEGIN TRANSACTION

```
BEGIN TRANSACTION Transaktionsname
```

Die Anweisung `BEGIN TRANSACTION` kennzeichnet den Beginn einer Benutzertransaktion. Eine Transaktion endet, wenn sie entweder bestätigt (siehe `COMMIT TRANSACTION`) oder abgebrochen (siehe `ROLLBACK TRANSACTION`) wird. Eine Transaktion stellt eine logische Arbeitseinheit dar.

CLOSE CURSOR

```
CLOSE Cursorname;
```

Die Anweisung `CLOSE Cursorname` schließt den Cursor und löscht dessen Daten. Mit der Anweisung `DEALLOCATE CURSOR` läßt sich der Cursor vollständig entfernen.

COMMIT TRANSACTION

```
SQL> COMMIT;
```

Die Anweisung `COMMIT TRANSACTION` speichert alle seit Beginn der Transaktion (seit Ausführung der Anweisung `BEGIN TRANSACTION`) unternommenen Operationen.

CREATE DATABASE

```
SQL> CREATE DATABASE Datenbankname;
```

`CREATE DATABASE Datenbankname` erstellt eine neue Datenbank. Im Befehl lassen sich zahlreiche Optionen angeben, beispielsweise das Gerät, auf dem die Datenbank zu erzeugen ist, und die anfängliche Größe der Datenbank.

CREATE INDEX

```
CREATE INDEX Indexname
ON Tabellenname(Spaltenname1, [Spaltenname2],...);
```

Mit einem Index läßt sich der Inhalt einer Tabelle nach dem Inhalt des indizierten Feldes (oder mehrerer Felder) ordnen.

CREATE PROCEDURE

```
CREATE PROCEDURE Prozedurname
  [[(]@Parametername
    Datentyp [(Laenge) | (Genauigkeit [, Skala])
    [= default][output]
  [, @Parametername
    Datentyp [(Laenge) | (Genauigkeit [, Skala])
    [= default][output]]...[)]]
  [with recompile]
  AS SQL_Anweisungen
```

Die Anweisung CREATE PROCEDURE erzeugt eine neue gespeicherte Prozedur in der Datenbank. Die gespeicherte Prozedur kann aus SQL-Anweisungen bestehen und läßt sich dann mit Hilfe des Befehls EXECUTE ausführen. Gespeicherte Prozeduren unterstützen die Übergabe von Ein- und Ausgabeparametern und können einen ganzzahligen Statuswert zurückgeben.

CREATE TABLE

```
CREATE TABLE Tabellenname
(  Feld1 Datentyp [ NOT NULL ],
   Feld2 Datentyp [ NOT NULL ],
   Feld3 Datentyp [ NOT NULL ]...)
```

Die Anweisung CREATE TABLE erzeugt eine neue Tabelle innerhalb einer Datenbank. Jedem optionalen Feld wird ein Name und Datentyp für die Erzeugung innerhalb dieser Tabelle bereitgestellt.

CREATE TRIGGER

```
CREATE TRIGGER Triggername
  ON Tabellenname
  FOR {insert, update, delete}
  AS SQL_Anweisungen
```

Die Anweisung CREATE TRIGGER erzeugt ein Triggerobjekt in der Datenbank, das seine SQL-Anweisungen ausführt, wenn die korrespondierende Tabelle über eine INSERT-, UPDATE- oder DELETE-Operation modifiziert wird. Trigger können auch gespeicherte Prozeduren aufrufen, um komplexe Aufgaben zu realisieren.

CREATE USER

```
CREATE USER Benutzer
```

Die Anweisung CREATE USER erzeugt ein neues Benutzerkonto inklusive Benutzer-ID und Kennwort.

CREATE VIEW

```
CREATE VIEW <Sichtname> [(Spalte1, Spalte2...)] AS
SELECT <Tabellenname Spaltennamen>
FROM <Tabellenname>
```

Eine Sicht bezeichnet man auch als virtuelle Tabelle. Sichten erzeugt man mit der Anweisung CREATE VIEW. Nachdem eine Sicht erzeugt wurde, kann man sie abfragen und die darin enthaltenen Daten modifizieren.

DEALLOCATE CURSOR

```
DEALLOCATE CURSOR Cursorname
```

Die Anweisung DEALLOCATE CURSOR entfernt den Cursor vollständig aus dem Speicher und gibt den Namen zur Nutzung durch einen anderen Cursor frei. Bevor man einen Cursor aus dem Speicher entfernt, sollte man den Cursor zuerst mit der Anweisung CLOSE CURSOR schließen.

DECLARE CURSOR

```
DECLARE Cursorname CURSOR
  FOR SelectAnweisung
```

Die Anweisung DECLARE CURSOR erzeugt einen neuen Cursor aus der per SELECT-Anweisung erstellten Abfrage. Die Anweisung FETCH scrollt den Cursor durch die Daten, bis die Variablen geladen sind. Dann schaltet der Cursor zum nächsten Datensatz weiter.

DROP DATABASE

```
DROP DATABASE Datenbankname;
```

Die Anweisung `DROP DATABASE` löscht eine Datenbank vollständig, einschließlich aller Daten und der physikalischen Struktur der Datenbank auf dem Datenträger.

DROP INDEX

```
DROP INDEX Indexname;
```

Die Anweisung `DROP INDEX` entfernt einen Index von einer Tabelle.

DROP PROCEDURE

```
DROP PROCEDURE Prozedurname;
```

Die Anweisung `DROP PROCEDURE` löscht eine gespeicherte Prozedur aus der Datenbank.

DROP TABLE

```
DROP TABLE Tabellenname;
```

Die Anweisung `DROP TABLE` löscht eine Tabelle aus einer Datenbank.

DROP TRIGGER

```
DROP TRIGGER Triggername
```

Die Anweisung `DROP TRIGGER` entfernt einen Trigger aus einer Datenbank.

DROP VIEW

```
DROP VIEW Sichtname;
```

Die Anweisung `DROP VIEW` entfernt eine Sicht aus einer Datenbank.

EXECUTE

```
EXCECUTE [@Rueckgabestatus = ]
  Prozedurname
  [[@Parametername =] Wert |
    [@Parametername =] @Variable [output]...]]
```

Der Befehl `EXECUTE` führt eine gespeicherte Prozedur mit den zugehörigen SQL-Anweisungen aus. An die gespeicherte Prozedur kann man Parameter übergeben. Wenn das Schlüsselwort `OUTPUT` angegeben ist, lassen sich in diesen Parametern auch Daten zurückgeben.

FETCH

```
FETCH Cursorname [into fetch_target_list]
```

Der Befehl `FETCH` lädt den Inhalt der Cursordaten in die bereitgestellten Programmvariablen. Nachdem die Variablen geladen wurden, scrollt der Cursor zum nächsten Datensatz.

FROM

```
FROM <Tabellenreferenz> [, <Tabellenreferenz> ...]
```

`FROM` spezifiziert, welche Tabellen verwendet und/oder verknüpft werden.

GRANT

```
GRANT Rolle TO Benutzer
```

oder

```
GRANT Systemprivileg TO {Benutzername | Rolle | PUBLIC}
```

Der Befehl `GRANT` gewährt ein Privileg oder eine Rolle an einen Benutzer, der mit dem Befehl `CREATE USER` erzeugt wurde.

GROUP BY

```
GROUP BY <Gruppenliste>
```

Die Anweisung `GROUP BY` gruppiert alle Zeilen mit dem gleichen Spaltenwert.

HAVING

```
HAVING <Bedingung>
```

`HAVING` ist nur gültig mit `GROUP BY` und schränkt die Auswahl auf Gruppen ein, die der Suchbedingung genügen.

INTERSECT

```
INTERSECT
```

`INTERSECT` gibt alle gemeinsamen Elemente aus den Ergebnismengen zweier `SELECT`-Anweisungen zurück.

ORDER BY

```
ORDER BY <Sortierliste>
```

Die Anweisung `ORDER BY` ordnet die zurückgegebenen Werte nach der/den angegebenen Spalte(n).

ROLLBACK TRANSACTION

Die Anweisung `ROLLBACK TRANSACTION` bricht alle Arbeiten ab, die innerhalb einer Transaktion (seit Ausführung der Anweisung `BEGIN TRANSACTION`) realisiert wurden.

REVOKE

```
REVOKE Rolle FROM Benutzer;
```

oder

```
REVOKE {Objektprivileg | ALL [PRIVILEGES]}
[, {Objektprivileg | ALL [PRIVILEGES]} ]...
ON [Schema.]Objekt
FROM {Benutzer | Rolle | PUBLIC} [, {Benutzer | Rolle | PUBLIC}] ...
```

Der Befehl `REVOKE` entfernt ein Datenbankprivileg – Systemprivileg oder Rolle – von einem Benutzer.

SELECT

```
SELECT [DISTINCT | ALL]
```

Die Anweisung `SELECT` leitet alle Operationen zum Abrufen von Daten ein. Der Modifizierer `DISTINCT` spezifiziert eindeutige Werte und verhindert Duplikate. `ALL` ist der Vorgabewert und erlaubt Duplikate.

SET TRANSACTION

```
SQL> SET TRANSACTION (READ ONLY | USE ROLLBACK SEGMENT);
```

Der Befehl `SET TRANSACTION` erlaubt dem Benutzer, den Beginn einer Transaktion zu spezifizieren. Die Option `READ ONLY` sperrt eine Gruppe von Datensätzen bis zum Abschluß der Transaktion, um sicherzustellen, daß die Daten nicht geändert werden.

UNION

```
UNION
```

Die Anweisung `UNION` gibt alle Elemente aus zwei `SELECT`-Anweisungen zurück.

WHERE

```
WHERE <Suchbedingung>
```

Die `WHERE`-Anweisung schränkt die abzurufenden Zeilen auf diejenigen ein, die der Suchbedingung genügen.

B

Quellcode für C++-Programm in Tag 14

Die Datei MainFrm.cpp

```
// MainFrm.h : Schnittstelle der Klasse CMainFrame
//
/////////////////////////////////////////////////////////////////////////////

#if !defined(AFX_MAINFRM_H__1C3BFD87_6C1D_11D1_866A_EB762E5B5709__INCLUDED_)
#define AFX_MAINFRM_H__1C3BFD87_6C1D_11D1_866A_EB762E5B5709__INCLUDED_

#if _MSC_VER >= 1000
#pragma once
#endif // _MSC_VER >= 1000

class CMainFrame : public CFrameWnd
{
protected: // Nur aus Serialisierung erzeugen
	CMainFrame();
	DECLARE_DYNCREATE(CMainFrame)

// Attribute
public:

// Operationen
public:

// Überladungen
	// Vom Klassenassistenten generierte Überladungen virtueller Funktionen
	//{{AFX_VIRTUAL(CMainFrame)
	virtual BOOL PreCreateWindow(CREATESTRUCT& cs);
	//}}AFX_VIRTUAL

// Implementierung
public:
	virtual ~CMainFrame();
#ifdef _DEBUG
	virtual void AssertValid() const;
	virtual void Dump(CDumpContext& dc) const;
#endif

protected:  // Eingebundene Elemente der Steuerleiste
	CStatusBar  m_wndStatusBar;
	CToolBar    m_wndToolBar;

// Generierte Message-Map-Funktionen
protected:
	//{{AFX_MSG(CMainFrame)
	afx_msg int OnCreate(LPCREATESTRUCT lpCreateStruct);
```

```
                // HINWEIS - An dieser Stelle werden Member-Funktionen vom
Klassen-Assistenten eingefügt und entfernt.
                //     Innerhalb dieser generierten Quelltextabschnitte NICHTS
VERÄNDERN!
        //}}AFX_MsgBox
        DECLARE_MESSAGE_MAP()
};

/////////////////////////////////////////////////////////////////////////////

//{{AFX_INSERT_LOCATION}}
// Microsoft Developer Studio fügt zusätzliche Deklarationen unmittelbar vor der
vorhergehenden Zeile ein.

#endif // !defined(AFX_MAINFRM_H__1C3BFD87_6C1D_11D1_866A_EB762E5B5709__INCLUDED_)
```

Die Datei MainFrm.h

```
// MainFrm.h : Schnittstelle der Klasse CMainFrame
//
/////////////////////////////////////////////////////////////////////////////

#if !defined(AFX_MAINFRM_H__1C3BFD87_6C1D_11D1_866A_EB762E5B5709__INCLUDED_)
#define AFX_MAINFRM_H__1C3BFD87_6C1D_11D1_866A_EB762E5B5709__INCLUDED_

#if _MSC_VER >= 1000
#pragma once
#endif // _MSC_VER >= 1000

class CMainFrame : public CFrameWnd
{
protected: // Nur aus Serialisierung erzeugen
        CMainFrame();
        DECLARE_DYNCREATE(CMainFrame)

// Attribute
public:

// Operationen
public:

// Überladungen
        // Vom Klassenassistenten generierte Überladungen virtueller Funktionen
        //{{AFX_VIRTUAL(CMainFrame)
        virtual BOOL PreCreateWindow(CREATESTRUCT& cs);
```

```
	//}}AFX_VIRTUAL

// Implementierung
public:
	virtual ~CMainFrame();
#ifdef _DEBUG
	virtual void AssertValid() const;
	virtual void Dump(CDumpContext& dc) const;
#endif

protected:  // Eingebundene Elemente der Steuerleiste
	CStatusBar  m_wndStatusBar;
	CToolBar    m_wndToolBar;

// Generierte Message-Map-Funktionen
protected:
	//{{AFX_MSG(CMainFrame)
	afx_msg int OnCreate(LPCREATESTRUCT lpCreateStruct);
		// HINWEIS - An dieser Stelle werden Member-Funktionen vom
Klassen-Assistenten eingefügt und entfernt.
		//    Innerhalb dieser generierten Quelltextabschnitte NICHTS
VERÄNDERN!
	//}}AFX_MsgBox
	DECLARE_MESSAGE_MAP()
};

/////////////////////////////////////////////////////////////////////////////

//{{AFX_INSERT_LOCATION}}
// Microsoft Developer Studio fügt zusätzliche Deklarationen unmittelbar vor der
vorhergehenden Zeile ein.

#endif // !defined(AFX_MAINFRM_H__1C3BFD87_6C1D_11D1_866A_EB762E5B5709__INCLUDED_)
```

Die Datei resource.h

```
//{{NO_DEPENDENCIES}}
// Microsoft Developer Studio generated include file.
// Used by SQL21.rc
//
#define IDD_ABOUTBOX                    100
#define IDD_SQL21_FORM                  101
#define IDP_FAILED_OPEN_DATABASE        103
#define IDR_MAINFRAME                   128
#define IDR_SQL21TYPE                   129
```

```
#define IDC_NAME                        1000
#define IDC_ADRESSE                     1001
#define IDC_STAAT                       1002
#define IDC_ZIP                         1003

// Next default values for new objects
//
#ifdef APSTUDIO_INVOKED
#ifndef APSTUDIO_READONLY_SYMBOLS
#define _APS_3D_CONTROLS                     1
#define _APS_NEXT_RESOURCE_VALUE        130
#define _APS_NEXT_COMMAND_VALUE         32771
#define _APS_NEXT_CONTROL_VALUE         1004
#define _APS_NEXT_SYMED_VALUE           101
#endif
#endif
```

Die Datei SQL21.cpp

```
// SQL21.cpp : Legt das Klassenverhalten für die Anwendung fest.
//

#include "stdafx.h"
#include "SQL21.h"

#include "MainFrm.h"
#include "SQL21Set.h"
#include "SQL21Doc.h"
#include "SQL21View.h"

#ifdef _DEBUG
#define new DEBUG_NEW
#undef THIS_FILE
static char THIS_FILE[] = __FILE__;
#endif

/////////////////////////////////////////////////////////////////////////////
// CSQL21App

BEGIN_MESSAGE_MAP(CSQL21App, CWinApp)
        //{{AFX_MSG_MAP(CSQL21App)
        ON_COMMAND(ID_APP_ABOUT, OnAppAbout)
                // HINWEIS - Hier werden Mapping-Makros vom Klassen-Assistenten
eingefügt und entfernt.
                //    Innerhalb dieser generierten Quelltextabschnitte NICHTS
```

```
VERÄNDERN!
        //}}AFX_MSG_MAP
        // Standard-Druckbefehl "Seite einrichten"
        ON_COMMAND(ID_FILE_PRINT_SETUP, CWinApp::OnFilePrintSetup)
END_MESSAGE_MAP()

/////////////////////////////////////////////////////////////////////////////
// CSQL21App Konstruktion

CSQL21App::CSQL21App()
{
        // ZU ERLEDIGEN: Hier Code zur Konstruktion einfügen
        // Alle wichtigen Initialisierungen in InitInstance platzieren
}

/////////////////////////////////////////////////////////////////////////////
// Das einzige CSQL21App-Objekt

CSQL21App theApp;

/////////////////////////////////////////////////////////////////////////////
// CSQL21App Initialisierung

BOOL CSQL21App::InitInstance()
{
        AfxEnableControlContainer();

        // Standardinitialisierung
        // Wenn Sie diese Funktionen nicht nutzen und die Größe Ihrer fertigen
        //  ausführbaren Datei reduzieren wollen, sollten Sie die nachfolgenden
        //  spezifischen Initialisierungsroutinen, die Sie nicht benötigen,
entfernen.

#ifdef _AFXDLL
        Enable3dControls();                     // Diese Funktion bei Verwendung
von MFC in gemeinsam genutzten DLLs aufrufen
#else
        Enable3dControlsStatic();       // Diese Funktion bei statischen MFC-
Anbindungen aufrufen
#endif

        // Ändern des Registrierungsschlüssels, unter dem unsere Einstellungen
gespeichert sind.
        // Sie sollten dieser Zeichenfolge einen geeigneten Inhalt geben
        // wie z.B. den Namen Ihrer Firma oder Organisation.
        SetRegistryKey(_T("Local AppWizard-Generated Applications"));
```

```
	LoadStdProfileSettings();  // Standard-INI-Dateioptionen einlesen
(einschließlich MRU)

	// Dokumentvorlagen der Anwendung registrieren. Dokumentvorlagen
	//  dienen als Verbindung zwischen Dokumenten, Rahmenfenstern und
Ansichten.

	CSingleDocTemplate* pDocTemplate;
	pDocTemplate = new CSingleDocTemplate(
		IDR_MAINFRAME,
		RUNTIME_CLASS(CSQL21Doc),
		RUNTIME_CLASS(CMainFrame),       // Haupt-SDI-Rahmenfenster
		RUNTIME_CLASS(CSQL21View));
	AddDocTemplate(pDocTemplate);

	// Befehlszeile parsen, um zu prüfen auf Standard-Umgebungsbefehle DDE,
Datei offen
	CCommandLineInfo cmdInfo;
	ParseCommandLine(cmdInfo);

	// Verteilung der in der Befehlszeile angegebenen Befehle
	if (!ProcessShellCommand(cmdInfo))
		return FALSE;

	// Das einzige Fenster ist initialisiert und kann jetzt angezeigt und
aktualisiert werden.
	m_pMainWnd->ShowWindow(SW_SHOW);
	m_pMainWnd->UpdateWindow();

	return TRUE;
}

/////////////////////////////////////////////////////////////////////////////
// CAboutDlg-Dialogfeld für Anwendungsbefehl "Info"

class CAboutDlg : public CDialog
{
public:
	CAboutDlg();

// Dialogfelddaten
	//{{AFX_DATA(CAboutDlg)
	enum { IDD = IDD_ABOUTBOX };
	//}}AFX_DATA

	// Vom Klassenassistenten generierte Überladungen virtueller Funktionen
	//{{AFX_VIRTUAL(CAboutDlg)
```

```
	protected:
	virtual void DoDataExchange(CDataExchange* pDX);    // DDX/DDV-
Unterstützung
	//}}AFX_VIRTUAL

// Implementierung
protected:
	//{{AFX_MSG(CAboutDlg)
		// Keine Nachrichten-Handler
	//}}AFX_MsgBox
	DECLARE_MESSAGE_MAP()
};

CAboutDlg::CAboutDlg() : CDialog(CAboutDlg::IDD)
{
	//{{AFX_DATA_INIT(CAboutDlg)
	//}}AFX_DATA_INIT
}

void CAboutDlg::DoDataExchange(CDataExchange* pDX)
{
	CDialog::DoDataExchange(pDX);
	//{{AFX_DATA_MAP(CAboutDlg)
	//}}AFX_DATA_MAP
}

BEGIN_MESSAGE_MAP(CAboutDlg, CDialog)
	//{{AFX_MSG_MAP(CAboutDlg)
		// Keine Nachrichten-Handler
	//}}AFX_MSG_MAP
END_MESSAGE_MAP()

// Anwendungsbefehl, um das Dialogfeld aufzurufen
void CSQL21App::OnAppAbout()
{
	CAboutDlg aboutDlg;
	aboutDlg.DoModal();
}

/////////////////////////////////////////////////////////////////////////////
// CSQL21App-Befehle
```

Die Datei SQL21.h

```
// SQL21.h : Haupt-Header-Datei für die Anwendung SQL21
//

#if !defined(AFX_SQL21_H__1C3BFD83_6C1D_11D1_866A_EB762E5B5709__INCLUDED_)
#define AFX_SQL21_H__1C3BFD83_6C1D_11D1_866A_EB762E5B5709__INCLUDED_

#if _MSC_VER >= 1000
#pragma once
#endif // _MSC_VER >= 1000

#ifndef __AFXWIN_H__
        #error include 'stdafx.h' before including this file for PCH
#endif

#include "resource.h"       // Hauptsymbole

/////////////////////////////////////////////////////////////////////////////
// CSQL21App:
// Siehe SQL21.cpp für die Implementierung dieser Klasse
//

class CSQL21App : public CWinApp
{
public:
        CSQL21App();

// Überladungen
        // Vom Klassenassistenten generierte Überladungen virtueller Funktionen
        //{{AFX_VIRTUAL(CSQL21App)
        public:
        virtual BOOL InitInstance();
        //}}AFX_VIRTUAL

// Implementierung

        //{{AFX_MSG(CSQL21App)
        afx_msg void OnAppAbout();
                // HINWEIS - An dieser Stelle werden Member-Funktionen vom
Klassen-Assistenten eingefügt und entfernt.
                //    Innerhalb dieser generierten Quelltextabschnitte NICHTS
VERÄNDERN!
        //}}AFX_MsgBox
        DECLARE_MESSAGE_MAP()
};
```

```
/////////////////////////////////////////////////////////////////////////////

//{{AFX_INSERT_LOCATION}}
// Microsoft Developer Studio fügt zusätzliche Deklarationen unmittelbar vor der
vorhergehenden Zeile ein.

#endif // !defined(AFX_SQL21_H__1C3BFD83_6C1D_11D1_866A_EB762E5B5709__INCLUDED_)
```

Die Datei SQL21Doc.cpp

```
// SQL21Doc.cpp : Implementierung der Klasse CSQL21Doc
//

#include "stdafx.h"
#include "SQL21.h"

#include "SQL21Set.h"
#include "SQL21Doc.h"

#ifdef _DEBUG
#define new DEBUG_NEW
#undef THIS_FILE
static char THIS_FILE[] = __FILE__;
#endif

/////////////////////////////////////////////////////////////////////////////
// CSQL21Doc

IMPLEMENT_DYNCREATE(CSQL21Doc, CDocument)

BEGIN_MESSAGE_MAP(CSQL21Doc, CDocument)
	//{{AFX_MSG_MAP(CSQL21Doc)
		// HINWEIS - Hier werden Mapping-Makros vom Klassen-Assistenten
eingefügt und entfernt.
		//    Innerhalb dieser generierten Quelltextabschnitte NICHTS
VERÄNDERN!
	//}}AFX_MSG_MAP
END_MESSAGE_MAP()

/////////////////////////////////////////////////////////////////////////////
// CSQL21Doc Konstruktion/Destruktion

CSQL21Doc::CSQL21Doc()
{
	// ZU ERLEDIGEN: Hier Code für One-Time-Konstruktion einfügen
```

```
}

CSQL21Doc::~CSQL21Doc()
{
}

BOOL CSQL21Doc::OnNewDocument()
{
        if (!CDocument::OnNewDocument())
                return FALSE;

        // ZU ERLEDIGEN: Hier Code zur Reinitialisierung einfügen
        // (SDI-Dokumente verwenden dieses Dokument)

        return TRUE;
}



/////////////////////////////////////////////////////////////////////////////
// CSQL21Doc Diagnose

#ifdef _DEBUG
void CSQL21Doc::AssertValid() const
{
        CDocument::AssertValid();
}

void CSQL21Doc::Dump(CDumpContext& dc) const
{
        CDocument::Dump(dc);
}
#endif //_DEBUG

/////////////////////////////////////////////////////////////////////////////
// CSQL21Doc Befehle
```

Die Datei SQL21Doc.h

```
// SQL21Doc.h : Schnittstelle der Klasse CSQL21Doc
//
/////////////////////////////////////////////////////////////////////////////

#if !defined(AFX_SQL21DOC_H__1C3BFD89_6C1D_11D1_866A_EB762E5B5709__INCLUDED_)
#define AFX_SQL21DOC_H__1C3BFD89_6C1D_11D1_866A_EB762E5B5709__INCLUDED_
```

```
#if _MSC_VER >= 1000
#pragma once
#endif // _MSC_VER >= 1000


class CSQL21Doc : public Cdocument
{
protected: // Nur aus Serialisierung erzeugen
        CSQL21Doc();
        DECLARE_DYNCREATE(CSQL21Doc)

// Attribute
public:
        CSQL21Set m_sQL21Set;

// Operationen
public:

// Überladungen
        // Vom Klassenassistenten generierte Überladungen virtueller Funktionen
        //{{AFX_VIRTUAL(CSQL21Doc)
        public:
        virtual BOOL OnNewDocument();
        //}}AFX_VIRTUAL

// Implementierung
public:
        virtual ~CSQL21Doc();
#ifdef _DEBUG
        virtual void AssertValid() const;
        virtual void Dump(CDumpContext& dc) const;
#endif

protected:

// Generierte Message-Map-Funktionen
protected:
        //{{AFX_MSG(CSQL21Doc)
                // HINWEIS - An dieser Stelle werden Member-Funktionen vom
Klassen-Assistenten eingefügt und entfernt.
                //    Innerhalb dieser generierten Quelltextabschnitte NICHTS
VERÄNDERN!
        //}}AFX_MsgBox
        DECLARE_MESSAGE_MAP()
};

/////////////////////////////////////////////////////////////////////////////
```

```
//{{AFX_INSERT_LOCATION}}
// Microsoft Developer Studio fügt zusätzliche Deklarationen unmittelbar vor der
vorhergehenden Zeile ein.

#endif
// !defined(AFX_SQL21DOC_H__1C3BFD89_6C1D_11D1_866A_EB762E5B5709__INCLUDED_)
```

Die Datei SQL21Set.cpp

```
// SQL21Set.cpp : Implementierung der Klasse CSQL21Set
//

#include "stdafx.h"
#include "SQL21.h"
#include "SQL21Set.h"

#ifdef _DEBUG
#define new DEBUG_NEW
#undef THIS_FILE
static char THIS_FILE[] = __FILE__;
#endif

/////////////////////////////////////////////////////////////////////////////
// CSQL21Set Implementierung

IMPLEMENT_DYNAMIC(CSQL21Set, CRecordset)

CSQL21Set::CSQL21Set(CDatabase* pdb)
        : CRecordset(pdb)
{
        //{{AFX_FIELD_INIT(CSQL21Set)
        m_NAME = _T("");
        m_ADRESSE = _T("");
        m_STAAT = _T("");
        m_ZIP = _T("");
        m_TELEFON = _T("");
        m_BEMERKUNGEN = _T("");
        m_nFields = 6;
        //}}AFX_FIELD_INIT
        m_nDefaultType = snapshot;
}

CString CSQL21Set::GetDefaultConnect()
{
        return _T("ODBC;DSN=SQL21");
```

```
}

CString CSQL21Set::GetDefaultSQL()
{
        // vom Assistenten erzeugt:
        // return _T("[KUNDE]");

        // für sortierte Ausgabe geändert (siehe Text):
        return _T("SELECT * FROM KUNDE ORDER BY NAME");
}

void CSQL21Set::DoFieldExchange(CFieldExchange* pFX)
{
        //{{AFX_FIELD_MAP(CSQL21Set)
        pFX->SetFieldType(CFieldExchange::outputColumn);
        RFX_Text(pFX, _T("[NAME]"), m_NAME);
        RFX_Text(pFX, _T("[ADRESSE]"), m_ADRESSE);
        RFX_Text(pFX, _T("[STAAT]"), m_STAAT);
        RFX_Text(pFX, _T("[ZIP]"), m_ZIP);
        RFX_Text(pFX, _T("[TELEFON]"), m_TELEFON);
        RFX_Text(pFX, _T("[BEMERKUNGEN]"), m_BEMERKUNGEN);
        //}}AFX_FIELD_MAP
}

/////////////////////////////////////////////////////////////////////////////
// CSQL21Set Diagnose

#ifdef _DEBUG
void CSQL21Set::AssertValid() const
{
        CRecordset::AssertValid();
}

void CSQL21Set::Dump(CDumpContext& dc) const
{
        CRecordset::Dump(dc);
}
#endif //_DEBUG
```

Die Datei SQL21Set.h

```
// SQL21Set.h : Schnittstelle der Klasse CSQL21Set
//
/////////////////////////////////////////////////////////////////////////////
```

```
#if !defined(AFX_SQL21SET_H__1C3BFD8D_6C1D_11D1_866A_EB762E5B5709__INCLUDED_)
#define AFX_SQL21SET_H__1C3BFD8D_6C1D_11D1_866A_EB762E5B5709__INCLUDED_

#if _MSC_VER >= 1000
#pragma once
#endif // _MSC_VER >= 1000
class CSQL21Set : public Crecordset
{
public:
        CSQL21Set(CDatabase* pDatabase = NULL);
        DECLARE_DYNAMIC(CSQL21Set)

// Feld-/Parameterdaten
        //{{AFX_FIELD(CSQL21Set, CRecordset)
        CString         m_NAME;
        CString         m_ADRESSE;
        CString         m_STAAT;
        CString         m_ZIP;
        CString         m_TELEFON;
        CString         m_BEMERKUNGEN;
        //}}AFX_FIELD

// Überladungen
        // Vom Klassenassistenten generierte Überladungen virtueller Funktionen
        //{{AFX_VIRTUAL(CSQL21Set)
        public:
        virtual CString GetDefaultConnect();        // Standard-
Verbindungszeichenfolge
        virtual CString GetDefaultSQL();        // Standard-SQL für Recordset
        virtual void DoFieldExchange(CFieldExchange* pFX);        // RFX-
Unterstützung
        //}}AFX_VIRTUAL

// Implementierung
#ifdef _DEBUG
        virtual void AssertValid() const;
        virtual void Dump(CDumpContext& dc) const;
#endif

};

//{{AFX_INSERT_LOCATION}}
// Microsoft Developer Studio fügt zusätzliche Deklarationen unmittelbar vor der
vorhergehenden Zeile ein.

#endif
// !defined(AFX_SQL21SET_H__1C3BFD8D_6C1D_11D1_866A_EB762E5B5709__INCLUDED_)
```

Die Datei SQL21View.cpp

```
// SQL21View.cpp : Implementierung der Klasse CSQL21View
//

#include "stdafx.h"
#include "SQL21.h"

#include "SQL21Set.h"
#include "SQL21Doc.h"
#include "SQL21View.h"

#ifdef _DEBUG
#define new DEBUG_NEW
#undef THIS_FILE
static char THIS_FILE[] = __FILE__;
#endif

/////////////////////////////////////////////////////////////////////////////
// CSQL21View

IMPLEMENT_DYNCREATE(CSQL21View, CRecordView)

BEGIN_MESSAGE_MAP(CSQL21View, CRecordView)
        //{{AFX_MSG_MAP(CSQL21View)
                // HINWEIS - Hier werden Mapping-Makros vom Klassen-Assistenten
eingefügt und entfernt.
                //    Innerhalb dieser generierten Quelltextabschnitte NICHTS
VERÄNDERN!
        //}}AFX_MSG_MAP
        // Standard-Druckbefehle
        ON_COMMAND(ID_FILE_PRINT, CRecordView::OnFilePrint)
        ON_COMMAND(ID_FILE_PRINT_DIRECT, CRecordView::OnFilePrint)
        ON_COMMAND(ID_FILE_PRINT_PREVIEW, CRecordView::OnFilePrintPreview)
END_MESSAGE_MAP()

/////////////////////////////////////////////////////////////////////////////
// CSQL21View Konstruktion/Destruktion

CSQL21View::CSQL21View()
        : CRecordView(CSQL21View::IDD)
{
        //{{AFX_DATA_INIT(CSQL21View)
        m_pSet = NULL;
        m_ADRESSE = _T("");
        m_NAME = _T("");
        m_STAAT = _T("");
```

```
        m_ZIP = _T("");
        //}}AFX_DATA_INIT
        // ZU ERLEDIGEN: Hier Code zur Konstruktion einfügen,

}

CSQL21View::~CSQL21View()
{
}

void CSQL21View::DoDataExchange(CDataExchange* pDX)
{
        CRecordView::DoDataExchange(pDX);
        //{{AFX_DATA_MAP(CSQL21View)
        DDX_FieldText(pDX, IDC_ADRESSE, m_pSet->m_ADRESSE, m_pSet);
        DDX_FieldText(pDX, IDC_NAME, m_pSet->m_NAME, m_pSet);
        DDX_FieldText(pDX, IDC_STAAT, m_pSet->m_STAAT, m_pSet);
        DDX_FieldText(pDX, IDC_ZIP, m_pSet->m_ZIP, m_pSet);
        //}}AFX_DATA_MAP
}

BOOL CSQL21View::PreCreateWindow(CREATESTRUCT& cs)
{
        // ZU ERLEDIGEN: Ändern Sie hier die Fensterklasse oder das
Erscheinungsbild, indem Sie
        //  CREATESTRUCT cs modifizieren.

        return CRecordView::PreCreateWindow(cs);
}

void CSQL21View::OnInitialUpdate()
{
        m_pSet = &GetDocument()->m_sQL21Set;
        CRecordView::OnInitialUpdate();
}

/////////////////////////////////////////////////////////////////////////////
// CSQL21View Drucken

BOOL CSQL21View::OnPreparePrinting(CPrintInfo* pInfo)
{
        // Standardvorbereitung
        return DoPreparePrinting(pInfo);
}

void CSQL21View::OnBeginPrinting(CDC* /*pDC*/, CPrintInfo* /*pInfo*/)
```

```
	// ZU ERLEDIGEN: Zusätzliche Initialisierung vor dem Drucken hier einfügen
}

void CSQL21View::OnEndPrinting(CDC* /*pDC*/, CPrintInfo* /*pInfo*/)
{
	// ZU ERLEDIGEN: Hier Bereinigungsarbeiten nach dem Drucken einfügen
}

/////////////////////////////////////////////////////////////////////////////
// CSQL21View Diagnose

#ifdef _DEBUG
void CSQL21View::AssertValid() const
{
	CRecordView::AssertValid();
}

void CSQL21View::Dump(CDumpContext& dc) const
{
	CRecordView::Dump(dc);
}

CSQL21Doc* CSQL21View::GetDocument() // Die endgültige (nicht zur Fehlersuche
kompilierte) Version ist Inline
{
	ASSERT(m_pDocument->IsKindOf(RUNTIME_CLASS(CSQL21Doc)));
	return (CSQL21Doc*)m_pDocument;
}
#endif //_DEBUG

/////////////////////////////////////////////////////////////////////////////
// CSQL21View Datenbankunterstützung
CRecordset* CSQL21View::OnGetRecordset()
{
	return m_pSet;
}


/////////////////////////////////////////////////////////////////////////////
// CSQL21View Nachrichten-Handler
```

Die Datei SQL21View.h

```
// SQL21View.h : Schnittstelle der Klasse CSQL21View
//
/////////////////////////////////////////////////////////////////////////////

#if !defined(AFX_SQL21VIEW_H__1C3BFD8B_6C1D_11D1_866A_EB762E5B5709__INCLUDED_)
#define AFX_SQL21VIEW_H__1C3BFD8B_6C1D_11D1_866A_EB762E5B5709__INCLUDED_

#if _MSC_VER >= 1000
#pragma once
#endif // _MSC_VER >= 1000

class CSQL21Set;

class CSQL21View : public CRecordView
{
protected: // Nur aus Serialisierung erzeugen
        CSQL21View();
        DECLARE_DYNCREATE(CSQL21View)

public:
        //{{AFX_DATA(CSQL21View)
        enum { IDD = IDD_SQL21_FORM };
        CSQL21Set* m_pSet;
        CString         m_ADRESSE;
        CString         m_NAME;
        CString         m_STAAT;
        CString         m_ZIP;
        //}}AFX_DATA

// Attribute
public:
        CSQL21Doc* GetDocument();

// Operationen
public:

// Überladungen
        // Vom Klassenassistenten generierte Überladungen virtueller Funktionen
        //{{AFX_VIRTUAL(CSQL21View)
        public:
        virtual CRecordset* OnGetRecordset();
        virtual BOOL PreCreateWindow(CREATESTRUCT& cs);
        protected:
        virtual void DoDataExchange(CDataExchange* pDX);
// DDX/DDV-Unterstützung
```

```
	virtual void OnInitialUpdate(); // das erste mal nach der Konstruktion
aufgerufen
	virtual BOOL OnPreparePrinting(CPrintInfo* pInfo);
	virtual void OnBeginPrinting(CDC* pDC, CPrintInfo* pInfo);
	virtual void OnEndPrinting(CDC* pDC, CPrintInfo* pInfo);
	//}}AFX_VIRTUAL

// Implementierung
public:
	virtual ~CSQL21View();
#ifdef _DEBUG
	virtual void AssertValid() const;
	virtual void Dump(CDumpContext& dc) const;
#endif

protected:

// Generierte Message-Map-Funktionen
protected:
	//{{AFX_MSG(CSQL21View)
		// HINWEIS - An dieser Stelle werden Member-Funktionen vom
Klassen-Assistenten eingefügt und entfernt.
		//    Innerhalb dieser generierten Quelltextabschnitte NICHTS
VERÄNDERN!
	//}}AFX_MsgBox
	DECLARE_MESSAGE_MAP()
};

#ifndef _DEBUG  // Testversion in SQL21View.cpp
inline CSQL21Doc* CSQL21View::GetDocument()
   { return (CSQL21Doc*)m_pDocument; }
#endif

/////////////////////////////////////////////////////////////////////////////

//{{AFX_INSERT_LOCATION}}
// Microsoft Developer Studio fügt zusätzliche Deklarationen unmittelbar vor der
vorhergehenden Zeile ein.

#endif
// !defined(AFX_SQL21VIEW_H__1C3BFD8B_6C1D_11D1_866A_EB762E5B5709__INCLUDED_)
```

Die Datei StdAfx.cpp

```
// stdafx.cpp : Quelltextdatei, die nur die Standard-Includes einbindet
//        SQL21.pch ist die vorcompilierte Header-Datei
//        stdafx.obj enthält die vorcompilierte Typinformation

#include 'stdafx.h"
```

Die Datei StdAfx.h

```
// stdafx.h : Include-Datei für Standard-System-Include-Dateien,
//  oder projektspezifische Include-Dateien, die häufig benutzt, aber
//      in unregelmäßigen Abständen geändert werden.
//

#if !defined(AFX_STDAFX_H__1C3BFD85_6C1D_11D1_866A_EB762E5B5709__INCLUDED_)
#define AFX_STDAFX_H__1C3BFD85_6C1D_11D1_866A_EB762E5B5709__INCLUDED_

#if _MSC_VER >= 1000
#pragma once
#endif // _MSC_VER >= 1000

#define VC_EXTRALEAN                    // Selten verwendete Teile der Windows-Header
nicht einbinden

#include <afxwin.h>         // MFC-Kern- und -Standardkomponenten
#include <afxext.h>         // MFC-Erweiterungen
#include <afxdisp.h>        // MFC OLE-Automatisierungsklassen
#include <afxdb.h>                      // MFC ODBC-Datenbankklassen
#ifndef _AFX_NO_AFXCMN_SUPPORT
#include <afxcmn.h>                     // MFC-Unterstützung für gängige Windows-
Steuerelemente
#endif // _AFX_NO_AFXCMN_SUPPORT


//{{AFX_INSERT_LOCATION}}
// Microsoft Developer Studio fügt zusätzliche Deklarationen unmittelbar vor der
vorhergehenden Zeile ein.

#endif // !defined(AFX_STDAFX_H__1C3BFD85_6C1D_11D1_866A_EB762E5B5709__INCLUDED_)
```

G

Quellcode für Delphi-Programm in Tag 14

Die Datei Project1.dpr

```
program Project1;

uses
  Forms,
  Unit1 in 'Unit1.pas' {Form1},
  Unit2 in 'Unit2.pas' {Form2},

{$R *.RES}

begin
  Application.Initialize;
  Application.CreateForm(TForm2, Form2);
  Application.CreateForm(TForm1, Form1);
  Application.Run;
end.
```

Die Datei Unit1.pas

```
unit Unit1;

interface
uses
  Windows, Messages, SysUtils, Classes, Graphics, Controls, Forms, Dialogs;

type
  TForm1 = class(TForm)
  private
    { Private-Deklarationen }
  public
    { Public-Deklarationen }
  end;

var
  Form1: TForm1;

implementation

{$R *.DFM}

end.
```

Die Datei Unit2.pas

```
unit Unit2;

interface

uses
  SysUtils, Windows, Messages, Classes, Graphics, Controls,
  StdCtrls, Forms, DBCtrls, DB, DBGrids, DBTables, Grids, Mask, ExtCtrls;

type
  TForm2 = class(TForm)
    Query1TEILNUM: TIntegerField;
    Query1BESCHREIBUNG: TStringField;
    Query1PREIS: TFloatField;
    ScrollBox: TScrollBox;
    Label1: TLabel;
    EditTEILNUM: TDBEdit;
    Label2: TLabel;
    EditBESCHREIBUNG: TDBEdit;
    Label3: TLabel;
    EditPREIS: TDBEdit;
    DBGrid1: TDBGrid;
    DBNavigator: TDBNavigator;
    Panel1: TPanel;
    DataSource1: TDataSource;
    Panel2: TPanel;
    Panel3: TPanel;
    Query1: TQuery;
    Query2: TQuery;
    DataSource2: TDataSource;
    procedure FormCreate(Sender: TObject);
  private
    { Private-Deklarationen }
  public
    { Public-Deklarationen }
  end;

var
  Form2: TForm2;

implementation

{$R *.DFM}

procedure TForm2.FormCreate(Sender: TObject);
begin
```

```
  Query1.Open;
  Query2.Open;
end;

end.
```

Lösungen

Antworten für Tag 1

Antworten zu den Kontrollfragen

1. SQL bestimmt, was und nicht wie etwas zu tun ist. Der Algorithmus zur Lösung der SQL-Anfrage ist in der Datenbank implementiert. Diese Eigenschaft stellt einen großen Vorteil für die plattform- und sprachunabhängige Entwicklung dar.
2. Wenden Sie die 12 Regeln von Dr. Codds an (wir wissen, daß es eigentlich 13 sind).
3. Per SQL lassen sich Informationen in einer Datenbank auswählen, einfügen, modifizieren und löschen, Funktionen der Systemsicherheit und Benutzerberechtigungen auf Tabellen und Datenbank ausführen, die Online-Transaktionsverarbeitung innerhalb einer Anwendung behandeln, gespeicherte Prozeduren und Trigger erstellen, um den Anwendungscode zu reduzieren, sowie Daten zwischen verschiedenen Datenbanken übertragen.
4. Bei der Normalisierung überführt man komplexe Strukturen der darüberliegenden Ebene in einfachere Strukturen und verringert Wiederholungen.

Lösung zur Übung

(Hier kann keine Lösung angegeben werden, da die Antwort von Ihrer Datenbank abhängig ist.)

Antworten für Tag 2

Antworten zu den Kontrollfragen

1. Der einzige Unterschied zwischen beiden Anweisungen besteht in der Schreibweise. Die SQL-Syntax ist normalerweise nicht von der Groß-/Kleinschreibung abhängig. Allerdings sollte man genau auf die Schreibweise der Daten achten.
2. a. Es fehlt die `FROM`-Klausel. Die beiden obligatorischen Komponenten einer `SELECT`-Anweisung sind `SELECT` und `FROM`.

   b. Es fehlt das Semikolon, das eine SQL-Anweisung abschließt. (In ISQL von Borland ist das Semikolon allerdings optional.)

   c. Zwischen den Spaltennamen muß jeweils ein Komma stehen: `Select betrag, name, zahl_empf FROM schecks;`
3. Alle Anweisungen funktionieren.

Lösungen zu den Übungen

1. `SELECT SCHECK#, BEMERKUNGEN FROM SCHECKS;`
2. `SELECT BEMERKUNGEN, SCHECK# FROM SCHECKS;`
3. `SELECT DISTINCT BEMERKUNGEN FROM SCHECKS;`

Antworten für Tag 3

Antworten zu den Kontrollfragen

1. `SELECT * FROM FREUNDE WHERE NACHNAME LIKE 'M%';`
2.
```
SELECT * FROM FREUNDE
WHERE STAAT = 'IL'
AND VORNAME = 'AL';
```
3. Verwenden Sie INTERSECT. Diese Anweisung gibt die Zeilen zurück, die beiden Abfragen gemeinsam sind.
```
SELECT TEILNR FROM TEIL1
INTERSECT
SELECT TEILNR FORM TEIL2;
```
4. `WHERE a BETWEEN 10 AND 30;`
5. Es wird nichts zurückgegeben, da beide Bedingungen nicht TRUE sind.

Lösungen zu den Übungen

1.

Eingabe

```
SQL> SELECT VORNAME || 'AUS' NAME, STAAT
  2  FROM FREUNDE
  3  WHERE STAAT = 'IL'
  4  AND
  5  NACHNAME = 'BUNDY';
```

2.

Eingabe

```
SQL> SELECT NACHNAME || ', ' || VORNAME NAME,
  2         VORWAHL  || '-' || TELEFON TELEFON
  3  FROM FREUNDE
  4  WHERE VORWAHL BETWEEN 300 AND 400;
```

Antworten für Tag 4

Antworten zu den Kontrollfragen

1. INITCAP
2. Die Bezeichnungen Gruppenfunktion und Aggregatfunktion sind gleichbedeutend.
3. Ja. Diese Abfrage liefert die Gesamtzahl der Zeilen zurück.
4. Diese Abfrage funktioniert nicht, weil NACHNAME ein Zeichenfeld ist.
5. Die Funktion CONCAT und das Symbol ||.
6. Das Ergebnis 6 gibt die Anzahl der Datensätze in der Tabelle an.
7. Nein. Es fehlen die Klammern um NACHNAME,1,5. Außerdem empfiehlt es sich, der Spalte einen Alias zu geben. Die Anweisung sollte folgendermaßen aussehen:

   ```
   SQL> SELECT SUBSTR(NACHNAME,1,5) NAME FROM NAME_TBL;
   ```

Lösungen zu den Übungen

1.

Eingabe

```
SQL> SELECT NAME FROM TEAMSTATS
  2  WHERE (HITS/AB) < .25
```

Ausgabe

```
NAME
-------------
HAMCOKER
CASEY
```

2.

Eingabe

```
SQL> SELECT SUBSTR(VORNAME,1,1)||'.'||
           SUBSTR(M,1,1)||'.'||
           SUBSTR(NACHNAME,1,1)||'.' INITIALEN, CODE
     FROM ZEICHEN
     WHERE CODE = 32;
```

Antworten für Tag 5

Antworten zu den Kontrollfragen

1. `STARTING WITH`
2. Die Klausel `GROUP BY` gruppiert die Daten der Ergebnismenge, die mit verschiedenen Funktionen manipuliert wurden. Die Klausel verhält sich wie die Klausel `ORDER BY`, da sie ebenfalls die Ergebnisse der Abfrage in der Reihenfolge der in `GROUP BY` aufgeführten Spalten anordnet.
3. Nein. Die Syntax stimmt nicht. Die Klausel `GROUP BY` muß vor `ORDER BY` stehen. Außerdem müssen alle ausgewählten Spalten in der Klausel `GROUP BY` aufgeführt sein.
4. Ja.
5. Ja. Die in der Klausel `ORDER BY` aufgeführten Spalten müssen nicht unbedingt in der `SELECT`-Anweisung erscheinen.

Lösungen zu den Übungen

1. Als Ausgangspunkt können Sie zunächst ermitteln, wie viele Mitarbeiter jedes Team hat:

```
SELECT TEAM, COUNT(TEAM)
FROM ORGDIAGRAMM
GROUP BY TEAM;
```

```
TEAM                  COUNT
=============== ===========

FORSCHUNG                 2
KONSTRUKTION              2
MARKETING                 3
PR                        1
```

Vergleichen Sie das Ergebnis mit der Abfrage, die die Frage löst:

```
SELECT TEAM, COUNT(TEAM)
FROM ORGDIAGRAMM
WHERE KRANKHEIT >= 30
GROUP BY TEAM;
```

```
TEAM                  COUNT
=============== ===========

FORSCHUNG                 1
KONSTRUKTION              1
MARKETING                 1
```

2. Die Ausgabe zeigt die Anzahl der Mitarbeiter in jedem Team mit 30 oder mehr Krankheitstagen.

Eingabe

```
SQL> SELECT SCHECK#, ZAHL_EMPF, BETRAG
  2  FROM SCHECKS
  3  WHERE SCHECK# = 1;
```

Das gleiche Ergebnis läßt sich auf verschiedene Arten erhalten. Können Sie weitere Anweisungen angeben?

Antworten für Tag 6

Antworten zu den Kontrollfragen

1. 5,000,000,000 Zeilen.
2. Es handelt sich um eine Equi Join (Gleichverbund). Die Auswahl bezieht sich auf die in beiden Tabellen übereinstimmenden mitarbeiter_ids.
3. a. Nein. Die Spalten und Tabellen sind nicht in der geeigneten Weise benannt. Denken Sie an die Aliasnamen für Spalten und Tabellen.

   b. Nein. In der WHERE-Klausel ist keine Verknüpfung spezifiziert.

   c. Ja. Die Syntax ist korrekt.
4. Die Verknüpfungen sollten vor den Bedingungen stehen.
5. Verknüpfungen lassen sich über mehrere Spalten erzeugen. Es kann sogar sein, daß man mit mehreren Spalten arbeiten muß, beispielsweise um die Eindeutigkeit einer Datenzeile herzustellen oder um spezielle Bedingungen für die abzurufenden Daten zu spezifizieren.

Lösungen zu den Übungen

1.

```
SELECT A.TEILNUM, A.BESCHREIBUNG,
B.TEILNUM, B.BESCHREIBUNG
FROM TEIL A, TEIL B
WHERE A.TEILNUM = B.TEILNUM
AND A.BESCHREIBUNG <> B.BESCHREIBUNG
AND A.BESCHREIBUNG > B.BESCHREIBUNG

    TEILNUM BESCHREIBUNG                    TEILNUM BESCHREIBUNG
=========== ==================== =========== ====================

         76 SCHALTUNG                            76 ROAD BIKE
```

2.

```
SQL> select b.bestdatum BEST_DATUM, b.name NAME, t.teilnum TEIL#,
            t.preis PREIS, t.beschreibung BESCHREIBUNG
  from bestellungen b,
       teil t
  where b.teilnum = t.teilnum
    and b.bestdatum like '%SEP%'
  order by BEST_DATUM;
```

3.

```
select b.bestdatum BESTDATUM, b.name NAME, t.teilnum TEILNUM,
b.menge MENGE
from bestellungen b,
teil t
where b.teilnum = t.teilnum
and b.bestdatum like '%SEP%';
```

Für diese Aufgabe gibt es noch weitere Lösungen.

Antworten für Tag 7

Antworten zu den Kontrollfragen

1. Die Ergebnismenge enthält keine Duplikate, da die Abfrage

   ```
   SELECT ALL C.NAME, C.ADDRESS, C.STATE, C.ZIP
   FROM CUSTOMER C
   WHERE C.NAME IN
   ```

   (die die Unterabfrage aufruft) nur die Zeilen zurückgibt, in denen NAME in der durch IN untersuchten Liste steht. Verwechseln Sie nicht diese einfache IN-Anweisung mit der komplexeren Verknüpfung.

2. a. Falsch. Alle genannten Aggregatfunktionen geben einen einzelnen Wert zurück.

   b. Falsch. Die Implementierung bestimmt, wie viele Unterabfragen sich verschachteln lassen.

   c. Falsch. Korrelierte Unterabfragen erlauben die Verwendung einer äußeren Referenz.

3. a. Nein. Es fehlen die Klammern um die Unterabfrage.

   b. Nein. Die SQL-Engine kann nicht alle Spalten in der Tabelle TEIL mit dem Operator = korrelieren.

   c. Ja. Diese Unterabfrage ist korrekt.

Lösung zur Übung

Eingabe Ausgabe

```
SELECT NAME, BESTDATUM
FROM BESTELLUNGEN
WHERE NAME >
(SELECT NAME
FROM BESTELLUNGEN
WHERE NAME = 'JACKS BIKE')

NAME       BESTDATUM
========== ===========

TRUE WHEEL 15-MAY-1997
TRUE WHEEL 19-MAY-1997
```

```
TRUE WHEEL  2-SEP-1997
TRUE WHEEL 30-JUN-1997
LE SHOPPE  17-JAN-1997
LE SHOPPE   1-JUN-1997
```

Antworten für Tag 8

Antworten zu den Kontrollfragen

1. Die Syntax für das Löschen aller Datensätze aus der Tabelle SAMMLUNG lautet:

   ```
   DELETE FROM SAMMLUNG;
   ```

   Denken Sie daran, daß diese Anweisung alle Datensätze löscht. Man kann die zu löschenden Datensätze mit der folgenden Syntax näher spezifizieren:

   ```
   DELETE FROM SAMMLUNG
   WHERE WERT = 125
   ```

   Diese Anweisung löscht alle Datensätze mit einem Wert von 125.

2. Diese Anweisung soll alle Datensätze aus TABELLE_2 in die Tabelle SAMMLUNG einfügen. Das Hauptproblem besteht hier in der Verwendung des Schlüsselwortes INTO mit der Anweisung INSERT. Beim Kopieren von Daten von einer Tabelle in eine andere ist mit folgender Syntax zu arbeiten:

   ```
   INSERT SAMMLUNG
   SELECT * FROM TABELLE_2;
   ```

   Denken Sie auch daran, daß die Datentypen der aus TABELLE_2 ausgewählten Felder exakt mit den Datentypen und der Anordnung der Felder in der Tabelle SAMMLUNG übereinstimmen müssen.

3. Diese Anweisung vermischt die Funktion UPDATE (aktualisieren) mit der Funktion INSERT (einfügen). Um Werte in der Tabelle SAMMLUNG zu aktualisieren, ist die folgende Syntax zu verwenden:

   ```
   UPDATE SAMMLUNG
   SET NAME = 'EINTRITTSKARTE',
     WERT = 25000,
     BEMERKUNGEN = 'GEFUNDEN';
   ```

4. Aufgrund der falschen Syntax wird überhaupt nichts gelöscht. Das Sternchen (*) ist hier nicht erforderlich.

5. Alle Zeilen in der Tabelle SAMMLUNG werden gelöscht.

6. Alle Werte in der Tabelle `SAMMLUNG` für die Spalte `WERT` lauten jetzt `555`, und alle Anmerkungen in der Tabelle `SAMMLUNG` heißen jetzt `AUSGEHEND VON 525`. Diese Anweisung liegt sicher nicht im Sinne des Erfinders!
7. Nein. Die Syntax ist nicht korrekt. Die Befehle `INSERT` und `SET` funktionieren nicht zusammen.
8. Ja. Die Syntax ist in Ordnung.

Lösungen zu den Übungen

1. Unabhängig von der verwendeten Implementierung sollte eine Fehlermeldung darauf hinweisen, daß die Datentypen der einzufügenden Daten nicht mit den Datentypen der Zieltabelle kompatibel sind.
2. Die genaue Syntax für das Exportieren oder Importieren von Daten entnehmen Sie bitte Ihrer Dokumentation. Bei wiederholten Import-Operationen sollte man alle Zeilen aus der Tabelle löschen. Testen Sie immer Ihre Dienstprogramme zum Exportieren/Importieren, bevor Sie sie auf die Produktionsdaten anwenden. Falls für die Spalten der Tabellen Eindeutigkeitsregeln definiert sind und Sie die Daten vor dem Import nicht aus diesen Tabellen löschen, werden Sie mit Fehlermeldungen wegen Verstößen gegen die Eindeutigkeit überschüttet.

Antworten für Tag 9

Antworten zu den Kontrollfragen

1. Falsch. Die meisten Systeme kennen einen Befehl wie `ALTER DATABASE` nicht. Die Struktur einer existierenden Tabelle ändert man mit dem Befehl `ALTER TABLE`.
2. Falsch. Der Befehl `DROP TABLE` ist nicht zum Befehl `DELETE FROM <Tabellenname>` äquivalent. Der Befehl `DROP TABLE` löscht die Tabelle zusammen mit ihrer Struktur vollständig aus der Datenbank, während `DELETE FROM...` nur die Datensätze aus der Tabelle entfernt. Die Struktur der Tabelle bleibt bei `DELETE FROM` in der Datenbank erhalten.
3. Richtig.
4. Diese Anweisung enthält zwei Probleme. Erstens taucht die Bezeichnung `ID` innerhalb der Tabelle wiederholt auf. Selbst wenn die Datentypen unterschiedlich sind, ist die mehrfache Verwendung eines Feldnamens innerhalb einer Tabelle unzulässig. Zweitens fehlt die schließende Klammer am Ende der Anweisung. Die Anweisung sollte folgendermaßen aussehen:

Eingabe

```
CREATE TABLE Tabelle_Neu (
ID NUMBER,
FELD1 char(40),
FELD2 char(80));
```

5. Der Befehl zum Modifizieren von Datentyp oder Länge eines Feldes lautet ALTER TABLE und nicht ALTER DATABASE.

6. Der Eigentümer der neuen Tabelle ist derjenige, der die Tabelle erstellt hat. Wenn Sie sich mit Ihrer ID angemeldet haben, ist Ihre ID der Eigentümer. Haben Sie sich zum Beispiel mit SYSTEM angemeldet, lautet der Eigentümer SYSTEM.

7. Der Datentyp VARCHAR2 stellt die beste Wahl dar. Das folgende Beispiel zeigt, was beim Datentyp CHAR passiert, wenn die Länge der Daten variiert:

Eingabe Ausgabe

```
SQL> SELECT *
  2  FROM NAME_TBL;

NACHNAME        VORNAME
--------------- ---------------
JONES           NANCY
SMITH           JOHN

2 Zeilen ausgewählt.

SQL> SELECT NACHNAME
  2  FROM NAME_TBL
  3  WHERE NACHNAME LIKE '%MITH';

Es wurden keine Zeilen ausgewählt
```

Analyse

Der Name SMITH existiert zwar in der Tabelle, die Suche verläuft aber negativ, da die Spalte NACHNAME vom Typ CHAR ist und Leerzeichen nach SMITH bis zur vollen Feldbreite aufgefüllt werden. Die SELECT-Anweisung berücksichtigt diese Leerzeichen nicht. Mit der folgenden Anweisung läßt sich SMITH finden:

```
SQL> SELECT NACHNAME
  2  FROM NAME_TBL
  3  WHERE NACHNAME LIKE '%MITH%';

NACHNAME
---------------
SMITH

1 Zeile wurde ausgewählt.
```

Durch das hinzugefügte Prozentzeichen (%) nach `MITH` kann die `SELECT`-Anweisung `SMITH` mit den anhängigen Leerzeichen nach dem Namen ermitteln.

Wenn Sie Ihre Tabellen anlegen, sollten Sie die Datentypen genau planen, um derartige Situationen zu vermeiden. Vergewissern Sie sich, wie die einzelnen Datentypen reagieren. Wenn man 30 Bytes für eine Spalte zuweist und einige Werte in der Spalte weniger als 30 Bytes enthalten, füllt dann der betreffende Datentyp die restlichen Bytes bis zur Länge von 30 Zeichen mit Leerzeichen auf? In diesem Fall muß man die Auswirkungen auf die `SELECT`-Anweisung berücksichtigen. Es sind also Kenntnisse der Daten und deren Struktur erforderlich.

8. Ja. Solange nicht der Eigentümer oder das Schema gleich ist.

Lösungen zu den Übungen

1. Um die Tabellen zu erstellen, sollten Sie mit dem Befehl `CREATE TABLE` arbeiten. Mögliche SQL-Anweisungen sehen etwa folgendermaßen aus:

```
SQL> CREATE TABLE BANK (
  2  KONTO_ID     NUMBER(30)     NOT NULL,
  3  BANK_NAME    VARCHAR2(30)   NOT NULL,
  4  ADRESSE      VARCHAR2(30)   NOT NULL,
  5  STADT        VARCHAR2(15)   NOT NULL,
  6  STAAT        CHAR(2)        NOT NULL,
  7  ZIP          NUMBER(5)      NOT NULL);

SQL> CREATE TABLE KONTOTYP (
```

```
2 KONTO_ID    NUMBER(30)    NOT NULL,
3 GIRO        CHAR(30),
4 DEPOT       CHAR(30));
```

2. ```
   SQL> ALTER TABLE RECHNUNGEN DROP PRIMARY KEY;
   SQL> ALTER TABLE RECHNUNGEN ADD (PRIMARY KEY (KONTO_ID));
   SQL> ALTER TABLE FIRMA ADD (PRIMARY KEY (KONTO_ID));
   ```

3. Da wir die Tabellen in der vorherigen Übung geändert und die Spalte `KONTO_ID` als Schlüsselfeld festgelegt haben, lassen sich alle Tabellen über diese Spalte verknüpfen. Man kann die Tabellen – auch alle fünf Tabellen – in jeder Kombination verknüpfen. Vergessen Sie nicht, die Spalten und Tabellen vollständig zu bezeichnen.

Antworten für Tag 10

Antworten zu den Kontrollfragen

1. Je nach verwendeter Datenbank erhalten Sie eine Fehlermeldung, und es wird kein Index erzeugt. Die Felder, aus denen sich ein eindeutiger Index aufbaut, müssen einen eindeutigen Wert ergeben.
2. a. Falsch. Nur Indizes belegen physikalisch Platz.

   b. Falsch. Wird eine Tabelle aktualisiert, zeigt die Ansicht die aktualisierten Daten.

   c. Falsch. Manchmal können zu viele Indizes die Abfragen verlangsamen.
3. Nein. Die Klammern sind nicht erforderlich. Außerdem ist das Wort `ALL` durch ein Sternchen (*) zu ersetzen.
4. Nein. Etwas wie eine eindeutige Sicht gibt es nicht.
5. Nein. Die korrekte Syntax lautet:

   ```
   drop view offen;
   ```
6. Ja. Die Syntax ist korrekt.

Lösungen zu den Übungen

1. Überprüfen Sie den Systemkatalog Ihrer Implementierung in bezug auf Tabellen, die sich nach Informationen über Sichten abfragen lassen.
2. Microsoft Access bietet den Entwicklern grafische Werkzeuge, um Indizes in eine Tabelle aufzunehmen. Diese Indizes können mehrere Felder kombinie-
   ```

ren, und die Sortierreihenfolge läßt sich ebenfalls grafisch einstellen. Bei anderen Systemen muß man die Anweisung CREATE INDEX auf der Befehlszeile eingeben.

3. Indizes verbessern die Leistungsbilanz, wenn die Operation eine kleine Teilmenge von Datensätzen zurückgibt. Wenn Abfragen einen größeren Teil der Datensätze einer Tabelle liefern, sind die durch Indizes erzielbaren Leistungsgewinne zu vernachlässigen. In bestimmten Fällen kann die Verwendung von Indizes sogar die Abfragen verlangsamen.

Antworten für Tag 11

Antworten zu den Kontrollfragen

1. Nein. Beim Verschachteln von Transaktionen bricht jede Rollback-Operation alle momentan in der Verarbeitung befindlichen Transaktionen ab. Die Ergebnisse aller Transaktionen werden tatsächlich erst gespeichert, wenn man die äußere Transaktion bestätigt hat.
2. Ja. Der Programmierer kann Anweisungen bis zu einem definierten Sicherungspunkt absichern. Falls gewünscht, kann man dann die Transaktion bis zu diesem Sicherungspunkt rückgängig machen, statt bis zum Beginn der Transaktion zurückgehen zu müssen.
3. Ein COMMIT-Befehl läßt sich allein oder in der Transaktion ausführen.
4. Ja und Nein. Man kann den Befehl zwar ausführen, er macht aber nicht die Änderungen rückgängig.
5. Nein. Ein Sicherungspunkt ist nur in Verbindung mit einem ROLLBACK-Befehl wirksam. Der ROLLBACK-Befehl macht dann nur die Änderungen rückgängig, die nach dem Sicherungspunkt ausgeführt wurden.

Lösungen zu den Übungen

1.
```
SQL> SET TRANSACTION;
     INSERT INTO KUNDEN VALUES
     ('SMITH', 'JOHN');
SQL> COMMIT;
```

2.
```
SQL> SET TRANSACTION;
     UPDATE SALDEN SET SALDO_AKT = 25000;
SQL> COMMIT;
```

Die Anweisung ist korrekt und funktioniert. Allerdings haben Sie gerade den Kontostand aller Kunden auf $25.000 aktualisiert!

3. Die Anweisung ist korrekt. Es wird nichts eingefügt.

Antworten für Tag 12

Antworten zu den Kontrollfragen

1. Die Rolle `CONNECTION` ist nicht vorhanden. Die richtige Syntax lautet:

```
SQL> GRANT CONNECT TO DAVID;
```

2. Diese Aussage ist nur richtig, wenn die Anweisung `DROP USER Benutzername CASCADE` ausgeführt wird. Die Option `CASCADE` weist das System an, alle diesem Benutzer gehörenden Objekte sowie diesen Benutzer zu löschen.
3. Aus Ihrer Tabelle kann jeder auswählen, selbst Benutzer, denen Sie keinen Einblick in Ihre Daten gewähren möchten.
4. Ja. Diese Syntax erzeugt einen Benutzer. Allerdings erhält der Benutzer die Standardeinstellungen, die gegebenenfalls nicht wünschenswert sind. Informieren Sie sich über diese Einstellungen in der Dokumentation zu Ihrem Datenbanksystem.
5. Nein. Es fehlt das Schlüsselwort `USER`. Die korrekte Syntax lautet:

```
SQL> ALTER USER RON
     IDENTIFIED BY RON;
```

6. Ja. Die Syntax ist korrekt.
7. Nur Benutzer mit dem `SELECT`-Privileg für Ihre Tabelle können aus dieser Tabelle auswählen.

Lösungen zu den Übungen

(Bitte selbständig erledigen.)

Antworten für Tag 13

Antworten zu den Kontrollfragen

1. Falsch. Microsoft Visual C++ verkapselt die ODBC-Bibliothek in einem Satz von C++-Klassen. Diese Klassen bieten eine Schnittstelle zu den ODBC-Funktionen auf höherer Ebene, was in einem leichter anzuwendenden Satz von Funktionen resultiert. Allerdings ist die Funktionalität als Ganzes etwas eingeschränkt. Wenn man das ODBC Software Development Kit (SDK) kauft (das Sie als Mitglied des Microsoft Developers Network erhalten), können Sie das API direkt aus einer Visual-C++-Anwendung heraus aufrufen.
2. Falsch. Das ODBC API residiert in DLLs, die sich mit verschiedenen Sprachen binden lassen, einschließlich Visual Basic von Microsoft und Object Pascal von Borland.
3. Falsch. Statisches SQL erfordert einen Präcompiler. Dynamisches SQL ist, was der Name verspricht: dynamisch. Die mit dynamischem SQL erstellten SQL-Anweisungen lassen sich zur Laufzeit vorbereiten und ausführen.
4. SQL Server kennzeichnet mit dem Nummernzeichen (#) temporäre Tabellen.
5. Der Cursor ist freizugeben. Die Syntax lautet:

   ```
   SQL> deallocate cursor Cursorname;
   ```
6. Nein. Trigger werden bei `UPDATE`, `DELETE` oder `INSERT` ausgeführt.
7. Nein. Der Trigger wird automatisch gelöscht, wenn die Tabelle gelöscht wird.

Lösungen zu den Übungen

(Bitte selbständig ausführen.)

Antworten für Tag 14

Antworten zu den Kontrollfragen

1. In der Elementfunktion `GetDefaultSQL` des Objekts `CRecordSet`. Denken Sie daran, daß man den hier gespeicherten String zur Manipulation der Tabelle ändern kann.
2. Im Objekt `TQuery`.

3. ODBC steht für Open Database Connectivity. Diese Technik erlaubt Windows-basierten Programmen, auf eine Datenbank über einen Treiber zuzugreifen.
4. Delphi stellt eine skalierbare Schnittstelle für verschiedene Datenbanken bereit.

Lösungen zu den Übungen

1. Ändern Sie den Rückgabewert von `GetDefaultSQL`, wie es das folgende Codefragment zeigt:

```
CString CTyssqlSet::GetDefaultSQL()
{
  return " SELECT * FROM KUNDE ORDER DESC BY STAAT ";
}
```

2. (Bitte selbständig lösen.)

Antworten für Tag 15

Antworten zu den Kontrollfragen

1. Beim Optimieren einer SQL-Anweisung strebt man sozusagen den Weg des geringsten Widerstandes an, indem man die Anweisung sorgfältig plant und die Elemente innerhalb der Klauseln in geeigneter Weise anordnet.
2. Überhaupt nicht. Speichern Sie nach Möglichkeit immer Tabellen und Indizes separat, um den Konkurrenzbetrieb von Datenträgern zu vermeiden.
3. Um den Zugriff auf die Daten effizienter zu gestalten (den Weg des geringsten Widerstandes zu gehen).
4. Bei der vollständigen Suche wird die Tabelle zeilenweise gelesen, während ein Index direkt auf eine bestimmte Zeile zeigt.
5. Eine vollständige Tabellensuche läßt sich vermeiden, indem man einen Index erzeugt oder die indizierten Bedingungen in einer SQL-Anweisung neu anordnet.
6. Zu den Leistungsbremsen gehören vor allem:
   - Ungenügender Platz im gemeinsam genutzten Speicher
   - Begrenzte Anzahl verfügbarer Laufwerke
   - Unsachgemäße Nutzung von verfügbaren Laufwerken
   - Ausführen umfangreicher Stapeloperationen, die nicht geplant sind

- Fehlendes Bestätigen (COMMIT) oder Rückgängigmachen (ROLLBACK) von Transaktionen
- Ungeeignete Größenfestlegung von Tabellen und Indizes

Lösungen zu den Übungen

1. Die SQL-Anweisung sollten Sie etwa nach dem folgenden Beispiel neu formatieren. Wenden Sie dabei Ihre bevorzugten Formatkonventionen einheitlich an.

```
SELECT M.NACHNAME, M.VORNAME, M.INITIALEN,
       M.ADRESSE, M.TELFON, G.GEHALT,
       G.POSITION, M.SVN, G.EINST_DATUM
FROM MITARBEITER M,
     GEHALTSLISTE G
WHERE M.SVN = G.SVN
  AND M.NACHNAME LIKE 'S%'
  AND G.GEHALT > 20000;
```

2. Entsprechend der Statistik sollte Ihre neue Abfrage wie folgt aussehen. Die restriktivste Bedingung ist NAME LIKE 'SMITH%', da sie die wenigsten Zeilen zurückgibt:

```
SELECT A.NAME, A.ADRESSE, A.STADT, A.STAAT, A.ZIP,
       S.GESCHLECHT, S.PERS_STAND, S.GEHALT
FROM ADRESSEN A,
     PERS_STAT_TBL S
WHERE A.PERSONAL_NR = S.PERSONAL_NR
  AND S.PERS_STAND = 'S'
  AND S.GESCHLECHT = 'M'
  AND S.GEHALT >= 30000
  AND A.STADT = 'INDIANAPOLIS'
  AND A.NAME LIKE 'SMITH%';
```

Antworten für Tag 16

Antworten zu den Kontrollfragen

1. Durch Auswahl von USER_CATALOG oder CAT. Der Name des Systemkatalogobjekts ist von der konkreten Implementierung abhängig. Grundsätzlich sind aber in allen Versionen die gleichen Informationen über Objekte wie Tabellen und Ansichten verfügbar.

2. Datenbankdesign, Benutzerstatistiken, Prozesse, Objekte, Wachstum von Objekten, Leistungsstatistiken, gespeicherter SQL-Code, Datenbanksicherheit.

3. Leistungsstatistiken zeigen Wege auf, wie sich die Leistungsbilanz der Datenbank durch Modifikation von Datenbankparametern und Optimierung von SQL verbessern läßt. Dazu kann auch der Einsatz von Indizes und die Auswertung der Effizienz von Indizes gehören.

4. Tabellen, Indizes, Synonyme, Cluster, Ansichten.

Lösungen zu den Übungen

1. Holen Sie anhand der Datenbankdokumentation nähere Informationen zum Fehler ein.

2. Fragen Sie den Systemkatalog ab, um Angaben über die Tabelle, ihre momentane Größe, die Quoten des Benutzers für den Tabellenbereich und den im Tabellenbereich (für die Zieltabelle) zugewiesenen Platz zu erhalten.

3. Bestimmen Sie, wieviel Platz der Benutzer braucht, um das Einfügen der Daten abzuschließen.

4. Wo liegt das eigentliche Problem? Muß man den quotierten Tabellenbereich des Benutzers vergrößern, oder muß man dem Tabellenbereich mehr Platz zuweisen?

5. Wenn der Benutzer nicht über ausreichende Quoten verfügt, dann erhöhen Sie die Quoten. Wenn der aktuelle Tabellenbereich gefüllt ist, können Sie mehr Platz zuweisen oder die Zieltabelle in einen größeren Tabellenbereich verschieben.

6. Wenn Sie weder die Quoten des Benutzers erhöhen noch zusätzlichen Platz im Tabellenbereich zuweisen möchten, müssen Sie gegebenenfalls alte Daten löschen oder die Daten auf Band archivieren.

Diese Schritte sind nicht als Dogma zu verstehen. Der Aktionsplan kann je nach Firmenpolitik oder persönlicher Situation variieren.

Antworten für Tag 17

Antworten zu den Kontrollfragen

1. SQL-Skripts lassen sich aus Datenbanktabellen und dem Systemkatalog generieren.
2. Ja. Die SQL-Anweisung generiert ein SQL-Skript, aber das generierte Skript funktioniert nicht. In der literalen Zeichenfolge fehlt vor `COUNT(*)`ein `SELECT`:

   ```
   SELECT 'SELECT COUNT(*) FROM  ' || TABLE_NAME || ';'
   ```

   Andernfalls erhalten Sie

   ```
   COUNT(*) FROM TABLE_NAME;
   ```

   als Ausgabe, was keine gültige SQL-Anweisung darstellt.
3. Auch hier wieder Jein. Die Anweisung generiert ein SQL-Skript, aber das generierte SQL ist unvollständig. Es ist noch ein Komma zwischen die Privilegien `CONNECT` und `DBA` zu setzen:

   ```
   SELECT 'GRANT CONNECT, DBA TO ' || USERNAME || ';'
   ```

4. Ja. Die Syntax der Hauptanweisung ist gültig. Das generierte SQL gewährt die Privilegien `CONNECT` und `DBA` an alle ausgewählten Benutzer.
5. Falsch. Man braucht sich nicht um die Anzahl der ausgewählten Zeilen zu kümmern, da dies nicht zur Syntax der generierten Anweisungen gehört.
6. Falsch. Man leitet die Ausgaben in eine Befehlsdatei um. Den Namen der Datei legen Sie mit dem `SPOOL`-Befehl fest. Fehlt die Angabe der Dateierweiterung, nimmt Oracle die Standarderweiterung `.SQL` an. Innerhalb der generierten Datei können Sie allerdings andere Spool-Operationen vorsehen.
7. Richtig. Allein schon deshalb, um auf der sicheren Seite zu sein.
8. Der Befehl `ED` öffnet normalerweise den Standardeditor des jeweiligen Betriebssystems, zum Beispiel vi unter UNIX oder den Windows-Editor (Notepad).
9. Der Befehl `SPOOL OFF` schließt eine geöffnete Spool-Datei.

Lösungen zu den Übungen

1. ```
   SQL> SET ECHO OFF
   SQL> SET FEEDBACK OFF
   SQL> SPOOL GRANTS.SQL
   SQL> SELECT 'GRANT SELECT ON HISTORY_TBL TO ' || USERNAME || ';'
     2  FROM SYS.DBA_USERS
   ```
   ```

```
WHERE USERNAME IN ('JOHN','KEVIN','RYAN','RON','CHRIS')
/
```

```
GRANT SELECT ON HISTORY_TBL TO JOHN;
GRANT SELECT ON HISTORY_TBL TO KEVIN;
GRANT SELECT ON HISTORY_TBL TO RYAN;
GRANT SELECT ON HISTORY_TBL TO RON;
GRANT SELECT ON HISTORY_TBL TO CHRIS;
```

2. Solange die Syntax in den generierten Anweisungen korrekt ist, gibt es praktisch keine falschen Antworten.

Warnung: Bevor Sie mit generierten SQL-Anweisungen vorhandene Daten oder Datenbankstrukturen modifizieren, sollten Sie die in diesem Kapitel dargestellten Konzepte sicher beherrschen.

Antworten für Tag 18

Antworten zu den Kontrollfragen

1. Ein Datenbanktrigger führt die festgelegte Aktion aus, wenn Daten in einer spezifizierten Tabelle manipuliert werden. Bei Änderungen an einer Tabelle kann man zum Beispiel mit einem Trigger eine Datenzeile in eine Protokolltabelle einfügen, um die Änderungen später zu überprüfen.
2. Verwandte Prozeduren lassen sich zusammen in einem Paket speichern.
3. Richtig.
4. Falsch. DDL läßt sich in einer PL/SQL-Anweisung nicht verwenden. Es empfiehlt sich nicht, strukturelle Änderungen an einer Datenbank zu automatisieren.
5. Die Textausgabe ist nicht direkt ein Teil der PL/SQL-Sprache, wird aber vom Standardpaket `DBMS_OUTPUT` unterstützt.
6. Die Abschnitte `DECLARE`, `PROCEDURE` und `EXCEPTION`.
7. `DECLARE`, `OPEN`, `FETCH`, `CLOSE`.

Lösungen zu den Übungen

1.
```
DECLARE
     Stundenlohn number(4,2);
```

2.
```
DECLARE
     cursor c1 is
     select * from kunden
     where stadt = 'INDIANAPOLIS';
```

3.
```
DECLARE
     UnbekannterCode EXCEPTION;
```

4.
```
IF ( CODE = 'A' ) THEN
   update BETRAG_TABELLE
   set BETRAG = 10;
ELSEIF ( CODE = 'B' ) THEN
     update BETRAG_TABELLE
     set BETRAG = 20;
   ELSE
     raise UnbekannterCode;
END IF;
```

Antworten für Tag 19

Antworten zu den Kontrollfragen

1. Falsch. Das Wort SQL ist nicht per Copyright geschützt. Die erwähnten Produkte gehen zum großen Teil mit dem ANSI-Standard konform, erfüllen aber nicht alle Punkte dieses Standards.
2. Richtig. Statisches SQL erfordert einen Präcompiler, und die Abfragen lassen sich nicht zur Laufzeit vorbereiten. Demzufolge ist statisches SQL nicht so flexibel wie dynamisches SQL. Da aber die Abfrage bei statischem SQL bereits verarbeitet ist, kann die Leistungsbilanz besser aussehen.

Lösungen zu den Übungen

1. Da sich nahezu alles von Tag 19 mit Transact-SQL beschäftigt, sind wir auf die vielen anderen Erweiterungen zu ANSI SQL nicht eingegangen. Die meisten Dokumentationen, die zum Lieferumfang der Datenbankprodukte gehören, erläutern ausführlich die bereitgestellten SQL-Erweiterungen. Denken Sie daran, daß die Verwendung dieser Erweiterungen die Portierung Ihrer Abfragen auf andere Datenbanken schwieriger gestaltet.

2. Diese Operation erfordert eine IF-Anweisung. Solange Sie die Syntax der heute behandelten logischen Anweisungen (IF-Anweisungen) beachten, gibt es praktisch keine falschen Antworten.

Antworten für Tag 20

Antworten zu den Kontrollfragen

1. Mit SET-Befehlen lassen sich die in einer SQL-Sitzung verfügbaren Einstellungen ändern.
2. Ja. Ihr Skript kann Parameter von einem Benutzer entgegennehmen und an Variablen übergeben.
3. Die Gruppen werden Sie wahrscheinlich nach Kunden unterteilen, da Sie aus der Tabelle KUNDEN auswählen.
4. Die einzigen Einschränkungen bestehen darin, daß der Text in der Datei LOGIN.SQL gültige Befehle von SQL und SQL*Plus darstellen muß.
5. Falsch. Die Funktion DECODE verhält sich ähnlich wie eine IF...THEN-Anweisung.
6. Falsch. Die neue Ausgabe überschreibt die ursprüngliche Datei.

Lösungen zu den Übungen

1.
```
SQL> compute sum of count(*) on report
SQL> break on report
SQL> select ART_ID, ART_NAME, EINZELPREIS, count(*)
  2  from ARTIKEL
  3  group by ART_ID, ART_NAME, EINZELPREIS;
```

2.
```
SQL> set heading off
SQL> select to_char(sysdate,' "Heute ist "Day", der" dd. Month yyyy')
  2  from dual;
```

3. Der gesamte Ablauf stellt sich wie folgt dar:

```
SQL> l
  1  select *
  2  from auftraege
  3  where kunden_id = '001'
  4* order by kunden_id
SQL> l2
  2* from auftraege
SQL> c/auftraege/kunde
  2* from kunde
```

```
SQL> l4
  4* order by kunden_id
SQL> append  DESC
  4* order by kunden_id DESC
SQL>
```

Beachten Sie beim Bearbeiten der Zeile 4, daß zwischen dem Befehl append und dem anzufügenden DESC zwei Leerzeichen stehen müssen. Wenn Sie nur ein Leerzeichen schreiben, lautet die resultierende Zeile:

```
  4* order by kunden_idDESC
```

Antworten für Tag 21

Antworten zu den Kontrollfragen

1. Im ersten Moment sagen Sie sich: »Natürlich hat er sein Kennwort vergessen.« Dieser Fehler kann aber auch entstehen, wenn eine Frontend-Anwendung keine Verbindung zur Datenbank herstellen konnte. Wenn Sie jedoch genau wissen, daß die Datenbank funktionsfähig ist, ändern Sie einfach das Kennwort mit dem Befehl ALTER USER und teilen dem Benutzer das neue Kennwort mit.
2. Damit Tabellen nicht die Standardeinstellungen für die Speicherung annehmen, muß man die Speicherklausel einbinden. Andernfalls werden mittlere oder große Tabellen aufgefüllt und nehmen Ausmaße an, die zu einer Verschlechterung der Leistung führen. Darüber hinaus kann es zu Speichermangel kommen, was eine Unterbrechung Ihrer Arbeit nach sich zieht, bis der DBA das Platzproblem lösen kann.

Lösungen zu den Übungen

1. Da Sie als SYSTEM angemeldet sind, sollten Sie die Tabelle vollständig mit dem Eigentümer bezeichnen. Wenn Sie den Eigentümer der Tabelle nicht angeben, könnten Sie versehentlich eine Tabelle namens HISTORY im Schema SYSTEM löschen, falls diese existiert.

   ```
   SQL> DROP TABLE JSMITH.HISTORY;
   ```

2. In Oracle-SQL ist DATE ein reserviertes Wort. Wenn Sie eine Spaltenüberschrift mit DATE bezeichnen wollen, müssen Sie das Wort in Anführungszeichen setzen: "DATE".

Die CD zum Buch

Die Verzeichnisse im Überblick:

Access	Verbindungsaufbau zum SQL-Server	\Beispiele\Connect\Connect.mdb
VB4	Verbindungsaufbau zum SQL-Server	\Beispiele\Generic
VB4	SQL-Server Datenbank-Explorer	\Beispiele\Connect\Explorer
VB4	VBSQL Beispiele	\VBSQL
Access	Serienbreifverwaltung	\Beispiele\Seriepro\Setup
Access	SQL-DMO Beispiele	\Beispiele\SQLDMO
Access	SQL-OLE Beispiele	\Beispiele\SQLOLE

Microsoft SQL-Server 6.5

ACCESS	SQL-Fehlermeldungen suchen	\Beispiele\HelpSQL
MICROSOFT SQL-Server Evalution Version		\SQLEVal
MICROSOFT SQL SERVER 6.5 Servicepack		\SQLSvPack

Diverses

NETWISE	Application/Integrator Workbench	\Connect\Netwise
HLP	SQL-Server Knowlegbase	\kb\Sqlkb.hlp
	Div Stored Procedures	\StoredProc

CASE-Tool Demos

PowerDesigner AppModeller	\APP32kit
PowerDesigner Datamodeller	\DA31kit
PowerDesigner WarehouseArchitekt	\WA32kit
PowerDesigner ProcessAnalyst	\PA32kit

ODBC-Treiber

\ODBC32

\ODBC

\EBOOKS

In diesem Verzeichnis finden Sie die Bücher »Oracle 8 in 21 Tagen« und »SQL in 21 Tagen« in elektronischer Form.

Rufen Sie diese Bücher mit der Datei »inhalt.htm« im jeweiligen Verzeichnis des entsprechenden Buchs auf. Hierfür benötigen Sie einen HTML-Browser. Im Verzeichnis \ONLINE\IE4 finden Sie den Internet Explorer 4.0 von Microsoft.

\ONLINE

Verschiedern Onlinezugänge und Browser

\ONLINE\CSERVE

Zugangssoftware des Onlinedienstes CompuServe Version 3.02D. Hierin enthalten sind 10 Freistunden zum Kennenlernen dieses Dienstes.

Die monatliche Grundgebühr beträgt US$ 9,95, darin enthalten sind jeden Monat 5 Online-Freistunden. Nach Ablauf dieser 5 Freistunden fallen US$ 2,95 pro Stunde an, wobei die Abrechnung im Minutentakt erfolgt. Nicht enthalten sind hierin die Telefongebühren.

Dies ist ein Onlinedienst für Computerfreaks; hierin finden Sie alle nur erdenklichen Tools, Shareware und Utilities und jede Menge Hilfe von Spezialisten.

\ONLINE\IE4

Der Internet-Browser Microsoft Internet Explorer 4.0.

Mit enthalten ist die Software Netmeeting 2.0, mit dem man über das Internet telefonieren oder an Videokonferenzen teilnehmen kann, Netshow, um Filme im Internet betrachten zu können, sowie viele Multimediaerweiterungen. Außerdem sind Frontpage Express und Outlook Express enthalten.

\ONLINE\METRONET

Zugangssoftware des neuen Onlinedienstes Metronet.

Metronet bietet für DM 9,99 pro Monat einen freien Zugang ins Internet. Sie brauchen keine weiteren Gebühren zu entrichten. Nicht enthalten sind hierin die Telefongebühren.

Der richtige Onlinedienst für Vielsurfer!

\ONLINE\Netscape

Der Internet-Browser Netscape Communicator 4.03. Mit enthalten ist das Programm Netscape Composer zum Erstellen von Internet-Seiten.

\ONLINE\T-ONLINE

Zugangssoftware des größten europäischen Onlinedienstes. Wenn Sie sich mit dieser Software anmelden, müssen Sie nicht die sonst übliche Anmeldegebühr von DM 50,- entrichten.

Die Grundgebühr pro Monat beträgt DM 8,-. Die Onlinestunde kostet DM 3,60. An Werktagen von 18.00 bis 8.00 Uhr, an Samstagen, Sonntagen und bundeseinheitlichen Feiertagen sowie am 24. und 31. Dezember gilt der Billigtarif von DM 1,20 pro Stunde. Nicht enthalten sind hierin die Telefongebühren.

Der richtige Onlinedienst für den Anwender, Homebanking ist hier möglich.

Im Falle eines Defektes der CD:

Bei einem physikalischen Defekt senden Sie bitte die CD mit einer genauen Fehlerbeschreibung an unseren Support. Diese wird Ihnen dann kostenlos ausgetauscht.

Vorher sollten Sie die CD aber testen, testen und nochmals testen.

Keinen Support können wir Ihnen für Programme von Drittanbietern, sei es Shareware, Freeware oder Demo-Software geben.

In diesem Fall wenden Sie sich bitte an den entsprechenden Hersteller des Produktes.

Kontaktadressen finden Sie hierbei gewöhnlich in der jeweiligen Readme-Datei.

Shareware-Programme dürfen für eine festgelegte Testzeit kostenlos getestet werden. Nach Ablauf dieser Testzeit müssen Sie diese Programme entweder von der Festplatte löschen oder Sie müssen sich als Benutzer bei dem entsprechenden Hersteller registrieren lassen.

In der Regel ist die Software, die in unseren Büchern besprochen wird, nicht Teil des Lieferumfangs. Bei Fragen dazu wenden Sie sich an den entsprechenden Software-Hersteller.

Bitte machen Sie folgende Angaben bei einer Kontaktaufnahme mit uns:

- Der komplette Buch- oder Softwaretitel
- Die ISBN-Nummer
- Eine genaue Fehlerbeschreibung
- Ihre Systemkonfiguration
- Ihre Anschrift, Telefonnummer und eventuell Ihre E-Mail-Adresse

Kontaktieren können Sie uns unter:

Markt&Technik
Buch- und Software-Verlag GmbH
Technischer Support
Hans-Pinsel-Straße 9b
85540 Haar bei München
Tel.: 089/46003-371
E-Mail: support@mut.de

Stichwortverzeichnis

M

Q

Microsoft Internet Explorer

Die neuesten Features der Version 4!

Microsoft Internet Explorer 4 – Das Kompendium

P. Monadjemi/E. Tierling

Der Microsoft Internet Explorer 4 integriert PC und Internet in das Microsoft-Gesamtkonzept mit dem Namen Web-PC. In diesem Kompendium erfahren Sie alles Wissenswerte über die Installation, Konfiguration und die Integration von Surfen im Web in eine bewährte und ansprechende Benutzeroberfläche. Auf CD-ROM: Internet Explorer 4 sowie Beispiele aus dem Buch.

704 Seiten · 1 CD-ROM

ISBN 3-8272-5316-0 · DM 59,95

Microsoft Internet Explorer 4.0 – Schnellübersicht

Richard Eisenmenger

ca. 400 Seiten · ISBN 3-8272-5321-7 · DM 39,95

Microsoft Internet Explorer 4 – Taschenbuch

Max Meier

Dieses Buch enthält viele nützliche Übersichten und einen ausführlichen Referenzteil. Viele Hintergrundinformationen, Zusatzfunktionen und ein ausführlicher Anhang bieten zudem einen effizienten Nutzen. Die leichtverständlichen Schritt-für-Schritt-Anleitungen führen Sie schnell und sicher zum Ziel.

380 Seiten · ISBN 3-8272-5302-0 · DM 19,95

Markt&Technik

Markt&Technik Buch- und Software-Verlag GmbH, Hans-Pinsel-Str. 9b, 85540 Haar,
Telefon (0 89) 4 60 03-222, Fax (0 89) 4 60 03-100 · Internet: http://www.mut.com

A VIACOM COMPANY

Markt&Technik-Produkte erhalten Sie im Buchhandel, Fachhandel und Warenhaus.

WOCHE 1	**Tag 1**	**Tag 2**	**Tag 3**	**Tag 4**	**Tag 5**	**Tag 6**	**Tag 7**
	Das Einstiegskapitel behandelt den geschichtlichen und theoretischen Hintergrund von Datenbanken und deren heutige Nutzung.	Und los geht's mit der Praxis: Lernen Sie, wie man mit der `SELECT`-Anweisung auf Daten zugreift.	Nehmen Sie in die `SELECT`-Anweisung Operatoren, Ausdrucke und Bedingungen auf.	Heute machen Sie sich mit vielen verschiedenen Funktionen vertraut, und Sie erweitern Ihre Fähigkeiten zur Datenmanipulation.	Im Mittelpunkt dieses Ausbildungsabschnittes stehen die Klauseln `WHERE`, `STARTING WITH`, `ORDER BY`, `GROUP BY` und `HAVING`.	Lernen Sie, wie man Daten über mehrere Tabellen hinweg zusammenziehen und auswerten kann.	Bauen Sie mit den Schlüsselwörtern `ANY` und `ALL` Unterabfragen auf, und arbeiten Sie mit korrelierten Unterabfragen.
WOCHE 2	**Tag 8**	**Tag 9**	**Tag 10**	**Tag 11**	**Tag 12**	**Tag 13**	**Tag 14**
	Aufsteiger in die zweite Woche lernen heute, wie sich mit den SQL-Anweisungen `INSERT`, `UPDATE` und `DELETE` Daten in einer Datenbanktabelle manipulieren lassen.	Verwalten von Datenbankobjekten – kein Problem mit Hilfe der Anweisungen der Datendefinitionssprache wie `CREATE TABLE` und `ALTER TABLE`.	SQL bietet mit Sichten und Indizes zwei Methoden, die Daten in einem anderen als dem physikalisch gespeicherten Format zu präsentieren.	Im Mittelpunkt stehen heute die Befehle zur Transaktionssteuerung. *Transaktionen* sind Arbeitseinheiten, die entweder als Ganzes erfolgreich oder gar nicht ausgeführt werden.	Schützen Sie Ihre Daten mit Befehlen, die den Zugriff auf die Datenbank einschränken oder erlauben.	Tiefer und tiefer steigen Sie in die Materie ein. Lernen Sie temporäre Tabellen, Cursor, gespeicherte Prozeduren, Trigger und die Feinabstimmung kennen.	Programmieren Sie mit SQL in modernen Entwicklungsumgebungen wie Delphi und Visual C++.
WOCHE 3	**Tag 15**	**Tag 16**	**Tag 17**	**Tag 18**	**Tag 19**	**Tag 20**	**Tag 21**
	Durch Optimierung von SQL-Anweisungen steigern Sie die Leistung Ihrer Datenbank.	Der Systemkatalog liefert Informationen zu Benutzern und Datensicherheit. Untersuchen Sie das Wachstum und den belegten Platz einer Datenbank.	Generieren Sie mit SQL andere SQL-Anweisungen, um zeitsparend zu programmieren. Ein weiteres Thema ist die Rekonstruktion von Tabellen und Indizes.	Dieser Tag zeigt die Vorteile von PL/SQL und beschäftigt sich mit den Strukturen, gespeicherten Prozeduren, Paketen und Triggern.	Heute erhalten Sie eine Einführung in Transact-SQL. Sie lernen Programmstrukturen kennen und erfahren, wie man Datenbankobjekte erzeugt und ändert.	Mit SQL*Plus von Oracle schreiben und gestalten Sie Berichte. Außerdem führen Sie Berechnungen mit dem Zahlenmaterial eines Berichts durch.	Sowohl Einsteiger als auch Profis haben mit Fehlern zu kämpfen. Dieser letzte Tag erläutert die häufigsten Fehlerquellen und zeigt Wege zur Vermeidung von Fehlern.